Buchwissenschaftliche Beiträge

Herausgegeben von Christine Haug,
Vincent Kaufmann und Wolfgang Schmitz

Begründet von Ludwig Delp

Band 91

Harrassowitz Verlag · Wiesbaden · 2015

Fragment und Makulatur

Überlieferungsstörungen und Forschungsbedarf bei Kulturgut in Archiven und Bibliotheken

Herausgegeben von
Hanns Peter Neuheuser und Wolfgang Schmitz

Harrassowitz Verlag · Wiesbaden · 2015

Gedruckt mit Unterstützung der
Universitäts- und Stadtbibliothek Köln

Universitäts- und
Stadt
Bibliothek Köln

sowie des Landschaftsverbands Rheinland.

LVR
Qualität für Menschen

Bibliografische Information der Deutschen Nationalbibliothek
Die Deutsche Nationalbibliothek verzeichnet diese Publikation in der Deutschen Nationalbibliografie; detaillierte bibliografische Daten sind im Internet über http://dnb.dnb.de abrufbar.

Bibliographic information published by the Deutsche Nationalbibliothek
The Deutsche Nationalbibliothek lists this publication in the Deutsche Nationalbibaliografie; detailed bibliographic data are available on the internet at http://dnb.dnb.de.

Informationen zum Verlagsprogramm finden Sie unter
http://www.harrassowitz-verlag.de

Gedruckt auf alterungsbeständigem Papier
Druck und Verarbeitung: Memminger MedienCentrum AG, Memmingen
Printed in Germany

ISSN 0724-7001
ISBN 978-3-447-10383-1

Inhalt

Vorwort

Die allgemein hohe Wertschätzung, die unsere Zivilisation dem schriftlichen Kulturerbe von der Antike bis zur Neuzeit beimisst, erzeugt gelegentlich eine Idealisierung seiner Überlieferungsbedingungen: Der immensen geistesgeschichtlichen Bedeutung von Aufzeichnungen aller Art möge auch eine ungestörte materielle Tradierung entsprechen. Der professionelle Umgang entlarvt eine solche Vorstellung schnell als bloße Wunschvorstellung und vermag gleich eine ganze Fülle von Beeinträchtigungen und Beschädigungen aufzuzeigen. Kleinteilige Fragmente von Handschriften und frühen Drucken zeugen von ursprünglich intakten und integren Formen einer Überlieferung, deren Reste sie bilden und deren Zugehörigkeit erst noch zu erforschen wäre. Gerade das Charakteristikum des Unikalen, das den handschriftlichen Aufzeichnungen sui generis eigen ist und den frühen Drucken – zumindest für das Inkunabelzeitalter – vielfach ebenso zugesprochen werden muss, erfordert eine besondere Aufmerksamkeit im Hinblick darauf, ob die neu entdeckte Überlieferung den bisherigen Wissensstand stützt und erweitert oder ggf. korrigiert. Zudem erhebt sich die Frage nach den Umständen der Fragmentierung und Makulierung. Wurden Fragmente z. B. in Buchbinderwerkstätten einer Zweitverwendung zugeführt, treten auch jene Ereignisse in den Blickpunkt der Untersuchungen.

In der Praxis der Gedächtnisorganisationen stehen die genannten Fragestellungen zwar nicht im aktuellen Mittelpunkt ihrer alltäglichen Arbeit, doch sind die Archive, Bibliotheken und Museen je nach Größe ihrer Fragmentbestände als besondere Herausforderung mit der Problematik konfrontiert. Diese ergibt sich nicht allein aus der Notwendigkeit der sachgerechten Inventarisation der Bestände, sondern zudem aus der Verpflichtung, den zuständigen Wissenschaftsdisziplinen von neuen Textzeugen Kenntnis zu geben und damit die Forschung zu fördern. Das Interesse dieser Fachbereiche, von den Philologien über die Rechts- und Theologiegeschichte bis hin zur Musikwissenschaft oder die Kunstgeschichte, an ‚neuen' Quellen ist erheblich. Der interdisziplinäre Austausch ist in diesen Fällen nicht nur wünschenswert, sondern geradezu unverzichtbar. Dies betrifft keineswegs in erster Linie die ‚spektakulären' Einzelfunde, die in den Medien kurzfristig erwähnt werden, wie etwa das erst kürzlich in Leipzig entdeckte *Parzival*-Fragment oder gar das in Birmingham gefundene Fragment der ältesten *Koran*-Überlieferung. Die Forschung benötigt vielmehr Motivation und Ressourcen für eine verstetigte Beschäftigung mit den fragmentierten Quellen, und zwar nicht nur im Hinblick auf ‚spannende' Einzelstücke, sondern bezüglich der Problembewältigung in der Masse. Die qualitative Bedeutung ist dabei wohl unbestritten, wie bereits der vorliegende Band zeigt, dem es – wie gesagt – nicht um die Einzelstücke geht: Schon die eher beiläufig ausgebreiteten Beispiele zeigen ja das zu erwartende Spektrum von den Texten der antiken Literatur bis zu den Harnversen und zur Maultier-Heilkunde, von der gotischen Architekturzeichnung bis zu den Musiknoten der Renaissance und der Barockzeit, vom jiddischen Aderlassfragment bis zum Bruchstück einer Inkunabel oder zur Welserkarte etc.

Der vorliegende Aufsatzsammelband verfolgt die Absicht, die Situation der Fragmentforschung in diesem Sinne darzustellen, methodische Anregungen zu geben, Beispiele aus der Fragmentforschung vorzulegen und neue Impulse für eine intensivere Zusammenarbeit zu geben. Der Band ist immerhin aus einer solchen Zusammenarbeit hervorgegangen: Er beruht auf den Vorträgen eines jener Symposien, welche die beiden Herausgeber ins Leben gerufen haben, um die Kooperation des Archiv- und des Bibliothekswesens in beiderseits interessierenden Fragestellungen zu verstärken. In diesem Falle konnten 2012 anlässlich der Vorstellung eines Inventarbandes zu den Duisburger Fragmenten das Archivberatungs- und Fortbildungszentrum des Landschaftsverbandes Rheinland und die Landesbibliothekarische Arbeitsstelle für Historische Buchbestände der Universitäts- und Stadtbibliothek Köln Fachleute gewinnen, das Thema der Fragmente zu behandeln. Das Interesse erwies sich als so groß und nachhaltig, dass eine Anreicherung der Redebeiträge zu dem jetzt vorliegenden Band realisiert werden konnte.

Die beiden institutionellen Initiatoren haben im Zuge der weiteren Lektorats- und Redaktionsarbeiten auch die Finanzmittel aufgebracht, die für eine angemessene Publikation erforderlich waren; besonders zu erwähnen ist die von Prof. Dr. Jürgen Wilhelm angeregte Beihilfe aus der Regionalen Kulturförderung des Landschaftsverbandes Rheinland, ohne welche die Realisierung nicht möglich gewesen wäre. Dank gilt jedoch auch den Herausgebern der Schriftenreihe und dem Harrassowitz-Verlag, die sofort von der sachlichen Notwendigkeit der Publikation überzeugt waren und die Voraussetzungen für die Drucklegung in dieser Form geschaffen haben. Den größten Dank gilt freilich den Persönlichkeiten, die durch ihre Texte und Abbildungen die inhaltliche Substanz zu der vorliegenden Veröffentlichung beigetrugen. Sie haben es verstanden, durch ihre Fallbeispiele, ihre systematisch-methodischen Reflexionen und die Darlegung der Auswertungsmöglichkeiten das Thema zu veranschaulichen und trotz der ‚Unansehnlichkeit' so mancher Fragmente das Arbeitsgebiet der Fragmentforschung attraktiv werden zu lassen. Dass in vielen Beiträgen versucht wurde zu erkunden, wie man sich im jeweiligen Fachgebiet die Entstehung der Fragmente und die Einzelheiten der Makulierung vorstellen muss, haben die Herausgeber keineswegs als redundante Informationen betrachtet; vielmehr unterstreichen ähnliche Beobachtungen die Tatsache, dass – abseits der disziplingebundenen Interessen – wirklich gemeinsame Anliegen der Fragmentforschung zu konstatieren sind.

Köln, im September 2015

Hanns Peter Neuheuser
Wolfgang Schmitz

Zu den Perspektiven der Fragmentforschung

Hanns Peter Neuheuser, Köln

I. Ziel einer Standortbestimmung der Fragmentforschung

In der traditionellen ‚Arbeitsteilung' werden Fragmente von Handschriften und Drucken in Archiven und Bibliotheken entdeckt, verzeichnet und kommuniziert resp. publiziert, während im Anschluss an jene Vorgänge die auswertenden Wissenschaften auf diese Primärinformationen zugreifen, diese mit dem bisherigen Kenntnisstand vergleichen und für eine Weiterentwicklung ihrer Forschungsfelder nutzbar machen. Dieses ‚Verfahren' hat allen beteiligten Disziplinen – und zwar seit vielen Jahrzehnten – zahlreiche und teils spektakuläre Erfolge beschert, so dass man sich eine Fortsetzung dieses Vorgehens nur wünschen könnte, zumal Zweifel an der Stringenz und Ergiebigkeit kaum einmal laut geworden sind. Die eingangs geschilderte Konstellation von Gedächtnisorganisationen einerseits und der forschenden Wissenschaftswelt andererseits hat sich dabei auf die herrschenden Rahmenbedingungen eingelassen, die den sich ggf. ändernden Stellenwert der Fragmentforschung je aktuell akzeptieren, die Zufälligkeit der Entdeckung in Kauf nehmen und den Standard der Beschreibung und Kommunikation hinnehmen. Diese ‚Gelassenheit' korrespondiert dabei mit der völligen Ungewissheit über das Volumen des weltweiten Fragmentenbestandes, seine geografische und institutionelle Verteilung sowie über künftige Forschungsperspektiven. Die personellen Ressourcen, die für die Behandlung resp. Bearbeitung von Fragmenten zur Verfügung stehen, sollten jedoch eine Standortbestimmung geradezu erzwingen, denn die entsprechende Problematisierung in Bezug auf sog. ‚vollständige' Handschriften und Drucke hat gezeigt, dass der ‚pragmatische' – d. h. wissenschaftsorganisatorisch und kulturpolitisch konsensfähige – Lösungsansatz dazu neigt, die Standards eher abzusenken, Beschreibungskriterien auszudünnen oder gar aufzugeben[1], sich mit Kurzübersichten zufrieden zu geben und Publikationsmöglichkeiten in scheinbar kostenfreien elektronischen Medien zu suchen.

Diese nüchterne Einschätzung könnte dazu verleiten, eine Standortbestimmung für obsolet zu halten, da innerhalb dieses Diskurses die Argumentationen bekannt sind. Dies lässt sich erst recht erahnen, wenn man tendenziell befürwortet, die Standards zu erhöhen und etwa früher erzeugte Beschreibungen von Fragmenten der Revision zu überantworten: In vielen älteren Handschrifteninventaren und Bibliothekskatalogen finden sich bekanntlich lediglich pauschale Hinweise auf das ‚Vorhandensein' von Fragmenten, ähnlich

1 Man denke nur an den vorgeschlagenen Verzicht auf die Erhebung formaler Beschreibungskriterien bei der Bearbeitung spätmittelalterlicher Handschriften, was die anwendenden Wissenschaften mit „Verblüffung" zur Kenntnis nehmen mussten, vgl. Bernhard Schnell, Zusammenhänge, Einflüsse, Wirkungen. Akten des Symposions des Mediävistenverbandes, Band 1, hg. von Jörg O. Fichte, Berlin 1986, S. 438–450, hier S. 440.

anderen ‚Auffälligkeiten' sog. ‚vollständiger' Handschriften. Abgesehen davon entsprechen viele in früheren Zeiten angelegte Beschreibungstexte nicht mehr dem inzwischen erweiterten Forschungsstand. Diese Bemerkungen künden nicht nur von dem bestehenden Bedarf an qualifizierten Fragmentbearbeitungen, sondern auch vom Wandel der Ansprüche aus dem Blickpunkt der Forschungsanliegen, unabhängig von sonstigen, z. B. technischen Möglichkeiten. Allein aus systematisch-methodischen Gründen wird daher eine Thematisierung der Fragmentfragen weiterhin für notwendig gehalten. Eine Standortbestimmung erscheint insoweit keineswegs obsolet, da es darauf ankommen muss, nicht nur einseitig eine Forderung nach Standardabsicherung und –verbesserung zu erheben, sondern auch beständig mit Anschauungsmaterial und neuen Impulsen zu versehen. Im Folgenden sollen daher wünschenswerte Perspektiven der Fragmentforschung vorgetragen werden, wobei diese Sammlung selbst wiederum als grundsätzlich erweiterungsfähig anzusehen wäre.

II. Ziel der kulturhistorischen Charakterisierung der Fragmentforschung

Wenngleich es in Kreisen der professionellen Fragmentforschung nicht zwingend geboten erscheint, die Vielfalt des Themenkomplexes noch einmal zu betonen und mit der Fülle meistens bekannter Beispiele zu untermauern, soll zunächst die Tatsache hervorgehoben werden, dass die Fragmentforschung insgesamt ein Gebiet mit eigenem kulturhistorischen Anspruch darstellt. Nicht nur formal wird hier multidisziplinäre Zusammenarbeit vorausgesetzt, vielmehr muss eine kulturhistorische Kompetenz zudem bei den beteiligten Gedächtnisorgansationen und auswertenden Disziplinen gefordert und wirksam werden. Ein Ansatzpunkt für eine künftig verstärkte Entwicklung resp. Auskleidung der Fragmentforschung in kulturhistorischer Hinsicht könnte und sollte darin liegen, den Blick vom isolierten Einzelstück eines Fragments zum Kontext der Überlieferungsgeschichte der handschriftlichen Produktion zu weiten[2]. Dabei sollte die Separierung eines Fragments nicht fatalistisch als ‚Zufallsfund' beklagt und damit unterschätzt, sondern als Forschungsauftrag angesehen werden: Jedem Fragment war einmal ein intakter und aussagefähiger Kontext beigegeben! Zu dieser Erkenntnis gelangt leicht, wer die oben erwähnte ‚Arbeitsteilung' zu einem wechselseitigen ‚Verfahren' erweitert und um das Modell einer *forschenden* Gedächtnisorganisation sowie einer *archivierenden* Anwendungsdisziplin ausbaut. Der bereits ältere Begriff der ‚Makulaturforschung' könnte zur Darstellung des Gemeinten und zur Bezeichnung einer neuen Auffassung im o. a. Sinne hilfreich sein. Damit würde vor allem die bedeutende Gruppe derjenigen Fragmente in den Blickpunkt gerückt, die nicht ‚nur' aus einem Kodex separiert, sondern in einem folgenden Arbeitsgang einer

2 So bereits die ältere Forderung aus der Sicht der (germanistischen) Anwendungswissenschaften bei Gisela Kornrumpf, Handschriftenkataloge und Überlieferungsgeschichte, in: Beiträge zur Überlieferung und Beschreibung deutscher Texte des Mittelalters, hg. von Ingo Reiffenstein, Göppingen 1983, S. 1–23. – Klaus Kirchert, Text und Textgeschichte. Zu überlieferungsgeschichtlichen Editionen spätmittelalterlicher Gebrauchsprosa, in: Germanistik. Forschungsstand und Perspektiven. Vorträge des Deutschen Germanistentages 1984, Band 2, S. 51–71. – Kurt Ruh, Überlieferungsgeschichte mittelalterlicher Texte als methodischer Ansatz zu einer erweiterten Konzeption von Literaturgeschichte, in: Überlieferungsgeschichtliche Prosaforschung. Beiträge der Würzburger Forschergruppe zur Methode und Auswertung, hg. von Kurt Ruh, Tübingen 1985, S. 262–272.

z. B. einbandpraktischen ‚Wiederverwendung' zugeführt wurden. Hieraus ergibt sich – neben dem Separierungsvorgang – ein zweiter kulturhistorisch relevanter Aspekt. Bevor wir diesen ‚chronologisch zweiten Schritt' näher beleuchten und die hierin liegenden, neu zu formulierenden Aufgabenstellungen betrachten, sollten wir jedoch – im Sinne einer Selbstvergewisserung – von der Situation isolierter Fragmente ausgehen. Auch in jener Gruppe, deren Zweitverwendung bislang noch nicht bekannt ist, können Objekte von durchaus beträchtlicher Größe vorhanden sein, die wiederum kulturhistorische Fragen implizieren: Keineswegs alle Fragmente lassen aufgrund ihrer nur fingernagelgroßen Ausdehnung jegliche substanzielle Zuordnung zu einem Werk als aussichtslos erscheinen.

a) Ziel der Kontextualisierung des Fragmentausschnitts

Obwohl die intellektuelle Herausforderung der Forschung mit der abnehmenden Größe des Fragmentausschnitts grundsätzlich gesteigert wird, so stellt sie doch nicht das alleinige Merkmal eines Fragments dar. Die Unterscheidung zwischen einem ‚umfangreichen Fragment' und einem ‚geringdimensionierten Kodex', also z. B. einer Handschrift von nur wenigen Blättern oder nur einer Lage, deutet nicht grundsätzlich auf eine erhebliche methodische Differenzierungsnotwendigkeit, hat aber in Nachweissystemen durchaus dann Konsequenzen, wenn Handschriftenkataloge sich darauf verständigen, Fragmente eben nicht aufzuführen. Ein Blick in den Handschriftencensus Rheinland zeigt mit seinem Aufnahmeausschluss, dass z. B. das entgegen dem Ausschluss aufgeführte *Kranenburger Offiziumsantiphonar* aus dem 15. Jahrhundert mit seinen sieben Blättern Umfang als „unvollständig" gekennzeichnet wurde, bei dem Ordo missae der Kölner Pfarre St. Columba der gleichen Zeitstellung eine Relativierung jedoch fehlt, obwohl bei dieser Textsorte bekannt ist, dass sie auch Teile von Missalien oder Sammelhandschriften sein können[3]. Wenn man also die Diskussion darüber eröffnet, bei welchem Status man von der ‚Vollständigkeit' einer Handschrift sprechen dürfe, stellt man schnell die Frage nach dem inhaltlichen Kontext. Legte man bei der Kollation ausschließlich das gelegentlich vorhandene zeitgenössische Inhaltsverzeichnis zugrunde, um dessen ‚Abarbeitung' zu prüfen, würde nur ein kleiner Teil der Überlieferung künftig als ‚vollständig' zu gelten haben. Alternativ müsste der Rekurs also auf den Inhalt stattfinden: Handelt es sich bei der nur wenige Blätter starken Handschrift tatsächlich um die Aufzeichnung eines autonomen Werks? Fehlt es einem ‚umfangreichen Fragment' wirklich an ‚Abgeschlossenheit'? Solche Fragen orientieren sich zwangsläufig an der zunächst noch fiktiven Situation eines Idealkodex, der womöglich erst konstituiert werden muss. Entsprechend vorläufig müssen die Beschreibungen ausfallen, wenn es mehrere Lösungsvorschläge geben kann: Wie sind etwa Fragmente mit Bibeltexten literaturgeschichtlich einzuordnen: als Teile einer Vollbibel, einer Teilausgabe, enthalten sie ein wörtliches Zitat aus einem patristischen oder scholastischen Traktat oder aus

3 Vgl. Handschriftencensus Rheinland. Erfassung mittelalterlicher Handschriften im rheinischen Landesteil von Nordrhein-Westfalen mit einem Inventar, hg. von Heinz Finger, Wiesbaden 1993, vgl. Nrn. 398 und 1302, zu den anderen Beispielen vgl. Nrn. 80, 483, 568, 754 und 1109. Vgl. hierzu auch Hanns Peter Neuheuser, Zwischen Bestandsverzeichnis und Katalogisierung. Bemerkungen zum rheinischen Census zur Erfassung mittelalterlicher Handschriften, in: Bibliothek. Forschung und Praxis 20 (1996), S. 113–121.

einem liturgischen Buch? Hier wird deutlich, welche starke Stellung die Kontexte bei der Betrachtung eines Fragments einnehmen können.

In der Praxis der Fragmentforschung stellt daher die physische Ausdehnung eines Objektes keine Wertanzeige, sondern nur den Hinweis auf eine ggf. stärkere Beachtung der inhaltlichen Ausrichtung dar. Eine Entkontextualisierung vom Gehalt des Exemplars und des Werks hat unabhängig von dem letztendlich erreichten Grad der Reduzierung allemal stattgefunden, und diese Tatsache ist – neben den anderen konservatorischen etc. Problemen – bereits als ein kulturhistorischer Befund zu bewerten. Dies gilt umso mehr, wenn wir den zu konstatierenden Prozess nicht nur im Zusammenhang mit ‚Texten', also schriftlichen Aufzeichnungen, sehen. Fragmente mit schriftssprachlichen Aufzeichnungen stellen zwar die (weit) überwiegende Mehrheit dar, doch darf dieser Befund andere Aufzeichnungsarten nicht aus dem Blick geraten lassen. Das Phänomen der Entkontextualisierung und insbesondere die Stellvertreterfunktion eines Bruchstücks gegenüber einem ‚Gesamt' und einer vermuteten ursprünglich integren Situation, speziell das Problem der Wiedererkennung eines Bruchstücks außerhalb des positiven Kontextes, sind noch zu wenig reflektiert.

Die kulturhistorische Dimension der Fragestellung wird vor allem deutlich bei der Betrachtung anderer Aufzeichnungsarten; zu erwähnen sind dabei etwa Fragmente mit musikalischen, kartografischen oder zeichnerischen Darstellungen: Bei starker Reduktion solcher Aufzeichnungen wird uns das schwierige Verhältnis zu einem Kontext vielleicht schneller deutlich als bei standardisierten Texten aus Buchstaben, die linear aufeinanderfolgen und Grammatik und Syntax folgen. In diesen Fällen kann der fragmentarische Befund aus Einzelbuchstaben ggf. bereits mit philologischen Mitteln ergänzt werden. Probleme bestehen bereits bei Aufzeichnungen, die den Schrifttexten noch verwandt sind. Zur Veranschaulichung soll der Fund eines Neumenfragments herangezogen werden, dessen Gesangsnoten mit der unterlegten Schriftzeile nicht homogen datiert werden können, obwohl die Ausfertigung des Dokuments ohne Zweifel zum gleichen Zeitpunkt erfolgte: Die musikhistorische Tradition der Noten kann u. U. anders beurteilt werden als die paläografische Einordnung der Schriftzeichen dies nahelegt. Hier stellt sich die Frage nach der methodischen Vorgehensweise, die vielleicht in der Nutzung naturwissenschaftlicher Verfahren als tertium comparationis besteht[4]. Ein anderes Problem besteht in der notorisch fehlenden Informationsdichte nichtlinearer Aufzeichnungen größeren Maßstabs; hierzu gehören fragmentierte Karten sowie technische und künstlerische Zeichnungen. Die kleinmaßstäbige sog. *Welserkarte* der Zeit um 1530 konnte als Buchdeckelfund der Studienbibliothek Dillingen identifiziert werden aufgrund ihrer relativen Dichte der Aufzeichnungen. Ein solcher Erfolg wäre bei kartografischen Darstellungen größerer Maßstä-

4 Vgl. Nikolaus Nonn, Das Fragment eines hochmittelalterlichen Missales mit Neumen im Propsteiarchiv Kempen. Rekonstruktion des Textes und einige musikwissenschaftliche Anmerkungen, in: Die Handschriften des Propsteiarchivs Kempen. Interdisziplinäre Beiträge, hg. von Hanns Peter Neuheuser, Köln u.a. 1999, S. 29–58; hierzu: Jürgen Holzapfel, Hanns Peter Neuheuser, Kriminaltechnik im Dienst der historischen Handschriftenforschung. Computergestützte Untersuchungen eines Neumenfragments durch Einsatz elektromagnetischer Wellen im nichtsichtbaren Spektralbereich, in: Die Handschriften des Propsteiarchivs Kempen (wie vor), S. 327–336.

be, wie sie etwa im regionalen oder nur lokalen Bereich gefertigt wurden, nicht garantiert, da sie bereits im vollständigen Zustand in der Regel über größere Freiflächen oder nicht bezeichnete und damit nicht zu interpretierende Linien verfügen.

Ähnlich verhält es sich mit stark reduzierten Architekturzeichnungen, die aufgrund unklarer Maßstabsverhältnisse nicht leicht einem Gebäude zugeordnet werden können. Nur durch die Aufmerksamkeit der Fragmentbearbeitung, der Sammlungsverantwortlichen und der intensiven Mitwirkung seitens der Fachwissenschaft wäre hier eine Identifizierung möglich, wie etwa bei der fragmentarischen Skizze vom Kölner Domgrundriss. Der Architekturhistoriker Norbert Nußbaum hatte 2014 den Buchdeckelfund aus dem Düsseldorfer Cassianus-Kodex Ms. B 51 als Grundriss der Kathedrale identifiziert[5]: In die Handschrift des rheinischen Klosters Altenberg waren Ende des 15. Jhs. zwei Pergamentblätter eingeheftet worden, die Bruchstücke einer Bauzeichnung aufwiesen und wie folgt als Fragment katalogisiert worden waren: „2 schmale Fragmente einer auf Pergament beidseitig identisch, allerdings nicht deckungsgleich ausgeführten Federzeichnung des Grundrisses vermutlich eines gotischen Sakralbaus des 13.–15. Jh., erhaltener Ausschnitt zeigt wohl vielfach profilierte Stützen"[6]. Es handelt sich tatsächlich um Querschnitte durch den Südturm des Doms; die Zeichnung ist in die 2. Hälfte des 14. Jhs. zu datieren. An der vorzüglichen architekturgeschichtlichen Studie ist lediglich die Überschrift zu bemängeln, welche den Fragmentrecherchen nur mühsam zugänglich sein wird.

Bei kunsthistorisch relevanten Miniaturmalereien ist eine Interpretation, d. h. Stilzuordnung und Datierung sowie ggf. Lokalisierung möglich, wenn das Fragment genügend Merkmale bereithält. Spektakuläre Funde wie das spätkarolingische Mainzer Apokalypsenbild[7] zeigen beispielhaft die interdisziplinäre Auswertungsmöglichkeit und den kulturhistorischen Gewinn in all seinen Facetten auf, um den materiellen Verlust an Kontextualität virtuell wieder auszugleichen. Diese Bemühungen betreffen jedoch ‚lediglich' die Aussagefähigkeit der Aufzeichnungen im Fragmentausschnitt, sind aber nicht in der Lage, den dynamischen Fragmentierungsvorgang rückgängig zu machen.

b) Ziel der Rekonstruierung des Wiederverwendungsaktes

Der handwerkliche Akt der Wiederverwendung von Handschriftenfragmenten in anderen Kodizes oder archivalischen Einheiten stellt der oben bereits genannte ‚chronologisch zweite Schritt' dar, welcher der Separierung folgt und für den ebenfalls kulturhistorische Relevanz beansprucht werden kann. Aus der Sicht der Fragmentforschung wird hierbei der Blick umgedreht und auf die Trägerbände gerichtet: Diese weisen an den verschiedensten Stellen von Deckelinnenseiten, Rücken usw. makulierte Fragmente auf, aufgrund des stabi-

5 Vgl. Norbert Nußbaum, Neues zu den Turmplanungen des Kölner Domes, in: Kölner Domblatt. Jahrbuch des Zentral-Dombau-Vereins 79 (2014), S. 75–119.

6 Vgl. den Inventarband: Die mittelalterlichen Handschriften der Signaturengruppe B in der Universitäts- und Landesbibliothek Düsseldorf, Band 1, bearb. von Eef Overgaauw u. a., Wiesbaden 2005, S. 186–187 (Katalogisat: Joachim Ott).

7 Vgl. hierzu den Sammelband: Das spätkarolingische Fragment eines illustrierten Apokalypse-Kommentars in der Mainzer Stadtbibliothek. Bilanz einer interdisziplinären Annäherung, hg. von Annelen Ottermann, Mainz 2014.

len Pergamentmaterials hauptsächlich zum Zwecke der Verstärkung und Unterfütterung des Einbandes und der Heftung. Bereits diese Angaben verweisen auf mannigfache Details und Umstände hin, die es bei der Interpretation der entdeckten Situation, des ‚Fundes', zu berücksichtigen gilt – ein breites Feld für die eigentliche „Makulaturforschung", wie sie schon von Konrad Haebler genannt wurde[8]. Großformatige Anwendungsbeispiele lassen sich sowohl im Archiv- als auch im Bibliothekswesen nachweisen[9] und bestehen zum Teil im kompletten sog. Makulatureinband unabhängig vom literarischen Genus des Trägerbandes. Die Zeitstellung von Trägerband und Makulaturmaterial kann weit differieren, etwa wenn eine barocke Handschrift mit einem Pergamentbogen aus der ottonischen Epoche überzogen wird[10]. Kleinere Blätter finden sich in der Auskleidung der Spiegel beim Bucheinband bis hin zur Verstärkung der Heftung[11] und zur Anfertigung von Blattgreifern am Vorderschnitt, etc. Handschriftenfragmente wurden aber auch als Einbände für gedruckte Bücher verwendet[12], andererseits wurden auch Druckerzeugnisse auf Papier als Makulatur genutzt[13]. Bereits an diesem kursorischen Einblick kann verdeutlicht werden, dass zur Interpretation eines solchen Befundes erhebliche Kenntnisse über die jeweils zeitgenössische Einbandkunst und die Materialbearbeitung und –beschaffung seitens der Buchbinderwerkstätten erforderlich sind.

Das Spektrum kann erweitert werden, wenn man neben den buchkundlich und bibliothekswissenschaftlich relevanten Beständen die sonstigen Verwendungsformen von Handschriftenfragmenten in den Fokus nimmt. So wurde um 1474 ein karolingisches Reliquienkästchen auf diese Weise stabilisiert resp. wurden die durchbrochen gearbeiteten Elfenbeintafeln mit Papierblättern hinterlegt, auf welchen ein Bücherverzeichnis notiert

8 Vgl. Konrad Haebler, Makulatur-Forschung, in: Zeitschrift für Buchwesen 25 (1908), S. 535–544. Abgesehen von dieser methodologischen Begriffsprägung verfügt die Erforschung von Fragmenten natürlich über eine längere Tradition.

9 Vgl. den Überblick bei Klaus Zechiel-Eckes, Buchbinder wetzen das Messer. Mittelalterliche Handschriften und Urkunden als Einbandmakulatur, in: Kosmos der Zeichen. Schriftbild und Bildformel in Antike und Mittelalter, hg. von Dietrich Boschung, Hansgerd Hellenkemper, Wiesbaden 2007, S. 141–160.

10 Vgl. das Beispiel bei Hanns Peter Neuheuser, Das Kempener Fragment einer Dionysio-Hadriana aus dem 10. Jahrhundert als Aufgabe der kirchenrechtsgeschichtlichen Forschung, in: Quellen und Beiträge aus dem Propsteiarchiv Kempen, hg. von Hanns Peter Neuheuser, Band 1, Köln u. a. 1994, S. 81–119.

11 Vgl. die Fallstudie von Jos A. A. M. Biemans, Oortjes, hartstrookjes en rugbeleg. Over her gebruik van perkament uit middeleeuwse handschriften in boekbanden van de vijftiende tot de zeventiende eeuw, in: E codicibus impressisque. Opstellen over het boek in de Lage Landen voor Elly Cockx-Indestege, hg. von Chris Coppens, Löwen 2004, Band 3, S. 3–24.

12 Vgl. die Beispiele bei Nicholas Pickwoad, The use of fragments of medieval manuscripts in the construction and covering of bindings on printed books, in: Interpreting and collecting fragments of medieval books, hg. von Linda L. Brownrigg, Margaret M. Smith, Los Altos Hills 2000, S. 1–20.

13 Vgl. die Beispiele bei Edgar Krausen, Zwei unbekannte Straubinger Druckerzeugnisse als Einbandmakulatur, in: Jahresbericht des Historischen Vereins für Straubing und Umgebung 65 (1962), S. 104–108. – Verena Hoenig, In Buchdeckeln überlebt. Die Einblattdrucke des 15. Jahrhunderts, in: Myosotis. Zeitschrift für Buchwesen 5 (1989), S. 16–19.

war[14]. Eine recht lange Tradition lässt sich nachweisen, Handschriftenmakulatur als Futter in liturgischen Gewändern, teilweise zur Versteifung, zu verwenden[15]. Im Einzelfall konnte die Wiederverwendung eines Fragments als Trommelfell belegt werden[16]. Doch auch die Nutzung von Pergamentstreifen in Klavieren ist bekannt: Über ein Antiphonar aus dem Kloster Eberbach wird folgendes Schicksal der Zeit nach 1806 anschaulich berichtet: „Diese zum Theil sehr werthvollen Schriften, meist Folianten, wurden, mehrere Wagen voll, im Jahre 1806 nach Wiesbaden gefahren und hier auf der Hofkammer pfundweise versteigert. Buchbinder und andere Geschäftsleute kauften das alte Papier [...]. Ein vortrefflich geschriebenes Choralbuch, mit Bildern und feingemalten Initialen, aus dem 14. Jahrh[undert], im grössten Folio, haben wir vor zwei Jahren [1853] in einer hiesigen Pianofortefabrik vorgefunden, deren Inhaber es nebst andern kleineren Büchern damals gesteigert und das feine Pergament desselben seit 45 Jahren verschnitten und vernutzt hatte, um die Hämmerchen seiner Instrumente zu verledern (sic!)".[17]

Solche Einzelnachrichten von geradezu antiquarischer Attitüde sind beinahe beliebig zu vermehren. Auch diesen Berichten eignet wegen der Besonderheiten der Wiederverwendung eine kulturhistorische Relevanz – unabhängig vom Gehalt der fragmentierten Aufzeichnungen. Zu fragen ist aber, ob in Kenntnis der allgemeinhistorischen und bibliotheks- und handwerksgeschichtlichen Umstände derartige ‚Fundszenarien' auch reproduziert, d.h. Entdeckungen provoziert werden können. So galten einige Versuche sogar der breiteren Öffentlichkeit als spektakulär, aus dem makulierten Material die ursprünglichen Handschriften, etwa zum *Nibelungenlied*, zu rekonstruieren[18]. Die Arbeitshypothese behauptete, dass der gleiche Buchbinder möglicherweise ähnliches Material auch für die Herstellung anderer Einbände verwendet haben könnte; in der Tat wurden nach gezielter Suche weitere Fragmente des *Nibelungenliedes* gefunden. Insofern verhilft dieser methodische Ansatz auch zur Erhellung von Werkstattzusammenhängen und Arbeitsabläufen, von Beschaffungswegen und zeitlichen sowie räumlichen Einordnungen etc. Zur Beschaffung und Vorratshaltung von Makulaturmaterial in den klösterlichen, kommunalen oder privaten Buchbindewerkstätten besteht noch ein erheblicher Forschungsbedarf. Es ist jedenfalls erstaunlich, dass sich auch in der jüngeren Vergangenheit noch sehr alte Makulaturstücke

14 Vgl. Thomas Frenz, Ein Bücherverzeichnis aus der Abtei Werden an der Ruhr, gefunden bei der Restaurierung des karolingischen Werdener Reliquienkästchens, in: Codices manuscripti 11 (1985), S. 9–14.

15 Vgl. Hanns Peter Neuheuser, Text und Textil. Zur Verwendung von Handschriftenfragmenten als Futter von liturgischen Gewändern, in: Rheinisch-westfälische Zeitschrift für Volkskunde 54 (2009), S. 171–194.

16 Vgl. Andreas Lehnardt, Hebräische und aramäische Handschriftenfragmente in Mainzer Bibliotheken, in: Mainzer Zeitschrift. Mittelrheinisches Jahrbuch für Archäologie, Kunst und Geschichte 103 (2008), S. 15–28, hier S. 26–27.

17 Vgl. P[ater] Hermann Bärs diplomatische Geschichte der Abtei Eberbach im Rheingau, hg. von Karl Rossel, Band 1, Wiesbaden 1855, S. 553.

18 Vgl. Nibelungen Schnipsel. Neues vom alten Epos zwischen Mainz und Worms, hg. von Helmut Hinkel (Neues Jahrbuch für das Bistum Mainz 2004), Mainz 2004. Vgl. hierzu auch Kurt Hans Staub, Bruchstücke der Nibelungenhandschrift L. Auf der Suche nach weiteren Fragmenten, in: Einband-Forschung 13 (2003), S. 49–52.

im Besitze von Buchbindern befunden haben; so etwa die großformatigen Blätter eines dem 8. Jh. entstammenden Sakramentars, die 1920 aus einer Regensburger Werkstatt für die Berliner Staatsbibliothek erworben werden konnten[19], während sich andere Teile des gleichen Sakramentars schon früher in einer Regensburger Bibliothek sowie in einer benachbarten Privatbibliothek finden ließen[20].

Die systematische Annäherung an die makulierten Fragmente ist zwischenzeitlich auch an anderer Stelle und gerade auch abseits der großen Handschriftenzentren an kleineren Bibliotheken exerziert worden[21]; erinnert sei an das ähnliche Vorgehen bei der Entdeckung von *Notkers Psalterfragment*[22]. In Einzelfällen kann die gezielte Suche nach Makulatur auch zwangsläufig ins Leere stoßen[23]. In der Regel finden sich Handschriftenfragmente also eher beiläufig bei der Recherche zu anderen, nämlich inhaltlichen Zusammenhängen, wie etwa bei der Benutzung einer Bamberger Bibelhandschrift des 13. Jhs., welche wohl im 15. Jh. aus buchbinderischen Gründen Fragmente eines spätantiken Livius-Kodex erhielt, dessen Makulaturspuren bereits in anderen Bamberger Handschriften entdeckt worden waren[24]. Von dem berühmten *Baturich-Pontifikale* aus der ersten Hälfte des 9. Jhs. wären niemals mehr als die ursprünglichen 16 Doppelblätter bekannt geworden, hätte nicht eine systematische Suche den Bestand um mehrere größere und zahlreiche kleinformatige Funde in den Falzen auf heute 16 Quaternionenlagen erhöhen können[25]. Diese Überlegungen können grundsätzlich auf alle Bereiche ausgeweitet werden, innerhalb deren die Wiederverwendung von Makulaturmaterial denkbar erscheint.

Die Wiederverwendung von Handschriftenfragmenten in Archiven und bei archivalischem Material wurde oben bereits angedeutet; sie reicht von der Schutzumhüllung von

---

19 Berlin, Staatsbibliothek zu Berlin, Ms. lat. fol. 877 (Proprium de tempore); erworben 1920 als Akz.-Nr. 1920.55.

20 Regensburg, Bischöfliche Zentralbibliothek, Hs. Cim. 1 (Canon missae). – Schloss Hauzenstein/Regensburg, Walderdorffsche Bibliothek, o. Sign. (Kalendar).

21 Vgl. Kurt Hans Staub, Frammenti di codici medievali nelle rilegature. Proposte di metodo per un'indagine sistematica, in: Atti della Accademia Peloritana dei Pericolanti, classe di lettere, filosofia e belle arti (1995), S. 253–273.

22 Augsburg, Universitätsbibliothek, Cod. I.3 2° 23; vgl. Deutsche mittelalterliche Handschriften der Universitätsbibliothek Augsburg. Die Signaturengruppen Cod. I.3 und III.1, hg. von Karin Schneider, Wiesbaden 1988, hier S. 86 f. Es handelt sich um Pergamentstreifen einer Handschrift aus dem 1. Viertel des 11. Jhs., gefunden in Handschriften des Klosters Maihingen vom Ende des 13. Jhs.

23 Zu der Suche nach der von einem Beyenburger Buchbinder verwendeten Makulatur eines in angelsächsischer Minuskel geschriebenen Chrysostomus-Kodex des 8. Jhs. aus dem Liudgerkreis vgl. Klaus Zechiel-Eckes, Vom armarium in York in den Düsseldorfer Tresor. Zur Rekonstruktion einer Liudger-Handschrift aus dem mittleren 8. Jahrhundert, in: Deutsches Archiv für Erforschung des Mittelalters 58 (2002), S. 193–203.

24 Bamberg, Staatsbibliothek, Msc. Bibl. 18; vgl. hierzu Matthias M. Tischler, Neue Fragmente der spätantiken Bamberger Livius-Handschrift (CLA VIII.1028 Addenda), in: Scriptorium 54 (2000), S. 268–280.

25 Wien, Österreichische Nationalbibliothek, Cod. Vindob. ser. nov. 2762; vgl. hierzu Franz Unterkircher, Das Kollektar-Pontifikale des Bischofs Baturich von Regensburg, Fribourg 1962.

Siegeln[26] bis hin zum Einband von archivalischen Konvoluten[27]. Auch hier haben gezielte Suchen zu interessanten Funden geführt, etwa Spielkartenbögen[28], Kalender und anderes[29]; man denke an die Rosenheimer Funde[30]. Als besonders aufschlussreich müssen jedoch jene Situationen gelten, die über die singulären Besonderheiten der Darstellungen hinaus zudem weitere Zusammenhänge aufdecken, etwa die Protagonisten und Werkstätten von Bindemaßnahmen zu identifizieren helfen und somit die archivische Provenienz zu benennen vermögen[31]. Aus der Durchsicht von Einbänden erscheint es möglich zurückzuverfolgen, welche derselbe Buchbinder städtischer Archivalien in Schweinfurt durchführte[32]. Das gleiche konnte im Bestand des Duisburger Stadtarchivs erfolgen: Hier konnte auf diesem Wege nicht allein die Fragmentsammlung erheblich erweitert, sondern auch die Tektonik von Registraturschichten identifiziert werden[33]. Dieses Anliegen ist wichtig, wenn nicht nur serielles Archivgut (Rechnungseinbände, Protokollbände), sondern ganze Registraturschnitte zeitlich datiert und somit ggf. auch Werkstätten zugeordnet werden können. Es handelt sich um Informationen, die das Vorkommen bestimmter Einbandarten – auch solche ohne Handschriftenmakulatur – und Signaturenbezeichnungen klären können und bedeutsame historische und kulturgeschichtliche Erkenntnisse über das Verwaltungshandeln bestimmter Instanzen und Gebiete zutage fördern. Die regionale Di-

26 Vgl. Wolfgang Schößler, Urkundenfragmente auf Siegelhüllen, in: Brandenburgische Landesgeschichte und Archivwissenschaft. Festschrift für Liselott Enders, hg. von Friedrich Beck, Klaus Neitmann, Weimar 1997), S. 457–469.

27 Vgl. die Beispiele aus dem Archivwesen bei Jan Brunius, Medeltida böcker i fragment. En översikt över pergamentsomslagen i Riksarkivet, in: Nordisk tidskrift för bok- och biblioteksväsen 80 (1993), S. 3–33. – Giulio Bianchoni u. a., Manuscript fragments in archive bindings. A methodological problem, in: International Conference on conservation and restoration of archival and library materials, hg. von Carlo Federici, Paola Munafò, Palermo 1999, S. 405–421. – Günther Michael Paucker, Ein Pergament-Doppelblatt aus einem süddeutschen Graduale des 15. Jahrhunderts als Einband eines Kaufbuchs aus Kleinheppach (Gemeinde Korb, Rems-Murr-Kreis), in: Jahrbuch Musik in Baden-Württemberg 10 (2003), o. S. – Vgl. auch: Einbandfragmente in kirchlichen Archiven aus Kurhessen-Waldeck, Konrad Wiedemann, Bettina Wischhöfer (Schriften und Medien des Landeskirchlichen Archivs Kassel, 21), Kassel 2007.

28 Vgl. etwa das Beispiel von Edgar Krausen, Spielkartenbogen als Einbandmakulatur bei Archivalien, in: Archivalische Zeitschrift 58 (1962), S. 119–120.

29 Vgl. Hellmut Rosenfeld, Kalender und andere Funde in Buch- und Archivalienbänden, in: Mitteilungen für die Archivpflege in Bayern 8 (1962), S. 19–20.

30 Vgl. Peter Miesbeck, Zerschnittene Bücher, oder: Literatur im Einband. Zum Stand der Makulaturforschung im Stadtarchiv Rosenheim, in: Das bayerische Inn-Oberland 46 (1986), S. 5–26.

31 Vgl. Edgar Krausen, Pergamenturkunden aus dem Kloster Imbach als Einbandmakulatur des Raitenhaslacher Hofmeisters zu Krems, in: Mitteilungen des Kremser Stadtarchivs 11 (1971), S. 9–12.

32 Vgl. Otto Meyer, Fragmenta Prisciani Swinfurtensia. Zur Handschriften-Fragment-Forschung in Franken (Historischer Verein für die Pflege der Geschichte des Ehemaligen Fürstbistums Bamberg. Bericht 92, Beiheft, 2), Bamberg 1954, vgl. insbesondere die Hinweise auf den Buchbinder S. 11.

33 Vgl. Hanns Peter Neuheuser, Hans Georg Kraume, Zur Bedeutung der Duisburger Fragmente, in: Die Fragmentsammlung im Stadtarchiv Duisburg, in: Duisburger Forschungen 58 (2012), S. 5–26.

mension solcher Erhebungen sind etwa für Verwaltungseinheiten Mitteldeutschlands[34], notarielle Dokumente in Oberitalien[35] und in Bezug auf den Deutschen Orden[36] aufgezeigt worden. Wegen dieser zusätzlichen Informationen, die archivalisches Material den Fragmentfunden beisteuern kann, gelten Archive als interessante Aufbewahrungsorte und Forschungsplätze, obwohl dieses Potenzial noch nicht ausreichend genutzt worden ist[37].

Im Übrigen haben Konvolute archivalischer Quellen nicht nur zu Handschriftenmaterial hingeführt, auch sind – neben literarischen Handschriften – Urkunden selbst Gegenstand der Makulierung geworden[38]. Das Archivwesen bedient sich somit schon aus Gründen der Provenienzforschung traditionell der Methoden der Makulaturforschung[39], unabhängig davon, dass sowohl Archive als auch Bibliotheken gleichermaßen mit den entsprechenden konservatorischen Problemen beschäftigt sind[40].

Das Anliegen der Rekonstruierung des Wiederverwendungsaktes mit seinen zahlreichen kulturhistorischen Ansätzen zur Erforschung der Impulse und der einzelnen Schritte zur Nachnutzung von Handschriftenmakulatur ist von der Fragmentforschung – wie gezeigt werden konnte – bereits erfolgreich genutzt worden. Der hier apostrophierte Forschungsansatz beginnt stets mit der über die fragmentierte Aufzeichnung hinaus weisenden Fragen nach dem ‚Warum' und ‚Wann' des Makulierungsvorgangs[41]. Die Ergebnisse wurden gelegentlich öffentlich gewürdigt, insbesondere, wenn die Aufzeichnungen selbst einen hohen Rang einnehmen oder unbekannte Textvarianten, etwa unseres oben

34 Vgl. Ute Essegern, Mittelalterliche Pergamenthandschriften als Makulaturbestand im Thüringischen Staatsarchiv Meiningen, Berlin 1995 (Diplomarbeit), mit Beschränkung auf die paläografische und provenienzbezogene Analyse der Amtsrechnungsbücher.

35 Vgl. Gionata Brusa, Maculature liturgiche nel fondo notarile antico dell'archivio storico civico di Vercelli, in: Aevum. Rassegna di scienze storiche, linguistiche e fologiche 83 (2009), S. 431–527, am Beispiel von 84 unterschiedlichen Trägerbänden.

36 Vgl. Fragmente liturgischer Handschriften des Deutschen Ordens im Historischen Staatsarchiv Königsberg, hg. von Anette Löffler (Einzelschriften der Historischen Kommission für Ost- und Westpreußische Landesforschung, 18, 24 und 28), 3 Bände, Lüneburg und Marburg 2001, 2004 und 2009.

37 Vgl. programmatisch André J. Geurts, Handschriften en handschriftfragmenten in archiefbewaarplatsen. Een vergeten groep middeleeuwse bronnen, in: Nederlands archievenblad 86 (1982), S. 115–120. – Vgl. auch André J. Geurts, Fragmenten van handschrift en druk. Enige opmerkingen over bewaring, conservering en ontsluiting, in: Nederlands archievenblad 87 (1983), S. 4–15.

38 Vgl. Friedrich Beck, Pergamente als Einbände und Buchbindermaterial. Einzelschicksale brandenburgischer Urkunden, in: Brandenburgische Landesgeschichte und Archivwissenschaft (wie oben), S. 439–455.

39 Albert Bruckner, Einige Bemerkungen zur Makulaturforschung in den Archiven, in: Gottesreich und Menschenreich. Ernst Staehelin zum 80. Geburtstag, hg. von Max Geiger, Basel u. a. 1969, S. 12–25.

40 Vgl. Geurts, Fragmenten van handschrift en druk (wie oben), und Ágnes Ádám, Mittelalterliche Pergamentfragmente. Einbandtechnische Verwendung, Umgang bei der Restaurierung und Aufbewahrungsmöglichkeiten, in: Papierrestaurierung. Mitteilungen der IADA 4 (2003), Nr. 2, S. 15–20.

41 Joseph M. M. Hermans, Waarom en wanneer werden handschriften of drukken afgedankt en tot membra disjecta verwerkt? In: Het middeleeuwse boek in Groningen. Verkenningen rond fragmenten van handschrift en druk, hg. von Joseph M. M. Hermans, Groningen 1981, S. 30–36.

vorgeführten Beispiels des *Nibelungenliedes* oder aber auch des *Alexanderliedes*[42] beinhalten – beide Exempel mit Aussagen über den benutzenden Buchbinder. Aber auch andere Funde verstanden es, die Aufmerksamkeit der jeweiligen Fachwissenschaft, etwa der Musikwissenschaft, zu wecken[43]. Gerade auch die Fragmente aus liturgischen Handschriften erfreuen sich in der letzten Zeit besonderer Aufmerksamkeit der übergeordneten kirchengeschichtlichen Forschung[44] und der spezialisierten Katalogisierung[45] – und weisen somit über die Bedeutung des Einzelfragments hinaus. Besonders erwähnenswert sind die interdiszplinär beachteten Bemühungen um die fragmentierte jüdische Überlieferung; auf diesem Gebiet ist eine fast unüberschaubare Menge von Publikationen zu Einzelfunden und ihren Interpretationen erschienen[46]. Sehr hilfreich zur Förderung des Anliegens ist übrigens – neben der fachwissenschaftlichen Auswertung – die gut lesbare und an eine breitere Öffentlichkeit gewandte, wenngleich quellennahe Aufarbeitung der Befunde in einem anspruchsvollen Lesebuch durch den Judaisten Andreas Lehnardt[47]. Nicht zuletzt diese Projekte im Umfeld hebräischer, aramäischer und jiddischer Aufzeichnungen in den verschiedensten Überlieferungskontexten dürften keinen Zweifel an der kulturgeschichtlichen Relevanz von europäischer und internationaler Dimension lassen. Hieraus begründet sich der in der heutigen Zeit durchaus plausible Vorschlag, Fragmentforschung – sowie die dahinter stehende Provenienzforschung – überhaupt überregional[48] und landesübergreifend, mindestens aber landesweit, zu organisieren. Disziplinunabhängige, aber landesweit agierende Fragmentforschung ist auch für sich schon als wissenschaftliche Leistung anerkannt worden[49]. Speziell jene Provenienzforschung, welche Fragmentierungen als aktuelle

42 Wolfgang Kirsch, Ein Fragment der Historia de preliis Alexandri Magni, Rezension I^2, vom Ende des 13. Jahrhunderts im Propsteiarchiv Kempen – eine philologische Untersuchung, in: Die Handschriften des Propsteiarchivs Kempen (wie oben), S. 77–96.

43 Vgl. Just Martin, Makulatur des 16. Jahrhunderts als musikgeschichtliche Quelle, in: Im Dienst der Quellen zur Musik. Festschrift für Gertraut Haberkamp, hg. von Paul Mai, Tutzing 2002, S. 155–163.

44 Vgl. Jan Brunius, Sockenkyrkonas liturgiska böcker. Studier i pergamentsomslagen i riksarkivet, in: Kyrka och socken i medeltidens Sverige. En samling uppsatser, hg. von Olle Ferm, Stockholm 1991, S. 457–472, sowie ähnliche Aufsätze des Verfassers.

45 Vgl. als Beispiel: Ausgewählte liturgische Fragmente aus der Bischöflichen Zentralbibliothek Regensburg, hg. von Karl Joseph Benz, Regensburg 2007. – Zum Ausbau der liturgiehistorischen Standards bei der Fragmentbearbeitung vgl. meinen entsprechenden Beitrag im vorliegenden Sammelband.

46 Vgl. die aktuellere Darstellung in dem Sammelband: Books within books. New discoveries in old books bindings, hg. von Andreas Lehnardt, Judith Olszowy-Schlanger (European Genizah. Texts and studies, 2), Leiden 2014. – Vgl. auch die Bibliografie der Forschungsliteratur in dem Sammelband: Genizat Germania. Hebrew and aramaic binding fragments from Germany in context, hg. von Andreas Lehnardt (Studies in jewish history and culture, 28), Leiden 2010, S. 335–363.

47 Vgl. Andreas Lehnardt, Hebräische Einbandfragmente in Frankfurt am Main. Mittelalterliche jüdische Handschriftenreste in ihrem geschichtlichen Kontext, Frankfurt 2011.

48 Vgl. etwa die Internetpräsentation zu den Fragmenta Augiensia der Badischen Landesbibliothek: www.blb-karlsruhe.de/virt_bib/fragmenta_augiensia/ [aufgerufen am 19.01.2015].

49 Vgl. Latin manuscripts of medieval Norway. Studies in memory of Lilly Gjerløw, Oslo 2013.

Sachbeschädigungen ahndet[50], muss sich z. B. mit den globalen Vernetzungen im Kunsthandel auseinandersetzen. Es wäre in der Tat hilfreich, wenn innerhalb des Handels mit ‚ausgeschnittenen Miniaturmalereien' eine höhere Transparenz erreicht werden könnte; da der Handel jedoch unabhängig von den ursprünglichen Herstellungs- und Lagerungsorten operiert und den geografischen Verbreitungsgrad der Objekte fördert, kann ein entsprechendes Nachweissystem nur überregional seine Effizienz beweisen. Es handelt sich hier um eine interessante Gelenkstelle, um die kodikologische Provenienzforschung[51] mit der vom Kulturgutschutz motivierten Provenienzforschung (u. a. zur Klärung NS-verfolgungsbedingt entzogenen Kulturgutes) zu verbinden.

Aus dem Ansatz der gezielten „Schatzsuche"[52] hat sich die moderne und komplexe „Makulaturforschung" entwickelt, die heute nicht nur die Fragmentforschung, sondern auch die Einbandkunde[53], die Handwerksgeschichte, die Provenienzforschung und andere Bereiche der Historischen Grundwissenschaften einschließt. Auch aus den oben vorgetragenen Darlegungen sollte sich erwiesen haben, dass Fragmentforschung aktuell keineswegs nur als Eigeninteresse einer bibliotheksinternen Inventarisierung verkannt werden darf, sondern als Methodik zur Verfolgung eines kulturhistorischen Ansatzes verstanden werden muss. Fragmente aus Handschriften und Frühdrucken mögen in früheren Zeiten die Auffassung von „Libri inutiles"[54] gespiegelt haben, sie sind heute als Kulturgut Zeugnisse im Sinne der Redeweise vom „verknipte rijkdom"[55].

III. Künftige Aufgabenfelder der Fragmentforschung

Nachdem zuvor der hohe kulturhistorische Ertrag der bisherigen Fragmentforschung unterstrichen worden ist, besteht nun keineswegs die Gefahr einer Relativierung dieser Feststellung, wenn abschließend versucht werden soll, für die künftige Arbeit Perspektiven zu entwickeln, die z. T. auf der traditionellen Auffassung aufruhen. Aufgabe des nachstehenden, stichwortartigen Katalogs ist es vielmehr, über die Erschließung von ‚Zufallsfunden' hinaus, Schwerpunkte neu in den Blick zu nehmen resp. zu profilieren und stärker auf Ziele

50 Vgl. die einseitig kunsthistorische Betrachtungsweise in dem Projekt: Dismembered illuminated manuscripts. European art, in: An illustrated inventory of famous dismembered works of art. European art (UNESCO publications), Paris 1974, S. 188–209.

51 Vgl. Jan Brunius, De medeltida bokfragmenten och deras proveniens, in: Ny väg till medeltidsbreven. Från ett medeltidssymposium i Svenska Riksarkivet 1999, hg. von Erik Norberg, Stockholm 2001, S. 390–403. – Christian Coppens, Provenances. Files and profiles, in: Wolfenbütteler Notizen zur Buchgeschichte 29 (2004), S. 61–82.

52 Vgl. den Ausdruck bei Cornelia Herbers u. a., Historiker auf „Schatzsuche". Karolingische Fragmente aus Kölner Bibliotheken, in: Analecta Coloniensia. Jahrbuch der Diözesan- und Dombibliothek Köln 5 (2005), S. 33–66.

53 Vgl. bereits die früheren Ansätze bei Hellmut Rosenfeld, Makulaturforschung und Einband-Datierung, in: Archiv für Geschichte des Buchwesens 2 (1960), S. 431–434, und Neil Ripley Ker, Fragments of medieval manuscripts used as pastedowns in Oxford bindings (Oxford bibliographical society publications, 3–4), Oxford 1954 (Nachdruck 2004).

54 Vgl. Gerhardt Powitz, Libri inutiles in mittelalterlichen Bibliotheken. Bemerkungen über Alienatio, Palimpsestierung und Makulierung, in: Scriptorium 50 (1996), S. 288–304.

55 Vgl. Verknipte rijkdom. Fragmenten van middeleeuwse handschriften in de Leidse Universiteitsbibliotheek (Kleine publicaties van de Leidse Universiteitsbibliotheek, 13), Leiden 1992.

zu konzentrieren. Zugleich werden Desiderata benannt, die in den Augen des Verfassers dieser Zeilen bislang zu wenig Beachtung gefunden haben, aber auf das Interesse mehrerer wissenschaftlicher Disziplinen treffen würden.

1. Verstärkte systematische Durchsicht der Historischen Buchbestände einschließlich der Handschriften- und Inkunabelbestände nach Einbandmakulatur und sonstigen eingehefteten Fragmenten, Schaffung einer Nachweismöglichkeit exemplarspezifischer Angaben in den Katalogen und Bibliografien
2. Nähere Untersuchung der Trägerbände im Hinblick auf deren Fertigung und Ingebrauchnahme (Registraturschichten, Provenienzen, Datierung des Terminus post quem non), Erforschung der Tätigkeit von Buchbinderwerkstätten und der Beschaffung von Makulatur (Handel, Vertriebswege)
3. Einbeziehung von Sammlungen musealer und volkskundlich relevanter Objekte zur Erkundung von Zweitverwendungen von Fragmenten (z. B. als Trommelfelle, Siegelbeutel, Auskleidungen, Textilfutter)
4. Förderung der exemplarspezifischen Erschließung Historischer Buchbestände[56] und Entwicklung von Beschreibungskriterien (u. a. auch für Fragmente und andere Beigaben, Überlieferungs- und Gebrauchsspuren[57]), Verbindung mit der Materialsammlung im Rahmen der Einbandforschung
5. Verstärkte Sorge um die Erhaltung und Erschließung sog. kleiner Buchbestände z. B. von Kirchengemeinden, kleinen Kommunen und alten Familien angesichts geringer Ausstattung mit Personal, Finanzen und Sachmitteln[58]
6. Gleichbehandlung bei der Erforschung mittelalterlicher und neuzeitlicher Fragmente
7. Verstärkte Aufmerksamkeit und ggf. spezielle Bündelung von Nachrichten über fragmentierte Urkunden und Inkunabeln
8. Gleichbehandlung von Fragmenten mit schriftsprachlichen und anderen Aufzeichnungsarten (insb. Musiknoten, Karten, technischen und künstlerischen Darstellungen)
9. Verstärkte Erfassung von Fragmenten mit kunsthistorisch relevanten Darstellungen, die zu Zwecken des Kunsthandels angefertigt worden sind (sog. Cuttings)
10. Initiierung und Förderung von internationalen Ansätzen in der Fragmentforschung sowohl im Hinblick auf bestimmte Aufzeichnungsarten (z. B. hebräisch/aramäisch/jiddische und griechische Texte), Überlieferungsgebiete (z. B. Osteuropa, Balkan, Grenzgebiete zum Vorderen Orient) als auch in Bezug auf die Kommunikationsformen (Datenbanken, Mailingverfahren, Blogs, Crowdsourcing, Social Media).

---

56 Vgl. Richard Rouse, Copy-specific features of the printed book. What to record and why, in: Bibliography and the study of 15th-century civilisation, hg. von Lotte Hellinga, London 1987, S. 202–215.

57 Vgl. den Sammelband: Überlieferungs- und Gebrauchsspuren in Historischen Buchbeständen, hg. von Hanns Peter Neuheuser, Köln 2012.

58 Vgl. Anette Löffler, Die Erschließung von Handschriftenfragmenten unter den Bedingungen kleinerer Bibliotheken und Archiven, in: Die kleine Bibliothek. Bedeutung und Probleme kleiner nichtstaatlicher Buchbestände. Symposion in Essen-Werden, hg. von Hanns Peter Neuheuser, Wolfgang Schmitz, Köln 2007, S. 67–80.

Der vorstehende, durchaus erweiterungsfähige Katalog einer perspektivischen Erweiterung der Fragmentforschung möchte nicht nur die Förderung dieser (zunächst) zehn Entwicklungsfelder anregen, sondern hierdurch zugleich auch zur Profilierung der Fragmentforschung im Sinne einer kulturhistorischen Ausrichtung beitragen. Das Gesamtanliegen könnte durch eine bessere Präsentation umfassender Ergebnisse der Erschließungstätigkeit und Einbettung in übergreifende Fragestellungen erheblich an kulturpolitischer und wissenschaftsorganisatorischer Akzeptanz gewinnen.

Qualität und Vielfalt – Zur fragmentarischen Textüberlieferung des Neuen Testaments

Karl Jaroš, Wien

Vor mehr als 50 Jahren schrieb der gelehrte Autor der Editio Princeps der wichtigen neutestamentlichen Chester Beatty Papyri und langjährige Direktor des Britischen Museums Sir Frederic Kenyon:

> "The Christian can take the hole Bible in his hand and say without fear or hesitation that he holds in it the true Word of God, handed down without essential loss from generation to generation throughout the centuries."[1]

Nach der theologischen Prämisse spricht Kenyon einen wichtigen Aspekt der Textüberlieferung aus der Antike an: Die Texte wurden exakt durch die Jahrhunderte weiter tradiert. Doch was will damit genau gesagt sein?

Bis heute sind weit über 5000 griechische Handschriften des Neuen Testaments bekannt, davon etwa 80 aus den ersten drei Jahrhunderten. Diese Zahl ist gegenüber 5000 gering, aber dennoch stattlich angesichts dessen, daß bereits in der Antike durch menschliche Willkür unzählige Handschriften vernichtet wurden, wie z. B. zur Zeit der Christenverfolgungen durch Kaiser Diokletian (284–305 n. Chr.), die ab 303 n. Chr. in großem Stil einsetzte und auch die Vernichtung des christlichen Schrifttums zum Ziel hatte, wovon die Kirchen Nordafrikas besonders betroffen waren[2].

Ferner muß bewußt sein, daß noch viele frühe Handschriften unerkannt und unentdeckt weltweit in zahlreichen Museen und anderen Institutionen, wohl auch in Privatsammlungen, vorhanden sind und nach und nach publiziert werden. So führten z. B. im Jahr 1989 Kurt Aland und Barbara Aland[3] 37 Papyri von 2. bis zum 3. Jh. an, während sich die Zahl selbst bei konservativer Datierung bis heute erheblich vergrößert hat.

---

1 Frederic G. Kenyon, Our Bible and the Ancient Manuscripts, How the text of the Scriptures has come down to us with an account of all the most recent discoveries in this field, including the Dead Sea Scrolls, revised by Arthur White Adams, with an Introduction by Godfrey Rolles Driver, London [5]1958, S. 55.

2 Das ist auch insofern besonders bedauerlich, als gerade Papyrushandschriften bedingt durch das trockene Klima hier die besten Bedingungen vorfinden, Jahrtausende relativ unbeschädigt zu überstehen. Von den rund 80 erhaltenen Handschriften kommen fast alle aus Ägypten.

3 Kurt Aland, Barbara Aland, Der Text des Neuen Testaments, Einführung in die wissenschaftlichen Ausgaben sowie in Theorie und Praxis der modernen Textkritik, Stuttgart [2]1989, S. 106–111 und S. 321.

1. Handschriften vom 1. bis zum 3. Jahrhundert

Eine erste Gruppe von Papyri (P^{4}+P^{64}+P^{67}, P^{104}, P^{77}+P^{103}, P^{1}, 7Q5, P^{52}, P^{66}, P^{90}, P^{109}, P^{46}, P^{118}, $7Q4^{1+2}$, P^{32}, P^{87} und P^{98}), also 18 Papyri lassen sich nach heutigen Kriterien am ehesten von ca. 50 bis 150 n. Chr. datieren. Wenn man die beiden äußerst umstrittenen Fragmente 7Q4 und 7Q5 wegläßt, verbleiben 16[4]. Der Textumfang dieser Handschriften ist unterschiedlich groß. P4, P64 und P67, Fragmente, die zu einem Evangeliumkodex mit ca. 304 Seiten gehörten, umfassen Teile des 3., 5. und 26. Kapitel des Matthäusevangeliums und Teile des 1., 3., 4., 5. und 6. Kapitels des Lukasevangeliums. Die traditionelle, schon von Jahrzehnten paläographisch erschlossene Datierung, lautet gegen Ende des 2. Jhs. Verschiedene Argumente sprechen heute gegen diese späte Datierung, so daß z. B. Philipp W. Comfort und David P. Barrett[5] vorsichtig um 150 n. Chr. datieren. Die Schriftvergleiche mit Papyrus Oxyrhynchus 3154 (1. Jh.) und PSI 1200 (Ende 1. Jh. /Anfang 2. Jh. und anderen zeigen jedoch, daß die Fragmente noch älter sein dürften und Ende des 1. Jhs. datiert werden können. Interessant ist auch, daß ein Teil der Fragmente (P^{4}) als Bindung für einen Philo-Kodex (um 250) verwendet wurde. Ein Papyruskodex hatte eine ‚Lebensdauer' von weit mehr als 100 Jahren. Erst wenn sein Zustand völlig desolat war, ist eine solche Sekundärbenutzung denkbar. Diese Sekundärbenutzung ist daher für Datierung ein Glücksfall und zwingt quasi dazu, eine Datierung der Fragmente zumindest in die frühe erste Hälfte des 2. Jhs. zu akzeptieren[6].

P^{104}, P^{77}+P^{103} und P^{1} beinhalten Verse des 1., 13., 14., 21. und 23. Kapitels des Matthäusevangeliums und sind alle noch in die erste Hälfte des 2. Jhs. zu datieren[7].

P^{52}, P^{90}, P^{109} umfassen Teile des 18., 19., 21. Kapitel des Johannesevangeliums und im P^{66} ist fast das gesamte Johannesevangelium enthalten, ein Papyruskodex von ursprünglich 156 Seiten und einem Format von 16,2 cm × 14,2 cm. Alle diese Handschriften lassen sich paläographisch am besten von ca. 100 bis 150 datieren[8].

P^{66} würde sich wegen seines Umfangs und vieler Einzelfragmente bestens für einen C14-Test[9] eignen, um die Mär seiner Datierung um 200 oder später auch durch ein naturwissenschaftliches Verfahren zu begraben; denn paläographischen Argumenten muß man nicht zustimmen, wenn man nicht will, dem Ergebnis eines C14–Test, der mit nichtkontami-

4 Die beiden aus der Höhe 5 von Qumran stammenden Fragmente geben Markus 6,52–53 (7Q5) bzw. 1 Timotheus 3,16–4,1,3 (7Q4) wieder. Die Identifizierung wird jedoch von großen Teilen der neutestamentlichen Wissenschaft abgelehnt, ohne daß wirkliche Argumente vorgebracht werden. Die beiden Fragmente sind eben ein Störfaktor, der die angenommene Entstehungszeit des Markusevangeliums um 70 n. Chr. und des Ersten Timotheusbriefes (gegen Ende des 1. Jhs.) widerlegen (vgl. zum Ganzen Karl Jaroš, Die ältesten griechischen Handschriften des Neuen Testaments, Bearbeitete Edition und Übersetzung, Köln/Weimar/Wien 2014, S. 63–70 und S. 359–351).

5 Philipp W. Comfort, David P. Barrett, The Text of Earliest New Testament Greek Manuscripts, A Corrected, Enlarged Edition of The Complete Text of the Earliest New Testament Manuscripts, Wheaton ²2001, S. 51.

6 Vgl. Theodore Cressy Skeat, The Oldest Manuscripts of the four Gospels, in: New Testament Studies 43 (1997), S. 26.

7 Vgl. Jaroš, Die ältesten griechischen Handschriften des Neuen Testaments, S. 53–70.

8 Vgl. Ebd. S. 71–182.

9 Leider ist von neutestamentlichen Papyri bisher kein C14–Test durchgeführt worden.

nierten Proben durchgeführt wurde, kann man jedoch die Zustimmung nicht verweigern. Wenn sich die Bibliotheca Bodmeriana (Cologny/Genève), die diese wertvolle Handschrift besitzt, zu einem solchen Test entschlösse, wäre dies sehr begrüßenswert.

P^{118}, P^{32}, P^{87} sind Fragmente der 15., 16. Kapitel des Römerbriefes, Fragmente der 1. und 2. Kapitel des Titusbriefes und des Philemonbriefes. P^{46} umfaßt bis auf die Pastoralbriefe fast das gesamte Corpus Paulinum (in der Reihenfolge: Römer, Hebräer, 1 Korinther, 2 Korinther, Epheser, Galater, Philipper, Kolosser, 1 Thessalonicher); der Kodex hatte ursprünglich 208 Seiten und ein Format von 27 cm × 16 cm[10]. Der Kodex kann heute mit guten Gründen um 80 n. Chr. datiert werden[11].

Als letzter dieser Gruppe verbleibt P^{98} mit Versen aus dem 1. und 2. Kapitel der Apokalypse, er kann ab dem beginnenden 2. Jh. datiert werden[12].

Aus der Zeit von 150 bis 300 n. Chr. stehen 64 Papyri und Pergamente zur Verfügung; fünf davon sind schon wegen ihres Umfangs besonders hervorzuheben: P^{75}, P^{45}, P^{72}, P^{115} und P^{47}.

P^{75} aus der zweiten Hälfte des 2. Jhs. enthält den Großteil des Lukasevangeliums und große Teile vom 5. bis zum 14. Kapitel des Johannesevangeliums. Dieser Papyruskodex umfaßte einst 144 Seiten und hatte das Format von 26 cm × 13 cm[13].

Vom P^{45}, ein Papyruskodex mit ursprünglich 224 Seiten von 25 cm × 20 cm, sind noch 60 Seiten mit Teilen aus dem 20., 21., 25. und 26. Kapitel des Matthäusevangeliums, Teile des 6. bis 9., 11. und 12. Kapitels des Markusevangeliums, Teile des 6. bis 7. und 9. bis 14. Kapitels des Lukasevangeliums, Teile des 4. bis 5. und 10 bis 11. Kapitel des Johannesevangeliums und Teile des 4. bis 17 Kapitels der Apostelgeschichte erhalten. Datiert kann der Kodex in das späte 2. Jh oder frühe 3. Jh. werden[14].

P^{72} aus dem 3. Jh. enthält auf 68 Seiten (Format: 16 cm × 14,5 cm) vollständig den Ersten und Zweiten Petrusbrief sowie den Judasbrief[15].

P^{115} ist ein sehr fragmentarisch erhaltener Papyruskodex (erste Hälfte 3. Jh.), von dem Teile der Kapitel 2 bis 3, 5 bis 6 und 8 bis 14 der Apokalypse erhalten geblieben sind[16].

P^{47}, ein Papyruskodex im Format von 24 cm × 13 cm mit ca. 66 Seiten aus der 2. Hälfte des 3. Jhs. umfaßte ursprünglich die gesamte Apokalypse. Heute sind noch 20 Seiten mit großen Teilen der Kapitel 9 bis Anfang 17 erhalten[17].

10 Vgl. Jaroš, Die ältesten griechischen Handschriften des Neuen Testaments, S. 182–357 und S. 363–366.
11 Vgl. ebd. S. 187–188.
12 Vgl. ebd. S. 367.
13 Vgl. ebd. S. 374–521.
14 Vgl. ebd. S. 524–590.
15 Vgl. ebd. S. 789–823.
16 Vgl. ebd. S. 840–853.
17 Vgl. ebd. S. 857–877.

2. Das „Problem" der fragmentarischen Überlieferung der drei ersten Jahrhunderte

Diese 80 bzw. 82 Handschriften, wenn 7Q4 und 7Q5 eingerechnet werden, umfassen bereits ca. 55 % (auch mit Überschneidungen) des griechischen Textes des Neuen Testaments. Daraus ergibt sich natürlich auch eine gewisse Problematik; denn wenn von den frühen Quellen 45 % fehlen, auf welcher schriftlichen Basis beruht dann das Christentum?

Grundsätzlich ist darauf hinzuweisen, daß das Christentum in der Verkündigung der jesuanischen Botschaft durch die Apostel, durch Jüngerinnen und Jünger Jesu und ihre Nachfolger gründet. Zweifellos wurde die Botschaft auch schon sehr früh verschriftet[18], zumal die ersten Zeugen nicht überall zugleich sein konnten und klug genug waren, Rolle und Buch als Massenkommunikationsmittel der damaligen Zeit zu nutzen. Aber der Schwerpunkt lag in der Frühzeit nicht auf Büchern.

Bischof Papias vom kleinasiatischen Hierapolis schrieb z. B. um 110 n. Chr. oder noch etwas früher[19] ein fünfbändiges Werk über Worte und Taten Jesu und war eifrig bestrebt, dafür noch Augenzeugen bzw. deren Schüler zu finden, die ihm Auskunft darüber geben können[20]. Papias betont auch, daß ihm Berichte von Augenzeugen und deren Schülern wichtiger sind als schon Aufgeschriebenes. „οὐ γὰρ τὰ ἐκ τῶν βιβλίων τοσοῦτόν με ὠφελεῖν ὑπελάμβανον ὅσον τὰ παρὰ ζώσης φωνῆς καὶ μενούσης" („das, was aus Büchern stammt, scheint mir nicht soviel Nutzen zu bringen wie das, was sich durch die mündliche Rede dauernd lebendig hält")[21].

Er steht mit dieser Meinung ganz und gar in der hellenistischen Tradition der Geschichtsschreibung, in der es praktisch verboten war, schriftlichen Quellen den Vorzug zugeben, wenn über Zeitgenössisches berichtet wurde; es mußten Augenzeugen befragt werden. Die mündliche Überlieferung hatte daher absolute Priorität vor schriftlichen Aufzeichnungen.

Ferner ist zu vermerken, daß die zur Zeit vorhandenen 80 bzw. 82 Handschriften der ersten drei Jahrhunderte nur ein winziger Bruchteil dessen sind, was es in dieser Zeit an Handschriften des Neuen Testaments gegeben hat. Dies zeigt sich u. a. auch darin, daß keine andere bisher bekannte Handschrift aus späterer Zeit eine Abschrift dieser frühen Zeugen ist. Die späteren Handschriften stammen allesamt von solchen ab, die offensichtlich vernichtet wurden bzw. nicht erhalten geblieben sind.

Auch ein anderes Faktum muß in diesem Kontext beachtet werden. Allein aus der frühchristlichen Literatur stammen so viele Zitate aus dem Neuen Testament, daß dieses dem Inhalt nach daraus rekonstruiert werden könnte, selbst wenn keine einzige Handschrift erhalten geblieben wäre. In dem um 180 n. Chr. geschriebenen Werk des Bischofs Irenäus

18 Vgl. Karl Jaroš, Das Neue Testament und seine Autoren, Eine Einführung, Köln/Weimar/Wien 2008.

19 Vgl. Ulrich H. J. Körtner, Papiasfragmente, in: Schriften des Urchristentums, Dritter Teil, Darmstadt 1998, S. 30–31. Richard Bauckham, Jesus and the Eyewitnesses, The Gospels as Eyewitness Testimony, Grand Rapids, Michigan/Cambridge, UK 2006, S. 14.

20 Vgl. Karl Jaroš, Ulrich Victor, Die synoptische Tradition, Die literarischen Beziehungen der drei ersten Evangelien und ihre Quellen, Köln/Weimar/Wien 2010, S. 396–398.

21 Eusebius von Cäsarea, Kirchengeschichte III 39,4.

von Lyon *Gegen die Häresien* werden 1075 verschiedene Stellen des Neuen Testaments zitiert, in den Werken des Augustinus (354–430) 29.540, um nur zwei Beispiele zu nennen[22].

3. Die „Wiederherstellung" des ursprünglichen Textes

Viel schwieriger als die vorher gestellte Frage, ist jene über den ursprünglichen Text des Neuen Testaments zu beantworten, also die Frage nach dem Text, den die Autoren schrieben.

Wir haben mit den weit über 5000 Abschriften auch das Problem von unzähligen verschiedenen Lesearten. Diese berühren zwar nur in seltenen Fällen die inhaltlichen Aussagen – und Änderungen, die sich aus dogmatischen Gründen in manche Handschriften eingeschlichen haben, sind relativ leicht als solche zu erkennen –, müssen aber dennoch daraufhin geprüft werden, welche Leseart am ehesten die ursprüngliche sein wird.

Ein solches Verfahren der Textkritik wurde bereits im Altertum von jenen Gelehrten des Jerusalemer Tempels angewendet, deren Aufgabe es war, Abschriften der Heiligen Texte nach den wertvollsten Schriftrollen der Tempelbibliothek für die Gemeinden des Landes und der Diaspora anzufertigen[23].

Im frühen 19. Jahrhundert wurde in der klassischen Philologie das Verfahren der stemmatischen Methode entwickelt, das von Karl Lachmann (1793–1851) bei seiner Edition des Lukrez (Berlin 1850) so eindrucksvoll angewendet wurde, daß diese Edition als die eigentliche Geburtsstunde der stemmatische Methode der Textkritik gilt[24].

Diese Methode läßt sich jedoch nur anwenden, wenn die Handschriften nicht kontaminiert sind. Wenn ein Kopist eine Abschrift von einer bestimmten Handschrift A anfertigte und er neben dieser seiner Vorlage A noch andere Handschriften B, C, D, E zu Rate zog und von ihnen Lesearten übernahm, dann ist die Abhängigkeit seiner Kopie von der einen Handschrift A nicht mehr gegeben und seine Kopie ist kontaminiert. Das trifft leider auf fast die gesamte Textüberlieferung des Neuen Testaments zu, so daß die stemmatische Methode nicht anwendbar ist.

Dem Textkritiker des Neuen Testaments bleibt daher nur die Möglichkeit, „alle überlieferten Lesearten auf ihre Ursprünglichkeit zu prüfen"[25]. Bei einer kontaminierten Textüberlieferung kann sich die richtige, d.h. ursprüngliche Leseart, auch in einer späten Handschrift erhalten haben und späte Handschriften sind daher genauso wie frühe zu berücksichtigen. Es gibt für solche textkritische Arbeit daher überhaupt keine ‚guten' oder ‚schlechten' Handschriften, sondern es geht nur mehr um richtige oder falsche Lesearten.

Was das angesichts der über 5000 griechischen Handschriften – wobei tausende koptische, lateinische, syrische Handschriften ebenso berücksichtigt werden müssen – bedeutet,

22 Vgl. Karl Jaroš, Ulrich Victor, Das Neue Testament, Augsburg 2011, S. 97.

23 Vgl. Shmuel Safrai, The Temple and the Divine Service, in: The World History of the Jewish People, Frist Series: Ancient Times, Bd. 7, The Herodian Period, hg. von Michael Avi-Yonah, Jerusalem 1975, S. 284–338.

24 Zur stemmatischen Methode vgl. Ulrich Victor, Textkritik, Eine Einführung, in: Antike Kultur und Neues Testament, Basel/Gießen 2003, S. 171–252.

25 Vgl. ebd. S. 186.

liegt auf der Hand[26]. Es wird noch Jahrzehnte bedürfen, bis diese Arbeit von Textkritikern bewältigt werden kann.

Der vorliegende griechische „Standardtext" des Neuen Testaments[27] ist daher immer noch eine „Baustelle", an der weiterhin viel zu tun ist; bei dieser Arbeit sollten auch vermehrt die textkritischen Ergebnisse spanischer Gelehrter berücksichtigt werden, deren Edition des griechischen Textes des Neuen Testaments bereits heute ein Meilenstein ist[28].

4. Beispiele unterschiedlicher Lesearten

P^{45} hat hat gegenüber dem Standardtext zahlreiche Lesearten; es seien hier die aus Markus 6 vorgestellt, und zwar nur solche, die auf keiner Rekonstruktion des P^{45}–Textes beruhen[29].

		Standardtext (Nestle/Aland^{28})	**P^{45}**
1.	Mk 6,2:	ἤρξατο διδάσκειν ἐν τῇ συναγωγῇ machtvoll lehrte er in der Synagoge	ἤρξατο ἐν τῇ συναγωγῇ διδάσκειν machtvoll in der Synagoge lehrte er
2.	Mk 6,3:	ὁ τέκτων der Bauhandwerker	τοῦ τέκτονος des Bauhandwerkers (Sohn)
3.	Mk 6,17:	διὰ Ἡρῳδιάδα τὴν γυναῖκα Φιλίππου τοῦ ἀδελφοῦ αὐτοῦ wegen Herodias, der Frau Philipps, des Bruders, seines	διὰ Ἡρῳδιάδα τὴν Φιλίππου τοῦ ἀδελφοῦ αὐτοῦ γυναῖκα wegen Herodias, der, Philipps, seines Bruders, Frau
4.	Mk 6,19:	ἡ δὲ Ἡρῳδιας aber die Herodias	ἡ Ἡρῳδιὰς δὲ die Herodias aber
5.	Mk 6,22:	ἤρεσεν gefiel sie	ἀρεσάσης gefallen hatte

26 Nach einer textkritischen Untersuchung der nur 25 Verse des Judasbriefes nach solchen Gesichtspunkten kommt die Studie von Charles Landon, A Textcritical Study of the Epistle of Jude, Sheffield 1986 auf 21 Änderungen gegenüber dem Standardtext. Hochgerechnet auf das gesamte Neue Testament kommt man so auf 4000 bis 5000 Änderungen gegenüber dem Standardtext.

27 Erwin Nestle, Kurt Aland u. a., Novum Testamentum Graece, Stuttgart ^{28}2012.

28 Nuevo Testamento Trilingüe, hg. von Jose Maria Bover y Jose O'Callaghan, Madrid ^{4}2001.

29 Vgl. zu den Varianten Karl Jaroš, Zur Textüberlieferung des Markusevangeliums nach der Handschrift P. Chester Beatty I (P^{45}), zu 7Q5 und zum „Geheimen Markusevangelium", in: Aegyptus, Rivista Italiana di Egittologia e di Papirologia 88 (2008) S. 72–89; James R. Rose, Scribal Habits in Early Greek New Testament Papyri, Leiden 2008, S. 103–197.

		Standardtext (Nestle/Aland[28])	**P[45]**
6.	Mk 6,22:	ὁ βασιλεύς der König	ὁ βασιλεὺς Ἡρῴδης der König Herodes
7.	Mk 6,22 f.:	ὃ ἐὰν θέλῃς, καὶ δώσω σοι· καὶ ὤμοσεν αὐτῇ [πολλά] was du willst; und ich werde (es) dir geben. Und er schwur ihr [vielfach]	ὃ θέλεις καὶ ὤμοσεν αὐτῇ πολλά was du willst; Und er schwur ihr vielfach
8.	Mk 6,24:	καὶ ἐξελθοῦσα εἶπεν τῇ μητρὶ αὐτῆς· τί αἰτήσωμαι und hinausgegangen, sagte sie zu ihrer Mutter: Was soll ich erbitten?	καὶ ἐξελθοῦσα εἶπεν τῇ Ἡρῳδιάδι τῇ μητρὶ αὐτῆς· Τί δεῖ μοὶ αἰτῆσαι und hinausgegangen, sagte sie zu ihrer Mutter: Was ist mir notwendig zu erbitten?
9.	Mk 6,24:	τὴν κεφαλὴν Ἰωάννου τοῦ βαπτιστοῦ das Haupt Johannes des Täufers	τὴν κεφαλὴν τοῦ βαπτίζοντος das Haupt des Taufenden
10.	Mk 6,37:	δότε αὐτοῖς ὑμεῖς φαγεῖν gebt ihr ihnen zu essen	δότε ὑμεῖς φαγεῖν αὐτοῖς gebt ihr zu essen ihnen
11.	Mk 6,38:	ὁ δὲ λέγει αὐτοῖς er aber sagte zu ihnen	λέγει αὐτοῖς er sagte zu ihnen
12.	Mk 6,39:	καὶ ἐπέταξεν αὐτοῖς ἀνακλῖναι πάντας συμπόσια συμπόσια ἐπὶ τῷ χλωρῷ χόρτῳ und er befahl ihnen, sich lagern zu lassen alle, Eßgruppen (für) Eßgruppen auf dem grünen Gras	καὶ ἐπέταξεν αὐτοῖς ἀνακλῖναι συμπόσια συμπόσια ἐπὶ τῷ χλωρῷ χόρτω und er befahl ihnen, sich lagern zu lassen, Eßgruppen (für) Eßgruppen auf dem grünen Gras.

		Standardtext (Nestle/Aland[28])	P[45]
13.	Mk 6,40 f:	καὶ ἀνέπεσαν πρασιαὶ πρασιαὶ κατὰ ἑκατὸν καὶ κατὰ πεντήκοντα. καὶ λαβὼν τοὺς πέντε ἄρτους καὶ τοὺς δύο ἰχθύας ἀναβλέψας εἰς τὸν οὐρανὸν εὐλόγησεν καὶ κατέκλασεν τοὺς ἄρτους καὶ ἐδίδου τοῖς μαθηταῖς [αὐτοῦ] ἵνα παρα- τιθῶσιν αὐτοῖς, καὶ τοὺς δύο ἰχθύας ἐμέρισεν πᾶσιν und sie lagerten sich, Abteilungen, Abteilungen je hundert und je fünfzig. Und genommen habend die fünf Brote und die zwei Fische, hinauf gesehen habend in den Himmel, sprach er den Segen und brach die Brote und gab den Jüngern [seinen], daß sie vorlegten ihnen; und die zwei Fische teilte er allen aus	καὶ ἀνέπεσαν πρασιαὶ πρασιαὶ καὶ λαβὼν τοὺς ἄρτους καὶ τοὺς ἰχθύας ἀναβλέψας εἰς τὸν οὐρανὸν εὐλόγησεν καὶ κατέκλασεν τοὺς ἄρτους καὶ ἐδίδου τοῖς μαθηταῖς αὐτοῦ ἵνα παρα- δῶσιν αὐτοῖς, καὶ τοὺς ἰχθύας ἐμέρισεν πᾶσιν und sie lagerten sich, Abteilung, Abteilungen. Und genommen habend die Brote und die Fische, hinauf gesehen habend in den Himmel, sprach er den Segen und brach die Brote und gab seinen Jüngern, daß sie vorlegten ihnen; und die Fische teilte er allen aus
14.	Mk 6,44:	καὶ ἦσαν οἱ φαγόντες [τοὺς ἄρτους] πεντακισ- χίλιοι ἄνδρες und (es) waren die gegessen Habenden [die Brote] fünf- tausend Männer	καὶ ἦσαν οἱ φαγόντες πεντακισχίλιοι ἄνδρες und (es) waren die gegessen Habenden fünf- tausend Männer
15.	Mk 6,45:	εἰς τὸ πλοῖον καὶ προάγειν εἰς τὸ πέραν in das Boot und vorauszu- fahren an das jenseitige (Ufer)	εἰς τὸ πλοῖον καὶ προάγειν in das Boot und vorauszu- fahren
16.	Mk 6,45:	ἀπολύει er entlasse	ἀπολύσῃ er entlassen möge

		Standardtext (Nestle/Aland[28])	P[45]
17.	Mk 6,47:	ἦν τὸ πλοῖον ἐν μέσῳ τῆς θαλάσσης war das Boot in (der) Mitte des Sees	ἦν πάλαι τὸ πλοῖον ἐν μέσῳ τῆς θαλάσσης war das Boot längst in (der) Mitte des Sees
18.	Mk 6,48:	ἰδών gesehen habend	εἶδεν er sah
19.	Mk 6,48:	περὶ τετάρτην φυλακὴν τῆς νυκτός um (die) vierte Wache der Nacht	περὶ τετάρτην τῆς νυκτὸς φυλακήν um (die) vierte der Nacht Wache
20.	Mk 6,48:	ἤθελεν παρελθεῖν wollte er vorübergehen	ἦλθεν παρελθεῖν kam er, um vorüberzugehen

Gegenüber dem Standardtext lassen sich folgende Änderungen feststellen:

a) Andere Wortstellung: 1, 3, 4, 10.
b) Anderer Casus: 2.
c) Wechsel vom Indikativ zum Partizip: 5.
d) Wechsel vom Partizip zum Indikativ: 18.
e) Erweiterung um einen Personennamen: 6.
f) Verkürzte und abweichende Formulierung: 7, 9, 11, 12, 13, 14, 15.
g) Partizip statt Nomen: 9.
h) Tempusänderung: 16.
i) Texterweiterung: 17.
j) Anderes Verb: 20.

Die Varianten sind vordergründig betrachtet erstaunlich und es läßt sich z. B. auch fragen, ob sie vielleicht auf eine andere, unbekannte Auflage des Markusevangeliums hinweisen könnten?

Doch die hier angeführten Lesearten sowie alle Lesearten des Papyrus, die vom Standardtext abweichen, erklären sich am plausibelsten durch die Hand des Kopisten bzw. durch die Vorlagen, die er verwendet hat. Dies zeigt z. B. auch der Tempuswechsel gegenüber dem Standardtext in anderen Teilen des Papyrus (z. B. Lk 9,29.30; 10,20; 11,41; 13,9 u. a.)[30].

Die handschriftliche Überlieferung des Markusevangeliums im P[45] und die aller anderen zahlreichen Handschriften zeigen trotz der Varianten, die jedoch alle auf Fehler, sorgfältige Eingriffe etc. der Kopistentätigkeit zurückgeführt werden können, daß es von

30 Vgl. Jaroš, Zur Textüberlieferung des Markusevangeliums, S. 72–89.

Anfang an nur in einer Fassung existierte[31]. Es gibt keine Hinweise auf andere, erweiterte Auflagen. Hätte es unterschiedliche Auflagen dieses Evangeliums gegeben, wären in den verschiedenen Handschriften sehr deutliche Spuren davon erhalten geblieben, da es vor der Zeit des Buchdrucks unmöglich gewesen wäre, zu einer einheitlichen Sprachregelung zu finden[32].

Der Schluß aus der Textgeschichte ist daher unumgänglich und zwingend, daß das Markusevangelium nur in einer Fassung existierte[33] und unter textkritischem Vorbehalt in dieser Fassung bis heute bekannt ist.

Der als kanonisch geltende Schluß des Evangeliums, Mk 16,9–20, die älteste Evangelienharmonie aus Mt, Lk und Joh, bestätigt auf andere Weise den vorher gemachte Feststellung. Dieser Abschluß, wohl in der ersten Hälfte des 2. Jhs. entstanden, da ihn Tatian schon kannte, wurde aber – wie die ältesten griechischen Handschriften zeigen – nicht eo

31 Vgl. Ulrich Victor, Was ein Texthistoriker zur Entstehung der Evangelien sagen kann, in: Biblica 79 (1998) S. 499–514, hat dies bereits für alle Evangelien nachgewiesen.

32 „Die Textvarianten der außerneutestamentlichen Literatur der Antike, bei der keinerlei Redaktionsgeschichte angenommen werden kann, unterscheiden sich in keiner Weise von Textvarianten des Neuen Testamentes, bei dem, wie selbstverständlich, eine solche Redaktionsgeschichte behauptet wird. Daraus ist der Schluß zu ziehen, daß es eine solche Redaktionsgeschichte nie gab.
Noch anders gesagt, die Nicht-Existenz einer Redaktionsgeschichte der Evangelien ist keine Hypothese, sondern ein sehr hartes Faktum, das dadurch erwiesen ist, daß unter Tausenden von Textvarianten der Evangelien keine Varianten zu finden sind, die den Schluß auf redaktionelle Vorstufen der Evangelien erlauben. Wer mit der Überlieferungsgeschichte antiker Texte vertraut ist, weiß, daß redaktionelle Vorstufen in einer umfangreichen handschriftlichen Überlieferung untilgbare Spuren hinterlassen. Solche Spuren gibt es in den Evangelien nicht. Die Vertreter sowohl der Redaktionsgeschichte als auch der Formgeschichte – in ihrem Fall gilt das gleiche – gingen also von falschen Prämissen aus, die nun einmal nur zu falschen Schlüssen führen konnten und können.
Von einem etwas anderen Blickpunkt kommt man zu dem gleichen Ergebnis: Hätte es eine solche Redaktionsgeschichte der Evangelien gegeben, müßten sich innerhalb der Überlieferung der einzelnen Evangelien Textvarianten von solchem Gewicht und solcher Qualität finden, wie es sie – als textliche Unterschiede – zwischen den einzelnen synoptischen Evangelien gibt, da die synoptischen Evangelien ja nichts anderes sind als verschiedene Fassungen desselben Stoffes. Sie stehen also zueinander in demselben Verhältnis, wie die hypothetischen redaktionellen Vorstufen zu den vorhandenen synoptischen Texten stehen müßten.
Noch anders gesagt: Ein Urmarkus, eine Quelle Q ,... und was dergleichen mehr ist ... wären redaktionelle Vorstufen, in heutiger Sprache erste Auflagen der Synoptiker bzw. von Teilen der Synoptiker, die ihre unverwischbaren Spuren innerhalb der Überlieferung der einzelnen Synoptiker hinterlassen hätten, weil keiner der Schreiber und auch nur die wenigsten ihrer Auftraggeber in der Lage gewesen wären, frühere von späteren Fassungen derselben Texte zu unterscheiden. Es wäre also unmöglich gewesen, solche verschiedenen Fassungen der Texte und ihrer Teile ohne Spuren aus der Überlieferung auszuscheiden.
Der Schluß ist unumgänglich, daß die Redaktionsgeschichte der synoptischen Evangelien eine Schreibtischerfindung ist oder, um eine der Sache nähere Bezeichnung zu wählen, ein Phantasma." (Jaroš, Victor, Die synoptische Tradition, S. 16 f.).

33 Oft ist zu hören, daß es doch „andere Fassungen" des Markusevangeliums gäbe. Dabei wird z. B. die Handschrift D (Codex Bezae Cantabrigiensis) aus dem 5./6. Jh. genannt. Die Varianten dieser Handschrift gehen jedoch kaum über jene im P^{45} vorhandenen hinaus. Mit der Studie von Reuben Swanson, Mark (s. Anm. 36), kann dies leicht überprüft werden.

ipso an den Markustext angeschlossen. Das zeigt doch die Beharrlichkeit, mit der man sich im 2., 3. und 4. Jh. weigerte, einen Text beizufügen, der ursprünglich nicht zum Evangelium gehörte[34].

Hätte nun tatsächlich ein überarbeiteter Text des Markusevangelium existiert, also z. B. ein Deuteromarkus, dann wären die Evangelisten Matthäus und Lukas allein die gewesen, die diesen nach der Zwei-Quellen-Hypothese als Vorlage besessen und verwendet und dann offenbar die einzigen zwei existierenden Exemplare vernichtet hätten. Oder wenn sie diese Exemplare nicht vernichtet hätten, dann hätten alle anderen – sie sprechen immerhin durch die in die Tausende gehenden griechischen, lateinischen, syrischen, koptischen Handschriften und durch die Zitate der Väter bis heute zu uns; und sind noch dazu nur die Spitze des Eisberges, da eine Vielzahl davon vernichtet wurde und verloren gegangen ist – einen Deuteromarkus ignoriert und sich nur an den bis heute bekannten Markustext gehalten.

Es bräuchte schon eine ordentliche Portion ahistorisches Denken und einen völligen Mangel an Hausverstand, um solches anzunehmen.

In aller Gelassenheit läßt sich sagen, daß die Lesearten des P^{45} keinen wie immer gearteten Hinweis auf eine wesentlich überarbeitete und vermehrte Auflage des Markusevangeliums wie z. B. auf einen Deuteromarkus geben. Die verschiedenen Lesearten lassen sich erklären durch Änderungen des Kopisten; sei es dort, wo er z. B. selbst gekürzt hat etc., sei es dort, wo er Lesearten anderer Handschriften übernommen haben wird. In einigen Fällen wird textkritisch zu erwägen sein, ob die originale Leseart erhalten sein könnte.

Im Zusammenhang mit den Textkürzungen durch den Kopisten sei noch auf folgendes hingewiesen:

Der Stil des Markus ist u. a. durch Wiederholungen und Redundanzen gekennzeichnet[35]. Kopisten haben schon seit frühester Zeit in teilweiser Verkennung dieses Stilmerkmals damit begonnen, Redundanzen zu streichen. Ein typisches Beispiel ist 15: εἰς τὸ πλοῖον καὶ προάγειν (in das Boot und vorauszufahren). Der Kopist läßt die Redundanz εἰς τὸ πέραν (an das jenseitige [Ufer]) weg[36].

Gelegentlich wird auf den von Morton Smith im Jahre 1958 im Kloster Mar Saba der judäischen Wüste gefundenen Brief des Clemens Alexandrinus (150–215; ab 200 Bischof von Alexandria) hingewiesen, in dem sich Zitate aus einem „Secret Gospel of Mark" finden[37], und zwar, um die Existenz anderer Versionen des Markusevangeliums zu postulie-

34 Vgl. Jaroš, Das Neue Testament und seine Autoren, S. 49.

35 Vgl. Ulrich Victor, Textkritischer Kommentar zu ausgewählten Stellen des Markusevangeliums in: Karl Jaroš u.a, Das Neue Testament nach den ältesten griechischen Handschriften, Ruhpolding/Mainz und Würzburg/Wien 2006, S. 5006–5007 (CD–ROM).

36 Reuben Swanson, New Testament Greek Manuscripts, Variant Readings arranged in horizontal Lines against Codex Vaticanus, Mark, Sheffield/Pasadena 1995, S. 99 nennt für Mk 6,45 eine ganze Reihe Handschriften, die diese Redundanz weglassen.

37 Brief und Zitate fanden sich handschriftlich auf den leeren Seiten einer gedruckten Ausgabe der Briefe des Ignatius von Antiochien aus der Mitte des 17. Jhs. Die paläographische Untersuchung der Handschrift ergab, daß es sich um eine für das 18. Jh. typische Minuskel handelt (vgl. Morton Smith, Clement of Alexandria and a Secret Gospel of Mark, Cambridge Mass. 1973). Vgl. Morton Smith,

ren[38]. Wie jedoch die Varianten des P[45] keinen Schluß auf solche andere Versionen oder Auflagen des kanonischen Evangeliums zulassen, so auch nicht dieses „Secret Gospel of Mark“[39].

Festhalten läßt sich folgendes:

> Es handelt sich nicht direkt um einen Brief des Clemens, sondern um einen Auszug aus dessen Briefen: Ἐκ τῶν ἐπιστολῶν τοῦ ἁγιωτάτου Κλήμεντος ... (aus den Briefen seiner Heiligkeit Klemens). Derjenige, der den Auszug angefertigt hat, ist nicht bekannt.
> Der Auszug ist an einen gewissen Theodorus gerichtet, der offensichtlich eine Anfrage an Clemens bezüglich der Authentizität von Texten, von denen behauptet wird, sie gehören zum Markus-Evangelium, geschrieben hat.
> Der Schreiber des Auszugs gibt nun die Auskunft, daß der Gnostiker Karpokrates (1. Hälfte 2. Jh.) ein „Secret Gospel of Mark“ blasphemisch ergänzt habe.
> Der Schreiber erklärt ferner, daß es in der Bibliothek von Alexandria das Exemplar eines „Secret Gospel of Mark“ gäbe, das der Evangelist, als er nach dem Martyrium des Apostels Petrus nach Alexandria gekommen ist, verfaßt habe. Dieses Evangelium ist aber nicht ein neues Werk des Markus, sondern das ursprüngliche Werk, ergänzt um einiges Material[40].

Darauf zitiert der Schreiber zwei dieser Ergänzungen:
Der folgende Text soll zwischen Mk 10,34 und 35 zu finden sein.

> καὶ ἔρχονται εἰς Βεθανίαν καὶ ἦν ἐκεῖ μία γυνὴ ἧς ὁ ἀδελφὸς αὐτῆς ἀπέθανεν, καὶ ἐλθοῦσα προσεκύνησε τὸν Ἰησοῦν καὶ λέγει αὐτῷ:[41] υἱὲ Δαβὶδ ἐλέησόν με,[42] οἱ δὲ μαθηταὶ ἐπετίμησαν αὐτῇ.[43] καὶ ὀργισθεὶς[44] ὁ Ἰησοῦς ἀπῆλθεν μετ᾽ αὐτῆς εἰς τὸν κῆπον[45] ὅπου ἦν τὸ μνημεῖον, καὶ εὐθὺς ἠκού

Clement of Alexandria and the Secret Gospel, The Score at the End of the First Decade, in: Harvard Theological Review 75 (1982) 449–461.

38 Manche halten den Text auch für eine moderne Fälschung von Morton Smith (vgl. Rainer Riesner, Die Rückkehr der Augenzeugen, Eine neue Entwicklung in der Evangelienforschung, in: Theologische Beiträge 38 [2007] S. 339).

39 Der Text zum „Secret Gospel of Mark“ ist mit Änderungen entnommen: Jaroš, Zur Textüberlieferung des Markusevangeliums, S. 109–113.

40 Griechischer Text des Briefes mit den Zitaten: Die griechischen christlichen Schriftsteller der ersten drei Jahrhunderte, Clemens Alexandrinus IV 1, Berlin ²1980, S. XVII–XVIII.

41 Vgl. Joh 11,32.

42 Mk 10,47: υἱὲ Δαυὶδ᾽ Ἰησοῦ, ἐλέησόν με (Jesus, Sohn Davids, erbarme dich meiner).

43 Mk 10,13: οἱ δὲ μαθηταὶ ἐπετίμησαν αὐτοῖς (aber die Jünger fuhren sie an}.

44 Mk 1,41: καὶ σπλαγχνισθεὶς ([und sich erbarmt habend] Standardtext); zu lesen ist jedoch καὶ ὀργισθεὶς ([in Zorn geratend] vgl. Victor, Textkritischer Kommentar zu ausgewählten Stellen des Markus-Evangeliums, 5075–5076).

45 Das Nomen kommt nur Lk 13,19 vor.

σθη ἐκ τοῦ μνημείου φωνὴ μεγάλη.[46] καὶ προσελθὼν ὁ Ἰησοῦς ἀπεκύλισε τὸν λίθον ἀπὸ τῆς θύρας τοῦ μνημείου.[47] καὶ εἰσελθὼν εὐθὺς ὅπου ἦν ὁ νεανίσκος ἐξέτεινεν τὴν χεῖρα καὶ ἤγειρεν αὐτὸν κρατήσας τῆς χειρός.[48] ὁ δὲ νεανίσκος ἐμβλέψας αὐτῷ ἠγάπησεν αὐτὸν[49] καὶ ἤρξατο παρακαλεῖν αὐτὸν ἵνα μετ' αὐτοῦ ᾖ.[50] καὶ ἐξελθόντες ἐκ τοῦ μνημείου ἦλθον εἰς τὴν οἰκίαν τοῦ νεανίσκου.[51] ἦν γὰρ πλούσιος.[52] καὶ μεθ' ἡμέρας ἓξ[53] ἐπέταξεν αὐτῷ ὁ Ἰησοῦς [...], καὶ ὀψίας γενομένης ἔρχεται[54] ὁ νεανίσκος πρὸς αὐτὸν περιβεβλημένος σινδόνα ἐπὶ γυμνοῦ.[55] καὶ ἔμεινε[56] σὺν αὐτῷ τὴν νύκτα ἐκείνην. ἐδίδασκε γὰρ αὐτὸν ὁ Ἰησοῦς τὸ μυστήριον τῆς βασιλείας τοῦ θεοῦ.[57] ἐκεῖθεν δὲ ἀναστὰς ἐπέστρεψεν εἰς τὸ πέραν τοῦ Ἰορδάνου.[58]

Der folgende Text soll in Mk 10,46 nach den Worten „Und er kommt nach Jericho" stehen.

καὶ ἦσαν ἐκεῖ ἡ ἀδελφὴ τοῦ νεανίσκου ὃν ἠγάπα αὐτὸν ὁ Ἰησοῦς καὶ ἡ μήτηρ αὐτοῦ καὶ Σαλώμη, καὶ οὐκ ἀπεδέξατο αὐτὰς ὁ Ἰησοῦς.[59]

46 Joh 11,43: Jesus ruft mit „lauter Stimme" den Lazarus aus dem Grab.

47 Jesus läßt den Stein vor der Grabhöhle wegholen (Joh 11,39).

48 Mk 5,41: καὶ κρατήσας τῆς χειρός (und ergriffen habend die Hand); vgl. Mk 1,31; 9,27; Luk 8,54.

49 Aus Mk 10,21 genommen: Was hier über Jesus gesagt wird, wird auf den Jüngling übertragen.

50 Mk 5,18: ἵνα μετ' αὐτοῦ ᾖ (daß er bei ihm sein dürfe).

51 Vgl. Joh 1,39.

52 Lk 18,23: ἦν γὰρ πλούσιος σφόδρα. (denn er war sehr reich); vgl. Mk 10,22.

53 Mk 9,2: καὶ μετὰ ἡμέρας ἓξ (und nach sechs Tagen).

54 Mk 14,17: καὶ ὀψίας γενομένης ἔρχεται (und als Abend geworden war, kommt).

55 Der Jüngling von Mk 14,51–52 wird mit dem reichen Jüngling (Mk 10,17) amalgamiert. Im Hintergrund wirkt die Lazarusgeschichte.

56 Joh 1,32: καὶ ἔμεινεν ἐπ' αὐτόν (und er blieb auf ihm).

57 Mk 4,11: ὑμῖν τὸ μυστήριον δέδοται τῆς βασιλείας τοῦ θεοῦ (euch ist das Mysterium der Königsherrschaft Gottes gegeben).

58 Übersetzung: Und sie kamen nach Bethanien. Und dort war eine Frau, von der der Bruder, ihrer, gestorben war. Und gekommen, fiel sie Jesus zu Füßen und sagt zu ihm: Sohn Davids, erbarme dich meiner. Aber die Jünger fuhren sie an. In Zorn geratend, ging Jesus mit ihr weg in den Garten. wo die Grabhöhle war. Und sogleich war aus der Grabhöhle eine laute Stimme zu hören. Und hingegangen wälzte Jesus den Stein von der Tür der Grabhöhle weg. Und sogleich hineingegangen, wo der Jüngling war, streckte er die Hand aus und richtete ihn auf, ergriffen habend seine Hand. Der Jüngling aber, Jesus angeblickt habend, liebte ihn. Und er bat ihn inständig, daß er bei ihm sein dürfe. Und verlassen habend die Grabhöhle, kamen sie in das Haus des Jüngling; denn er war reich. Und nach sechs Tagen befahl ihm Jesus [...]. Und als Abend geworden war, kommt der Jüngling zu ihm, bekleidet mit einem Leinengewand auf (dem) nackten (Leib). Und er blieb bei ihm jene Nacht; denn Jesus lehrte ihn das Mysterium der Königsherrschaft Gottes. Von dort aber aufgestanden, ging Jesus weg in das jenseitige (Ufer) des Jordan.

59 Übersetzung: Und es waren dort die Schwester des Jünglings, den Jesus, ihn, geliebt hatte, und die Mutter, seine, und Salome. Doch Jesus nahm sie nicht auf.

Es handelt sich bei diesen dem Evangelisten Markus zugeschriebenen Texten um einen Flickenteppich aus versetzten Stücken der kanonischen Evangelien, eine Art Parodie des Markus-Evangeliums. Dazu wäre ein moderner Schreiber wohl genauso imstande wie ein antiker, wollten sie das Markus-Evangelium entstellend erweitern.

Der Text hat jedoch sprachliche Eigentümlichkeiten, die es unmöglich machen, an einen heutigen Autor zu denken. In zwei Relativsätzen wird ein überflüssiges Personalpronomen gesetzt: ἧς ὁ ἀδελφὸς αὐτῆς ἀπέθανεν (von der der Bruder, ihrer, gestorben war) und ὃν ἠγάπα αὐτὸν ὁ Ἰησοῦς (den Jesus, ihn, geliebt hatte). Obwohl dem markinischen Stil Redundanzen nicht fremd sind, verwendet Markus nur 7,25 ein redundantes Personalpronomen: ἧς εἶχεν τὸ θυγάτριον αὐτῆς πνεῦμα ἀκάθαρτο (deren Töchterchen, ihres, hatte einen unreinen Geist). αὐτῆς wird zwar von den meisten Handschriften nicht bezeugt[60], gehört jedoch vermutlich zum originalen Text des Markus[61] und wurde von späteren Kopisten – da überflüssig – weggelassen. Ein solch redundantes Personalpronomen kann nicht einfach als eine Dialekterscheinung oder gar als holpriges Griechisch gewertet werden, da es sogar Dichter verwenden (Kallimachos Anth. Pal 12,118,3; Menander Anth 7,72,1).

Die beiden Redundanzen schließen einen heutigen Autor aus. Am ehesten wird man mit einem Autor aus der 1. Hälfte des 2. Jhs. rechnen können, der im Bereich der Gnosis angesiedelt ist und der mit der damaligen Sprache vertraut war. Darauf weist auch der hier geradezu idealtypisch verwendete Gebrauch von καί ἤρξατο ... im Sinne von „dringlich, nachdrücklich, machtvoll“[62].

Auf einen Autor aus dem Altertum, und zwar in einem doppelten Sinn, weist auch ἐπέ ταξεν αὐτῷ ὁ Ἰησοῦς [...] (Jesus befahl ihm [...]). Es wird nicht gesagt, was ihm Jesus befohlen hat. Das Verb steht also – grammatikalisch falsch – absolut. Notwendig wäre aber – und Markus (6,27; 6,39) gebraucht es auch so –, es nicht absolut zu verwenden. Es gibt in der ganzen griechischen Literatur kein Beispiel, daß das Verb jemals absolut gebraucht wurde.

Ein moderner Autor hätte Jesus wohl sagen lassen, was er dem Jüngling befohlen hat und keine sprachlich unstatthafte, verkürzte Formulierung verwendet.

Ein antiker Autor hätte ebenfalls das Verb niemals absolut gebraucht. Da es hier aber absolut steht, kann nur bedeuten, daß der Text zensuriert wurde. Es ist also damit zu rechnen, daß die Fassung, die wahrscheinlich auf den Gnostiker Karpokrates zurückgeht, hier Obszönitäten stehen hatte, die der Schreiber dieses Brief einfach wegließ. Es genügt ihm offensichtlich das folgende Geschehen: Der Jüngling kommt nur mit einem Leinentuch bekleidet zu Jesus, bleibt die Nacht bei Jesus und Jesus lehrt ihn das Geheimnis des Königreichs Gottes.

60 Vgl. Swanson, Mark, S. 112.

61 In der Apokalypse (7,2) ist ebenfalls ein redundantes Personalpronomen zu finden ist. Vgl. dazu Marius Reiser, Sprache und literarische Formen des Neuen Testaments, Paderborn/München/Wien/Zürich 2001, S. 84–85 mit weiterführender Literatur.

62 Vgl. Jaroš, Victor, Die synoptische Tradition, S. 403 (Appendix 1).

Der vorliegende, zensurierte Text ist eindeutig. Es handelt sich um die Darstellung des Initiationsritus einer gnostischen Sekte[63], die durch Jesu Handeln legitimiert werden soll. Aus diesem Text ist aber unmittelbar keine homosexuelle Handlung ersehbar. Wohl aber wird der Text, der auf Karpokrates zurückgeht, wie vorher erwähnt, eine solche nahegelegt haben.

Auch wenn die Sprache allein nicht den Schluß erlaubt, daß der Autor nicht Markus war, läßt sich trotzdem mit Sicherheit sagen, daß Markus nicht Versatzstücke seiner eigenen Texte in dieser parodistischen Weise zu einem ‚neuen' Ganzen zusammengefügt hätte, und zwar so, daß alle drei Erwähnungen von Jünglingen im Markusevangelium zu einer weiteren Geschichte zusammengemengt sind. Es scheint mir plausibel, daß der rätselhafte Jüngling der Passionsgeschichte der Auslöser der Erfindung dieses Textes ist.

Vermutlich hat es von einem „Secret Gospel of Mark" nie mehr als diese beiden Stücke gegeben.

Dadurch, daß der Schreiber aus dem „Secret Gospel of Mark" diesen purgierten Text bringt, verrät er sich selber als Angehöriger einer anderen gnostischen Sekte als der des Karpokrates, einer gnostischen Sekte, die offenbar der offiziellen christlichen Kirche von Alexandria nahe steht und in Clemens bzw. seinen Schriften gnostische Züge zu erkennen vermag. Clemens hat in seinen bekannten Werken natürlich Vorstellungen entwickelt, die gnostisch mißbraucht werden konnten. Für Clemens ist der Glaube immer die feste Grundlage. Der Glaube hat die Wahrheit ergriffen, die Gnosis erforscht und versteht sie[64].

Obwohl Clemens noch nicht ein Kanonverständnis wie kurz später z. B. Origenes entwickelt hat, so steht doch außer Frage, daß er besonders die Evangelien als eine fest umrissene Einheit ansieht[65].

Das macht es unwahrscheinlich, daß er über das Markusevangelium die Meinung vertreten haben sollte, die ihm der Schreiber dieses Briefes unterstellt.

Es gibt in diesem Brief noch eine weitere Diskrepanz. Nach der alexandrinischen Bischofsliste ist der Nachfolger des Evangelisten Markus ein gewisser Annianus, und zwar im achten Jahr der Regierung Kaiser Neros (Eusebius, Hist. II 24); das ist das Jahr 62. Markus muß daher schon lange vor dem Martyrium des Apostels Petrus (Ende 64/Anfang 65) nach Alexandria gekommen sein und der Tod des Markus in Alexandria im Jahre 62 ist keineswegs gesichert, da z. B. Paulus seinem Mitarbeiter Timotheus im Herbst 64 den Auftrag gibt (2 Tim 4,11), Markus nach Rom mitzunehmen. Annianus kann daher im Jahre 62 die Leitung der Kirche von Alexandria übernommen haben, da sich Markus ab diesem Zeitpunkt anderen Aufgaben widmete.

Ich fasse zusammen: Der Schreiber dieses Auszugs aus Briefen des Clemens ist ein gemäßigter Gnostiker, der Clemens als seinen Gewährsmann sehen möchte und es dabei geschickt versteht, ein gnostisch erweitertes Markusevangelium als Werk des Evangelisten

63 Vgl. die prägnante Darstellung von Bernhard Lang, Neues Bibel-Lexikon, Band II, Zürich/Düsseldorf 1995, Sp. 723–724.

64 Vgl. Otto Bardenhewer, Geschichte der altkirchlichen Literatur, Band 2, Vom Ende des zweiten Jahrhunderts bis zum Beginn des vierten Jahrhunderts, Freiburg ²1914 (Neudruck Darmstadt 2007), S. 86.

65 Vgl. ebd. 88.

plausibel zu machen. Die parodistische Entstellung des kanonischen Evangeliums ist schon in der 1. Hälfte des 2. Jhs. geschehen und möglicherweise das Werk des Karpokrates. Der Schreiber dieses Briefauszuges macht aber den Fehler, daß er beim Streichen von Blasphemien des Karpokrates, um so *sein* gnostisches Markusevangelium salonfähig zu machen, das Verb ἐπιτάττω (befehlen), absolut verwendet. Es hat daher nie ein Markusevangelium gegeben, das einen solchen Text enthalten hat.

Wie man aus den Varianten des P^{45} und auch aus solchen anderer Handschriften schließen kann, daß es kein anderes Markusevangelium gab als das heute vorliegende, kann man daraus, daß keine einzige Textstelle des „Secret Gospel of Mark" außerhalb dieses Fundes aus Mar Saba in der Jahrhunderte langen Überlieferung zu finden ist, schließen, daß es sich bei diesem Text um einen völlig einflußlosen, regional beschränkten Text handelt. Hätte es ein solch erweitertes Exemplar des Markusevangeliums in der Bibliothek von Alexandria gegeben, dann wären in den zahlreichen griechischen Handschriften des Markusevangeliums der ersten Jahrhunderte Spuren davon erhalten geblieben. Es gibt sie nicht!

5. Drei textkritische Beispiele

Markus 1,1

Der Standardtext (NA^{28}) lautet:

> Ἀρχὴ τοῦ εὐαγγελίου Ἰησοῦ Χριστοῦ [υἱοῦ θεοῦ].
> Anfang des Evangeliums Jesu Christi [(des) Sohnes Gottes].

In der Ausgabe von Bover/ O'Callaghan ^{4}2001 heißt es:

> Ἀρχὴ τοῦ εὐαγγελίου Ἰησοῦ Χριστοῦ υἱοῦ τοῦ θεοῦ.
> Anfang des Evangeliums Jesu Christi, (des) Sohnes des Gottes.

Die spanische Ausgabe setzt also keine eckigen Klammern und verwendet den Artikel vor θεοῦ.

Welcher der beiden Texte wird nun am ehesten der ursprünglich sein?

Sowohl die artikellose Version als auch die mit Artikel ist in den Handschriften bezeugt[66].

Die artikelose Form war damals der Bevölkerung des Römischen Reiches durch die Kaisertitulatur wohl bekannt. Der Evangelist mußte sich von dieser Form absetzen, um seinen Lesern klar zu machen, es geht nicht um irgendeinen der zahlreichen Götter der hellenistisch-römischen Welt, sondern um den EINEN Gott. So läßt z. B. Markus 3,11 die unreinen Geister bei ihrer Anrede Jesu ebenfalls den Artikel verwenden: σὺ εἶ ὁ υἱὸς τοῦ θεοῦ (du bist der Sohn des Gottes), weil sie wissen, daß nicht irgendeiner der zahlreichen Gottessöhne vor ihnen steht, sondern der Sohn des EINEN und EINZIGEN Gottes. „Der Verlust des Artikels lässt sich leicht sowohl als Haplographie bzw. Homoioteleuton erklä-

66 Vgl. Swanson, Mark, S. 7.

ren wie auch als sprachliche Korrektur [...] wie auch als Angleichung an die ungezählten inschriftlichen Vorbilder der Kaisertitulatur, die vor aller Augen waren"[67].

„υἱοῦ τοῦ θεοῦ" als spätere Erweiterung des Titels zu erklären, trifft jedenfalls die Sache nicht im Geringsten[68]. Der originale Text ist am ehesten der mit Artikel und der spanischen Ausgabe, die dem Mehrheitstext folgt, ist recht zu geben.

Markus 1,4
Der Standardtext (NA[28]) lautet:

> ...᾽Ιωάννης [ὁ] βαπτίζων ἐν τῇ ἐρήμῳ καὶ κηρύσσων ...
> ... Johannes [der] Taufende in der Wüste und Verkündende ...

In der Ausgabe von Bover/O'Callaghan [4]2001 heißt es:

> ...᾽Ιωάννης ὁ βαπτίζων ἐν τῇ ἐρήμῳ κηρύσσων ...
> ... Johannes, der Taufende, (war) in der Wüste verkündend

Beide Lesearten finden sich in der Überlieferung[69]. Der Artikel ὁ ist notwendig, weil Johannes hier erstmals im Markusevangelium mit seinem Titel vorgestellt wird und sollte daher nicht in eckige Klammern gesetzt werden. Dadurch, daß βαπτίζων ohne Artikel nicht der Titel von Johannes ist, sondern beschreibend die Tätigkeit ausdrückt, wurde die Konjunktion καὶ notwendig. Der Textüberlieferung, der auch die spanische Ausgabe folgt, ist recht zu geben[70].

Markus 6,22
Der Standardtext (NA[28]) lautet:

> καὶ εἰσελθούσης τῆς θυγατρὸς αὐτοῦ Ἡρῳδιάδος ...
> Und als hereingekommen war seine Tochter Herodias ...

Bei Bover/O'Callaghan [4]2001 heißt es:

> καὶ εἰσελθούσης τῆς θυγατρὸς αὐτῆς τῆς Ἡρῳδιάδος ...
> Und als hereingekommen war die Tochter, ihre, der Herodias ...

Die Lesung des Standardtextes, die sich auf eine Reihe von Handschriften stützen kann[71], ist unsinnig, weil das Mädchen nicht die Tochter von Herodes Antipas ist und auch nicht Herodias heißt, sondern Salome und die Tochter der Herodias ist (Josephus, Ant. 18,136 f.). Handschriften, denen die spanische Ausgabe folgt, haben die richtige Leseart bewahrt. Ferner entspricht τῆς θυγατρὸς αὐτῆς τῆς Ἡρῳδιάδος der präzisen Ausdrucksweise, der sich Markus öfter bedient[72].

67 Victor, Textkritischer Kommentar, S. 5069.
68 Vgl. Bruce M. Metzger, A Textual Commentary of the Greek New Testament, Stuttgart [2]1994, S. 62.
69 Vgl. Swanson, Mark, S. 8.
70 Vgl. Victor, Textkritischer Kommentar, S. 5070.
71 Vgl. Swanson, Mark, S. 88.
72 Vgl. die Belege bei Victor, Textkritischer Kommentar, S. 5086.

Es läßt sich zusammenfassend festhalten, daß die Textüberlieferung des Neuen Testaments einerseits qualitativ hervorragend und andererseits quantitativ im Vergleich mit anderer Literatur aus der Antike fast unermeßlich ist. Die große Zahl von Handschriften, deren Text jedoch kontaminiert ist, bietet für die Textkritik enorme Schwierigkeiten, da letztlich jede einzelne Leseart auf ihre Ursprünglichkeit zu prüfen ist.

Fragmentgattungen und Editionsprobleme
Beispiele aus der antiken und mittelalterlichen Literatur

Jürgen Blänsdorf, Mainz

Fragmente sind ein Arbeitsgebiet vieler Sparten der Klassischen Altertumswissenschaft und der Literaturen des Mittelalters. Zwar sind sie immer das Ergebnis einer gestörten Überlieferung, aber bei methodischer Sorgfalt, die möglichst viele Disziplinen wie die Geschichte der Handschriften und Inschriften, die Literaturgeschichte und die historischen Disziplinen bis hin zur Religionsgeschichte zu verbinden weiß, können die Ergebnisse unser Wissen über die antike und mittelalterliche Kultur bedeutend vermehren. Darum soll in diesem Beitrag eine Typologie aller Arten von Fragmenten entworfen und als Kontrast die besondere Problemlage von Fragmenten der bildenden Kunst skizziert werden. Zu einer Phänomenologie der Fragmente gehören außer den literarischen auch die nichtliterarischen, auf anderen Medien erhaltenen Texte der Antike. Die ausgewählten Beispiele sollen den jeweiligen Erkenntniswert solcher Fragmente veranschaulichen.

I. Fragmente der bildenden Kunst

Anders als literarische Fragmente besitzen – oder gewinnen im Laufe der Rezeptionsgeschichte – Werke der antiken bildenden Kunst und der Baukunst einen ästhetischen Wert, führen aber bei Rekonstruktionsversuchen auf teilweise unerwartete Probleme. Wohl kein Betrachter kann sich der Schönheit einer griechischen Skulptur wie der sog. Venus von Milo entziehen, obwohl ihr die Arme fehlen. Die seit ihrer Auffindung im Jahr 1820 ungebrochen starke Rezeption hat geradezu zu einer neuen Skulpturengattung, dem Fragment-Torso, geführt, der durch die Konzentration auf den Leib der künstlerischen Darstellung des Menschen neue Wege erschloss. Der Wunsch jedoch, eine beschädigte Statue durch Ergänzungen aufzuwerten, hatte im Falle des seit seiner Auffindung im Jahr 1506 in den Vatikanischen Museen aufgestellten sog. Laokoon wegen der extremen Streckung des rechten Armes Gotthold Ephraim Lessing zu einer pathetisierenden Deutung verleitet, die durch die erst kurz vor 1960 erfolgte Anbringung des originalen Armes widerlegt wurde. Allzu selten sind Glücksfälle wie die Zusammensetzung eines seit vielen Jahrzehnten im selben Raum des Vatikans aufbewahrten Torsos mit einem Porträtkopf, die dem Mainzer Archäologen German Hafner gelang, weil ihm die Spiegelgleichheit der beiden Bruchstellen aufgefallen war.

Das Forum Romanum ist dank seiner erst sehr späten völligen Ausgrabung vor solchen Rekonstruktionen bewahrt geblieben, aber die Schwärmerei des 19. Jahrhunderts für das deutsche Mittelalter, für Burgen und Rittertum verleitete nicht nur zur falschen Rekonstruktion der vielen im Pfälzischen Erbfolgekrieg zerstörten Burgen, z. B. der Burg Sooneck, sondern zur Begeisterung für die Schönheit der Ruinen – hier vor allem des Heidelbergers Schlosses und der Burgen des Mittelrheins – und zur Neuschöpfung von Burgruinen im pseudo-mittelalterlichen Stil wie der der Löwenburg in Kassel oder der Burg Schwarzenstein im Rheingau. Die grausige Ironie der Geschichte wollte es, dass die Kasseler Löwenburg, im II. Weltkrieg von einer Bombe getroffen, aus einer Kunstruine zu einer richtigen Ruine wurde, die ihrerseits wieder restauriert werden musste. Poetische Fragmente wie Friedrich Hölderlins *Hyperion* reizen die Interpreten eher als daß sie sie abschrecken. Dem Phänomen der doppelten Ruinierung und entsprechend doppelten Restaurierung werden wir bei der antiken Literatur wieder begegnen.

II. Die antike Literatur als Überlieferungsfragment

Von der antiken Literatur, die mit Homer und Hesiod im 7. Jahrhundert vor Christus beginnt und mit dem Ende des 6. Jahrhunderts verebbt, sind schätzungsweise weniger als 10 % überliefert – insofern sind die erhaltenen Texte das Fragment des über eineinhalb Jahrtausende angewachsenen Corpus der antiken Texte. Dasselbe gilt für die Textcorpora vieler antiker Autoren, z. B. sind von den über 130 Komödien des Plautus nur 21 erhalten, aber diese so gut wie vollständig. Aber die Fragmentierung dieses Autorencorpus wurde bereits in der späten römischen Republik durch eine Auswahl nach Echtheitskriterien vollzogen. Vom Geschichtswerk des spätantiken Historikers Ammianus Marcellinus sind die ersten 13 von 31 Büchern verloren: offenbar war der betreffende Zeitraum durch andere Autoren ausreichend abgedeckt, so dass man die Abschrift dieses Teils überging.

Aber antike Werke sind kein ‚Trümmerfeld' wie das Forum Romanum: Viele sehr umfangreiche Werke, wenn auch nicht immer das gesamte Autoren-Œuvre, sind komplett erhalten: z. B. die Epen Homers, *Ilias* und *Odyssee*, die Tragödien und Komödien der großen griechischen Dramatiker des 5. Jahrhunderts, die Geschichtswerke der bedeutendsten griechischen Historiker Herodot, Thukydides und Xenophon, die vier großen Sammlungen der Siegeslieder Pindars, viele Werke der griechischen Philosophen Platon und Aristoteles, sodann, um viele weitere zu überspringen, zahlreiche griechische Romane der hellenistischen Zeit und schließlich die Werke der griechischen Kirchenväter. Ähnlich steht es um die nur an ganz wenigen Stellen lückenhaft überlieferten 21 Komödien des Plautus um die Wende vom 3. zum 2. Jahrhundert v. Chr., die sechs Komödien des Terenz, die Reden, Briefe und philosophischen Werke Ciceros, die zwei bekannten historischen Werke Sallusts, die Dichtungen des Horaz, die Elegien der drei großen Elegiker Tibull, Properz und Ovid, die Dichtungen Vergils und das noch umfänglichere sonstige Werk des Ovid – mit einer Ausnahme (s. u.) aus augusteischer Zeit, und wiederum die lateinischen Kirchenväter vom 2. bis zum 5. Jahrhundert.

III. Gattungen der Fragmente

A. Autorenfragmente

Wenden wir uns nun den Fragmentgattungen zu. Nicht wenige literarische Werke konnten von ihren Verfassern aus verschiedenen Gründen – aber sicher nicht in der Absicht, ein Fragment zu schaffen – nicht vollendet werden. Hierfür einige Beispiele. So liegt das 8. Buch des Geschichtswerkes des Thukydides in teilweise unfertiger Form vor. Weil der letzte Satz des Werkes mitten in einer Ereigniskette mit einem „zwar" (*mén*) endet, hat Xenophon mit direktem grammatischem Anschluss an Thukydides sein Werk mit den Worten „Wenige Tage später aber ..." (*dé*) beginnen lassen. Auch die *Aeneis* des römischen Dichters Vergil weist im dritten Buch einige unfertige Stellen und über das ganze Werk verteilt einige wenige unvollständige Verse auf. Die antiken Vergilbiographien berichten, dass Vergil, als er in kleinem Kreis sein Werk erstmals vorlas, einen solchen Vers vervollständigen konnte. Spätere Autoren versuchten sich an ihnen immer wieder. In Petrarcas *Africa* dienen ähnlich unvollständige Verse an dramatischen Höhepunkten als Stilmittel der Vergilnachahmung. Aber auch sein Werk ist trotz des großen Umfanges von neun Büchern mit 6792 Versen ein Fragment geblieben. Das im Jahr 1338 begonnene und bei seinem Tode unvollendete Werk wurde erst 1396 von Paolo Vergerio ediert. Die große Lücke der Ereignisse zwischen dem Ende des mit 206 v. Chr. schließenden vierten Buches und dem Beginn des fünften Buches mit dem Jahr 203 erklärt sich aus dem Überdruss des Dichters an den Taten seines zum Tugendvorbild stilisierten Helden P. Cornelius Scipio. Stattdessen hat er am Anfang des fünften Buches seine poetische Kraft auf die Tragödie der Sophoniba konzentriert. Einige andere Lücken im dritten Buch verraten die Unfertigkeit seines Manuskripts, das er wie sein Vorbild Vergil nicht kontinuierlich ausarbeitete.

Im Fall Ovids verursachte ein Einschreiten der staatlichen Obrigkeit die Fragmentierung des Werks. Denn als er mitten während der Abfassung seines historisch-mythologischen Lehrgedichts über den römischen Kalender von Kaiser Augustus ans Schwarze Meer verbannt worden war, konnte er dort mangels Fachliteratur die zweite Hälfte nicht mehr verfassen. Doch die ersten sechs Bücher blieben dank der Betreuung durch seine Freunde ungekürzt erhalten. In einem anderen Fall wurde die Annahme äußerer Einwirkung durch die vor wenigen Jahrzehnten geglückte Auffindung eines weiteren Fragments widerlegt[1]: Man hatte angenommen, dass Rutilius Namatianus sein Kurzepos über seine Heimkehr aus Rom ins damals von Feinden verwüstete Gallien im Jahr 417 infolge der äußeren Umstände nicht mehr hatte vollenden können. Das neu gefundene Bruchstück aus dem zweiten Buch *De reditu suo*, das den Reisebericht über das bisher bekannte Ende hinaus fortsetzt, verwandelte das angenommene Autoren-Fragment in ein Überlieferungsfragment.

B. Überlieferungsfragmente

a) Von authentischen Fragmenten kann man sprechen, wenn Texte auf den originalen antiken oder mittelalterlichen Beschreibstoffen erhalten sind, diese jedoch durch Natur- oder Gewalteinwirkung beschädigt sind. Inschriften können auf Stein, Metall (Kupfer, Bronze, Blei) oder sogar Holz überliefert sein[2]. Berühmte Beispiele antiker Inschriften, die trotz der Fragmentierung des Textes bedeutende Informationen überliefern, sind der 1799 aufge-

1 Nach der Entdeckung des Fragments auf einem Einzelblatt der Bibl. Naz. von Torino aus dem 7. oder 8. Jh. durch Ferri vgl. Rutilius Namatianus, Sur son retour, hg. von Étienne Wolff u. a., Paris 2007, S. LV ff. und 39 ff.

2 Ein in Teile zerbrochenes, aber insgesamt vollständiges Dokument wie das *Senatus Consultum Ultimum de Bacchanalibus* (186 v. Chr.) ist kein Fragment in diesem Sinne. Es beweist aber auch, wie wertvoll solche durch Zufall erhaltenen Dokumente für die Kenntnis der römischen Geschichte und den Kontrast zwischen Originaltext und literarischer Überlieferung sind.

fundene und durch den englisch-französischen Friedensvertrag von 1801 nach London ins Britische Museum verbrachte Stein von Rosetta (nach dem Fundort Rashîd im Nildelta) und die im Osten des Imperium Romanum aufgefundenen *Res Gestae Divi Augusti*.

Der Stein von Rosetta enthält eine in ägyptischen Hieroglyphen, eine in sehr viel späterer Zeit entwickelter sog. Demotischer Schrift geschriebene und eine griechische Fassung eines und desselben Ehrendekrets, das eine Priesterschaft für Ptolemaios V. als den damals amtierenden Pharao beschlossen hatte. Trotz beträchtlicher Verluste aller drei Textfassungen gelang es dem französischen Orientalisten Jean-François Champollion von 1822 bis 1832, durch Vergleich der drei Fassungen untereinander und mit der koptischen Sprache, beide ägyptischen Schriften zu entziffern und damit den Weg zur Erforschung der altägyptischen Sprache und Dokumente zu bahnen.

Die *Res Gestae Divi Augusti* sind der Bericht über seine militärischen und politischen Verdienste, der nach seinem testamentarischen Willen auf Bronzetafeln vor seinem Mausoleum in Rom aufgestellt und in vielen Abschriften über das ganze Imperium Romanum verbreitet wurde. Da das römische Original verloren gegangen ist, lässt sich der Text nur durch Kombination mehrerer, an weit entfernten Stellen erhaltener Fragmente des lateinischen Textes und der ihr folgenden sehr präzisen griechischen Übersetzung rekonstruieren. Das größte Fragment wurde 1555 bei Ankara auf den Wänden eines Augustus-Tempels gefunden (sog. *Monumentum Ancyranum*), die inzwischen als Rückwände mehrerer türkischer Häuser dienten und nur stückweise nacheinander zugänglich wurden.

Sonstige, literarische und nichtliterarische Fragmente antiker Texte sind auf Papyrus und Pergament erhalten, zwei originalen Beschreibstoffen, die nur unter besonders günstigen Bedingungen, v. a. Trockenheit und Schutz vor Insektenfraß, die Jahrhunderte überdauern konnten.

Die größte Zahl von Papyri wurde in ägyptischen Gräbern und antiken Abfallhaufen (sog. Khôms) gefunden. Der bedeutendste Fundort ist das 200 km südlich von Kairo gelegene Oxyrrhynchos; die Veröffentlichung der Fragmente ist wegen ihrer besonders großen Zahl nach 100 Jahren editorischer Tätigkeit noch nicht abgeschlossen. Da Papyrus teuer war, wurden viele Rollen und einzelne Blätter mehrfach verwendet: Die freien Rückseiten wurden mit anderen Texten beschriftet oder die erste Beschriftung durch Abwaschen und Abschaben gelöscht (*codex palimpsestus*). So finden sich nicht selten unter den Fragmenten solche anderer Texte. Viele der Papyri wurden zur Konservierung in Amphoren und anderen Keramikgefäßen aufbewahrt; viele weitere wurden schon in der Antike in Streifen zerrissen und als Mumienbinden verwendet, andere wurden stapelweise in Abfallhaufen entsorgt. Auf den Papyri finden sich zu schätzungsweise 80 % Behördenakten und Urkunden, die uns detaillierte Einblicke in die Verwaltung des hellenistischen Ägypten geben, außerdem viele Privatbriefe. Unter den literarischen Texten nehmen die Epen Homers, die zur Schullektüre gehörten, die erste Stelle ein. Vielfach ergeben sie wichtige, heute in allen wissenschaftlichen Homer-Ausgaben verzeichnete Textvarianten. Der hellenistische Komödiendichter Menander, von dem bis Ende des 19. Jahrhunderts nur literarisch überlieferte Fragmente bekannt waren – die immerhin Goethe befähigten, eine noch heute gültige literarische Bewertung Menanders zu konzipieren –, erfuhr seit Beginn der Grabungen in Ägypten den bedeutendsten Textzuwachs. Auch wenn viele Papyrustexte mangels

Titelseiten oder Kolumnentiteln anonym bleiben, bereichern sie die Kenntnis der in der Regel gut erkennbaren Textgattungen und damit der Literaturgeschichte.

Vier Papyrusfunde der letztvergangenen Jahrzehnte seien hier wegen ihrer Bedeutung und ihrer exemplarisch verschiedenartigen Fundumstände erwähnt.

1. Von besonderem methodischen Interesse ist der Fund eines Papyrus mit Versen der frühgriechischen Dichterin Sappho. Die Verse gehören zu einem Gedicht, das bislang aus einer Zitation durch den unbekannten Autor einer stiltheoretischen Schrift mit dem Titel *Über den erhabenen Stil* (*Perì hýpsous*, um Christi Geburt) bekannt war. Er zitierte dieses Gedicht als Beispiel für die poetische Schilderung leidenschaftlicher Liebe, brach aber dort ab, wo die Dichterin sich zur Besinnung ermahnte. So war von der fünften Strophe nur die erste Zeile erhalten, aber auch davor waren mehrere kleine Textlücken und -korruptelen zu verzeichnen, die auch von weiteren Zitationen durch andere Autoren, den Essayisten Plutarch, den Grammatiker Apollonios Dyskolos u. a., nicht zu heilen waren. Auch die außerordentlich genaue Übersetzung ins Lateinische durch den spätrepublikanischen Dichter C. Valerius Catullus half nicht weiter, weil er seine Übersetzung schon nach der dritten Strophe abbrach, um sich selbst zur Aufgabe seiner hoffnungslosen Liebe zu ermahnen. Das Gleiche gilt umgekehrt: Eine Überlieferungslücke des Gedichts Catulls hat sich trotz intensiver philologischer Bemühungen nicht mithilfe des poetischen Vorbildes schließen lassen. Ebenso erfolglos versuchte man, das letzte Wort der vierten Strophe des Gedichts der Sappho zu ergänzen. Eine besonders poetisch klingende Konjektur erfreute sich noch am ehesten des allgemeinen Beifalls, weil damit eine der bekannten Freundinnen Sapphos genannt wurde: Agallis

   v. 15 ... τεθνάκην δ' ὀλίγω' πιδεύης
   φαίνομ' <Ἄγαλλι> („ich scheine fast sterben zu müssen, Agallis")
   Andere konjizierten: ... φαίνομαι <ἄλλα> („da ich fast sterben muß, scheine ich eine andere zu sein").

   Der von Bartoletti 1965 vorgestellte Papyrus ergab eine überraschend schlichte Formulierung:

   ... φαίνομ' ἐμ' αὔτα („scheine ich mir selbst sterben zu müssen")[3].

2. Mehrere zusammenhängende Lagen eines vorzüglich erhaltenen Papyrusbuchs (etwa 2. Jh. n. Chr.), die eine vollständige Komödie Menanders, den *Dyskolos* (und die erste Seite einer weiteren!), enthalten, konnten von der Bodmer-Bibliothek in Genf angekauft werden. Sie stammen angeblich aus einem koptischen Kloster und waren offensichtlich seit der Antike niemals im Sand vergraben. Diese Komödie zeigte einen etwas anderen, derberen Zug des Menander, den man eher seinem römischen Nachahmer T. Maccius Plautus zutrauen möchte.

3 Vittorio Bartoletti, Dai papiri della Società Italiana. Omaggio al XI congresso internazionale di papirologia, Mailand 1965, n. 2. Im Jahr 2005 konnte Martin L. West einen weiteren, Reste dreier Oden enthaltenen Sappho-Papyrus, der 2004 von M. Gronwald und R. Daniel identifiziert worden war, publizieren.

3. In der Papyrus-Abteilung der Straßburger Universität lagerten seit Anfang des 20. Jahrhunderts mehrere Papyrusfragmemte mit zahlreichen griechischen Hexametern. Erst fast 100 Jahre später gelang es, die Texte durch Abgleich mit einer elektronischen Datenbank dem griechischen Philosophen und Lehrdichter Empedokles zuzuweisen[4]. Sie erweitern den Bestand der bisher aus literarischer Überlieferung bekannten Fragmente um fast ein Viertel und erlauben eine neue Deutung seiner physikalischen und religiösen Theorien.

4. Aus dem Abfall des römischen, in Nubien gelegenen Kastells Kasr Ibrîm, das um 20 v. Chr. aufgegeben wurde, wurden neun Verse in elegischen Distichen geborgen, aus deren Inhalt zu schließen war, dass ihr Verfasser C. Cornelius Gallus, der spätrepublikanische Dichter und persönliche Vertraute des Kaisers Augustus, war[5]. Als er als erster von Augustus eingesetzter Statthalter der neuen Provinz Ägypten seine Vollmachten zu missbrauchen schien und deshalb im Jahr 26 v. Chr. vom Kaiser zum Selbstmord gezwungen wurde, traf seine allgemeine Ächtung (*damnatio memoriae*) auch seine Werke. Vermutlich wurden auch seine Elegien von ihrem Besitzer daraufhin entsorgt. Auch eine Ehreninschrift, die C. Cornelius Gallus auf einem ägyptischen Obelisken in Bronzebuchstaben hatte anbringen lassen, wurde sicher zeitnah beseitigt. Dieser Obelisk wurde jedoch in der Renaissance nach Rom transportiert und steht seit Jahrhunderten in der Mitte des Petersplatzes. Unter der damals angebrachten Inschrift konnte vor wenigen Jahren Filippo Magi, ein italienischer Epigraphiker, anhand der Befestigungsspuren die Inschrift der augusteischen Zeit rekonstruieren.

Aus der Gruppe der auf antikem Pergament erhaltenen Fragmente soll nur ein berühmtes Beispiel erwähnt werden, ein langes Textstück aus *De re publica*, dem bedeutendsten staatsphilosophischen Werk Ciceros, das noch dem Kirchenvater Augustin als Vorbild seiner *Civitas Dei* diente. In einem Pergamentcodex des 4. Jahrhunderts aus dem Kloster Bobbio, der 1618 von den Mönchen dem Papst Paul V. geschenkt wurde, entdeckte 1819 der Bibliothekar der Vatikanischen Bibliothek den aufgrund der Erwähnung Augustins u. a. lange gesuchten Text Ciceros. Er war um 700 mit Augustins *Psalmenkommentar* überschrieben worden. Dazu war der Codex in seine Quaternionen (Lagen von je vier Doppelblättern = 16 Seiten) zerlegt, zum Glück nur schwach abgewaschen und nach der erneuten Beschriftung neu gebunden worden. Zwar sind auf diese Weise nur 20 der ursprünglich 80 Quaternionen, also etwa ein Viertel des Gesamtwerkes erhalten geblieben, aber doch aus fünf der sechs Bücher, so dass wir heute die Staatstheorie Ciceros in ihren Grundzügen beurteilen können. Die Neuordnung der Textfragmente erfolgte jedoch nur in der textkritischen Ausgabe, dagegen blieb der Codex in seiner frühmittelalterlichen Form bewahrt, so dass der Text Augustins weiterhin kontinuierlich gelesen werden kann. Dieses Prinzip

4 Alain Martin, Oliver Primavesi, L'Empédocle de Strasbourg (P. Strasb. gr. Inv. 1665–1666), Berlin 1999.

5 Robert D. Anderson u. a., Elegiacs by Gallus from Qasr Ibrîm, in: Journal of Roman Studies 69 (1979), S. 125–155.

der Erhaltung der Überlieferung wird soweit wie möglich eingehalten. Ausnahmen werden im folgenden Abschnitt erläutert.

Die Problematik mittelalterlicher Pergamentfragmente soll hier am Beispiel der vom Verfasser edierten 18 derartigen Stücke aus der Mainzer Martinus-Bibliothek veranschaulicht werden. Makulierte und meistens dabei fragmentierte Pergamentseiten finden sich fast ausschließlich in vielen Inkunabeln und Post-Inkunabeln, also den Frühdrucken von der Mitte des 15. bis zum Ende des 16. Jahrhunderts, in denen sie zum Binden dieser Bücher benutzt worden waren. Ganze Seiten bzw. Doppelseiten dienten, ein- oder aufgeklebt, als Einbindehilfen zur Verstärkung der Außen- und Innenseiten der Buchdeckel (=Vorder- und Hinterspiegel) und des Buchblocks (Vor- und Nachsatzblatt), oder, in schmale Streifen zerschnitten, sicherten sie die Bindung des Buchrückens und der Buchlagen, damit das Papier im Falz nicht einreißen konnte.

Der Befund lässt sich nur so erklären, dass von der zweiten Hälfte des 15. bis über die Mitte des 16. Jahrhunderts hinaus Pergamenthandschriften, die aus den Bibliotheken – der Dombibliothek, der Bibliotheken des Kartäuserklosters, der beiden Benediktinerklöster und anderer Mainzer oder externer Klöster, ferner auch Bibliotheken – ausgeschieden worden waren, von den Buchbindern als Makulatur behandelt wurden, d. h. zerlegt und in passende Teile zerschnitten wurden, um in derselben Bibliothek weiterverwendet oder gewinnbringend an andere, auch weit entfernte Buchbindereien bzw. Bibliotheken verkauft zu werden. Denn das sehr rissfeste Pergament, das für diese Zwecke durch kein anderes Material zu ersetzen war, wurde wegen der hohen Herstellungskosten zu teuren Preisen gehandelt. Dieses nach heutigen Begriffen von Denkmalschutz barbarische Verfahren traf nicht nur ‚heidnische' und christliche Autoren der Antike, sondern auch theologische, erbauliche und wissenschaftliche Autoren des Mittelalters, ja sogar Bibeln und liturgische Handschriften.

Solche Schätze makulierter und fragmentierter Pergamente besitzen die meisten der großen kirchlichen und wissenschaftlichen Bibliotheken. Dass sie vielfach noch nicht gehoben sind, liegt an den drängenden Aufgaben der Katalogisierung und Erforschung der vollständig erhaltenen Handschriften und der noch fehlenden Finanzierung des Aufwandes, den die Erfassung, Entzifferung, Identifizierung und kritische Edition erfordert, durch die Deutsche Forschungsgemeinschaft und andere wissenschaftlichen Förderungsinstitutionen.

Doch auch heute muss ein neuer Buchfrevel vermieden werden, nur um solche Pergamentfragmente zu lesen. Denn wenn makulierte Pergamentblätter als Einband dienen oder als Vorder- oder Hinterspiegel auf den Bucheinband oder als Vor- oder Nachsatzblätter auf einen Buchblock geklebt sind, muss der Konservator eingehend prüfen, ob es genügt, die offen sichtbare Seite des Blattes zu lesen, oder ob es sich lohnt, das Blatt abzulösen, um auch die Rückseite lesen zu können. Dieser Vorgang ist irreversibel und bedeutet die Schädigung kostbarer Dokumente, die nur durch vielseitige Dokumentation erträglich gemacht werden kann. Die gleiche Problematik ergibt sich bei Ausgrabungen wie dem Mainzer Isis- und Mater-Magna-Heiligtum, dem die Reste darüber gelegener spätmittelalterlicher Klöster geopfert werden mußten.

Über die Gründe der Makulierung der Pergament-Codices lassen sich in jedem Einzelfall nur Vermutungen anstellen. Folgende Gründe lassen sich jedoch verallgemeinern:

1. Seit Beginn des Buchdrucks wurden Handschriften durch Druckausgaben ersetzt. Im schlimmsten Fall wurden sie in der Druckoffizin sogleich nach dem Ende der Drucklegung fortgeworfen, meistens aber in den Bibliotheken nach der Anschaffung einer Druckausgabe als überflüssig aussortiert und dann makuliert. Denn die Druckausgaben boten den Vorteil einer normierten Schrifttype, die viel leichter zu lesen war als die außerordentlich verschiedenen Handschriften. Man stelle sich nur vor, dass ein Bibliotheksbenutzer vor Erfindung des Buchdrucks Handschriften lesen können musste, die in einem Zeitraum von wenigsten 700 Jahren in den verschiedensten Alphabetformen geschrieben worden waren. Außerdem wurden in den Druckausgaben viel weniger Abkürzungen, sog. Abbreviaturen, verwendet, die dem Leser besondere Fähigkeiten abverlangten, zumal sie nach Ort und Zeit der Handschrift stark variierten. Insbesondere fachspezifische Abbreviaturen, die in den philosophischen und medizinischen Texten in großer Zahl verwendet worden waren und den Text bis zu einem Viertel des Umfangs verkürzten, wurden nun in der Regel aufgelöst, wozu der Setzer sicher wissenschaftlichen Beistand benötigte (aber einige wenige solche Abbreviaturen sind unaufgelöst in die Druckausgaben gelangt). Für den Druck auf Papier war die Kosteneinsparung durch Abkürzungen nicht mehr lohnend, und die Leserfreundlichkeit hatte den höchsten Stellenwert.

2. Die immer zahlreicheren Druckausgaben, die von den Verlegern ungebunden verkauft wurden, mussten vom Erwerber eingebunden werden, wozu die Pergamente in immer größerer Zahl dringend benötigt wurden. In doppelter Weise also wurde die Erfindung des Buchdrucks den Pergamenthandschriften zum Verhängnis: als billigere und besser lesbare Konkurrenz und als Folge der gestiegenen Buchbindernachfrage.

3. Auch Doppelexemplare wurden aus der Bibliothek ausgesondert. So sind in der Stadtbibliothek Mainz zwei Exemplare des *Aristoteles Latinus* (Hs. II 194 und 233) erhalten, was zur Makulierung des dritten, jetzt als Fragment aufgefundenen Exemplars geführt haben könnte.

4. Nicht ausgeschlossen ist, dass beschädigte Codices ausgeschieden wurden. Aber im Fall des Horaz-Codex sind Fragmente mehrerer Lagen makuliert worden, darunter auch der ersten, die sicher am ehesten der Beschädigung ausgesetzt gewesen wäre. Aber eine solche lässt sich nicht erkennen.

5. Am wenigsten lässt sich beweisen, dass Autoren durch eine Art Zensur wegen ‚heidnischer' oder häretischer Anschauungen ausgeschieden wurden. Denn sogar christliche Autoren und theologische und erbauliche Werke wie die von Hrabanus Maurus und Hugo von St. Victor unterlagen der Makulierung.

Der erste Fall, zu dem der Verfasser zur Hilfe zugezogen wurde, bot kaum konservatorische Probleme. Im Jahr 2004 fand Dr. Helmut Hinkel, der Direktor der Martinus-Bibliothek Mainz, in einer Kiste, in der seit langer Zeit die Abfälle von Buchbinderarbeiten des 19. Jahrhunderts aufbewahrt wurden, ein Pergamentblatt, das mit lateinischen Versen beschrieben war, die er bald als Fragmente aus der *Achilleis* des frühkaiserzeitlichen Epikers P. Papinius Statius (ca. 40–96 n. Chr.) erkannte. Die Schrift ist bis auf einige Stellen gut zu lesen, aber das Doppelblatt hängt nur noch am oberen Rande zusammen, denn es wurde aus der Bindung gewaltsam herausgerissen. Offensichtlich hatte es als Vorsatzblatt zu einem nicht mehr feststellbaren Buch gedient. Bei dem Herausreißen ging auch ein Teil des Besitzervermerks verloren, der leicht schräg entlang dem Mittelfalz eingetragen war. Es lässt sich noch erkennen, dass der Besitzer des Buches ein Pfarrer in Kleinwallstadt am Main, südlich von Aschaffenburg war. Aus seinem Erbe muss der Band wie üblich bei den Priestern, die in Mainz studiert und im Priesterseminar gelebt hatten, an die Bibliothek des Priesterseminars, die heutige Martinus-Bibliothek, gekommen sein.

Die erste Frage, wie ein derartiger Autor in eine kleine Privatbibliothek gelangt ist, findet ihre Antwort in der noch zu beschreibenden Anlage des Textes. Die *Achilleis* gehörte mit einigen anderen antiken und mittelalterlichen Texten zum Kanon der mittelalterlichen Schule, der sich in dem von Clogan herausgegebenen *Liber Catonianus* fassen lässt[6]. Handschriften, die den *Liber Catonianus* enthalten, waren bislang nur in Italien, und dort fast nur in Rom, und in England nachzuweisen. Das Exemplar, aus dem das Mainzer Fragment stammt, ist neben einer unvollständigen Münchener Handschrift das einzige, das sich zur Zeit in deutschen Bibliotheken befindet. Aber andere der unten verzeichneten Handschriften stammen offenbar aus Deutschland.

Der *Liber Catonianus* vereinigte sechs im Mittelalter als kanonisch geltende Texte der lateinischen Dichtung der Antike: 1. *Disticha Catonis*, 2. *Ecloga Theoduli*, 3. Avian, *fabulae*, 4. Maximianus, *eleg.*, 5. Statius, *Achilleis*, 6. Claudian, *De raptu Proserpinae*. Das didaktische Konzept dieses Lehrbuchs ist hier nur umrissweise zu beschreiben. Es handelt sich um moralisch belehrende Texte, unter denen die an fünfter Stelle stehende *Achilleis*, die die Jugend des Helden beschreibt, die Situation des Jugendlichen, der erst unter Schwierigkeiten zu seiner heroischen Bestimmung findet, als geradezu pädagogisches Exempel thematisiert. Kommentarnotizen am Rande des Mainzer Fragments dienen überwiegend der Erklärung von Namen und Sachen, v. a. aus der antiken Mythologie, kurze Notizen zwischen den Zeilen erklären einzelne Wörter. Gerade sie zeigen die Herkunft dieses Textes aus der Schulpraxis. Das Mainzer Statius-Pergament ist also in doppelter Weise ein Fragment: 1. das eines literarischen Werkes, 2. als Teil eines umfangreichen Lehrbuchs des hohen Mittelalters.

Von der Erhaltung her gesehen ist das neue Mainzer Horaz-Fragment von besonderem Interesse. In den zwei erhaltenen von insgesamt fünf Bänden des *Corpus Iuris* (Lugdunum 1509) waren die Innenseiten der Buchdeckel mit insgesamt acht Pergament-Doppelseiten einer Horaz-Handschrift beklebt worden. Die Blätter stammen, wie sich leicht berechnen lässt, aus mehreren Lagen eines Codex, der um das Jahr 1000 zu datieren ist. Das Datierungskriterium liefert die Schriftform, die als spätkarolingische Minuskel zu bezeichnen ist, eine schöne und selbst für den in der lateinischen Paläographie nicht sehr Erfahrenen

6 Paul Maurice Clogan 7. Die Bezeichnung *liber Catonianus* prägte Boas (1914); die Handschrift BL (British Library) 15 A VII nennt die Texte mehrfach mit dem Oberbegriff *libri de moribus*.

leicht zu lesende Schrift. Aber selbst die Lesbarkeit hatte den Codex nicht vor der Makulierung bewahrt. Viel besser waren die neuen, auch textlich besseren Druckausgaben des Horaz, die in Mainz schon seit Ende des 15. Jahrhunderts angeschafft wurden.

Doch in diesem Fall sind nicht die Pergamentseiten selbst erhalten. Denn als diese bei einer erneuten Bindung der Trägerbände zu einer noch nicht festgestellten Zeit herausgerissen wurden, blieb die Schrift als Abklatsch auf den Buchenholzdeckeln erhalten; die Schrift ist also gespiegelt fixiert[7]. Das Paradoxe des Überlieferungsbefundes besteht somit darin, dass der Schriftträger um ein halbes Jahrtausend jünger ist als die Schrift selbst! Die Buchstaben sind bis auf einige später verursachte Schabspuren ohne Verlust, tiefschwarz und kantenscharf erhalten. Leider war einer der Holzdeckel nachträglich wieder mit Papier kaschiert worden. Die Ablösung stellte ein besonderes Wagnis dar, weil die Gefahr bestand, dass die Schrift sich teilweise vom Holzdeckel lösen und an dem Papier haften bleiben könnte. Doch Frau Annette Lang-Edwards, der Restauratorin der Bibliothek des Gutenberg-Museums, gelang es, das Papier ohne jede Anwendung von Chemikalien einfach mit Wasser abzulösen. Das Ergebnis ist, dass wir einen fast fehlerlos geschriebenen Text besitzen, der von Randkommentaren begleitet ist, die der besten Tradition des spätantiken Horaz-Kommentators Ps.-Acro folgen. Die Erklärungen waren mit Sicherheit für die mittelalterliche Schul- bzw. Vorlesungspraxis bestimmt.

Die andere, geradezu sensationelle Entdeckung ist das Mainzer Fragment aus dem naturwissenschaftlichen Werk des Hrabanus Maurus. Es bildete den Umschlag eines Buches des protestantischen Zürcher Pfarrers und Religionswissenschaftlers Rudolf Wirth (1547–1626) aus dem Jahr 1587 über den Tempelkult (*De origine, progressu, usu, et abusu templorum ac rerum omnium ad templa pertinentium libri V,* auctore Rodolpho Hospiniano Tigurino, Tiguri [Zürich]*, in officina Froschouiana,* 1587). Die Schrift dieses Fragmentes ist eine besonders schöne karolingische Minuskel. Als man sich dann auch noch entschlossen hatte, das Pergamentblatt vom Trägerband abzulösen, was vom konservatorischen Gesichtspunkt her immer ein heikles Unterfangen darstellt, da der Vorgang unumkehrbar ist, war das Ergebnis noch schöner als das der restaurierten Horaz-Handschrift. Denn die auf die Buchdeckel und den Buchrücken geklebte Innenseite des Pergaments erwies sich als so frisch wie vor mehr als 1100 Jahren. Wieder ist es ein Doppelblatt, von dem nur ein Viertel des einen Blattes verloren ist – abgeschnitten von einem geradezu barbarischen Buchbinder, der das äußere Blatt eines Quaternio für das neue Buch zurechtschneiden wollte. Es enthält einen umfangreichen Teil vom Ende des 21. Buches und eine Partie vom Anfang des 22. Buches *De naturis rerum* des Mainzer Erzbischofs Hrabanus Maurus. Eine noch größere Überraschung ergab sich, als bei einem der Erforschung des Mainzer Hrabanus-Fragments gewidmeten Symposion William Schipper aus der Augsburger Bibliothek das Faksimile eines dort gefundenen Fragments[8] mitbrachte, das sich dann als das zweite Blatt derselben Lage erwies, aus dem das Mainzer Fragment stammt, und den direkten Textan-

7 Der Versuch, den Text mit Hilfe von Spiegel und Vergrößerungsglas zu lesen, kam bald an sein Ende. Viel einfacher und zugleich genauer ist die Entzifferung einer digital gespiegelten Photographie, die zudem am Bildschirm dank hoher Auflösung um ein Vielfaches vergrößert werden kann.

8 Augsburg, Universitätsbibliothek, Oettingen-Wallersteinsche Bibliothek, MS I.2.2° 38 fol. 1.

schluss enthält. Die Teilnehmer konnten erleben, wie Blatt an Blatt, Text an Text passte. Nachgewiesen ist sogar ein weiteres Blatt desselben Codex, aber leider ist es in München als verloren gemeldet. Hier sehen wir, wie weiträumig die kostbaren Pergamente weiterverkauft wurden, um so profanen Zwecken wie als Einband zu dienen.

Doch wenden wir uns nun den anderen Funden zu, deren Bearbeitung weitaus mehr Mühe machte als die bisher genannten, leicht identifizierbaren Texte. Denn nur in einem Fall finden sich die Namen von Autor und Werk selbst auf den Fragmenten. In vielen anderen Fällen konnten sie erst durch eine aufwendige Suche im Internet ermittelt werden. Eine der frühesten Streitschriften gegen Erasmus von Rotterdam und Martin Luther, gedruckt 1521 (*Alberti Pii carporum comitis illustrissimi, ad Erasmi Roterodami expostulationem responsio accurata et paraenetica, Martini Lutheri et asseclarum eius haeresim vesanam magnis argumentis, et iustis rationibus confutans. Venundatur Iodoco Badio Ascenio* 1521), trug auf den Innenseiten der Buchdeckel zwei zweispaltig geschriebene Pergament-Blätter, beschrieben mit der gotischen Minuskel des mittleren 13. Jahrhunderts und verziert mit roten und blauen Symbolen als Signalen für die Absatzanfänge und roten und blauen Versalien für die Satzanfänge. Eine dann mit immer neuen Stichwortkombinationen durchgeführte Internetsuche führte schließlich auf Constantinus Africanus, einen aus der einstigen römischen Provinz Africa stammenden Araber , der zwischen 1010 und 1015 in Karthago geboren wurde und vermutlich aus einer christlichen Familie stammte. Als Händler und angehender Gelehrter unternahm er weite Reisen in den Orient und musste bald nach seiner Rückkehr vermutlich wegen der Überfälle nordafrikanischer Nomadenstämme nach Italien fliehen. In seiner teilweise legendären Biographie heißt es, dass er den niedrigen Stand der dortigen Medizin zum Anlass nahm, erneut auf Reisen zu gehen, um arabische Medizinerhandschriften zu sammeln. Seine in recht gutem Latein gehaltenen Übersetzungen bildeten die wissenschaftliche Grundlage der bald berühmten medizinischen Fakultät von Salerno. Sein Hauptwerk mit dem pseudo-griechischen Titel *Liber Pantegni* („Buch der allumfassenden Kunst“), aus dem das Mainzer Fragment stammt, ist die Übersetzung eines sehr umfangreichen Standardwerks der arabischen Medizin, das im 10. Jahrhundert von dem am königlichen Hof in Shīrāz wirkenden Arzt ʿAlī ibn al-ʿAbbās al-Maǧūsī (im mittelalterlichen Latein Haly Abbas) unter Benutzung der medizinischen Werke des griechischen Arztes Galenus verfasst wurde.

Bei einem weiteren Fall fiel die Entscheidung, das als Bucheinband dienende Pergamentblatt abzulösen, leichter, weil die sichtbare Außenseite den Schluss eines Werkes enthielt, nämlich den Schluss des dritten Buchs von Galens Kommentar zu den *Prognostika* des Hippokrates (*Expositio Gallieni in libro ypocratis* (*Hippocratis*) *de prognosticatione* (*prognosticis*)) mitsamt der Subscriptio, die Autor, Titel und Buchzahl nennt. Auf der Innenseite war der Anfang eines anderen Werkes zu erwarten. Der Entschluss wurde mit einer besonders schönen, seitenhohen blauen und roten Initiale mit Fleuronnéebesatz und Köpfen und Tierfiguren sowie der Erkenntnis eines größeren Textcorpus belohnt, aus dem die beiden Werke stammen mussten. Auf der viel besser erhaltenen Rückseite, mit der das Blatt auf den Buchblock geklebt war, folgt ohne Verfasserangabe der Kommentar des Abu'l Hasan ʿAlī ibn Riḍwān al-Miṣrī zu der *Ars parva* des Galenus. Das Vorkommen dieser beiden Werke in einer und derselben Handschrift lässt mit Sicherheit darauf schließen, dass sie zu einer *Articella* gehörten, dem in der Medizinschule von Salerno entstandenen Lehrbuch der Medizin, das in verschiedensten Zusammensetzungen und Reihenfolgen im Spätmittelalter weit verbreitet war.

Außer diesen sind folgende weiteren Autoren in den Fragmenten der Martinus-Bibliothek vertreten: Aristoteles, Cicero, Priscian, Eugippius, Isidor, Hugo von St. Victor, Thomas von Aquin, Alexander de Villa Dei, Angelo Poliziano und das in der schönen Beneventana geschriebene Fragment eines wohl aus Italien stammenden theologischen Autors des 9. oder 10. Jahrhunderts, der trotz internationaler Bemühungen noch nicht identifiziert werden konnte. Alle nichtlateinischen Autoren liegen jedoch nur in lateinischen Übersetzungen vor, die ebenfalls je ihre Geschichte haben. Denn obwohl die nur 18 von mir bearbeiteten Pergamente durch bloßen Zufall in dieser Bibliothek erhalten und zutage gefördert sind, könnten sie von einem Bibliothekar oder Paläographen oder Museumspädagogen nicht sinnvoller zusammengestellt worden sein, um auf engstem Raum Codices der verschiedensten Jahrhunderte, die wichtigsten Schriftformen des Mittelalters und möglichst viele Autoren, Epochen und Gattungen der lateinischen Literatur zu repräsentieren. Faszinierend sind die Dimensionen von Raum und Zeit – vom 4. Jahrhundert v. Chr. bis zum 12. Jahrhundert, und von Griechenland bis Rom und von Shiraz in Persien bis zum spanischen Toledo –, in denen die Entstehung und Überlieferung der Mainzer Funde verortet sind. Zusammen mit den philosophischen und sonstigen wissenschaftlichen Texten sind sie ein Beleg für die wissenschaftlichen Interessen der mittelalterlichen Leser. Aber für den Herausgeber ergab sich die Notwendigkeit, sich in die Text- und Schriftgeschichte des Mittelalters, in die Geschichte der Philosophie, insbesondere des Aristotelismus, der Theologie, der mittelalterlichen Medizin, insbesondere die Geschichte der arabischen Mediziner und die der antiken und mittelalterlichen Grammatik und Lexikographie einzuarbeiten. Entsprechend weitläufig waren die Besuche in den einschlägigen Bibliotheken. Wie schwierig allein schon die Entzifferung der Handschriften mit ihren unzähligen und nicht einmal innerhalb desselben Werkes einheitlichen Abbreviaturen war, zeigte ein kleines Experiment während der Ausstellung der Pergamentfragmente: In den vielen Wochen der Ausstellung gelang es keinem der Besucher, auch nur eine Abbreviatur des ausgestellten Textes aus den *Sophistici Elenchi* des Aristoteles aufzulösen, der wohlgemerkt in einer vorzüglichen lateinischen Übersetzung vorlag.

Die wiedergefundenen Texte wurden vom Verfasser für die Buchausgabe vollständig gelesen und textkritisch bearbeitet, d. h. mit den Textfassungen der gedruckten Ausgaben verglichen[9], denn nur auf diese Weise lässt sich ihre Stellung in der Überlieferungsgeschichte erkennen. Das Ergebnis ist, dass einige der Mainzer Fragmente eine Textstufe bezeugen, die vor der Hauptüberlieferung liegt oder eine selbständige Stellung neben ihr innehat.

9 Jürgen Blänsdorf, Die wiedergefundene Bibliothek. Antike und mittelalterliche Autoren in Pergamentfragmenten der Mainzer Martinus-Bibliothek (Aus der Martinus-Bibliothek, Heft 9, hg. von Helmut Hinkel), Mainz 2012 (vergriffen); ders., Die wiedergefundene Bibliothek, Antike Autoren in Pergamentfragmenten der Martinus-Bibliothek, in: Bibliotheca S. Martini Moguntina. Alte Bücher – Neue Funde, hg. von Helmut Hinkel, Mainz/Würzburg 2012, S. 47–56. Leider verfügte der Verfasser noch nicht über die Software zur Anlage eines textkritischen Apparates am Fuß der betreffenden Seiten.

Die vollständige Dokumentation (mit allen Abbildungen im Repertorium der Mainzer lateinischen Pergamentfragmente im Internet) soll aber auch künftigen paläographischen Übungen zugutekommen.

C. Literarische Fragmentüberlieferung

Den Übergang von den Originalfragmenten zu den literarisch erhaltenen Fragmenten soll die Überlieferung des römischen Zwölftafelgesetzes bilden. Das in der Mitte des 4. Jahrhunderts v. Chr. vom Senat erlassene Zwölftafelgesetz war in der römischen Republik als Inschrift öffentlich ausgestellt. Von dem originalen Inschriftträger hat sich kein einziges Fragment erhalten. Aber als ältester Rechtstext Roms wurde es in der Schule auswendig gelernt und so oft von Cicero, den Juristen, Historikern und wegen seiner hochaltertümlichen Sprache von den römischen Grammatikern, Kommentatoren und Lexikographen zitiert, dass ein beträchtlicher Umfang des Textes rekonstruiert werden konnte. Schwierigkeiten verursacht die Überlieferung dennoch, weil nur ein Teil der Gesetze in vollem Wortlaut, viele andere in Halbsätzen, Periphrasen oder nur mit einzelnen Wörtern zitiert wurden. Die Herausgeber haben daher nur die originalen Textteile in Majuskeln gesetzt, die anderen in Normaldruck[10]. Dieses Verfahren, das Missverständnisse vermeidet, ist mit der Methode der Rekonstruktion antiker Bauwerke vergleichbar, deren ergänzte Teile durch dünne Zwischenlagen und andere Baumaterialien von den originalen abgehoben werden.

Wir hätten geringe Mühe mit Fragmenten, wenn alle Quellen so sorgfältig zitierten wie Aulus Gellius, ein Altertumswissenschaftler und Philologe des 2. Jahrhunderts n. Chr. Für eine sprachliche Besonderheit des Altlateins zitiert er zwei Parallelstellen mit Verfasserangabe, eine mit der Angabe von Verfasser, Werk, Buch, Vers, Beleg aus einer sehr alten Handschrift und die griechische Vorlage der Stelle. Es handelt sich um den ersten Vers der *Odyssee*-Übersetzung des L. Livius Andronicus, des ältesten bekannten lateinischen Dichters. Er behielt jedoch den allen vertrauten griechischen Werktitel bei und umging damit die latinisierte Form, die ihr Livius Andronicus gegeben hatte: *Odusia.*

> Gellius, *Noctes Atticae* 18, 9, 5: ego arbitror et a M. Catone ‚insecenda' et a Q. Ennio ‚insece' scriptum sine ‚u' littera. offendi enim in bibliotheca Patrensi librum verae vetustatis Livi Andronici, qui inscriptus est Οδύσσεια, in quo erat versus primus cum hoc verbo sine ‚u' littera:
> virum mihi, Camena, insece versutum
> factus ex illo Homeri versu Ανδρα μοι ἔννεπε, Μοῦσα, πολύτροπον. illic igitur aetatis et fidei magnae libro credo[11].

10 So verfährt z. B. Rudolf Düll, Das Zwölftafelgesetz, Texte, Übersetzung und Erläuterungen, München [5]1976.

11 Gellius, *Noctes Atticae* 18, 9, 5: Ich glaube, dass M. Cato ‚insecenda' und Q. Ennius ‚insece' ohne den Buchstaben ‚u' geschrieben haben. Ich habe nämlich in der Bibliothek von Patras ein hochaltertümliches Buch des Livius Andronicus gefunden, das den Titel ‚Odyssee' trägt, in dem der erste Vers mit diesem Wort ‚insece' lautete, ohne den Buchstaben ‚u'.

Eine große Zahl von Fragmenten entstammt jedoch der Zitationstätigkeit von Philosophen, die ihre Vorgänger als Autoritäten oder zum Zweck der Polemik zitierten oder frei referierten, von Schriftstellern jeder Art, die besonders Verszitate als stilistischen Schmuck einsetzten. Auf diese Weise verdanken wir Cicero zahlreiche Fragmente der republikanischen Dichtung aller Gattungen, aber auch seiner eigenen Dichtungen. Der frühchristliche Autor Lactantius zitierte wörtlich oder frei aus Ciceros philosophischen Schriften – eigenartigerweise ohne Nennung seines Namens, wenn er der gleichen Meinung war wie der ‚Heide' Cicero, dagegen namentlich, wenn er gegen ihn polemisierte. Wie alle Kirchenväter zitierte auch Augustinus außerordentlich oft aus Ciceros Werken. Da er nur selten angab, dass er den exakten Wortlaut wiedergab, ist die Aufgabe der heutigen Forschung, das Material zu sichten, ob es wörtliches Zitat, freies Referat oder eine Mischung von beidem ist. Oft ist die schwierigste Aufgabe, festzustellen, wo das Zitat oder Referat beginnt, wo es endet und an welchen Stellen es von Kommentarbemerkungen Augustins selbst durchsetzt ist.

Die reichste Ausbeute längerer Fragmente liefern mittelalterliche Florilegien, für stilistische oder sonstige Lehrzwecke angelegte Sammlungen längerer Originalzitate. Doch nicht immer sind die Autoren genannt, da es ja auf den Inhalt, nicht die Authentizität ankam, und in Serien eines Autors können Zitate eines anderen antiken oder zeitgenössischen Autors eingeschoben sein. Echtheitsdiskussionen sind nicht immer mit sicheren Resultaten abzuschließen.

Wesentlich schwierigere Methodenprobleme bieten die Grammatiker-Zitate, da es den Exzerptoren nicht auf längere Texte, sondern nur auf Zitate sprachlicher und sachlicher Besonderheiten ankam, deren Kontext so knapp wie möglich gehalten wurde; viele Zitate beschränken sich sogar auf ein einziges Wort. Die größte derartige Sammlung wurde zwischen dem 2. und dem 5. Jahrhundert von Nonius Marcellus nach Sachgruppen zusammengestellt. Er benutzte nicht weniger als 41 Quellen und zitierte sie in stets der gleichen Reihenfolge, aus der in vielen die Wiederherstellung verlorener Autoren-Namen geschlossen werden kann. Auf seine Angaben zu Autor und Werk und den Wortlaut der Zitate und der zur Worterklärung beigefügten Parallelstellen ist in der Regel Verlass, aber seine Erklärungen und – wie häufig in der antiken Sprachwissenschaft – seine Etymologien sind überwiegend wertlos.

Der aufwendigste Sonderfall ist die sog. *Vetus latina*, die teilweise stark divergenten Bibelübersetzungen, die der *Vulgata* vorausgehen. Da keine dieser Übersetzungen vollständig erhalten ist, müssen sie aus allen Zitaten, die sich bei den Kirchenvätern finden lassen, rekonstruiert werden, jedoch ohne sie zu einer einzigen Version, die es niemals gegeben hat, zu vereinigen.

II. Editionsprobleme

A. Originalüberlieferung auf antiken und mittelalterlichen Beschreibstoffen

Im 19. Jahrhundert galt als vorrangiges Ziel, den Text eines Pergaments lesbar zu machen. Darum scheute man sich nicht einmal, scharfe Chemikalien einzusetzen, wenn dadurch die verblassten Buchstaben wenigstens für kurze Zeit wieder sichtbar wurden. Doch bald wurde der Beschreibstoff so verätzt, dass ganze Partien schwarz wurden oder Löcher entstanden. Dies widerfuhr z. B. dem frühesten Pergament der Plautus-Überlieferung, dem aus dem 3. oder 4. Jahrhundert stammenden Codex Ambrosianus G 82 sup. (A), der stark abgewaschen und später überschrieben worden war (*codex palimpsestus et rescriptus*) und nur in größeren Fagmenten erhalten ist[12]. Der jüngste Versuch, aus dem nun doppelt fragmentierten Codex mithilfe eines Fehlfarben-Scans weitere Schriftspuren zu gewinnen, brachte nicht die erhofften Ergebnisse.

Die Verbesserung der Konservierungs- und Entzifferungsmethoden macht es heute leichter, die Textfragmente zu lesen, ohne die Originaldokumente zu zerstören. Sollte es nötig sein, Pergamente aus einem Buch herauszulösen und sogar den bisherigen Buchblock neu zu binden, so behält das Buch seine bisherige Inventar- bzw. Standnummer, jedoch mit einem Vermerk über Datum und Anlass der Neubindung; das Pergamentfragment erhält dann eine möglichst an die bisherige angelehnte neue Inventarnummer. Lose, ohne Zusammenhang aufgefundene Pergament-Blätter erhalten eine neue Inventarnummer und eine auf den erkannten Autor bezügliche Standnummer.

Herkunft, Datierung, Art, Zustand und Ausmaße des Beschreibstoffs und die Art der Schriften sind zu dokumentieren. Der Text des Fragments sollte vollständig gelesen und mit dem wissenschaftlicher Texteditionen verglichen werden, um Sonderüberlieferungen zu erkennen. Die Beschreibung sollte, wenn möglich mit einer vollständigen oder wenigstens exemplarischen Abbildung, in ein überregionales Repertorium so eingefügt werden, dass vielfältige Recherchen möglich sind.

B. Literarisch überlieferte Fragmente

Die erste, oft die schwierigste Frage ist die nach Autor, Werk und genauer Stelle, da diese von den Quellen oft gar nicht, nur unvollständig oder ungenau wiedergegeben werden. Sodann folgt die Unterscheidung zwischen wörtlichem Zitat und freier Wiedergabe. Wenn ein Autor ein Zitat in den eigenen Argumentationszusammenhang einfügt, kann der Übergang vom eigenen Text zu dem zitierten sukzessiv, vom Referat (z. B. in indirekter Rede) zum wörtlichen Zitat, erfolgen. Die Wiederherstellung des originalen Wortlauts aus einem Referat ist in der Regel unmöglich. Die Unterschiede sind in der kritischen Edition graphisch kenntlich zu machen: z. B. Anführungszeichen für wörtliche Zitate, Kursivdruck für freie Referate.

Ebenso ist zu prüfen, wo ein Zitat aufhört und ob vielleicht mehrere Zitate kombiniert sind. Im besten Fall gibt der Wechsel von Sprache und Stil einen Hinweis auf den Übergang zum Originalzitat. Da Zitate oft nicht exakt sinngemäß, sondern aus Gründen des

12 T. Maccius Plautus, Fabularum reliquiae ambrosianae codicis rescripti apographum confecit et edidit Guilelmus Studemund, Berlin 1889.

neuen Kontextes mit neuer Bedeutung zitiert werden, ist zu prüfen, aus welchem ursprünglichen Zusammenhang sie stammen.

Mehrfache Zitationen einer Stelle finden sich besonders bei ‚klassischen' Stellen antiker Autoren und der Bibel. Aber nicht selten ergibt sich, dass die Autoren nicht aus einem geschriebenen Text, sondern aus dem Gedächtnis zitierten. Welcher als der originale Wortlaut anzusehen ist, kann häufiger in Verszitaten aufgrund des Metrums als in Prosatexten entschieden werden.

Isolierte Kurzzitate weisen oft Überlieferungsfehler auf, besonders wenn es sich um veraltete Wörter handelt. Die für die Herstellung des ursprünglichen Wortlauts notwendige Konjekturalkritik bedient sich der Lexikographie einschließlich der Etymologie, der Grammatik, Semantik und des inhaltlichen Kontexts. Für alle Methoden ist die Suche nach Parallelstellen bei dem betreffenden Autor, in der Textgattung und schließlich dem jeweils zeitgenössischen Latein notwendig. Hierfür stehen für die griechische und die lateinische Literatur außer den großen Thesauri und Lexika und den sog. rückläufigen Lexika auch die elektronischen Datenbanken zur Verfügung, da sie Recherchen von Wortteilen auch innerhalb eines Wortes oder von Wortfragmenten erlauben.

C. Die Anlage einer kritischen Fragmentedition

Die Aufgabe einer kritischen Edition stimmt weitgehend mit der von Editionen ganzer Werke überein. Obwohl in der Klassischen Philologie viele Fragmenteditionen geschaffen wurden oder noch in Arbeit sind wie die Fragmente des griechischen Epos, der griechischen Tragödien und Komödien und der griechischen Historiker, sei es mir erlaubt, die besonderen Aufgaben anhand der von mir in 4. Auflage herausgegebenen *Fragmenta Poetarum Latinorum* zu erläutern[13]. Schon der volle Titel zeigt die Notwendigkeit einer Begrenzung des Materials und einer Abgrenzung von anderen Unternehmen:

> Fragmenta Poetarum Latinorum epicorum et lyricorum praeter Enni Annales et Ciceronis Germanicique Aratea ... Berlin 2011.

Die ausdrückliche Nennung der Epiker und Lyriker schließt die Fragmente der Tragiker und der Komiker wie der Satiriker aus, die von anderer Seite bereits ediert wurden oder für die nächsten Jahre geplant sind. Die epischen Fragmente des Ennius, der *Aratea* Ciceros und des Germanicus, die ebenfalls bereits ausreichend ediert sind, hätten außerdem den Umfang des Werkes unvertretbar anschwellen lassen. Der Untertitel ‚post W. Morel et K. Büchner editionem quartam auctam curavit' gibt zu erkennen, dass die Sammlung solcher Fragmente aus weit verstreuten Quellen auf langjähriger Arbeit beruht. In der Einleitung des Werkes, die traditionellerweise in lateinischer Sprache verfasst ist, wird sie auf Editionen des 19. Jahrhunderts zurückgeführt, doch letzten Ende hat sie bereits im 16. Jahrhundert begonnen[14].

13 Fragmenta poetarum Latinorum praeter Enni Annales et Ciceronis Germanicique Aratea, post W. Morel et K. Büchner editionem quartam auctam curavit Jürgen Blänsdorf.

14 Joseph J. Scaliger, Catalecta 1572; P. Pithoeus, Epigrammata et Poematia Vetera, Paris 1590.

Die wichtigsten Angaben, die man in einem Vorwort (Praefatio) erwartet, sind die Besprechung dieser Vorgängerausgaben, die Begründung der Textauswahl und der Konzeption der vorgelegten Ausgabe. Als neues Problem stellte sich die Einbeziehung auch solcher Werke, die nur aus indirekter Erwähnung, aber keinen direkten Zitaten bekannt sind, und einiger weniger nicht literarisch, sondern durch Inschriften oder Papyri überlieferter Fragmente. Beide Gruppen sind jedoch für die Literaturgeschichte außerordentlich wichtig. Sodann folgt die Bibliographie der in der Ausgabe zitierten Forschungsliteratur, der Katalog der zitierten Quellen mit den zugehörigen Textausgaben und die im textkritischen Apparat angewendeten Kürzel der zitierten Quellenhandschriften samt ihrer Bibliotheksstandorte und Datierung.

Die Fragmente werden mit dem Namen des Autors, seiner Lebenszeit, dem der sicheren Identifizierung der Person dienenden Zitat des wichtigsten Nachschlagewerks, den bisherigen Editionen und der Sekundärliteratur, sodann den Zeugnissen über Leben und Werke eingeleitet. Über den einzeln numerierten Fragmenten steht der jeweilige Name des Werks, sodann der Zitatkontext. Das Fragment wird gefolgt von der textkritischen Diskussion und der Angabe des Versmaßes. Um alle Bestandteile einer solchen Fragmentedition sichtbar zu unterscheiden, ist ein hoher graphischer Aufwand notwendig, der erst bei eigener Ausführung merkbar wird[15]. Als Beispiel diene hier ein kaum bekannter Dichter der späten Republik. Die graphische Form ist die in der Publikation gewählte:

TICIDA

(*– 47 a. Chr. n. ?*)

(Münzer, F., RE VI A 1, 1936, 844 sq. s. v. Ticida)

Courtney p. 228 sq.
Hollis p. 158 sqq.
Alfonsi[1] 202
Bardon I 352 sq.
Scivoletto, N., Ticida, ‚poeta novus', PLF 201–211
Witczak, K. T., The praenomen of Ticida, Eikasmos 8, 1997, 191–193

VITA:

SUET. gramm. 4 (7 Br.; 103 Reiff.): eosdem litteratores vocitatos Messala Corvinus in quadam epistula ostendit non esse sibi dicens rem cum Furio Bibaculo, ne cum Ticida quidem aut litteratore Catone.

OPERA:

OV. trist. 2, 433 sqq.: quid referam Ticidae, quid Memmi carmen, apud quos / rebus adest nomen nominibusque pudor? ...(437) et quorum libris modo dissimulata Perillae / nomine nunc legitur dicta, Metelle, tuo.

APUL. apol. 10: accusent ... Ticidam similiter, quod, quae Metella erat, Perillam scripserit.

15 Da die Technik des Bleisatzes vom Computersatz überholt war, musste Verfasser das gesamte 490 Seiten umfassende Typoskript neu schreiben – das übliche Schicksal heutiger Editoren.

HYMENAEVS

1 (102 Ho.)

Prisc. GLK II 189: ‚sole' quoque antiqui. Ticidas (*L. Mueller*: attiquidas **G**: Catti quidas **L**: atticidas **BDH**: Atticidas **A**: Aticidas **KVt**: Atticidas historicus **R**^{2}: At. (=Attus *vel* Attius) Ticidas *Witczak*) in hymenaeo:

felix lectule talibus
sole amoribus

2 sole <conscie> *Housman, Class. Papers II 695*: sole <testis> *Pighi 436* | amoribus <arbiter> *Scivoletto 210*
versus: v. 1: glyconeus, v. 2 idem cum coniecturis

EPIGRAMMATA

2 (103 Ho.)

Suet. gramm 11 (16 Br.): Lydiae (*sc. carminis Valerii Catonis*) Ticida meminit:

Lydia doctorum maxima cura liber

cura *om.* **I** | liber] labor **G**^{2}**I**
versus: pentameter dactylicus

Ruinen aus Pergament
Die Fragmentensammlung der Stiftsbibliothek St. Gallen

Cornel Dora, St. Gallen

„Les idées que les ruines réveillent en moi, sont grandes"
Denis Diderot[1]

Die Stiftsbibliothek St. Gallen besitzt die kompletteste noch am ursprünglichen Ort erhaltene Sammlung von Handschriften des europäischen Frühmittelalters. Sie hatte das Glück, nicht nur bis zur Aufhebung der Fürstabtei St. Gallen 1805 fortzubestehen, sondern als Institution des Katholischen Konfessionsteils des Kantons St. Gallen ins demokratische Zeitalter hinüber gerettet zu werden. So ist sie heute die einzige der grossen Klosterbibliotheken des Frühmittelalters, deren Bestand einigermassen geschlossen beisammen geblieben ist.

Das heisst nicht, dass es keine Verluste gegeben hätte: Auch hier gab es Entwendungen – etwa durch Poggio Bracciolini am Anfang des 15. und Melchior Goldast am Anfang des 17. Jahrhunderts – und Plünderungen: während der Reformation, des Zweiten Villmergerkriegs 1712 und der Aufhebung des Klosters. Zudem haben die Mönche selber gelegentlich Handschriften ausgeschieden und makuliert, die sie nicht mehr benötigten.

Trotzdem ist die Sammlung noch immer ein Hauptbezugspunkt für die Überlieferung aus karolingischer und ottonischer Zeit vom 8. bis 11. Jahrhundert. Die Tatsache, dass im Stiftsarchiv St. Gallen der grösste Urkundenbestand jener Zeit nördlich der Alpen erhalten geblieben ist, unterstreicht die Einzigartigkeit der sanktgallischen Überlieferung.

In einer solchen Bibliothek erwartet man zu Recht auch Handschriften-Fragmente. In der Tat verfügt die Stiftsbibliothek St. Gallen über eine Fragmentensammlung, die sowohl durch ihre formale und inhaltliche Breite als auch durch ihre Qualität exemplarische Bedeutung beanspruchen kann. Sie soll im Folgenden vorgestellt werden. Nach einer Einführung in die Typologie der Fragmente mit St. Galler Beispielen werfen wir einen Blick auf die Sammlungen der Makulaturfragmente (Cod. Sang. 214, 730 und vor allem 1394 bis 1399) und der Palimpseste, ihre Konservierung und Erschliessung. Daran knüpfen sich einige Überlegungen zu den Chancen der Fragmentenforschung im Digitalen Zeitalter. Ein Anhang gibt abschliessend einen Überblick über den Fragmentenbestand in seiner heutigen Form.

1 Diderot in einem Aufsatz über die Ruinendarstellungen durch Hubert Robert: Denis Diderot, Oeuvres, Salons, Band 2, Paris 1821, S. 371, http://books.google.fr/books?id=QZVAAAAAYAAJ&pg=PA496&hl=de&source=gbs_selected_pages&cad=2#v=onepage&q&f=false (18.7.14). Vgl. auch Hartmut Böhme, Die Ästhetik der Ruinen, in: Der Schein des Schönen, hg. von Dietmar Kamper, Christoph Wulf, Göttingen 1989, S. 287–304, vgl. http://www.culture.hu-berlin.de/hb/static/archiv/volltexte/pdf/Ruinen.pdf (17.7.14).

Fragmenten-Typologie

Erstaunlicherweise hat sich bis heute keine einheitliche Typologie der Fragmente herausgebildet[2]. Um den Überblick zu erleichtern und die Vielfalt des Themas aufzuzeigen, sei vorab die folgende Einteilung nach materieller und formaler Beschaffenheit, Umfang und Überlieferung gewagt:

1. Kodex-Fragmente[3]: Fragmente, die noch in einem historischen Zusammenhang und in gebundener Form erhalten sind. Sie sind entweder eigenständige Kodizes oder Teile von Sammelhandschriften. Sowohl konservatorisch als auch in der Erschliessung und wissenschaftlichen Bearbeitung werden diese Fragmente in der Regel gleich behandelt wie vollständig erhaltene Texte.
   Ein Beispiel ist das etwa zur Hälfte (1. Januar bis 25. Juli) erhaltene, wohl aus dem 9. Jahrhundert stammende *Martyrologium* von Beda in der Stiftsbibliothek St. Gallen (Cod. Sang. 451, Abb. 1, auch als Farbabb.)[4].
2. Einbandmakulatur *in situ:* Vor allem seit dem Spätmittelalter wurden Blätter nicht mehr gebrauchter Kodizes, die aufgelöst wurden (*Codices discissi*), zur Verstärkung von Einbänden verwendet, weil sich Pergament und Papier gut für Reparaturen eigneten. Diese Fragmente bilden einen Teil anderer Handschriften.
   Ein Beispiel dafür ist Cod. Sang. 322, in dessen Buchrücken unter anderem auch ein kleines karolingisches Fragment schlummert[5].
3. Abgelöste Einbandmakulatur: Seit dem Erwachen der modernen Wissenschaft Ende des 18. Jahrhunderts wurden die unter 2. beschriebenen Makulaturfragmente *in situ* oft aus den Trägerbänden herausgelöst.

---

2 In den gängigen Handbüchern zur Handschriftenkunde wird das Thema nur von Karin Schneider in einem eigenen Kapitel, aber ohne Typologie, berührt. Vgl. Karin Schneider, Paläographie und Handschriftenkunde für Germanisten. Eine Einführung, 3. Auflage, Berlin/Boston 2014, S. 186–189. Gar keine systematischen Grundlagen bieten Karl Löffler und Wolfgang Milde, Einführung in die Handschriftenkunde, neu bearbeitet von Wolfgang Milde, Stuttgart 1997; Otto Mazal, Zur Praxis des Handschriftenbearbeiters, Wiesbaden 1987; Otto Mazal, Lehrbuch der Handschriftenkunde, Wiesbaden 1986; Karl Löffler, Einführung in die Handschriftenkunde, Leipzig 1929.

3 Bei Drucken existiert analog der Begriff des Fragment-Exemplars. Vgl. B. Kitzinger, Fragment-Exemplare, in: Lexikon des gesamten Buchwesens, 2. völlig neu bearbeitete Auflage, Band 3, Stuttgart 1991, S. 12.

4 Vgl. Peter Ochsenbein, Karl Schmuki, Cornel Dora, Kirchenväter in St. Gallen. Quellen zur lateinischen Patristik in der Stiftsbibliothek, St. Gallen 1997, S. 93–95; http://www.e-codices.unifr.ch/de/list/one/csg/0451 (16.7.14). Der Übergang vom Kodex-Exemplar zum vollständigen Kodex ist fliessend. So sind von der Kleinen Hartmut-Bibel aus dem 3. Viertel des 9. Jahrhunderts, einem Werk in ursprünglich zehn Bänden, vermutlich sechs Bände noch in der Stiftsbibliothek St. Gallen und je einer in der British Library (Add. 11852) und der Württembergischen Landesbibliothek in Stuttgart (HB II 20) erhalten. Die übrigen zwei sind verloren gegangen. Insgesamt handelt es sich bei der Kleinen Hartmut-Bibel somit um ein Fragment aus mehreren vollständigen Bänden, die auf verschiedene Orte zerstreut und insgesamt nicht mehr komplett sind. Vgl. Im Anfang war das Wort. Die Bibel im Kloster St. Gallen, St. Gallen 2012, S. 28–29.

5 Vgl. die Aufnahmen auf e-codices: http://www.e-codices.unifr.ch/de/binding/csg/0322/bindingE/x-large und http://www.e-codices.unifr.ch/de/binding/csg/0322/bindingF/x-large (21.7.14).

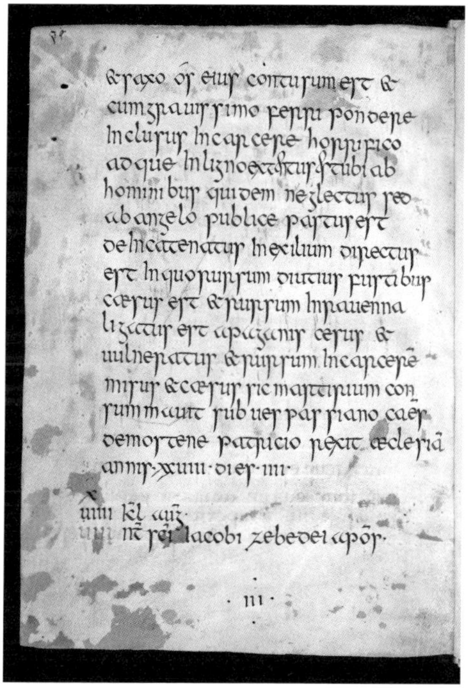

Abb. 1
Die letzte Seite des fragmentarisch überlieferten *Martyrologiums* von Beda Venerabilis. Die aus dem 9. Jahrhundert stammende Handschrift in angelsächsischer Minuskel wurde gemäss dem Bibliothekskatalog von 860/865 (Cod. Sang. 728) in der Sakristei des Klosters aufbewahrt. Der letzte Eintrag betrifft den 25. Juli, das Fest des Apostels Jakobus des Älteren (Zebedäus). Stiftsbibliothek St. Gallen, Cod. Sang. 451, S. 50.

Die acht Fragmentenbände der Stiftsbibliothek St. Gallen sind ein schönes und frühes Beispiel für diesen Typ von Fragmenten. Ildefons von Arx machte 1822 der Forschung auf diese Weise bedeutende Fragmente zugänglich, die bis in die Zeit um 400 zurückreichen, darunter den *Vergilius Sangallensis* (Cod. Sang. 1394, S. 7–49, Abb. 2 und 4). Die Reste dieser wohl in Italien hergestellten Handschrift, 11 Blätter und 8 kleine Streifen, sind eines der frühesten erhaltenen Zeugnisse sowohl für Vergils *Aeneis* als auch für die Kodexform in Westeuropa. Sie stammen gemäss einer Notiz von Ildefons von Arx (Cod. Sang. 1394, S. 49) aus Cod. Sang. 248, S. 207, und Cod. Sang. 275.

4. Einzelblätter (*Leaves*)[6] und Ausschnitte (*Cuttings*): Aus antiquarischem Interesse wurden seit dem Ausgang des Mittelalters zunehmend einzelne Blätter aus ihrem Zusammenhang gelöst (Einzelblätter/*Leaves*) und Motive, vor allem Initialen oder Bilder aus Seiten herausgeschnitten (Ausschnitte/*Cuttings*). Einzelblätter und Ausschnitte wurden in grosser Zahl von Händlern angeboten und von Sammlern und auch Bibliotheken gekauft. Oft stammten sie aus anderen Bibliotheken und waren unrechtmässig entfernt worden. Dieser Fragmententyp ist insbesondere in den Vereinigten Staaten, die über keine indigene Handschriftenkultur verfügen, weit verbreitet.

6 Einblattdrucke oder Grafiken, welche von Anfang an als Einzelblätter konzipiert waren, sind *per definitionem* keine Fragmente, weil sie vollständig sind. In der Aufbewahrung stellen sie jedoch teilweise die gleichen Probleme wie abgelöste Makulatur, Einzelblätter und Ausschnitte.

Abb. 2
Der *Vergilius Sangallensis*, aus dem 4. oder Anfang des 5. Jahrhunderts (Cod. Sang. 1394, S. 7–49). Die St. Galler Fragmente einer wohl in Italien hergestellten Handschrift, 11 Blätter und 8 kleine Streifen, sind eines der frühesten erhaltenen Zeugnisse sowohl für Vergils *Aeneis* als auch für die Kodexform in Westeuropa. Sie stammen gemäss einer Notiz von Ildefons von Arx (Cod. Sang. 1394, S. 49) aus Cod. Sang. 248, S. 207, und Cod. Sang. 275. Hier zwei Fragmente mit *Aeneis*, Buch VI, Verse 656–659 und 688–705, dazu die Bemerkungen der Bibliothekare Ildefons von Arx (1822) und von Johannes Duft aus der Mitte des 20. Jahrhunderts. Alban Dold hatte 1940/41 einen weiteren Streifen aus Cod. Sang. 248 ausgelöst und hier beigefügt (vgl. Alban Dold, Ein neues Fragment der berühmten St. Galler Vergilhandschrift in Capitalis elegans aus dem 3. oder 4. Jahrhundert, in: Wiener Studien 60 (1942), S. 79–86). Stiftsbibliothek St. Gallen, Cod. Sang. 1394, S. 30–31, 32a und 33.

Ein Beispiel für ein solches Einzelblatt ist das *Notkerbild* aus Cod. Sang. 376 (bei Seite 312), das sich heute als Eigentum der Antiquarischen Gesellschaft in Zürich im Staatsarchiv Zürich befindet. Wann und wie es aus der wertvollen und wohlkomponierten, aus dem 11. Jahrhundert stammenden Musikhandschrift mit den *Sequenzen* Notkers herausgeschnitten wurde – der Falz ist in der Handschrift noch zu sehen – ist unbekannt[7]. 1857 befand sich das Blatt beim St. Galler Apotheker Gustav Adolf Scheitlin, von dem es damals der um die Erforschung des Klosterplans verdiente Ferdinand Keller als Präsident der Antiquarischen Gesellschaft in Zürich erwarb. Als deren Depositum befindet es sich zurzeit im Staatsarchiv Zürich. In der Vereinbarung zur Beilegung des Kulturgüterstreits zwischen St. Gallen und Zürich aus dem Jahr 2006 verpflichtete sich der Kanton Zürich, sich für die Rückführung dieses Einzelblatts nach St. Gallen einzusetzen. Bisher waren die entsprechenden Bemühungen leider noch nicht von Erfolg gekrönt[8]. Der Fall zeigt beispielhaft die ethischen Fragen, welche diese Art Fragmente aufwerfen. Sie sind oft gestohlen und mit einer teilweisen Zerstörung des Originals verbunden[9].

Die Stiftsbibliothek St. Gallen besitzt keinen nennenswerten Bestand an solchen Einzelblättern oder Ausschnitten aus fremden Handschriften. Bibliotheken ihres Typs waren in dieser Hinsicht in der Regel Opfer, nicht Täter.

5. Palimpseste: Das Palimpsest oder auch reskribierte Manuskript definiert sich als bereits einmal beschriebenes Pergament, dessen erster Text ausradiert oder abgewaschen und durch einen zweiten oder gar dritten Text überschrieben wurde. Weil Palimpseste nur im Zusammenhang mit der Zerstörung einer Handschrift entstehen, sind sie praktisch immer Fragmente.

   Cod. Sang. 908, etwa zur selben Zeit wie die Fragmentensammlung von Ildefons von Arx bearbeitet, gilt in der Forschung als „König der Palimpseste" (Abb. 3, auch als Farbabb.). Zusammen mit der Biblioteca capitolare di Verona und der heute in alle Winde zerstreuten Bibliothek des Klosters Bobbio ist St. Gallen eine der wichtigsten Überlie-

7 Bei der Erstellung von Cod. Sang. 546 um das Jahr 1514 scheint das Blatt jedenfalls noch in der Handschrift vorhanden gewesen zu sein, denn dort sind auf Seite 50cr die Buchstaben NOTKERUS in gleicher Anordnung wie auf unserem Notkerblatt vorgezeichnet (das Bild selber blieb leider unausgeführt). Vgl. http://www.e-codices.unifr.ch/de/csg/0546/50cr/small. Für den Hinweis danke ich Franziska Schnoor und Felix Heinzer.

8 Vgl. Von der Limmat zurück an die Steinach. St. Galler Kulturgüter in Zürich. Katalog zur Sonderausstellung in der Stiftsbibliothek St. Gallen (2. Dezember 2006 – 25. Februar 2007), St. Gallen 2006, S. 84–87; http://www.e-codices.unifr.ch/de/list/one/csg/0376 (21.7.14). Das Notkerbild selber ist bisher auf e-codices nicht publiziert.

9 Ein weiteres Beispiel ist die Entwendung zweier kürzerer Epenfragmente am Ende der berühmten St. Galler *Nibelungenhandschrift B* (Cod. Sang. 857) durch den Germanisten Friedrich Heinrich von der Hagen, der sie wohl bei einem Besuch in St. Gallen 1817 aus der Handschrift schnitt und anschliessend seiner Handschriftensammlung einverleibte. Ein Teil dieser Blätter ist inzwischen leider verloren. Vgl. Peter Ochsenbein, Die St. Galler Nibelungenhandschrift B – eine einzigartige Sammlung mittelhochdeutscher Helden- und Ritterdichtungen, in: Karl Schmuki, Peter Ochsenbein, Cornel Dora, Cimelia Sangallensia. Hundert Kostbarkeiten aus der Stiftsbibliothek St. Gallen, St. Gallen 1998, S. 150–151. Die Publikation auf e-codices ist für 2015 geplant.

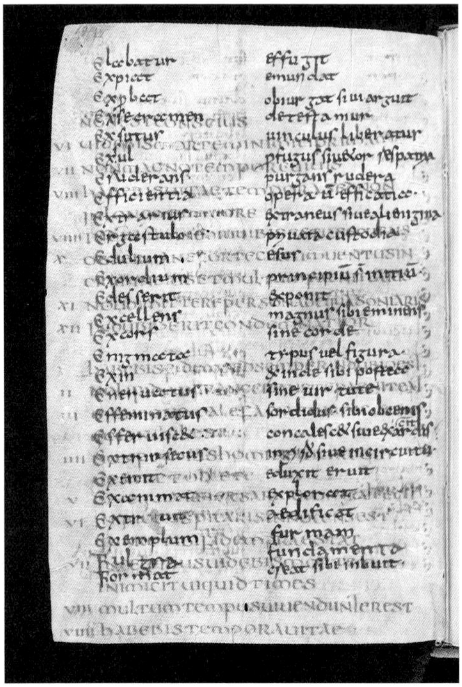

Abb. 3
Der „König der Palimpseste". Die untere Schrift enthält Orakelsprüche, die sogenannten *Sortes Sangallenses*, in einer Unziale des 6. oder 7. Jahrhunderts, die obere ein lateinisches Wörterbuch in einer Minuskel des 8. Jahrhunderts. Stiftsbibliothek St. Gallen, Cod. Sang. 908, S. 194.

ferungsstätten für Palimpseste[10]. Das ist auch ein Hinweis auf die beschränkte Verfügbarkeit von neuem Pergament und den bewussten Umgang mit materiellen Ressourcen in der eher abseits und in etwas unwegsamem Gebiet gelegenen Abtei.

Nicht Teil dieser Typologie ist die Gattung des literarischen Fragments, das vom Dichter nie vollendet wurde. Auch dafür gibt es in St. Gallen mehrere Beispiele, beispielsweise zwei der wichtigsten Werke von Notker Balbulus: Seine *Gesta Caroli Magni imperatoris,* von denen er nur zwei von drei geplanten Teilen fertigstellte, und sein *Martyrologium*[11].

Die Fragmentensammlung von Ildefons von Arx

Im Früh-, Hoch- und Spätmittelalter war das Bewusstsein für den Wert alter Handschriften als Artefakte weniger ausgeprägt als heute. Wenn ein Text in neuer Form verfügbar wurde, war eine ältere, möglicherweise schwer lesbare Überlieferung nicht mehr von grosser Bedeutung. Dies dürfte unter anderem auch zur Vernichtung vieler irischer Handschriften

10 Vgl. Schafe für die Ewigkeit. Handschriften und ihre Herstellung, St. Gallen 2013, S. 24.

11 Vgl. Peter Ochsenbein, Klosterliteratur der Blütezeit, in: St. Gallen. Geschichte einer literarischen Kultur. Kloster – Stadt – Kanton – Region, hg. von Werner Wunderlich, Band 1: Darstellung, St. Gallen 1999, S. 161–180, hier 166–167 und 170; Peter Stotz, Notker der Stammler (Balbulus), in: Historisches Lexikon der Schweiz, http://www.hls-dhs-dss.ch/textes/d/D10222.php (21.7.14).

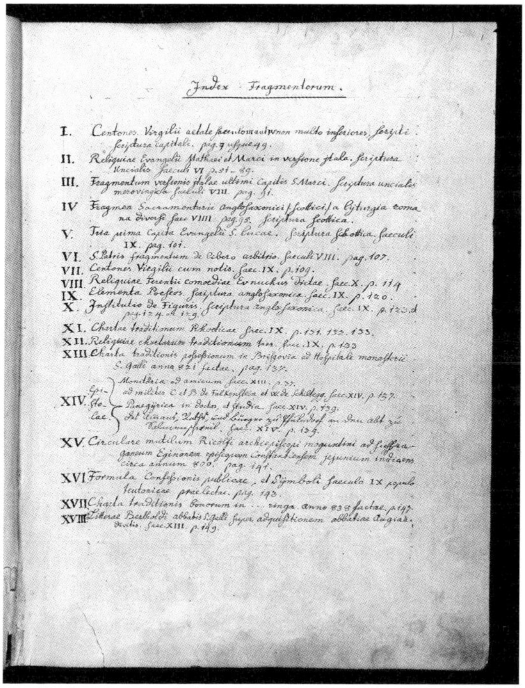

Index Fragmentorum.

I. Centones Virgilii aetate saeculo [illegible] non multo inferiores, scripti scriptura capitali. pag. 7 usque 49.

II. Reliquiae Evangelii Mathaei et Marci in versione Itala. Scriptura Uncialis saeculi VI p. 51–89.

III. Fragmentum versionis Italae ultimi Capitis S. Marci. Scriptura uncialis merovingica saeculi VIII. pag. 91.

IV Fragmen Sacramentarii anglosaxonici (scotici) a Liturgia romana diversi saec. VIIII. pag. 95. Scriptura scottica.

V. Tria prima Capita Evangelii S. Lucae. Scriptura Scottica. saeculi IX. pag. 101.

VI. S. Patris fragmentum de libero arbitrio. saeculi VIII. pag. 107.

VII. Centones Virgilii cum notis. saec. IX. p. 109.

VIII Reliquiae Terentii comoediae Eunuchus dictae. saec. X. p. 114

IX. Elementa Poeseos. scriptura anglosaxonica. saec. IX. p. 120.

X. Institutio de Figuris. scriptura anglosaxonica. saec. IX. p. 123 et pag. 124 et 129.

XI. Chartae traditionum Rhaeticae saec. IX. p. 131. 132. 133.

XII. Reliquiae chartarum traditionum tres. saec. IX. p. 133

XIII. Charta traditionis possessionum in Brisgovia ad Hospitale monasterii S. Galli anno 821 factae. pag. 137.

XIV. Epistolae:
Monitoria ad amicum saec. XIII. p. 37.
ad milites C. et B. de Falkenstein et W. de Schillegg. saec. XIV. p. 157.
Panegyrica in doctos et studia. saec. XIV. p. 139.
[illegible] saec. XIV. p. 139.

XV. Circulare mutilum Ricolfi archiepiscopi moguntini ad suffraganeum Eginonem episcopum Constantiensem jejunium indicans circa annum 800. pag. 141.

XVI. Formula Confessionis publicae, et Symboli saeculo IX populo teutonicae praelectae. pag. 143.

XVII. Charta traditionis bonorum in … ringa anno 838 factae. p. 147.

XVIII. Litterae Bertholdi abbatis S. Galli super adquisitionem abbatiae Augiae divitis. saec. XIII. p. 149.

Abb. 4
„Index Fragmentorum" in der Hand von Ildefons von Arx im ersten der acht Bände der St. Galler Fragmentensammlung (*Veterum fragmentorum manuscriptis codicibus detractorum collectio. Tomus I*) aus dem Jahr 1822. Stiftsbibliothek St. Gallen, Cod. Sang. 1394, S. 1.

auf dem Kontinent beigetragen haben. Sie waren schlechter lesbar als kontinentale Erzeugnisse und fielen deshalb zunächst dem Vergessen, später der Zerstörung anheim. Von den im ältesten Katalog der Stiftsbibliothek, Cod. Sang. 728, in einer Sonderliste genannten rund 30 irischen Handschriften in mindestens 31 Bänden lassen sich heute nur noch ein Band (Cod. Sang. 60) und wenige Bruchstücke nachweisen[12]. Ähnliches gilt für spätantike Manuskripte. Ein kleiner Teil der nicht mehr benötigten Handschriften wurde immerhin nicht einfach weggeworfen, sondern den Reserven zugeführt, welche für Einbandreparaturen verwendet wurden. Als Makulatur haben sie so in Resten überdauert.

Makulatur dieser Art fand in den 1450er Jahren und vor allem 1460 und 1461 bei einer Reorganisation der Stiftsbibliothek zur Zeit von Pfleger Ulrich Rösch Verwendung. Bei letzterer – sie ist auch in Vadians *Kleinerer Chronik der Äbte* bezeugt – wurden etwa 180 Handschriften unter Verwendung alter Pergamente repariert und neu gebunden[13]. Die Reste grossformatiger Handschriften eigneten sich besonders gut dafür.

---

12 Cod. Sang. 728, S. 4. Vgl. Johannes Duft, Peter Meyer, Die irischen Miniaturen der Stiftsbibliothek St. Gallen, Olten/Bern/Lausanne 1953, S. 40–44.

13 Vgl. unten; Philipp Lenz, Reichsabtei und Klosterreform. Das Kloster St. Gallen unter dem Pfleger und Abt Ulrich Rösch 1457–1491, St. Gallen 2014, S. 454–473; „Vorgendtz jar hatt er die liebery des closters etwas erschifften laßen, und wurdend die buecher so vormals auf den haufen lagen auf zůge-

Viele der Fragmente waren in und an den Einbänden gut sichtbar. Trotzdem fanden sie erst im 18. Jahrhundert stärkere Beachtung. Im Zug des wachsenden Interesses an der Erforschung der mittelalterlichen Handschriften weckten sie das Interesse der jungen Mönche Johann Nepomuk Hauntinger (1756–1823) und Ildefons von Arx (1755–1833). Die beiden Freunde, die damals vor allem mit der Einrichtung der neuen Bibliothek und des Handschriftenkabinetts beschäftigt waren, lösten zwischen den Jahren 1774 und 1781 zahlreiche dieser Blätter aus den Einbänden heraus[14]. So entstand die bedeutende Sammlung von Makulaturfragmenten der Stiftsbibliothek, für deren Bearbeitung sie jedoch vorerst nicht die Zeit fanden[15]. Leider haben die beiden jungen Mönche nur in wenigen Fällen festgehalten, aus welchen Handschriften sie die Fragmente entnommen hatten. Die Blätter wurden zunächst wohl lose in Faszikeln oder Schachteln aufbewahrt.

Erst 40 Jahre später, nach der Aufhebung des Klosters, fand der inzwischen über 65jährige Ildefons von Arx die Zeit, sich erneut diesem Bestand zuzuwenden. Er ordnete die Blätter, bestimmte sie so gut es ging und liess daraus acht thematisch unterteilte Bände binden, die er mit dem Titel *Veterum fragmentorum manuscriptis codicibus detractorum collectio. Tomus I–VIII* bezeichnete (vgl. Abb. 2, 4, 5). Die ganze Sammlung widmete er am Gallustag (16. Oktober) 1822 seinem Freund Hauntinger. Dieser leitete die Stiftsbibliothek bereits 1780 bis 1804 und dann wieder von 1811 bis zu seinem Tod 1823. Von Arx wurde sein Nachfolger, bis auch er als einer der letzten ehemaligen Konventualen 1833 starb[16]. Die den Bänden vorangestellte Widmung fasst alles kurz zusammen:

> „Dem Herrn Johann Nepomuk Hauntinger, dem gelehrtesten unter den besten Bibliothekaren: Die Fragmente, die wir als Jünglinge aus einigen Deckeln von Büchern herausgelöst hatten, die dir später ein Anhaltspunkt waren, als du über die Urkunden (*re diplomatica*) schriebst, und die wir, als wir aus unserem Kloster vertrieben waren, sorgsam aufbewahrt haben, diese eigne ich dir zu, verteilt in acht Bände und unter Beschwörung unserer alten Freundschaft. Dabei gehorche ich der Mahnung von Plinius: „Die Ehre des Altertums sei mit dir." St. Gallen, am Fest des heiligen Gallus 1822, Ildefons von Arx".

rüste gesteln gelegt. Kostet dannoch den abt bey 100 guldin." Joachim von Watt (Vadian), Die Kleinere Chronik der Äbte, bearbeitet von Bernhard Stettler, Zürich 2013, S. 323.

14 Vgl. Johannes Duft, Erschliesser der St. Galler Handschriften, in: Ildefons von Arx 1755–1833. Bibliothekar, Archivar, Historiker zu St. Gallen und Olten, Olten 1957, S. 12–16.

15 Vgl. Gustav Scherrer, Verzeichniss der Handschriften der Stiftsbibliothek von St. Gallen, Halle 1875, S. 473; vgl. auch Armin Kunz, Christian Müller, Lothar Schmitt, Die kolorierten Einblattholzschnitte der Stiftsbibliothek St. Gallen. Der 1930 veräusserte Kemli Band, Bern 2013, S. 13–18.

16 Die Bände werden mit einem Titelblatt eingeleitet, welches neben dem Titel *Veterum fragmentorum manuscriptis codicibus detractorum collectio* auf der Rückseite den folgenden Widmungstext enthält: *D. Joanni Nepomuc. Hauntinger, Bibliothecario inter primos eruditissimo. Quae quondam operculis librorum juvenes deglubebamus Fragmenta, quae tibi de re diplomatica scribendi dein ansa fuere, quae nostro ejecti Monasterio adhuc solliciti custodiebamus, haec in libros octo dispesta in contestationem veteris necessitudinis nostrae offero, obsecutus Plinii monito: sit apud te antiquitati honos. In S. Gallo in die festo S. Galli MDCCCXXII, Ildefonsus ab Arx.* Stiftsbibliothek St. Gallen, Cod. Sang. 1394, Titelblatt. Zur Folge der Stiftsbibliothekare vgl. Cornel Dora, Von Uto bis Ernst Tremp, in: Schaukasten Stiftsbibliothek St. Gallen, hg. von Franziska Schnoor, Karl Schmuki, Silvio Frigg, St. Gallen 2013, S. 93, 96–97.

Abb. 5
Der noch original erhaltene Tomus V der Fragmente. Stiftsbibliothek St. Gallen, Cod. Sang. 1396, Einbanddeckel.

Von Arx nahm die acht Fragmentenbände in die Numerus Currens-Anordnung der Handschriften auf, die er noch zur Klosterzeit, um 1780, ebenfalls mit Hauntinger zusammen eingerichtet hatte[17]. Die Bände I und II sowie V bis VIII fügte er der laufenden Nummerierung als Cod. Sang. 1394 bis 1399 an, während Tomus III, die *Edictum Rothari*-Fragmente, und Tomus IV, die fragmentarischen *Dialoge* Gregors des Grossen, die ihnen schon früher vergebenen Signaturen Cod. Sang. 730 bzw. 214 behielten[18].

Gleichzeitig mit den Fragmenten befasste sich von Arx auch mit den Palimpsesten. Seine Bemerkungen zu ihnen fügte er dem zweiten Fragmentenband (Cod. Sang. 1395,

17 Vgl. Johannes Duft, Die Handschriften-Katalogisierung in der Stiftsbibliothek St. Gallen vom 9. bis zum 19. Jahrhundert, in: Die Handschriften der Stiftsbibliothek St. Gallen. Beschreibendes Verzeichnis. Codices 1726–1984, bearbeitet von Beat Matthias von Scarpatetti, St. Gallen 1983, S. *70–*78.

18 Die Nummerierung von um 1780 befolgte von Arx auch in seinem Handschriftenkatalog von 1827. Vgl. Cod. Sang. 1402, S. 38–39 (Cod. Sang. 214), 126–127 (Cod. Sang. 730) und 238–239 (Cod. Sang. 1394–1399).

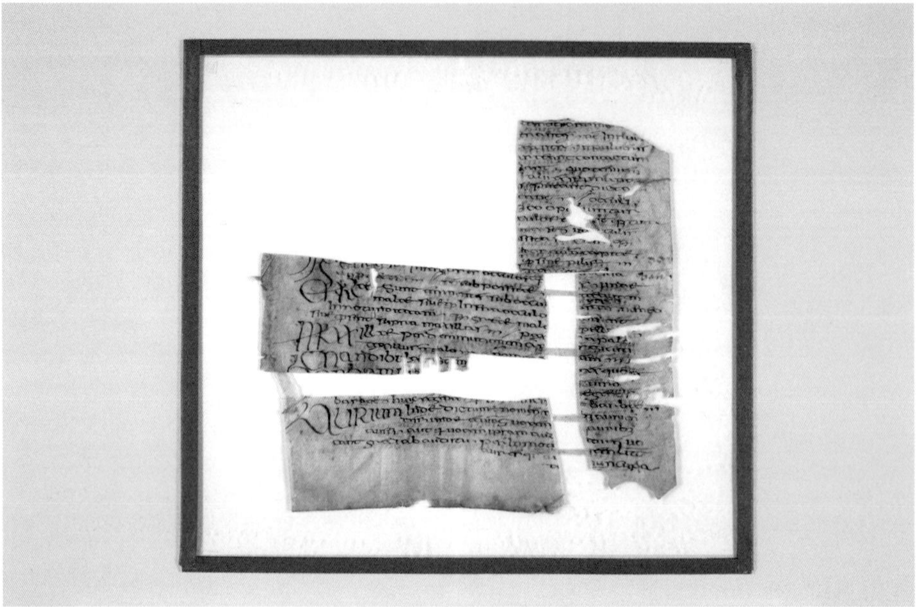

Abb. 6
Irisches Isidorfragment, Mitte 7. Jahrhundert, zusammengesetzt aus 4 Stücken. Links die beiden von Alban Dold am 12. November 1936 abgelösten Querstreifen, rechts davon der von Bernhard Bischoff 1937 entdeckte Längsstreifen, darüber das quadratische Stück, das am 22. Januar 1955 wiederentdeckt wurde. Stiftsbibliothek St. Gallen, Cod. Sang. 1399a1, Vorderseite.

S. 469–473) unter dem Titel *Relatio de Codicibus Rescriptis* in kurzen Beschreibungen an[19]. Der Bestand umfasst nach von Arx die Handschriften Cod. Sang. 18, 193, 194, 213, 567, 722, 872, 908 und 912. Auch bei den Palimpsesten beachtete von Arx die um 1780 hergestellte Einrichtung der Signaturen.

Spätere Ergänzungen

Nach Ildefons von Arx haben die Fragmentenforscher Alban Dold, Paul Lehmann und Bernhard Bischoff, aber auch die Bibliothekare selber, weitere Stücke abgelöst, die teils in die bestehenden Bände eingefügt, teils zur Seite gelegt wurden.

Johannes Duft legte 1952 mit zwölf Fragmenten unter der Signatur Cod. Sang. 1399a eine neue Sammeleinheit an (*Veterum Fragmentorum manuscriptis codicibus detractorum collectio IX*). Die einzelnen Stücke befinden sich heute in Konservierungsumschlägen. Unter den teils sehr alten, aber heterogenen Fragmenten befindet sich die „irische Handschriftenreliquie“ Cod. Sang. 1399a1, ein aus 4 kleinen Stücken bestehendes Fragment einer iri-

19 http://www.e-codices.unifr.ch/de/csg/1395/469/small (21.7.14); vgl. Duft, Erschliesser der St. Galler Handschriften, S. 17–22.

schen Isidor-Handschrift aus dem 7. Jahrhundert (Abb. 6). Zwei Querstreifen löste Alban Dold am 12. November 1936 aus dem Rücken von Cod. Sang. 267 ab, einen Längsstreifen fand Bernhard Bischoff 1937 im Rücken von Cod. Sang. 150, und am 22. Januar 1955 kam bei Aufräumarbeiten ein viertes, quadratisches Stück zum Vorschein, das wohl aus dem ehemaligen Fundus von Hauntinger und von Arx stammte[20]. Ein schönes Beispiel, wie aus kleinsten Fragmenten mit etwas Glück ein kostbares Kleinod entstehen kann.

Rund 70 weitere Fragmentblätter aus Pergament und Papier, die sich im Lauf der Zeit in zwei Schachteln angesammelt hatten, wurden 1997 von Ian Holt soweit möglich bestimmt und in einer Archivschachtel als Cod. Sang. 1399b zusammengefasst[21]. Auch heute noch kommen bei Restaurierungsarbeiten Makulaturfragmente zum Vorschein. Dabei wird im Unterschied zu früher die Entnahme angemessen dokumentiert[22].

Als jüngster Fragmentzugang wurde im Jahr 2006 die von der Regierung des Kantons Zürich geschenkte, aus dem Staatsarchiv Zürich stammende *Vita Vetustissima Sancti Galli* mit zwei Doppelblättern in die Sammlung der Stiftsbibliothek aufgenommen. Sie befindet sich in einer eigens dafür gefertigten Schachtel und erhielt die Signatur Cod. Sang. 2106[23].

Was die Palimpseste betrifft, entdeckte Heinrich Husmann Anfang der 1960er Jahre eine ausradierte Jahrestabelle in Cod. Sang. 381 auf Seite 179[24]. Ausserdem ist hier der *St. Galler Klosterplan* Cod. Sang. 1092 anzufügen, der auf dem untersten linken Feld der Vorderseite ebenfalls reskribiert ist.

Ausgehend von der oben entwickelten Typologie kann zusammengefasst werden, dass die Stiftsbibliothek St. Gallen aussagekräftige Beispiele von allen Fragmenttypen, mit Ausnahme der Einzelblätter und Ausschnitte (Typ 4), besitzt. Die Bestimmung aller Kodex-Fragmente (Typ 1) sowie aller Makulaturfragmente *in situ* (Typ 2), die sich in der Bibliothek befinden, würde den Rahmen dieses Aufsatzes sprengen. Hingegen ist im Anhang eine Liste mit Beschreibungen der beiden wichtigsten Teilbestände, nämlich der Fragmente aus Einbandmakulatur, die herausgelöst wurden (Typ 3), und der Palimpseste (Typ 5) angefügt.

20 Vgl. Duft, Erschliesser der St.Galler Handschriften, S. 14; Cornel Dora, Ein irische Handschriftenreliquie – Isidor-Fragment aus dem 7. Jahrhundert, in: Schmuki u. a., Cimelia Sangallensia, S. 20–21; Karten und Atlanten. Handschriften und Drucke vom 8. bis zum 18. Jahrhundert, St. Gallen 2007, S. 116–117.

21 Detailliertes Verzeichnis von Ian Holt, 27. April 1997, Stiftsbibliothek St. Gallen, Findmittel.

22 Beispielsweise bei der Restaurierung von Cod. Sang. 657 im Februar und März 2014. Der Vorgang wurde im Restaurierungsprotokoll fotografisch und schriftlich dokumentiert. Die Fragmente sind noch nicht genau bestimmt. Martin Strebel, Restaurierungsprotokoll zu Cod. Sang. 657, Februar – März 2014, Stiftsbibliothek St. Gallen, Restaurierungsdokumentation.

23 Vgl. *Vita Sancti Galli Vetustissima*.

24 Vgl. Heinrich Husmann, Eine Palimpsest-Jahrestabelle in der Handschrift Stiftsbibliothek St. Gallen 381, in: Festschrift Hans Engel zum siebzigsten Geburtstag, hg. von Horst Heussner, Kassel 1964, S. 188–191.

Abb. 7
Eine Faszikel-Broschur in Halbleder gemäss neuem Konservierungskonzept von aussen. Stiftsbibliothek St. Gallen, Cod. Sang. 1397, Heft 1, Einband Vorderseite.

Fragmente im Stiftsarchiv St. Gallen

Das Stiftsarchiv St. Gallen, Schwesterinstitution der Stiftsbibliothek, verfügt ebenfalls über wertvolle Fragmente aus Einbandmakulatur. In einem Lehensverzeichnis aus der Zeit Fürstabt Ulrich Röschs sind vor einigen Jahren vier spätantike Fragmente entdeckt worden, die zur gleichen *Vetus Latina*-Handschrift gehören wie die 17 Blätter in Cod. Sang. 1394 der Stiftsbibliothek[25]. Weitere Einzelstücke umfassen Horaz-Fragmente aus dem Kloster Pfäfers und das *Pfäferser Passionsspielfragment*, ein frühes Zeugnis seiner Art aus dem ersten Drittel des 14. Jahrhunderts[26]. Ein grösserer noch unbearbeiteter Bestand von Einbandmakulatur befindet sich in drei grossen Archiv-Schachteln mit der Beschriftung „Abgelöste Buchdeckel“. Dabei handelt es sich überwiegend um Papier-Fragmente aus dem Spätmittelalter und der frühen Neuzeit.

---

25 Vgl. unten. Für deren Aufbewahrung liess das Stiftsarchiv vom Restaurator Andrea Giovannini einen Ringordner erstellen, in dem die einzelnen Stücke in Polyestermäppchen untergebracht wurden. Vgl. Andrea Giovannini, Rapport de restauration, Unzial-Fragmente aus der Stiftsbibliothek Pfäfers [Der Bezug zu Pfäfers ist allerdings falsch. Die Fragmente stammen aus einem Lehenbuch des Klosters St. Gallen, Stiftsarchiv St. Gallen, LA 90], 30. Januar 2005, Stiftsarchiv St. Gallen.

26 Vgl. Klaus Amann, Das Pfäferser Passionsspielfragment. Edition – Untersuchung – Kommentar, Innsbruck 2010, S. 9.

Abb. 8
Eine Faszikel-Broschur gemäss neuem Konservierungskonzept von innen. Die Fragmente sind mit Japanpapier schonend befestigt und können einfach und ohne Beschädigung abgelöst werden. Stiftsbibliothek St. Gallen, Cod. Sang. 1397, Heft 1, S. 3/11.

Konservierung

Die Aufbewahrung von Fragmenten stellt besondere Anforderungen. Zunächst ist das Material selber oft schwierig. Die Formate sind höchst unterschiedlich, manchmal winzig klein, manchmal sehr gross, die Stärke von Pergament und Papier variiert stark, und oft sind die Fragmente brüchig oder auf andere Weise schadhaft. Ausserdem befinden sich Fragmente manchmal in einem dynamischen Umfeld, neue Teile kommen zum Vorschein oder wissenschaftliche Erkenntnisse legen eine Änderung der Einordnung nahe. Zudem können Einzelstücke leicht verlorengehen und sind besonders durch Diebstahl gefährdet. Aus diesem Grund sind die Erfassung von Fragmenten mit Signaturen oder anderen Ordnungselementen wie Seitenzahlen, ihre wenigstens summarische Erschliessung und ihre sichere Unterbringung wichtig. Diese Anforderungen wurden von Ildefons von Arx 1822 im Wesentlichen erfüllt. Auch in dieser Hinsicht befand er sich auf der Höhe der Zeit.

Gleichwohl weisen die Bände von 1822 in konservatorischer Hinsicht verschiedene Mängel auf. Das Zusammenführen einer grossen Anzahl von Fragmenten ist für die Benutzung der gelegentlich sehr wertvollen Einzelstücke nicht ideal. Wenn ein einzelnes Fragment eingesehen werden soll, müssen mit ihm zahlreiche weitere, teils fragile Stücke in den Lesesaal gebracht werden. Für die Präsentation im Rahmen von Ausstellungen oder auch von Führungen sind die Einbände ebenfalls nicht gut geeignet. Die einzelnen Stücke, die in manchen Fällen ohnehin schon in einem fragilen Zustand sind, sind besonders in den Bänden, in denen keine Einlageblätter aus Papier mitgebunden wurden, mechanisch gefährdet. Überhaupt haben die Buchbinder mit den Fragmenten teilweise unsensibel gearbeitet. In den zwei Jahrhunderten seit der Zusammenstellung der Bände durch von Arx wurden immer wieder kleinere und auch einige grössere Interventionen in Ordnung und Beschriftung vorgenommen. Besonders problematisch war die Verwendung von dafür ungeeigneten Selbstklebestreifen zur Fixierung neu entdeckter Fragmentstücke. Im Lauf der Zeit sind auch durch die Benutzung Schäden entstanden, die restauratorisch behandelt werden müssen.

Aus all diesen Gründen werden die St. Galler Fragmentenbände seit 2003 in Zusammenarbeit mit dem Atelier Martin Strebel in Hunzenschwil sukzessive neu gebunden. Martin Strebel hält das Konzept in Kurzform wie folgt fest:

> „Kernpunkt des Konzepts für die Konservierung der Fragmentensammlung ist eine Lagerung, welche die schonende Benutzung gewährleistet. Die bisherige Aufbewahrung stellt diesbezüglich ein Risiko dar. Neu werden die Fragmente auf Fälze montiert und in Halbleder-Broschuren gebunden. Die Fragmente sollen mit geringem Zeitaufwand von den Fälzen abgenommen werden können. Die Bindetechnik der Broschuren macht es möglich, dass beim Wenden nicht die Fragmente, sondern nur die Trägerblätter berührt werden. Das Bezugsmaterial der Broschuren, ein Büttenpapier aus Leinen, nimmt ästhetisch den historischen Charakter der Sammlung auf. Die Broschuren werden in der bisherigen Ordnung in Kassetten auf Mass aufbewahrt. Grobe Schäden an den Fragmenten, die zu Textverlust führen können, werden mit minimalen Eingriffen restauriert“[27].

Dieses Konzept wurde bisher mit den Bänden Cod. Sang. 1397, 1398a und 1398b in Angriff genommen (Abb. 7 und 8). Einzelne Blätter aus Cod. Sang. 1394 und 1395 wurden ausserdem zu Präsentationszwecken in einen Rahmen montiert. Die Arbeiten werden sukzessive mit grosser Sorgfalt ausgeführt und werden noch einige Zeit dauern.

Erschliessung

Die Ordnungs- und Erschliessungsarbeit von Ildefons von Arx ist sowohl bei den acht von ihm gebildeten Fragmentbänden als auch bei den Palimpsesten immer noch grundlegend. Besonders die älteren Stücke klassifizierte er so gut er konnte paläographisch und bestimmte viele Texte genau. Seine nach allen Regeln der damals verfügbaren Kunst zusammengetragenen Angaben sind ein Muster von Fleiss und Sorgfalt[28]. Von Arx nahm die acht Fragmentenbände auch in seinen Handschriftenkatalog von 1827 (Cod. Sang. 1402) auf,

---

27 E-Mail von Martin Strebel an Cornel Dora, 26.7.2014.

28 Vgl. beispielsweise die ersten Seiten in Cod. Sang. 1394 mit „Index Fragmentorum“ (S. 1–2), „Praefatio“ (S. 3–4), „Centones Virgilii aetate virgilio ipso non multo inferiores, litteris Capitalibus“ (S. 5), http://www.e-codices.unifr.ch/en/csg/1394/1/small (21.7.14). Vgl. Rudolf Gamper, Philipp Lenz, Andreas Nievergelt, Peter Erhart, Eva Schulz-Flügel, Die Vetus Latina-Fragmente aus dem Kloster St. Gallen. Faksimile – Edition – Kommentar, Dietikon/Zürich 2012, S. 19.

wobei er für die Details auf seine Angaben in den Bänden verwies. Diese flossen in summarischer Form später in Gustav Scherrers Handschriftenverzeichnis von 1875 ein[29]. Weitere Informationen finden sich in den grossen Überblickswerken von Lowe und Bruckner und natürlich in zahlreichen Spezialuntersuchungen, die im elektronischen Katalog der Stiftsbibliothek verzeichnet sind[30].

Angesichts des Paradigmenwechsels in der bibliothekarischen Erschliessung weg von Zetteln und Bänden hin zu Datenbanken stellt sich die Frage, in welcher Weise die Katalogisierung von Fragmenten in Zukunft erfolgen soll. Grundsätzlich ist die Bestandeserschliessung eine der Hauptaufgaben der Bibliotheken und soll – gegebenenfalls in Zusammenarbeit mit spezifischen Forschungsprojekten – auch durch diese erfolgen. Der Königsweg dabei war auch bei den Fragmenten bisher der gedruckte Katalog. Allerdings zeigt sich nun zunehmend das Problem, dass der Druck statisch ist und die Entwicklung der Diskussion nicht genügend abgebildet werden kann. Demgegenüber bietet die flexibler handhabbare und dynamischere elektronische Erschliessung Vorteile. Die Fragmentenerschliessung ist ein grosses *Work in Progress,* auch weil immer wieder neue Stücke zur Sammlung hinzustossen können. Die niederschwellige, weltweite Zugänglichkeit im Internet ermöglicht der Forschung zudem den ortsunabhängigen Zugriff auf die aktualisierten Katalogisate. Und schliesslich lassen sich Katalogisierung und Digitalisierung im Netz einfach verbinden. Aus diesem Grund hat sich die Stiftsbibliothek St. Gallen im Sommer 2014 der von der Universitätsbibliothek Basel betriebenen und auf der Software Aleph basierten Datenbank HAN, Handschriften, Archive und Nachlässe in Schweizer Bibliotheken, angeschlossen[31].

HAN soll für die Erschliessung, nicht aber für die digitale Präsentation der Handschriften genutzt werden. Bei der Digitalisierung arbeitet die Stiftsbibliothek bereits seit 2004 erfolgreich mit dem von der Universität Freiburg im Üechtland betriebenen Projekt „e-codices" zusammen[32]. Von den acht Fragmentenbänden sind immerhin bereits vier über diese von Lehre und Forschung geschätzte Plattform zugänglich (Cod. Sang. 214, 730, 1394 und 1395). Mit Fragmentarium hat e-codices in Zusammenarbeit mit bedeutenden Bibliotheken ein vielversprechendes Projekt in diesem Bereich lanciert[33]. Aus Sicht der Stiftsbibliothek wäre es wünschbar, in diesem Zusammenhang auch die Palimpseste mit einzubeziehen.

---

29 Vgl. Scherrer, Verzeichniss, S. 456–473.

30 Vgl. Elias Avery Lowe, Codices Latini Antiquiores. A palaeographical guide to latin manuscripts prior to the ninth century, Bd. 7: Switzerland, Oxford 1956; Albert Bruckner, Scriptoria Medii Aevi Helvetica, Bde. 2 und 3 (St. Gallen I und II), Genf 1936–1938. Katalog der Stiftsbibliothek: http://aleph.sg.ch/F.

31 Vgl. http://www.ub.unibas.ch/bibliotheksnetz/verbund-han/ (5.8.14).

32 Vgl. Martin Roland, „e-codices". Porträt einer Schweizer Erfolgsgeschichte, in: Traverse 21 (2014) Heft 2, S. 7–17.

33 Mitteilung vom Leiter von e-codices, Christoph Flüeler, Universität Freiburg CH.

Chancen der Fragmentenforschung im Digitalen Zeitalter

Das Digitale Zeitalter eröffnet neue Chancen für die Fragmentenforschung, einerseits im Hinblick auf die Präsentation von Abbildungen von Fragmenten bis hin zu ihrer virtuellen Zusammenführung, anderseits im Hinblick auf deren Erforschung durch die einfache Zusammenführung weltweit verstreuten Spezialwissens.

Das Paradeprojekt für die virtuelle Zusammenführung von Fragmenten einer Handschrift ist der *Codex Sinaiticus,* die aus dem Katharinenkloster auf dem Sinai stammende älteste vollständige Handschrift der Evangelien in der griechischen Ursprache aus dem 4. Jahrhundert. Von dieser bedeutenden Handschrift befinden sich 347 Blätter in der British Library, 43 Blätter in der Universitätsbibliothek Leipzig, Teile von 6 Blättern in der Russischen Nationalbibliothek St. Petersburg sowie 12 Blätter und 40 Fragmente in der Heimatbibliothek im Katharinenkloster auf dem Sinai[34]. Die verstreuten Teile der Handschrift werden gemäss einer Vereinbarung vom 9. März 2005 von den besitzenden Institutionen konserviert und auf einer Webseite in digitaler Form publiziert, transkribiert und zugänglich gemacht.

Dasselbe wäre auch mit St. Galler Handschriften möglich, beispielsweise liessen sich so die unvollständigen St. Galler Handschriften Cod. Sang. 214 (*Dialoge* Gregors des Grossen), Cod. Sang. 376 (*Notkerbild* in Zürich), 730 (*Edictum Rothari*), und verschiedene der Einbandmakulatur-Fragmente komplettieren. Auch die auf Cod. Sang. 193 und 567 verteilten Palimpseste mit den ältesten Vulgatafassungen alttestamentlicher Texte liessen sich so übersichtlich zusammenstellen. Dadurch würden die Zusammenhänge für die Forschung besser sichtbar.

In gedruckter Form wurde eine solche Wiedervereinigung eines Handschriftenfragments in St. Gallen im Jahr 2012 umgesetzt. Im Rahmen einer Edition der *Vetus Latina*-Fragmente aus dem Kloster St. Gallen, welche in der Stiftsbibliothek St. Gallen (17 Blätter), der Vadianischen Sammlung der Ortsbürgergemeinde in der Kantonsbibliothek Vadiana St. Gallen (2 Blätter), dem Bischöflichen Archiv Chur (2 Blätter) und dem Stiftsarchiv St. Gallen (4 Blätter) aufbewahrt werden, wurden die noch vorhandenen Reste dieser wertvollen Handschrift aus dem frühen 5. Jahrhundert gemeinsam publiziert[35]. Dabei kooperierte ein Forscherkollektiv aus St. Gallen mit Rudolf Gamper, Philipp Lenz und Peter Erhart mit dem Zürcher Griffelglossen-Forscher Andreas Nievergelt und der *Vetus Latina*-Spezialistin Eva Schulz-Flügel. Im Rahmen der Ausgabe konnten im Stiftsarchiv neu entdeckte Fragmente und Resultate der Griffelglossenarbeit Andreas Nievergelts publiziert werden.

Der Band gab zudem Anlass zu einem Beitrag von Rudolf Gamper und Philipp Lenz über die Makulierung der spätantiken Handschrift[36]. Diese geschah im Kontext der bereits erwähnten Neubindung von rund 180 Bänden der Stiftsbibliothek anlässlich der Reor-

34 Vgl. http://codexsinaiticus.org/de/ (18.7.14).

35 Rudolf Gamper, Philipp Lenz, Andreas Nievergelt, Peter Erhart, Eva Schulz-Flügel, Die Vetus Latina-Fragmente aus dem Kloster St. Gallen. Faksimile – Edition – Kommentar, Dietikon/Zürich 2012.

36 Rudolf Gamper, Philipp Lenz, Die Makulierung der Handschrift, in: Gamper u. a., Die Vetus Latina-Fragmente aus dem Kloster St. Gallen, S. 61–68.

ganisation in den Jahren 1460/1461 unter dem Pfleger und späteren Abt Ulrich Rösch[37]. Damals wurden neben der *Vetus Latina*-Handschrift auch der *Vergilius Sangallensis* (Cod. Sang. 1394, S. 7–49), die *Vulgata* (Cod. Sang. 1395, S. 7–327), das *Edictum Rothari* (Cod. Sang. 730), ein Psalter aus dem 7. Jahrhundert (Cod. Sang. 1395, S. 370–391) und eine Prophetenhandschrift aus dem 9. Jahrhundert (Cod. Sang. 1398) für Reparaturen verwendet. Ausserdem liessen sich die Bände eruieren, aus denen die *Vetus Latina*-Fragmente von Hauntinger und von Arx entnommen worden waren (Cod. Sang. 14, 76, 100, 172, 243, 553, 831, 905, VadSlg Ms. 70).

Mit Hilfe eines Bruchstücks einer Buchbindernotiz, welches zusammen mit den Stiftsarchiv-Fragmenten der *Vetus Latina* entdeckt worden war, konnten weitere Rückschlüsse auf die Bindeaktion nach der Mitte des 15. Jahrhunderts gezogen werden. Daraus ergaben sich nicht nur neue Erkenntnisse zur Bibliotheksgeschichte, sondern es wurde zudem deutlich, dass damals nicht nur die *Vetus Latina,* sondern überhaupt ein grosser Teil der ältesten, später von Hauntinger und von Arx wieder abgelösten Makulaturfragmente in die Einbände geleimt wurde. Damit konnten die Hintergründe der Entstehung der St. Galler Fragmentensammlung weiter geklärt werden.

Die Informationstechnologie bietet gerade für die Fragmentenforschung interessante Perspektiven. Bisher war die wissenschaftliche Aufarbeitung vor allem dadurch erschwert, dass die aus dem Zusammenhang gerissenen Stücke bloss über Photographie und Druck einem breiteren Forscherkreis zugänglich gemacht werden konnten. Durch die digitale Publikation im Internet mit hoch aufgelösten Scans entstehen neue Möglichkeiten. Zum einen können die Dokumente ohne grossen Aufwand weltweit zugänglich gemacht werden. Zum anderen besteht die Hoffnung, dass es möglich ist, mit modernen Bildbearbeitungstechniken schlecht lesbare Texte von Fragmenten und insbesondere Palimpsesten ohne Gefährdung der Originale besser lesbar zu machen. Und schliesslich können Kommunikationstools, die von den entsprechenden Plattformen angeboten werden, den wissenschaftlichen Austausch erleichtern und transparent machen. Die diesbezüglichen Anstrengungen von „e-codices" sind ein Versprechen.

Digitalisierung und neue Kommunikationsformen im Internet haben das Potenzial, der Fragmentenforschung neue Dynamik zu geben. Sie könnte in Zukunft als wertvolles Experimentierfeld für die Handschriftenforschung insgesamt wirken[38]. Noch gibt es mit Blick auf unser kulturelles Erbe und die Geschichte unserer Bibliotheken und Archive bisher Unbekanntes zu entdecken. Die faszinierenden Ruinen der Vergangenheit, die es bereits Diderot angetan haben, erscheinen so in neuem Licht[39].

37 Vgl. oben.

38 Beispielsweise kommt die Gattung der Fragmente in einem vor einigen Jahren publizierten Sammelband über Kodikologie und Paläographie im digitalen Zeitalter nicht vor. Vgl. Kodikologie und Paläographie im digitalen Zeitalter, hg. von Malte Rehbein, Patrick Sahle, Torsten Schassan, Norderstedt 2009.

39 Vgl. Motto am Anfang des Aufsatzes.

Anhang

Der Fragmentenbestand der Stiftsbibliothek St. Gallen

Die Liste ist geordnet nach herausgelöster Einbandmakulatur einerseits und Palimpsesten anderseits, jeweils in der Reihenfolge der Signatur. Weitere Literatur zu den einzelnen Stücken ist über den Bibliothekskatalog der Stiftsbibliothek erschlossen[40]. Die Formatangaben beziehen sich auf die den Bänden beigebundenen Vorsatz- und Zwischenblätter aus Papier, nicht auf die einzelnen Fragmente.

Herausgelöste Einbandmakulatur

Cod. Sang. 214 (Tomus IV)
Gregorii Magni Dialogi libri IV
Pergament, 42 Blätter, 20,5 × 14 cm, Nordostfrankreich, um 700
1822 von Ildefons von Arx zusammengestellt, noch im originalen Halbledereinband von 1822, 2006 restauriert von Martin Strebel.
Sehr frühe Abschrift der *Dialoge* Gregors des Grossen aus Nordostfrankreich in merowingischer Kursive. Weitere Fragmentblätter dieser Handschrift befinden sich in der Zentralbibliothek Zürich (4 Blätter in Ms. C 184, aus der ehemaligen St. Galler Handschrift Ms. C 64 stammend) und in St. Paul im Lavanttal (4 Blätter), sowie weitere kleine Fragmentstücke in vier St. Galler Handschriften: Cod. Sang. 9, 12, 762 und 942.
Erschliessung: Elias Avery Lowe, Codices Latini Antiquiores. A palaeographical guide to latin manuscripts prior to the ninth century, Part VII: Switzerland, Oxford 1956, S. 26.
Ganze Handschrift digitalisiert auf e-codices: http://www.e-codices.unifr.ch/de/list/one/csg/0214.

Cod. Sang. 730 (Tomus III)
Edictum Rothari
Pergament, 88 Seiten, 20,5 × 14 cm, Norditalien (Bobbio?), 670/680
Um 1461 als Makulatur verwendet, 1822 von Ildefons von Arx zusammengestellt, 1972 von Louis Rietmann unter Verwendung des originalen Halbledereinbands von 1822 gebunden und mit Fotografien der Fragmente in Zürich und Karlsruhe ergänzt, 2008 von Martin Strebel restauriert, Entfernung der Fotografien und neuer Konservierungseinband in Leder[41].
Ältester Zeuge des 643 erlassenen Gesetzes des Langobardenkönigs Rothari. Einzelne weitere Fragmentblätter dieser Handschrift befinden sich in der Zentralbibliothek Zürich (C 184 IV und VI–XI sowie Z XIV 1), dem Staatsarchiv Zürich (AG 19 XV) sowie in der Badischen Landesbibliothek in Karlsruhe (Fragmenta Augiensia 100 und 144).

---

40 Unter der url http://aleph.sg.ch.

41 Martin Strebel, Restaurierungsprotokoll zu Cod. Sang. 730, August–Dezember 2008, Stiftsbibliothek St. Gallen, Restaurierungsdokumentation. Auch auf e-codices: http://www.e-codices.unifr.ch/pdf_other/restauration-reports/csg-0730_Martin-Strebel-2008.pdf (24.7.14).

Erschliessung: Gustav Scherrer, Verzeichniss der Handschriften der Stiftsbibliothek von St. Gallen, Halle 1875, S. 236–238; Philipp Lenz, Stefania Ortelli, Die Handschriften der Stiftsbibliothek St. Gallen, Band 3, Abt. V: Codices 670–749. Iuridica. Kanonisches, römisches und germanisches Recht, beschreibendes Verzeichnis, Wiesbaden 2014 (im Druck). Ganze Handschrift digitalisiert auf e-codices: http://www.e-codices.unifr.ch/de/list/one/csg/0730 (Zustand 2008), der Zustand 1972–2008 mit den Fotografien ist ebenfalls greifbar: http://www.e-codices.unifr.ch/de/list/one/csg/0730a.

Cod. Sang. 1394 (Tomus I)
Antike und frühmittelalterliche Fragmente aus Einbandmakulatur
Pergament (Fragmente) und Papier (Zwischenblätter), 200 Seiten, 47 × 34,5 cm, verschiedene Schriftheimaten, 4., 5. und 9.–15. Jahrhundert
1822 von Ildefons von Arx zusammengestellt, noch im originalen Halbledereinband von 1822. Im Lauf der letzten 25 Jahre wurden die folgenden Blätter zu Präsentationszwecken oder für Ausstellungen ausgebunden und seither getrennt in Konservierungsmappen aufbewahrt: S. 15/16 und 39/40 (Vergil), S. 65/66 und 91/92 (*Vetus Latina*), S. 101–104 (irisches Doppelblatt), S. 131/132 (Urkunde) und 141/142 (Brief). Restauratorische Eingriffe von Martin Strebel 1989, 2006, 2009 und 2012[42].
Der Band enthält gemäss der Übersicht von von Arx 33 Nummern mit antiken und mittelalterlichen Fragmenten aus dem 4., 5. und 9.–15 Jahrhundert. Hier finden sich der Vergilius Sangallensis mit Teilen aus der *Aeneis* und den *Georgica* sowie Fragmente der sogenannten *Vetus Latina,* der ersten lateinischen Bibelübersetzung. Diese beiden spätantiken Fragmentgruppen gehören zu den ersten erhaltenen Zeugnissen der Kodexform in Europa. Der Band enthält unter anderem ausserdem Fragmente einer Abschrift der Komödien des Terenz aus dem 10. Jahrhundert, Urkunden und Briefe aus dem 9. bis 15. Jahrhundert, kleine Textfragmente in hebräischer Schrift sowie den *St. Galler Glauben und Beichte II*, eine Beichtformel mit Glaubensbekenntnis aus dem 11. Jahrhundert.
Erschliessung: Beschreibungen von Ildefons von Arx auf den Zwischenblättern des Bands; Gustav Scherrer, Verzeichniss der Handschriften der Stiftsbibliothek von St. Gallen, Halle 1875, S. 456–461; Elias Avery Lowe, Codices Latini Antiquiores. A palaeographical guide to latin manuscripts prior to the ninth century, Part VII: Switzerland, Oxford 1956, S. 39–41.
Ganze Handschrift digitalisiert auf e-codices: http://www.e-codices.unifr.ch/de/list/one/csg/1394

42 Im Jahr 2006 wurde die rätische Urkunde auf S. 131–132 restauratorisch behandelt. Von November bis Dezember 2009 wurden im Band angebrachte Selbstklebestreifen entfernt. Die Seiten 65 und 66 (*Vetus Latina*-Fragmente) wurden im Juni 2012 in einen neuen Präsentationsrahmen eingefügt. Ansonsten befindet sich der Band noch im ursprünglichen Zustand. Martin Strebel, Restaurierungsprotokolle zu Cod. Sang. 1394, 2006, November – Dezember 2009 und Juni 2012, Stiftsbibliothek St. Gallen, Restaurierungsdokumentation.

Cod. Sang. 1395 (Tomus II)
Antike und frühmittelalterliche Fragmente aus Einbandmakulatur
Pergament (Fragmente) und Papier (Zwischenblätter), 473 Seiten, 24,5 × 18,5–19 cm, verschiedene Schriftheimaten, 5.–10. Jahrhundert
1822 von Ildefons von Arx zusammengestellt, aber nicht mehr im originalen Halbledereinband von 1822, da sie vermutlich in den ersten Amtsjahren von Stiftsbibliothekar Johannes Duft, Ende der 1940er Jahre in 11 Faszikelbroschuren aus Karton neu gebunden wurden. Das Doppelblatt S. 51–54[43] und das Blatt S. 131–132 wurden im Auftrag von Stiftsbibliothekar Peter Ochsenbein am 15. März 1989 von Martin Strebel entnommen und zu Präsentationszwecken hinter Glas gerahmt (handschriftlicher Vermerk Peter Ochsenbeins auf S. 55 und 133). 2012 wurde das Blatt 131–132 für eine Ausstellung in Chicago in einen Passepartout montiert[44].
Der Band enthält gemäss der Übersicht von Ildefons von Arx 15 Nummern, darunter 110 kleinere und grössere Fragmentblätter der ältesten *Vulgata*-Version der Evangelien, geschrieben in Oberitalien (Verona?) um 410/420, Bruchstücke von Psalmen-Handschriften in lateinischer und griechischer Sprache aus dem 7. und dem 10. Jahrhundert, die um 700 in Oberitalien entstandene früheste Überlieferung der *Epitome Novellarum Justiniani* von Julian[45] sowie mehrere bedeutende irische Fragmente aus dem 8. und 9. Jahrhundert.
Erschliessung: Beschreibungen von Ildefons von Arx auf den Zwischenblättern des Bands; Gustav Scherrer, Verzeichniss der Handschriften der Stiftsbibliothek von St. Gallen, Halle 1875, S. 461–464; Johannes Duft und Peter Meyer, Die irischen Miniaturen der Stiftsbibliothek St. Gallen, Olten 1953.
Ganze Handschrift digitalisiert auf e-codices: http://www.e-codices.unifr.ch/de/list/one/csg/1395.

Cod. Sang. 1396 (Tomus V)
Fragmente aus Einbandmakulatur
Pergament (Fragmente) und Papier (Zwischenblätter), 572 Seiten, 41 × 26 cm, verschiedene Schriftheimaten, 8.–15. Jahrhundert
1822 von Ildefons von Arx zusammengestellt, noch im originalen Halbledereinband von 1822.
Der Band enthält eine grössere Anzahl Fragmente in sechs Abteilungen: I. Metrica (94 Seiten), II. Grammaticalia (62 Seiten), III. Medica (40 Seiten), IV. Ecclesiastica (72 Seiten), V. Historica (66 Seiten) und VI. Documenta (238).
Erschliessung: Gustav Scherrer, Verzeichniss der Handschriften der Stiftsbibliothek von St. Gallen, Halle 1875, S. 464–467.
Dieser Band ist noch nicht digital greifbar.

43 Dieses Blatt fehlt zurzeit noch auf e-codices.
44 Martin Strebel, Restaurierungsprotokoll zu Cod. Sang. 1395, S. 131/132, Juni 2012, Stiftsbibliothek St. Gallen, Restaurierungsdokumentation.
45 Wolfgang Kaiser, Die Epitome Iuliani. Beiträge zum römischen Recht im frühen Mittelalter und zum byzantinischen Rechtsunterricht, Frankfurt am Main 2004, S. 37–39, 219–223.

Cod. Sang. 1397 (Tomus VI)
Fragmente aus Einbandmakulatur
Pergament (Fragmente) und Papier (Zwischenblätter), 452 Seiten, 36,5 × 29 cm, verschiedene Schriftheimaten, 9.–14. Jahrhundert
1822 von Ildefons von Arx zusammengestellt, der originale Halbledereinband von 1822 wurde 2005/2006 von Martin Strebel aufgelöst und die Fragmente in 23 Faszikelbroschuren in Halbleder gebunden[46].
Der Band enthält nach einem Blatt mit philosophischem Inhalt (S. 1–2) eine grössere Anzahl Fragmente in fünf Abteilungen: I. Musica (186 Seiten, S. 3–188), II. Missa (104 Seiten), III. Benedictiones (26 Seiten), IV. Breviaria (98 Seiten), V. Psalterium (36 Seiten).
Erschliessung: Gustav Scherrer, Verzeichniss der Handschriften der Stiftsbibliothek von St. Gallen, Halle 1875, S. 467–468.
Dieser Band ist noch nicht digital greifbar.

Cod. Sang. 1398a (Tomus VII)
Fragmente aus Einbandmakulatur
Pergament (Fragmente) und Papier (Zwischenblätter), 322 Seiten, 36,5 × 29 cm, verschiedene Schriftheimaten, 8.–14. Jahrhundert
1822 von Ildefons von Arx zusammengestellt, Mitte des 19. Jahrhunderts wurde ein grösserer Teil aus dem Buchblock gelöst und mit den entsprechenden Seiten 13–14 und 24–229 ein neuer Cod. Sang. 1398b geschaffen[47]. Der originale Halbledereinband von 1822 wurde 2003/2004 von Martin Strebel aufgelöst und die Fragmente in 14 Faszikelbroschuren in Halbleder gebunden[48].
Der Band enthält eine grössere Anzahl Fragmente in drei Abteilungen: I. Biblica (48 Seiten), II. Concilia (148 Seiten), III. Patres (126 Seiten).
Erschliessung: Gustav Scherrer, Verzeichniss der Handschriften der Stiftsbibliothek von St. Gallen, Halle 1875, S. 468–469.
Dieser Band ist noch nicht digital greifbar.

Cod. Sang. 1398b (Tomi VII particula)
Fragmente aus Einbandmakulatur
Pergament (Fragmente) und Papier (Zwischenblätter), 218 Seiten, 41 × 32,5 cm, verschiedene Schriftheimaten, 8.–10. Jahrhundert
1822 von Ildefons von Arx zusammengestellt als Cod. Sang. 1398, dem 109 Blätter (S. 13–14 und 24–229) vor 1874 entnommen und unter Cod. Sang. 1398b zusammengefasst wurden. Der Einband aus der Mitte des 19. Jahrhunderts wurde 2013 von Martin Strebel

46 Die Reihenfolge der Fragmente wurde bei der Neueinrichtung durch Karl Schmuki bewahrt. Martin Strebel, Restaurierungsprotokoll zu Cod. Sang. 1397, Juni 2005 – Januar 2006, Stiftsbibliothek St. Gallen, Restaurierungsdokumentation.
47 Gustav Scherrer, Verzeichniss, S. 468–470.
48 Martin Strebel, Restaurierungsprotokoll zu Cod. Sang. 1398a, Juni 2003–Januar 2004, Stiftsbibliothek St. Gallen, Restaurierungsdokumentation.

aufgelöst und die Fragmente in 18 Faszikelbroschuren in Halbleder gebunden[49]. Je sechs Faszikel sind in einer stabilen Schachtel untergebracht.
Der Band enthält 109 Fragmentblätter mit Vulgatatexten des 9. und 10. Jahrhunderts.
Erschliessung: Gustav Scherrer, Verzeichniss der Handschriften der Stiftsbibliothek von St. Gallen, Halle 1875, S. 470.
Dieser Band ist noch nicht digital greifbar.

Cod. Sang. 1399 (Tomus VIII)
Fragmente aus Einbandmakulatur
Pergament (Fragmente) und Papier (Zwischenblätter), 236 Seiten, 51 × 37 cm, verschiedene Schriftheimaten, 9.–18. Jahrhundert
1822 von Ildefons von Arx zusammengestellt. Der originale Halbledereinband von 1822 ist im Wesentlichen noch intakt erhalten. Für Ausstellungspräsentationen wurden die Seiten 1 bis 8 mit dem wichtigen Bibliothekskatalog von 1461, an dessen Rand auch ein Verzeichnis der Bücher von Matthias Bürer von 1470 erhalten ist im Jahr 2000 und die Seiten 9 bis 16 mit einem Nekrologium aus dem 13. Jahrhundert im Jahr 2010 ausgebunden. Sie befinden sich seither in separaten Konservierungsmappen.
Gemäss einer Vorbemerkung von Ildefons von Arx enthält der Band Fragmente, die aufgrund ihrer Grösse nicht in die anderen Bände eingefügt werden konnten[50].
Erschliessung: Gustav Scherrer, Verzeichniss der Handschriften der Stiftsbibliothek von St. Gallen, Halle 1875, S. 470–473.
Dieser Band ist noch nicht digital greifbar.

Cod. Sang. 1399a (Tomus IX)
Fragmente aus Einbandmakulatur in Umschlägen
Pergament, keine Seiten- oder Blattzählung, unterschiedliche Formate, verschiedene Schriftheimaten, 7.–16. Jahrhundert
Zwölf Fragmente, die 1952 von Stiftsbibliothekar Johannes Duft unter der Signatur 1399a zusammengefasst wurden[51]. Nr. 2 wurde in einer Faszikelbroschur aus Karton in ähnlicher Machart wie die Fragmente von Cod. Sang. 1395 gebunden. Die einzelnen Stücke werden zurzeit in Konservierungsumschlägen aufbewahrt.
Unter diesen teils sehr alten, aber heterogenen Fragmenten befindet sich die „irische Handschriftenreliquie“ Cod. Sang. 1399a1, ein kleines Fragment einer irischen Isidor-Handschrift aus dem 7. Jahrhundert[52].
Erschliessung: keine zusammenfassende Erschliessung vorhanden.
Diese Fragmente sind noch nicht digital greifbar.

49 Martin Strebel, Restaurierungsbericht zu Cod. Sang. 1398b, Juni – August 2013, Stiftsbibliothek St. Gallen, Restaurierungsdokumentation. Die Faszikel befinden sich in drei dafür hergestellten Schubern.

50 Vgl. die einleitende Bemerkung von von Arx zu Cod. Sang. 1399 „Continet hic Tomus ea Fragmenta, quibus ob majoris moduli formam in praecedentibus locus comodus non erat."

51 Duft, Erschliesser der St. Galler Handschriften, S. 14.

52 Vgl. oben.

Cod. Sang. 1399b
Verschiedene Fragmente in einer Archivschachtel
Pergament und Papier, keine Seiten- oder Blattzählung, unterschiedliche Formate, verschiedene Schriftheimaten, 9.–17. Jahrhundert
Verschiedene Fragmente von Handschriften und Drucken, die wohl nach der Zeit Ildefons von Arx' in zwei Kartonschachteln gesammelt und 1997 von Ian Holt im Rahmen eines Praktikums erstmals katalogisiert wurden. Die rund 70 Fragmentblätter sind systematisch geordnet und nummeriert A 1,1–2, A 2,1–2, A 3,1–7, A 4,2–4, B 1,1, B 3,1–23, B 4,1–8, C 1–5.
Erschliessung: internes Findmittel von Ian Holt, 27. April 1997.
Diese Fragmente sind noch nicht digital greifbar.

Cod. Sang. 2106
Fragment aus Einbandmakulatur
Pergament, 8 Seiten, 28,5–21 × 23 cm, Rätien, wohl kurz vor 850
Zwei Doppelblätter eines Passionales, 1895 von Staatsarchivar Paul Schweizer aus Bucheinbänden des Staatsarchivs Zürich herausgelöst, wo sie bis 2006 unter der Signatur C VI 1 II 8a aufbewahrt wurden. Sie enthalten rund ein Viertel der ältesten Lebensbeschreibung des heiligen Gallus. Im Zusammenhang mit der Beilegung des Kulturgüterstreits zwischen St. Gallen und Zürich schenkte die Zürcher Regierung das kostbare Stück der Stiftsbibliothek St. Gallen, die ihm neu die Signatur Cod. Sang. 2106 gab.
Ausgabe mit Einleitung, Übersetzung und Faksimile: *Vita Sancti Galli Vetustissima*. Die älteste Lebensbeschreibung des heiligen Gallus. Lateinisch/Deutsch, hg. von der Stiftsbibliothek St. Gallen, St. Gallen 2012.
Das Fragment ist ab Herbst 2014 auf e-codices verfügbar: http://www.e-codices.unifr.ch/de/list/one/csg/2106.

Palimpseste
Die Liste der Palimpseste basiert ebenfalls auf den Vorarbeiten von von Arx in den 1820er Jahren, ergänzt durch Cod. Sang. 381 und den St. Galler Klosterplan, Cod. Sang. 1092:

Cod. Sang. 18
Sammelhandschrift, Sternenuhr des Pacificus von Verona
Pergament, 194 Seiten, 24,5 × 17,5 cm, St. Gallen, um 1000
2 Palimpseste:
S. 41–46: Teil eines astronomischen Texts, von dem auf Seite 43 das Bild eines Mönchs mit Fernrohr stehengelassen wurde, St. Gallen, um 1000.
S. 143–146: Teile eines griechischen Lukasevangeliums in Majuskelschrift, nicht genauer bestimmt.
Erschliessung: Gustav Scherrer, Verzeichniss der Handschriften der Stiftsbibliothek von St. Gallen, Halle 1875, S. 6–7.
Ganze Handschrift digitalisiert auf e-codices: http://www.e-codices.unifr.ch/de/list/one/csg/0018.

Cod. Sang. 193
Predigten des Caesarius von Arles
Pergament, 303 Seiten, 20,5 × 13,0 cm, St. Gallen, um 800
1 Palimpsest:
Teile der alttestamentlichen Prophetenbücher, Norditalien, Halbunziale vom Ende des 5. Jahrhunderts. Früheste Überlieferung der alttestamentlichen Bücher Ezechiel und Daniel sowie der kleinen Propheten in der Vulgatafassung.
Erschliessung: Gustav Scherrer, Verzeichniss der Handschriften der Stiftsbibliothek von St. Gallen, Halle 1875, S. 71.
Qualitativ hervorragendes, frühes Faksimile: Codex Sangallensis 193, continens fragmenta plurium prophetarum secundum translationem S. Hieronymi, hg. von Anselm Manser, Beuron/Leipzig 1913.
Ganze Handschrift digitalisiert auf e-codices: http://www.e-codices.unifr.ch/de/list/one/csg/0193.

Cod. Sang. 194
Sammelhandschrift
Pergament, II und 233 und IV Seiten, 18,0 × 12,0 cm; 24,0 × 18,0 cm; 17,7 × 12,0 cm, St. Gallen, 1. Hälfte 8. Jahrhundert
2 Palimpseste:
S. 1–221: Teile der *Libri Salomonis* und *Laterculus Notarum*, Nordfrankreich oder Spanien, um 700.
S. 222–233: Teile eines Sakramentars, Ort unbekannt, Anfang 8. Jahrhundert.
Erschliessung: Elias Avery Lowe, Codices Latini Antiquiores. A palaeographical guide to latin manuscripts prior to the ninth century, Part VII: Switzerland, Oxford 1956, S. 24.
Ganze Handschrift digitalisiert auf e-codices: http://www.e-codices.unifr.ch/de/list/one/csg/0194.

Cod. Sang. 213
Dialoge Gregors des Grossen
Pergament, 180 Seiten, 26,5 × 17,5 cm, St. Gallen, um 800
1 Palimpsest:
S. 1–180: Teile von Laktanz, *Divinae institutiones*, Bücher 1–6, Italien, 5. Jahrhundert. Textgeschichtlich wichtige Handschrift.
Erschliessung: Gustav Scherrer, Verzeichniss der Handschriften der Stiftsbibliothek von St. Gallen, Halle 1875, S. 76–77.
Ganze Handschrift digitalisiert auf e-codices: http://www.e-codices.unifr.ch/de/list/one/csg/0213.

Cod. Sang. 381
Versicularium, Hymnar, Tropar, Sequentiar
Pergament, 500 Seiten, 14,5 × 11,5 cm, St. Gallen, um 930
1 Palimpsest:
S. 170–181: Jahrestabelle, vermutlich mit der Erbauung des Gozbert-Münsters 830 beginnend.
Erschliessung: Heinrich Husmann, Eine Palimpsest-Jahrestabelle in der Handschrift Stiftsbibliothek St. Gallen 381, in: Festschrift Hans Engel zum siebzigsten Geburtstag, hg. von Horst Heussner, Kassel 1964, S. 188–191.
Ganze Handschrift digitalisiert auf e-codices: http://www.e-codices.unifr.ch/de/list/one/csg/0381.

Cod. Sang. 567
Sammlung von Heiligenleben
Pergament, 199 Seiten, 25 × 16–17 cm, St. Gallen, letztes Viertel 8. und letztes Viertel 9. Jahrhundert
1 Palimpsest:
S. 142–153: Teile der alttestamentlichen Prophetenbücher, Norditalien, römische Halbunziale vom Ende des 5. Jahrhunderts. Früheste Überlieferung der alttestamentlichen Bücher Amos, Micheas, Malachias und Jonas in der Vulgatafassung.
Erschliessung: Beat Matthias von Scarpatetti, Die Handschriften der Stiftsbibliothek St. Gallen, Bd. 1: Abt. IV: Codices 547–669: Hagiographica, Historica, Geographica, 8.–18. Jahrhundert, Wiesbaden 2003, S. 65–69.
Ganze Handschrift digitalisiert auf e-codices: http://www.e-codices.unifr.ch/de/list/one/csg/0567.

Cod. Sang. 722
Sammelhandschrift
Pergament, V + 268 + 2 Seiten, 25,5 × 16,0 cm, St. Gallen, um 800–820 und zweite Hälfte 8. Jahrhundert
2 Palimpseste:
S. a–b, 1–2, 17–258, 263–268: Teile von Hilarius von Poitiers, *Tractatus super Psalmos* (Fragmente Ps 119–147), Provenienz unbekannt, Anfang 6. Jahrhundert.
S. 259–262: Teile einer *Vetus Latina*: *Fragmentum ex Nehemia* (II Esdr 6,11–7,6; 9,18–30), Rätien, zweite Hälfte 8. Jahrhundert.
Erschliessung: Gustav Scherrer, Verzeichniss der Handschriften der Stiftsbibliothek von St. Gallen, Halle 1875, S. 71; Philipp Lenz auf e-codices: http://www.e-codices.unifr.ch/de/description/csg/0722; Philipp Lenz, Stefania Ortelli, Die Handschriften der Stiftsbibliothek St. Gallen, Band 3, Abt. V: Codices 670–749. Iuridica. Kanonisches, römisches und germanisches Recht, beschreibendes Verzeichnis, Wiesbaden 2014 (im Druck).
Ganze Handschrift digitalisiert auf e-codices: http://www.e-codices.unifr.ch/de/list/one/csg/0722.

Cod. Sang. 872

Martianus Capella, *De nuptiis Philologiae et Mercurii, Althochdeutsche Übersetzung der ersten zwei Bücher durch Notker den Deutschen, Zwei Evangelienkommentare*

Pergament, 410 Seiten, 20,5 × 13,0 cm, St. Gallen, 11.–13. Jahrhundert,

1 Palimpsest:

S. 4–80, 139–140: Priscianus von Caesarea, *Institutiones Grammaticae*, St. Gallen, 11. Jahrhundert. Die untere Schrift ist nur wenig älter als die obere. Letztere enthält die Einzigüberlieferung der wichtigen althochdeutschen Übersetzung Notkers des Deutschen von *De nuptiis Philologiae et Mercurii* des Martianus Capella.

Erschliessung: Gustav Scherrer, Verzeichniss der Handschriften der Stiftsbibliothek von St. Gallen, Halle 1875, S. 302.

Ganze Handschrift digitalisiert auf e-codices: http://www.e-codices.unifr.ch/de/list/one/csg/0872.

Cod. Sang. 908

Fragmenta rescripta

Pergament, 412 Seiten und zahreiche Zwischenblätter, 20,5 × 13,5 cm, St. Gallen, 8. Jahrhundert, vollständig reskribiert, teilweise zwei Mal

1823 unter Anleitung von Ildefons von Arx neu mit Zwischenblättern gebunden und kommentiert[53].

11 Palimpseste:

S. 3–70, 297–349: Teile der *Briefe* Papst Leos des Grossen, sehr kleine Unziale des 6. Jahrhunderts.

S. 75–76, 89–90, 95–96, 101–102: Teile der Psalmen 46 und 47, Minuskel und römische Kursive des 6. Jahrhunderts.

S. 77–78, 81–84, 87–88, 91–92, 105–108, 111–118, 121–122, doppelt reskribiert, mittlere Schrift: Teile der Paulusbriefe, Unziale des 6. Jahrhunderts.

S. 77–78, 81–84, 87–88, 91–92, 105–108, 111–118, 121–122, doppelt reskribiert, unterste Schrift: vermutlich Teile eines Martyrologiums, Unziale.

S. 79–80, 85–86, 93–94, 97–100, 103–104, 109–110, 119–120: *Exhortationes matutinae et collectiones*, römische Minuskel des 6. Jahrhunderts mit etwas irischem Charakter.

S. 157–158, 161–164, 167–168: *Missa catechumenorum* mit Stellen aus den Evangelien, Unziale des 5. oder 6. Jahrhunderts.

S. 187–218, 275–276, 293–294: Orakelsprüche (*Sortes Sangallenses*), Unziale des 6.–7. Jahrhunderts.

S. 255–262, 267–274: Gedichte des Spaniers Flavius Merobaudes, in gut lesbarer Schrift des 5.–6. Jahrhunderts.

S. 277–292, doppelt reskribiert, mittlere Schrift: Maultier-Heilkunde (*Mulomedicina*), Unziale des 6. Jahrhunderts.

S. 277–292, doppelt reskribiert: untere Schrift kaum mehr lesbar.

53 Cod. Sang. 908, S. V7.

S. 313–314, 325–326, 331–334, 337–340, 343–346, 383–384, 387–390, 393–394: Junilius Episcopus, *Libri II de partibus divinae legis*, römische Kursive des 6. Jahrhunderts.
Erschliessung: Bemerkungen von Ildefons von Arx in der Handschrift selber[54]; Gustav Scherrer, Verzeichniss der Handschriften der Stiftsbibliothek von St. Gallen, Halle 1875, S. 324–328.
Ganze Handschrift digitalisiert auf e-codices: http://www.e-codices.unifr.ch/de/list/one/csg/0908.

Cod. Sang. 912
Abba Ababus-Glossar
Pergament, A–F, 320, W–Z Seiten, 12 × 9 cm, Bobbio, 8. Jahrhundert
8 Palimpseste:
S. 13–20, 47–48, doppelt reskribiert, mittlere Schrift: Donat-Fragmente, Unziale des späten 7. Jahrhunderts.
S. 13–20, 47–48, doppelt reskribiert, unterste Schrift: Teile eines nicht identifizierten medizinischen Texts, Unziale des 7. Jahrhunderts.
S. 21–24, 27–30, 33–40, 41–42, 45–46, 49–68, 71–82, 85–188, 191–224, 227–256, 261–270, 279–282: Psalm-Fragmente, Unziale und Halbunziale des späten 5. Jahrhunderts.
S. 25–26, 31–32, 69–70, 83–84, 271–278 (doppelt reskribiert, hier unterste von 3 Schriften), 303–304, 309–310: Buch Jeremias in *Vetus Latina*-Fassung, Unziale des 5. Jahrhunderts.
S. 271–278, doppelt reskribiert, mittlere Schrift: Grobskizze des Glossars, Unziale und kursive Minuskel des 7.–8. Jahrhunderts.
S. 43–44, 283–298, 301–302, 305–308, 311–312, 315–318: gynäkologische Rezepte, kursive Minuskel des 5.–6. Jahrhunderts.
S. 299–300, 313–314: Gedichte von Terenz, Capitalis Rustica des 5. Jahrhunderts.
S. 319–320: unidentifizierter Text, Unziale des 5. Jahrhunderts.
Erschliessung: Elias Avery Lowe, Codices Latini Antiquiores. A palaeographical guide to latin manuscripts prior to the ninth century, Part VII: Switzerland, Oxford 1956, S. 36–39; Gustav Scherrer, Verzeichniss der Handschriften der Stiftsbibliothek von St. Gallen, Halle 1875, S. 330–331.
Ganze Handschrift digitalisiert auf e-codices: http://www.e-codices.unifr.ch/de/list/one/csg/0912.

54 Cod. Sang. 908, S. V9–V13.

Cod. Sang. 1092
St. Galler Klosterplan
Pergament, 1 Blatt, 112 × 77,5 cm, Reichenau, 819 oder um 827–830, Ende des 12. Jahrhunderts
Der Klosterplan gilt als ältester erhaltener Bauplan der Welt.
1 Palimpsest:
Auf dem untersten Feld links der Vorderseite ist ein Gebäude ausradiert und Ende des 12. Jahrhunderts mit dem Schluss der Martinsvita überschrieben worden, der auf der Rückseite des Pergaments keinen Platz mehr hatte.
Erschliessung: Der St. Galler Klosterplan. Begleittext, Beischriften und Übersetzungen, hg. von der Stiftsbibliothek St. Gallen, Begleittext von Ernst Tremp, St. Gallen 2014.
Ganzer Plan (Vorder- und Rückseite) digitalisiert auf e-codices: http://www.e-codices.unifr.ch/de/list/one/csg/1092.

Die Handschriften-Fragmente im Historischen Archiv der Stadt Köln

Joachim Deeters, Köln

Meine Ausführungen geben die Situation im Archiv vor dem Einsturz im Jahr 2009 wieder. Es ist anzunehmen, daß die Rekonstruktion nichts Wesentliches ändern wird.

Das Historische Archiv der Stadt Köln, kurz Stadtarchiv Köln, dürfte das einzige kommunale Archiv sein, das über einen bedeutenden Bestand an Handschriften verfügt, der nicht nur innerhalb der Verwaltung der Kommune und für ihre Zwecke erwachsen ist, sondern auch nicht-archivische Handschriften umfaßt, die eigentlich zu eindeutigem Bibliotheksgut zählen. Diese Lage erklärt sich daraus, daß Stadtbibliothek und Stadtarchiv im 19.Jahrhundert lange unter einer Leitung standen, nämlich der Leonhard Ennens, der aus beiden Komplexen Arbeiten veröffentlichte, die erste Einblicke in die Schätze erlaubten. Ennen hat auch begonnen, die Handschriften aus *beiden* Institutionen zusammenzuführen in nur sachlich, nicht provenienzmäßig geschiedene Bestände. Als 1885 die Gymnasialbibliothek in städtische Regie überführt wurde, entschied man sich dafür, die nun beträchtlich vergrößerte Stadtbibliothek auf Druckwerke zu beschränken, dagegen dem Archiv *alle* Handschriften zu überweisen. Wenn danach die Einrichtungen auch deutlicher getrennt wurden, blieben sie doch vereint in einem Gebäude, dem 1897 errichteten Zweckbau am Gereonskloster, wo der Archivleiter die Rolle des Hausherrn einnahm. Erst 1935, als die inzwischen Universitäts- und Stadtbibliothek genannte Bibliothek im Neubau der Universität ihr Domizil fand, endete die lange Symbiose. Aus dieser gemeinsamen Geschichte erklärt sich, daß in der USB Köln der Bestand an Handschriften und Fragmenten gering ist.

Die heutigen Bestände des Archivs an Handschriften und Fragmenten setzen sich zusammen aus:

1. Handschriften, die innerhalb der Verwaltung der Stadt Köln entstanden sind und eigentlich als Archivalien zu bezeichnen sind,
2. der Handschriften-Sammlung des Kölner Sammlers Ferdinand Franz Wallraf, ganz überwiegend theologisch-literarischen Inhalts und testamentarisch in das Eigentum der Stadt Köln übergegangen,
3. Handschriften aus Nachlässen, die der Stadt Köln übereignet wurden, und weiteren Erwerbungen des Archivs,
4. der Gymnasialbibliothek, 1798 gegründet als Auffangbecken von Bibliotheken und Kunstgut zugunsten des öffentlichen Unterrichts im damaligen Roer-Département, dann aber die Bibliothek allein der Kölner höheren Lehranstalten und zunehmend die

öffentliche wissenschaftliche Bibliothek Kölns bis zur Vereinigung mit der städtischen 1885,
5. dem Depositum des Landesarchivs Nordrhein-Westfalen Abt. Rheinland.

Sie sind geordnet und signiert wie folgt:
Best. 7002, 7004, 7008 (alte Signatur GB): Handschriften der Gymnasialbibliothek, gereiht nach den Formaten Folio, Quart und Oktav,
Best. 7010 (alte Signatur W): Wallraf-Handschriften,
Best. 7020 (alte Signatur W*): sonstige Handschriften,
Best. 7030 (alte Signatur C+D): Chroniken und Darstellungen,
Best. 7050 (alte Signatur Hss-Fragm): Handschriften-Fragmente, jeweils durchgezählt in neun Sachgruppen A–I,
Best. 7090 (alte Signatur Hss D'dorf): Handschriften aus dem Hauptstaatsarchiv Düsseldorf [heute: Landesarchiv Nordrhein-Westfalen Abt. Rheinland], in Folge des Archivalientauschs zwischen Köln und Düsseldorf 1962/1965.

Man sieht an den alten Bezeichnungen, daß die heutigen Bestände eine Mischung aus Provenienz, Inhalt wie auch Form darstellen. Ein eigener Bestand für Fragmente ist allein schon aus konservatorischer Sicht unerläßlich. Stehen Handschriften, gleich ob archivische oder bibliothekarische, meist aufrecht im Regal, so können Fragmente eigentlich nur liegend aufbewahrt werden. Beide Formen der Aufbewahrung in einem Bestand anzuwenden, ist ab einer gewissen Menge unzuträglich. Weitere Einzelheiten zu den Kölner Beständen finden sich in meiner Bestandsübersicht[1].

Für unser Thema, die handschriftlichen Fragmente, bleibt aber zu beachten, daß das gesamte Archivgut aus älterer Zeit, soweit in Buchform angelegt oder später in sie überführt, in Betracht kommt. Denn die häufigste Überlieferungsform von Handschriften-Fragmenten ist die als Einbandmaterial. Ledereinbände konnten mit Resten von Pergament- und/oder Papierhandschriften gefüllt und verstärkt werden, die einfacheren Pergamenteinbände wurden innen gerne mit solchen Resten hinterlegt. Deshalb können z. B. die Einbände der über 350 Protokolle des Rates der Stadt Köln Makulatur älterer Handschriften aus Bibliotheken wie aus der Verwaltung selbst enthalten, ebenso die Einbände zu den Rechnungen des Hansekontors Antwerpen[2] oder die von Aufzeichnungen über die Sitzungen der Reichstage, die die Kölner Vertreter schon am Ort des Tages, etwa Speyer oder Regensburg, binden ließen. Die Beispiele sind gewählt, um zu zeigen, daß Fragmente in Köln nicht unbedingt auch aus Köln stammen müssen. Bibliotheksbesitzer sorgten für neue Einbände ebenso, wie sie unbrauchbare oder durch Drucke überholte Handschriften an Buchbinder verkauften, die sie wiederum zu ‚Fragmenten' verarbeiteten. Die heute gängige Trennung zwischen Bibliothek und Archiv spielt für Entstehung und Überlieferung der Fragmente überhaupt keine Rolle.

1 Vgl. Joachim Deeters, Die Bestände des Stadtarchivs Köln bis 1815. Eine Übersicht (Mitteilungen aus dem Stadtarchiv von Köln, 76), Köln/Weimar/Wien 1994, S. 200–216.
2 Das Archiv des Hansekontors Brügge/Antwerpen wurde 1594 nach Köln überführt.

Eine besondere Form der fragmentarischen Textüberlieferung bilden die sog. Palimpseste, Handschriften, deren ursprünglicher Text radiert wurde, um einem neuen Platz zu machen. Das berühmteste seiner Art ist wohl dasjenige, das uns – wenn auch nur in Teilen – Ciceros Werk über den Staat überliefert. Auch die Sammlungen des Historischen Archivs enthalten mehr als eines[3]. Schließlich sind auch die antiken Papyri zum allergrößten Teil nur als Fragmente überliefert. Schon Wallraf wußte um ihre Bedeutung und erbat sich ein Papyrus-Fragment als Lohn für seine Arbeit an der Sammlung des verstorbenen Barons Hüpsch. Es ist jetzt das älteste Schriftstück im Stadtarchiv[4]. Quantitativ sind Papyri und Palimpseste im Stadtarchiv aber zu vernachlässigen.

Die Zahl der handschriftlichen Fragmente im Kölner Archiv läßt sich nur annähernd feststellen. Noch hat eine gründliche moderne Verzeichnung nach den Richtlinien der Deutschen Forschungsgemeinschaft nicht alle Handschriften erfaßt. Der Bestand 7020 wurde – vermutlich bis nach 1945 – benutzt, um Fragmente von gewissem Umfang und erkannter Bedeutung aufzunehmen. Erst eine genaue Beschreibung, die eben nicht durchgehend vorliegt, ließe erkennen, ob es sich um eine vollständige Handschrift oder ein Fragment handelt. Der spezielle Fragmenten-Bestand 7050 ist offen, denn eine fortlaufende Restaurierung, die in jedem größeren Archiv unerläßlich ist, wird stets neue Fragmente zu Tage fördern. 1994 zählte ich im Fragmenten-Bestand 969 Stück[5] bzw. Nummern, denn ganz offensichtlich zusammengehörige Stücke sind sogleich zu einer Nummer vereinigt worden. Lagerungstechnisch ergab das rund 5 Regalmeter, da die Fragmente wie die Mehrzahl der Archivalien liegend aufbewahrt werden.

Schon im 19. Jahrhundert wurde der Wert von Fragmenten erkannt, auch in Köln. Der erste Bibliothekar der Gymnasialbibliothek Franz Ferdinand Pape hat aus seinen Handschriften schon Fragmente entnommen, die dann sein Nachfolger Heinrich Düntzer (1846–1885 dort tätig) in einem handschriftlichen Katalog mit 242 Nummern verzeichnete[6]. Als dann im 20. Jahrhundert eine zeitgemäße wissenschaftliche Katalogisierung der Handschriften in Köln begann, profitierten davon gleichermaßen die Fragmente. 1931 wurde die Sonderreihe *Die Handschriften des Archivs* der *Mitteilungen aus dem Stadtarchiv von Köln* eröffnet mit einem Teilband unter dem Titel *Deutsche und Niederländische Handschriften*, dem 1937 der zweite Teilband folgte. Karl Menne hat darin nach Regeln der Preußischen Akademie der Wissenschaften nicht allein die vollständigen Handschriften in den entsprechenden Sprachen beschrieben, sondern anscheinend auch alle Fragmente, ob nun aus dem Fragmenten-Bestand der Gymnasialbibliothek oder dem des Archivs[7].

---

3 Das wichtigste Palimpsest in Best. 7050, Nr. B 130. Vgl. Trede (wie Anm. 15), S. 138.

4 Best. 7020, Nr. 352. Zu seiner Geschichte vgl. Ferdinand Franz Wallraf. Ausstellung[skatalog] des Historischen Archivs der Stadt Köln, Köln 1974, S. 48 f.

5 Vgl. Deeters, Die Bestände des Stadtarchivs (wie Anm. 1), S. 214.

6 Vgl. Vennebusch 5 (wie Anm. 9), S. IX.

7 Karl Menne, Deutsche und Niederländische Handschriften (Mitt. aus dem Stadtarchiv von Köln, Sonderreihe Die Handschriften 10), Köln 1937. Die Zahl der Fragmente aus Best. 7020 (damals W*) läßt sich nur durch Prüfung aller Eintragungen ermitteln, aus der Gymnasialbibliothek (heute in Best. 7050) sind 22 Fragmente in 19 Katalogisaten aufgenommen.

Erst 40 Jahre später wurde auf Initiative des Archivleiters Hugo Stehkämper die Sonderreihe fortgesetzt. 1976 erschien der erste Band der Handschriftenbeschreibungen nach den wissenschaftlichen Maßstäben, die die Deutsche Forschungsgemeinschaft aufgestellt hatte und die in Köln von Joachim Vennebusch mustergültig angewandt worden sind[8]. Ihm sind in der Folge bis 2001 noch weitere sechs Bände zu verdanken, so daß auf lange Zeit Kölner Handschriften vor allem mit seinem Namen verknüpft sein werden. Vennebusch hat als ausgebildeter Theologe zunächst die theologischen Handschriften in fünf und dann noch die homiletischen und hagiographischen in zwei Bänden beschrieben[9]. In diesen sieben Bänden sind 634 Handschriften und 164 Fragmente beschrieben. Allerdings sind noch einige der „Handschriften" des Best. 7020 zu den Fragmenten zu zählen: aus den fünf Bänden Theologica die Nr. 129[10], 137[11], 226[12] und 420[13], aus den Homiletica die Nr. 172[14], 408, 413 und 415. Nach dieser Klassifizierung sind 626 Handschriften und 172 Fragmente von Vennebusch beschrieben. Das Verhältnis Handschrift zu Fragment beträgt dann 3,6 zu 1, d. h.: Bei etwas mehr als einem Viertel der Beschreibungen handelt es sich um Fragmente.

Als vermutlich auf lange Zeit letzter Band der Kölner Reihe ist 2005 der von Juliane Trede mit den juristischen Handschriften erschienen[15]. Hier sind 89 vollständige Handschriften und 114 Fragmente beschrieben. Drei Stücke aus dem Best. 7020 sind den Fragmenten hinzuzurechnen[16] und man gelangt deshalb auf die Zahlen von 86 zu 117. Auf jeden Fall ist hier die Zahl der Fragmente deutlich höher als die der vollständigen Handschriften. Das dürfte daran liegen, daß die juristischen Texte viel stärker Gebrauchsliteratur waren als die theologischen und die Predigttexte. Sie wurden tatsächlich verbraucht und abgenutzt, ähnlich wie die liturgischen, die bekanntlich überhaupt die Masse der Fragmente bilden[17].

8 Everhard Kleinertz hat Persönlichkeit und Wirken Vennebuschs charakterisiert in seinem Vorwort zu dessen letztem Band 2001 (s. folgende Anm.).

9 Joachim Vennebusch, Die theologischen Handschriften des Stadtarchivs Köln, Band 1: Die Folio-Handschriften der Gymnasialbibliothek (Mitteilungen aus dem Stadtarchiv von Köln, Sonderreihe Die Handschriften, 1), Köln 1976; Band 2: Die Quart-Handschriften der Gymnasialbibliothek (Sonderreihe, 2), Köln 1980; Band 3: Die Oktav-Handschriften der Gymnasialbibliothek (Sonderreihe, 3), Köln 1983; Band 4: Handschriften der Sammlung Wallraf (Sonderreihe, 4), Köln 1986; Band 5: Handschriften des Bestandes W* und Fragmente (Sonderreihe, 5), Köln 1989;
Die homiletischen und hagiographischen Handschriften des Stadtarchivs Köln, Band 1: Handschriften der Gymnasialbibliothek (Sonderreihe, 6), Köln 1993; Band 2: Handschriften der Sammlung Wallraf, Handschriften des Bestandes W*, Fragmente (Sonderreihe, 7), Köln 2001.

10 Die Kölner Überlieferung der berühmten Fälschungen des Bischof Pilgrim von Passau sind 9 Bl. eines Kodex mit ursprünglich 15 Lagen.

11 Eine Lage aus der Hs Best. 7010, Nr. 201.

12 4 Bl. eines unbekannten umfangreichen Kodex.

13 5 beschriebene Bl. mit Textabbruch.

14 Eine Lage aus der Hs Best. 7010, Nr. 163.

15 Juliane Trede, Die juristischen Handschriften des Stadtarchivs Köln (Mitteilungen aus dem Stadtarchiv von Köln, Sonderreihe, 8), Köln 2005.

16 Die Nr. 156, 260a und 426.

17 Vgl. für die Kölner Verhältnisse Deeters, Die Bestände des Stadtarchivs (wie Anm. 1), S. 214: Im Fragmentenbest. 7050 ist die Gruppe D Liturgica mit 224 bei weitem die stärkste.

Zählt man alle seit 1976 erschlossenen Texte zusammen, so ergeben sich 712 Handschriften und 289 Fragmente, ein Verhältnis von 2,4 zu 1, was bedeutet: 40 Prozent dieser handschriftlichen Überlieferungen liegen in Fragmentform vor.

Es sei noch darauf hingewiesen, daß auch in einem weiteren modernen Verzeichnis des Kölner Archivs Handschriften-Fragmente zu finden sind: Maria Barbara Rößner-Richarz hat in ihrem sachthematischen Inventar zur Medizingeschichte in Köln 12 Stücke kurz bekannt gemacht[18].

Welcher Wert sich hinter dieser fragmentarischen Überlieferung verbirgt, ist nicht zu ermessen, da jedes Stück einzeln zu bewerten ist. Wie das zu geschehen hat und was sich daraus für die Geschichte der Texte, der Kodizes und der Bibliotheken ergeben kann, hat Joachim Vennebusch unübertroffen in einem Aufsatz ausgeführt, der hier nur zu wiederholen wäre und der jedem Benutzer von Fragmenten eindringlich ans Herz zu legen ist[19]. Einige wenige Beispiele möchten nun noch Bedeutung und Vielfalt der fragmentarischen Überlieferung vor Augen führen.

In den Best. 7030 ist ein Fragment überführt worden, das aus der Gymnasialbibliothek stammt[20], weil es zur Geschichtsschreibung zu zählen ist: Nr. 264. Auf zwei Doppelblättern finden sich 232 lateinische Verse, deren Wert schon Wilhelm Wattenbach entdeckte und sie 1881 publizierte. Es ist der einzige erhaltene Rest eines Gedichtes mit dem Titel *Solimarius*, das vermutlich über 5000 Verse umfaßte und die dichterische Umsetzung der *Historia Hierosolymitana* des Robert von St. Remi aus dem 12. Jh. war. Sein Verfasser ist der des Epos *Ligurinus*, dessen Identität bislang noch nicht eindeutig geklärt ist[21].

Für die Überlieferung der deutschen volkssprachigen Literatur sind die Kölner Handschriften und Fragmente trotz vergleichsweise geringer Zahl nicht unbedeutend. Den *Tristan* des Gottfried von Straßburg kennt man heute aus 11 vollständigen Handschriften und 16 Fragmenten. Zwei der vier Haupt-Handschriften und ein Fragment sind Kölner Eigentum[22].

Noch aus dem 13. Jh. stammen sechs Reimpaargedichte, die zu den sog. Minnereden zählen und sich dadurch auszeichnen, daß sie zugleich Huldigungen an reale Persönlich-

18 Maria Barbara Rößner-Richarz, Quellen zu Geschichte der Medizin in der Reichsstadt Köln. Ein sachthematisches Inventar für vier Jahrhunderte (1388–1798) (Mitteilungen aus dem Stadtarchiv von Köln, 78), Köln 1998, Nr. 1060, 1062, 1080, 1088 und 1089.

19 Vgl. Joachim Vennebusch, Fragmente aus zwei dekretalistischen Handschriften im Propsteiarchiv Kempen. Beschreibung und Hinweise zur Methode der Fragmentbearbeitung, in: Quellen und Beiträge aus dem Propsteiarchiv Kempen, hg. von Hanns Peter Neuheuser, Band 2, Köln 1998, S. 141–171.

20 Die ursprüngliche Signatur GB Kasten A 28 noch bekannt in: Die deutsche Literatur des Mittelalters. Verfasserlexikon 3 (1981), Sp. 318.

21 Das Kölner Fragment ediert als Anhang S. 499–512 zu: Gunther der Dichter, Ligurinus, hg. von Erwin Assmann (MGH script. sep. editi, 63), Hannover 1987.

22 Best. 7020 Nr. 87 und 89 = Menne (wie Anm. 7) Nr. 19 und 21, Best. 7050 Nr. A44 = Menne (wie Anm. 7) Nr. 37. Angaben nach: Gottfried von Straßburg, Tristan, hg. von Karl Marold, 3. Abdruck ... besorgt ... von Werner Schröder, Berlin 1969, S. 283 ff.

keiten des rheinischen Adels sind. Eines von ihnen, sie sog. *Ritterfahrt*, ist allein und jeweils mit einer Hälfte durch ein Düsseldorfer und ein Kölner Fragment überliefert[23]:

Der seinerzeit beliebte französische Roman über den Ritter Parthenopeus von Blois ist ins Mittelniederländische und daraus wieder ins Ripuarische übersetzt worden. Ist schon der mittelniederländische Text nicht vollständig überliefert, aber immerhin zum allergrößten Teil[24], so war die ripuarische Übersetzung bisher nur durch ein Kölner Fragment bekannt[25]. 1985 sind aber zwei weitere Fragmente, die sehr wahrscheinlich aus derselben Handschrift stammen, in Privatbesitz aufgefunden und veröffentlicht worden[26].

Daß die Literatur des Judentums in Köln nur fragmentarisch überliefert ist, wird angesichts der Politik der Reichsstadt Köln gegenüber ihren jüdischen Einwohnern nicht überraschen. 18 Fragmente jüdischer Schriften in hebräischer wie jiddischer Sprache sind in Best. 7020 Nr. 332 zusammengefaßt und 1904 von Lazar Dünner beschrieben worden[27]. Salomo Birnbaum glaubte gar, unter ihnen das „älteste jiddische Schriftstück" entdecken zu können[28]. Doch abgesehen von neueren Funden irrte er in der Lesung der Jahreszahl. Heute gehört dieses Fragment durchaus zu den ältesten jiddischen Schriftzeugnissen, steht aber mit der Datierung auf 1396/1397 nicht an der Spitze. Es handelt sich um einen *Aderlaßtraktat* (Abb. 9, auch als Farbabb.), ein in mehrere Stücke zerschnittenes Plakat, auf dem ein Mensch abgebildet ist mit den Stellen und entsprechender Beschriftung, wo ein Aderlaß Heilung und Besserung verspricht. Daher rührt dann die Kurzbezeichnung Aderlaßmännchen. Der jiddische Text[29] ist die Übersetzung einer deutschsprachigen Vorlage[30]. In den 90er Jahren sind noch zwei weitere Bruchstücke dieses Plakats gefunden worden im alten Einband einer seit langem im Archiv ruhenden Handschrift[31].

Die angeführten Beispiele zeigen zwei erst jüngst erfolgte Funde neuer Fragmente bzw. weiterer Teile einer Handschrift und weisen auf die unendlich wichtige Zusammengehörigkeit von Fragment und seinem ursprünglichen Trägerband hin. In jeder Bibliothek – und erst recht in einem Archiv wie dem Kölner mit Bibliotheks- und Archivgut –, wo ständig neue Fragmente auftauchen werden, ist penible Dokumentation des einstigen Zusammenhangs unerläßlich. Aus den schon genannten Kölner Beschreibungen lassen sich folgende Zahlen erheben: Vennebusch hat 27 Handschriften, 22 Archivalien und 1 Druck

23 Best. 7050 Nr. A49+50 = Menne (wie Anm. 7) Nr. 41, Verfasserlexikon (wie Anm. 20) Sp. 688 f.

24 Auch durch ein Kölner Fragment Best. 7050 Nr. A45 = Menne (wie Anm. 7) Nr. 38.

25 Best. 7020 Nr. 322 = Menne (wie Anm. 7) Nr. 32.

26 Helmut Tervooren, Zur Rezeption mittelniederländischer Literatur in Köln. Ein neues Bruchstück des „Parthenopeus", in: Rheinische Vierteljahrsblätter 49 (1985), S. 92–116. Der kodikologische Zusammenhang wird nur behauptet, da der Beitrag auf Sprach- und Literaturgeschichte ausgerichtet ist.

27 Lazar Dünner, Die hebräischen Handschriften-Fragmente im Archiv der Stadt Cöln, in: Zeitschrift für hebräische Bibliographie 8 (1904), S. 84–90 und 113–117.

28 Salomo Birnbaum, Umschrift des ältesten datierten jiddischen Schriftstücks, in: Theutonista 8 (1931/1932), S. 197–207.

29 Vgl. Rößner-Richarz, Quellen zu Geschichte der Medizin (wie Anm. 18), Nr. 1080 nennt die Sprache zu Unrecht hebräisch.

30 Vgl. Klaus Cuno, Aspekte der Kölner Aderlaßhandschrift von 1396/97 im Licht neuer Erkenntnisse, in: Jiddistik-Mitteilungen 9 (1993), S. 1–17.

31 Best. 7030 Nr. 19, das Autograph der Agrippina des Heinrich van Beeck.

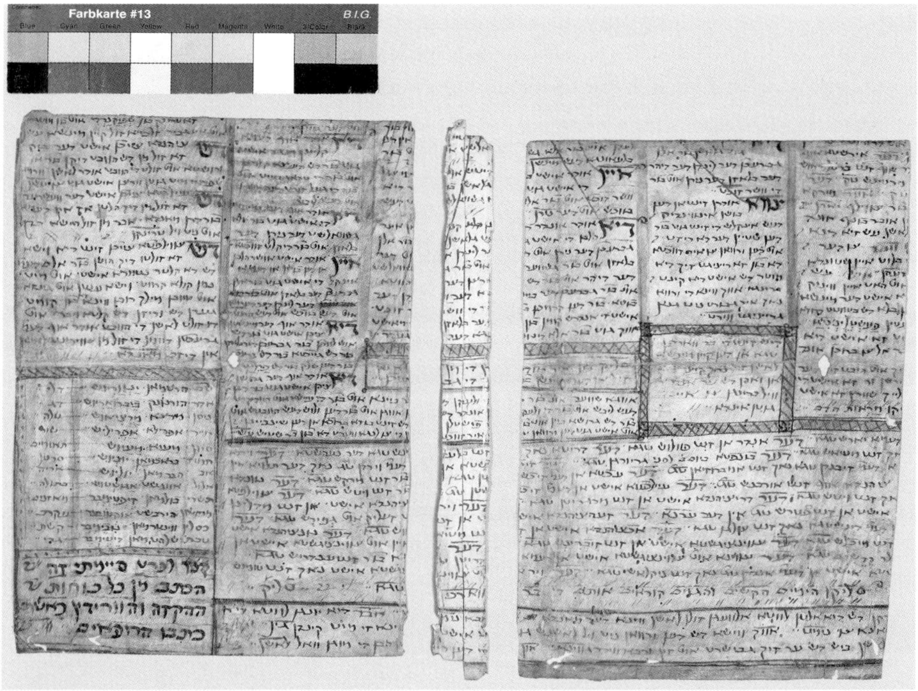

Abb. 9
Fragment eines *Aderlaßtraktates* in jiddischer Sprache, um 1396/1397, Historisches Archiv der Stadt Köln, Signatur: Bestand 7020, Nr. 332 (Foto: Historisches Archiv der Stadt Köln).

der Kölner Universitäts- und Stadtbibliothek als Fragmentträger nachgewiesen[32], Trede entsprechend 5, 16 und ebenfalls 1[33], in summa 32 Handschriften, 38 Archivalien und 2 Drucke. Aufgrund seiner intimen Kenntnisse der Kölner Handschriften hat Vennebusch nachträglich noch 9 weitere Handschriften namhaft machen können, die die „Heimat" von Fragmenten waren[34]. Trede hat in ihrem Band zweimal für drei Fragmente nachweisen können, daß sie zu ein und derselben Handschrift gehören, obwohl sie aus verschiedenen Trägern gelöst worden sind[35]. Mit diesen Komplikationen hat jeder ernsthafte Benutzer von Fragmenten zu rechnen, und nur im seltensten Fall wird er selbst solche Probleme zu lösen imstande sein. Umso eher ist es die Aufgabe der besitzenden Institutionen, der Behandlung von Fragmenten und ihren Trägern die gebührende Aufmerksamkeit zu widmen.

32 Vennebusch (wie Anm. 9), Band 5, S. 187 f., Band 7, S. 267.

33 Trede (wie Anm. 15), S. 219.

34 Vennebusch (wie Anm. 9), Band 5, S. 137 ff., Band 7 S. 183 ff. Zwei Fragmente aus Kölner Handschriften befinden sich heute in Aachen, ein weiteres ist in HAStK als Urkunde verzeichnet (Best. 3 Nr. 24, dort noch fehlerhafte Angaben).

35 Trede (wie Anm. 15), S. 159, 162.

Handschriftenmakulatur in der Bibliothèque nationale de France in Paris und ihre Fragmentmappen

Anette Löffler, Frankfurt

I. Einleitung

Der Interessentenkreis für Handschriftenfragmente teilt sich in zwei Gruppen, Bearbeiter und Benutzer, wobei gelegentlich auch eine Schnittmenge aus beiden Gruppen vorhanden ist. Die Probleme einer wie auch immer gearteten Fragmentsammlung stellen sich beiden Gruppen in ganz unterschiedlicher Form. Dem Bearbeiter stehen die Fragmente einer von ihm zu bearbeitenden Sammlung in quasi uneingeschränkter Form zur Verfügung. Er kann alle Informationen des Fragments nutzen bzw. diese Informationen erstellen. Einschränkungen für die Benutzung gibt es lediglich in besonderen Fällen, wenn etwa ein Teil der Fragmente bereits früher bearbeitet wurde, da dann der bisherige Modus operandi der Erfassung meist beibehalten wird. Oder aber die Sammlung besteht aus quantitativ bekannten, da bereits abgelösten Fragmenten und aus einer unbekannten Anzahl Fragmenten in situ, die erst einmal aufgefunden werden müssen. Oder aber die schiere Menge an Fragmente erfordert ein modifiziertes Vorgehen bei der Erschließung und der Erarbeitung eines individuellen Erschließungsmodells. Alle diese Probleme hat ein Benutzer nicht. Ihm liegt bei den erschlossenen Sammlungen ein gedruckter oder anderweitig schriftlich fixierter, mit Signaturen versehener Katalog vor. Bei nicht erschlossenen Fragmenten muss der Benutzer genaue Angaben zur Aufbewahrung oder alte Signaturen kennen.

Je nach Bibliothek ist der Aufbewahrungsmodus der ausgelösten Fragmente sehr unterschiedlich. Er ist stark davon abhängig, zu welchem Zeitpunkt diese ausgelöst wurden. Nach modernen konservatorischen Gesichtspunkten sollten Fragmente einzeln in säurefreiem Papier und in säurefreien Umschlägen aufbewahrt werden. Diese Umschläge können dann in Kartons oder Boxen im Magazin gelagert werden. Bei der Restaurierung von Handschriften oder Drucken stellte sich lange Zeit die Frage, ob vorhandene Fragmente ausgelöst und separat aufbewahrt oder wieder in ihren alten Fundzusammenhang eingearbeitet werden sollten. Heute wird man sich mehrheitlich für die zweite Möglichkeit entscheiden, um den Zusammenhang von Buch und Fragment zu erhalten. Denn hier entstand oft ein Problem bei ausgelösten Fragmenten, die nicht mit der Signatur ihres Trägerbandes versehen wurden und deshalb beispielsweise keine Rückschlüsse auf ihre Bibliotheksheimat mehr zulassen. In früheren Zeiten haben Bibliothekare und Bibliophile diese Probleme oder Fragen gleichfalls nach bestem Wissen und Gewissen gelöst und den Zusammenhang von Buch und Fragment meist aufgelöst.

Im Folgenden soll der Frage nachgegangen werden, wie eine Bibliothek mit einem außerordentlich umfangreichen Altbestand, und damit sozusagen zwangsläufig auch mit einem üppigen Makulaturbestand, umgeht. Als übergeordnetes Beispiel wurde die Bibliothèque nationale de France (BnF) in Paris gewählt und als dezidiertes die Suche nach der Makulatur aus den Bänden der Augustinerchorherren von Sankt Viktor.

II. Die Aufbewahrung

Es ist von vornherein klar, dass ein Haus wie die BnF ‚Unmengen' von Makulatur zu verwalten hat, die, da selbst die Handschriften der BnF noch nicht vollständig erschlossen sind, nicht in gedruckten Katalogen vorliegen. Bei der Restaurierung von Einbänden bzw. der Neueinbindung von Handschriften fiel Makulatur an, die wieder in den Codex eingebunden oder aber ausgelöst aufbewahrt werden konnte. Offensichtlich wurde in der BnF beides praktiziert, wie das Beispiel von Sankt Viktor zeigen wird. Gerade im 19. Jahrhundert wurde in der BnF jedoch eine Anzahl von Fragmentmappen und –bände angelegt, in denen Fragmente auf einem Falz eingeklebt wurden. Fragment ist in diesem Fall ein zweiseitiger Begriff, denn in besagten Fragmentmappen wurden zum einen Fragmente im Sinne von Handschriftenlagen, also einer fragmentierten Gesamtüberlieferung eines Textes, eingeheftet. Andere Fragmentmappen enthalten hingegen Fragmente im Sinne von Makulatur, um die es im sich im Folgenden handeln wird, wenngleich in einigen Mappen sowohl Fragmente als auch Makulatur zusammengebunden wurden (Tabelle 1).

Diese Mappen wurden in unterschiedlicher Art und Weise ‚bestückt'. Vor allem im 19. Jahrhundert scheinen in der BnF viele marode Einbände ausgetauscht oder repariert worden zu sein[1]. Daraus resultiert auch, dass manche Fragmente oder Makulatur wie richtige Handschriften gebunden wurden, so dass man in diesen Fällen besser von Fragmentbänden sprechen sollte. In den Mappen bzw. Bänden wurde die Zusammenstellung meist auf den Vorsatzblättern vermerkt, so dass man hier teilweise genaue Datumsangaben zur Verfügung hat. So kam es auch, dass manche Fragmentmappen Fragmente oder Makulatur aus hauptsächlich einem einzigen Kloster aufweisen, was für die Provenienzbestimmung der Makulatur natürlich außerordentlich vorteilhaft ist. Als Beispiel für diese Praxis, Provenienzmappen zu bilden, können die Handschriften Ms. lat. 2770, Ms. lat. 3454, Ms. lat. 3549, Ms. lat. 3573 gelten, die alle fragmentarisch überlieferte Texte und Makulatur aus Handschriften der Benediktinerabtei Saint-Martial enthält. Ein ähnliches Bild bietet sich bei weiteren Fragmentbänden mit Handschriftensignaturen. In NAL 1525 ist hauptsächlich Makulatur der Benediktinerabtei Saint-Amand überliefert. NAL 1630 und NAL 2335 bergen fragmentierte Texte aus der ebenfalls den Benediktinern zugehörigen Abtei Fleuri-sur-Loire.

Neben dem Provenienzprinzip finden sich jedoch auch andere Ordnungsprinzipien der Mappen. In Ms. lat. 9488 wurden beispielsweise thematische Ordnungsprinzipien angewandt, dort findet sich ausschließlich Makulatur aus liturgischen Handschriften. Und noch ein weiteres Ordnungsprinzip lässt sich greifen, nämlich nach der Datierung der vor-

1 Auf den Vorsätzen steht meist das genaue Datum, an dem der entsprechende Einband erneuert worden war.

handenen Texte. So finden sich auch Fragmentmappen wie Ms. lat. 2849A, die Makulatur (und Fragmente) des 9. und 10. Jahrhundert umfassen.

Zwei Beispiele soll im Folgenden untersuchen, zum einen welche Texte sich in einer solchen Mappe mit Makulatur finden und zum anderen in wie vielen Mappen sich u. a. Makulatur einer konkreten Abtei findet.

III. Die Fragmentmappe Ms. lat. 10400[2]

Die Mappe Ms. lat. 10400 wurde wohl im 19. Jahrhundert zusammengebunden. In diesem Fall ist das Datum zwar nicht auf dem Vorsatz vermerkt, aber fol. 22 befindet sich ein handschriftlicher Vermerk des 19. Jahrhunderts sowie auf einigen Fragmenten diverse Stempel und Signaturen des 19. Jahrhunderts. Die Mappe wird in der Beschreibung der BnF als „Fragments de manuscrits trouvés pour la plupart dans des reliures et relatifs à l'histoire, aux sciences et aux lettres" bezeichnet[3]. Zu einigen Fragmenten werden Inhaltsangaben mit einer kursorischen Datierung sowie gelegentlich eine Angabe zum Beschreibstoff und zur Schrift vorgenommen (Anlage 2). Ebenso sind in der Beschreibung Literaturangaben zu einzelnen Texten vorhanden. Weiterhin angegeben wird zu einzelnen Fragmenten die Bibliotheksherkunft.

Die sich auf den ersten 20 Blättern befindlichen „Lucii Flori epithomatum libri tres" sind nicht als Makulatur zu bezeichnen, sondern als fragmentarische Teilüberlieferung. Die Überschrift von der Schreiberhand lautet allerdings „Llucij flori Epithomatum liber in Thitum liuium" und in der Tat handelt es sich um die beiden Bücher der *Epitomae Historiae Romanae* des Lucius Annaeus Florus[4]. Hinweise auf die Herkunft sind nicht vorhanden.

Blatt 21 hat sicher als Makulatur gedient. Das dreispaltige Fragment weist noch einen horizontalen Knick in der Blattmitte auf, den es als Vorsatz erhalten hatte. Inhaltlich handelt es sich um die *Historia Romana* des Titus Livius mit Glossen, wohl aus dem 14. Jahrhundert[5]. Auf der leeren Rückseite findet sich lediglich eine praktisch unleserliche Bemerkung[6].

Das folgende Fragment des 9./10. Jahrhunderts enthält aus *De bello judaico* des Flavius Josephus insgesamt vier Blätter. Das erste Doppelblatt umfasst Buch 5, Kap. 6.4–7.3 sowie Kap. 13.4–7 und Buch 6, Kap. 1.1–3[7]. Die beiden Einzelblätter umfassen Buch 6, Kap. 2.2–6[8] sowie Buch 6, Kap. 4.2–7[9]. Eine Notiz auf dem Rand des Doppelblatts weist fol. 65 in Ms. lat. 11411 hin, wo sich ein schmaler Streifen befindet, der möglicherweise zu diesem Fragment gehört, was nach dem Schriftbefund aber durchaus in Zweifel gezogen werden kann.

2 Alle über die in der unten in Anm. 3 bzw. Tabelle 2 genannten Beschreibungen vorgenommenen Identifizierungen, Einordnungen und Bemerkungen stammen von mir und sind lediglich als Grundangaben gedacht.

3 Vgl. http://archivesetmanuscrits.bnf.fr/ead.html?id=FRBNFEAD000072122

4 Epitolae libri 2 et P. Annii Flori fragmentum de Vergilio oratire an poeta, hg. von Otto Rossbach, Leipzig 1896.

5 Buch 22, 3–6: Beginn mit der Auslegung von „incedere inde" bis „super alium precipitantur".

6 [..] in claustro sancti [..].

7 Flavii Josephi De bello Iudaico libri septem, hg. von Edvardus Cordwell, Oxford 1837, S. 294, Z. 4 – S. 297, Z. 15 und S. 317, Z. 34 – S. 321, Z. 26.

8 Idem, S. 328, Z. 14 – S. 331, Z. 23.

9 Idem, S. 338, Z. 13 – S. 341, Z. 21.

Eine Verwendung als Makulatur ist denkbar, denn alle Blätter weisen im unteren Bereich Knickspuren, wie sie bei der Ummantelung eines Buchrückens vorkommen können, auf.

Das fol. 26 folgende zweispaltige Blatt, das an einer Spalte beschnitten ist, enthält die Auffindung des hl. Kreuzes durch Helena[10]. Das in einer sehr flüchtigen karolingischen Minuskel wohl des 9. Jahrhunderts geschriebene Blatt weist Leimspuren auf und dürfte sicher als Deckelbeklebung gedient haben.

Zu den beiden nicht zusammengehörigen Einzelblättern fol. 27 (einspaltig) und fol. 28 (zweispaltig) schreibt Rosamund McKitterick, es handele sich um eine Unziale aus Echternach aus der Zeit um/vor 800[11]. Als Inhalt gibt sie nicht weiter verifizierte kirchenhistorische Texte an, die Spuren des Einbandleders und der Verklebung ermöglichen zumindest die Zuordnung als Makulatur[12].

Das Einzelblatt fol. 29 weist auf der leeren Rückseite Abdrücke des Einbandleders auf und diente sicher als Nachsatz oder Deckelbeklebung, wie auch die Spuren der Kettenbefestigung nahelegen. Die beschriebene Vorderseite bietet eine Abschrift der Kirchweihe von Sankt Viktor in Marseille durch Benedikt IX.[13]

Die folgenden drei Doppelblätter (fol. 30–35) dürften nicht als Makulatur gedient haben, wie eine alte durchgestrichene Foliierung mit 90–95 nahelegt, sondern Teil einer anderen Handschrift gewesen sein. Dass diese Vermutung zutreffend ist, zeigt der von Gilbert Ouy publizierte Bibliothekskatalog der Bibliothek der Augustinerchorherren von Sankt Viktor in Paris[14]. Der hier vorhandene *Brief* des Petrus Aurifaber an Herzog Ludwig von Orléans, gehörte ehemals zu der unter der Signatur HHH 7 dort aufbewahrten Handschrift (heute BnF, Ms. lat. 14750)[15].

Fast gleiches gilt für die fol. 36–39 folgenden Blätter, bei denen es sich um einen *Brief* des Herzogs Ludwig von Orléans an Johannes Thomarello vom 24. Juli 1399 über das Schisma handelt, der nicht als Makulatur, sondern als klassisches Fragment zu bezeichnen ist.[16]

---

10 Boninus Mombritius, Sanctuarium seu Vitae sanctorum, S. 378, Z. 46 – S. 379, Z. 33.

11 Elias Avery Lowe, Codices latini antiquiores. A paleographical guide to Latin manuscripts prior to the ninth century, Bd. 5: France: Paris, ND Oxford 1982, Nr. 594 und 597, S. 23; vgl. hierzu Rosamund McKitterick, Books, Scribes and Learning in the Frankish Kingdoms, 6th–9th Centuries, Aldershot 1994, hier XII, S. 5; I, S. 206, Anm. 100; V, S. 379 sowie bes. III, S. 407 und 422–423.

12 Bischoff bezeichnet den Text fol. 27 als Eusebius-Rufinus, Historia ecclesiastica, vgl. Bernhard Bischoff, Die Kölner Nonnenhandschriften und das Skriptorium von Chelles, in: Ders., Mittelalterliche Studien. Ausgewählte Aufsätze zur Schriftkunde und Literaturgeschichte, Bd. 1, Stuttgart 1966, S. 21, Nr. 6.

13 Vgl. Cartulaire de l'Abbaye de Saint-Victor de Marseille, hg. von Benjamin Edme Charles Guérard, Bd. 1, Paris 1857, S. 14–18.

14 Gilbert Ouy, Les manuscrits de l'abbaye de Saint-Victor. Catalogue établi sur la base du répertoire de Claude de Grandrue (1514), Bd. 1–2 (Bibliotheca Victorina 10), Turnhout 1999, Bd. 1, S. 525–526.

15 Gilbert Ouy, Le songe et les ambitions d'un jeune humaniste parisien vers 1395. Une épître latine inconnue de Jean Lebègue à Pierre Lorfèvre, chancelier de Louis d'Orléans, lui demandant la main de sa fille Catherine. Ms. Paris, B. N. lat. 10400, fol. 30–35, in: Miscellanea di studi e ricerche sul quattrocento francese, a cura di F. Simone, Turin 1967, S. 357–407, hier S. 365–368. Ders., Jean Lebègue (1368–1457), auteur, copiste et bibliophile, in: Patrons, Authors and Workshops. Books and Book Production in Paris around 1400, hg. von Godfried Croenen and Peter Ainsworth (Synthema, 4), Löwen 2006, S. 143–171, hier S. 153–154 und 169, Nr. 42.

16 Nach dieser Handschrift gedruckt bei Eugène Jarry, Lettre du duc Louis Ier d'Orléans au frère de

Das folgende Doppelblatt fol. 40–41 weist am Rande Knickspuren auf und könnte durchaus als Kopert gedient haben, wozu auch die Nachdunkelung des Pergaments passen würde. Bei dem hier aufgeführten Text handelte es sich um „Deux feuillets d'un cartulaire de l'abbaye de Chaalis (dioc. de Senlis)". Dies kann präzisiert werden. Fol. 40rv beginnen die Urkundenabschriften zu den Gütern in Rulliaco, das rechte Blatt (fol. 41) enthält die zu Berro, ist somit eigentlich das erste Blatt, denn diese Abschriften finden sich gleichfalls in dem Chartular von Chaalis in Ms. lat. 11003, fol. 82r–85r, Nr. 137–150 und fol. 72r–75r, Nr. 115–123[17]. In welchem Verhältnis die beiden Überlieferungen stehen, ist noch zu untersuchen, da Ms. lat. 11033 aber aus dem 14. Jahrhundert stammt und das Fragment nach dem Schriftbefund noch im ausgehenden 13. Jahrhundert geschrieben sein dürfte, steht es in der Überlieferung vornean.

Das als fol. 42 eingebundene Blatt, es handelt sich um Abschriften aus einem Cartular des Kapitels von Saint-Germain-l'Auxerrois aus dem 13. Jahrhundert, diente ebenfalls als Makulatur, wie aus den Spuren der Kettenfestigung hervorgeht[18]. Da eine Seite stark abgerieben ist, klebte das Blatt wohl auf der hinteren Innenseite des Deckels. Um welchen Trägerband es sich handelt, ist nicht bekannt.

Bei den folgenden Fragmenten ist eine Verwendung als Makulatur unwahrscheinlich, da keine eindeutigen Hinweise vorhanden sind. Dies gilt für die Supplik des Konvents von Clermont an den Papst wegen einer Indulgenz von 1430 (fol. 43r) sowie die Lage mit „La jurée de la ville de Bar seur Seinne, de l'an 1339" (fol. 44–53)[19].

Blatt 54, ein französisches Abgabenverzeichnis des 15. Jahrhunderts, weist Klebespuren und dürfte als Deckelbeklebung gedient haben, während Blatt 57 mit ähnlichem Inhalt Spuren der Kettenbefestigung trägt. Noch deutlicher als Makulatur ist Blatt 58 kenntlich. Knickspuren des Buchrückens und eventuell Spuren von Buckeln weisen die Echternacher Urkunde von 805 als Kopert aus[20].

Eine Lage ohne Anzeichen von Makulatur (fol. 59–63) enthält Urkunden Kaiser Heinrichs VII. vom 25. April und vom 29. Juni 1312 sowie die Erwiderung Philipps IV. von Frankreich bezüglich Heinrichs Kaiserkrönung am 29. Juni[21].

Die beiden folgenden zusammengehörigen Blätter (fol. 64–65) sind durch die Spuren der Kettenbefestigung und der Deckelbeklebung wiederum eindeutig als Makulatur ge-

Boniface IX pour l'extinction du grand schisme (24 juillet 1399), in: Bibliothèque de l'École des chartes 89 (1920), S. 45–52. – Paul Oskar Kristeller, Iter Italicum accedunt alia Itinera. A finding list of uncatalogued humanistic manuscripts of the renaissance in Italian and other libraries, Bd. 3: Australia to Germany, Leiden 1987, S. 245.

17 Henri Stein, Bibliographie générale des cartulaires français ou relatifs à l'histoire de France (Manuels de bibliographie historique, 4), Paris 1907, (Manuels de bibliographie historique, 6) ND Nendeln 1967, S. 113, Nr. 818 und 819.

18 Stein (wie Anm. 17), S. 398–399, Nr. 2908.

19 Charles Lalore, La Jurée de Bar-sur-Seine et des villages qui en dépendent en 1339, Troyes 1867.

20 Pierre Gasnault, Deux chartes de l'abbaye d'Echternach retrouvées à la Bibliothèque nationale de Paris, in: Révue bénédictine 73 (1963), S. 48–56. Vgl. Jean Schroeder, Bibliothek und Schule der Abtei Echternach um die Jahrhundertwende, Luxemburg 1977, S. 108 und 169.

21 Bernd Schneidmüller, Die Kaiser des Mittelalters. Von Karl dem Großen bis Maximilian I., München [2]2007, S. 90–92.

kennzeichnet. Inhaltlich ist es in einer karolingischen Minuskel ein Auszug aus *De civitate Dei* des Augustinus[22].

Von fol. 66–88 zieht sich ein Papierfragment ohne Makulaturzusammenhang, das ganz normal mit dem Initium „[B]elli et pugne oportere aiunt, o Socrates, ita participem esse" beginnt, d. h. es handelt sich um die Schrift *Gorgias* von Plato. Nach dem Textabbruch auf fol. 75v folgt von derselben Schreiberhand von Plato das Werk *Phaedo*[23].

Diese Auswahl mag genügen, um den Charakter dieser Fragmentmappe wiederzugeben[24]. Am Ende der Mappe finden sich allerdings einige Fragmente, deren Provenienz wiederum zusammenhängend ist. Die Vorsatzblätter bzw. Inhaltsverzeichnisse fol. 136r–140 und 143 tragen Besitzvermerke der Abtei Saint-Laurent in Lüttich[25].

Die Blätter 146–155[26] sowie 55–56 entstammen Handschriften der Pariser Abtei Sankt Viktor, deren Bibliothek zu einem erheblichen Teil unter den Signaturen 14232–15175 in der BnF aufbewahrt wird[27]. Alle genannten Blätter sind Vorsatzblätter, die einen Besitzvermerk („Iste liber est sancti Victoris Parisiensis…") der Abtei aufweisen (fol. 146–147), die alte Bibliothekssignatur aus dem Katalog des Claude de Grandrue von 1514 tragen (fol. 146: D 8; fol. 148: KK 8; fol. 149: EE 20[28]; fol. 155: MM 7)[29], eine weitere Viktoriner Signatur (fol. 152: S. Victor 41) sowie ein Inhaltsverzeichnis von der Hand des Andreas Hausselet (fol. 146, fol. 149) bzw. ein jeweils zeitgenössisches (fol. 147–148, 151)[30]. Blatt 150 birgt bis auf wenige liturgische Initien keine Hinweise auf eine Provenienz. Auf der Rückseite von fol. 146 befindet sich Makulatur, wobei die Schrift für eine Bestimmung zu stark verblasst ist.

Bemerkenswert zu KK 8 ist, dass es sich um eine falsche Signaturenangabe handeln dürfte. Diese alte Signatur aus dem Katalog von Grandrue gehörte zu einem Codex, der 1684 aus der Bibliothek verschwunden war und blieb. Die zeitgenössische Inhaltsangabe

---

22 Aurelius Augustinus, De civitate Dei 3,10 und 3,15 (Corpus Christianorum, Series latina, 47), Turnhout 1955, S. 71–72 und 78–80.

23 Druck des Prologs bei Hans Baron, Leonardo Bruni Aretino. Humanistisch-philosophische Schriften, mit einer Chronologie seiner Werke und Briefe (Quellen zur Geistesgeschichte des Mittelalters und der Renaissance, 1), Leipzig 1928, ND Wiesbaden 1969, S. 3–4. Vgl. James Hankins, Repertorium Brunianum. A critical Guide to the Writings of Leonardo Bruni, Rom 1997, S. 147. Kristeller III (wie Anm. 16), S. 245.

24 In Anlage 3 werden die entsprechenden Einzeltexte dezidierter charakterisiert. Ein Link führt zu Literaturangaben der Pariser Bestandsübersicht.

25 Léopold Delisle, Le cabinet des manuscrits de la Bibliothèque Impériale [ab Bd. 2: Nationale], Bd. 1–4, Paris 1868–1881, hier Bd. 2, S. 406.

26 Blatt 153 und 154 besitzen keinerlei Hinweise auf Sankt Viktor.

27 Weitere Viktoriner Handschriften sind unter den französischen Handschriften und der Bibliothèque mazarine der BnF sowie im Bestand der Bibliothèque de l'Arsenal zu finden, vgl. Ouy, Manuscrits (wie Anm. 14), Bd. 1, S. 98–117.

28 Zu dem Inhaltsverzeichnis und dem ehemaligen Trägerband vgl. Michael Gorman, Jacobus Pamelius (1536–1587) and a St-Victor manuscript used for the 1563 edition of Bede: Paris latin 14489, in: Scriptorium 52 (1998), S. 321–330, hier S. 324, Anm. 14.

29 Bei den ehemaligen Trägerbänden handelt es sich um die heutigen Handschriften Ms. lat. 14594, Ms. lat. 14489 sowie Ms. lat. 15004.

30 Ouy, Manuscrits (wie Anm. 14), Bd. 2, S. 31–32, 71, 66, 235 und 310.

auf dem Vorsatz „Primus thome super sentenciarum“ stimmt auch nicht mit der Inhaltsangabe von Grandrue überein, der fünf Texte auflistet[31]. Der einzige Band der Viktoriner Bibliothek von Thomas von Aquin mit dem ersten Buch seines *Sentenzenkommentars* weist die alte Signatur H 10 (heute: Paris, BMaz 836) auf[32].

Bei Blatt 55 handelt es sich vermutlich um ein aus dem 14. Jahrhundert stammendes Abgabenverzeichnis in französischer Sprache. Die Bezeichnung „Tabulatus“ ist typisch für Sankt Viktor. Das folgende Blatt 56 scheint aus derselben Handschrift zu stammen. Es weist die Signatur F 19 mit einem Inhaltsverzeichnis von Andreas Hausselet auf[33].

IV. Die Makulatur aus Handschriften der Abtei Sankt Viktor

Wie bereits erwähnt, umfasst die Signaturengruppe 14232–15175 Handschriften aus der ehemaligen Abtei Sankt Viktor in Paris. Durch den von Gilbert Ouy edierten Bibliothekskatalog des Viktoriner Bibliothekars Claude de Grandrue aus dem Jahr 1514 sind wir über den ehemaligen Buchbestand recht gut unterrichtet. Ouy benennt kurz die Einbände, so dass zumindest eine grobe Datierung oder die Festlegung einer Restaurierung möglich ist. Von diesen 945 Handschriften, unter denen sich auch einige wenige neuzeitliche befinden, weisen 114 einen mittelalterlichen Einband auf, wobei dies natürlich nicht bedeutet, dass es sich um den Ersteinband handelt. Der Schwerpunkt dürfte im Spätmittelalter liegen, bei 38 Codices gibt Ouy das 15. Jahrhundert an[34]. Demgegenüber stehen 25 Einbände des 16. Jahrhunderts, 123 des 17. Jahrhunderts, 124 des 18. Jahrhunderts sowie 39 des 20. Jahrhunderts. Das hier besonders interessierende 19. Jahrhundert ist mit 156 Einbänden vertreten[35].

Bei den Angaben von Ouy ist erwähnt, ob Makulatur in der entsprechenden Handschrift vorhanden ist oder ob die Vor- und/oder Nachsätze fehlen. Durchaus interessant ist hier zumindest die Tatsache, dass auch bei Neubindungen des 18. und 19. Jahrhunderts vorhandene Makulatur häufig wieder mit eingebunden wurde[36]. Allerdings kann daraus nicht der Umkehrschluss gezogen werden, die gesamte Makulatur sei bei Neubindungen wieder integriert worden.

Ein nicht unerheblicher Teil der Bände weist unabhängig vom Alter der Einbände noch Makulatur auf. Die abgelösten Vorsatzblätter waren teilweise in die Fragmentmappe Ms. lat. 10400 eingebunden. Doch auch in dem Band Ms. lat. 9488, der 1817/1818 zusammengebunden wurde, findet sich Makulatur aus Sankt Viktor. In Ms. lat. 9488 fassen wir außerdem einen Band, der aus inhaltlichen Gründen gebunden wurde, denn hier werden liturgische Fragmente aufbewahrt. Als Blatt 9 ist der Nachsatz von J 3 (heute: Ms. lat. 14544) eingefügt, kenntlich an den Spuren der Kettenbefestigung und den Klebe-

31 Ouy, Manuscrits (wie Anm. 14), Bd. 2, S. 286.
32 Ouy, Manuscrits (wie Anm. 14), Bd. 2, S. 66–67.
33 Ouy, Manuscrits (wie Anm. 14), Bd. 2, S. 54. Die Signatur des Codex lautet Ms. lat. 14799.
34 Ouy, Manuscrits (wie Anm. 14). Weiterhin stammen zwei Einbände aus dem 12. Jahrhundert, einer aus dem 12./13. Jahrhundert, neun aus dem 13. Jahrhundert sowie drei aus dem 14. Jahrhundert.
35 Zu den restlichen Einbänden liegen keine Angaben zur Datierung vor.
36 So etwa bei den Viktoriner Handschriften Ms. lat. 14257 oder Ms. lat. 14346.

resten[37]. Das in gleichmäßiger karolingischer Minuskel des 9./10. Jahrhunderts geschriebene Blatt enthält Lesungen aus der Adventszeit[38]. Auf den Blättern 13 und 14 werden unter der Viktoriner Signatur F 13 die dortigen Vorsatzblätter mit dem Inhaltsverzeichnis des Andreas Hausselet aufbewahrt[39]. Inhaltlich handelt es sich um einen Ausschnitt aus Votivmessen in einer karolingischen Minuskel, wohl des 10. Jahrhunderts. Weitere Hinweise auf Viktoriner Makulatur finden sich nicht. Interessant ist allerdings die Angabe von Ouy, der Einband von Ms. lat. 14442 stamme von 1851, was bedeutet, dass die beiden Fragmente bereits vorher ausgelöst worden sein müssen.

Einen recht ähnlichen Fall beinhaltet die 1852–1870 aus inhaltlichen Gründen „zusammengestellte" Fragmentmappe Ms. lat. 10399, die theologische und juristische Makulatur enthält. Unter fol. 33 firmiert ein Vorsatzblatt aus der Viktoriner-Handschrift Ms. lat. 14252, auf dem sich im unteren Teil das Inhaltsverzeichnis des Codex von der Hand des Claude de Grandrue befindet[40]. Auf dem oberen Teil dieser Seite steht ein theologischer Kurztext des 13./14. Jahrhunderts. Besitzeinträge oder alte Signaturen der Abtei sind nicht vorhanden, sodass diese Identifizierung lediglich aufgrund der genauen Kenntnis des Viktoriner Bibliothekskataloges erfolgen konnte. Ein Doppelblatt und ein Einzelblatt aus dem Bereich des Kirchenrechts bilden die Blätter 73–75 in dieser Fragmentmappe[41]. Diese drei Blätter stammen als Nachsatz aus der Viktoriner Handschrift Ms. lat. 14749, die auf dem letzten Blatt die alte Signatur HHH 10 aufweist. Ein interessanter Fall stellen fol. 44–45 in dieser Mappe dar: Das Doppelblatt mit der Signatur S. Vict. 881[42], was im Katalog von Grandrue der Signatur EE 20 und heute in der BnF der Ms. lat. 14489 entspricht, diente aufgrund der Spuren der Kettenbefestigung als Nachsatz. Der Vorsatz von Ms. lat. 14489 befindet sich als fol. 149 in der Fragmentmappe 10400 (Abb. 10, auch als Farbabb.). Das Nachsatz-Doppelblatt enthält in einer gefälligen gotischen Minuskel Ausschnitte aus dem Buch VII von *De civitate Dei* des Augustinus.

Auch in dem 1894 gebundenen Fragmentband Ms. lat 11411 findet sich ein Fragment aus Sankt Viktor[43]. Der Nachsatz mit fol. 37–38 weist die Signatur FFF 16 auf und gehört somit zu Ms. lat. 14984. Das Doppelblatt ist mit Hufnagelnotationen versehen und entstammt wahrscheinlich dem Offizium von Augustinus und Assumptio BMV.

37 Mit Inhaltsangaben zu Ms. lat. 9488 vgl. Michel Huglo, Les Fragments d'Echternach (Paris, Bibliothèque Nationale, Ms. lat. 9488), in: Ders., Les sources du plain-chant et de la musique médiévale, Ashgate 2004, XVI, S. 144–149, hier S. 146.

38 Ouy, Manuscrits (wie Anm. 14), Bd. 2, S. 70, erwähnt lediglich die Tatsache, dass ein Schutzblatt in Ms. lat. 9488 als fol. 9 eingebunden ist.

39 Der ehemalige Trägerband, aus denen die Vorsätze ausgelöst wurden, besitzt die Signatur Ms. lat. 14442. Ouy, Manuscrits (wie Anm. 14), Bd. 2, S. 50, mit der Bemerkung, die Vorsätze seien in Ms. lat. 9488 eingebunden. Huglo (wie Anm. 32), S. 146.

40 Ouy, Manuscrits (wie Anm. 14), Bd. 2, S. 276.

41 Ouy, Manuscrits (wie Anm. 14), Bd. 2, S. 528–529.

42 Ouy, Manuscrits (wie Anm. 14), Bd. 2, S. 235.

43 Ouy, Manuscrits (wie Anm. 14), Bd. 2, S. 495–496.

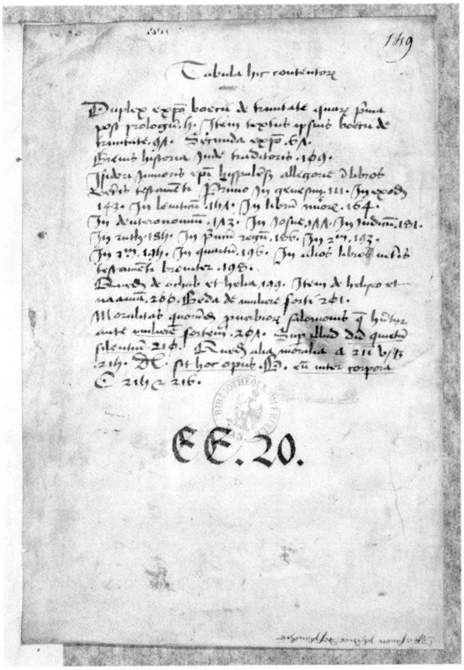

Abb. 10
Fragment aus Sankt Viktor: Inhaltsverzeichnis der heutigen Handschrift Ms. lat. 14489, Paris, Bibliothèque nationale de France, Ms. lat. 10400, f. 149r (Foto: Paris, BnF).

V. Resumee

Eine Bibliothek von überregionaler Bedeutung besitzt neben einem umfangreichen Handschriftenbestand zumeist auch eine sehr große Anzahl an Handschriftenmakulatur. Die Erschließung nach wissenschaftlichen Kriterien ist deshalb meist nicht möglich. Umso wichtiger werden damit die Benutzungsmöglichkeiten für die wissenschaftliche Forschung. In der BnF wurden viele Fragmente im 19. Jahrhundert ausgelöst und eigens konstruierte Mappen gebunden, die innerhalb des Handschriftenbestandes mit offensichtlichen freien oder frei gebliebenen Signaturen versehen wurden. Die sich für den Forscher ergebende Schwierigkeit besteht darin, diese Signaturen bzw. Mappen zu finden.

Eine grobe Erschließung ist seitens der BnF vorhanden, zumindest was einen Teil der Makulatur betrifft. Wenn man aber beispielsweise nach Fragmente aus einem bestimmten Kloster sucht, wird dies ein zeitintensives Unterfangen, wie dies an der Abtei Sankt Viktor exemplarisch gezeigt werden konnte. Eine Suche in allen Mappen unter dem Blickwinkel spezifischer Eigenheiten der – in diesem Fall – Viktoriner Fragmente ist unabdingbar.

Tabelle 1a: Signaturen von Bänden mit Fragmenten

Signatur	**Fragment**[44]	**Provenienz**
Ms. lat. 2770	x	Saint-Martial
Ms. lat. 2825	x	
Ms. lat. 2860	x	
Ms. lat. 3713	x	Saint-Martial
Ms. lat. 5288	x	
Ms. lat. 6503	x	
Ms. lat. 7185	x	
Ms. lat. 7520	x	
Ms. lat. 9376	x	
Ms. lat. 10401	x	
Ms. lat. 10402	x	
Ms. lat. 13089	x	
Ms. lat. 13090	x	
Ms. lat. 14192	x	
Ms. lat. 14193	x	
Ms. lat. 14194	x	
Ms. lat. 17178	x	
Ms. lat. 17309	x	
NAL 443	x	
NAL 1588	x	
NAL 1630	x	Fleuri-sur-Loire
NAL 1907	x	
NAL 2335	x	Fleuri-sur-Loire
NAL 2478	x	
NAL 2482	x	
NAL 3016	x	

44 Signaturen in Auswahl.

Tabelle 1b: Signaturen von Bänden mit Fragmenten und Makulatur

Signatur	**Fragment**[45]	**Makulatur**	**Provenienz**[46]
Ms. lat. 152		x	
Ms. lat. 2674		x	
Ms. lat. 2849A	x	x	
Ms. lat. 3454	x	x	Saint-Martial
Ms. lat. 3549	x	x	Saint-Martial
Ms. lat. 3573	x	x	Saint-Martial
Ms. lat. 9377		x	
Ms. lat. 9378	x	x	
Ms. lat. 9488		x	
Ms. lat. 10399		x	
Ms. lat. 10400	x	x	
Ms. lat. 10403	x	x	
Ms. lat. 11411		x	
Ms. lat. 11884	x	x	
Ms. lat. 13091	x	x	
Ms. lat. 13092	x	x	
Ms. lat. 15172	x	x	
Ms. lat. 17177	x	x	
NAL 1525		x	Saint-Amand
NAL 2199		x	
NAL 2243	x	x	
NAL 2318		x	
NAL 2381	x	x	
NAL 2477		x	

45 Signaturen in Auswahl.
46 Hauptsächlich vorkommend.

Anlage 2: Inhaltsangabe der BnF für Ms. lat. 10400[47]

Contient:
fol. 1–20: „Lucii Flori epithomatum libri tres"; XVe siècle; Papier
fol. 22: Fragment de Josèphe; XIe siècle
fol. 27, 28: Fragments d'histoire ecclésiastique en lettres onciales[48]
fol. 30: Lettre de „Petrus Aurifabri" à Louis, duc d'Orléans; XVe siècle
fol. 36: Lettre de Louis, duc d'Orléans, à „Johannellus Thomarellus"; XVe siècle
fol. 40: Deux feuillets d'un cartulaire de l'abbaye de Chaalis (dioc. de Senlis); XIIIe siècle
fol. 42: Feuillet d'un cartulaire du chapitre de Saint-Germain-l'Auxerrois à Paris; XIIIe siècle
fol. 44: „La jurée de la ville de Bar seur Seinne, de l'an 1339"
fol. 59: Correspondance de Henri VII et de Philippe le Bel; XIVe siècle
fol. 66–88: Traités de Platon; Fragment de la Consolation de Boèce; XVe siècle; Papier
fol. 90: Fragment de la Consolation de Boèce; Xe siècle
fol. 98–110: Fragments de grammairiens; En partie du IXe siècle; Quelques-uns en écriture irlandaise (fol. 107–110)[49]
fol. 128: ex-libris divers du XVIe s. „Liber ecclesiae sancti Amandi in Pabula"
fol. 132: Notes de Bernard Itier;[50] XIIIe siècle, ex-libris du XIIIe s. „Beda super Lucam, liber sancti Marcialis Lem."
fol. 136–140 et 143: ex-libris des XIVe–XVe s. avec parfois table des matières de plusieurs mss. de l'abbaye de Saint-Laurent de Liège
fol. 142v: ex dono de Pierre d'Ailly „Ex dono magistri Petri de Ailliaco episcopi [trou] quondam magistri hujus collegii" (142v)
fol. 146–149, 152, 155: divers cotes et ex-libris de mss. de Saint-Victor de Paris „D 8", „S. Victor 862", „KK 5", „EE 20", „S. Victor 41", „MM 7", „S. Victor 895"

Folgende Seiten: *Anlage 3: Liste der Texte in Ms. lat. 10400*[51]

47 Siehe http://archivesetmanuscrits.bnf.fr/ead.html?id=FRBNFEAD000072122.

48 Literaturangaben von Rosamund McKitterick, s. oben.

49 Dazu folgende Literaturangaben in der BnF: Birgit Ebersperger, Die angelsächsischen Handschriften in den Pariser Bibliotheken. Mit einer Edition von Ælfrics Kirchweihhomilie aus der Handschrift Paris, BN, lat. 943, Heidelberg 1999, „cité p. 172 (notice), cité p. 184". Zu fol. 107–108 vgl. Schroeder (wie Anm. 20), S. 169. Zu fol. 109–110 vgl. Dábhí Ó Cróinín, The Old Irish and Old English Glosses in Echternach Manuscripts (with an Appendix on Old Breton Glosses), in: Die Abtei Echternach 698–1998, hg. von Michele Camillo Ferrari, Jean Schroeder, Henri Traufers, Luxembourg 1999, pp. 86–101.

50 Jean-Loup Lemaitre, Mourir à Saint-Martial. La commemoration des morts et les obituaires à Saint-Martial de Limoges du XIe au XIIIe siècle, Paris 1989, S. 1117 und 353.

51 Literaturangaben befinden sich in der Bestandsbeschreibung, s. http://gallica.bnf.fr/ark:/12148/bpt6k1400776

Folio	Autor	Inhalt	Fragment	Makulatur	Besonderheiten (SV=St. Viktor)
1–20	P. Annius Florus	Epistolae	x		
21	Titus Livius	Historia Romana		x	3 Spalten
22–25	Flavius Josephus	De bello judaico		x (?)	
26		Vitae sanctorum		x	
27	Eusebius-Rufinus	Historia ecclesiastica[52]		x	Unziale
28		Vitae patrum		x	Unziale
29		Kirchweihe SV in Marseille		x	
30–35	Petrus Aurifaber[53]	Brief	x		fol. 90–95; SV Marseille
36–39	Ludwig v. Orléans	Brief	x		
40–41		Chartular von Chaalis		x	
42		Chartular von Saint-Germain-l'Auxerrois		x	
43		Supplik	x		
44–53		La jurée	x		
54		Abgabenverzeichnis		x	
55		Abgabenverzeichnis		x	SV
56		Inhaltsverzeichnis		x	SV
57		Einkünfteverzeichnis		x	
58		Echternacher Urkunde		x	Echternach
59–63		Urkunden	x		
64–65	Augustinus	De civitate Dei		x	

52 Lowe, CLA V (wie Anm. 11), Nr. 594, mit der Provenienz Nordost-Frankreich.
53 Kristeller III (wie Anm. 16), S. 245.

Folio	Autor	Inhalt	Fragment	Makulatur	Besonderheiten (SV=St. Viktor)
66–88	Plato	Gorgias und Phaedo	x		
89	Boethius	Commentarium in librum Aristotelis Perihermenais		x	
90–93	Boethius	De consolatione philosophiae		x	
94–95	Thomas Aquinas	Summa theologiae		x	
96–97		Medizinischer Text		x	
98	Beda Venerabilis	De arte metrica			9. Jh.
99	Beda Venerabilis	De arte metrica			9. Jh.
100–101	Virgil	Bucolica		x (?)	
102	Virgil	Bucolica		x	
103[54]		Grammatik (?)[55]		x	Fleury/Auxerre (?)
104	Isidor Hispalensis	Originum		x (?)	Fleury/Auxerre (?)
105–106		Glossarium[56]		x	
107–108[57]	Beda Venerabilis	In apocalypsis		x	Echternach (?); 8./9. Jh.[58]
109–110[59]	Eutychen	Ars de verbo		x	8./9. Jh.; irische Minuskel[60]

54 http://gallica.bnf.fr/ark:/12148/bpt6k1400776/f616.image.

55 Mario Mostert, The library of Fleury. A provisional list of manuscripts (Medieval Studies and Sources, 3), Hilversum 1989, S. 227, BF 1166. – Anne-Marie Turcan-Verkerk, Ouvrages de dames?, in: Scriptorium 61 (2007), S. 286–353, hier S. 320.

56 Max Ihm, Aus einem Pariser Glossar, in: Hermes 42 (1907), S. 155–156.

57 http://gallica.bnf.fr/ark:/12148/bpt6k1400776/f617.image.

58 Dazu Ebersperger (wie Anm. 43), S. 176, Nr. 46, mit weiterer Literatur. – Lowe, CLA V (wie Anm. 11), Nr. 599. – Dábhí Ó Cróinín, The Old Irish and Old English Glosses in Echternach Manuscripts (with an Appendix on Old Breton Glosses), in: Die Abtei Echternach 698–1998, hg. von Michelle Camillo Ferrari u. a. Luxembourg 1999, S. 86–101, hier S. 89. Lowe, VLA V (wie Anm. 11), Nr. 598, S. 24.

59 http://gallica.bnf.fr/ark:/12148/bpt6k1400776/f618.image sowie weitere Angaben.

60 Ebersberger (wie Anm. 43), S. 202, Nr. 31.

Folio	Autor	Inhalt	Fragment	Makulatur	Besonderheiten (SV=St. Viktor)
111–120		Grammatik (?)	x		
121					Vorsatz
122				x	Vorsatz
123–124					Vorsatz/Beklebung
125[61]		Biblia sacra		x (?)	Corbie
126–127	Henricus de Gandavia	Quodlibeta		x	
128–129[62]				x	Vorsatz; Saint-Amand
130–131		Inhaltsverzeichnis		x	Vorsatz
132–133		Inhaltsverzeichnis[63]		x	Vorsatz; Saint-Martial[64]
134[65]		Inhaltsverzeichnis		x	Vorsatz
135				x	Deckelbeklebung
136[66]		Inhaltsverzeichnis		x	Vorsatz; Lüttich
137[67]		Inhaltsverzeichnis		x	Vorsatz
138[68]		Inhaltsverzeichnis		x	Vorsatz; Lüttich

61 Schreiberspruch vgl. http://gallica.bnf.fr/ark:/12148/bpt6k1400776/f623.image.

62 http://gallica.bnf.fr/ark:/12148/bpt6k1400776/f623.image sowie weitere Angaben.

63 Mit autographen Bemerkungen des Mönches Bernard Itier von Saint-Martial, vgl. Jean-Loup Lemaitre, Le combat pour Dieu et les croisades dans les notes de Bernard Itier, moine de Saint-Martial de Limoges (1163–1225), in: ‚Militia Christi' e Crociata nei secoli XI–XIII (Miscellanea del Centro di studi medioevali, 30), Mailand 1992, S. 729–751, hier S. 730, Anm. 2. Dazu Lemaitre (wie Anm. 49), S. 353, Anm. 109 mit der Bemerkung, dieser Vorsatz entstamme der Handschrift Ms. lat. 9572.

64 http://gallica.bnf.fr/ark:/12148/bpt6k1400776/f626.image und weitere Angaben.

65 http://gallica.bnf.fr/ark:/12148/bpt6k1400776/f628.image.

66 http://gallica.bnf.fr/ark:/12148/bpt6k1400776/f629.image.

67 http://gallica.bnf.fr/ark:/12148/bpt6k1400776/f630.image.

68 http://gallica.bnf.fr/ark:/12148/bpt6k1400776/f631.image sowie weitere Angaben.

Folio	Autor	Inhalt	Fragment	Makulatur	Besonderheiten (SV=St. Viktor)
139				x	Vorsatz; Lüttich
140[69]				x	Vorsatz; Lüttich
141[70]				x	Vorsatz
142		Inhaltsverzeichnis		x	Vorsatz; Pierre d'Ailly
143[71]		Inhaltsverzeichnis		x	Vorsatz
144				x	Vorsatz
145					Vorsatz
146		Inhaltsverzeichnis		x	Vorsatz; SV
147				x	SV
148		Inhaltsverzeichnis		x	Vorsatz; SV
149		Inhaltsverzeichnis		x	Vorsatz; SV
150				x	Vorsatz
151		Personenverzeichnis		x	Vorsatz
152				x	Vorsatz; SV
153				x	Vorsatz
154		Inhaltsverzeichnis		x	Vorsatz
155				x	Vorsatz; SV

69 http://gallica.bnf.fr/ark:/12148/bpt6k1400776/f633.image.
70 http://gallica.bnf.fr/ark:/12148/bpt6k1400776/f634.image.
71 http://gallica.bnf.fr/ark:/12148/bpt6k1400776/f635.image sowie weitere Angaben.

Einbandfragmente in kirchlichen Archiven aus Kurhessen-Waldeck – ein Erschließungs- und Digitalisierungsprojekt des Landeskirchlichen Archivs Kassel

Bettina Wischhöfer, Kassel

Die Antworten waren verblüffend: „Wir haben elf, davon zwei aus dem 9. Jahrhundert und eines mit sehr deftigen pharmazeutischen Rezepten gegen die unterschiedlichsten Krankheiten". – „Und unsere Kirchengemeinde hat zwei hebräische, die zusammen ein Blatt eines bisher unbekannten Esther-Kommentars ergeben."

Die Rede ist von Einbandfragmenten, die durch eine Publikation des Landeskirchlichen Archiv Kassel wieder in das Bewusstsein der Gemeindeglieder und der Pfarrerinnen und Pfarrer gerückt sind[1]. Die Kirchengemeinden – hier im Gespräch Bad Sooden-Allendorf und Neuengronau – sind stolz, Eigentümer solcher Schätze zu sein. In Rengershausen etwa wurde im Silvestergottesdienst, der zum 900-jährigen Ortsjubiläum übergeleitet hat, ein liturgisches Fragment aus dem 12. Jahrhundert präsentiert, „fast so alt wie der Ort selbst". Das identitätsstiftende Objekt ist Einband des ältesten Kirchenbuchs von Rengershausen, das mit dem Jahr 1568 beginnt.

Die Publikation bietet eine großformatige Abbildung und Beschreibung von knapp zweihundert Fragmenten aus dem Sprengel der Evangelischen Kirche von Kurhessen-Waldeck. Eine fünfzehnseitige bebilderte Einleitung führt Laien in die ungewöhnlich spannende Materie ein und möchte im Umgang mit diesem einmaligen Kulturgut sensibilisieren: Warum wurden mittelalterliche Handschriften im 16. und 17. Jahrhundert recycelt? Was haben Buchdruck und Reformation damit zu tun? Welche Rolle spielten die Klöster mit großen Skriptorien, Fulda, Helmarshausen, Hersfeld?

Ziel des Projektes ist es, alle mittelalterlichen Handschriften- und Inkunabelfragmente in Pfarrarchiven und anderen Archiven der Evangelischen Kirche von Kurhessen-Waldeck zu erfassen, zeitlich und inhaltlich zu bestimmen, digital abzubilden und allgemein zugänglich zu machen. Um diese Absicht angemessen umsetzen zu können, konnten Dr. Konrad Wiedemann, der ehemalige Leiter der Handschriftenabteilung der Universitätsbibliothek Kassel, und Experten des Instituts für Geschichte der Medizin der Universität Würzburg, des Seminars für Judaistik der Universität Mainz, des Max-Planck-Instituts für europäische Rechtsgeschichte in Frankfurt, des Seminars für Mittlere und Neuere Geschichte der Universität Göttingen, des Lehrstuhls für Lateinische Philologie des Mittelalters der Universität München, der Handschriftenabteilung der Württembergischen

1 Vgl. Konrad Wiedemann, Bettina Wischhöfer, Einbandfragmente in kirchlichen Archiven aus Kurhessen-Waldeck, Kassel 2007.

Landesbibliothek Stuttgart, der Staatsbibliothek zu Berlin und der Universität Kassel zur Mitarbeit gewonnen werden[2].

Das Projekt begann im September 2003 mit einer Umfrage des Landeskirchlichen Archivs Kassel in allen Kirchengemeinden und anderen kirchlichen Einrichtungen, ob sie im Besitz mittelalterlicher Einbandfragmente seien. Die Auswertung von 735 verschickten Fragebögen ergab, dass in 35 Pfarrarchiven derartige Fragmente vorhanden sein mussten. 2007 wurde mit dem Erscheinen des Bands „Handschriftenfragmente in Kurhessen-Waldeck" ein erster Zwischenstand publik gemacht mit der Absicht, möglichst breit auf das Projekt aufmerksam zu machen und im Umgang mit einmaligem Kulturgut zu sensibilisieren. Damals lagen 178 Fragmente aus 55 kirchlichen Archiven vor.

2014 sind wir einen großen Schritt weiter, aber noch lange nicht am Ende des Projekts angekommen. Bekannt ist die Existenz von 503 weiteren Fragmenten, von denen 27 in Pfarrarchiven und 476 als Deposita im Staatsarchiv Marburg lagern.

Das Projekt in Zahlen[3]

Beginn	**2003**		
Publikation	**2007**	178 Fragmente	
Publikationen zu einzelnen Fragmenten	**2006, 2007, 2010**		
Aktueller Stand	**2014**	681 Fragmente	
		ohne Trägerband	139 (20 %)
		mit Trägerband	542 (80 %)
	Makulierungen		
	zwischen 1570 und 1599		17 %
	zwischen 1632 und 1679		60 %
	inhaltlich erschlossen		191 Fragmente
			davon 5 Inkunabeln[3]
	hebräisch		17
	mittelhochdeutsch		1
	lateinisch		173
		Liturgica	153
		Biblica	13
		Juridica	5
		Medicinalia	2
	noch nicht erschlossen		490 Fragmente
	digitalisiert		681 Fragmente

2 Herzlichen Dank an Dr. Konrad Goehl, Prof. Dr. Andreas Lehnardt und Prof. Dr. Elisabeth Hollender, Dr. Thomas Wetzstein, Prof. Dr. Hartmut Hoffmann, Prof. Dr. Marc-Aeilko Aris, Prof. Dr. Herrad Spilling, Wolfram Kardorf, Prof. Dr. Claudia Brinker-von der Heyde und Prof. Dr. Jürgen Wolf für die unkomplizierte und engagierte Mitarbeit an der Erschließung der Fragmente.

3 Inkunabeln oder Wiegendrucke (von lat. incunabula „Windeln, Wiege") sind gedruckte Schriften aus der Frühzeit des Buchdrucks, die bis Ende 1500 hergestellt worden sind. Insgesamt gibt es etwa 29.000

Anfang des 20. Jahrhunderts hatten zahlreiche Kirchengemeinden ältere Kirchenbücher und andere kirchliche Unterlagen im Königlichen Staatsarchiv zu Marburg deponiert[4]. So haben Sabine Dietzsch-Uhde und Peter Heidtmann-Unglaube, Mitarbeitende des Landeskirchlichen Archivs, von Anfang 2005 bis Mitte 2008 diese als Deposita im Staatsarchiv Marburg lagernden Fragmente kirchlichen Provenienz gesichtet und für die noch bevorstehende Erschließung vorbereitet. Dazu waren insgesamt 47 Sichtungstermine im Staatsarchiv notwendig. Nach drei Ausleihtransaktionen[5] in den Jahren 2005, 2006 und 2008 haben dann Peter Heidtmann-Unglaube und Bernd Breidenbach die Fragmente im Landeskirchlichen Archiv Kassel von Oktober 2008 bis Dezember 2010 digitalisiert. Die inhaltliche Erschließung nimmt ab Juli 2014 wiederum Konrad Wiedemann im Landeskirchlichen Archiv Kassel vor.

Die inhaltliche Erschließung orientiert sich an den „Richtlinien Handschriftenkatalogisierung" der Deutschen Forschungsgemeinschaft (DFG) und die Digitalisierung an den aktuellen Praxisregeln im Förderprogramm „Kulturelle Überlieferung"[6].

Schema der Beschreibung

Laufende Nummer
Provenienz
Sachtitel Trägerband (Altsignatur)
mit / ohne Trägerband
Autor oder Sachtitel (Einband)
Beschreibstoff, Blattzahl, Blattgröße (Höhe × Breite in cm), Schriftraum (Höhe × Breite in cm), Spaltenzahl, Zeilenzahl, Entstehungszeit, Schrift, Rubrizierung, Initialen, Miniaturen
Inhalt
Verfasser, Titel, Initium oder Textschluss, Textnachweis
Literatur
Bearbeiter / Bearbeiterin
Abbildung

verschiedene Wiegendrucke. Sie sind nach Schätzungen in einer Gesamtzahl von rund einer halben Million Exemplaren enthalten.

4 Abgabe älterer Kirchenbücher und Urkunden an das Staatsarchiv Marburg, in: Kirchliches Amtsblatt für den Amtsbezirk des Königlichen Konsistoriums zu Cassel, 12. Dezember 1906, S. 133–135 (Entwurf zu einem Niederlegungsvertrag von älteren Archivalien und Kirchenbüchern der Pfarreien des Konsistorialbezirks Cassel).

5 Der Direktor des Staatsarchivs Marburg, Dr. Andreas Hedwig, fördert das Projekt durch entgegenkommende Ausleihkonditionen.

6 Richtlinien Handschriftenkatalogisierung, hg. von der Deutschen Forschungsgemeinschaft, Unterausschuss für Handschriftenkatalogisierung, 5. Auflage, Bonn-Bad Godesberg 1992, S. 9–13. Praxisregeln im Förderprogramm „Kulturelle Überlieferung", DFG-Vordruck 12.151, vgl. auch DFG-Praxisregeln „Digitalisierung" unter www.dfg.de/formulare/12_151/.

Die Folgen von Buchdruck und Reformation – Recycling von mittelalterlichen Handschriften im 16. und 17. Jahrhundert

Der Handel mit Pergamenthandschriften als Material für Bindungen nahm seit den 20er Jahren des 16. Jahrhunderts einen starken Aufschwung, da die Entwicklung des Buchdrucks den Bedarf enorm steigerte. Zudem verloren im Zuge der Reformation durch die Auflösung von Klöstern und den Übertritt von Pfarrkirchen zum evangelischen Glauben viele, vor allem liturgische Handschriften ihre Funktion und behielten allenfalls Materialwert[7].

Der wichtigste Einbandwerkstoff war das beschriebene Pergament. Papier als Werkstoff findet sich eher als Stärkung in Einbänden, selten als äußerer Einband. Nach Auflösung der Klöster wurden die scheinbar wertlosen Pergamente, auch ganze Pergamentcodices, zweckentfremdet. Buchbinder lösten aus den Holzdecken Bogen für Bogen bzw. Blatt für Blatt und verwandten das wertvolle Material zur Heftung von Akten und Kirchenrechnungen, als Überzug für (Kirchen)-Bucheinbände, zur Reparatur von Blasebälgen bei Orgeln, als Teil des Vorsatzes in Büchern oder zum Abdichten von Ritzen in Kleiderschränken.

Bei der Verwendung von Pergamentblättern für den Einband von Kirchenrechnungen wurden die Lagen dieses Rechnungsbuches direkt auf das Pergamentblatt geheftet. Die unterschiedliche Verwendung führt zu den verschieden großen Fragmenten. Manchmal verstärkte auch ein etwas größeres Pergamentstück den Rücken. Oft wurden jedoch ganze Blätter oder Doppelblätter als Einband etwa eines Kirchenbuchs genutzt.

Heute gelten die damals recycelten Handschriften als hohe Zeugnisse kultureller Tradition – anders im 16. Jahrhundert, als sich der Buchdruck ausbreitete. Viele bisher nur als Handschrift vorliegende Texte waren nun in „modernen" gedruckten Ausgaben verfügbar. Wer die Mittel hatte, ersetzte das Manuskript durch einen Druck. Die sehr häufig als Einband verwendeten liturgischen Handschriften waren durch die Liturgiereformen des Konzils von Trient unzeitgemäß geworden. Die Festlegung auf ein Einheitsbrevier 1568 und ein Einheitsmissale 1570 führten dazu, dass die Handschriften in großer Zahl ihre übliche Funktion verloren[8]. Ihre „Wertlosigkeit" steigerte sich noch durch die Tatsache, dass als Folge der Reformation die Bedeutung des Lateinischen als Sprache der Kirche zurückgedrängt wurde.

Einband und Trägerband – eine Einheit

Die Annahme, Einband und Inhalt als Einheit zu begreifen, ist eine Vorstellung der neueren Wissenschaft[9]. Heute gilt: Bewahren und nicht ablösen, da sonst Zusammenhänge verloren gehen. Bücher und gebundene Akten sind Zeugen ihrer Entstehungszeit. Das Pergament, in das sie eingebunden sind, ist Teil der geschichtlichen Überlieferung. Daraus folgt, dass nur in besonderen Ausnahmesituationen die Verbindung von Pergament und Buch oder Akte getrennt werden sollte, etwa wenn die Außenseite eines Fragments verschmutzt oder sehr abgerieben und dunkel verfärbt ist oder wenn es sich um offensichtlich sehr sel-

7 Vgl. Einleitung zu: Handschriften- und Inkunabelfragmente des Schlossmuseums Sondershausen, hg. von Gerlinde Huber-Rebenich, Christa Hirschler, Sondershausen 2004, hier S. 16.

8 Ulrich-Dieter Oppitz, Von Beutelbüchern, Pergamenteinbänden und Buchwanderungen, in: Miszellen zur Erfurter Buch- und Bibliotheksgeschichte. Vorträge vor der Neuen Erfurter Bibliotheksgesellschaft von 1997 bis 2000, hg. von Kathrin Paasch, Bucha bei Jena 2002, S. 53–63, besonders S. 56–61.

9 Oppitz, Von Beutelbüchern, Pergamenteinbänden und Buchwanderungen, S. 57–58.

tene Stücke handelt, bei denen die bisher noch nicht entdeckten Texte der Innenseite wesentliche Zusatzinformationen erwarten lassen. Dies war zum Beispiel bei den Einbänden der Kirchenbaurechnungen Neuengronau der Fall: Die Einbände enthielten einen bisher unbekannten hebräischen Esther-Kommentar und wurden restauriert.

Die Zweitverwendung als Einband kann die Lesbarkeit der Fragmente zum Teil erheblich beeinträchtigen. In vielen Fällen lassen sich Inhalt und Bedeutung des Fragments aber ohne Lösung vom Trägerband bestimmen. Hier eröffnet das Digitalisieren neue Möglichkeiten. Mit geringem Aufwand können Fragmente virtuell zusammengesetzt werden. Kontraste und weitere Retuschemöglichkeiten erlauben, fachgerecht eingesetzt, oft eine deutlich bessere Lesbarkeit.

Von den bisher untersuchten Fragmenten waren 70 bereits vorher (leider nicht immer fachgerecht) restauriert und von dem Trägerband abgelöst worden. Da der Buchblock dann oft von dem dazu gehörigen Fragment getrennt aufbewahrt wurde, sind hier teilweise auch Zusammenhänge verloren gegangen. Aktuell restauriert wurden 22 Fragmente – die übrigen Fragmente blieben unverändert mit ihrem Trägerband verbunden.

Was wurde eingebunden?

Die Fragmente wurden im kirchlichen Bereich größtenteils um Kirchenrechnungen gebunden. Diese Quellengruppe ist in Pfarrarchiven die mit Abstand häufigste. Danach finden sich Einbände um Kirchenbücher sowie um Visitier- und Protokollbücher. Gedruckte Werke wurden eher selten eingebunden.

Wie alt sind die Fragmente?

Einige wenige Fragmente sind während des 8. bis 10. Jahrhunderts entstanden und etwa ein Drittel während des 11. bis 13. Jahrhunderts. Das Gros der Fragmente wurde im 14. und 15. Jahrhundert geschrieben.

Woher stammen die Fragmente?

Die Bestimmung der Herkunft der Fragmente ist möglich durch den Vergleich der Schreibweise auf den Fragmenten mit der Schreibweise, die in ganzen Handschriften verwendet wurde, deren Herkunft sicher ist. Dies ist wegen der Menge des Materials bis jetzt zunächst für die Zeit vom 8. bis zum 11. Jahrhundert durchgeführt worden. Dabei kristallisiert sich für Nordhessen für diesen Zeitraum als Schreibzentrum vor allem das Benediktinerkloster in Fulda heraus. Die Bedeutung für Hersfeld und Helmarshausen lässt sich in einigen Fällen erkennen[10].

Während des 30jährigen Krieges geriet im Herbst 1631 das Stift Fulda nach dem Zurückweichen der kaiserlichen Truppen in den Machtbereich des schwedischen Königs Gustav II. Adolf und war militärisch nicht gegen ihn zu halten. 1632 übergab Gustav Adolf dem hessischen Landgrafen Wilhelm V. in Frankfurt am Main neben den Stiften Paderborn und Corvey auch die Abtei Fulda als Beute. Bei der dann vorgenommenen Plünde-

10 Zu Hintergrundinformationen zu Klöster in Nordhessen vgl. Matthias Werner, Kirchliche Einteilung. Stifte und Klöster bis in das 16. Jahrhundert, in: Geschichtlicher Atlas von Hessen (Karte 12 und Text- und Erläuterungsband), Marburg/Lahn 1984, S. 63–70.

rung der kirchlichen Einrichtungen Fuldas durch die hessischen Soldaten wurden aus den Bibliotheken Fuldas nachweislich Bücher aus der Jesuitenakademie (Drucke) und aus der Benediktinerabtei (Handschriften) nach Kassel geschafft[11].

Für die Herkunft eines Fragments aus der Bibliotheca Fuldensis ist allenfalls eine an Sicherheit grenzende Wahrscheinlichkeit zu erreichen. Es gibt mehrere Merkmale, die auf ein Fragment aus der Bibliotheca Fuldensis zutreffen können[12]. Ein eindeutiger Zusammenhang mit der Bibliotheca Fuldensis konnte bisher für ein Bibel-Fragment und zwei Bibelkommentar-Fragmente aus dem 9. Jahrhundert hergestellt werden.

Wann wurde eingebunden?

Seit 1520 ist eine Zunahme des Handels mit Pergamentschriften zu verzeichnen. Untersucht man den Zeitpunkt der Makulierung, so ergeben sich zwei auffällige Häufungen innerhalb des Untersuchungszeitraums 1520 bis 1710.

Siebzehn Prozent der hier betrachteten 627 Makulierungen finden zwischen 1570 und 1599 statt. Die zweite noch signifikantere Häufung von Makulierungen findet sich mit sechzig Prozent im Zeitraum zwischen 1632 und 1679. Der Zusammenhang mit der 1632 untergegangenen Bibliotheca Fuldensis ist naheliegend.

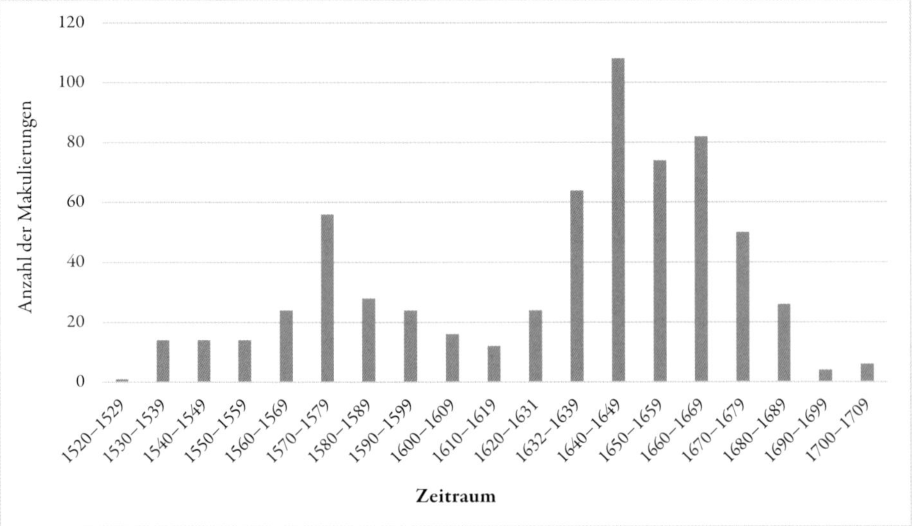

11 Vgl. Gangolf Schrimpf, Das Projekt „Rekonstruktion der Bibliotheca Fuldensis", in: Hessisches Jahrbuch für Landesgeschichte 49 (1999), S. 1–19, hier besonders S. 1. – Konrad Wiedemann, Manuscripta theologica. Die Handschriften in folio, Wiesbaden 1994, S. XXI. – Rekonstruktion der Bibliotheca Fuldensis, Geschichte und Forschungsstand des Projekts, hg. von Marc-Aeilko Aris, Fulda 2006, S. 1–20. – Berthold Jäger, Amt und Konfession. Zur Personal- und Religionspolitik der hessenkasselischen Regierung in Fulda während des Dreißigjährigen Krieges 1631–1643, in: Archiv für mittelrheinische Kirchengeschichte 59 (2007), S. 251–323.

12 Vgl. Klaus Gugel, Welche erhaltenen mittelalterlichen Handschriften dürfen der Bibliothek des Klosters Fulda zugerechnet werden? Frankfurt 1996, S. 7–9.

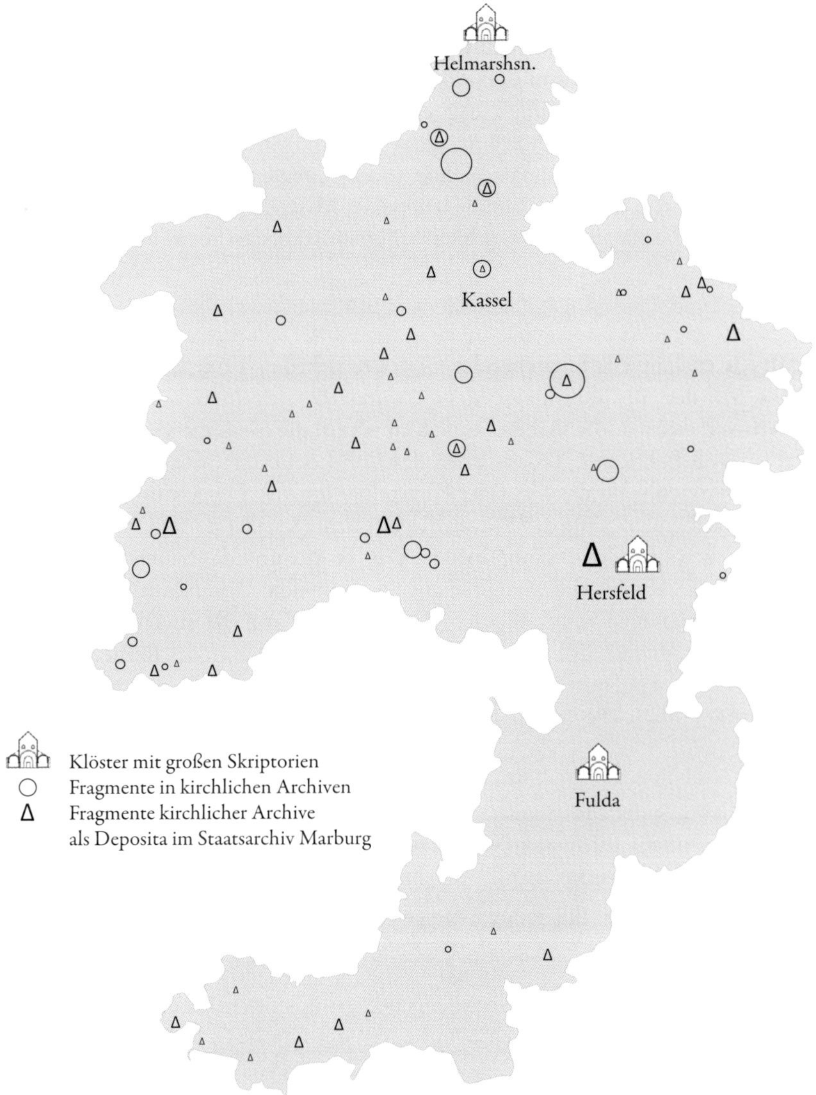

Abb. 11: Mittelalterliche Einbandfragmente in kirchlichen Archiven aus Kurhessen-Waldeck

„Ich war ein Missale" – Was waren die Einbände früher?

Von den bisher erschlossenen Fragmenten machen die liturgischen den größten Teil der Fragmentsammlung aus (Missale und Brevier). Danach sind Bibeltexte und -kommentare als größere Gruppe zu nennen. Sie zählen insgesamt zu den katholischen Theologica.

1. Liturgica

Innerhalb der liturgischen Fragmente ist die Gruppe der Missalia (Messe und seine Teile – Missale, Sakramentar, Graduale) bisher zahlenmäßig am stärksten vertreten, gefolgt von den Breviaria[13].

1.1 Missalia

Das (Voll-)Missale enthält alle feststehenden und wechselnden Texte der Messe für das liturgische Jahr. Vor der Ausbildung des Missale waren die einzelnen Teile der Messe in eigenen Büchern verzeichnet, die Gebete im Sakramentar, die Gesänge im Graduale und die Lesungen im Voll-Lektionar. Teilausgaben des Voll-Lektionars waren das Evangelistar (Evangelienperikopen) und das Epistolar (Epistelperikopen). Das Ordinarium missae enthält die gleich bleibenden Teile der Messe, die Gesänge (Kyrie, Gloria, Credo, Sanctus und Agnus) sowie die Gebete des Canon missae. Das Tropar und das Sequentiar enthielten besondere Gesänge, die bis auf wenige Sequenzen mit dem Concilium Tridentinum abgeschafft wurden. Mit der Entstehung des Missale lagen dann die einzelnen Teile der Messe nicht mehr in selbstständigen Büchern vor, sondern wurden in der Reihenfolge des Verlaufs der Messe zu einem Formular zusammengefasst.

Das Sakramentar enthält alle Gebete bei der Messfeier, die der Bischof oder Priester in der Messe spricht.

Das Graduale ist seit dem 12. Jahrhundert die Bezeichnung für eine Choralhandschrift, die die gesamten Gesänge der Messe enthält. Der Name weist auf die von den Vorsängern auf dem zum Ambo hinauf führenden Stufen ausgeführten Gesänge hin. Das Graduale beginnt meistens mit dem Introitus zum 1. Adventssonntag ohne Überschrift. Die anfängliche Neumierung wurde später durch Hufnagel- oder Quadratnotation ersetzt.

1.2 Breviaria

Das Breviergebet (Officium Divinum, Stundengebet) ist das öffentliche, im Namen der Kirche von besonders dazu verpflichteten Mitgliedern der Kirche (z. B. Weltpriester, Ordensangehörige, Kanoniker) zu verrichtende Gebet. Das Brevier entstand in der hochmittelalterlichen Form als Zusammenfassung und Kürzung der verschiedenen für das Stundengebet verwendeten Bücher zu einem Corpus. Seine Hauptbestandteile sind wie im Missale Gebete, Gesänge und Lesungen, die zu einer bestimmten Stunde beginnen: Matutin (Nachtgottesdienst), Laudes (Morgenlob), Prim, Terz, Sext und Non (1., 3., 6.

13 Zur Katalogisierung mittelalterlicher liturgischer Handschriften vgl. Virgil Fiala, Wolfgang Irtenkauf, Versuch einer liturgischen Nomenklatur, in: Zeitschrift für Bibliothekswesen und Bibliographie, Sonderheft zur Katalogisierung mittelalterlicher und neuerer Handschriften, Frankfurt 1963, S. 105–137.

und 9. Stunde), Vesper (Abendgebet) und Komplet (Nachtgebet). Besonders wichtige Teile des Breviers sind das Psalterium, das Hymnar, das Lektionar und das Antiphonale. Genauso wie beim Missale gibt es auch hier eine Einteilung in einen Herrenfestzyklus und einen Heiligenfestzyklus, in einen Winter- und einen Sommerteil sowie die Einrichtung des Commune sanctorum. Ein besonderer Teil ist das Totenoffizium. Äußerlich teilweise ähnlich, aber nur für die private Andacht bestimmt und streng vom Brevier zu trennen ist das Stundenbuch. Das Psalterium umfasst die 150 Psalmen, die pro Woche komplett gesungen oder gebetet wurden. Das Antiphonale enthält Gesänge, deren Melodien durch Neumen bzw. später in Hufnagel- oder Quadratnotation dargestellt sind.

2. Biblica, Bibelkommentare, sonstige Theologie

Erfasst sind bisher dreizehn Bibeltextfragmente (Biblia und Testamentum vetus) und neun Bibelkommentare. Darüber hinaus ließen sich neun weitere theologische Texte klassifizieren, etwa Agenden, scholastische Kommentare und Predigten. Der Micha-Text stammt aus dem 9. Jahrhundert. Einige Abschriften der Bibelkommentare, die von den Kirchenvätern stammen, gehören ebenfalls zu den ältesten hier untersuchten Fragmenten: eines aus dem 8. Jahrhundert und zwei aus dem 9. Jahrhundert.

3. Medicinalia

Bekannt sind zwei medizinisch-pharmazeutische Fragmente. Der Einband der Kirchengefälle Mengeringhausen 1639 handelt von der *Uroskopie*. Der Einband zur Rechnung Allendorf 1641 enthält Rezepttexte und einen Kommentar zu den *Harnversen* des Aegidius Corboliensis (Gilles de Corbeil)[14].

4. Juridica

Die Fragmentsammlung enthält insgesamt fünf juristische Fragmente – vier aus dem Bereich des kanonischen Rechts und einen Text aus dem Corpus Iuris Civilis. Die Fragmente des kanonischen Rechts umfassen zum einen die *Dekretalen* Gregors IX. und zum anderen das *Decretum* des Gratianus, einem Rechtsbuch aus der Zeit um 1140. Dieses liegt als Handschriftenfragment und als Druck vor.

5. Hebraica

Die hebräischen Fragmente umfassen vorwiegend Texte biblischer Gebetbücher wie *Machzor* und *Selichot*, einem Bußgebet. Herausragend sind die beiden Einbandfragmente der Kirchenbaurechnungen Neuengronau 1653, die zusammengesetzt einen bisher unbekannten hebräischen Esther-Kommentar enthalten[15]. Abgebildet ist hier (Abb. 13, auch als Farbabb.) mit dem Auszug aus einem Festtagsgebetbuch ein Einbandfragment mit Trägerband.

14 Vgl. Konrad Goehl, Die medizinisch-pharmazeutischen Fragmente Allendorf Rechnungsband 1641 sowie Mengerinhausen Rechnungsband 1639 aus dem Landeskirchlichen Archiv Kassel, in: Würzburger medizinhistorische Mitteilungen 26 (2007), S. 297–332.

15 Vgl. Elisabeth Hollender, Andreas Lehnardt, Ein unbekannter hebräischer Esther-Kommentar aus einem Einbandfragment, in: Frankfurter Judaistische Beiträge 33 (2006), S. 35–67. Weitere Informationen siehe Hollender, in: Wiedemann, Wischhöfer, Einbandfragmente (2007), S. 176 und 177.

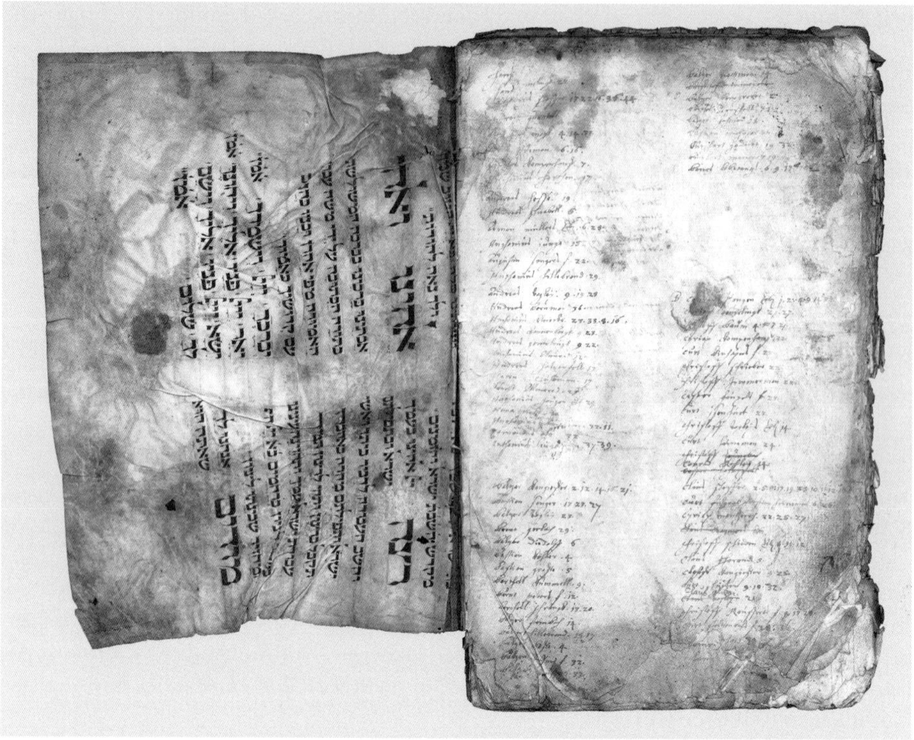

Abb. 12
Trägerband eines Zinsverzeichnisses aus Eschwege 1636–1640. Einband (hebräisch) zu einem Festtagsgebetbuch (Maḥzor) für Pesach, Pergament, wahrscheinlich 15. Jh., ashkenazische Quadratschrift, Kassel, Landeskirchliches Archiv, Bestand: Eschwege, Dekanatsarchiv 0176 (Foto: Kassel, Landeskirchliches Archiv).

6. Mittelhochdeutsche Texte

Ein mittelhochdeutsches Fragment wurde bei der Verzeichnung des Pfarrarchivs Nassenerfurth entdeckt. Das Zinsregister Trockenerfurth 1571–1607 war mit einem Pergamenteinband versehen. Es handelt sich um eine sehr frühe Überlieferung des Werks *Von Gottes Zukunft* des Heinrich von Neustadt (Abb. 13). Der aus dem Niederösterreichischen stammende Arzt verfasste um 1312 nach lateinischen Quellen den Versroman *Von Gottes Zukunft*. Die gereimte Heilslehre hat die Menschwerdung des Erlösers zum Thema[16].

16 Claudia Brinker-von der Heyde, Jürgen Wolf, Ein neues Fragment der Heilslehre „Von Gottes Zukunft" Heinrichs von Neustadt, in: Zeitschrift für deutsches Altertum und deutsche Literatur 139 (2010), Heft 4, S. 493–497.

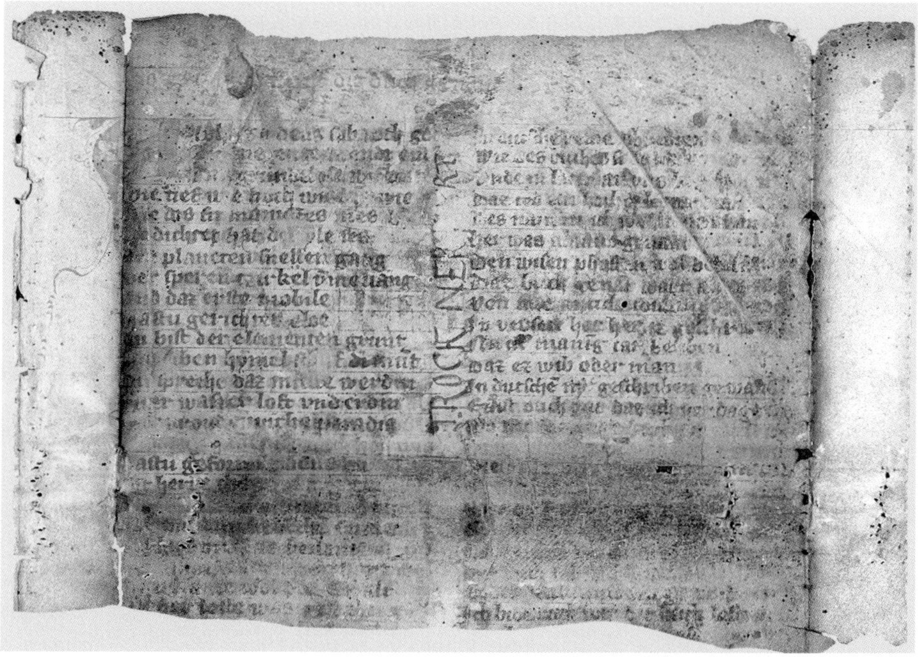

Abb. 13
Trägerband eines Zinsregisters aus Trockenerfurth 1571–1607. Einband (mittelhochdeutsch), *Von Gottes Zukunft* des Heinrich von Neustadt, Pergament, um 1312, Kassel, Landeskirchliches Archiv, Bestand: Nassenerfurth, Pfarrarchiv 0183 (Foto: Kassel, Landeskirchliches Archiv).

Ausblick

Nach der inhaltlichen Auswertung aller Fragmente werden die Digitalisate mit den entsprechenden Informationen auf der Website des Landeskirchlichen Archivs Kassel im Internet eingestellt. Eine Verknüpfung mit dem Archivportal-D, der Archivsparte der Deutschen Digitalen Bibliothek, ist geplant.

Das Projekt ist interdisziplinär und auf vielfältige Kooperationen ausgelegt. Es kommt ohne Drittmittel aus und nimmt sich Zeit. Verankert im Archivgesetz der Evangelischen Kirche von Kurhessen-Waldeck dient dieses Projekt der Dokumentation kirchlichen Wirkens in der Vergangenheit und hat damit Teil an der Erfüllung des kirchlichen Auftrags.

Fragmente finden, verzeichnen und benutzen
Zum Einsatz neuer Technologien in der Bayerischen Staatsbibliothek München

Wolfgang-Valentin Ikas und Bettina Wagner, München

Auf die Frage, wie viele mittelalterliche Handschriftenfragmente die Bayerische Staatsbibliothek (BSB) in ihrem Bestand verwahrt, ließen sich weder in der Vergangenheit noch in der Gegenwart verlässliche Antworten geben. Lediglich ein Schätzwert wurde in diversen Veröffentlichungen wie Jahresberichten und den ersten beiden Katalogbänden zu den lateinischen Fragmenten[1] immer wieder genannt: 2.800 – eine Zahl, die sich allerdings lediglich auf die ausgelösten Bruchstücke von Codices in lateinischer Sprache bezieht, also weder die zahlreichen, sich noch auf den Trägerbänden *in situ* befindlichen Fragmente berücksichtigt noch solche in anderen Sprachen – insbesondere Deutsch, Griechisch und Hebräisch, aber auch kleinere Handschriftenbestände wie z. B. Arabisch. Dieser Beitrag unternimmt erstmals den Versuch, die Gesamt zahl der abendländischen Fragmente der BSB zumindest annäherungsweise zu quantifizieren und in diesem Zusammenhang aufzuzeigen, welche Strategien in den vergangenen Jahren im Zusammenhang mit der Inkunabelerschließung und der Digitalisierung eines großen Teils des Druckschriftenbestandes zur Auffindung, Identifizierung und Verzeichnung erarbeitet bzw. fortentwickelt worden sind. Insbesondere angesichts der großen Zahl an Neufunden stellte sich dabei die Herausforderung, dass die bisherigen bibliothekarischen Beschreibungsstandards hierauf nicht immer ‚eins zu eins' übertragbar waren. Überlegungen zu zeitgemäßen Benutzungsformen für diesen Sonderbestand sollen das Bild der technischen Neuerungen an der BSB ergänzen.

1. Zur Geschichte der Sammlung und ihrer Erschließung[2]

Den Grundstock der Sammlung von mittelalterlichen Handschriftenfragmenten, deren zeitliche Erstreckung von der Spätantike bzw. vom Frühmittelalter bis in die Zeit des beginnenden Buchdrucks (5. bis 15. Jh.) reicht, bildete die Einbandmakulatur, die zu Beginn des 19. Jahrhunderts aus Mehrfachexemplaren von Drucken aus säkularisierten bayerischen Klosterbibliotheken ausgelöst wurde[3]. Gründe dafür waren zum einen die damals allge-

1 Bibliographische Angaben zu den bereits publizierten Katalogen finden sich unten unter Punkt 4.

2 Ausführlich hierzu Hermann Hauke, Die lateinischen Handschriftenfragmente der Bayerischen Staatsbibliothek, in: Bibliotheksforum Bayern 9 (1981), S. 30–43.

3 Zur Säkularisation und der Erschließung der aus säkularisierten Klöstern in den Bestand der Münchener Hofbibliothek übernommenen Hand- und Druckschriften vgl. Lebendiges Büchererbe. Säkularisation, Mediatisierung und die Bayerische Staatsbibliothek (Ausstellung und Katalog: Cornelia Jahn und Dieter Kudorfer) (Bayerische Staatsbibliothek. Ausstellungskataloge, 74), München 2003.

mein übliche Auflösung von Sammelbänden mit dem Ziel der separaten Aufstellung der darin enthaltenen bibliographischen Einheiten, denn in vielen frühneuzeitlichen Bänden waren handschriftliche Faszikel mit Inkunabeln und anderen Frühdrucken zusammengebunden. Zum raschen Wachstum der Sammlung trugen zum anderen die umfangreichen Dublettenverkäufe seit 1815 und insbesondere in der Ära des Bibliotheksdirektors Carl Halm um die Mitte des 19. Jahrhunderts bei[4]. Vor der Veräußerung der Bücher entnahm man häufig den (vermeintlichen) Dubletten die in den Einbänden befindlichen Fragmente[5]. Dabei wurden neben der großen Masse an Handschriften auch eine Anzahl wichtiger Druckfragmente entdeckt, auf die hier jedoch nicht näher eingegangen werden soll[6].

---

4 Vgl. dazu Bettina Wagner, Dublettenauktionen der Münchener Hofbibliothek in der ersten Hälfte des 19. Jahrhunderts, in: Aus dem Antiquariat (2006), Heft 2, S. 89–97, sowie dies., Duplum Bibliothecae regiae Monacensis. The Munich Court Library and book auctions after the secularization of 1803, in: How the Secularization of Religious Houses Transformed the Libraries of Europe, 16th–19th Centuries. Proceedings of the Conference held in Oxford 22–24 March 2012, hg. von Cristina Dondi, Dorit Raines und Richard Sharpe, Turnhout 2015 [im Druck].

5 Die Dublettenverkäufe erfolgten, obwohl sich bereits Ende des 18. Jahrhunderts druckhistorisch versierte Mitarbeiter der Münchener Hofbibliothek mit der Bedeutung von exemplarspezifischen Merkmalen bei Frühdrucken, insbesondere Inkunabeln, auseinandersetzten, so z. B. Johann Baptist Bernhart (1759–1821); vgl. Bettina Wagner, Von der Klosterbibliothek zum Gesamtkatalog der Wiegendrucke. Zur Geschichte der Inkunabelkatalogisierung in Bayern, in: Gutenberg-Jahrbuch 81 (2006), S. 168–178. Infolge der Auktion von 1858 wurde der Bestand der Hofbibliothek um hochrangige Stücke wie ein Exemplar der Gutenberg-Bibel und mehrere Blockbücher vermindert. Bisweilen wurden jedoch in veräußerten Dubletten enthaltene Fragmente übersehen, so z. B. ein unikaler xylographischer Bilderbogen der *Acht Schalkheiten*, der sich heute in der Bibliothèque Nationale et Universitaire Strasbourg befindet und aufgrund von handschriftlichen Einträgen als ehemaliger Bestand der Bibliothek des Nürnberger Humanisten Hartmann Schedel (1440–1514) identifiziert werden konnte, die sich seit 1571 in München befindet, vgl. Bettina Wagner, De la planche illustrée au livre, Les Huit grugeries, in: Métamorphoses – un bâtiment des collections, hg. von Christophe Didier und Madeleine Zeller, Straßburg 2015, S. 230–232.

6 Zu den bedeutendsten derartigen Makulaturfunden zählen Bücheranzeigen und andere seltene Einblattdrucke wie Almanache sowie Probedrucke sonst nicht nachgewiesener Ausgaben, vgl. z. B. Als die Lettern laufen lernten. Medienwandel im 15. Jahrhundert. Inkunabeln aus der Bayerischen Staatsbibliothek München [Ausstellung 18. August – 31. Oktober 2009], hg. von Bettina Wagner (Ausstellungskataloge der Bayerischen Staatsbibliothek München, 81), Wiesbaden 2009, Nr. 36, 77, 80 u. ö. Bei Inkunabelfragmenten erfolgt die exemplarspezifische Verzeichnung in BSB-Ink (Bayerische Staatsbibliothek. Inkunabelkatalog, Bde. 1–7, Wiesbaden 1988–2009) bzw. dessen laufend aktualisierter Online-Version (URL: http://www.bsb-muenchen.de/literatursuche/spezialbestaende/alte-und-seltene-drucke/inkunabelkatalog-bsb-ink – dieser und alle anderen in diesem Aufsatz zitierten Links wurden am 5.9.2014 geprüft). Sofern bekannt ist, aus welchem Trägerband ein Fragment ausgelöst wurde, ist dies in der Exemplarbeschreibung vermerkt. Handelt es sich beim ehemaligen Trägerband um eine noch im Bestand vorhandene Inkunabel, so wird darauf verlinkt; bei abgegebenen Dubletten ist wenn möglich die ehemalige Signatur angegeben (vgl. z. B. BSB-Ink A-317 oder T-11). Daneben werden die Drucke in den Online-Ressourcen des Gesamtkatalogs der Wiegendrucke und

Ein erstes handschriftliches Verzeichnis hatte bereits im Jahre 1831 Johann Andreas Schmeller (1785–1852), seit 1829 Custos an der damaligen Königlichen Hof- und Staatsbibliothek, angelegt; es umfasst 308 Fragmente in den Sprachen Deutsch, Lateinisch und Hebräisch, die er in 11 Sachgruppen gliederte[7]. Den überwiegend literarischen Interessen des 19. Jahrhunderts war es geschuldet, dass primär Texte klassischer (antiker und mittelalterlicher) Autoren Berücksichtigung fanden. Die Anzahl der ausgelösten und verzeichneten Fragmente – gesammelt in einem Karton, der in einem Schrank aufbewahrt wurde – hielt sich damals daher also noch im sehr überschaubaren Rahmen. Erst im Zuge des rapiden Anwachsens des Bestands aufgrund der Dubletten-Verkäufe, des Handschriften-Austausches zwischen der Bibliothek und dem damaligen Königlichen Reichsarchiv sowie dem Ankauf von privat sah man sich in den 60er Jahren des 19. Jahrhunderts genötigt, ein neues Repertorium anzulegen, welches gut hundert Jahre im Gebrauch bleiben sollte. Es war insbesondere der Bibliothekar Friedrich Keinz (1865–1899), der dieses in 30 Fachgruppen eingeteilte Findmittel erarbeitete, das allerdings nur die lateinischen Fragmente umfasste und erneut einen deutlichen Schwerpunkt auf die Klassikertexte legte. Biblische, liturgische und juristische Texte hingegen blieben nahezu unbeachtet und wurden als Systemgruppe nur unter einer einzigen Signatur vereinigt[8].

Da sich die Forschung in den (späten) 1960er Jahren verstärkt Fragen der Textüberlieferung zuwandte und einzelne Wissenschaftler wie Bernhard Bischoff und Klaus Gamber in diesem Zusammenhang im Bestand der BSB nach interessanten Textzeugen recherchierten, um diese in ihren Arbeiten auszuwerten[9], wurde eine Feingliederung – insbesondere der liturgischen Fragmente – zunehmend als dringliches Desiderat angesehen. Diese durchgreifende Neukatalogisierung, die mit der Vergabe von Individualsignaturen einherging, erfolgte dann ab Herbst 1977. Dabei wurde das hergebrachte Aufstellungssystem nach Fachgruppen soweit wie möglich beibehalten, da die Unterbringung eines Fragments an einer bestimmten Systemstelle bereits eine grobe inhaltliche Identifizierung bedeutet[10].

Incunabula Short Title Catalogue erfasst. VD16- und VD17-relevante Druckfragmente werden demgegenüber – sofern selten bzw. unikal – in den entsprechenden Nationalbibliographien nachgewiesen.

7 Cbm Cat. 85: *Fragmenta membranacea et papyracea codicibus manuscriptis detracta*. Schmeller beschrieb darin die fragmentarisch überlieferten Texte ausführlich, ohne jedoch auf die physische Beschaffenheit und den Umfang der Handschriften einzugehen. Berücksichtigt wurden sowohl Fragmente von Pergament- als auch von Papiercodices (Sachgruppe I).

8 Vgl. hierzu die Übersicht bei Hauke (wie Anm. 2), S. 35. Ein großes Problem stellte insbesondere die Systemstelle 20 (Liturgik) dar, die lediglich die Signaturen 29163 a bis 29164 d umfasst, welche zum Sammelbecken für zahlreiche Fragmente aufgeschwemmt wurden. Daher finden sich in der älteren Literatur häufig Quellenangaben wie „Clm 29164 Kasten I" und dgl. Zu der späteren Aufteilung derartiger Sammelsignaturen vgl. die in Anm. 11 erwähnte Signaturen-Konkordanz.

9 Vgl. Bernhard Bischoff, Die südostdeutschen Schreibschulen und Bibliotheken in der Karolingerzeit. Bd. 2: Die vorwiegend österreichischen Diözesen, Wiesbaden 1980 (hier insbesondere S. 291 f.) und Klaus Gamber, Codices liturgici Latini antiquiores, 3 Bde., Fribourg [2]1968 und 1988.

10 Zur Typisierung der Fragmente nach den jeweiligen Gattungen bzw. Großgruppen siehe die Systematik bei Hermann Hauke und Wolfgang-Valentin Ikas, Bd. 3: Clm 29550–29990 (vollständige bibliographische Angaben unter 4., Tabelle), S. 319–322 sowie die entsprechenden Vorworte. Die heute gültige Systematik der lateinischen Fragmente umfasst insgesamt 24 römisch

Die stärkere Ausdifferenzierung der Systematik machte indes deutlich mehr Systemstellen, d. h. Grundsignaturen, erforderlich, weshalb der ehemals belegte Bereich Clm 29001–29199 aufgegeben und die Fragmente im Signaturenbereich Clm 29202–29970 neu geordnet wurden[11]. Heute signalisiert eine 29000er Signatur dem kundigen Forscher bereits, dass es sich bei dem betreffenden Stück um ein lateinisches Fragment handelt; im Bereich der deutschsprachigen Fragmente wurden hierfür insbesondere die ebenfalls von Friedrich Keinz definierten Signaturbereiche Cgm 5248–5250 vorgesehen.

Die Neukatalogisierung der lateinischen Fragmente erfolgte seit 1977 in Form eines Zettel- bzw. Kartenkatalogs im IFK-Format, was v. a. dem Ziel einer möglichst flexiblen Handhabung der Signaturenvergabe – insbesondere bei Umstellungen im Zuge der Sichtung und Neubewertung (Identifizierung) einzelner Stücke und, damit verbunden, auch später immer wieder vorkommender Signaturenänderungen – dienen sollte. Die auf den Katalogkärtchen erfassten Informationen, die im Einzelfall per Autopsie um textliche Angaben und Formalia, wie den Blattmaßen, ergänzt wurden, bildeten den Grundstock für die Beschreibungen in drei gedruckten Katalogbänden (erschienen zwischen 1994 und 2013)[12]. Für die deutschen Fragmente erschienen ebenfalls in jüngerer Zeit zwei gedruckte Kataloge[13]; die Fragmente in anderen Sprachen, etwa Griechisch, wurden und werden hingegen nicht in Sonderkatalogen, sondern im Zuge der kontinuierlichen Beschreibung der Codex-Handschriften erfasst. Grund hierfür ist, dass diese Bruchstücke im Gegensatz zu den lateinischen, deutschen und hebräischen Fragmenten keinen eigenen Signaturengruppen zugewiesen wurden, um sie als eigenen Teilfonds kenntlich zu machen, sondern je nach Zeitpunkt des Auffindens oder Erwerbs in die normale Signaturenabfolge eingereiht wurden. Insgesamt bleibt daher festzuhalten, dass der Fragmentenbestand der BSB auf verschiedene Sprachen-Fächer aufgesplittert ist; einen umfassenden – zumindest gedruckten – Katalog zur Fragmenten-Sammlung der BSB gibt es nicht. Lediglich virtuell, durch Zuordnung digitalisierter Fragmente zu einem sprachenübergreifenden Projekt, kann dieses Desiderat erfüllt werden. Genau dies wurde – wie unten gezeigt wird – mit der digitalen Präsentation versucht.

2. Probleme und Grenzen der traditionellen Verzeichnung

Bei der massenhaften Auslösung von Fragmenten im Vorfeld der Dubletten-Verkäufe des 19. Jahrhunderts wurden die Signaturen der jeweiligen ehemaligen Trägerbände auf den ausgelösten Blättern nicht immer oder oft nur unvollständig bzw. pauschal mit der heute obsoleten Nummer im Dublettenrepertorium der Inkunabeln (Inc. Dpl.) eingetragen. Derartig rudimentäre Vermerke konnten nur in seltenen Fällen einem noch jetzt im Inku-

gezählte Großgruppen, die sich in weitere, arabisch gezählte und ggf. noch in Buchstaben weiter untergliederte Systemstellen aufteilen.

11 Da die nicht mehr besetzten Vorgängersignaturen in der Literatur Verwendung gefunden haben, finden sich in allen drei Katalogbänden umfangreiche Signaturenkonkordanzen, die auf den aktuellen Stand gebrachte und korrigierte in Bd. 3 (Hermann Hauke und Wolfgang-Valentin Ikas, Bd. 3: Clm 29550–29990), S. 283–302.

12 Eine komplette Übersicht siehe unten bei Punkt 4.

13 Siehe unten bei Punkt 4.

nabelbestand der BSB vorhandenen Band zugeordnet werden[14]. Daher gingen leider provenienzgeschichtliche Zusammenhänge verloren, die für die heutige Erschließung und Erforschung der Handschriftenfragmente sehr wertvoll gewesen wären – eine Erfahrung, die das heutige Verfahren, Fragmente nur noch in begründeten Ausnahmefällen auszulösen und dabei immer Informationen zum Trägerband festzuhalten, unbedingt rechtfertigt.

Daneben wurden, wie bereits angedeutet, die ausgelösten Handschriftenfragmente nicht konsequent an einer einzigen Systemstelle bzw. in einem geschlossenen Signaturenbereich, also gewissermaßen als eigene Sammlung oder Teilfonds aufgestellt. So gibt es neben den erwähnten Signaturengruppen Clm 29000 und Cgm 5248–5250[15] auch noch einige – zum Teil sogar recht prominente – Einzelstücke in der normalen Signaturenfolge. Bekannte Beispiele hierfür sind etwa der *Ruodlieb* (Clm 19486), die *Itala*-Fragmente der *Epistulae Pauli* (Clm 6436), der *Willehalm* (Cgm 193,III) oder auch das sogenannte *Ingolstädter Fragment* (Clm 27270)[16]. Eine Übersicht über diese zersplitterte Aufstellung, die wohl noch nicht einmal alle Fragmente im Bestand der BSB erfasst, findet sich nachfolgend unter Punkt 4.

In den bisher veröffentlichten Katalogen bzw. in internen handschriftlichen Verzeichnissen wurden ausschließlich die ausgelösten Fragmente verzeichnet. Das waren v. a. diejenigen, denen man einen besonderen philologischen, kunsthistorischen oder auch paläographischen Wert zuschrieb; die als uninteressanter angesehenen, wie z. B. die liturgischen, Fragmente beließ man demgegenüber meist auf bzw. an ihren *libri tradentes*; eine separate Verzeichnung der Stücke und die Vergabe einer (ent)sprechenden Individualsignatur unterblieb somit fast immer[17]. Lediglich einer verschwindend geringen Menge an *in situ* befindlichen Bruchstücken, die von meist neuzeitlichen Buchbindern als antik wirkender Bezugsstoff von Buchdeckeln verwendet wurden, war dank ihrer Einordnung in ein eigenes Handschriftenfach – den *Libri impressi cum tegumentis manuscriptis* (L.impr.c.teg.mss.) – eine Kurzerfassung in dem entsprechenden handschriftlichen Repertorium vergönnt[18].

14 S. hierzu die beiden tabellarischen Übersichten bei Hermann Hauke und Wolfgang-Valentin Ikas, Bd. 3: Clm 29550–29990, S. 307–318.

15 Cgm 5248 sollte – in der Vorstellung von Friedrich Keinz – die althochdeutschen Fragmente umfassen, Cgm 5249 die mittelalterliche deutsche Versdichtung und Cgm 5250 schließlich mittelalterliche deutsche Prosafragmente. In der Folgezeit wurde dieses System jedoch beim Einreihen weiterer Stücke und späteren Umstellungen mehrfach missverstanden und durchbrochen; vgl. hierzu Karin Schneider, Die Fragmente mittelalterlicher deutscher Versdichtung der Bayerischen Staatsbibliothek München (Cgm 5249/1–79) (Zeitschrift für deutsches Altertum und deutsche Literatur, Beiheft 1), Stuttgart 1996, S. 6.

16 Der Clm 27270 steht auch am Beginn der Signaturenreihe des sogenannten „Lateinischen Supplements", also den Neuerwerbungen seit dem späten 19. Jahrhundert. Derartige bedeutende(re) Neuerwerbungen wurden somit oftmals nicht in die traditionelle Fragmentensammlung eingereiht, sondern wie alle anderen Handschriften nacheinander mit einer fortlaufenden Individualsignatur versehen.

17 Der Wert dieser großen Masse an Liturgica und Textträger bei nicht-unikaler Überlieferung wurde oftmals erst später im Zusammenhang mit Editionsprojekten erkannt.

18 Insgesamt handelt es sich hierbei um lediglich 19 bibliographische Einheiten, die über ein Repertorium (Cbm Cat. 85 f) bzw. über den OPAC recherchiert werden können.

Was im 19. Jahrhundert die Dublettenverkäufe für den Zuwachs an ausgelösten Fragmenten bedeuteten, fand im 20. Jahrhundert – insbesondere in den 1960er bis 1980er Jahren – seine Entsprechung bei Restaurierungsmaßnahmen, insbesondere im Falle von Neubindungen, bei denen Fälze – im Bibliothekarsjargon der BSB auch als „Strohhalme" bezeichnet – und andere kleinere Bruckstücke ausgelöst wurden (Clm 29980). In einigen wenigen Fällen[19] unternahm man den Versuch, diese Falzstreifen zusammenzusetzen und (hinter Glas) zu montieren, um den ursprünglichen Text zumindest teilweise zu rekonstruieren; in der Regel jedoch musste – unter Verzeichnung der Signatur des jeweiligen Trägerbandes[20] – eine kollektive Aufbewahrung in Kisten am Magazin genügen.

3. Veränderungen in den beiden letzten Jahrzehnten

Heute werden bei Restaurierungen die entdeckten Fragmente in der Regel nicht mehr ausgelöst, sondern bleiben nach Möglichkeit Teil des Einbandes – es gilt der Primat der physischen Unversehrtheit des Buches, wozu die im Mittelalter und der Frühen Neuzeit von Buchbindern verwendete Makulatur als integraler Bestandteil einer Hand- oder Druckschrift gehört und somit Teil ihrer Geschichte ist. Zudem beinhaltet der Trägerband oftmals auch Provenienzmerkmale (Besitzeinträge, Exlibris etc.) auf den Spiegeln oder Vorsatzblättern; bei mangelhafter Dokumentation, wie im 19. Jahrhundert üblich, würde ein Auslösen diesen Konnex unwiederbringlich zerstören. Kann die Makulatur nach Abschluss der Restaurierung hingegen nicht wieder an ihren originalen Ort eingesetzt werden, so werden die Bruchstücke zumindest auf den Innenspiegeln der Trägerbände montiert oder bei Kassettierungen den Bänden separat beigelegt. Seltene Ausnahmen von dieser ehernen Regel können allerdings nach wie vor damit begründet bzw. verantwortet werden, dass es von Seiten der Wissenschaft Interesse an dem kompletten Text gibt, was bei als Spiegeln aufgeklebten Blättern einen Zugang zu den verdeckten Seiten erforderlich macht.

Seit den 1990er Jahren haben einige technische Neuerungen zu tiefgreifenden Umwälzungen in der bibliothekarischen Arbeit genauso wie in der (geistes)wissenschaftlichen Forschung geführt: hierzu gehört insbesondere der Siegeszug des Internet, der sowohl die (Massen-)Digitalisierung von Bibliotheksbeständen als auch die Erfassung von Sondermaterialien – Handschriften und Inkunabeln – in mehr als nur einem Verzeichnis, also neben gedruckten Katalogen auch in Datenbanken sowie in Online-Katalogen ermöglichte. Neue Perspektiven zur Vernetzung von Informationen und zu benutzerorientierten Angeboten eröffnete das Verlinken unterschiedlicher Datenbanken. Warum aber verlief die

19 So z. B. bei dem aus der deutschen Handschrift Cgm 593 ausgelösten xylographischen Elementarlehrbuch (heute Xylogr. 39 t), das inhaltlich enge Bezüge zu Handschriftenfragmenten aufweist, die als Clm 29952(1 aufgestellt sind, vgl. Vom ABC zur Apokalypse. Leben, Glauben und Sterben in spätmittelalterlichen Blockbüchern (Bayerische Staatsbibliothek. Ausstellung 17. Februar bis 6. Mai 2012), hg. von Bettina Wagner, Luzern 2012, Nr. 1, S. 28–33.

20 Somit stehen diese Bruchstücke, die auch zu provenienzkundlichen Fragestellungen wertvolle Hinweise liefern können, den Handschriftenbearbeitern zur Verfügung. Hierzu dient eine listenartige Erfassung bei Hermann Hauke und Wolfgang-Valentin Ikas, Bd. 3: Clm 29550–29990, S. 220–246.

Entwicklung so bzw. welche veränderten Nutzererwartungen haben hierzu maßgeblich beigetragen? Was erwartet(e) der wissenschaftliche Nutzer von einer Altbestandsbibliothek an Dienstleistungen bzw. welche Fragen richtet er an ihren Bestand?

Zu der Hoffnung manch eines Philologen, unter den Fragmenten einen noch unbekannten Text entdecken zu können, und zu den eher klassischen überlieferungsgeschichtlichen Fragen, ob es von einem gesuchten Text in einer Bibliothek überhaupt (hand)schriftliche Zeugnisse gibt und falls ja, in welcher Anzahl und Gestalt, sind in den vergangenen Jahren vermehrt provenienzkundliche Fragestellungen getreten: Gibt die vormalige Bibliotheksheimat oder der Wirkungsort des Buchbinders des Trägerbandes Aufschluss über die Herkunft oder die mittelalterliche Benutzung von Fragmenten? Gehörten mehrere Fragmente ursprünglich zu ein und derselben Handschrift, einem so genannten *codex discissus*? Um diese Frage zu klären, ist ein Vergleich der Schrift bzw. des Schriftspiegels der Fragmente erforderlich, die sich jedoch heute bisweilen an unterschiedlichen Aufbewahrungsorten befinden. Der Wunsch nach einem leichten und bequemen Zugang ohne lange und aufwändige Forschungsreisen – also idealerweise vom heimischen PC aus – kann mittels der Digitalisierung erfüllt werden.

3.1 Digitalisierung als Impuls und Chance für die Vermittlung in die Wissenschaften

Unabhängig von den beschriebenen Nutzererwartungen erfolgte ein erster und wesentlicher Impuls für die Digitalisierung von Fragmenten durch die Digitalisierungsprojekte für Inkunabeln und Drucke des 16. Jahrhunderts aus dem deutschen Sprachgebiet (BSB-Ink, VD16), welche die Deutsche Forschungsgemeinschaft (DFG) in den letzten zehn Jahren förderte[21]. In diesem Zusammenhang mussten die Drucke vorab auf ihre Digitalisierbarkeit hin gesichtet und vorhandene Beschreibungen ggf. ergänzt und verbessert werden. Die dabei entdeckten Fragmente wurden in aller Kürze listenartig vermerkt und zu einem späteren Zeitpunkt von Hermann Hauke und Wolfgang-Valentin Ikas knapp bestimmt[22]. Mehr als ein solches „Spurenlegen" für die weitere fachwissenschaftliche Auseinandersetzung war innerhalb der zur Verfügung stehenden (Dienst-)Zeit weder möglich, noch erschien dies in Ansehung der schieren Menge an entdeckten Fragmenten ratsam.

Die Digitalisierung bot die Chance, die Fragmente zu identifizieren, ohne dass ein Auslösen erforderlich war, und Bruchstücke aus unterschiedlichen Trägerbänden virtuell zusammenzuführen. Auf diese Weise sind Online-Vergleiche möglich und neue Erkenntnisse für die Provenienzforschung zu gewinnen. So können sowohl räumliche Grenzen – da die Trägerbände oftmals in unterschiedlichen Bibliotheken[23] oder, im Falle der BSB, in unter-

21 Einsehbar in den Digitalen Sammlungen der BSB: http://www.digitale-sammlungen.de.

22 Hierbei erwies sich das Internet mit seinen vielen recherchierbaren Volltexten als wertvolle Identifikationshilfe. Das Eingeben einer Textphrase in eine Suchmaschine wie Google sparte nicht nur Zeit, sondern machte auch das zum Teil unvollständige Wissen der Bearbeiter in einzelnen mittelalterlichen Wissenschaftsbereichen wett.

23 Beispiel hierfür wären etwa die aus dem Benediktinerkloster St. Emmeram stammenden und in der Staatlichen Bibliothek Regensburg verwahrten Sakramentar-Fragmente (Signatur des Trägerbandes: 2 Inc.15(2)), die als *membra disiecta* zu den bereits bekannten Bruchstücken in dem BSB-Druck Res/2 A.gr.b. 874 identifiziert werden konnten.

schiedlichen Fonds verwahrt werden – als auch zeitliche Grenzen überwunden werden: So wurden etwa Handschriften sowie Inkunabeln und nach 1501 erschienene Bücher aus der gleichen Provenienz, die heute in der BSB separaten und unterschiedlich verwahrten Bestandsgruppen zugeordnet sind, oftmals von den gleichen klösterlichen Buchbindern gebunden. Diese administrativ bedingte und eher künstliche Trennung zu überwinden, war das Ziel einer tabellenartigen Aufstellung, die dem 2013 veröffentlichten dritten Band des Fragmentenkatalogs als Anhang (S. 323–459) beigegeben wurde: eine mit fast 2.000 berücksichtigten Druckschriften-Signaturen und mehr als 1.800 – teilweise aus mehreren Teilen bestehenden – Fragmenten enorm umfangreiche Grundlage für zukünftige wissenschaftliche Auswertungen.

Wie Volldigitalisate handschriftlicher Codices führen auch digital verfügbare Handschriftenfragmente zunehmend zu einem veränderten Nutzerverhalten: die Forschung erfolgt inzwischen oftmals vom heimischen PC aus, teilweise auch arbeitsteilig in wissenschaftlichen Arbeitsgruppen fernab der Bibliothek. Insofern hat sich die Digitalisierung gewissermaßen auch als eine denkbare Vorstufe zur Tiefenerschließung erwiesen: sei es als Arbeitsgrundlage für die wissenschaftlichen Mitglieder des Münchner Handschriftenerschließungszentrums oder in Kooperation mit einschlägigen universitären Projekten[24]. Dass der bequeme Online-Zugang indes nicht – zumindest derzeit noch nicht – notwendigerweise zu einer verminderten Präsenznutzung der Handschriften im Lesesaal führen muss, wird im weiteren Verlauf dieses Beitrags noch zu sehen sein.

3.2 Mehrfachverzeichnung in elektronischen Katalogen und Datenbanken sowie ihre wechselseitige Verlinkung

Ziel sämtlicher Katalogisierungsbemühungen muss es sein, die erhobenen und für die weitere wissenschaftliche Beschäftigung notwendigen Informationen über mehrere Kanäle anzubieten und somit die Auffindbarkeit zu verbessern. Zu den klassischen Verzeichnissen – internen, teilweise auch handschriftlichen Repertorien und gedruckten Katalogen – treten immer mehr die elektronischen Verbreitungswege in den Vordergrund, da diese jederzeit und weltweit konsultiert werden können (Abb. 14). Neben eigenen Handschriftenportalen, in denen auch Fragmente eine gewisse Rolle spielen – Beispiele hierfür wären etwa die *Marburger Repertorien* oder *Manuscripta Mediaevalia* –, hat es sich im Bibliotheksbereich mehr und mehr eingebürgert, auch derartige Sondermaterialien, die traditionellerweise in eigenen Instrumenten nachgewiesen wurden, im allgemeinen Online-Katalog zu verzeichnen. Die BSB geht diesen Weg bereits seit 2006 konsequent und erfasst in ihrem OPAC nicht mehr nur – wie früher – Drucke und andere Medien (Schallplatten, Mikro-

24 Konkretes Beispiel hierfür wäre etwa die Beschreibung einer Reihe im Handschriftenmagazin der BSB aufgefundener hebräischer Fragmente in Zusammenarbeit mit Fachwissenschaftlern aus Mainz und Jerusalem. In diesem Kontext wurde das bis dahin noch unbestimmte Material digitalisiert und unter der Signatur Cod.hebr. 510 im Online-Katalog erfasst. Notgedrungen geschah dies mit einer ganz rudimentären Erschließung („Hebräisches Fragment“ + Abmessungen, Beschreibstoff). Eine Verbesserung des OPAC-Kurzkatalogisats ist nun nach der inhaltlichen Identifizierung durch die kooperierenden Fachwissenschaftler möglich und wird voraussichtlich 2015 abgeschlossen sein.

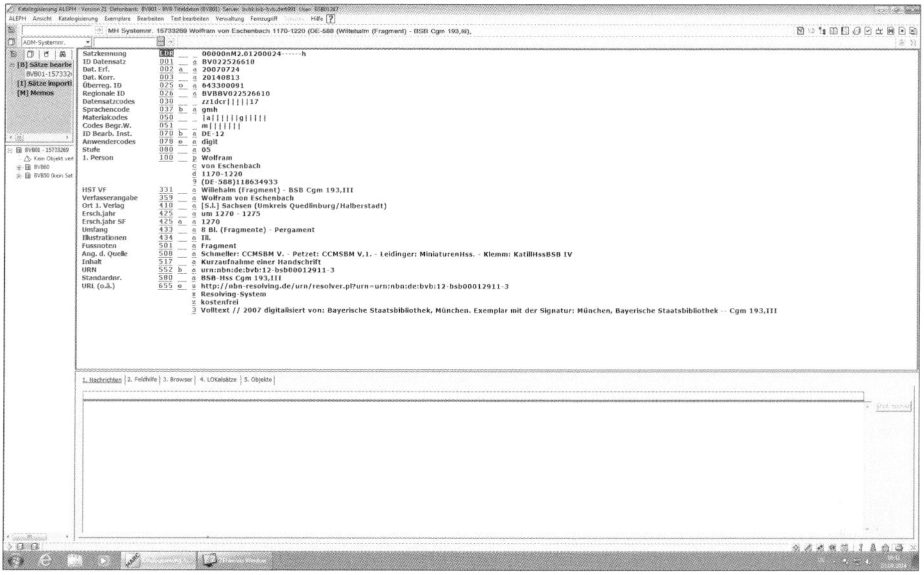

Abb. 14
Gefelderte Kurzaufnahme zu Cgm 193,III im Bibliotheksverbund Bayern (BVB) (Foto: München, BSB).

filme, elektronische Ressourcen) ab dem Erscheinungsjahr 1501, sondern auch Inkunabeln und Blockbücher sowie sämtliche Formen von handschriftlichen Materialien, seien es antike Papyri, Keilschrifttafeln, mittelalterliche Codices, Fragmente oder auch neuzeitliche Materialien, die dem Nachlassbereich zuzuordnen sind, wie etwa Einzelautographen. Zu diesem Zweck wurde das etablierte Erfassungsschema im Hinblick auf die Handschriftenkatalogisierung angepasst. Dabei galt es, sich im Rahmen einer Kurzkatalogisierung auf einige wenige Charakteristika wie die Entstehungszeit und den Entstehungsort, den Beschreibstoff, die Umfangsangabe und einen – sofern bekannten – Verfasser sowie auf eine kurze inhaltliche Charakterisierung („Titel") zu beschränken. Gerade dem letztgenannten Element kommt besondere Bedeutung zu, da dieses in den Handschriften-Aufnahmen der BSB immer auch die individuelle Handschriftensignatur beinhaltet, die als das am stärksten standardisierte und (trotz vereinzelter Umsignierungen) in der wissenschaftlichen Literatur etablierte Objektmerkmal gelten kann und somit als eindeutiger Identifikator fungiert. Über die Handschriftensignaturen ist überdies auch eine Verlinkung zu ausführlicheren Beschreibungen möglich, die in Fachdatenbanken vorgehalten werden. Hierauf soll im Folgenden näher eingegangen werden.

3.2.1 Nachweis in Manuscripta Mediaevalia

Seit Mitte der 1990er Jahre sind über das Handschriftenportal Manuscripta Mediaevalia[25], das von der BSB in Zusammenarbeit mit der Staatsbibliothek zu Berlin – Preußischer Kulturbesitz und dem Bildarchiv Foto Marburg betrieben wird, zahlreiche gedruckte Handschriftenkataloge in Form von Image-Digitalisaten zugänglich gemacht worden. Aufgrund einer Vereinbarung mit den Verlagen, welche die gedruckten Kataloge veröffentlichen, können die Digitalisate allerdings frühestens drei Jahre nach Erscheinen kostenfrei im Internet angeboten werden. Aufgrund dieser Einschränkung ist in den letzten Jahren auf Wunsch der DFG, von der die meisten deutschen Projekte zur Handschriftenkatalogisierung finanziert werden, zunehmend bereits während der Katalogisierung eine direkte Erfassung der elektronischen Volltexte von Handschriftenbeschreibungen in der Datenbank Manuscripta Mediaevalia erfolgt. Immer noch sind jedoch zahlreiche ältere Beschreibungen dort erst teilweise, nämlich über mit dem Image-Digitalisat verknüpfte Registerbegriffe, erfasst und recherchierbar.

Auch wenn in Hinblick auf die Volltexterfassung und die Suchmöglichkeiten in Manuscripta Mediaevalia noch Optimierungsbedarf besteht, bietet die Datenbank schon jetzt Zugriff auf eine Fülle detaillierter Informationen zu mittelalterlichen Handschriften und Fragmenten in deutschen Bibliotheken. So sind bereits jetzt die beiden 1994 und 2001 erschienenen Katalogbände zu den lateinischen Handschriftenfragmenten der BSB dort greifbar; eine Einstellung des 2013 veröffentlichten dritten Katalogbands ist geplant. Die einzelnen Beschreibungen sind über Permalinks eindeutig adressierbar und können so mit Kurzaufnahmen von Handschriften in Bibliotheks-OPACs verlinkt werden, um Benutzer, die dort recherchieren, auf verfügbare detaillierte Informationen aufmerksam zu machen. Eine Verlinkung von einer Handschriftenbeschreibung in Manuscripta Mediaevalia auf ein im Internet zugängliches Digitalisat der jeweiligen Handschrift ist seit wenigen Jahren ebenfalls möglich. Auf diese Weise ist ein unmittelbarer Konnex von Reproduktion des Originals und den zugehörigen Metadaten aus der Tiefenerschließung geschaffen. Im Rahmen des aktuell laufenden DFG-Projekts für eine Pilotphase zur Digitalisierung mittelalterlicher Handschriften an den deutschen Handschriftenzentren[26] sollen u. a. Verfahren für eine automatische Einspielung von Digitalisaten aus Bibliotheks-OPACs entwickelt werden, die angesichts einer rasch anwachsenden Zahl für den kontinuierlichen Datenaustausch unerlässlich sind.

3.2.2 Verzeichnung in Nachweisinstrumenten für Alte Drucke

Schon während der Katalogisierung des Inkunabelbestands der BSB, die seit den 1970er Jahren erfolgte, wurden auch in Inkunabelbänden enthaltene handschriftliche Teile erfasst. Der gedruckte Katalog wurde in sieben Bänden in den Jahren 1988 bis 2009 vorgelegt. Seit 2003 ist er daneben als kontinuierlich aktualisierte Online-Datenbank zugänglich; mehr als 7500 Volldigitalisate von Inkunabeln sind dort mit den Exemplar-

25 http://www.manuscripta-mediaevalia.de

26 Vgl. http://www.bsb-muenchen.de/die-bayerische-staatsbibliothek/projekte/digitalisierung/pilotphase-handschriftendigitalisierung

beschreibungen verlinkt[27]. Diese enthalten neben Hinweisen auf Einbandmakulatur auch Angaben zu beigebundenen Handschriften, die bei der Digitalisierung in der Regel (außer bei Sammelbänden) ebenfalls berücksichtigt werden. Angesichts der großen Zahl der zu in der BSB vorhandenen Drucke des 15. Jahrhunderts (aktuell 20.000 Exemplare von 9756 typographischen Ausgaben) standen bei der Katalogisierung der Inkunabeln jedoch druckgeschichtliche Aspekte im Vordergrund. Der Arbeitsschwerpunkt lag auf der Identifikation der jeweiligen Ausgaben und der Ermittlung von Exemplarinformationen wie Provenienzen und Einbandwerkstätten. Auf eine genauere Untersuchung der buchmalerischen Ausstattung und handschriftlichen Beigaben der Drucke, die traditionell einem anderen bibliothekarischen Arbeitsbereich angehörte, musste verzichtet werden. Daher bietet der Inkunabelkatalog hier meist nur knappe und pauschale Hinweise, insbesondere im Fall der massenhaft vorkommenden Einbandmakulatur aus liturgischen Codices. Angesichts der langen Entstehungszeit des Inkunabelkatalogs war zudem eine gewisse Heterogenität bei der Erfassung derartiger Befunde unvermeidlich.

Die Angaben im Inkunabelkatalog stellten jedoch eine außerordentlich nützliche Materialbasis für eine genauere Erschließung der beigebundenen Handschriftenfragmente dar. Im Rahmen der Erstellung des dritten Katalogbands der lateinischen Handschriftenfragmente durch Hermann Hauke und Wolfgang-Valentin Ikas wurden die entsprechenden Informationen aus der Inkunabeldatenbank extrahiert und in Autopsie der betreffenden Bände überprüft und ergänzt. Dabei war oftmals eine exaktere Bestimmung und stärkere Differenzierung möglich, gelegentlich auch die Herstellung von Zusammenhängen zu Makulatur in anderen Trägerbänden. Diese Erkenntnisse, die nun im 2013 veröffentlichten Katalog der Handschriftenfragmente niedergelegt sind, können wiederum die Exemplarbeschreibungen der Inkunabeln anreichern bzw. verbessern. Umgekehrt kamen der Fragmentenerschließung die umfangreichen Angaben zu den Provenienzen der Inkunabelbände zugute, in denen sich die Handschriftenmakulatur noch heute befindet.

Aufgrund der erheblich größeren Zahl an Drucken des 16. Jahrhunderts im Bestand der BSB konnte eine Erfassung beigebundener handschriftlicher Teile in diesem Bereich bisher erst ansatzweise erfolgten. Im Rahmen der ersten Phase des Digitalisierungsprojekts für im VD16 nachgewiesene Ausgaben der BSB[28] wurden derartige Informationen punktuell erhoben und als Strukturdaten beim jeweiligen Digitalisat zugänglich gemacht. Eine flächendeckende Sichtung und Verzeichnung von Handschriftenfragmenten ist aber noch nicht erfolgt. Die Nationalbibliographien VD16 und VD17 legen den Fokus auf Angaben zu den Druckausgaben und bieten daher keine Möglichkeit zur Erfassung derartiger Exemplarspezifika.

---

27 Vgl. dazu oben Anm. 6 und Bettina Wagner, Das Second Life der Wiegendrucke. Die Inkunabelsammlung der BSB im Internet, in: Information – Innovation – Inspiration. 450 Jahre Bayerische Saatsbibliothek, hg. von Rolf Griebel und Klaus Ceynowa, München 2008, S. 207–224, sowie dies., Die ältesten Drucke im Internet. Vom lokalen Inkunabelkatalog zu einem koordinierten nationalen Digitalisierungsprojekt, in Zeitschrift für Bibliothekswesen und Bibliographie 58 (2011), S. 19 27.

28 http://www.bsb-muenchen.de/die-bayerische-staatsbibliothek/projekte/digitalisierung/digitalisierung-der-im-deutschen-sprachbereich-erschienenen-drucke-des-16-jahrhunderts

3.2.3 Erfassung in online zugänglichen Bibliothekskatalogen und -portalen

Die primäre Erschließung der Bestände der BSB erfolgt im Bayerischen Verbundkatalog (B3Kat), von wo aus die Daten in das Lokalsystem der BSB, den BSB-OPAC, gelangen. Durch Datenlieferungen an den WorldCat werden diese Kurzkatalogisate weltweit zugänglich und recherchierbar gemacht. Weitere Kataloge bzw. Portale, die zumindest die Beschreibungen digitalisierter Handschriften beinhalten, sind die europäische digitale Bibliothek Europeana[29] und die Digitalen Sammlungen der BSB[30]. Letzteres mag sich wie eine lokale Insel-Lösung anhören, bietet aber den Vorteil, dass sämtliche Digitalisate mit ihren Kurzbeschreibungen von den gängigen Suchmaschinen indexiert werden. Sucht man also beispielsweise über Google das berühmte *Willehalm*-Fragment bzw. die Signatur Cgm 193,III, so wird man problemlos fündig.

Dieses Verfahren bietet sich allerdings nur für Fragmente an, die in der Vergangenheit von ihrem einstigen Trägerband abgelöst worden sind und daher heute eine Individualsignatur tragen, nicht jedoch für die sich noch *in situ* befindlichen Fragmente, die nur über die (Druckschriften-)Signatur des jeweiligen Trägerbandes adressier- und bestellbar sind. Das umfangreiche tabellenartige Verzeichnis im Anhang des dritten Bandes der lateinischen Fragmente[31] (Abb. 15) versucht, diese Lücke zumindest teilweise zu schließen. Ziel muss es dabei unbedingt sein, diese bisher nur gedruckt vorliegenden Informationen ebenfalls recherchierbar zu machen und als Bestandteil der entsprechenden Katalogaufnahme anzubieten. Aus katalogtechnischer Sicht sind hierbei Handschriftenbände, die eine entsprechende Signatur (Clm, Cgm, Cod.gall., etc.) tragen, unproblematisch, denn die beigebundenen Fragmente werden im Rahmen der Handschriftenbeschreibung mit erfasst. Anders verhält es sich allerdings bei Drucken, bei denen es sich ja – anders als bei Handschriften – in aller Regel nicht um Unikate handelt. Hier können Fragmente als Bestandteil(e) der Einbände und somit als Exemplarspezifika nicht in der Beschreibung vermerkt werden, sondern als Information nur auf der item-Ebene, im Konnex mit der Signatur, als externe und daher in den lokalen OPACs sicht- und suchbare Fußnote[32]. Auch wenn es unbestreitbar ein Nachteil dieser Verzeichnungsform ist, dass die lokalen Fußnoten nicht in überregionalen Katalogen – also etwa im Bayerischen Bibliotheksverbund B3Kat – angezeigt oder recherchiert werden können, so bietet dies doch erstmals die Möglichkeit, auch derartige

29 http://www.europeana.eu

30 http://www.digitale-sammlungen.de

31 Hermann Hauke und Wolfgang-Valentin Ikas, Bd. 3: Clm 29550–29990, S. 323–459.

32 Diese exemplarspezifische Erfassung erfolgt in so genannten Buchdatensätzen. Kenntlich gemacht wird die Information durch die folgende einleitende Wendung: „Enthält ein nicht ausgelöstes handschriftliches Fragment:" z.B. bei der Signatur ESlg/L.as. 124: https://opacplus.bsb-muenchen.de/search?oclcno=257860694&db=100. Eine gewisse Zwitterstellung nehmen in der BSB die ausgelösten Falzstreifen ein (s. o.), die unter der Sammelsignatur Clm 29980 plus der jeweiligen Hand- bzw. Druckschriftensignatur im gedruckten Katalog verzeichnet worden sind (Hermann Hauke und Wolfgang-Valentin Ikas, Bd. 3: Clm 29550–29990, S. 220–246). Im Bereich der Drucke als ehemalige Trägerbände werden auch die ausgelösten Fragmente als Teil der Exemplarspezifika betrachtet und entsprechend katalogisiert. Die einleitende Wendung lautet hier: „Ausgelöstes handschriftliches Fragment:" Beispiel hierfür ist etwa Alch. 15: https://opacplus.bsb-muenchen.de/search?oclcno=165676878&db=100.

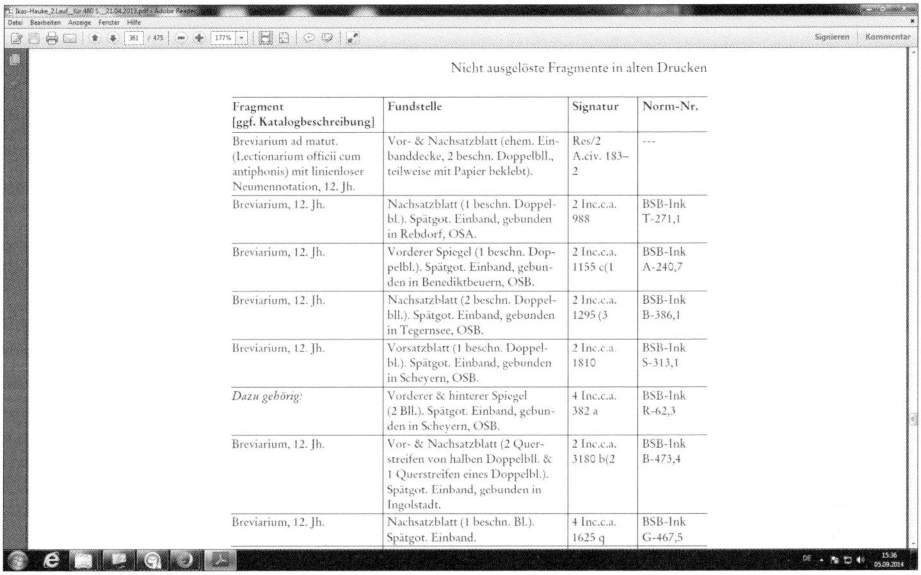

Nicht ausgelöste Fragmente in alten Drucken

Fragment [ggf. Katalogbeschreibung]	Fundstelle	Signatur	Norm-Nr.
Breviarium ad matut. (Lectionarium officii cum antiphonis) mit linienloser Neumennotation, 12. Jh.	Vor- & Nachsatzblatt (ehem. Einbanddecke, 2 beschn. Doppelbll., teilweise mit Papier beklebt).	Res/2 A.civ. 183–2	---
Breviarium, 12. Jh.	Nachsatzblatt (1 beschn. Doppelbl.). Spätgot. Einband, gebunden in Rebdorf, OSA.	2 Inc.c.a. 988	BSB-Ink T-271,1
Breviarium, 12. Jh.	Vorderer Spiegel (1 beschn. Doppelbl.). Spätgot. Einband, gebunden in Benediktbeuern, OSB.	2 Inc.c.a. 1155 c(1	BSB-Ink A-240,7
Breviarium, 12. Jh.	Nachsatzblatt (2 beschn. Doppelbll.). Spätgot. Einband, gebunden in Tegernsee, OSB.	2 Inc.c.a. 1295 (3	BSB-Ink B-386,1
Breviarium, 12. Jh.	Vorsatzblatt (1 beschn. Doppelbl.). Spätgot. Einband, gebunden in Scheyern, OSB.	2 Inc.c.a. 1810	BSB-Ink S-313,1
Dazu gehörig:	Vorderer & hinterer Spiegel (2 Bll.). Spätgot. Einband, gebunden in Scheyern, OSB.	4 Inc.c.a. 382 a	BSB-Ink R-62,3
Breviarium, 12. Jh.	Vor- & Nachsatzblatt (2 Querstreifen von halben Doppelbll. & 1 Querstreifen eines Doppelbl.). Spätgot. Einband, gebunden in Ingolstadt.	2 Inc.c.a. 3180 b(2	BSB-Ink B-473,4
Breviarium, 12. Jh.	Nachsatzblatt (1 beschn. Bl.). Spätgot. Einband.	4 Inc.c.a. 1625 q	BSB-Ink G-467,5

Abb. 15
Kurzerfassung von nicht ausgelösten Fragmenten als Anhang zum gedruckten Handschriftenkatalog von Hauke und Ikas (2013) (Foto: München, BSB).

Kleinmakulatur zumindest lokal suchbar und die Fachwelt hierauf aufmerksam zu machen, also im klassischen Sinne „Spuren zu legen", was der konventionelle Katalog so nicht zu leisten vermag. Dieses Verfahren ist insbesondere für die Drucke ab Erscheinungsjahr 1501 sinnvoll; bei den Wiegendrucken hingegen erfolgt zusätzlich, wie oben erwähnt, die ausführliche Verzeichnung im BSB-Ink, dem als Datenbank verfügbaren Inkunabelkatalog der BSB.

3.2.4 Kataloganreicherungen

Unter Kataloganreicherungen (englisch: *Catalogue Enrichment*) versteht man die technische Möglichkeit, den Kurzaufnahmen für Handschriften im Verbundkatalog und im Lokalsystem ausführlichere Informationen als PDF-Dateien beizugeben. Denkbar ist das bei Ausstellungskatalogen, nur schwer greifbaren Publikationen – wie seltener Sekundärliteratur und Restaurierungsprotokollen – oder ggf. auch bei diversen wissenschaftlichen Arbeiten, die rechtlich als unveröffentlicht zu gelten haben (z. B. Seminar-, Bachelor- und Masterarbeiten) und somit nur mit vorheriger Zustimmung des Urhebers zugänglich gemacht werden dürfen. Alternativ dazu bietet sich indessen auch ein persistenter Link zu universitären Dokumenten-Servern, etwa der TU München, an, bei der im Rahmen der Kooperation mit dem BSB-Institut für Buch- und Handschriftenrestau-

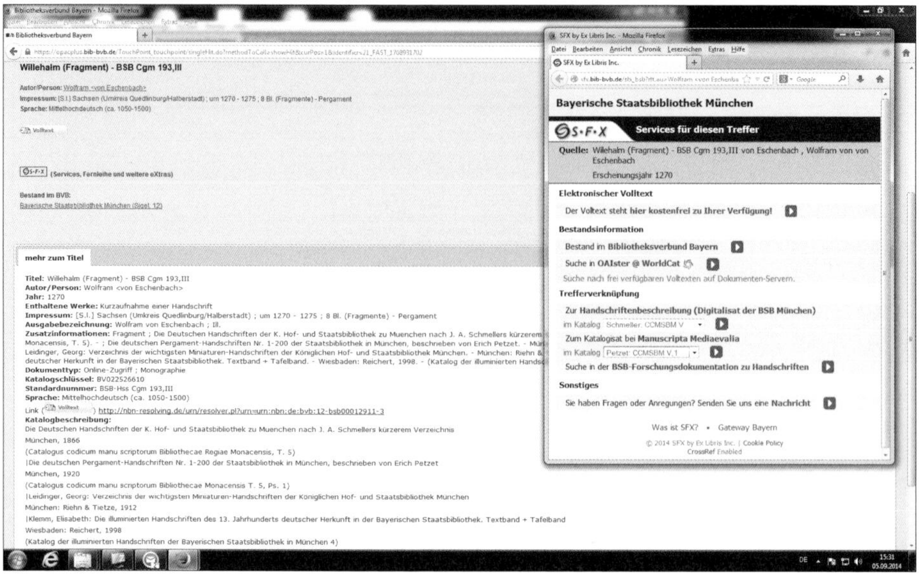

Abb. 16
Titelaufnahme zu Cgm 193,III im Verbundkatalog Gateway Bayern mit weitergehenden Informationen zu den gedruckten und digitalisierten Katalogen mittels SFX-Verknüpfung (Foto: München, BSB).

rierung (IBR) künftig ebenfalls einschlägige Bachelor-oder Master-Arbeiten verfügbar sein werden[33].

3.2.5 Verlinkung der Informationen

Sobald eine Handschrift oder ein Handschriftenfragment in einem elektronischen Katalog nachgewiesen ist, ergeben sich zahlreiche Möglichkeiten, die betreffende Kurzaufnahme per kontextsensitiver Verlinkung mit den jeweiligen digital verfügbaren ausführlichen, wissenschaftlichen, oftmals auch mit DFG-Förderung erstellten Katalogbeschreibungen zu verlinken. Im Bereich des Bibliotheksverbundes Bayern geschieht dies mit Hilfe des Linkservers SFX der Firma ExLibris. Ein Beispiel soll dies verdeutlichen: Der Cgm 193,III – das bereits erwähnte *Willehalm*-Fragment – wird in mehreren Handschriftenkatalogen

33 Einschlägig wäre hier die Bachelor-Arbeit einer vom IBR betreuten Absolventin des Studiengangs Restaurierung, Kunsttechnologie und Konservierungswissenschaft an der TU München, die die Konservierung des Fragments Clm 29550(1 zum Gegenstand hat. Im Zuge der Arbeiten wurden die einzelnen Falzstreifen aus den bisherigen Folien, in denen sie zwecks Fixierung angelötet worden waren, entnommen und dem Stand der Kunst entsprechend neu montiert. Die Arbeit wird wohl – das Einverständnis der Verfasserin und der Universität vorausgesetzt – voraussichtlich 2015 zugänglich gemacht werden.

der BSB beschrieben, die aus den Jahren 1866, 1912, 1920 und 1998 stammen[34] (Abb. 16). Hierbei ist in textlicher und kunsthistorischer Hinsicht einschlägig insbesondere die von Erich Petzet 1920 erstellte Beschreibung, deren Angaben 1998 durch Elisabeth Klemm aktualisiert und präzisiert wurden[35]; zwischen beiden Katalogisaten kann innerhalb des Manuscripta Mediaevalia Targets gewählt werden. Der ebenfalls angebotene SFX-Link zur BSB-Forschungsdokumentation führt auch zu Publikationen für den Erscheinungszeitraum nach 1998, vermag also die Zeit zwischen der Drucklegung des jüngsten Katalogs und dem gegenwärtigen Stand der Forschung weitgehend zu schließen. Dabei wird der Benutzer direkt auf die unterschiedlichen Nachweisformen – in diesem Falle neben dem Digitalisat insgesamt fünf – geführt, ohne selbst danach recherchieren zu müssen. Der in früheren Zeiten disparate und vielfältige Nachweis von Handschriften, dessen optimale Nutzung bestandsdifferenzierte Sonderkenntnisse erforderte, wird somit über einen zentralen Zugang präkoordiniert und im Wesentlichen vollständig über das Internet erreichbar angeboten, was einen enormen Fortschritt in Sachen Benutzerfreundlichkeit und Wissenschaftsförderung darstellt[36].

Prinzipiell wären derartige kontextsensitive Verlinkungen für noch viele weitere Datenbanken denkbar und sinnvoll, wie etwa bei Fragen zur Provenienzermittlung bzw. -erschließung zur Einbanddatenbank (EBDB), allerdings ist dies technisch noch nicht realisiert[37].

3.3 Erfassung von Provenienzen und Altsignaturen

Eine Erfassung der ermittelbaren[38] Informationen zur Herkunft (Provenienz I) und Besitzgeschichte (Provenienz II) von Handschriftenfragmenten ist integraler Bestandteil der wissenschaftlichen Beschreibungen und somit auch der im OPAC recherchierbaren Kurzaufnahmen (Abb. 17). In diesem Zusammenhang ebenfalls sehr wichtig ist der Nachweis der heute obsoleten Altsignaturen der Fragmente aus der Zeit vor der Umstellung und Neusystematisierung in den 1970er Jahren, die teilweise bereits in der wissenschaftlichen Literatur zitiert werden, was immer wieder zu Fehlbestellungen führt. Der OPAC vermag auch hier dem Benutzer die Arbeit zu erleichtern: Im Gegensatz zum gedruckten Katalog,

34 Vgl. hierzu die Katalogaufnahme unter https://opacplus.bsb-muenchen.de/search?oclcno=643300091&db=100

35 Erich Petzet, Die deutschen Pergamenthandschriften Nr. 1–200 der Staatsbibliothek in München, München 1920, S. 347–348; Elisabeth Klemm, Die illuminierten Handschriften des 13. Jahrhunderts deutscher Herkunft in der Bayerischen Staatsbibliothek (Katalog der illuminierten Handschriften der Bayerischen Staatsbibliothek in München, 4), Wiesbaden 1998, Nr. 236, S. 266–270.

36 Vgl. ausführlich hierzu Claudia Fabian, Wolfgang-Valentin Ikas und Mathias Kratzer, Vom Nutzen der Vernetzung und den Chancen der Digitalisierung. Neue Wege der Handschriftenerschließung in der Bayerischen Staatsbibliothek, in: Zeitschrift für Bibliothekswesen und Bibliographie 54 (2007), S. 322–335.

37 http://www.hist-einband.de. In BSB-Ink ist eine derartige Verlinkung an externe Ressourcen über XML-Hyperlinks umgesetzt, vgl. z. B. BSB-Ink A-248.

38 Wie bereits erwähnt, gibt es vielfach Probleme hinsichtlich der Provenienzzuschreibung bei ausgelösten Fragmenten. Insofern ist es sinnvoller, den Konnex dauerhaft zu bewahren und die Bruchstücke *in situ* zu belassen.

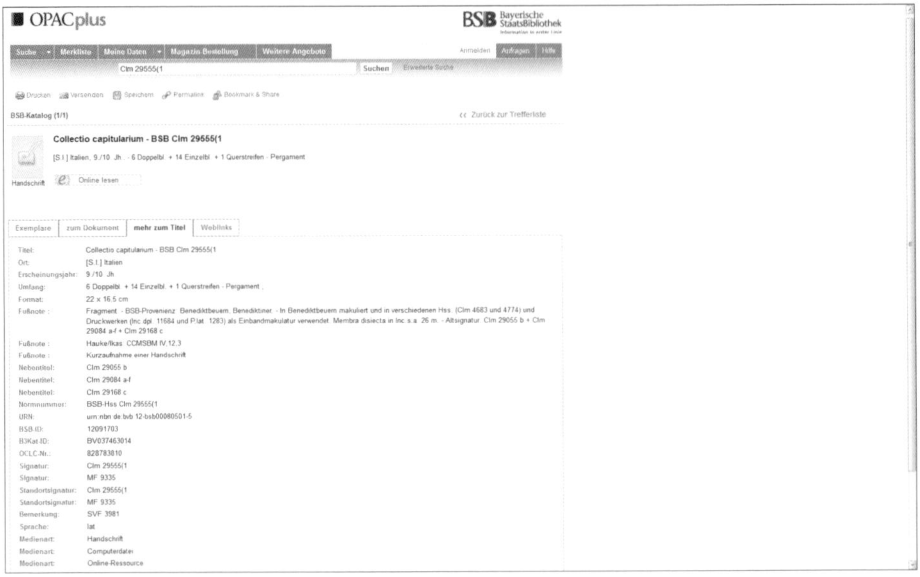
OPACplus
BSB Bayerische StaatsBibliothek
Suche Merkliste Meine Daten Magazin Bestellung Weitere Angebote
Anmelden Anfragen Hilfe
Clm 29555(1 Suchen Erweiterte Suche
Drucken Versenden Speichern Permalink Bookmark & Share
BSB-Katalog (1/1)
‹‹ Zurück zur Trefferliste
Collectio capitularium - BSB Clm 29555(1
[S.l.] Italien, 9./10. Jh. - 6 Doppelbl. + 14 Einzelbl. + 1 Querstreifen - Pergament
Handschrift
Online lesen
Exemplare
zum Dokument
mehr zum Titel
Weblinks
Titel: Collectio capitularium - BSB Clm 29555(1
Ort: [S.l.] Italien
Erscheinungsjahr: 9./10. Jh.
Umfang: 6 Doppelbl. + 14 Einzelbl. + 1 Querstreifen - Pergament ,
Format: 22 x 16,5 cm
Fußnote : Fragment. - BSB-Provenienz: Benediktbeuern, Benediktiner. - In Benediktbeuern makuliert und in verschiedenen Hss. (Clm 4683 und 4774) und Druckwerken (Inc.dpl. 11684 und P.lat. 1283) als Einbandmakulatur verwendet. Membra disiecta in Inc.s.a. 26 m. - Altsignatur: Clm 29055 b + Clm 29084 a-f + Clm 29168 c
Fußnote : Hauke/Ikas: CCMSBM IV,12,3
Fußnote : Kurzaufnahme einer Handschrift
Nebentitel: Clm 29055 b
Nebentitel: Clm 29084 a-f
Nebentitel: Clm 29168 c
Normnummer: BSB-Hss Clm 29555(1
URN: urn:nbn:de:bvb:12-bsb00080501-5
BSB-ID: 12091703
B3Kat-ID: BV037463014
OCLC-Nr.: 828783810
Signatur: Clm 29555(1
Signatur: MF 9335
Standortsignatur: Clm 29555(1
Standortsignatur: MF 9335
Bemerkung: SVF 3981
Sprache: lat
Medienart: Handschrift
Medienart: Computerdatei
Medienart: Online-Ressource

Abb. 17
Aufnahme des Fragments Clm 29555(1 im BSB-OPAC mit suchbaren Angaben zu Provenienzen und Altsignaturen (Foto: München, BSB).

bei dem man die aktuell gültige Signatur über eine Konkordanz ermitteln muss, wird der Benutzer – bei korrekter Eingabe der Altsignatur aus dem Bereich Clm 29001–29199 – automatisch auf die nun gültige, ausleih- und zitierfähige neue Signatur nebst Kurzbeschreibung umgelenkt. Möglich wird dies durch die Eintragung der Altsignatur(en) in das suchbare Feld 370a bei der Katalogisierung. Hierfür ist das Modell bereits entwickelt, lediglich die praktische Umsetzung für die mehr als 2500 ausgelösten Fragmente der BSB wird erst in Zukunft – evtl. auch nur im Rahmen eines Projektes – möglich sein[39]. Damit wird dann der derzeit noch mühsame und – obwohl die Liste als PDF-Datei auf der BSB-Homepage einsehbar ist – auch etwas schwer auffindbare Weg über die Signaturenkonkordanz der Vergangenheit angehören.

Eine ähnliche Perspektive eröffnet auch die zunehmende Volltexterfassung in Manuscripta Mediaevalia, die ebenfalls eine Suche nach Provenienzen und Altsignaturen ermöglicht. Beide Neuerungen stellen einen deutlichen Fortschritt in Bezug auf die Benutzerfreundlichkeit der Fragmentennachweise dar.

39 Bereits realisiert ist etwa folgendes Beispiel: Clm 29555(1: https://opacplus.bsb-muenchen.de/search?oclcno=828783810&db=100; die entsprechenden Informationen sind unter dem Reiter „Mehr zum Titel" einsehbar.

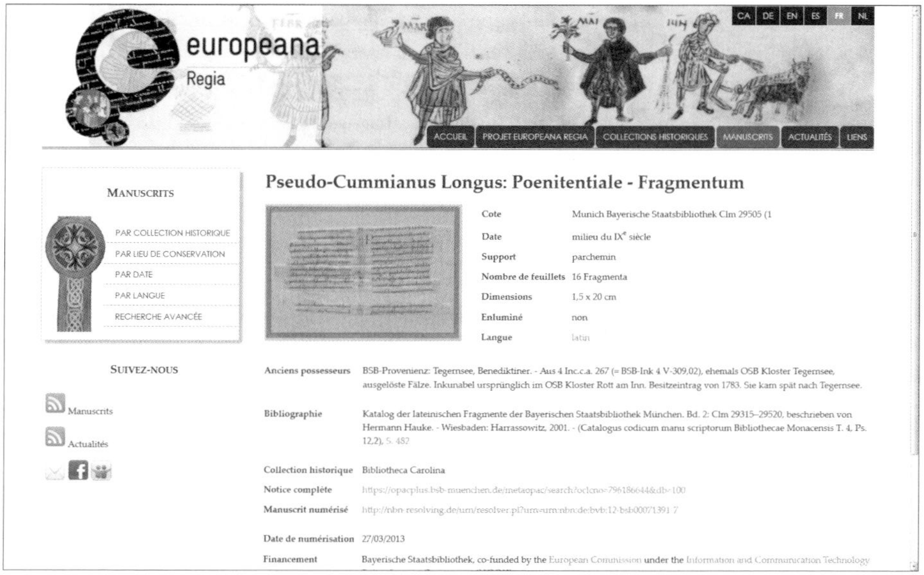

Abb. 18
Präsentation von Fragmenten auf der Projektseite www.europeanaregia.eu (Foto: München, BSB).

3.4 Benutzungsaspekte

Online verfügbare Kataloge und die Digitalisierung haben, wie bereits angedeutet, zunehmend Auswirkungen auf die Vor-Ort-Benutzung im Lesesaal für Handschriften und Alte Drucke: So werden derzeit (Stand August 2014) über lokale und überregionale Katalogdatenbanken sowie über eine eigene Projektseite bereits mehr als 400 lateinische und deutschsprachige Fragmente (mit Clm- und Cgm-Signaturen) als digitale Reproduktionen online frei zugänglich gemacht[40]. In Anbetracht der häufig aufgrund von Leimspuren und verblasster oder abgeriebener Tinte erschwerten Lesbarkeit von Fragmenten wurde besonderer Wert auf die Digitalisierung vom Original und nicht – wie sonst an der BSB auch praktiziert – vom Mikrofilm gelegt.[41]

40 http://www.bsb-muenchen.de/die-bayerische-staatsbibliothek/abteilungen/handschriften-und-alte-drucke/abendlaendische-handschriften/fragmente bzw. http://daten.digitale-sammlungen.de/~db/ausgaben/uni_ausgabe.html?projekt=1137508549&ordnung=sig&recherche=ja&l=de . Dazu kommen noch 66 digitalisierte hebräische Fragmente, die fast 40 % des bekannten Gesamtbestandes ausmachen.

41 Grundsätzlich ist gerade bei Fragmenten, die überlieferungsbedingt oft nur schwer zu lesende Textstellen beinhalten, die Digitalisierung vom Original als das zu bevorzugende Verfahren anzusehen. Allerdings kann es im Einzelfall nützlich sein, vorhandene ältere Mikrofilme zu digitalisieren und dem farbigen Originaldigitalisat zur Seite zu stellen, sofern bei der Erstellung des Films noch (Text-)Teile zu sehen gewesen sind, deren Lesbarkeit sich in der Zwischenzeit verschlechtert hat.

Nun könnte man vielleicht annehmen, dass die zunehmende Online-Verfügbarkeit zu einer spürbaren Reduktion der physischen Benutzung im Lesesaal führen würde. Das Gegenteil scheint jedoch der Fall zu sein. Die online sichtbaren Digitalisate, die zum Teil im EU-Projekt „Europeana regia"[42] (Abb. 18), oft aber auch im Kundenauftragsverfahren erstellt worden sind, bilden i. d. R. keine kompletten Signaturbereiche ab, sondern stellen gewissermaßen Inseln im Meer des Gesamtbestandes dar. Nichtsdestotrotz ergibt sich hierdurch ein gewisser Querschnitt durch den Bestand, der die Forschung auf weiteres, noch nicht Digitalisiertes aufmerksam bzw. neugierig macht. Dies zeigt sich daran, dass die Bibliothek immer wieder Anfragen erreichen, ob es weitere Handschriften mit einem spezifischen Text, von einem bestimmten Schreiber oder aus einer Provenienz gebe, auf die man über die Digitalen Sammlungen der BSB gestoßen ist. Die Online-Sichtbarkeit einiger vergleichsweise weniger Fragmente stimuliert also die Nachfrage nach den Originalen.

Auch auf die Vor-Ort-Benutzung haben sich die Katalogisierungsbemühungen der jüngeren Vergangenheit ausgewirkt: Das derzeitige Bestellprocedere von Handschriften mittels Leihscheinen kann in absehbarer Zeit von einer Online-Bestellmöglichkeit direkt über den OPAC abgelöst werden. Zu diesem Zweck wurden, wie bereits erwähnt, für alle Signaturen maschinelle Buchdatensätze – also auch für jede Fragmentensignatur – angelegt, die dem Benutzer sowohl das Vorhandensein eines Fragments durch eine belegte Signatur signalisieren als auch Hinweise zu weiterführender Literatur (gedruckte Kataloge, BSB-Forschungsdokumentation) und dessen Benutzbarkeit beinhalten. Ein Teil der Aufnahmen – schätzungsweise 15 bis 20 Prozent – ist bereits ausführlicher kurz-katalogisiert worden, was eine gezieltere Suche nach Entstehungszeiträumen, Text(gattung)en und Verfassernamen ermöglicht[43].

Wie bei Druckschriften bereits üblich, wird auch bei den Handschriften die Steuerung der Benutzung mittels einer individuellen Vergabe von Medientypen im OPAC möglich sein. Bei Fragmenten, die naturgemäß sehr verlustgefährdet sind (insbesondere bei der Aufbewahrung von einzelnen, z. T. auch sehr vielen Bruchstücken wie etwa Falzstreifen in einer Mappe), wäre eine automatisierte Prüfroutine denkbar: Wenn schon ein Digitalisat vorhanden ist, wird eine Bestellung nicht mehr automatisch durchgeführt, sondern eine Einsichtnahme in das Original ist nur noch bei Nachweis nachvollziehbarer unabdingbarer Gründe dafür möglich, warum das Farbdigitalisat nicht ausreicht. Dieses Verfahren wird gegenwärtig lediglich bei wertvollem Tresorbestand angewandt, ließe sich aber technisch problemlos auf den Sonderbestand der Fragmente bzw. auch generell auf alle Handschriften übertragen. Wenn indes noch kein Digitalisat vorhanden ist, soll die Original-Benutzung nach wie vor ohne Rücksprache möglich bleiben, dann allerdings aus Bestandsschutzgründen an einem besonders gut überwachten Sonderleseplatz.

---

42 http://www.europeanaregia.eu/de

43 Im derzeitigen BSB-OPAC (Touchpoint: https://opacplus.bsb-muenchen.de/metaopac/start.do?View =default) geschieht dies mittels der „Suche verfeinern"-Funktion im linken Bereich des Bildschirms, in den Digitalen Sammlungen (s. o.) gibt es hierfür eigene, vordefinierte Anzeige- und Sortiereinstellungen.

Die OPAC-Kurzaufnahmen haben noch einen weiteren unbestreitbaren Vorteil für die Benutzung, nämlich die mit den Aufnahmen verknüpften Buchdatensätze: Dort ließen sich in einer externen oder internen Fußnote auch nachträgliche Veränderungen – etwa in der Anzahl der Bruchstücke – hinterlegen. Es kommt immer wieder vor, dass neuaufgefundene Fragmente, die als weitere Teile eines bereits bekannten *codex discissus* identifiziert werden, in die entsprechende Mappe dazugelegt werden, was dann allerdings zu Änderungen bei der Umfangsangabe gegenüber dem gedruckten Katalog führt. Ähnlich sieht es bei Verlusten aus, die gerade bei sehr kleinteiligen Bruchstücken in der Vergangenheit leider hin und wieder vorgekommen sind. Diese aktualisierten Angaben können bei einer OPAC-Verzeichnung und -Verbuchung – mit dem Datum der Feststellung – in eine interne Fußnote des Buchdatensatzes eingetragen werden. Die Anzahl könnte dann anlässlich eines jeden Benutzungsvorgangs bei der Rückgabe vom Bibliothekspersonal kontrolliert werden. Somit wäre ein besserer Bestandsschutz gewährleistet, da die Umfangsangaben leichter aktualisierbar und besser sichtbar sind als früher, als im Verdachtsfall immer der gedruckte Katalog oder das – nicht direkt an der Ausgabetheke befindliche – Repertorium konsultiert werden musste.

4. Versuch einer quantitativen Bestandsevaluation

Will man den Versuch einer quantitativen Bestimmung der abendländischen Fragmente im BSB-Bestand – wobei hier auch die hebräischen Bruchstücke aufgrund ihrer Entstehung in Europa hinzugerechnet werden sollen – wagen[44], so muss man hier leider nach wie vor einen Teilbestand schätzen, da immer noch nicht alles entdeckt und bestimmt worden ist. Die Quantifizierung der bekannten Fragmente mit Individualsignaturen wird indessen maßgeblich erleichtert durch die Verzeichnung in elektronischen Katalogen (Zahl der Datensätze). Hierzu gehören (Stand August 2014):

44 Orientalische Handschriftenfragmente finden sich hier nicht gesondert aufgeführt, da diese noch nicht konsequent erfasst worden sind. Größere Gruppen finden sich indessen im Signaturenbereich der arabischen (Cod.arab. 1066–1071, 1341 und 2817) und bei den koptischen Handschriften (Cod.copt.).

Lateinische Fragmente
(sofern nicht anders angegeben, mittelalterliche)[45]

Teilbestand	Zahl	Textlich verzeichnet in:
Fragmente in der normalen Clm-Signaturensequenz: Clm 4660 a, 4719 m, 6436, 9681 a, 15028, 19149, 19150, 19486, 23618, 27268 n [mehrere], 27270	11	Kataloge der lateinischen Handschriften der Bayerischen Staatsbibliothek München: – Günter Glauche, Die Pergamenthandschriften aus Benediktbeuern: Clm 4501–4663 (Catalogus codicum manu scriptorum Bibliothecae Monacensis T. 3, Ser.nov. Ps. 1), Wiesbaden 1994, S. 304. – Günter Glauche, Die Pergamenthandschriften aus dem Domkapitel Freising. Bd. 2: Clm 6317–6437 (Catalogus codicum manu scriptorum Bibliothecae Monacensis T. 3, Ser.nov. Ps. 2,2), Wiesbaden 2011, S. 306–309. – Hermann Hauke, Clm 27270–27499 (Catalogus codicum manu scriptorum Bibliothecae Monacensis T. 4, Ps. 5), Wiesbaden 1975, S. 3 f. – Karl Halm, Catalogus codicum manu scriptorum Bibliothecae Regiae Monacensis, Tomus 4: Catalogus codicum latinorum, Pars 3: Clm 15121–21313, Monachii 1878, S. 236, 250.
Ausgelöste Fragmente („Fragmentensammlung“) in dem Signaturenbereich Clm 29202–29970	2.695	Kataloge der lateinischen Fragmente der Bayerischen Staatsbibliothek München: – Hermann Hauke, Bd. 1: Clm 29202–29311 und Bd. 2: Clm 29315–29520 (Catalogus codicum manu scriptorum Bibliothecae Monacensis T. 4, Ps. 12,1 und 12,2), Wiesbaden 1994 und 2001. – Hermann Hauke und Wolfgang-Valentin Ikas, Bd. 3: Clm 29550–29990. Kurzkatalog mit Nachträgen zu den Katalogbänden 1 und 2 nebst einem Anhang zu den bislang nicht ausgelösten Handschriftenfragmenten (Catalogus codicum manu scriptorum Bibliothecae Monacensis T. 4, Ps. 12,3), Wiesbaden 2013.

45 Für einzelne besonders bedeutende Fragmente existieren hierzu auch Beschreibungen in modernen Ausstellungs- bzw. Sonderkatalogen sowie im Katalog der illuminierten Handschriften der Bayerischen Staatsbibliothek in München, 1980 ff., die hier jedoch nicht separat aufgeführt werden. Hierfür recherchiere man in der Forschungsdokumentation Handschriften: http://www.bsb-muenchen.de/literatursuche/spezialbestaende/handschriften-und-nachlaesse/forschungsdokumentation-handschriften.

Teilbestand	Zahl	Textlich verzeichnet in:
Ausgelöste Fragmente (= Falzstreifen aus einzelnen Hand- und Druckschriften) im Signaturenbereich Clm 29980	332	– Hermann Hauke und Wolfgang-Valentin Ikas, Bd. 3: Clm 29550–29990 (wie oben), S. 220–246.
Ausgelöste Papier-Fragmente (zumeist neuzeitlich, teilweise jedoch auch spätmittelalterlich) unter Clm 29990	k. A.	Desiderat; Verwahrung in zwei Schachteln. Feingliederung und Verzeichnis wären noch zu erarbeiten.
Nicht ausgelöste Fragmente in alten Drucken (soweit bislang erfasst, somit nur ein Zwischenstand)	1.800	– Hermann Hauke und Wolfgang-Valentin Ikas, Bd. 3: Clm 29550–29990 (wie oben), S. 323–459.

Deutschsprachige Fragmente (sofern nicht anders angegeben, mittelalterliche)

Teilbestand	Zahl	Textlich verzeichnet in:
Fragmente in der regulären Cgm-Signaturensequenz: Cgm 187–200, 5256, 8533, 8797, 8840, 9342 und 9368	35	– Erich Petzet, Die deutschen Pergament-Handschriften Nr. 1–200 der Staatsbibliothek in München (Catalogus codicum manu scriptorum Bibliothecae Monacensis T. 5, Ps. 1), München 1920, S. 340–360. – Elisabeth Wunderle, Die deutschen Handschriften der Bayerischen Staatsbibliothek München. Die mittelalterlichen Handschriften aus Cgm 5255 ff. Derzeit noch in Bearbeitung, wird in 2 Bänden in Wiesbaden (Catalogus codicum manu scriptorum Bibliothecae Monacensis T. 5, Ps. 9) erscheinen.
Eigentliche „Fragmentensammlung" im Bereich Cgm 5248–5250	442	– Wunderle, Elisabeth, Cgm 5248. Die sogenannten althochdeutschen Fragmente der Bayerischen Staatsbibliothek München, in: Zeitschrift für deutsches Altertum und deutsche Literatur 139 (2010), S. 197–221. – Karin Schneider und Elisabeth Wunderle, Die deutschen Handschriften der Bayerischen Staatsbibliothek München. Die mittelalterlichen Fragmente Cgm 5249–5250 (Catalogus codicum manu scriptorum Bibliothecae Monacensis T. 5, Ps. 8), Wiesbaden 2005.

Teilbestand	**Zahl**	**Textlich verzeichnet in:**
Weitere ausgelöste Fragmente unter Cgm 5153 a bis m	12	– Karin Schneider, Die deutschen Handschriften der Bayerischen Staatsbibliothek München. Die mittelalterlichen Handschriften aus Cgm 4001–5247 (Catalogus codicum manu scriptorum Bibliothecae Monacensis T. 5, Ps. 7), Wiesbaden 1996, S. 501–510.
Ausgelöste Urkunden-Fragmente unter Cgm 9472	25	Inzwischen ausschließlich im OPAC recherchierbar.
Ausgelöste neuzeitliche Papier-Fragmente unter Cgm 5251 [in geringem Umfang auch noch unter Clm 29990]	48+x	Einzelfragmente 1–28 handschriftlich von Karin Schneider und nun auch im OPAC kurzkatalogisiert, weitere 20 nur vorläufig kurzkatalogisiert; Verwahrung in zwei Schachteln. Abschließende Verzeichnung für die Stücke 29 ff. ist noch zu erarbeiten.
Nicht ausgelöste Fragmente in Handschriften (soweit bislang erfasst)	k.A.	Teil der Beschreibungstätigkeit bei der Handschriftenerschließung; z. T. auch über die Sachregister zu den Katalogen greifbar.
Griechische Fragmente im Signaturenbereich Cod.graec. 587, 588, 589, 592, 610, 614, 645 sowie zum Teil noch ohne Signatur	19+x	– Friederike Berger, Katalog der griechischen Handschriften der Bayerischen Staatsbibliothek München. Bd. 9: Codices graeci Monacenses 575–650 (Handschriften des Supplements) (Catalogus codicum manu scriptorum Bibliothecae Monacensis T. 2, Ps. 9), Wiesbaden 2014. Verwahrung der noch unkatalogisierten Fragmente in einer Schachtel. Feingliederung und Verzeichnis wären noch zu erarbeiten.
Hebräische Fragmente im Signaturenbereich Cod.hebr. 119, 151, 153, 356, 419, 436, 452, 454, 492, 494, 506, 507, 510, 514 und 515	184	– Moritz Steinschneider, Die hebraeischen Handschriften der K. Hof- und Staatsbibliothek in München (Catalogus codicum manu scriptorum Bibliothecae Regiae Monacensis T 1, Ps. 1), München, 2., großenteils umgearbeitete und erweiterte Auflage München, 1895, S. 84 f. und 199 f. – Ernst Róth, Hebräische Handschriften, Teil 2 (Verzeichnis der orientalischen Handschriften in Deutschland 6, 2), Wiesbaden 1965, S. 255–301. Die Fragmente ab Cod.hebr. 492 sind nur über den OPAC recherchierbar.

Teilbestand	Zahl	Textlich verzeichnet in:
Nicht ausgelöste Fragmente in Handschriften (soweit bislang erfasst): Cgm 300 und 662 sowie Clm 2935, 2955, 3874, 3910, 6485, 6493, 15954, 21218 und Cod.graec. 134	11	Teilweise bei Ernst Róth, Hebräische Handschriften (wie oben), S. 301 f., sowie in den entsprechenden Katalogen erfasst.

Somit sind es deutlich mehr als **5.500 abendländische Fragmente**, die bereits über ihre Signaturen bzw. die ihrer Trägerbände greifbar sind. Vermutlich befinden sich zusätzlich zu den bekannten 1.800 noch einmal so viele Fragmente in bzw. auf den libri tradentes, die noch zu identifizieren und zu verzeichnen wären. Insofern ist der Gesamtbestand der BSB wohl auf etwa 7.500 Fragmente zu schätzen.

5. Ausblick

Die mittelalterlichen Handschriftenfragmente der Bayerischen Staatsbibliothek sind inzwischen sehr gut in den gedruckten und elektronischen Katalogen erschlossenen. Desiderate bestehen lediglich noch bei den zahlreichen auf den Trägerbänden befindlichen und unbekannten Bruchstücken sowie den in einigen Sammelkisten gelagerten neuzeitlichen Papierfragmenten. Bei entsprechenden personellen Ressourcen sollen diese in den kommenden Jahren nach Möglichkeit identifiziert und – entsprechend den oben genannten Verfahrensweisen – online verzeichnet werden. Vorarbeiten hierzu bzw. Grundlage hierfür sind Listen, die bei der Sichtung im Vorfeld von drittmittelfinanzierten Massendigitalisierungsprojekten (DFG, Google) erstellt worden sind und nun noch mit den bereits bekannten Fragmenten-Signaturen abgeglichen werden müssten. Die Verzeichnung in einem weiteren gedruckten Supplement-Band ist demgegenüber eher unwahrscheinlich.

Natürlich kann und muss man sich die Frage stellen, ob der geleistete und noch zu leistende Aufwand für diese Bruchstücke lohnt bzw. in Ansehung immer knapper werdender Ressourcen zu rechtfertigen ist, oder ob bei Erschließungs- und Digitalisierungsprojekten für Handschriften anderen Bestandsgruppen wie illuminierten Buchcodices eine höhere Priorität zukommen sollte. Auch wenn derartige Priorisierungsfragen immer subjektiv unterschiedlich beantwortet werden, so sind die Verfasser angesichts des vergleichsweise geringen Aufwands für die Digitalisierung und des hohen Quellenwerts der Fragmentensammlung von der Sinnhaftigkeit solcher Projekte überzeugt. Denn jedes Fragment ist der letzte Zeuge eines heute nicht mehr existierenden mittelalterlichen oder frühneuzeitlichen Codex und ergänzt so unsere aufgrund von Überlieferungsverlusten zwangsläufig lückenhafte Kenntnis von der Literaturproduktion, der Religions- und Geistesgeschichte sowie der wissenschaftlicher Tätigkeit in früheren Jahrhunderten. Gerade Fragmente sind oft Zeugnisse ehemals massenhaft verbreiteter Buchtypen, die aufgrund von historischen Umbrüchen als obsolet angesehen und daher der Vernichtung anheimgegeben wurden. Dies gilt insbesondere für liturgische und juristische Codices, die aufgrund von Reformprozessen oder technischen Neuerungen wie dem Buchdruck veralteten und durch neue

Standardwerke abgelöst wurden, aber auch für naturwissenschaftliche und medizinische Fachtexte, die ihren Wert infolge von Erkenntnisfortschritten verloren. Fragmente solcher Werke geben Einblick in historische Abläufe und Denkweisen, die ehemals weite Verbreitung fanden, auch wenn sie von neueren Entwicklungen verdrängt wurden. Die Fragmentenerschließung ist so in der Lage, das verzerrte Bild der Vergangenheit, das die in den privaten und institutionellen Sammlungen der Vergangenheit immer nur selektiv bewahrten Buchcodices vermitteln, zu hinterfragen und zu modifizieren. Sie trägt so zu einem ausgewogeneren Geschichtsverständnis bei.

Nicht völlig auszuschließen ist, dass im Verlauf der zukünftigen Bearbeitung von Fragmenten der eine oder andere spektakuläre Fund gemacht werden kann. Dass auch im digitalen Zeitalter durchaus noch die Chance besteht, unbekannte handschriftliche Textzeugen von seltenen oder sogar unikalen Werken der Spätantike oder des Mittelalters aufzufinden, haben im Jahre 2012 der Fall der griechischen Origenes-Handschrift der BSB (Cod.graec. 314) oder das erst kürzlich im Rahmen eines Digitalisierungsprojekts der Universitätsbibliothek Leipzig entdeckte *Parzival*-Fragment (Naumburg, Domstiftsbibliothek, Fragm. 64) eindrucksvoll bewiesen. Um solche Überlieferungsträger zu identifizieren, benötigt man neben den in diesem Beitrag geschilderten adäquaten technischen und infrastrukturellen Rahmenbedingungen vor allem auch Expertenwissen, um paläographische und philologische Spezialkenntnisse der bibliothekarischen Erschließung zugute kommen zu lassen.

Fragmente der Dekretalen Gregors IX. (*Liber Extra*) Wanderungen durch eine europäische Trümmerlandschaft

Martin Bertram, Rom

Die im Jahr 1234 von Papst Gregor IX. veröffentlichte Dekretalensammlung war der wichtigste und am weitesten verbreitete Text des mittelalterlichen Kirchenrechts[*][1]. Die knapp 700 vollständigen Handschriften, die heute noch in den europäischen und nordamerikanischen Bibliotheken vorhanden sind, können wir sicher übersehen[2]. Dabei handelt es sich in der Regel um stattliche Bände im Folioformat, deren Umfang sich in der Spanne von 200 bis 400 Blättern bewegt. Sie sind fast ausnahmslos auf Pergament geschrieben und zwar zu mehr als 95 % noch vor Ende des 14. Jahrhunderts. Zu dieser Zeit ist die Produktion von Dekretalenhandschriften ausgelaufen[3] und wurde erst ein Jahrhundert später durch eine Lawine von Inkunabeldrucken ersetzt.

Im Gegensatz zu den Vollhandschriften können wir die daneben vorhandenen Fragmente nicht einmal zählen, geschweige denn sachgemäß beschreiben. Ein Teil ist als Einbandmakulatur in Inkunabeln und Frühdrucken für immer unzugänglich. Die wenigstens

* Abkürzungen, Zeichen, allgemeine Regeln: X = *Liber Extra*; ZRG kan. Abt. = Zeitschrift der Savigny-Stiftung für Rechtsgeschichte, Kanonistische Abteilung; Gl. Ord. = Glossa ordinaria; s. v. = sub voce (für zusammenfassende Nachweise in Registern); b = busta. Das Sternchen (*) steht bei Handschriften oder Fragmenten, die ich selber eingesehen habe (einschl. Reproduktionen). Stellenangaben beziehen sich immer auf die unvollständigen Anfangs- und Endkapitel des jeweiligen Fragments. Mit dem Schrägstrich (/) werden bei den Stellenangaben die Vorder- und die Rückseite des betreffenden Fragments getrennt. Auf die Angabe des Materials wird verzichtet, da es sich bis auf ausdrücklich hervorgehobene Ausnahmen immer um Pergament handelt.

1 Die ältere Forschung zusammenfassend: Martin Bertram, Die Dekretalen Gregors IX. (1234): Kompilation oder Kodifikation?, in: Magister Raimundus. Atti del Convegno per il IV centenario della Canonizzazione di San Raimondo de Penyafort (1601–2001), hg. von C. Longo OP, Rom (Istituto Storico Domenicano) 2002, S. 61–86; als Kurzfassung mit bibliographischer Aktualisierung ders., in: Diccionario General de Derecho Canónico, Pamplona 2012, Bd. 2, S. 916–923, s. v. Decretales de Gregorio IX. – Eine neue Qualität wird die Erforschung des *Liber Extra* mit der kritischen Quellenanalyse von Edward Reno erreichen, die zur Zeit noch in einer vorläufigen Dissertationsfassung vorliegt: The Authoritative Text: Raymond of Penyafort's editing of the Decretals of Gregory IX (1234), Dissertation Columbia University 2011, online: http://academiccommons.columbia.edu/catalog/ac:132233; vgl. ders., The Registers of Gregory IX as source for the *Liber Extra*, in: Proceedings of the Thirteenth International Congress of Medieval Canon Law Esztergom, 3–8 August 2008, hg. von Peter Erdö, Sz. Anzelm Szuromi, Vatikanstadt 2010, S. 779–793.

2 Vgl. Martin Bertram, Signaturenliste der Handschriften der Dekretalen Gregors IX. (*Liber Extra*). Neubearbeitung April 2014, online: www.dhi-roma.it/bertram_extrahss.html.

3 Vgl. dazu den Anhang.

theoretisch sichtbaren und zugänglichen Fragmente sind insgesamt zahllos und müssen in vielen Fällen mit mühsamen Einzelrecherchen aufgesucht werden. Es gibt keine Bibliothek mit einem größeren Bestand an mittelalterlichen Handschriften ohne *Extra*-Fragmente in der einen oder der anderen Form. Dazu kommen Archive aller Art und Größe, deren Bedeutung als Depots von Fragmenten mittelalterlicher Handschriften erst neuerdings zu Tage tritt, nachdem sich die Fragmentforschung viel zu lange auf die Bibliotheken konzentriert hatte. Und schließlich kommen zu diesen beiden Hauptgruppen noch alle mögliche unvermutete Fundorte, die sich ihrer Natur nach einer systematischen Suche entziehen wie etwa das Deutsche Zollmuseum in Hamburg, wo überraschenderweise in einem Schaukasten ein Doppelblatt aus einer typischen italienischen *Extra*-Handschrift präsentiert wird[4]. Noch problematischer sind die Privatsammlungen, die sich bei so gut wie erschöpftem Angebot von vollständigen Handschriften mit Fragmenten zufrieden geben müssen, die immer noch auf dem Antiquariatsmarkt auftauchen[5] – mit dem Ergebnis, daß die Zugänglichkeit hier von dem guten Willen der Besitzer abhängt[6].

Zu den praktischen Barrieren kommt noch ein schwerwiegendes überlieferungsgeschichtliches Argument. Nach allem, was wir inzwischen über die Textgestalt des *Extra* wissen, ist er in einer für mittelalterliche Verhältnisse ungewöhnlich festen Form überliefert: es gibt keine Entwicklungsstufen wie bei Gratian[7] und keine Interpolationen wie bei

4 420 × 230; gute littera bononiensis, um 1300; X 1.18.1–1.19 un. / X 1.29.25–27 mit Gl. Ord. von derselben Hand; wiederverwendet als Umschlag einer Regensburger Mautordnung von 1555. Ich danke der Museumsleitung für die Erlaubnis, das Blatt zu untersuchen.

5 Als Beispiel unter vielen möge ein Blatt dienen, das von dem Auktionshaus Paulus Swaen in der Handschriftenauktion vom 20. September 2005 als lot number 15968 angeboten wurde: 445×282; wohl Anfang 14.Jh., Italien?; professionelle, nicht ganz übliche textualis; X 5.3.34–37, mit Gl. Ord. von derselben Hand und dichten *additiones*. – Vgl. http://www.swaen.com/item.php?id=1254 mit guter Farbabbildung; nach freundlicher Auskunft des Hauses ist das Stück, das seinerzeit für $ 800 angeboten worden war, für $ 700 von einem unbekannten Käufer erworben worden.

6 Vorbildlich ist die Großzügigkeit und die wissenschaftliche Weitsicht, mit der Domenico Maffei (Siena) seine reiche Sammlung von Handschriften und Fragmenten nicht nur den Kollegen geöffnet, sondern auch für eine allgemein zugängliche Katalogisierung gesorgt hat: Enzo Mecacci, Alcune notizie sul fondo manoscritti della raccolta Maffei, in: Mario Ascheri, Gaetano Colli, Paola Maffei (Hg.), Manoscritti, editoria e biblioteche dal medioevo all'età contemporanea. Studi offerti a Domenico Maffei per il suo ottantesimo compleanno, Roma 2006, Band 3, S. 731–834; hier findet man unter insgesamt 50 Fragmenten zwar keins aus dem *Extra*, dafür aber zwei Vollhandschriften (Nr. 4 und 5), sowie 3 Fragmente aus dem Dekret Gratians (Nr. 22, 26, 38) und zwei aus dem Codex Iustinians (Nr. 34 und 37) mit gründlichen Beschreibungen.

7 Vgl. zusammenfassend Peter Landau, Gratian and the Decretum Gratiani, in: The History of Medieval Canon Law in the Classical Period, 1140–1234, hg. von Wilfried Hartmann, Kenneth Pennington, Washington D. C. 2008, S. 22–54, hier besonders S. 38–41: The Stages of Composition and the Two Recensions of the *Decretum*, S. 47–48: Paleae and Addenda to the *Decretum*, S. 48–49: Gratian's Reception: Early Manuscripts. Meines Wissens gibt es bisher keine Ansätze zu einer systematischen Erfassung der Gratian-Fragmente, die neben den *Extra*-Fragmenten überall vorhanden sind; vgl. unten die summarischen Hinweise aus den besuchten Bibliotheken und Archiven.

der Compilatio III[8], sodaß wir von den Fragmenten in der Regel keine textgeschichtlichen Aufschlüsse erwarten können.

Bei diesen entmutigenden Voraussetzungen stellen sich die Fragen: Ist die Erfassung der *Extra*-Fragmente überhaupt sinnvoll? Wie weit ist sie realisierbar? Welchen Erkenntnisfortschritt könnte man davon erwarten? Wie würde das Verhältnis von Aufwand und Ergebnis aussehen? Da eine systematische und vollständige Erfassung, wie schon gesagt, aussichtslos ist, können wir nur versuchen, uns anhand von ausgewählten Beispielen eine annähernde Vorstellung von den Eigenarten, den Problemen und dem Erkenntnispotential dieser Überlieferungsmasse zu machen[9].

Zunächst sind einige Definitions- und Abgrenzungsprobleme zu klären: Was ist eigentlich in unserem Fall als Fragment zu klassifizieren? Ist jede Handschrift, in der nicht alle fünf Bücher der Dekretalen vollständig vorhanden sind, als Fragment einzuordnen? Wie soll man die Spannbreite der vorhandenen Reste gliedern, die von mehreren hundert Blättern bis zu winzigen Makulaturfetzen reicht?

Die vom vorliegenden Material geleitete Erfahrung hat gezeigt, daß es nicht zweckmäßig ist, sich auf theoretische Definitionen und allzu präzise Abgrenzungen zu versteifen. Ich verfahre vorläufig so, daß ich auch lückenhafte Handschriften unter die Vollhandschriften aufnehme, sofern in ihnen alle fünf Bücher mit mehr oder weniger umfangreichen Resten vertreten sind[10]. Dagegen habe ich solche Handschriften, in denen mindestens eins der Bücher vollständig fehlt als Teilhandschriften aufgefaßt und in einer eigenen Gruppe zusammengestellt. Der Einwand, daß damit unter Umständen sog. Teilhandschriften umfangreicher sein können als Vollhandschriften mit großen Lücken, ist insofern rein theoretisch, weil die Teilhandschriften de facto in den allermeisten Fällen auf ein oder zwei Bücher

8 Vgl. Kenneth Pennington, Decretal Collections 1190–1234, in: The History of Medieval Canon Law (wie vor), S. 293–317, hier S. 308 und 313–314. – Bei der Suche nach *Extra*-Fragmenten haben sich zahlreiche Fragmente aus den Compilationes Antiquae und ihren Bearbeitungen gefunden. An dieser Stelle seien nur zwei Beispiele erwähnt: a) *Vat. lat. 10139 fol. 206r–207v: 1. Hälfte 13. Jh., Comp. I 3.7.2–3.10un. / 3.24.1–5 mit einem nicht identifizierten, dichten Glossenapparat: nicht Tancred (Vat. lat. 1377 fol. 42v), nicht Ricardus (Pal. lat. 696 fol. 50v-51r); das zu spät aufgefundene Stück ist nachzutragen bei Martin Bertram, Gero Dolezalek, The Catalogue of Juridical Manuscripts in the Vatican Library: A Report on the Present State of an Uncompleted Project (Miscellanea Bibliothecae Apostolicae Vaticanae, 20; Studi e Testi, 484), Vatikanstadt 2014, S. 155–198, hier S. 184. – b) Norcia, Archivio storico del Comune, Notarile Nr. *1113+1360: 2 Blätter, 1. Hälfte 13. Jh., 1360 weitgehend überklebt: Titelsumme mit Allegationen von Comp. I–III, nicht Damasus, partiell übereinstimmend mit Ambrosius; Notarile Nr. *1172+1320: ein Doppel- und ein Einzelblatt, 1. Hälfte 13. Jh.: Titelsumme des Damasus.

9 Vgl. jetzt Elisabetta Caldelli, I frammenti della Biblioteca Vallicelliana. Studio metodologico sulla catalogazione dei frammenti di codici medievali e sul fenomeno del loro riuso, Roma 2012, die den speziellen, für uns übrigens unergiebigen Fall der Vallicelliana mit einer aktuellen Bilanz der Fragmentforschung verbindet: internationaler Rundblick (S. 15–19), differenzierte Bemerkungen zu den Motiven und zur Praxis der Wiederverwendung (S. 29–88) und zur Methodik der Beschreibung (S. 89–108) sowie umfangreiche Bibliographie (S. 323–346); dazu meine Besprechung in: Quellen und Forschungen aus Italienischen Archiven und Bibliotheken 94 (2014), im Druck.

10 Vgl. die Signaturenliste (wie Anm. 2), Gruppe I.

beschränkt bleiben. Von den Teilhandschriften könnte man, wiederum theoretisch, größere Fragmente unterscheiden, die kein einziges Buch vollständig umfassen. Um weitere komplizierte Definitionsprobleme zu vermeiden, habe ich aber auf diese Unterscheidung verzichtet und die größeren Fragmenten mit den Teilhandschriften zusammengefaßt, die tatsächlich eine überschaubare und sachgemäße Gruppe von rund 40 Einheiten ergeben[11].

Als Untergrenze für die Einordnung als größeres Fragment hatte ich zunächst einen Umfang von mindestens 10 Blatt angesetzt, die aus derselben Handschrift stammen, aber keineswegs kontinuierlich sein müssen. Diese schematische Abgrenzung hat sich inzwischen insofern als unzweckmäßig erwiesen, als der verbleibende Rest der so abgegrenzten kleinen Fragmente in der ganz großen Masse nicht mehr als 4 Blätter umfaßt. Mit anderen Worten, *Extra*-Fragmente im Umfang von 5–9 Blatt sind de facto so selten, daß man sie im Gegensatz zu der unübersehbaren Masse der Fragmente mit einem Umfang bis zu 4 Blatt einzeln festhalten kann. Sie werden vorläufig der folgenden Sondergruppe zugeschlagen.

Bemerkenswerte kleinere Fragmente

Hier werden Fragmente mit weniger als 10 Blättern verzeichnet, die Miniaturen, ungewöhnliche Glossen, Pecienvermerke oder sonstige auffällige Merkmale aufweisen, und unabhängig davon auch solche, für die besonders gründliche Analysen (Kempen, Küsnacht, Philadelphia Univ., Sankt Petersburg) und/oder Abbildungen vorliegen. Die vorliegende Zusammenstellung ist eine ergänzte Fassung des Abschnitts der früher unter derselben Überschrift in die Signaturenliste (Stand 2010) eingeschlossen war und aus deren Neubearbeitung (Stand 2014)[12] ausgegliedert wurde. Handschriftenkataloge werden in verkürzter Form mit der Sigle „Kat." und dem Namen des Autors zitiert; die bibliographischen Einzelheiten sind in der bekannten Katalogbibliographie von Kristeller zu finden[13].

- ***Berlin**, SBPK, Hamilton 279: 6 Blätter, die willkürlich in eine Gratianhandschrift eingefügt wurden, 395 × 255, um 1300, Oberitalien; die Anfangsblätter aller 5 Bücher, jeweils mit einer Miniatur; Grußadresse Bologna; Gl. Ord. – Kat. Boese 1966, S. 138; Erläuterung der Miniatur zu Buch IV bei Kathleen A. Nieuwenhuisen, Het Jawoord in Beeld. Huwelijksafbeeldingen in middeleeuwse handschriften (1250–1400) van het Liber Extra, Academisch proefschrift Amsterdam 2000, S. 117 mit Abb. 38.
- ***Berlin**, SBPK, Fragmenta varia Nr. 311: ein Streifen aus der Mitte eines Blatts, jeweils die innere Hälfte der beiden Textspalten, 206 × 93, s. XIIIex., Frankreich; Buch I endet mit der inserierten Extravagante *Probande suspicionis cause*; halbierte Miniatur (9 Zeilen hoch) zum Anfang von Buch II; X 2.1.1–13, vermutlich mit Gl. Ord., jedenfalls viele *additiones*.

11 Vgl. die Signaturenliste (wie Anm. 2), Gruppe II.

12 Wie Anm. 2.

13 Paul Oskar Kristeller, Latin Manuscript Books before 1600. A List of the Printed Catalogues and Unpublished Inventories of Extant Collections. Fourth revised and enlarged Edition, bearb. von Sigrid Krämer (MGH Hilfsmittel, 13), München 1993; Ergänzungsband 2006 von Sigrid Krämer unter Mitarbeit von Birgit Christine Arensmann (MGH Hilfsmittel, 23), Hannover 2007.

- *Bologna, Collegio di Spagna, Cod. 280 fol. 262v: 465 × 290, Anfangsfragment; s. XIII.2; mit Miniatur; Grußadresse Bologna; zusammen mit illuminierten *arbores consanguinitatis et affinitatis* angebunden an eine andere *Extra*-Handschrift. – Kat. Maffei 1992, S. 746, 811; Hermann Schadt, Die Darstellungen der Arbores Consanguinitatis und der Arbores Affinitatis. Bildschemata in juristischen Handschriften, Tübingen 1982, passim (siehe das Hss.- Register S. 395).
- *Bonn, ULB, Hs. 476 frgm. y + cc: 2 Blätter, 310 × 230 (190 × 95), s. XIII, Italien; X 2.28.46–52 und 63–73 mit Appparat des Goffredus Tranensis. – Bertram, Kanonisten und ihre Texte (wie unten Anm. 15), S. 171.
- *Bratislava (Pressburg), Archív hlavného mesta, A/14: 6 Blätter, 420 × 260, s. XIII/XIV; die Anfänge der Bücher I, II, III und IV, jeweils mit dem Namen GREGORIUS in blau-roten Majuskelblöcken; Grußadresse Bologna; Gl. Ord.; fol. 7r–8v folgen Novellen, Novissimae und vorbonifazianische Extravaganten. Aus dem im übrigen verlorenen Cod. 13 des Domkapitels. – Kat. Sopko III (1986), S. 70–72 Nr. 500 (a–c) mit Abb. S. 225 Nr. 17; Bertram, in: ZRG Kan. Abt. 89 (2003), S. 313–315.
- **Cambridge**, Fitzwilliam Museum McClean, 201 fol. 12: 1 Blatt, 400 × 280/300, ca. 1260–1270, Italien (wahrscheinlich Bologna); Anfang Buch V mit Miniatur. – Illuminating the Law. Legal Manuscripts in Cambridge Collections, hg. von Susan L'Engle/Robert Gibbs, London/Turnhout 2001, S. 123–125, Cat. No. 4 mit Abb.
- **Cambridge**, Fitzwilliam Museum, Marlay Cutting Fr. 2: 1 Blatt, 474 × 309, ca. 1330–1340, Südfrankreich; Anfang Buch III mit Miniatur. – Illuminating the Law (wie vor), S. 204–206, Cat. No. 15 mit Abb.
- **Cremona**, Archivio di Stato, Fr. com. n. 51 (ex 267a): 1 Bl., 445 × 275, s. XIVin., Norditalien; X 4.15.1–4.16.1, Gl. Ord. – Emilio Giazzi, in: Cremona. Una cattedrale, una città. La cattedrale di Cremona al centro della vita culturale, politica ed economica dal medioevo all'Età Moderna, Cinisello Balsamo 2007, S. 129 f. Nr. 35: ausführliche Beschreibung mit Farbabb. und Nachweis von 5 weiteren *Extra*-Fragmenten im AS Cremona.
- **Ebstorf**, Klosterbibliothek, Fragm. IV 24(V): 2 Bl., s. XIII, Italien; X 3.30–32 mit inserierter Extravagante *Non solum* zwischen den Titeln 31 und 32. – Kat. Giermann-Härtel 1994, S. 123.
- **Frankfurt**, Stadtbibl., Fragm. lat. II 39: 1 Blatt, 355 × 245, s. XIII, Italien (Bologna?); X 5.7.12–13 mit einer Pecien-Markierung und Apparat(?) des Goffredus Tranensis. – Kat. Powitz 1994, S. 24; ders., in: Bibliothek und Wissenschaft 31 (1998), S. 222; Bertram, Kanonisten und ihre Texte (wie unten Anm. 15), S. 171.
- **Kempen**, Propsteiarchiv, H 49: 2 Blätter, beschnitten, 355 × 245, s. XIIIex., nordalpin; X 5.7.12–13 / 5.19.18–5.20.3; nach 5.19.19 (*Naviganti*: Ende tit. *de usuris*) inseriert Conc. Lugd. II const. 26 (*Usurarum voragine*) und 27 (*Quamquam usurarii*); die *Extra*-Kapitel mit Gl. Ord., die Konzilskonstitutionen ohne Glosse. – Präzise identifiziert und sachgemäß analysiert von Joachim Vennebusch, Fragmente aus zwei dekretalistischen Handschriften im Propsteiarchiv Kempen. Beschreibung und Hinweise zur Methode der Fragmentbearbeitung, in: Quellen und Beiträge aus dem Propsteiarchiv Kempen, hg. von Hanns Peter Neuheuser, Band 2, Köln/Weimar/Wien 1998, S. 141–171, hier

S. 154–161 mit Abb. (s/w). Den Hinweis auf diese gehaltvolle Arbeit verdanke ich Dr. Neuheuser.

- **Klosterneuburg**, CCL 8: 4 Blätter, ca. 330 × 220, 1240/50, Oberitalien; X 2.27.18–2.28.39 mit Apparat des Goffredus Tranensis. – Kat. Haidinger I 1983, S. 20.
- **Küsnacht**, Ortsmuseum: 1 Blatt, 315 × 288, s. XIII.2; X 3.42.4–44.1, ohne Glosse; aus der Johanniter-Komturei Küsnacht. – Alfred Häberle, Ein Pergamentblatt aus dem 13. Jahrhundert im Ortsmuseum Küsnacht. Zur Erforschung eines Fragments, in: Zürcher Taschenbuch 121 (2001), S. 1–22: sehr ausführliche Beschreibung mit zwei Abbildungen (s/w).
- ***Montecassino**, Biblioteca, Campactio XI: 2 Blätter ohne Signatur, 400×250 (215 × 120), professionelle ital. textualis, s. XIIIex., offenbar aus einer im übrigen verlorenen *Extra*-Hs.; Conc. Lugd. II, const. 2–3 und 27–31, in einer vorkurialen Version.
- **New York**, Pierpont Morgan Library, MS M 716: 4 Blätter, 440 × 284, ca. 1335, Bologna; Anfangsblätter von Buch I, II und III mit bedeutenden Miniaturen; Grußadresse Bologna. – Susan L'Engle, Picturing Gregory. The Evolving Imagery of Canon Law, in: Decretales pictae (wie unten Anm. 50), S. 24–44 passim, mit Hinweisen auf ältere Literatur und Abbildungen.
- ***Norcia**, Archivio storico del Comune, Protocollo Notarile Nr. 1058 (Notar Ennio Anzovini, 1607): 1 Blatt, s. XIII, eher Mitte, Oberitalien; X 1.2.12–1.3.5 mit Apparat des Goffredus.
- ***Oxford**, Bodl., MS Add. A 188 (MC 29157) fol. I und 168 (Schutzblätter): ca. 1330–1350; Anfangsfragment mit zweispaltiger bologneser Miniatur. – Jonathan J. G. Alexander, Illuminated Manuscripts in the Bodleian Library Oxford II: Italian School, Oxford 1970, S. 13 Nr. 122 mit Tafel XII.
- ***Oxford**, Merton College, Ms. E.3 Nr. 2b: 2 ganze und 2 halbe Blätter, s. XIIImed.; diskontinuierliche Fragmente aus Buch II und III mit Gl. Ord. aus einer italienischen Handschrift, die einen frühen Eindruck macht.
- **Philadelphia**, Free Library, Rare Book Department, Lewis EM 045:02: 1 Blatt, 260 × 213, um 1300, Italien; Ende Buch III – Anfang Buch IV mit Gl. Ord., *additiones* und Miniatur. – online: Digital Scriptorium > Basic search > Shelfmark search.
- **Philadelphia**, Univ. of Pennsylvania, Annenberg Rare Books and Manuscript Library, Yarnall Collection: 5 Blätter, als Einbandmaterial für die fünfbändige Inkunabelausgabe der *Apostillae* des Nikolaus von Lyra (GW 4284), diskontinuierliche Fragmente aus den Büchern II und V, aus zwei verschiedenen Hss., beide s. XIIIex., Italien. – Eingehend analysiert von Robert Somerville, Licit and Illicit in the Yarnall Collection at the University of Pennsylvania: Pages from the Decretals of Pope Gregory IX, in: Ruth Mazo Karras, Joel Kaye, E. Ann Matter, Law and the Illicit in Medieval Europe, Philadelphia 2008, S. 71–78 und 261–264.
- **Riga**, Lettische Akademie, MS 4: zwei in den vorderen und hinteren Deckel eingeklebte Blätter, s. XIII; X 1.13.17 und 3.35.8–36.6 mit Apparat des Goffredus. – Freundliche Mitteilung von Prof. Tilmann Schmidt; Bertram, Kanonisten und ihre Texte (wie unten Anm. 15), S. 489.

- *Rom, Bibl. Nazionale, Fondi Minori, Varia 398/9: 2 Blätter, beide stark beschädigt, wohl 2. Drittel 13. Jh., Italien; X 2.5 un.–2.6.5 mit Apparat des Goffredus Tranensis. – Bertram, Kanonisten und ihre Texte, S. 171.
- **Rostock**, UB, fragm. jur. 7: 7 Blätter, unterschiedlich beschnitten, s. XIVin., (Süd?) Frankreich; Grußadresse Paris (corr. *Bononie*); kleinteilige Fragmente aus den Büchern I, IV und V; Eingangsminiatur; Gl. Ord. – Kat. Heydeck 2001, S. 287 mit sorgfältiger Beschreibung.
- **Sankt Petersburg**, National Library of Russia, Lat. F.v.II.24: 6 Blätter, 385 × 290, s. XIII/XIV; X 3.16.1–25.5 mit Gl. Ord. und Additiones. – Kat. Halban-Blumenstok 1895, S. 227 Nr. 14; Olga N. Bleskina, Catalogus codicum manuscriptorum latinorum, qui in Bibliotheca Publica Petropolitana asservantur, Sankt-Petersburg 2011, S. 23 Nr. 11; eingehende Beschreibung mit Abbildungen bei Elena Kazbekova, Fragment „Dekretalij Grigorija IX“ v Rossijskoj Nazional'noj biblioteke (Lat. F.v.II.24), in: Paleografija, kodikologija, diplomatika. Sovremennyj opyt izuchenija grecheskih, latinskih i slavjanskih rukopisej i dokumentov (Festschrift für Boris Fonkich), hg. von I. G. Konovalova, D. N. Ramazanova, Moskau 2013, S. 119–132. Freundlicher Hinweis von Frau Dr. Kazbekova, der ich auch für Übersetzungen aus der russischen Sprache zu danken habe.
- ***Seu d'Urgell**, Biblioteca Capitular, Fragm. menor 9: Doppelblatt, 300 × 172, aus einer frühen, untypischen Hs.; Anfang bis X 1.2.11 und X 1.6.40–54; Grußadresse Paris, ohne Glosse. – Antonio García y García, Catálogo de los manuscritos jurídicos de la Biblioteca Capitular de la Seu d'Urgell, La Seu 2009, S. 447 mit Abb. 29a.
- **Siena**, Archivio di Stato, Frammenti di codici: 7 Blätter, Alter unklar, teilweise am oberen Rand beschnitten; fol. IV und V anscheinend kontinuierlich X 3.30.32–3.31.16, die übrigen Blätter diskontinuierlich aus den Büchern II und III. – Maffei, Liotta, Ascheri, Le foderine (wie unten Anm. 38), S. 174 Nr. 74.
- **Solothurn**, Zentralbibl., Codex S II 150: 2 Blätter, 385 × 285, s. XIVin.; X 3.11.3–13.3 / 3.23.4–24.8 cum apparatu et glosis; aus einer illuminierten Luxushandschrift oberitalienischer Provenienz. – Kat. Schönherr 1964, S. 202 mit sorgfältiger Analyse.
- ***Vendôme** 79: 6 Blätter, als Vor- und Nachsatz zu einer Hs. des Dekretalenapparats Papst Innozenz' IV., aus einer schönen italienischen Hs., s. XIII/XIV; Gl. Ord. und reichliche Zusatzglossen, u. a. mit Zuschreibung an Ricardus de Senis.
- **Venedig**, Fondazione Cini, 2017: 1 Blatt, Anfangsminiatur zu Buch III. – Milvia Bollati, in: Duecento. Forme e colori del Medioevo a Bologna, hg. von Massimo Medica, Vicenza 2000, S. 259.
- ***Wien**, Museum für angewandte Kunst, Miniaturen 1072: 3 Blätter, ca. 460 × 282 (seitlich beschnitten), s. XIV.1, ital. Luxushs.; Gl. Ord. und Zusatzglossen; große Miniaturen zu den Anfängen der Bücher II (55 × 72), III (78 × 75) und IV (90 × 90).

*

Die nach Aussonderung dieser Stücke verbleibende Masse von unauffälligen Fragmenten mit einem Umfang von ein bis vier Blatt ist, wie schon gesagt, zur Zeit unübersehbar und wird es voraussichtlich auch noch lange bleiben.

Um gewissermaßen Boden unter die Füße zu bekommen, stellen wir zunächst diejenigen geschlossenen und einheitlich organisierten Fragmentsammlungen vor, die mindestens 20 *Extra*-Fragmente enthalten. Diese haben gegenüber willkürlich zusammengetragenen Einzelstücken den Vorteil, daß der gemeinsame, klar abgegrenzte und einfach nachweisbare Kontext sich am ehesten für weiter reichende Schlüsse und für Vergleiche mit anderen Fällen eignet. Die prinzipielle Vergleichbarkeit von in sich geschlossenen und gleichförmig organisierten Fragmentsammlungen wird auch dadurch nicht beeinträchtigt, daß sie sowohl in ihrer Substanz wie in ihrer Erschließung oft noch unübersichtlich sind. Außerdem werden wir hier mit der sattsam bekannten Tatsache konfrontiert, daß jeder Fragmentbestand, abgesehen von dem unterschiedlichen Material und seinem Erhaltungszustand, auch unterschiedlich organisiert und aufgearbeitet ist, was die praktische Benutzbarkeit entscheidend bestimmt: die Bandbreite reicht von Publikationen, in denen die einzelnen Fragmente von sachkundigen Bearbeitern mit den notwendigen paläographischen und kodikologischen Angaben, Stellenidentifizierungen und Provenienznachweisen katalogartig aufgearbeitet sind, über mehr oder weniger summarische Inventare bis hin zu völlig unbearbeiteten Beständen, aus denen man die in Frage kommenden Fragmente erst einmal heraussuchen muß. Der letztere Fall ist der aufwendigste und mühsamste, aber mit der Chance überraschender Funde und neuer Einsichten auch der attraktivste, der die ermüdenden Recherchen manchmal geradezu spannend werden läßt.

- **Schweden:** An erster Stelle muß die immense Fragmentsammlung genannt werden, die im 16. und im frühen 17. Jahrhundert von der schwedischen Reichsverwaltung produziert wurde, indem sie systematisch mittelalterliche Handschriften zerstückelte, um daraus Umschläge für die Rechnungsbücher zu gewinnen, die Jahr für Jahr aus den Provinzen eingereicht werden mußten. Die Residuen dieses Zerstörungswerks, die heute gut organisiert im Reichsarchiv in Stockholm lagern, übertreffen mit rund 22.500 Fragmenten aus mehr als 6000 mittelalterlichen Handschriften alle anderen bisher bekannt gemachten Fragmentsammlungen und sind auch für unser spezielles Interesse mit Abstand am ergiebigsten. Ohne hier auf die vielschichtigen allgemeineren Aspekte und Probleme dieses exzeptionellen Bestands einzugehen, über die man sich am besten bei den Bearbeitern selber informiert[14], können wir uns gleich auf den Ausschnitt konzentrieren, den wir an dieser Stelle brauchen[15]: Alleine der schwedische Teil enthält nicht weniger als 376 Fragmente aus *Extra*-Handschriften. Die reine Anzahl, die an

14 Vor allem Medieval Book Fragments in Sweden, hg. von Jan Brunius (Seminar Stockholm 13–16. November 2003), Stockholm 2005, hier insbesondere S. 9–17 die einführende Präsentation der Sammlung durch den Herausgeber.

15 Vgl. dazu Martin Bertram, Kanonistische Handschriften im mittelalterlichen Schweden, in: Medieval Book Fragments in Sweden, hg. von Jan Brunius (wie vor), S. 132–183, besonders S. 147–151 zu den *Extra*-Hss., wieder abgedruckt in: Martin Bertram, Kanonisten und ihre Texte (1234 bis Mitte 14. Jh.). 18 Aufsätze und 14 Exkurse, Leiden/Boston 2013, S. 109–155, besonders S. 127–130, mit Nachträgen und Berichtigungen S. 484–487; danach auch Anna Wolodarski, The Collection of Canon Law Fragments in the National Archives of Sweden, in: Proceedings of the Twelfth International Congress of Medieval Canon Law, hg. von Uta-Renate Blumenthal, Kenneth Pennington, Atria A. Larson (Washington, D.C. 1.–7. August 2004), Vatikanstadt 2008, S. 1061–1095, hier S. 1068.

sich schon erstaunlich genug ist, wird noch wertvoller durch einige ungewöhnlich günstige Umstände, die den schwedisch/finnischen Bestand nicht nur quantitativ, sondern auch qualitativ auszeichnen. Erstens: Bei den einzelnen Fragmenten handelt es sich in der Regel um Doppelblätter, die ipso facto die paläographische und kodikologische Beurteilung sowie die inhaltliche Identifizierung erleichtern; zweitens: Dem schwedischen Bearbeiterteam ist ein entscheidender Schritt gelungen, nämlich die Zuordnung unserer 376 Einzelfragmente zu 145 ehemaligen Handschriften des *Liber Extra*; und drittens: Die Entstehung der Sammlung garantiert einen klar definierten Provenienzbereich: Wir können sicher sein, daß sich die 145 fragmentierten *Extra*-Handschriften um 1500 auf dem Boden des schwedischen Reiches befanden, das damals noch nicht das kulturell fortgeschrittene Schonen, wohl aber Finnland umfaßte[16]. Angesichts der Masse des zu bewältigenden Materials können wir zur Zeit noch nichts Näheres über die paläographische Gestaltung, insbesondere die Datierung, die Textausschnitte, Glossen und evtl. besondere Merkmale der einzelnen Fragmente sagen. Die erste Durchsicht ergibt nur, daß es sich zum ganz überwiegenden Teil um Standardware handelt, die in dem Jahrhundert zwischen 1250 und 1350 in den universitären Zentren Norditaliens und Frankreichs produziert und auf mehr oder weniger verschlungenen Wegen nach Schweden importiert wurde. So müssen wir uns einstweilen mit dem rein quantitativen Befund begnügen, der ja schon als solcher eindrucksvoll genug ist und viele noch offene Fragen aufgibt[17]. – Als Vergleichsmaterial sind 258 Fragmente aus 68 *Gratian*-Handschriften, 109 Fragmente aus 47 Handschriften des *Liber Sextus* und 99 Fragmente aus 26 Handschriften des *Codex Iustiniani*[18] vorhanden.

Nachtrag: Erst während der Drucklegung dieses Beitrags habe ich erfahren, daß die seit langem vorbereitete Datenbank nun online zugänglich ist: http://sok.riksarkivet.se/mpo. Sie liefert für die Such-Kategorie „Decretales Gregorii IX" unter insgesamt 758 Treffern 284 kontinuierlich verzeichnete *Extra*-Fragmente (Nr. 12–296) und rund 110 verstreute (bis Nr. 623), also rund 20 mehr als früher angenommen. Für jedes einzelne werden in einem suchfähigen Schema neben den Daten, die zur Identifizierung notwendig sind (laufende Nummer des Fragments, CCM bzw. MPO-Signatur sowie die Archivsignatur *in situ*), immer ein Herkunftsnachweis, eine Stellenbestimmung sowie die kodikologischen Basisdaten geboten: Anzahl der Blätter, Material (immer Pergament!) und Maße, Altersangaben (in der Form „13.Jh., 13.–14.Jh., 14.Jh., 14.–15.Jh., 15.Jh.; vgl. dazu unten im Anhang), Abbildungen dagegen nur in Auswahl (unter den kontinuierlich verzeichneten *Extra*-Fragmenten Nr. 12–296 etwa 50 Abbildungen). – Dazu jetzt der umfassende Bericht über die Entstehung, Zusammensetzung und Bearbeitung der Sammlung von

16 Über den finnischen Anteil mit mehr als 9000 Fragmenten, der in der Nationalbibliothek in Helsinki lagert, vgl. jetzt Seppo Eskola, Tracking manuscript fragments from sixteenth century Finland, in: Fragment ur Arkiven. Festskrift till Jan Brunius, hg. von Marie Lennersand u.a., Västerås 2013, S. 220–231 mit aufschlußreichen Bemerkungen zur Entstehung der Sammlung.

17 Vgl. Bertram, Kanonistische Handschriften in Schweden (wie Anm. 15), S. 152–156 = Kanonisten und ihre Texte, S. 132–138.

18 Zu dem Codex-Fragment Jur. Coll. 9 vgl. Gero Dolezalek, Repertorium manuscriptorum veterum Codicis Iustiniani, Frankfurt am Main 1985, Bd. 1, S. 391.

dem langjährigen Leiter des Unternehmens: Jan Brunius, From Manuscripts to Wrappers. Medieval Book Fragments in the Swedish National Archives (Skrifter utgivna av Riksarkivet, 35), Stockholm 2013; hier S. 153–160 eine Anleitung zur Benutzung der Datenbank und S. 169–172 ein Verzeichnis der juristischen Fragmente.

Von Schweden geht es nach Italien, wo im 16. und 17. Jahrhundert von Mailand[19] im Norden bis Catania[20] im Süden Tausende von Notariatsprotokollen in Pergamentblätter aus mittelalterlichen Handschriften eingebunden wurden. Der Umfang und die vielschichtige Bedeutung dieser spezifisch italienischen Massenerscheinung sind kaum zu überschätzen, allerdings vorläufig nur partiell überschaubar[21]. Zwar sind in den vergangenen Jahrzehnten an vielen Orten Berichte über dort lagernde Bestände von Notariatsprotokollen mit Pergamenteinbänden erschienen[22]. Aber in vielen anderen Fällen kann man sich nur an Ort und Stelle ein Bild von dem vorhandenen Material machen, wo man bestenfalls handschriftliche Inventare der Protokollbände vorfindet, die naturgemäß keine Hinweise auf die Einbände enthalten. Es kann nicht genug betont werden, daß bei einer prinzipiell überall gleichen Erscheinung doch jeder einzelne Fall seine Besonderheiten aufweist: archivalische Organisation und Erschließung, praktische Zugänglichkeit und konservatorischer Zustand der Bestände wechseln von Ort zu Ort ebenso wie die Verfahren, mit denen die Pergamentblätter seinerzeit zu Einbänden hergerichtet und angebracht wurden.

– **Pavia**, Archivio di Stato[23], Archivio Notarile: nach dem schwedischen Bestand findet sich hier die höchste bisher bekannt gewordene Anzahl an *Extra*-Fragmenten, die neben ihrer Menge auch den Vorzug einer sachkundigen und bequem zugänglichen Aufarbeitung haben[24]: In einem Gesamtbestand von rund 2000 Fragmenten, die im 16.

19 Archivio di Stato, Fondo Notarile; vgl. Guida Generale degli Archivi di Stato, Bd. 2, Rom 1982, S. 950, ohne Erwähnung der Fragmente; vgl. aber Giacomo Baroffio, Iter Liturgicum Italicum. Editio maior, Stroncone 2011, S. 228–252 Nr. 11345–12766; laut Paolo M. Galimberti, Censimento dei frammenti manoscritti della Biblioteca Queriniana di Brescia, in: Aevum 76 (2002), S. 471–515, hier S. 742 Anm. 8, soll die Mailänder Sammlung insgesamt rund 2000 Fragmente umfassen. Die von Galimberti katalogisierte Sammlung in Brescia enthält unter insgesamt 141 Fragmenten (anscheinend *in situ* in Hss. und Inkunabeln) 12 juristische, darunter 2 aus *Extra*-Hss. (Nr. 115, 125: beide 14. Jh.).

20 Archivio di Stato, Pergamene ex copertine; vgl. Baroffio, Iter Liturgicum, S. 88–90 Nr. 4299–4466. Laut freundlicher Auskunft der Archivleitung umfaßt die Sammlung etwa 30 juristische Fragmente, darunter die Hälfte aus Digestenhss., eins aus Gratian und andere noch nicht identifizierte.

21 Ein sehr nützlicher Leitfaden ist das Monumentalwerk von Giacomo Baroffio, Iter Liturgicum (wie Anm. 19), der fast 30.000 liturgische Texte und Fragmente auch in kleinen und abgelegenen italienischen und auch ausgewählten ausländischen Archiven und Bibliotheken verzeichnet. Wo er eine größere Anzahl von liturgischen Fragmenten gefunden hat, kann man in der Regel auch mit, wenn auch sehr viel wenigeren, juristischen Fragmenten rechnen. Deshalb wird für die im folgenden vorgestellten Archive immer auch auf die entsprechenden Abschnitte bei Baroffio verwiesen.

22 Eine Reihe von einschlägigen Titeln bei Caldelli (wie Anm. 9), S. 18 Anm. 45; vgl. auch S. 64–66: grundsätzlichen Bemerkungen zu diesem Überlieferungszweig.

23 Vgl. Baroffio, Iter Liturgicum, S. 365–372, Nr. 18965–19369.

24 Ugo Fiorina, Frammenti di codici giuridici (secc. IX–XV) recentemente recuperati nell'Archivio di Stato di Pavia, in: Rivista di storia del diritto italiano 52 (1979), S. 126–157.

und 17. Jh. zur Verstärkung auf Pappdeckel aufgeklebt wurden[25], mit denen die Papierbündel der zeitgenössischen Notariatsprotokolle eingebunden waren, sind rund 490 juristische Fragmente identifiziert worden, darunter 70 *Extra*-Fragmente. Die einzelnen Fragmente konnten 17 verschiedenen *Extra*-Hss. mit Glosse zugeordnet werden: Nr. 4 mit 16 Blättern, Nr. 1 und Nr. 9 mit 12, Nr. 6 mit 8, alle anderen mit 1–3. – *Gratian*: 8 aus 3 Hss.; *Liber Sextus*: keine; *Codex*: 38 aus 20 Hss.

- **Macerata**, Archivio di Stato, Tabulario diplomatico[26]: insgesamt rund 750 Fragmente, die im 19. Jh. von Notariatsprotokollen abgelöst und sachlich geordnet worden sind[27], mit Notierung der jeweiligen Notare; hier in b. 2: 30 *Extra*-Fragmente + 1 (in b. 3 Nr. 167), aus etwa 20 verschiedenen Handschriften; durchweg nur ein Blatt; immer mit der Glossa Ordinaria., häufig mit *additiones*; die Protokolle alle aus den Jahren 1532–1569 (Nr. 167 aus 1520). – *Gratian*: 8; *Liber Sextus*: 2; *Codex*: 25 (in b. 1).

Im Gegensatz zu diesen ausländischen Archiven finden wir in Deutschland überwiegend Fragmentsammlungen in den Bibliotheken, wobei vorläufig noch offen bleibt, ob das den tatsächlich vorhandenen Beständen entspricht oder ob die Archive nur mit der Aufarbeitung ihres Materials im Rückstand sind. Gemeinsam ist den Bibliotheksbeständen, daß ihnen die Zwischenstufe der systematischen Verarbeitung zu Einbänden fehlt, denen die Archive in der Regel ihre Fragmentüberlieferung verdanken. Das hat zur Folge, daß das in den Bibliotheken vorhandene Material in jeder Hinsicht noch disparater ist als in den Archiven, ganz abgesehen davon, daß die Sammlungen hier wie dort ganz unterschiedlich organisiert sind. Eine Sammlung mit mehr als 20 *Extra*-Fragmenten gibt es, soweit ich sehe, in den deutschen Bibliotheken nur einmal.

- **München**, Bayerische Staatsbibliothek, Fragmentsammlung: insgesamt rund 2800 Fragmente, abgelöst aus Handschriften und Inkunabeln mit weiteren Zugängen aus Nachlässen usw., in 30 Systemgruppen gegliedert und soeben auch für unseren Bereich durch einen modernen Katalog erschlossen[28]; hier Clm 29615: 27 *Extra*-Fragmente + 2

25 Nachdem Fiorina seinerzeit schon darauf hingewiesen hatte, daß die aufgeklebten Seiten in der Regel besser erhalten sind als die abgenutzten Außenseiten, sind die Blätter laut freundlicher Auskunft der Archivleitung inzwischen abgelöst und restauriert worden und damit nun beidseitig lesbar.

26 Baroffio, Iter Liturgicum, S. 218, Nr. 10837–10872. Für praktische Hilfe bei meinen wiederholten Besuchen und für sachliche Erläuterungen zu dem Bestand habe ich Dott.ssa Nadia Capozucca zu danken.

27 Übersicht im sog. Prospetto Faraone, abgedruckt bei Guiscardo Moschetti, Il frammento del Digestum Novum degli inizi del sec. XII conservato nell'Archivio di Stato di Macerata, Rivista di storia del diritto italiano 84 (2011), S. 5–68, hier S. 1–10. – Zu den grundsätzlichen Fragen nach der Herkunft der Fragmente und nach dem historischen Kontext ihrer Wiederverwendung vgl. Attilio De Luca, Frammenti di codici in Beneventana nelle Marche, in: Miscellanea in memoria di Giorgio Cencetti, Torino 1973, S. 101–140. Die klaren und eindringlichen Überlegungen des Autors machen auch für diesen Fall deutlich, wie wenig sich über die Herkunft der zerstückelten Hss. und die Motive und die Praxis ihrer Wiederverwendung ermitteln läßt.

28 Hermann Hauke, Wolfgang-Valentin Ikas, Clm 29550–29990. Kurzkatalog mit Nachträgen zu den Katalogbänden 1 und 2 nebst einem Anhang zu bislang nicht ausgelösten Handschriftenfragmenten, Katalog der lateinischen Fragmente der Bayerischen Staatsbibliothek München Bd. 3, Wiesbaden

nicht abgelöste + 1 in Cgm 1771[29]; Clm. 29615,12 mit 5 Blättern, alle anderen mit 1–2, oft stark beschnitten; alle aus dem 14. Jh.[30], fast alle mit Glossa Ordinaria. – *Gratian*: 18 + 1 nicht abgelöstes; *Liber Sextus*: 5 + 2; *Codex* (Clm 29565): 6 + 1.

Anders ist die Lage in **Oxford**, wo Neil Ker[31] die Fragmente erschlossen hat, die noch *in situ* in den Einbänden von Oxforder Inkunabeln und Frühdrucken versteckt sind. Für diesen Zweig der Fragmentüberlieferung haben die Recherchen von Ker Maßstäbe gesetzt, indem er eindringlich die Praxis der Wiederverwendung von mittelalterlichen Fragmenten durch die frühneuzeitlichen Buchbinder analysiert. Speziell für unsere Interessen hält Ker die folgenden Befunde bereit[32]: 21 *Extra*-Fragmente. – *Gratian*: 17; *Liber Sextus*: 10; *Codex*: 26.

Nach den großen Sammlungen sind noch zwei kleinere zu nennen, die sich durch ihre sachkundige Aufarbeitung empfehlen:

- **Frankfurt**, Stadt- und Universitätsbibl.: eine Sammlung von 975 Fragmenten, die teils aus Frankfurter Handschriften, Inkunabeln, Frühdrucken und Archivalien abgelöst wurden, teils *in situ* verblieben sind. Für alle bietet der Katalog[33] einheitliche Kurzbeschreibungen mit den notwendigen Basisdaten (Kodikologie, Paläographie, Inhalt) sowie Provenienznachweisen: 8 *Extra*-Fragmente[34] +3, die in anderen Katalogen beschrieben sind[35]. – *Gratian*: 4; *Liber Sextus*: 7; *Codex*: 4.
- **Siena**, Archivio di Stato, Frammenti di codici[36]: 885 abgelöste Fragmente, darunter 91 juristische, die von drei Fachleuten verzeichnet wurden[37], in systematischer Anordnung

2013. Bei beiden Autoren möchte ich mich vielmals für großzügige Vorabinformationen und Unterstützung bei der Durchsicht des Bestands bedanken.

29 Vgl. Ulrike Bauer-Eberhardt, Die illuminierten Handschriften italienischer Herkunft in der Bayerischen Staatsbibliothek. Teil 1: Vom 10. bis zur Mitte des 14. Jahrhunderts, Textband und Tafelband, Wiesbaden 2011, S. 197, Nr. 192 mit Abb. 157 (farbig): 1 Doppelbl. als Einband, frühes 14. Jh., Bologna; abgebildet X 2.10.2–2.12.3.

30 Zu dem vermeintlich aus dem 15. Jh. stammenden Fragment Clm 29615,35+36 vgl. den Anhang.

31 Neil R. Ker, Pastedowns in Oxford Bindings with a Survey of Oxford Binding c. 1515–1620, Oxford 1954, Index S. 237 s. v. Law Canon, S. 238 s. v. Law Civil; Ergänzungen bei David Pearson, Oxford Bookbinding 1500–1640, including a supplement to Neil Ker's Fragments of Medieval Manuscripts used as Pastedowns in Oxford Bindings, Oxford 2000, Index, S. 211 s. v. Law, Canon and Civil.

32 Unter Einschluß der Ergänzungen von Pearson. Mir sind außerdem noch mehr als 20 in der Bodleian und in den College-Bibliotheken verstreute *Extra*-Fragmente bekannt; zwei Beispiele oben unter den „Bemerkenswerten".

33 Gerhardt Powitz, Mittelalterliche Handschriftenfragmente der Stadt- und Universitätsbibliothek Frankfurt am Main, Frankfurt 1994.

34 Vgl. das Register, S. 209–210 s. v. Ius, Gregorius IX.

35 Vgl. S. 167.

36 Vgl. Guida Generale degli Archivi di Stato, Bd. 4, Roma 1994, S. 209; bei Baroffio, S. 446–447 Nr. 23052–23139 nur der Bestand „Frammenti Musica".

37 Domenico Maffei, Filippo Liotta, Mario Ascheri, Le foderine di registri dell'Archivio di Stato di Siena, in: Studia Gratiana 20 (1976), S. 157–186.

mit eigener Numerierung, kodikologischen Angaben, Textidentifizierungen[38] einschließlich Glossen[39], aber ohne Provenienzen: 11 *Extra*-Fragmente; Nr. 74 mit 7, alle anderen mit maximal 3 Blättern. – *Gratian*: 2; *Liber Sextus*: 1; *Codex*: 19[40].

Unsere Wanderung führt weiter durch einige europäische Länder, in denen man zusammenfassende Überblicke über die *Extra*-Fragmente finden kann, die dort im ganzen Land in vielen Archiven und Bibliotheken verstreut sind[41]:

- **Niederlande:** hier gibt es zwei verschiedene Kataloge der kanonistischen Handschriften[42]; in beiden werden auch Fragmente erfaßt, die allerdings mit unterschiedlichen Kriterien verzeichnet werden und auch abweichende Gesamtzahlen ergeben: A) 25 *Extra*-Fragmente. – *Gratian*: 11; *Liber Sextus*: 3; B) 29 *Extra*-Fragmente. – *Gratian*: 22; *Liber Sextus*: 7.
- **Portugal:** der zweibändige Katalog[43] ist zwar den illuminierten Handschriften gewidmet, wobei dieser Begriff aber weit gefaßt ist und auch Hss. und Fragmente mit einfach gestalteten Initialen einschließt; sehr willkommen sind die vielen Farbabbildungen, die auch für die meisten der Fragmente geboten werden, die im zweiten Band präsentiert werden: 10 *Extra*-Fragmente. – *Gratian*: 8; *Liber Sextus*: 4, *Codex*: 2.
- **Ungarn:** hier ist nach speziellen Zusammenstellungen, die dem führenden Sachkenner zu verdanken waren[44], eine Serie von Katalogen erschienen, in denen nach und nach Fragmente aller Art in den größeren Bibliotheken des Landes verzeichnet wurden[45].

38 Vgl. das systematisches Stellenverzeichnis, S. 183–185.

39 Alphabetisches Siglenverzeichnis, S. 185–186.

40 Zu den Codex-Fragmenten Nr. 31, 40, 41 vgl. auch Dolezalek, Repertorium (wie Anm. 18), S. 389–390.

41 Aus jeweils verschiedenen Gründen kann man bei keinem dieser nationalen Kataloge mit abschließender Vollständigkeit rechnen.

42 A) Christine van Wijnbergen, Hartmut Zapp, Verzeichnis kanonistischer Handschriften in den Niederlanden, Würzburg 1988, Register S. 349 s. v. Liber Extra, S. 340–341 s. v. Dekret, S. 350 s. v. Liber Sextus. – B) A. J. de Groot, E.C.C. Coppens, Manuscripta canonistica latina. Elenchus codicum necnon diplomatum iuris canonici ante a. 1600 in bibliothecis et archivis neerlandicis, Nijmegen 1989, Register S. 483–484 s. v. Gregorius papa IX, S. 483 s. v. Gratianus, S. 480 s. v. Bonifacius VIII.

43 I. Vilares Cepeda, T. Duarte Ferreira, Inventário dos códices iluminados até 1500, Bd. 1: Distrito de Lisboa, Lissabon 1994 (Vollhss.); Bd. 2: Distritos de Aveiro … e Viseu. Apêndice Distrito de Lisboa (Vollhss. und Fragmente).

44 Péter Erdö, Les fragments de codex médiévaux se rapportant au droit canonique de la collection de manuscrits de la Bibliothèque de l'Académie, in: Magyar könivszemle 99 (1983), S. 251–256: 13 Blätter aus 7 verschiedenen *Extra*-Hss; *Gratian*: 2; kein *Liber Sextus*. – Ders., Codici manoscritti di diritto canonico e loro frammenti in Ungheria, in: Apollinaris 61 (1988), S. 341–354, hier S. 347, Anm. 26: 11 weitere *Extra*-Fragmente in verschiedenen Bibliotheken; Anm. 27: drei Fragmente des *Liber Sextus*; kein *Gratian*.

45 Ladislaus Mezey, Fragmenta latina codicum in Bibliotheca Universitatis Budapestinensis, Wiesbaden 1983: zwei *Extra*-Fragmente (beide auch bei Erdö); kein *Gratian*; *Liber Sextus*: 3 (alle auch bei Erdö); *Codex*: 2. – Ders., Fragmenta latina codicum in Bibliotheca Seminarii Cleri Hungariae Centralis, Budapest 1988: drei *Extra*-Fragmente (mit anderen Signaturen auch bei Erdö); *Gratian*: 7; *Liber Sextus*: 1; *Codex*: 1. – András Vizkelety, Mittelalterliche Handschriftenfragmente in Esztergom, Wiesbaden 1993: ein *Extra*-Fragment; *Gratian*: 2; kein *Liber Sextus*; kein *Codex*. – Ders., Mittelalterliche

Nach Ausscheidung von Mehrfachnennungen ergeben sich die folgenden Gesamtzahlen: 31 *Extra*-Fragmente. – *Gratian:* 15; *Liber Sextus*: 4; *Codex*: 4.

Nach diesem Rundgang durch größere europäische Bestände von *Extra*-Fragmenten kehren wir noch einmal nach Italien zurück, um zwei Einzelfälle in Augenschein zu nehmen, die zwar jeweils nur eine einzige Handschrift betreffen, aber geeignet sind, die Chancen und die Probleme der unerschöpflichen Notariatsarchive Italiens zu beleuchten.

Fragmente einer Luxushandschrift

– **Orvieto**, Sezione dell'Archivio di Stato di Terni, Pergamene di recupero[46]: eine Sammlung von mehreren hundert Fragmenten von Urkunden und Handschriften, die vorwiegend von Notariatsprotokollen, aber auch von Justiz- und Verwaltungsregistern der frühen Neuzeit abgelöst wurden. Eine als Ausstellungskatalog konzipierte Veröffentlichung bietet zwar kein systematisches Inventar, wohl aber eine eingehende, mit vielen Abbildungen illustrierte Einführung in die Herkunft, die Struktur und die Restaurierung der Sammlung[47]. Aus den insgesamt neun in der Sammlung befindlichen *Extra*-Fragmenten greifen wir fünf heraus[48], die teilweise auch schon in dem genannten Katalog gewürdigt wurden[49].
  Nr. 344 (Notar: Alessandro Elias de Carlis, 1539/1540): X 4.1.21–28; keine Rubrik;
  Nr. 525 (Notar: Pietro Antonio Egani, 1539–1546): X 4.1.28–4.2.6; rubr. *de desponsatione impuberum*;
  Nr. 1440 (Notar: Modestino Tizi, 1535): X 1.9.12–1.10.4; rubr. *de sacra unctione*;
  Nr. 1441 (Notar: Modestino Tizi, 1536): X 1.14.15–1.15.1; rubr. *de supplenda negligentia prelatorum*;
  Nr. 1504 (Notai vari, 1537/1538): X 4.2.6–12; keine Rubrik;
  Jeweils 1 Blatt, 290×450, 45 Zeilen (525, 1441, 1504 beschnitten, 344 beschädigt); gepflegte littera bononiensis, Ende 13. Jh., Glossa Ordinaria, sorgfältig vom Schreiber korrigiert, mit reichlichen *additiones* von verschiedenen Händen des 14. und 15. Jh. Dekoration aus derselben Werkstatt wie die viel genannte Luxushandschrift BAV, Pal.

lateinische Handschriftenfragmente in Györ, Wiesbaden 1998: 3 *Extra*-Fragmente; *Gratian*: 3; kein *Liber Sextus*; kein *Codex*. – Edit Madas u. a., Mittelalterliche lateinische Handschriftenfragmente in Sopron, Budapest 2006: drei *Extra*-Fragmente; *Gratian*: 7 (alle aus derselben Hs.); kein *Liber Sextus*; *Codex*: 1.

46 Baroffio, Iter Liturgicum, S. 331–332 Nr. 17060–17086.

47 La civiltà del libro in Orvieto. Materiali per lo studio della decorazione dei codici nei secoli XI–XV, Catalogo della mostra Orvieto, Chiostro di San Giovanni 27 marzo – 30 aprile 1991 (Archivi dell'Umbria. Inventari e ricerche 18), Perugia 1991.

48 Außerdem sind noch vier weitere *Extra*-Fragmente vorhanden: Pergamene di recupero Nr. 674, 1061a, 1443b + ein unnumeriertes Stück (aus *Libri parrocchiali*).

49 La civiltà del libro, S. 80–83, Nr. 30a–c mit eingehender Beschreibung der Dekoration und Abbildungen für Nr. 525 (s/w) und für Nr. 1440, 1441 (farbig); aber ohne Erwähnung der dazugehörigen Nr. 344 und 1504 und der vatikanischen Parallelhandschrift.

lat. 629[50]. Zu jeder Rubrik eine mehrfarbige, elegante Figurine (Höhe von 8–10 Zeilen) mit eigenen Stabranken zwischen den Textspalten (525) bzw. zwischen Text und Glosse (1440, 1441); das jeweils erste Kapitel mit einer kolorierten Portraitinitiale (4 Zeilen, auf blauem Grund); die folgenden Kapitel mit roten Initialen und violettem Schneckenfleuronnée. Die technische und stilistische Verwandtschaft mit dem Palatinus ist unverkennbar; die Figurinen sind von derselben Qualität, aber ikonographisch anders als an den entsprechenden Stellen im Palatinus (rubr. *de sacra unctione*: Orvieto Nr. 1440, anders Pal. lat. fol. 38ra; rubr. *de suppl. negligentia prelat.*: Orvieto 1441, anders Pal. lat. fol. 33vb; rubr. *de despons. impuberum*: Orvieto 525, anders Pal. lat. fol. 192ra); eine vollständige Durchsicht des Palatinus hat ergeben, dass die drei in Orvieto erhaltenen Figurinen hier überhaupt nicht verwendet wurden, woraus zu schließen ist, dass das ikonographische Repertoire dieses Ateliers wesentlich größer war als die Auswahl des Palatinus vermuten lässt. Die Orvietaner Fleuronnée-Initialen sind etwas weniger elaboriert als die im Palatinus. – Hinsichtlich der Wiederverwendung ist hervorzuheben, daß die aus den *Extra*-Büchern I und IV stammenden Fragmente in den Jahren 1535–1539 für vier verschiedene Notare verwendet wurden[51]; besonders auffällig ist, daß die nahtlos aneinander anschließenden Blätter Nr. 344 und 525 im Jahr 1539 an zwei verschiedene Notare gingen.

Viele Fragmente aus einer einzigen Handschrift

- **Todi**, Archivio storico del Comune[52], Archivio Notarile: Hier haben in der Zeit von 1357 bis 1875 386 Notare eine jeweils unterschiedliche Anzahl von Protokollen deponiert, in der großen Mehrzahl im 16. und 17. Jahrhundert, sehr viele eingebunden in Pergamentblätter aus mittelalterlichen Hss. Diese sind aber bisher nicht inventarisiert worden und schwer zu übersehen, weil jeder Protokollband mit modernen Kartonhüllen geschützt ist, die man eine nach der anderen aufschnüren muß. Bei einer vorläufigen Durchsicht sind mir besonders zwei Notare aufgefallen, für deren Protokolle insgesamt 18 *Extra*-Fragmente verwendet wurden:
  - Notarile Nr. 154: Simone di Francesco mit 38 Protokollen aus den Jahren 1549–1589 (Sigle SdF)
  - Notarile Nr. 190: Scipione Guazzaroni mit 55 Protokollen aus den Jahren 1570–1627 (Sigle SG)[53].

50 Vgl. Decretales pictae. Le miniature nei manoscritti delle Decretali di Gregorio IX (*Liber Extra*), hg. von Martin Bertram, Silvia Di Paolo, Roma 2012, online: hdl.handle.net/2307/711, auch www.dhi-roma.it/Publikationen/online, passim (siehe S. 307: Indice dei manoscritti) und Figg. 13–18.

51 Nr. 1504 läßt sich anscheinend nicht genau zuordnen.

52 Fehlt bei Baroffio, Iter Liturgicum (wie Anm.19). Für die überaus freundliche Aufnahme und großzügige praktische Unterstützung möchte ich mich bei dem Archivdirektor Dott. Filippo Orsini vielmals bedanken.

53 Zwei weitere *Extra*-Fragmente kommen aus anderen Hss.. Notarile 157 (Giacomo Armillei, b. 1: 1550–1552): X 3.5.19–21 / 3.2.8–3.5 mit Gl. Ord. und *additiones*; Notarile 171 (Andrea Vignati, b. 1: 1559–1604): X 2.13.13–14.3 mit Gl. Ord. und regelmäßigen *Casus*.

Die Fragmente haben durchweg die Form von Doppelblättern, die zur Verstärkung nach innen eingeschlagen und mit der ersten und der letzten Papierseite des Protokolls verklebt wurden, weshalb sie nur auf den Außenseiten lesbar sind. Der Erhaltungszustand ist durchweg gut. Die zerstückelte Handschrift ist in einer professionellen, sauberen und gut lesbaren Textualis geschrieben, sicher in Italien, wohl im 3. Drittel des 13. Jahrhunderts. Ungewöhnlich ist, daß im Gegensatz zu dem üblichen Wechsel von blau und rot hier sämtliche Initialen (sowohl der Aussteller wie der Textinitien) bis auf ganz wenige, willkürlich eingestreute Ausnahmen[54] nur in rot mit einfachem blauen Fleuronnée ausgeführt sind; anhand dieser paläographischen Besonderheit, die meines Wissens in Italien selten ist, lassen sich die einzelnen Fragmente eindeutig einer einzigen Hs. zuordnen. Die Glossa ordinaria, die den Text in Klammerform umgibt, wurde von anderer, etwas späterer Hand hinzugefügt; die Anbindung der Lemmata erfolgt nach der in Italien vorherrschenden Methode mit Minuskelbuchstaben. *Additiones* sind nicht vorhanden.

Es ist zu betonen, daß diese Handschrift abgesehen von der erwähnten paläographischen Besonderheit unauffällig und kanonistisch unergiebig ist. Dagegen bietet eine nähere Betrachtung der Fragmente Einblicke in die fühneuzeitliche Praxis der Zerstückelung und der Wiederverwendung der Handschriften. Wir können davon ausgehen, daß diese Arbeitsgänge von spezialisierten und geübten Handwerkern durchgeführt wurden, was sich schon aus der Tatsache ergibt, daß genau dieselbe Technik bei zwei verschiedenen Kunden sichtbar wird.

Die Umordnung der lesbaren Passagen in der Abfolge des Dekretalentexts ergibt folgendes Bild (die zweiteiligen Stellenangaben beziehen sich auf Vorder- und die Rückseite des betreffenden Bandes und auf das Ende des ersten und den Anfang des letzten lesbaren Kapitels):

X 1.9.13–10.2 / 1.21.5–22.4 (SdF, b. 29: 1579);
X 3.24.9–25.5 / 3.27.3–28.6 (SG, b. 29: 1600); **X 3.30.11–21 / 3.34.6–7** (SG, b. 18: 1589); **X 3.30.33–31.7 / 3.32.12–16** (SdF, b. 37: 1587); **X 3.31.19–24 / 3.31.18–19** (SG, b. 20: 1591); **X 3.32.4–34.5 / 3.28.10–29.3** (SG, b. 28:1599); **X 3.38.25–29 / 3.35.5–6** (SG, b. 27: 1598); **X 3.39.26–41.1 / 3.50.1–7** (SG, b. 45: 1616);
X 4.1.13–18 / 4.6.7–7.13 (SG, b. 43: 1614); **X 4.1.25–27 / 4.5.5–6.2** (SG, b. 57: 1620–1627); **X 4.2.3–7 / 4.3.2–4.3** (SG, b. 44: 1615); **X 4.14.3–7 / 4.17.13** (SG, b. 17: 1588);
X 5.12.6–10 / 5.23.2–26.2 (SG, b. 46: 1617); **X 5.12.15–18 / 5.20.6–21.2** (SG, b. 26: 1597); **X 5.12.19–24 / 5.19.16–20.4** (SdF, b. 33: 1583); **X 5.31.7–10 / 5.33.11–13** (SG, b. 32: 1603); **X 5.31.13–16 / 5.32.3–33.4** (SG, b. 33: 1604); **X 5.36.1–37.2 / 5.38.4–10** (SG, b. 30: 1601).

Wie man sieht, wurden in den Jahren 1583–1627 Fragmente verarbeitet, die sämtlich aus den Büchern III, IV und V der Dekretalen stammen, während das einzige Fragment

54 Mir sind insgesamt nur vier blaue Initialen aufgefallen: SdF b. 37: *U* (X 3.31.3); SG b. 28: *A* (X 3.28.13) und b. 46: *S* und *P* (X 5.25.1 und 2).

aus Buch I bezeichnenderweise schon ein paar Jahre früher (1579) für den älteren Simone di Francesco verwendet wurde. Aus diesem isolierten Vorläufer darf man wohl schließen, daß der Buchbinder über die vollständige Handschrift verfügte und daß er die Bücher I und II für andere Zwecke und/oder andere Kunden verwendete, wofür sich bisher aber keine Zeugnisse gefunden haben. Leider gibt es auch keinerlei Hinweis auf die Herkunft der Handschrift, auf ihren Weg nach Todi und nicht einmal auf den verarbeitenden Handwerker, den wir uns wohl an Ort und Stelle tätig denken müssen. Zur Vervollständigung des Bildes ist zu sagen, daß viele der Protokolle des Simone di Francesco auch mit Fragmenten aus ganz anderen Handschriften gebunden wurden[55]. Anfangs hatte er seine Protokolle sogar mit aufwendigen, eigens angefertigten Ledereinbänden versehen lassen (b. 2–20: 1542–1570); ob diese von demselben Buchbinder hergestellt wurden wie die späteren Pergamenteinbände, wissen wir nicht. Die mühsamen Recherchen liefern also wieder einmal mehr Fragen als Antworten[56]; aber sie lohnen sich als schrittweise Annäherungen an Umstände und Prozeduren, denen zahllose mittelalterlichen Handschriften zum Opfer gefallen sind, darunter bestimmt auch Hunderte von Dekretalenhandschriften.

Am Ende unserer Wanderungen ist ein zusammenfassender Rückblick geboten.

Zunächst ist daran zu erinnen, daß aus den Fluten von gesichtslosen Einzelfragmenten einige aufgetaucht sind, die uns aus dem einen oder dem anderen Grund bemerkenswert erscheinen: zwei stammen anscheinend aus ziemlich frühen Handschriften[57], in fünf finden sich inserierte Extravaganten[58] oder Konstitutionen des 2. Konzils von Lyon[59], sechs sind mit dem Glossenapparat des Goffredus ausgestattet[60] und nicht weniger als zehn weisen Miniaturen auf[61].

55 Z. B. b. 28, 30, 31 (1578, 1580, 1581) ein aufwendig geschriebenes und dekoriertes Lektionar(?, jedenfalls Paulusbriefe) aus dem 12. Jh. mit prächtigen Initialen.

56 Das zeigen auch die umsichtigen Bemerkungen von Caldelli (wie Anm. 9) über die Wiederverwendung für Protokolle und Verwaltungsakten (S. 63–66), über die Praxis der frühneuzeitlichen Buchbinder und über die Herkunft der verarbeiteten Handschriften (S. 72–74), besonders in Rom (S. 74–82); vgl. auch oben Anm. 27.

57 Frag. Oxford, Merton und Urgell.

58 Frag. Berlin, Bratislava, Ebstorf; zu den in Berlin und Ebstorf inserierten Extravaganten *Probande suspicionis cause* (Innozenz IV.) und *Non solum* (Gregor IX., erneuert von Innozenz IV.) vgl. Martin Bertram, in: ZRG kan. Abt. 92 (2006), S. 36 f., Nr. 57 und S. 12, Nr. 6 und S. 21, Nr. 24.

59 Inseriert in Frag. Kempen, als Anhang in Frag. Montecassino, hier in vorkurialer Fassung; zu einer analogen Überlieferung in den schwedisch/finnischen Fragmenten vgl. Bertram, Kanonisten und ihre Texte (wie Anm. 15), S. 116 Anm. 25 und S. 562.

60 Frag. Bonn, Frankfurt, Klosterneuburg, Norcia, Riga, Rom; vgl. Bertram, Kanonisten und ihre Texte (wie Anm. 15), S. 171 und S. 489.

61 Frag. Berlin (2), Bologna, Cambridge (2), New York, Oxford, Philadelphia Free Library, Venezia, Wien; davon sind Berlin, Frag. 311, Philadelphia und Wien meines Wissens in der kunsthistorischen Literatur bisher unbeachtet geblieben.

Nach den inhaltlichen Ergebnissen kommen wir zu den Zahlen, die wir in den durchgesehenen Sammlungen ermittelt haben und nun im Überblick zusammenstellen[62]:

	Extra **Fragm. aus Hss.**	*Gratian* **Fragmente**	*Sextus* **Fragmente**	*Codex* **Fragmente**
Schweden	376 aus 145	258	109	99
Pavia	70 aus 17	8	0	38
Macerata	31 aus etwa 20	8	2	25
München	30 aus ?	19	7	7
Ungarn[63]	31 aus ?	15	4	4
Niederlande[64]	25 bzw. 29 aus ?	11 bzw. 22	3 bzw. 7	?
Oxford[65]	21 aus ?	17	10	26
Frankfurt	11 aus ?	4	7	4
Siena	11 aus ?	2	1	19
Portugal	10 aus ?	8	4	2
Summen[66]	591	339	144	224
Vollhandschriften	knapp 700[67]	ca. 510[68]	ca. 500[69]	ca. 265[70]

Diese Zahlen zeigen, daß die drei kanonistischen Texte bei den Fragmenten durchweg[71] in derselben Größenordnung vertreten sind wie die Vollhandschriften: *Extra-Gratian-Liber Sextus*. Auffällige Unterschiede zeigen sich einmal bei dem Vorsprung von *Gratian* gegenüber dem *Liber Sextus*, der bei den Fragmenten fast überall deutlich größer ist als bei den Vollhandschriften, was wohl einfach daran liegt, daß eine einzige *Gratian*-Handschrift mit ihrem wesentlich größeren Umfang viel mehr Fragmente liefern konnte als eine Handschrift des *Liber Sextus*. Zum anderen fällt die vergleichsweise hohe Anzahl von *Codex*-Frag-

62 Anordnung nach der Menge der *Extra*-Fragmente. Eine entsprechende Übersicht, die damals noch auf die Bestände in Schweden, Ungarn und in den Niederlanden beschränkt blieb, schon bei Bertram, Kanonisten und ihre Texte (wie Anm. 15), S. 137 f.

63 Höhere Zahlen als in der früheren Tabelle, die sich auf die Angaben von Erdö beschränkten.

64 Nach erneuter Überprüfung abweichend von den Zahlen in der früheren Tabelle.

65 Ohne die oben Anm. 32 erwähnten, aber nicht nachgewiesenen Fragmente.

66 Ohne die unterschiedlichen Zahlen für die Niederlande.

67 Vgl. Signaturenliste (wie Anm. 2).

68 Vgl. Hubert Mordek, in: ZRG kan. Abt. 72 (1986), S. 403–411.

69 Vgl. Tilmann Schmidt, in: Blumenthal u. a. (Hg.), Proceedings (wie Anm. 15), S. 567.

70 Vgl. Dolezalek, Repertorium (wie Anm. 18), S. 64–77 und S. 82–84, der außerdem noch 14 „defecti" (Hss. mit großen Lücken oder umfangreiche Fragmente) und 163 Fragmente verzeichnet, unter den letztereren aber nur wenige aus den von uns durchsuchten Fragmentsammlungen.

71 Der Fall Frankfurt, wo der *Sextus* mit 7 Fragmenten vor *Gratian* rangiert, kann angesichts der kleinen Zahlen, die statistisch insignifikant sind, vernachlässigt werden.

menten auf, die sich aus den Beständen in Italien und in Oxford ergibt, wo der *Codex* bei den Fragmenten überall mit größeren Anteilen vertreten ist als bei den Vollhandschriften.

Abschließend ist nochmals daran zu erinnern, daß wir nur den kleinsten Teil dieser europäischen Trümmerlandschaft besichtigt haben. Wie von Anfang an betont, ist an eine vollständige Erfassung der kleinen *Extra*-Fragmente nicht zu denken. Für das erwünschte qualifizierte, d. h. umfassende Überlieferungsbild sind die Fragmente grundsätzlich unverzichtbar; nun hat sich aber gezeigt, daß die konkreten Gegebenheiten dazu zwingen, uns in diesem Teilbereich der Überlieferung mit den hier vorgelegten Teilaufnahmen zu begnügen. Diese machen wenigstens die Probleme sichtbar, die vollständige und abschließende Ergebnisse verbieten. Weitere Fortschritte können nur durch lokale Aufarbeitung erzielt werden, von der bei dem zunehmenden Interesse, das die Fragmentforschung überall findet, auch in unserem Bereich noch mancherlei Überraschungen erwartet werden dürfen.

Anhang
Über das Auslaufen der Produktion von *Extra*-Handschriften

Vor einigen Jahren hatte ich erstmals behauptet, daß die Produktion von *Extra*-Handschriften gegen Ende des 14. Jahrhunderts ausläuft[72]. Diese Behauptung soll nun an dieser Stelle besser begründet und präzisiert werden.

Mir sind inzwischen insgesamt elf Handschriften bekannt, die im 15. Jahrhundert geschrieben worden sind und nur 1,6 % des Gesamtbestands ausmachen[73]:

- Augsburg, Staats- und Stadtbibl. 8° Cod. 153
- Berlin, SBPK *lat. fol. 706
- Brno (Brünn), Archiv mesta, Svatojakubská knihovna sign. 96/114
- Holkham Hall *216 (datiert 1497)
- Krakau, Bibl. Jagiellonska 359 (datiert 1448–1459)
- München *Clm. 19647
- Regensburg, Kollegiatstift ULF Hs. 23 (2010)
- Seitenstetten, Stift 208
- Stuttgart, WLB Cod. iur. in fol. 119
- *Vat. lat. 6054 (datiert 1482/83)
- Warschau, Bibl. Narodowa Sign. 8039 (um 1466)
- Wroclaw (Breslau), BU *II.F.33 (datiert 1476)[74].

72 Martin Bertram, Dekorierte Handschriften der Dekretalen Gregors IX. (*Liber Extra*) aus der Sicht der Text- und Handschriftenforschung, in: Marburger Jahrbuch für Kunstwissenschaft 35 (2008), S. 31–65, hier S. 32.

73 Für nähere Angaben und bibliographische Nachweise vgl. die Signaturenliste (wie Anm. 2), Gruppe II (Teilhandschriften); für Hs. Warschau, deren Kenntnis ich Herrn Dr. Przemyslaw Nowak (Warschau) verdanke, ebd., Nachtrag (nach den Vorbemerkungen).

74 Drei spanische Handschriften, die nach den verfügbaren Informationen aus dem 15. Jh. stammen sollen, konnte ich noch nicht überprüfen: Girona, Arxiu Capitular 79; Orense, Fragm. 42 (nur Bücher I–III), vgl. Signaturenliste (wie Anm. 2), Gruppe II (Teilhandschriften); zu Hs. Pamplona, Catedral 25, die ich wegen der unbestimmten Inhaltsangabe „Decretales quaedam" nicht aufgenommen hatte, vgl. A. S. Hunt, in: Centralblatt für Bibliothekswesen, 14 (1897), S. 287.

Die beiden Luxushandschriften Holkham Hall *216 und Vat. lat. *6054[75], beide auf Pergament und beide datiert, sind individuelle Auftragsprodukte und damit Ausnahmerscheinungen, welche die Regel eher bekräftigen als widerlegen.

Dasselbe gilt, wenn auch aus anderen Gründen, für alle anderen Handschriften, welche die folgenden gemeinsamen Merkmale aufweisen: sie sind alle auf Papier geschrieben, sie umfassen nur Teile des *Extra*[76], sie liegen alle in Bibliotheken nördlich der Alpen und sind vermutlich auch in den entsprechenden Gegenden entstanden. Einige geben sich deutlich als vom Schreiber zu eigenen Zwecken angefertigte Arbeitstexte zu erkennen[77].

Was die Fragmente betrifft, so ist mir unter all denen, die ich selber gesehen habe, buchstäblich kein einziges begegnet, das mit Sicherheit nach 1400 geschrieben wäre. In den veröffentlichten Beschreibungen wird zwar gelegentlich einmal ein Fragment genannt, das angeblich aus dem 15. Jahrhundert stammen soll. In diesen Fällen besteht aber immer der Verdacht, daß entweder die paläographische Datierung unzutreffend ist, oder daß es sich um einen anderen Text handelt[78]. In der Tat haben sich die wenigen angeblichen Datierungen von *Extra*-Fragmenten in das 15. Jahrhundert, die mir bisher begegnet sind, nach Überprüfung sämtlich als zweifelhaft oder unzutreffend erwiesen[79].

– **Düsseldorf**, ULB: In dem online zugänglichen Inventar der mittelalterlichen Handschriftenfragmente[80] findet man unter dem Titel „Decretalium Gregorii papae IX compilationis" insgesamt 12 Einträge. Aus den begleitenden Abbildungen ergibt sich nach meiner Einschätzung, daß davon 6 irrtümlich datiert und/oder bestimmt sind.
K10:003: 14. Jh. (nicht 15. Jh.); K20:Z13/07: 14. Jh. (nicht 14./15. Jh.); K20:Z14/02b: wahrscheinlich noch 13. Jh. (nicht 14./15. Jh.); K07:011: eher 14. als 15. Jh. (nicht 15./16. Jh.), nicht der *Extra*-Text, sondern Summarien oder Notabilien; K10:005: 1. Drittel 13. Jh. (nicht 14./15. Jh.), nicht *Extra*, sondern Comp. III; K07:22: 14., vielleicht sogar noch 13. Jh. (nicht 15. Jh.).

75 Vgl. die Beschreibungen bei Bertram, Dekorierte Handschriften (wie Anm. 72), S. 63–64.

76 Einzige Ausnahme die Vollhs. Warschau.

77 So z. B. Hs. Krakau: *per manus magistri Michaelis de Wartha arcium baccalarii et in decretis, plebani in Minnoga.*

78 So auch schon Dekorierte Handschriften (wie Anm. 72) für die Vollhandschriften, bei denen als weiteres Beispiel hinzukommt: Hs. Kampen, Gemeentearchief 168, die im Katalog van Wijnbergen/Zapp (wie Anm. 42), S. 88 „saec. XV" datiert wird (fehlt im Katalog De Groot/Coppens), tatsächlich aber im 13. Jh. entstand, wie eine sachkundige Überprüfung durch Prof. Chris Coppens und Dr. Frank Soetermeer ergab, denen ich bei dieser Gelegenheit nochmals herzlich danken möchte.

79 Es sei betont, daß diese aufwendigen und kleinlichen Richtigstellungen nur dazu dienen, potentielle Argumente gegen unsere Grundthese aus dem Weg zu räumen. Dabei ist den Betroffenen zu danken, die in allen Fällen selber zur Klärung beigetragen haben: in Düsseldorf mit den online zur Verfügung gestellten Abbildungen, die man als richtungweisend für die gesamte Fragmentforschung nicht genug loben kann; in München hat mir Herr Dr. Ikas mehrfach mit Auskünften geholfen; in Portugal wird die abweichende Einschätzung erst durch die Abbildungen in dem Katalog ermöglicht; in Stockholm und in Weimar haben mir die zuständigen Stellen großzügig und unbürokratisch zu sehr guten Reproduktionen verholfen.

80 ULB Düsseldorf > recherchieren > Inventar der Handschriftenfragmente.

- **München**, BSB Clm. 29615,35 + 36: laut Katalog[81] 15. Jh.; nach meiner Einschätzung anhand einer Reproduktion noch 14. Jh.
- **Portugal**, Lissabon, ANTT, Cartório Notarial (Umschlag), laut Katalog[82]: s. XV.1; nach meiner Einschätzung anhand der begleitenden Abbildung vielleicht noch 13. Jh., spätestens 1. Hälfte 14. Jh.
- **Schweden**: die oben nachträglich erwähnte Datenbank für die schwedischen Fragmente ergibt für die Suchoption „Decretales Gegorii IX" + „15. Jh." vier *Extra*-Fragmente (Abb. 19–22), die aus dem 15. Jh. stammen sollen: Fr 29258, 29349, 29377, 29417, nach meiner Einschätzung dagegen alle in die erste Hälfte oder Mitte des 14. Jh. zu datieren sind[83].
- **Weimar**, Anna Amalia Bibl. Fol. max 11a,6, laut Katalog[84]: Ende 15. Jh.; nach meiner Einschätzung anhand einer Reproduktion 1. Hälfte 14. Jh.

So bestätigen sowohl die wenigen Vollhandschriften aus dem 15. Jahrhundert, die durchweg als irrelevante Ausnahmerscheinungen zu beurteilen sind, wie auch die fehldatierten Fragmente unsere grundsätzliche Annahme, die nur noch dahin zu präzisieren ist, daß die Massenproduktion von *Extra*-Handschriften gegen Ende des 14. Jahrhunderts überall in Europa ausläuft. Zu überprüfen bleibt noch die seinerzeit geäußerte Vermutung[85], daß der Befund, der nun für den *Liber Extra* als gesichert gelten kann, auch für die anderen Komponenten der beiden gemeinrechtlichen Corpora zutrifft.

Vor allem aber fehlt noch eine befriedigende Erklärung dieses nicht ganz unwesentlichen Vorgangs, die sich nicht mit voreiligen Allgemeinplätzen begnügen darf, sondern in konkreter und kohärenter Weise die vielschichtig verflochtenen Faktoren der materiellen und technischen Entwicklung sowie der Rechts-, Bildungs- und Wirtschaftsgeschichte analysieren sollte, die den Abbruch einer mehr als hundertjährigen Tradition in ganz Europa bestimmt haben.

*

Die folgenden vier Abbildungen sind aus den Massen von Fragmenten, die in dem vorliegenden Beitrag erwähnt werden, sowohl aus praktischen wie aus sachlichen Gründen ausgewählt worden: Voraussetzung war die dankenswerte Großzügigkeit, mit der das Reichsarchiv in Stockholm nicht nur die Digitalisate zur Verfügung gestellt, sondern auch die Veröffentlichung genehmigt hat. Zum anderen erlauben die Abbildungen, meine abweichende Einschätzung der Datierung zu überprüfen; und schließlich können diese vier Beispiele eine, wenn auch sehr begrenzte Vorstellung von dem nach wie vor einmaligen schwedischen Fragment-Bestand vermitteln; zur umfassenden Information sei nochmals auf das oben zitierte neue Buch von Jan Brunius verwiesen.

81 Hauke/Ikas (wie Anm. 28), S. 71.

82 Cepeda/Ferreira (wie Anm. 43) II, S. 224 Nr. 421.

83 Siehe die unten folgenden Abbildungen.

84 Betty C. Bushey, Herzogin Anna Amalia Bibliothek, Die lateinischen Handschriften bis 1600, Bd. 1, Wiesbaden 2004, S. 30–31.

85 Bertram, Dekorierte Handschriften (wie Anm. 72), S. 32.

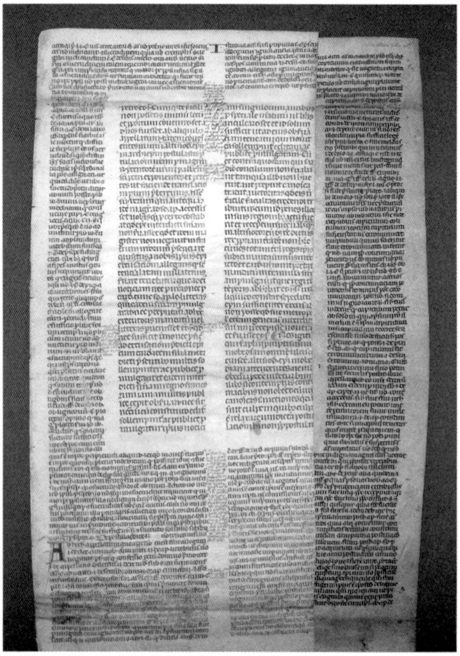

Abb. 19
X 1.5.1, mit Gl. Ord. und *additiones* von einer flüchtigen notula, zwischen den Spalten einmal die Sigle *Gof.*, vermutlich aus Johannes Andreae. Daneben ein Streifen: Gl. Ord. zu X 1.6.23, in dunklerer Tinte, aber doch wohl aus derselben Hs.
Stockholm, Riksarkivet, MPO Frag 29258 (© Stockholm, Riksarkivet).

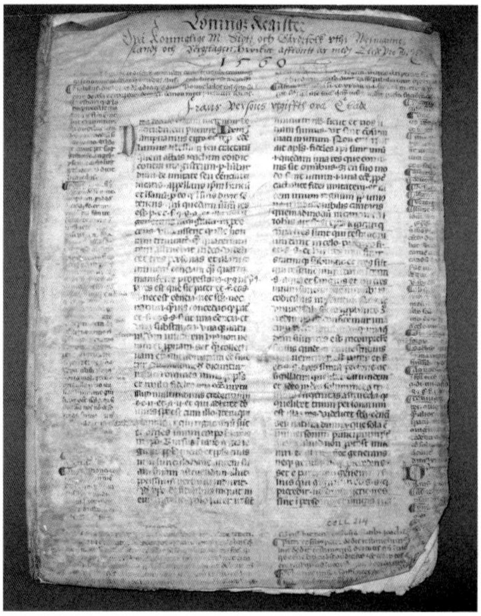

Abb. 20
X 1.1.2, mit Gl. Ord.; am oberen Rand Bezeichnung des Registers, dem das Blatt als Einband dient, mit der Jahreszahl *1560*
Stockholm, Riksarkivet, MPO Frag 29349 (© Stockholm, Riksarkivet).

Abb. 21
X 3.42.3, mit Gl. Ord.; unten die Jahreszahl *1576*, oben die moderne Archivsignatur des Registers: *Småland, 1576 n° 1*
Stockholm, Riksarkivet, MPO Frag 29377
(© Stockholm, Riksarkivet).

Abb. 22
X 1.29.37–40, mit Gl. Ord. und dichten *additiones* von mehreren flüchtigen notulae, oft mit der Sigle des Johannes Andreae
Stockholm, Riksarkivet, MPO Frag 29417
(© Stockholm, Riksarkivet).

Fragmente liturgischer Handschriften aus der Tradition der Lateinischen Ritenfamilie

Mit einer Fragmentbeschreibung und einer Bibliografie der Forschungsliteratur

Hanns Peter Neuheuser, Köln

Die Tatsache, dass in den meisten Fragmentsammlungen eindeutig eine Majorität von Liturgica zu konstatieren ist[1], lässt das Mengengerüst und die inhaltliche Bedeutung liturgischer Handschriftenfragmente des lateinischen Mittelalters in den Blick geraten (I.). Naturgemäß ergibt sich hieraus die Frage nach dem Akt der Fragmentierung und ggf. der Sekundärverwendung (II.). Hieraus müsste sich dann die Problematisierung einer angemessenen, d.h. spezifischen Bearbeitungsweise ergeben (III.). Nach diesen drei Schritten sollte sich das Arbeitsprogramm für die nachstehenden Ausführungen ergeben, welche zudem eine Veranschaulichung der Problematik an einem Beispiel und eine kleine Bibliografie enthalten.

I. Zur Bedeutung liturgischer Handschriftenfragmente

Liturgische Bücher (nicht nur) der Lateinischen Ritenfamilie vermögen nach dem erreichten liturgiewissenschaftlichen Konsens wohl nicht – wie in dem Ideal eines Augenzeugenberichtes über ein historisches Ereignis – die tatsächlichen gottesdienstlichen Vollzüge ‚authentisch' wiederzugeben, aber sie spiegeln in summa das Bedürfnis nach einem gemeinschaftlichen und einheitlichen Glaubensbekenntnis sowie die Ansprüche ihrer Herausgeber[2], welche die Tradierung von Texten und rituellen Anweisungen mit Anordnungscharakter für die Zelebranten ihres Sprengels veranlassten[3]. Die Verschriftlichung liturgischer Vollzüge war für den Klerus eines Bistums oder eines Ordens, später auch der

---

1 So unfraglich Hans Butzmann, Gedanken und Erfahrungen bei der Katalogisierung von Handschriftenfragmenten, in: Varia codicologica. Essays presented to Gerard Isaac Lieftinck, hg. von Johan P. Gumbert u.a., Band 1, Amsterdam 1972, S. 87–98, hier S. 89, ebenfalls Hermann Hauke, Überlegungen zur Bearbeitung von Fragmenten, in: Beiträge zur Handschriftenkunde und mittelalterlichen Bibliotheksgeschichte, hg. von Walter Neuhauser, Innsbruck 1980, S. 27–32, hier S. 30, sowie Karin Schneider, Paläographie und Handschriftenkunde für Germanisten. Eine Einführung, 3. Auflage Berlin 1999, S. 184, ferner Bettina Wischhöfer und Joachim Deeters im vorliegenden Sammelband. Vgl. zudem Gerhardt Powitz, Libri inutiles in mittelalterlichen Bibliotheken. Bemerkungen über Alienatio, Palimpsestierung und Makulierung, in: Scriptorium 50 (1996), S. 288–304, hier S. 303.

2 Vgl. einführend Martin Klöckener, Angelus A. Häußling, Liturgische Bücher, in: Divina officia. Liturgie und Frömmigkeit im Mittelalter, Wolfenbüttel 2004, S. 341–372.

3 Die Rolle der Herausgeber behandelt am Beispiel eines Buchtyps Martin Klöckener, Das Pontifikale. Ein Liturgiebuch im Spiegel seiner Benennungen und der Vorreden seiner Herausgeber, in: Archiv für Liturgiewissenschaft 28 (1986), S. 396–415.

Universalkirche, normative Grundlage der Amtshandlungen[4]. Liturgische Bücher sind überdies ohne Zweifel wichtige Zeugen der Kirchen-, Liturgie- und Theologiegeschichte, indem sich die Buchtypen an den Gottesdienstformen und der ekklesialen Struktur orientieren[5], aber auch als Fundus für die Philologien, die Musikwissenschaft und die Kulturgeschichte zu betrachten[6]. Ihr besonderer Wert liegt nicht zuletzt in der Tatsache begründet, dass sie über eine seit der Spätantike andauernde Entwicklung und über eine Verbreitung auf dem gesamten Gebiet der Christenheit verfügen: Diese Aufzeichnungen gehören zu den ältesten Literaturgattungen der Menschheitsgeschichte.

Bereits die zuletzt genannten Erkenntnisse temporaler und geografischer Art lassen – neben der literaturgeschichtlichen Dimension – den mengenmäßigen Umfang der handschriftlichen Produktion von Liturgica vage erahnen, jedoch kaum errechnen. Die Realisierung der kirchenrechtlich erhobenen Forderung nach einer Mindestausstattung an Büchern für jede einzelne Pfarrkirche kann nicht mehr überprüft werden. Die Nachricht über das um 855 gefertigte Sakralinventar der bayerischen Pfarre Thannkirchen mit „missales III, lectionarios III, dalmaticas III, casulas VI, albas VI, istoria in singulis codicibus II, collectarium I, plenarium I, expositio psalmorum, psalterium in tribus codicibus, antefonarium I, commentarium I super Matheum. In alio loco: missales II, lectionaria II, XL omelias, officialem I, penitentialem I, aliam omeliam, psalteria II, pastorale I, antefonarium I, compotem I, ipacta"[7] dürfte eine überdurchschnittliche Ausstattung darstellen[8], zugleich aber auch einen Hinweis darauf geben, in welchem Inventarzusammenhang – nämlich mit den Paramenten – die Bücher Erwähnung finden. Das um 906 verfasste Sendhandbuch des Regino von Prüm legt den Pfarren die Frage vor, ob ein Missale plenarium, ein Lektionar und ein Antiphonar vorhanden sei, „nam sine his missa perfecte non celebratur"[9]; außerdem erkundigt es sich nach nicht weiter spezifizierten „alii libri", worunter mindestens der Psalter für die Tagzeitenliturgie und eine Agenda für die Sakramentenverwaltung zu verstehen sein dürften. Entsprechende Kataloge sind neben der quantifizierenden Betrachtung auch wegen der Überlieferung der sprachlichen Terminologie ergiebig, vor allem

4 Vgl. Jürgen Bärsch, Libri ordinarii als rechtsrelevante Quellen. Zum normativ-rechtlichen Charakter hoch- und spätmittelalterlicher Gottesdienstordnungen, in: Pragmatische Quellen der kirchlichen Rechtsgeschichte, hg. von Hanns Peter Neuheuser, Köln u. a. 2011, S. 277–308.

5 Vgl. Pierre Marie Gy, Typologie et ecclésiologie des livres liturgiques médiévaux, in: La maison Dieu 121 (1975), S. 7–21. – Hanns Peter Neuheuser, Typologie und Terminologie liturgischer Bücher, in: Bibliothek. Forschung und Praxis 16 (1992), S. 45–65.

6 Vgl. Éric Palazzo, Histoire des livres liturgiques. Le moyen âge, Paris 1993. – Hanns Peter Neuheuser, Das Liturgische Buch. Zur Theologie und Kulturgeschichte liturgischer Handschriften und Drucke, Regensburg 2013.

7 Vgl. Mittelalterliche Schatzverzeichnisse, Band 1: Von der Zeit Karls des Großen bis zur Mitte des 13. Jahrhunderts, hg. von Bernhard Bischoff, München 1967, Nr. 89, S. 94.

8 Vgl. allgemein Carl I. Hammer, Country churches, clerical inventories and the Carolingian Renaissance in Bavaria, in: Church history. Studies in Christianity 49 (1980), S. 5–17.

9 Regino von Prüm, Libri duo de synodalibus causis et disciplinis ecclesiasticis, Fragekatalog I,10, hg. von Friedrich Wilhelm Wasserschleben, Leipzig 1840. – Vgl. Walter Hellinger, Die Pfarrvisitation nach Regino von Prüm. Der Rechtsgehalt des I. Buches seiner Libri duo de synodalibus causis et disciplinis ecclesiasticis, in: Zeitschrift der Savigny-Stiftung für Rechtsgeschichte, kanonistische Abteilung 48 (1962), S. 1–116, hier S. 34–36.

wenn es sich um vernikulare Aufzeichnungen handelte; so wird für die Pfarrkirche von Järstad in Östergötland für das Jahr 1399 folgende Liste liturgischer Bücher dokumentiert: „twa maessuböker (Missale), twa ottesangsböker (Antiphonalien), twa ymnarios (Hymnalien), eth graduale (Graduale), en sequencionarium (Sequentionar), ena handbook (Pastoralhandbuch oder Agenda/Rituale), en ordinarium (Ordinarium oder Liber ordinarius), en saltara (Psalter), en bewera (Brevier?), eth quaternum (Beilage zum Missale)“[10].

Bereits aus den vorstehenden Andeutungen lässt sich eine unvorstellbar große Zahl von liturgischen Büchern schätzen, vor allem seitdem im fränkischen Reich seit dem 8. Jh. die Vereinheitlichung und Anpassung der liturgischen Bücher an den römischen Brauch gewissermaßen ‚staatlich‘ angeordnet worden war. Allerdings haben wir mit dieser Aktion vielleicht auch mit einer ‚flächendeckenden‘ Vernichtungsaktion der alten, nicht romtreuen Tradition zu rechnen, denn die Zeit zwischen der Spätantike und dem frühen Mittelalter ist für die Überlieferung liturgischer Handschriften noch weniger zuverlässig zu evaluieren. Umso bemerkenswerter ist es, dass das Projekt „Codices liturgici latini antiquiores“ (CLLA) zahlreiche, oft nur fragmentarisch erhaltene Texte seit dem 6. Jh. nachweisen kann[11], ohne freilich die Errechnung einer Promillezahl des ursprünglichen Bestandes rund um das Mittelmeer und im nordalpinen sowie im insularen Bereich zuzulassen. Zu bemerken ist noch die bekannte Tatsache, dass das CLLA-Projekt lediglich hinsichtlich der Systematisierung der Quellen, nicht aber bezüglich der Belege eine Vollständigkeit anstrebte, und dass zwischenzeitliche und künftige Neufunde – vor allem im Fragmentbereich – den damals erreichten Sachstand relativieren.

Eine wichtige kirchen- und liturgiegeschichtliche Fragestellung stellt noch ein Forschungsdesiderat dar: Unabhängig von der Analyse einzelner Handschriftenüberlieferungen wäre zu entwickeln, welche positiven Impulse die Produktion von liturgischen Büchern in besonderem Maße erhöht haben; zu nennen wären beispielhaft:

- die Ausdehnung und Erschließung der Missionsgebiete,
- die systematische Binnenerschließung ländlicher Gebiete, u. a. bei der ‚Romanisierung‘ in der sog. fränkischen resp. karolingischen Liturgiereform,
- Reformen des liturgischen Gesanges,
- die Diversifizierung des Spektrums liturgischer Bücher,
- liturgische Innovationen, z. B. die Ausarbeitung des Oblationsritus der Messe,
- Änderungen der musikalischen Notationsschriften, z. B. von Neumen zu Hufnagelnoten oder zur Quadratschrift,
- die Tätigkeit der Orden und insbesondere der Reformorden und ihrer Bewegungen, Vermehrung der Klöster einschließlich der Außenpriorate, Reformen der Consuetudines,
- die Neuordnung der Bistumszugehörigkeit,
- das Wirken der Kollegiatstifte, Vermehrung der Institute,
- die sog. Einzelzelebration der Messe,

10 Zitiert nach Jan Brunius, From manuscript to wrappers, Stockholm 2013, S. 97.

11 Vgl. Codices liturgici latini antiquiores, secunda editio, bearb. von Klaus Gamber, Fribourg 1968. – Vgl. auch die quellenkundliche, in die Spätantike ausgreifende Einführung in die Thematik von Cyrille Vogel, Medieval liturgy. An introduction to the sources, Washington 1986.

- die Vermehrung der Heiligen- und Ideenfeste,
- die Ausweitung der Hymnen- und Sequenzenproduktion,
- der Ausbau von liturgischen Besonderheiten der lokalen Kirchen, etwa in ihrer Funktion als Wallfahrtsstätten,
- Erweiterung der Anzahl von Vikarien und separaten Kapellen,
- der Ausgleich von Verlusten aufgrund von Kriegen,
- der Einfluss des Buchdrucks,
- das Wirken der Reformation im 16. Jahrhundert,
- die neuzeitlichen Säkularisierungen.

Nähme man Besonderheiten auf regionaler Basis hinzu, so würde sich der obige, ohnehin keine Vollständigkeit erreichende Katalog um weitere kirchen- und liturgiehistorisch wirksame Initiativen erweitern lassen, neue liturgische Bücher herzustellen – und aktuell ‚veraltete' Bücher auszuscheiden.

Die ohne eine zentrale Datenbank oder ein Internetportal arbeitende Forschung zu liturgischen Handschriften und Handschriftenfragmenten hat sich pragmatisch andere Erhebungen zunutze gemacht, muss damit aber auch die entsprechenden Defizite im Bereich der Quellensituation und die methodischen Besonderheiten in Kauf nehmen. Insbesondere von Seiten der allgemeinen Geschichtswissenschaft sowie der Buch- und Bibliothekswissenschaft hat es immer wieder Ansätze gegeben, die mittelalterliche Handschriftenproduktion quantitativ zu bestimmen und damit auch das Problem der (liturgischen) Handschriftenfragmente zu bewältigen. Ansätze boten bislang die Auswertungen der heterogenen und bestandsbezogenen Katalogisierungsunternehmungen sowie der übergeordneten Erhebungen in der Art etwa der Projekte „Handschriftenerbe des deutschen Mittelalters"[12], der diversen Projekte „Manuscrits datés" oder des „Gesamtkatalogs der Wiegendrucke". Ohne auf die Möglichkeiten und Grenzen solcher Auswertungsmöglichkeiten hier näher eingehen zu können, sei auf die Ergebnisse hingewiesen, die etwa Uwe Neddermeyer aufgrund dieser oder ähnlicher Erhebungen erzielen konnte[13], obwohl sein gesteigertes Interesse erst mit dem fortschreitenden hohen Mittelalter einsetzt und im Spätmittelalter kulminiert, um die Handschriftensituation dem Zeitalter des gedruckten Buches gegenüberstellen zu können. Interessant sind z. B. seine Ausführungen über die einzukalkulierende Quote des Verlustes an Handschriften innerhalb des Mittelalters sowie seit dem Mittelalter bis heute[14]. Vorstellungen, aus der früher vorgelegten Annahme, dass in der Diözese Passau jede der 900 Seelsorgestellen zwei Passauer Messbücher besessen habe, von denen heute nur noch 12 existieren, eine belastbare und übertragungsfähige

12 Vgl. Handschriftenerbe des deutschen Mittelalters, bearb. von Sigrid Kremer, 3 Bände, München 1989–1990.

13 Vgl. Uwe Neddermeyer, Von der Handschrift zum gedruckten Buch. Schriftlichkeit und Leseinteresse im Mittelalter und in der frühen Neuzeit. Quantitative und qualitative Aspekte, 2 Bände, Wiesbaden 1998.

14 Vgl. Neddermeyer, Von der Handschrift zum gedruckten Buch, S. 72–85.

Schlüsselzahl – nämlich die Proportion 150:1 – entwickeln zu können[15], gelten heute als realitätsfremd[16]. Aufschlussreich sind zudem die Ausführungen Neddermeyers über die Produktion der gedruckten Liturgica im 15. Jh.[17], wodurch Rückschlüsse auf eine weitere Aussonderungsaktion von liturgischen Handschriften nahe gelegt werden.

Kaum einmal – und auch bei Neddermeyer nicht – notierte Relativierungen der buchkundlichen Analysen und Berechnungen ergeben sich allerdings aus dem weiterhin unbekannten Fundus der noch nicht erfassten In-situ-Fragmente sowie aus der Tatsache, dass liturgische Bücher im Mittelalter nur zu einem kleinen Teil als ‚Bibliotheksgut' behandelt worden sein dürften: Als Sakralgut in Sakristeien, im Altarraum, im Chorgestühl oder auf Orgelemporen deponiert, entziehen sich die Liturgica wahrscheinlich zu einem entscheidenden Prozentsatz den Bibliothekskatalogen – und damit der modernen bibliotheks- und geschichtswissenschaftlichen Hochrechnung und erst recht der genaueren quantifizierenden Analyse. Eine andere Relativierung bei der Auswertung hochaggregierter Datensammlung ist substantieller Art, nämlich die Frage, inwieweit bei den modernen Sammlungen von Daten ‚liturgische Bücher im engeren Sinne' herangezogen worden sind: Wie bekannt, gibt es bei den Liturgica Buchtypen in Nachbarschaft zu Bibelausgaben, etwa Lektionare, Psalter etc., bei denen nicht sichergestellt werden kann, dass ihre Zuordnung zur Gattung aufgrund der bloßen Titelangabe und ohne Autopsie, d. h. allein aus Bibliothekskatalogen[18] oder testamentarischen Verzeichnissen[19] etc., richtig erkannt worden ist. Sogar Neddermeyer spricht gelegentlich von „liturgischen Handbüchern" und nennt dabei Auswertungen zu Werken der theologischen Liturgik (z. B. Durandus von Mende), das heißt ‚liturgiebezogene Texte', die nicht die Merkmale eines ‚liturgischen Buches im engeren Sinne' erfüllen. Auch in dieser Hinsicht ist mit einer großen Grauzone zu rechnen, zumal wenn wir es etwa mit Fragmenten zu tun haben, die lediglich entkontextualisierte Bibeltexte in ihrem Schriftraum aufweisen: Nicht wenige ‚Bibelfragmente' mögen also liturgischen Handschriften entstammen, manche als Liturgica eingestufte Fragmente umgekehrt aus Voll- oder Teilausgaben der Heiligen Schrift herrühren. Überdies kann der kurze Ausschnitt aus einem Bibeltext auch ein Zitat aus der patristischen oder scholastischen Traktatliteratur darstellen.

Zu fragen ist also zusammenfassend nach dem Wert quantitativer Methoden in Bezug auf liturgische Bücher und im Hinblick auf die Bedeutung der diesbezüglichen Fragmentforschung. Bestehen bleibt die Einschätzung einer wirklich enormen Menge produ-

15 Vgl. Gerhard Eis, Von der verlorenen altdeutschen Dichtung, in: Gerhard Eis, Vom Werden altdeutscher Dichtung. Literarhistorische Proportionen, Berlin 1962, S. 7–27, hier S. 14. Die Hypothese von Gerhard Eis, dass aus der Überlieferungsdichte liturgischer Bücher auf die Überlieferungsdichte altdeutscher Literatur geschlossen werden kann, muss an dieser Stelle nicht diskutiert werden.

16 Vgl. Neddermeyer, Von der Handschrift zum gedruckten Buch, S. 73.

17 Vgl. Neddermeyer, Von der Handschrift zum gedruckten Buch, S. 464–480.

18 Vgl. etwa die historischen Bibliotheksangaben zu liturgischen Büchern in: Le cabinet des manuscrits de la Bibliothèque nationale, Band 2, Paris 1874 (Nachdruck Hildesheim/New York 1978), S. 446–447 (Nr. VII), S. 483–484 (Nr. 3), S. 504–506 (Nr. XIV), S. 549–550.

19 Vgl. etwa den Überblick bei Raphaël de Keyser, Het boekenbezit en het boekengebruik in de seculiere kapittels van de zuidelijke Nederlanden tijdens de middeleeuwen, in: Contribution à l'histoire des bibliothèques et de la lecture aux Pays-Bas avant 1600, Brüssel 1974, S. 9–68, hier S. 24–25, 52–56.

zierter Handschriften und Frühdrucke, die gottesdienstliche Vollzüge beschreiben und entsprechende Texte anbieten. Diese Tatsache ist gepaart mit der Tatsache, dass ihre Zuständigkeits- und Wirkungskreise überschaubar und sogar definierbar sind: In einer Stadt mit vielen Stiften und Klöstern unterschiedlicher Orden sowie mit einer Kathedrale und mehreren Pfarren waren zum gleichen Zeitpunkt ggf. zu Recht viele liturgische Bücher unterschiedlicher Textfassungen in Gebrauch. Daher ist bei den liturgischen Büchern des Mittelalters – wie überhaupt bei unikalen Handschriften – kaum mit absoluten Textdubletten zu rechnen. Vereinzelte Textabhängigkeiten innerhalb solcher Sammelbände, die nicht mit der ‚Homogenität' von Verfasserschriften zu vergleichen sind, erweisen sich zwar für die Erforschung der Rezeption eines Einzeltextes oder einer einzelnen Musiknotation von Bedeutung, nicht aber zur Einschätzung des ‚Wertes' eines gesamten liturgischen Buches. Diese sehr hohe Einschätzung der Bedeutung potenziert sich mit dem Vorliegen eines Fragments, dessen Zugehörigkeit zu einem Band konkreter liturgischer Provenienz ggf. nur schwer einzuschätzen ist; sein derzeitiger Zustand (willkürliche Textbegrenzung etc.) ist in jedem Falle einzigartig. Fragmente liturgischer Bücher sind daher als Unikate in mehrfacher Hinsicht einzuschätzen, ihre Bearbeitung also umso dringlicher – und auch bei einer scheinbaren Textdublette unverzichtbar.

Eine in Laienkreisen weit verbreitete Einschätzung besagt, dass die Erschließung von Fragmenten liturgischer Handschriften – im Gegensatz zur sog. ‚freien' Literatur – deshalb ‚unergiebig' sei, weil diese Texte stark standardisiert und überdies kirchlich, d. h. ‚durch eine Zentralinstanz' kontrolliert seien; Besonderheiten oder gar neue Erkenntnisse könnten daher durch eine weitere Erforschung der Aufzeichnungen nicht erwartet werden. Hierbei handelt es sich um einen schwerwiegenden Irrtum. Bereits ein Blick in den Variantenapparat der kritischen Vulgata-Ausgabe zeigt die Vielfalt des Vokabulars der biblischen Ausgangstexte für den Großteil liturgischer Formulare. Mindestens seit dem 19. Jahrhundert zeigen zudem die Übersichten zur Überlieferung, dass ein „gewaltige(s) liturgische(s) Handschriftenmaterial"[20] mit einem auffälligen Reichtum unterschiedlicher Texte zum gleichen Feieranlass erhalten geblieben ist. Inzwischen liegen weitere Referenzwerke vor[21], die etwa die Vielfalt liturgischer Leseordnungen und Vorstehergebete (Orationen, Präfationen) aufzeigen. Dies gilt auch für solche Texte, die man den ‚gleichbleibenden Elementen' der Liturgie zuordnet, wie etwa der Ordo missae. Im Bereich der liturgischen Gesänge ist eine ähnliche Entwicklung zu verzeichnen, wobei hier neben den Textvarianten auch musikalische Varianten zu berücksichtigen sind. In der Praxis der Handschriftenbearbeitung bedeutet dieses aus dem Blick der Liturgiegeschichtsforschung erfreuliche Ergebnis einen erhöhten Arbeitsaufwand. So ist evident, dass Texte mit gleichem Initium, aber abweichendem Folgetext und damit unterschiedlicher inhaltlicher Gewichtung existieren. Im Grunde bedürfen alle Referenzcorpora, die mit kurzen Initien arbeiten, der Ergänzung um entsprechenden Volltexte, welche jeweils zugleich zu datieren wären. Im gleichen Zuge wurden bereits die Libri ordinarii, die schon in alter Zeit obligatorisch nur die Anfänge der

20 Adalbert Ebner, Quellen und Forschungen zur Geschichte und Kunstgeschichte des Missale Romanum im Mittelalter, Freiburg 1896 (Nachdruck Graz 1957), S. V.

21 Vgl. die Übersicht in der Anlage.

Gebets- und Gesangstexte nannten, mehrdeutig. Dieses Phänomen der genaueren Texterfassung trifft nun die Fragmentforschung in besonderem Maße, da hier von vornherein nur ein (physisch) begrenzter Textbestand vorliegt. Auf der anderen Seite sind neue Textvarianten hoch willkommen und geeignet, zur Ergänzung resp. Berichtigung der Referenzcorpora beizutragen, welche daher zweckmäßig in einer jederzeit erweiterungsfähigen Publikationsform präsentiert werden sollten.

Die Betonung einer besonders vorteilhaften Entwicklung der Fragmentforschung für die Liturgiegeschichtsforschung sollte jedoch nicht zu einer Verkennung der Einschätzung in der Theologie allgemein führen. In einer biografischen Skizze zum innovativen Pionier der Fragmentforschung, Alban Dold, findet sich die wenig informierte, dafür eher hämische Charakterisierung durch einen Ordensbruder: „Was bleibt? Spektakulär scheint es nicht, was Alban Dold ein langes Leben hindurch zur Liturgiewissenschaft beisteuerte. Wäre nichts Wichtigeres zu tun gewesen?“[22]. Abseits jener unerträglichen Polemik bleibt aber die Erkenntnis bestehen, dass es nicht genügen kann im subjektiven Finderglück über ein isoliertes Fragment zu verweilen, sondern dass es immer wieder notwendig ist den Erkenntniswert in größere Zusammenhänge hinein zu vermitteln – gerade angesichts der Tendenz zu Standardabsenkungen in den Wissenschaften selbst, erst recht gegenüber einer zunehmend wissenschaftsskeptischen Öffentlichkeit.

II. Zum Akt der Fragmentierung liturgischer Bücher und ggf. der Sekundärverwendung der Fragmente

Der Akt der Fragmentierung und Wiederverwendung der Fragmente von liturgischen Büchern[23] (des Lateinischen Ritus[24]) unterscheidet sich in mechanischer Hinsicht nicht von der entsprechenden Behandlung anderer Handschriftengattungen, die einzelnen Umstände und die Intention des Vorgehens können jedoch abweichen, so dass eine Thematisierung lohnt. Die Besonderheit beginnt bereits bei der schon erwähnten Tatsache, dass sich liturgische Bücher in der Regel in der Obhut des Küsters, Kantors oder Zeremoniars und noch am ehesten im direkten Zugriff der Geistlichkeit, nur zu einem kleineren Teil jedoch im Zuständigkeitsgebiet des Bibliothekars befanden. Über die funktionalen Kompetenzen dieser Dienste und Ämter unterrichten jeweils die monastischen Consuetudines und die stiftischen Statuten. D. h. dass die Entscheidung, ob ein liturgisches Buch weiter im täglichen Gebrauch stehen oder ausgemustert werden sollte, ggf. nach Anordnung in der Hierarchie (römische Kurie, Bischof, Ordensleitung, Stiftsdekan etc.), viel unmittelbarer von dem nutzenden Personenkreis getroffen wurde als dies bei durchschnittlichem Bibliotheksgut der Fall war. Der Klerus merkte sofort, wenn das Formular eines neuen Heiligenfestes noch nicht zur Verfügung stand oder ein anderer Text fehlte oder unleser-

22 Angelus A. Häußling, Alban Dold OSB (1882–1960), in: Gottesdienst als Feld theologischer Wissenschaft im 20. Jahrhundert, hg. von Benedikt Kranemann, Klaus Raschzok, Münster 2011, Band 1, S. 251–255, hier S. 254.

23 Vgl. Jan Brunius, Från mässböker till munkepärmar, in: Helgerånet. Från mässböker till munkepärmar, hg. von Kerstin Abukhanfusa, Stockholm 1993, S. 15–22.

24 Zur Fragmentüberlieferung im Bereich der Ostkirchen vgl. die Fallstudie von Per-Arne Bodin, Den ortodoxa gudstjänsten – ett allkonstverk, in: Helgerånet (wie vor), S. 119–126.

lich geworden war. Der Küster klagte vielleicht über Platznot in der Sakristei, weil ihm nicht die weitläufigen Bücherregale einer Bibliothek zur Verfügung standen. Auch an den anderen traditionellen Aufbewahrungsorten liturgischer Bücher, im Chorgestühl, auf der Orgelempore, im Kapitelssaal oder im Klosterrefektorium, konnte man Raumbedarf geltend machen. Dass man ‚möglichst alte' liturgische Handschriften zu ‚Forschungszwecken' vorrätig hielt, entsprach nicht der Intention der Sakristeien, am wenigsten in den Landpfarren. Wenn vorhanden, wurden die Bücher oft, aber keineswegs regelmäßig, den noch zu wenig erforschten Buchbeständen der zugehörigen Pfarre oder des benachbarten Stifts oder Klosters überstellt[25], dies schloss ausdrücklich auch das gesamte Spektrum der Liturgica ein[26]. Auf der anderen Seite stand die Ehrfurcht vor dem liturgischen Buch als Sakralgerät, das nicht leichtfertig der Vernichtung oder der Gefahr missbräuchlicher Behandlung[27] übergeben wurde. Das gleiche Hemmnis bestand bei offenkundig wertvollen Bucheinbänden oder einer auffallenden Ausstattung mit Miniaturmalereien. Dieser Aussonderungsvorgang aber bildete die Voraussetzung dafür, über das Schicksal des Buches, das seinen praktischen Nutzen verloren hatte und nur noch Materialwert besaß, zu entscheiden.

Ein anderes in unserem Zusammenhang zu berücksichtigendes und für liturgische Bücher typisches Phänomen sind die individuellen Eigentumsverhältnisse. Das Sakralgut – und mit ihm der Buchbestand – war aus rechtlichen Gründen einzelnen Altären zugeordnet, in einer Pfarre also dem aus dem Fabrikfonds zu finanzierenden Bedarf des Hauptaltars, bezüglich der Vikariealtäre den jeweiligen Stiftungsfonds etc.; die Protagonisten, etwa die Kirchmeister[28] und insbesondere die Kollatoren, wachten aufmerksam über ihr Eigentum. Die liturgischen Bücher der Vikariealtäre und sonstigen Zelebrationsstellen (z. B. Wallfahrtsaltäre) lagerten in Kisten und Schränken neben der Altarmensa, nur im Ausnahmefall in der Hauptsakristei. Die Entscheidung über die Aussonderung lag dann also ggf. bei ortsfremden Instanzen. In diesen Komplex gehören auch die Anstrengungen

25 Vgl. Ladislaus Buzas, Deutsche Bibliotheksgeschichte des Mittelalters, Wiesbaden 1975, Kapitel 5: Die Kirchen- oder Pfarrbibliotheken (S. 107–110). – John Shinners, Parish libraries in medieval England, in: A distinct voice. Medieval studies, hg. von Jacqueline Brown u. a., Notre Dame 1997, S. 207–230. – Arnd Reitemeier, Pfarrkirchen in der Stadt des späten Mittelalters. Politik, Wirtschaft und Verwaltung, Wiesbaden 2005, S. 212–214.

26 Vgl. Heinz Finger, Liturgische Bücher aus der Düsseldorfer Lambertuskirche, in: Bücherschätze der rheinischen Kulturgeschichte, hg. von Heinz Finger, Düsseldorf 2001, S. 87–120. – Reitemeier, Pfarrkirchen in der Stadt, Kapitel IV.5: Liturgische Handschriften (S. 273–280).

27 Vgl. das Beispiel bei Hanns Peter Neuheuser, Das Sakrileg an einer spätmittelalterlichen Messbuchhandschrift. Maßnahmen zur Erneuerung des Sakralschutzes und zur präventiven Sicherung von Rechtsaufzeichnungen, in: Zeitschrift der Savigny-Stiftung für Rechtsgeschichte, kanonistische Abteilung 124 (93) (2007), S. 434–451.

28 Siehe das vergleichbare Beispiel bei Wilhelmina C. M. Wüstefeld, Haarlemse kerkmeesters als bestellers van boeken, in: Middeleeuwse handschriftenkunde in de Nederlanden 1988, hg. von Jos M. M. Hermans, Grave 1989, S. 291–307. – Vgl. auch die Beispiele bei Reitemeier, Pfarrkirchen in der Stadt, S. 491–493.

um Ausbesserungsarbeiten oder Neueinbindungsmaßnahmen, die auch liturgischen Büchern galten[29].

Im Wesentlichen lassen sich zwei Hauptgründe benennen, liturgische Bücher aus dem Dienst am Altar, im Chor oder bei der Kasualienadministrierung auszusondern: Erstens die oben schon genannten Anlässe, die aus inhaltlichen Intentionen die künftige Benutzung neuer Texte erforderten, und die Feststellung eines unbrauchbaren oder unwürdigen Zustandes des Buches. Für den ersten Hauptgrund sei stellvertretend die – neben den im Detail noch unklaren Verhältnissen im Bereich der fränkischen Liturgiereform und aufgrund der weltweiten Liturgiereform des Zweiten Vatikanischen Konzils – größte Austauschaktion in der neuzeitlichen Geschichte der Liturgie genannt, nämlich durch das Konzil von Trient. Innerhalb eines halben Jahrhunderts wurden der Gesamtbestand liturgischer Bücher reformiert und die neu geschaffenen Texte zur Anwendung in den Gottesdiensten verbindlich – jedoch mit Ausnahmen in besonderen Bistümern – vorgeschrieben[30]. Hiermit war das Schicksal von hunderttausenden älteren Handschriften und Frühdrucken besiegelt.

In ähnlicher Weise und teilweise zeitgleich entfaltete die Reformation die gleiche Wirkung: Mit dem Übergang ganzer Länder an den Neuen Glauben wurden die liturgischen Texte des Lateinischen Ritus obsolet. Demnach muss das 16. und teilweise noch das 17. Jh. als die Epoche des großen, religiös motivierten Austausches liturgischer Bücher bezeichnet werden – in weiten Teilen Zentraleuropas zusätzlich begleitet von den Zerstörungen des Dreißigjährigen Krieges. Noch liegen erst wenige Studien vor, welche regionale Überblicke über das Schicksal liturgischer Bücher durch die konfessionelle Neuorientierung bieten. Erst die Erforschung der Einbände von Archivalien erbrachte Indizien für umfassende Makulierungsaktionen, d. h. für die mechanische Aufteilung der (Pergament-) Handschriften in Einzelbögen und deren Wiederverwendung als Einschlagmaterial etwa in Aktenserien, z. B. im Staatsarchiv Meiningen[31]. Die umfassendste Studie zum Thema der makulierten Liturgica lieferte ohne Zweifel die schwedische Archivverwaltung[32]. Ein weiteres großes Forschungsdesiderat ist gleichwohl die Erforschung der unterschiedlichen Auswirkungen der Reformation für die Überlieferung der Liturgica, etwa im Vergleich zwischen Deutschland, den Niederlanden, der Schweiz oder den nordischen Staaten. Das andere Desiderat betrifft das Schicksal der Liturgica im Zuge der Französischen Revolution und der hiermit verbundenen Säkularisationen.

Gerade anhand des Verhältnisses des langjährigen Gebrauchs ‚alter' Handschriften zur begierigen Beschaffung neuer Textfassung lassen sich auch Kommunikationswege rekonstruieren, etwa im Verhältnis von Zentrum (Rom und andere Metropolen) zu geografisch

29 Vgl. Reitemeier, Pfarrkirchen in der Stadt, S. 273–280.

30 Vgl. Hubert Jedin, Das Konzil von Trient und die Reform der liturgischen Bücher, in: Ephemerides liturgicae 59 (1945), S. 5–38.

31 Vgl. Ute Essegern, Mittelalterliche Pergamenthandschriften als Makulatur im Thüringischen Staatsarchiv Meiningen. Ein paläographischer Deutungsversuch (Diplomarbeit an der Humboldt-Universität Berlin), Berlin 1995.

32 Vgl. den Sammelband Helgerånet (wie oben).

peripheren Bereichen – zuletzt dargestellt anhand isländischer liturgischer Bücher[33]. Die Thematik ‚Antizipation und Retardierung' lässt sich nicht zuletzt an Makulierungsaktionen nachweisen.

Neben diesen großen staats- und kirchenpolitischen Ereignissen, die den Grund für die Aussonderung und nachfolgende Makulierung von liturgischen Handschriften und Drucken bewirkten, soll wenigstens in Kürze die Tatsache angesprochen werden, dass die Bücher – trotz des zu unterstellenden ehrfürchtigen Umgangs im gottesdienstlichen Vollzug – dem ‚spezifischen Gebrauch' ausgesetzt waren. Nicht nur sind die Bücher durch das dynamische Geschehen am Altar, im Chor und bei der Kasualienadministrierung einem natürlichen Verschleiß ausgesetzt, vielmehr belegen die ‚liturgietypischen' Gebrauchsspuren das ‚Arbeiten' an den Texten und somit an den Informationsträgern: Randnotizen, Radierungen und Überklebungen, das Einfügen von Zetteln und ganzer Blätter, das Anfügen von Anhängen und Findmitteln etc. deuten auf den beständigen Wandel des Textbestandes und den prozesshaften Gebrauch der Bücher[34]. Dieser die Individualität der Exemplare allererst konstituierende Gebrauch ist schlussendlich mitverantwortlich für die Aussonderung nicht mehr verwendungsfähiger Bücher – aber nicht zuletzt auch für die Anerkennung der Bücher als Quelle für die interdisziplinäre Forschung.

Indem die liturgischen Bücher einschließlich ihres etwaigen Schicksals als Gegenstand der Makulierung in den geschichtlichen Kontext gestellt werden, erhält auch das Einzelexemplar in Bezug zum theoretischen Gesamtbestand, ja sogar das Fragment in Bezug zum ursprünglich integren Band, einen eigenständigen Aussagewert. Mit den Methoden der ‚Archäologie des Buches' können Indizien zur Interpretation auch verhältnismäßig geringer Textumfänge zum Sprechen gebracht werden. Die Sichtung vollständiger Handschriften und Handschriftenfragmente aus liturgischen Büchern fördert die Gewinnung von spezifischen Standards z. B. bei der Entfernung von Kanonblättern, beim fast regelmäßig zu beobachtenden Austausch der Ordo-missae-Faszikel, bei der Anfügung von Anhängen für das Ordinarium, für Sequenzen oder Eigenfesten etc. Die Kenntnis dieser Standards verbessert wiederum die Referenzbasis für die Identifizierung von Fragmenten und damit für die Rekonstruktion von Einzelblättern, ganzer Handschriften und – als Nebenprodukt – für die Rekonstruktion der Makulierungsvorgänge.

Die Umstände, die zur Fragmentierung und buchbinderischen Wiederverwendung von Liturgica geführt haben, sind unter liturgiehistorischen Vorzeichen bislang nicht Gegenstand der Forschung gewesen. Die leitende Frage würde lauten, ob man erstens aus der Interpretation des aktuell vorliegenden fragmentarischen Textes und zweitens aus den Besonderheiten der Wiederverwendung (terminus ante quem) auf den konkreten Anlass der Makulierung schließen kann. Eine wichtige Differenzierung läge bereits in der Entscheidung, ob eine externe Veranlassung (z. B. Verkauf von Handschriften nach Plünderungen),

33 Vgl. Åslaug Ommundsen, Gisela Attinger, Icelandic liturgical books and how to recognise them, in: Scriptorium 67 (2013), S. 293–317.

34 Vgl. die konkreten Beispiele bei Hanns Peter Neuheuser, Überlieferungs- und Gebrauchsspuren in liturgischen Handschriften und Drucken als Quellen der Buch-, Kultur-, Liturgie- und Kirchengeschichte, in: Überlieferungs- und Gebrauchsspuren in Historischen Buchbeständen, hg. von Hanns Peter Neuheuser, Köln 2012, S. 125–162.

eine banale Gegebenheit (z.B. Verschleiß) oder eine intrinsische Bewertung (z.B. veraltete Textfassung) der Aktion zugrunde lag. Um eine solche Forschung zu ermöglichen, müsste bei der Fragmenterschließung in jedem Falle das neue Trägermaterial benannt werden.

III. Zur Erschließung liturgischer Handschriftenfragmente

a) Zur Kooperation zwischen Erschließung und Auswertung

Die Erschließung von Fragmenten liturgischer Handschriften ist zugleich Niederschlag ‚routinemäßiger' kodikologischer Art einerseits und Reflex auf die interdisziplinäre Forschung an dieser Literaturgattung andererseits. Die auswertende ‚Fragmentforschung' dieser Art, für die hier stellvertretend die Namen Alban Dold und Klaus Gamber stehen mögen, hat von der bereitstellenden Erschließungsarbeit – sofern sie diese nicht selbst durchgeführt oder veranlasst haben – profitiert und andererseits die Begründung nachgeliefert, weshalb die aufwändige Erfassung und Katalogisierung lohnend ist. Wie bei anderen Literaturgattungen, so gilt auch im Bereich der Liturgica, dass beide Aspekte ineinander greifen und nicht in einem unproduktiven Konkurrenzverhältnis zueinander stehen sollten. Hiermit ist der Interessenausgleich angesprochen, der zwischen den Beschränkungen des genannten ‚routinemäßigen' Umgangs mit Liturgica in den Gedächtnisorganisationen (Archiven, Bibliotheken, Museen) und extensiven Vorstellungen der Auswertungsinstanzen anzustreben ist. Da die nachfolgenden Reflexionen methodologischer Art sind, postulieren sie ebenfalls ‚naturgemäß' einen Idealstandard, jedoch nicht, um die ‚routinemäßige' Bearbeitung zu desavouieren, sondern um in liturgiebezogenen Spezifika fachliche Kriterien für eine auswählende Vorgehensweise bereitzustellen, die sich nicht nur von der Ressourcenpolitik leiten lässt.

b) Fachbezogene Spezifika zur Erschließung von Liturgica

Zu dem genannten ‚routinemäßigen' Umgang mit Handschriftenfragmenten gehört die Anwendung von Mindeststandards bei der Erschließung der fragmentarischen Handschriftenüberlieferung überhaupt, insbesondere im Bereich der Formalerschließung. Insgesamt gilt aber die Forderung, dass bei der Beschreibung von Handschriftenfragmenten der Grundsatz zu gelten hat, alle ‚Auffälligkeiten' zu erfassen, auch solche scheinbaren Nebensächlichkeiten, die bei der Erschließung einer sog. ‚vollständigen' Handschriften – insbesondere bei der sog. „Kurzerfassung"[35] – vernachlässigt werden könnten (eben weil man wegen fehlender Vergleichsmöglichkeit innerhalb desselben Kodex nicht wissen kann, ob sich die Auffälligkeit wiederholt und somit typisch ist). Im Umkehrschluss gilt es also bei Liturgica ‚liturgiebezogenen Auffälligkeiten' die Aufmerksamkeit zu widmen.

35 Vgl. zur Erschließungsökonomie auch die entsprechende methodologische Literatur, stellvertretend erwähnt sei Almuth Märker, Zur Methode der Kurzerfassung mittelalterlicher Handschriften. Ergebnisse und Funde in einem Segment theologischer Handschriften der Universitätsbibliothek Leipzig, in: Das Buch in Antike, Mittelalter und Neuzeit, hg. von Thomas Fuchs u.a., Wiesbaden 2012, S. 71–90, zur entsprechenden Behandlung von liturgischen Handschriften, insbesondere Kapitelsoffiziumsbüchern, vgl. S. 81–86.

Nachstehend soll daher wenigstens tabellarisch resp. eher stichwortartig ein Kategorienkatalog zu entwickeln, welche die Blicke auf spezielle Indizien zur Einordnung der Aufzeichnungen lenken sollen. Sie sollen dazu dienen, nicht nur den ‚einfachen Text' zu erfassen, sondern Anhaltspunkte für die Kontextualisierung zu liefern. Ziel ist es, zunächst das fragmentierte Blatt ‚virtuell' zu ergänzen, dann den (verlorenen) Kodex zu rekonstruieren, um letztlich auch Aussagen über den Gebrauch in einer speziellen liturgischen Handlung, d.h. über die liturgische Provenienz, zu treffen. Es gilt somit die Unterstellung, dass aufgrund der hohen Normung liturgischer Bücher jedem Fragmenttext ein „Basistext" unterliegt[36] – eine Fiktion, der im Grunde alle Textwissenschaften (auch aus dem Bereich der Naturwissenschaften) unterliegen. Alle Abweichungen im vorliegenden Fragmenttext wären somit als Varianten dieses Basistextes anzusehen. Gleichwohl muss auch diese Relation durch den unverzichtbaren, kategorisierenden Erschließungstext erfasst werden.

Als ein wesentlicher Referenztext ist jeweils der zugrunde liegende Liber ordinarius anzusehen, der als Regiebuch die oberste Norm einer (lokalen) Kirche darstellt und dem sich jedwedes liturgische Buch unterzuordnen hatte. Ein Text, der dieser Gottesdienstordnung nicht folgte, war im Grunde unbrauchbar. Der abweichende Textbestand eines Fragments bedeutet also entweder, dass das Fragment nicht zur Familie (Redaktion) des herangezogenen Liber ordinarius gehört oder dass der Liber ordinarius eine Veränderung erfahren hatte und das liturgische Buch hierdurch unbrauchbar geworden war. Ziel der Erschließung ist es also pragmatisch auch, mittels der Indizienkategorien den zugehörigen Liber ordinarius und hierdurch die liturgische Provenienz zu ermitteln.

Aus systematischer Hinsicht sollten demnach bei der Kategorisierung liturgischer Handschriftenfragmente folgende Indizien (-gruppen) Berücksichtigung finden:

1. Innerhalb der Lateinischen Ritenfamilie sollte eine kaskadierende oder exklusive Zuordnung der Aufzeichnungen erfolgen
   – zur Untergruppe (z.B. römische Liturgie, Mailänder Liturgie, Liturgie von Toledo, gallo-fränkische Tradition),
   – zu den Ordensliturgien (z.B. benediktinische Liturgie, Dominikanerliturgie, Liturgie des Deutschen Ordens),
   – zu einer regionalen Gruppe (z.B. nordafrikanische Liturgie) resp. zur Kirchenprovinz (z.B. Aquileja),
   – zu einem Bistumsproprium,
   – zu einer Stiftsliturgie oder dem Proprium eines Klosterverbandes.
   Wesentliches Indiz könnten etwa das verwendete Kalendar und diesbezügliche Hinweise sein (z.B. der Zusatz „patrona nostra" zu einem Heiligennamen).
2. Bibelstellen sind auf die Texttraditionen hin zu untersuchen, d.h. in der Regel sind die Abweichungen von der Vulgata zu vermerken. Als Referenztext muss die kritische Vulgataausgabe in der jeweils aktuellen Ausgabe herangezogen werden.

36 Vgl. Josef Leisibach, Einleitung in: Die liturgischen Handschriften der Kantons- und Universitätsbibliothek Freiburg/Schweiz, bearb. von Josef Leisibach, Fribourg 1976, S. 15.

3. Die zugrunde liegende Aufzeichnung ist einer der Grundformen der Liturgie, nämlich der Messliturgie, der Tagzeitenliturgie oder einer Sakramenten- oder Sakramentalienfeier zuzuordnen.
4. Entsprechend der Kongruenz von Typologie und Buchgattung ist das liturgische Buch zu bestimmen (Liber ordinarius, Missale, Breviar, Graduale etc.). Falls im Textausschnitt benannt (z. B. durch eine Incipit- oder Explicit-Formel) wäre die authentische Bezeichnung zu notieren, zusätzlich sollte der Einheitssachtitel angewendet werden[37].
5. Ferner sollte die Verortung des Textausschnitts im liturgischen Jahr angegeben werden (Festformular). Ziel muss es sein, das Kalendar (und damit die liturgische Perikopenordnung) zu ermitteln, wobei insbesondere die Festränge, aber auch individuelle Feste (z. B. Kirchweihe der eigenen Kirche, Translationsfest des Orts- oder Ordenspatrons) entscheidend sind.
6. Elemente vernikularer Sprachen (z. B. in Beichtformeln oder bei der Erfragung des Ehekonsenses) und Hinweise auf mehrsprachige Ausgaben (z. B. für Grenzregionen) sind zu vermerken und ggf. zu recherchieren.
7. Nicht nur Textabhängigkeiten, sondern auch liturgiespezifische Besonderheiten in Layout und Paläografie[38], z. B. Satzzeichen (ponctuation) sowie Betonungszeichen in Lektionaren, Zeichen für rollenverteiltes Lesen in den Passionen der Karwoche, sind zu erfassen.
8. Liturgiespezifische Besonderheiten in der grafischen und künstlerischen Ausstattung sind zu notieren, z. B. Initialen mit künstlerischen Hinweisen auf das Festformular[39] resp. Hervorhebung ungewöhnlicher Festränge. Liturgietypische Darstellungen (z. B. die VD-Ligatur zum Initium der Präfationen, Gestaltungen des Kanonbildes) sollten nicht nur kunsthistorisch bewertet, sondern auch bezüglich der konventionellen Entwicklung eingeordnet werden.
9. Musikbezogene Besonderheiten, vom liturgischen Grundbestand abweichende Melodien, besondere Notationen sind zu notieren. Hierzu gehören auch alle ortsspezifischen Abhängigkeiten, die von den großen Corpora abweichen, wie etwa die regionalen Überlieferungen liturgischer Gesänge und Gesangstexte[40]. Anzeichen zu den Beziehungen der Notation zu einer Choralreform sollten ermittelt und angezeigt werden. Gerade sehr individuelle Kurzmelodien, etwa die Notierung des „Eli, Eli"-Gesangs in

37 Vgl. die bislang umfangreichste Auflistung von Einheitssachtiteln liturgischer Bücher: Lista di autorità delle opere liturgiche, in: Acolit, Band 3: Opere liturgiche, Mailand 2004, S. 1–125.

38 Vgl. etwa Anne-Véronique Gilles, La ponctuation dans les manuscrits liturgiques au moyen âge, in: Grafia e interpunzione del latino nel medioevo, hg. von Alfonso Maierú, Rom 1987, S. 113–133.

39 Andrew Hughes, The scribe and the late medieval liturgical manuscript. Page layout and order of work, in: The centre and its compass. Studies in medieval literature, hg. von Robert A. Tylor u. a., Kalamazoo 1993, S. 151–224.

40 Vgl. die Beispiele bei Johann Drumbl, Gli Improperi del Venerdi Santo nei manoscritti liturgici italiani, in: Bergomum 65 (1971), S. 77–96. – Vgl. allgemein Helen Deeming, The song and the page. Experiments with form and layout in manuscripts of medieval latin song, in: Plainsong and medieval music 15 (2006), S. 1–27.

der Passion oder der regional spezifizierbaren Alleluja-Reihen[41], könnten sich als Fingerprint für eine bestimmte Redaktion liturgischer Bücher herausstellen.

10. Falls Textfamilien liturgischer Bücher konstituiert worden sind (z. B. Ordines Romani, Pontifikale-Typen, Lektionsordnungen, Psalmüberschriften, Familien der Consuetudines), muss ein Bezug zu dieser Textredaktion hergestellt werden. Dies gilt auch für die Referenzen zu den großen Editionen und Katalogen (z. B. Chevallier, Deshusses/Darragon, Andrieu), aber auch zu den regionalen Besonderheiten der Textfamilien, wie an den Fassungen des „Bienenlobes" in den Exultetrollen gezeigt werden konnte[42].

Eine eigene Darstellung würde die Feststellung und Ausweisung der Provenienz der (fragmentarischen) Liturgica erfordern, zumal hier unterschiedliche Begriffe der Provenienz greifen: die Schriftheimat, die Veranlassung, die überlieferungsgeschichtliche Provenienz (Vorbesitzer) sowie die liturgiegeschichtlich-institutionenkundliche Provenienz (Usus). Gerade bei Entfremdung aus dem ursprünglichen Zusammenhang (Verkauf, Diebstahl etc.) oder bei starker Beeinträchtigung der Integrität (Beschädigung, Entnahme von Seiten etc.) spielen solche Indikatoren eine große Rolle – bis hin zu gerichtlichen Beweissicherungsverfahren. Berichte über Restituierungen von Liturgica zeigen die Schwierigkeiten an, gerade wenn das Dokument nur fragmentiert erhalten ist[43]. In unserem Zusammenhang muss es zunächst dabei bleiben aufzurufen, bei der Erschließung möglichst alle Informationen zu erfassen, die zur Klärung solcher Fragen dienlich sein können.

Einen Nachtrag verdient noch die spezielle Untergattung der „Cuttings", die durchaus Relevanz für unsere liturgiehistorische Erörterung aufweisen kann: Gemeint ist die Tatsache, dass Handschriftenfragmente, die weniger zur Generierung buchbinderischer Makulatur, sondern aufgrund des vorhandenen Buchschmucks aus „ästhetischen" Gründen entstanden sind, zu einem erheblichen Prozentsatz aus liturgischen Büchern gewonnen wurden. Auch heute noch finden sich viele herausgeschnittene Miniaturen im Antiquariatshandel, deren Verbindung mit der Trägerhandschrift in den einschlägigen Katalogen oft nicht einmal erörtert wird. Die Forschung hat sich solchen Einzelblättern gelegentlich angenommen, um Zusammenhänge von Konglomeraten und zum Teil seltsame Überlieferungsformen aufzuzeigen sowie auch kunsthistorische Studien vorzulegen[44]; die in der Re-

41 Vgl. Michel Huglo, Les listes alléluiatiques dans les témoins du graduel grégorien, in: Speculum musicae artis, hg. von Heinz Becker u. a., München 1970, S. 217–227.

42 Vgl. Eileen L. Roberts, The Exultet hymn in twelfth century Sicily as an indicator of manuscript provenance, in: Ecclesia orans [Rom] 5 (1988), S. 157–164.

43 Zum Fall des gelungenen Rückkaufs des Aachen–Mainzer *Hymnars* vgl. Heinz Martin Werhahn, Hymnarium Aquense. Ein bisher unbekanntes Mainzer Hymnar aus der Fragmentsammlung Stephan Beißel in der Öffentlichen Bibliothek der Stadt Aachen, in: Geschichte im Bistum Aachen 3 (1996), S. 291–347. – Nicht bei Arno Mentzel-Reuters, Die Handschriften der Öffentlichen Bibliothek Aachen. Die Fragmentsammlung Stephan Beißel, Frankfurt am Main 1993.

44 Zu den sowohl für die Liturgiewissenschaft als auch die Kunstgeschichte gleichermaßen aufschlussreichen Fundkomplexen vgl. das westdeutsche Beispiel bei Curt H. Weigelt, Rheinische Miniaturen, in: Wallraf-Richartz-Jahrbuch 1 (1924), S. 5–28. – Eberhard Galley, Miniaturen aus dem Kölner Klarissenkloster. Ein Kapitel rheinischer Buchmalerei des 14. Jahrhunderts, in: Aus der Welt des Bibliothekars, hg. von Kurt Ohly, Köln 1961, S. 15–28. – Juliane Kirschbaum. Eine Kölner Hand-

gel ganzseitigen Kanonblätter, die nicht selten bereits als Einzelblätter angefertigt wurden, verdienen interdisziplinäre Aufmerksamkeit[45].

In einer Kombination allgemeiner Erfahrungen bei der Fragmenterschließung sowie bei der Erschließung ‚vollständiger' liturgischer Bücher[46] lässt sich nun ein Erschließungsschema für liturgische Handschriftenfragmente erstellen. Die Thematik der Einheitssachtitel wurde oben schon angedeutet.

c) Exemplarische Erschließung

Nachfolgend soll ein Beispiel für die Erschließung eines Fragments gegeben werden, das sich als Spiegelverkleidung in der Alten Bibliothek des Propsteiarchivs Kempen vorfand (Abb. 23, auch als Farbabb.). Hierbei werden Beschreibungskategorien angewendet, die u. a. auch den überlieferungsgeschichtlichen Kontext einfließen lassen.

Messlektionar (Fragment)
Pergament · 1 Bl. · 20 × 13 · südwestliches Rhein-Maas-Mosel-Gebiet · um 1050–1080

SIGNATUR
Kempen, Propsteiarchiv, H 46

FRÜHERE SIGNATUREN
keine

UMFANG: BLATTZAHL
1 Bl.

FORMAT
Fragmentformat 203–205 × 131–135 mm (rechter und unterer Blattrand beschnitten)
Blattformat ursprünglich ca. 246 × 152 mm

schrift des frühen 14. Jahrhunderts, in: Beiträge zur rheinischen Kunstgeschichte und Denkmalpflege, Band 2, Düsseldorf 1974, S. 107–114 [Offiziumsantiphonar aus Brühl]. – Aus der unübersehbar umfangreichen Menge von Spezialstudien vgl. etwa Gerhard Schmidt, Ein Gradualblatt in Hamburg und die Wiener Buchmalerei um die Mitte des 15. Jahrhunderts, in: Gerhard Schmidt, Malerei der Gotik. Fixpunkte und Ausblicke, Band 1, hg. von Martin Roland, Graz 2005, S. 447–464. – Milada Studničková, The material recycling of the antiphonary of Vorau [Stiftsbibliothek, Ms. 259 I], in: Manuscripts in transition. Recycling manuscripts. Texts and images (Tagung Brüssel 2002), hg. von Brigitte Dekeyzer, Jan van der Stock, Paris u. a. 2005, S. 211–216. – James H. Marrow, Unpublished leaves from the missal of Johannes von Giltlingen, in: Harvard Library Bulletin 21 (2010), S. 125–141.

45 Vgl. als Beispiel Hanns Peter Neuheuser, Die Kanonblätter aus der Schule des Moerdrecht-Meisters, in: Wallraf-Richartz-Jahrbuch 64 (2003), S. 187–214.

46 Vgl. nur die neueren Reflexionen zum Thema bei Dante Balboni, Nomenclatura per la catalogazione dei libri liturgici, in: Ephemerides liturgicae 99 (1985), S. 517–524. – Giacomo Baroffio, I manoscritti liturgici, in: Guida a una descrizione uniforme dei manoscritti e al loro censimento, hg. von Viviana Jemolo, Mirella Morelli, Rom 1990, S. 143–192. – Acolit. Autori cattolici e opere liturgiche. Una lista di autorità, hg. von der Associazione bibliotecari ecclesiastici italiani, Band 3: Opere liturgiche, Mailand 2004.

Abb. 23
Fragment eines Messlektionars. Rhein-Maas-Mosel-Gebiet, um 1050–1080, Kempen, Propsteiarchiv, Handschriften H 46
(Foto: Dr. H. P. Neuheuser, Köln).

Entstehungsort
südwestliches Rhein-Maas-Mosel-Gebiet, vielleicht Raum zwischen dem südlichen Maasgebiet und Echternach

Entstehungszeit
um 1050–1080

Beschreibstoff
Pergament

Lagenorganisation
Zugehörigkeit zu einer Lage nicht mehr rekonstruierbar

Lagenbezeichnungen
keine Signaturen oder Reklamanten

Schriftspiegel
Abstand der äußersten Horizontallinien 185 mm (oberste Linie überschrieben), Abstand der Vertikalbegrenzung ursprünglich ca. 130 mm, Außenrand nicht mehr bestimmbar

Spalten
keine

Zeilen
23, Abstände der Grundlinien uneinheitlich 6–9 mm, oberste Linie 12 mm von der folgenden entfernt, oberste Linie ist überschrieben

Seiteneinrichtung
Schriftspiegel- und Schreiblinien geritzt, keine Einstiche

Foliierung, Paginierung
am obersten Rand der Recto-Seite rechts unklare Angabe *LXX LXVII*

Defekte
Beschnitt wohl im Rahmen der Zweitverwendung. Durch unsachgemäße Entfernung aus dem Trägerband im Rahmen der Restaurierung durch die Benediktiner der Abtei Vaals ist die Verso-Seite sehr stark beschädigt. Wann die Einrisse an den Seiten und die beiden Löcher im untersten Teil entstanden, ist unklar. Kreisrundes Wurmloch.

Restaurierung
noch nicht erfolgt

Schreiber
im Fragmentbereich nicht namentlich genannt

Schriftsprache
lateinisch

Schriftart
sog. karolingische Minuskel

Rubrizierung
Perikopenbezeichnungen in roten Versalien: ›F[e]R[ia] VI LEC[tio] EP[istolae] BE[eati] PETR[i] [apostoli]‹
›se[cun]dum [Matthaeum]‹
Initialen der Eingangsformeln K([arissi]mi) und I(n illo [tempore]), beide als vergrößerte Majuskeln in Minium, das I vor den Schriftspiegel gesetzt, das K teilweise integriert

Trägerband
Sammelband (PAK, AB–M 2) mit mindestens zwei eigenständigen Druckwerken:
1. Cyprianus: Beatissimi Cecilii Cypriani carthaginensiu[m] pr[a]esulis [...] opera. – Paris: Berthold Rembolt [1512].
2. Athanasius: Vita beati Antonij monachi aegyptii [einschließlich der Werke von [Pseudo-] Hieronymus: Vita Pauli primi eremitae, und Lactantius: Carmen de passione d[omi]ni, quod in uetustis exe[m]plarib[us] nup[er] innentum [statt: inuentum]]. – [Köln: Zyrickzee 1516], vgl. Exemplar BSB München P. gr. 424s.

Überlieferungsgeschichte, Vorbesitzer

Als hintere Spiegelverkleidung zugehörig zu dem Druckwerk PAK, AB (Alte Bibliothek) Signatur M 2 resp. als Makulatur aus der Werkstatt des stadtkölnischen Buchbinders Johann Düster aus dem ersten Fünftel des 16. Jhs. (zu Düster vgl. Ilse Schunke, Der Kölner Rollen- und Platteneinband im 16. Jahrhundert, in: Beiträge zum Rollen- und Platteneinband im 16. Jahrhundert, Leipzig 1937, S. 365–366, vgl. auch S. 322 und 350. – Vgl. auch Konrad Haebler, Rollen- und Plattenstempel des XVI. Jahrhunderts, Band 1, Leipzig 1928, S. 85, und Ernest Philip Goldschmidt, Gothic and renaissance bookbindings, Band 1, 2. Auflage Nieuwkoop/Amsterdam 1967, S. 179, Band 2, Tafel 103, Nr. 57). Zweitverwendung zwischen 1516 und 1517, falls der Trägerband – wie auch PAK, AB–H 10 und PAK, AB–V 3 mit Einbänden der Düster-Werkstatt – im Zusammenhang zu den Büchern des Gerhard Sistrop steht. Es ist denkbar, dass die Bände Sistrops über Martin von Oed vermittelt wurden.

Literatur zur Hs.

Hanns Peter Neuheuser, Ein Lektionarfragment aus salischer Zeit mit Perikopen der Osterwoche im Propsteiarchiv Kempen, in: Die Handschriften des Propsteiarchivs Kempen, hg. von Hanns Peter Neuheuser, Köln/Weimar/Wien 1999, S. 9–28. – Kurzverzeichnis der Handschriftensammlung im Propsteiarchiv Kempen, in: Die Handschriften des Propsteiarchivs (wie vor), S. 349–374, hier S. 350.

Bibliotheksnotizen

Das Fragment ist mit dem Trägerband – vielleicht sogar unmittelbar – aus der Bibliothek des Gerhard Sistrop in den alten Bestand der Pfarrbibliothek Kempen übernommen worden, wo der Band nun unter der Signatur AB–M 2 ruht. Magister artium und doctor legum Sistrop stammte aus Kempen und war Mitarbeiter des Kardinals Peraudi, hielt seit 1506 Vorlesungen an der Universität Köln und bekleidete dort 1506–1507 das Amt des Rektors. Sistrop starb 1517 (PAK, A 153, fol. 1r). Die Sammlung der Drucke in PAK, AB–M 2, ist also wohl noch unmittelbar vor Sistrops Tod eingebunden worden und mit den beiden vorerwähnten Einbänden PAK, AB–H 10 und PAK, AB–V 3 in Verbindung zu bringen, alle aus der Bibliothek Sistrops und aus der Kölner Werkstatt Johann Düster.

Inhalt

Werk

Messlesungen der Osterwoche

Werk: Einheitstitel

Messlektionar

Authentischer Titel

im Textbestand des Fragments nicht vorhanden

Redaktion
Comes von Murbach (vgl. André Wilmart, Le Comes de Murbach, in: Revue bénédictine 30 (1913), S. 25–69; hier S. 42; vgl. Antoine Chavasse, Les plus anciens typs du lectionnaire et de l'antiphonaire romaine de la messe, in: Revue bénédictine 62 (1952), S. 1–94, hier S. 73–75).

Textabfolge und liturgische Verortung
Messliturgie der Osterwoche
fol. 1r: Feria V post Pascha: Joh [20,11–] 20,15–18
Feria VI post Pascha: 1 Ptr 3,18–22 und Mt 28,16–20
fol. 1v: Sabbato infra octavam Paschae: 1 Ptr 2,1–10 und Joh 20,1[–9]

Incipitformel
im Textbestand des Fragments nicht angegeben

Initien
K[arissi]*mi. Xp*[Christu]*s semel p*[ro] *peccatis n*[ost]*ris mortuus est* ...
In ill[o tempore] *Undecim disc*[i]*p*[u]*li* ...

Explicitformel
im Textbestand des Fragments nicht angegeben

Textbestand des Fragments
fol. 1r: Joh 20,15–18 (bis ... *et h*[a]*ec dix*[it] *mihi*)
1 Ptr 3,18–22 (bis ... *qui e*[st] *in dextera D*[e]*i*)
Mt 28,16–20 (bis ... *docentes eos*)
fol. 1v: 1 Ptr 2,1–10
Joh 20,1–9

Kolophon
im Textbestand des Fragments nicht angegeben

Authentische Gliederungselemente
Evangelientexte wechseln wie üblich mit den Texten der anderen Messlesungen, Kennzeichnung durch Rubriken und Initialen

Kommentar
Das Fragment ist ein Beispiel für den Textbestand der Messliturgie vor der Neuordnung der Osterwoche, die bis ins 11. Jh. hineinreicht (vgl. Balthasar Fischer, Von einem Pascha-Triduum zum Doppeltriduum der heutigen Rubriken, in: Paschatis solemnia. Studien zu Osterfeier und Osterfrömmigkeit. Festschrift für Joseph Andreas Jungmann, hg. von Balthasar Fischer, Johannes Wagner, Freiburg 1959, S. 145–156, hier S. 148–151).

Die vorstehenden Kategorien dienen der Gliederung und Abgrenzung der Erschließungsinformationen, der Sicherung gleichmäßigen Vorgehens bei der Fragmentbearbeitung, der Herstellung eines Mindestmaßes an Vergleichbarkeit sowie der Vorbereitung der Indexerstellung. Bei der obigen Präsentation einer Musterbeschreibung blieb unberücksichtigt, dass in einem Inventar Grundinformationen über den Kontext des Handschriftenbestandes auch in einer Einleitung zusammengezogen und Literaturangaben nur gekürzt oder als Siglen ausgeschrieben werden müssen. Bei einer Zusammenfassung mehrerer Kategorien ist zu bedenken, ob durch einen solchen Vorgang die o. a. Ziele weiterhin erreicht werden können.

d) Bibliografie

1. Bibliografie zur Katalogisierung liturgischer Bücher allgemein

(unter besonderer Berücksichtigung der Erschließung und Recherche; zu liturgischen Büchern allgemein vgl. Hanns Peter Neuheuser, Internationale Bibliographie liturgische Bücher, München u. a. 1991)

Dante Balboni, La catalogazione dei libri liturgici, in: Ephemerides liturgicae 75 (1961), S. 223–236.

Erich Joseph Thiel, Die liturgischen Bücher des Mittelalters. Ein kleines Lexikon zur Handschriftenkunde, in: Börsenblatt für den deutschen Buchhandel 23 (1967), S. 2379–2395.

Theodor Klauser, Repertorium liturgicum und liturgischer Spezialkatalog. Vorschläge zum Problem der liturgischen Handschriften, in: Gesammelte Arbeiten zur Liturgiegeschichte, hg. von Ernst Dassmann, Münster 1974, S. 82–93.

Felix Heinzer, Aspekte der Katalogisierung liturgischer Handschriften. Erfahrungen bei der Bearbeitung des Bestandes St. Peter perg. der Badischen Landesbibliothek Karlsruhe, in: Codices manuscripti. Zeitschrift für Handschriftenkunde 10 (1984), S. 98–105.

Dante Balboni, Nomenclatura per la catalogazione dei libri liturgici, in Ephemerides liturgicae 99 (1985), S. 517–524.

Bonifacio G. Baroffio, I manoscritti liturgici italiani. Ricerche, studi, catalogazioni, in: Le fonti musicali in Italia. Studi e ricerche 1 (1987) S. 65–126.

Bonifacio G. Baroffio, I manoscritti liturgici. Loro individuazione e descrizione, in: Documentare il manoscritto. Problematica di un censimento, hg. von Tristano Gargiulo, Rom 1987, S. 67–85.

Giacomo Baroffio, I manoscritti liturgici, in: Guida a una descrizione uniforme dei manoscritti e al loro censimento, hg. von Viviana Jemolo, Mirella Morelli, Rom 1990, S. 143–192.

Pierre-Marie Gy, Typologie et ecclésiologie des livres liturgiques, in: La liturgie dans l'histoire, hg. von Pierre-Marie Gy, Paris 1990, S. 75–89.

Hanns Peter Neuheuser, Typologie und Terminologie liturgischer Bücher, in: Bibliothek. Forschung und Praxis 16 (1992), S. 45–65.

Acolit. Autori cattolici e opere liturgiche. Una lista di autorità, hg. von der Associazione bibliotecari ecclesiastici italiani, Band 3: Opere liturgiche, Mailand 2004.

2. Bibliografie zu Fragmenten aus liturgischen Handschriften

(Nachgewiesen werden hauptsächlich Publikationen zu Komplexen von Fragmenten (z. B. Bibliothekssammlungen) sowie Darstellungen zur Methodik der Fragmenterschließung, Spezialuntersuchungen zu einzelnen Objekten können nur in Einzelfällen erfasst werden. Nicht aufgeführt werden die Arbeiten von Alban Dold, dessen ganzes Lebenswerk der Erforschung liturgischer Handschriftenfragmente gewidmet war; vgl. hierzu: Bibliographie von Alban Dold, bearbeitet von Virgil Fiala, in: Colligere fragmenta. Festschrift Alban Dold, hg. von Bonifatius Fischer, Virgil Fiala (Texte und Arbeiten, I.2), Beuron 1952, S. IX–XX. Fortsetzung der Bibliografie in: Klaus Gamber, Sakramentartypen, Beuron 1958, S. VIII–X.)

Maria G. Aggházy, Liturgische Fragmente im Museum der Bildenden Künste in Budapest, in: Codices manuscripti 9 (1983), S. 30–37.

Juan Carlos Asensio, Inventarisazione e catalogazione di frammenti liturgico-musicali nella peninsula iberica, in: Fragmenta ne pereant. Recupero e studio dei frammenti di manoscritti medievali e rinascimentali riutilizzati in ligature, hg. von Mauro Perani, Cesarino Ruini, Ravenna 2002, S. 169–176.

Ausgewählte liturgische Fragmente aus der Bischöflichen Zentralbibliothek Regensburg, hg. von Karl Joseph Benz, Regensburg 2007.

Henry Marriott Bannister, Liturgical fragments, in: Journal of theological studies 9 (1908), S. 398–405.

Giacomo Baroffio, I frammenti liturgici, in: Rassegna degli archivi di stato 55 (1995), S. 334–344.

Giacomo Baroffio, I frammenti liturgici nella collezione delle pergamene dell'Archivio di Stato di Frosinone, in: In the shadow of Montecassino. Nuove ricerche dai frammenti di codice dell'Archivio di Stato di Frosinone, Frosinone 1995, S. 77–91.

Giacomo Baroffio, I frammenti liturgico-musicali medioevali dell'Archivio di Stato di Roma, in: La musica a Roma attraverso le fonti d'archivio, hg. von Bianca Maria Antolini u. a., Lucca 1994, S. 67–78.

Giacomo Baroffio, Frammenti liturgico-musicali negli archivi italiani, in: La Genizah italiana, hg. von Mauro Perani, Bologna 1999, S. 227–238.

Giacomo Baroffio, Ipsi canamus gloriam. I frammenti liturgici latini dell'Archivio Storico Comunale di Nonantola, Nonantola/Modena 2000.

Giacomo Baroffio, Iter liturgicum Italicum. Appunti sui frammenti liturgici italiani, in: Fragmenta ne pereant. Recupero e studio dei frammenti di manoscritti medievali e rinascimentali riutilizzati in ligature, hg. von Mauro Perani, Cesarino Ruini, Ravenna 2002, S. 133–140.

Giacomo Baroffio, Colligere fragmenta ne pereant. I frammenti liturgici italiani, in: Die Erschließung der Quellen des mittelalterlichen liturgischen Gesangs, hg. von David Hiley, Wiesbaden 2004, S. 11–32.

Giacomo Baroffio, Iter liturgicum Italicum. Editio maior, Stroncone 2011.

Alberto Brunelli, I frammenti liturgico-musicali medievali con notazione di tipo ravennate conservati a Ravenna. Inventario e analisi neumatica, Rom 1995.

Jan Brunius, Sockenkyrkonas liturgiska böcker. Studier i pergamentsomslagen i riksarkivet, in: Kyrka och socken i medeltidens Sverige. En samling uppsatser, hg. von Olle Ferm, Stockholm 1991, S. 457–472.

Gionata Brusa, Maculature liturgiche nel fondo notarile antico dell'Archivio storico civico di Vercelli, in: Aevum. Rassegna di scienze storiche, linguistiche e filologiche 83 (2009), S. 431–527.

Catalogue of scottish medieval liturgical books and fragments, bearb. von David McRoberts, Glasgow 1953.

Colligere fragmenta ne pereant. Aspetti della liturgia medievale nei frammenti dell'Archivio Storico Communale. Catalogo, hg. von Giacomo Baroffio, Norcia 1997.

Lothar Deplazes, Frammenti di codici degli archivi leventinese. Testi liturgici, biblici ed umanistici, sec. X–XVI., in: Materiali e documenti ticinesi. Serie I: I regesti di Leventina, Faszikel 14, Bellinzona 1978, S. 641–680.

Owain Tudor Edwards, A survey of the medieval liturgical fragments containing musical notation in the University Library Oslo, in: Studia musicologica Norwegica 23 (1997), S. 88–99.

Fragmente liturgischer Handschriften des Deutschen Ordens im Historischen Staatsarchiv Königsberg, bearb. von Anette Löffler (Einzelschriften der Historischen Kommission für Ost- und Westpreußische Landesforschung, 18 und 24), 3 Bände, Lüneburg 2001, Marburg 2004 und 2009.

Frammenti di storia medievale. Mostra di codici e frammenti di codici liturgici dei secoli XI–XVI dall'Archivio Storico del Comune di Stroncone, hg. von Giacomo Baroffio u. a., Perugia 1998.

Toivo Elias Haapanen, Die Neumenfragmente der Universitätsbibliothek Helsingfors. Eine Studie zur ältesten nordischen Musikgeschichte (Helsingin yliopiston kirjaston julkaisuja, 6), Helsinki 1924.

Toivo Haapanen, Verzeichnis der mittelalterlichen Handschriftenfragmente in der Universitätsbibliothek zu Helsingfors, Band I: Missalia, Band II: Gradualia, lectionaria missae, Band III: Breviaria (Helsingin yliopiston kirjaston julkaisuja, IV, VII und XVI), Helsingfors 1922, 1925 und 1932.

Handschriften in Goslar, bearb. von Maria Kapp (Mittelalterliche Handschriften in Niedersachsen. Kurzkatalog, 5), Wiesbaden 2001. [Der Band enthält überwiegend Beschreibungen von Fragmenten liturgischer Handschriften.]

Michael Härtling, Die Fragmente von Choral-Handschriften im Archiv der Stadt Peine, in: Kirchenmusikalisches Jahrbuch 49 (1965), S. 35–55.

Karl Drew Hartzell, Some early english liturgical fragments, in: Medieval book fragments in Sweden. An international seminar in Stockholm 2003, hg. von Jan Brunius, Stockholm 2005, S. 83–98.

Andreas Haug, Fragmente liturgischer Musikhandschriften in deutschen Archiven, in: Die Erschließung der Quellen des mittelalterlichen liturgischen Gesangs, hg. von David Hiley, Wiesbaden 2004, S. 117–123.

Helgerånet. Från mässböcker till munkepärmar, hg. von Kerstin Abukhanfusa, Jan Brunius, Stockholm 1993.

Ferdinand Hestermann, Biblische und liturgische Handschriften-Fragmente des Dithmarscher Landesmuseums in Meldorf, Heide (Holstein) [1932].

José Janini, Fragmentos litúrgicos de Cataluña, in: Miscellánia litúrgica catalana 1 (1978), S. 69–88.

José Janini, Javier Ricomá, Fragmentos litúrgicos del archivo histórico diocesano de Tarragona, in: Analecta Sacra Tarraconensia 38 (1965), S. 217–230.

Thomas Forrest Kelly, New Beneventan liturgical fragments in Lanciano, Lucera and Penne containing further evidence of the old Beneventan chant, in: Mediaeval studies 62 (2000), S. 293–332.

Ein Kleid aus Noten. Mittelalterliche Basler Choralhandschriften als Bucheinbände, hg. von Matteo Nanni, Basel 2014.

Stefan Klöckner, Psallite sapienter. Fragmente liturgischer Handschriften aus der Bibliothek des Wilhelmsstiftes Tübingen (Quellen und Schriften, 5.1 und 5.2), Wilsingen 1990 und 1995.

Jyrki Knuutila, Ritualet i Åbo stift. Den medeltida finländska manualetraditionen i ljuset av ritualefragmenten i Helsingfors universitetsbibliotek, in: Suomen kirkkohistoriallisen seuran vuosikirja 74 (1984), S. 69–115.

Raymund Kottje, Beneventana-Fragmente liturgischer Bücher im Stadtarchiv Augsburg, in: Medieval Studies 47 (1985), S. 432–437.

Liturgische Handschriftenfragmente aus dem Augustiner-Chorherrenstift Backnang, bearb. von Carsten Kottmann, in: Zeitschrift für württembergische Landesgeschichte 62 (2003), S. 101–117.

Anja Inkeri Lehtinen, The collection of mediaeval manuscript fragments. A short summary of the most important publications. Föredrag och diskussionsinlägg från III nordiskt kollokvium i latinsk liturgiforskning (Hanaholmens kulturcentrum, Esbo 22.–24.5.1975), in: Käytännöllisen teologian julkaisuja [Helsinki] A 3 (1975), S. 179–187.

Liturgische Handschriftenfragmente aus dem Augustiner-Chorherrenstift Backnang, bearb. von Carsten Kottmann, in: Zeitschrift für württembergische Landesgeschichte 62 (2003), S. 101–117.

Anette Löffler, Das Berliner Katalogisierungsprojekt der liturgischen Fragmente aus dem Historischen Staatsarchiv Königsberg, in: Neue Forschungen zur Geschichte des Preußenlandes von der Frühgeschichte bis zum 20. Jahrhundert, hg. von Bernhart Jähnig (Tagungsberichte der Historischen Kommission für Ost- und Westpreußische Landesforschung, 15), Marburg 2003, S. 111–137.

Anette Löffler, Die liturgischen Fragmente, in: Kirchengeschichtliche Probleme des Preußenlandes aus Mittelalter und früher Neuzeit, hg. von Bernhart Jähnig (Tagungsberichte der Historischen Kommission für ost- und westpreußische Landesforschung, 16), Marburg 2001, S. 131–162.

Anette Löffler, Wie sî sulen kumen zu Gotes dîneste. Die liturgischen Königsberger Fragmente im Geheimen Staatsarchiv, in: Jahrbuch Preußischer Kulturbesitz 34 (1997), S. 313–341.

Edit Madas, Mittelalterliche liturgische Handschriftenfragmente in Sopron (Fragmenta et codices in bibliothecis Hungariae, 5), Budapest 2006.

Giovanna Gregari Maris, Frammenti di manoscritti liturgici notati del XII–XIII secolo nell'archivio di Sant'Agata in Cremona, in: Bollettino storico Cremonese, N. S. 6 (1999), S. 265–278.

Anscari M. Mundó, Un fragment molt antic de litúrgia romana a Catalunya, in: II congrés litúrgic de Montserrat [1966], Band 3, Montserrat 1967, S. 173–191.

Musikalische Fragmente. Mittelalterliche Liturgie als Einbandmakulatur, bearb. von Andreas Traub, Annekathrin Miegel (Ausstellung, Landesarchiv Baden-Württemberg), Stuttgart 2013.

Matteo Nanni, Das Heilige und das Profane. Liturgische Choralfragmente als Zeugnisse von Geschichte, in: Ein Kleid aus Noten. Mittelalterliche Basler Choralhandschriften als Bucheinbände, hg. von Matteo Nanni, Basel 2014, 139–154.

Petrus Johannes Andreas Nissen, Zutphense handschriftfragmenten uit de kerkelijke praktijk, in: Middeleeuwse boeken uit Zutphen, hg. von André Geurts, Nijmegen 1981, S. 77–91.

Åslaug Ommundsen, From book to binding and back. Medieval manuscript fragments in Norway, in: Gazette du livre médiéval 52–53 (2008), S. 34–44 [betrifft hauptsächlich liturgische Fragmente].

Jordi M. Pinell, Fragmentos de códices del antiguo rito hispánico, in: Hispania sacra 17, Nrn. 33–34 (1964), S. 195–230.

Abílio Ferreiro Queirós, Fragmentos de pergaminhos litúrgico-musicais. Inventario Geral [no Arquivo da Universidade de Coimbra], in: Boletim do Arquivo da Universidade de Coimbra 13–14 (1993–1994), S. 325–348; 15–16 (1995–1996), S. 517–547.

Vittorio F. Raschèr, Lothar Deplazes, Frammenti di codici dagli archivi leventinesi. Testi liturgici, biblici ed umanistici, sec. X–XVI, in: Materiali e documenti ticinesi, serie I: Regesti Leventina, Heft 14, Bellinzona 1978, S. 641–680.

Carmen Rodríguez Suso, Frammenti liturgici nel Paese Basco, in: Melodie dimenticate. Stato delle ricerche sui manoscritti di canto liturgico, hg. von Giogia Filocamo, Florenz 2002, S. 41–52.

Maria José Santos Azevedo, Paleographic tendencies in 10th–12th century notated liturgical fragments from Portugal, in: Hispania vetus. Musical-liturgical manuscripts from visigothic to the franco-roman transition, hg. von Susana Zapke, Anscaria M. Mundó, Bilbao 2007, S. 113–125.

Karlheinz Schlager, Theodor Wohnhaas, Liturgische Fragmente mit Notation im Staatsarchiv Nürnberg, in: Jahrbuch des Historischen Vereins für Mittelfranken 91 (1982–1983), S. 33–52.

Lars Steensland, Trash and treasure. Russian parchment fragments in swedish archives, in: Medieval book fragments in Sweden. An international seminar in Stockholm 2003, hg. von Jan Brunius, Stockholm 2005, S. 210–225 [bezieht sich ausschließlich auf liturgische, ostkirchliche Fragmente].

Ilkka Taitto, Catalogue of medieval manuscript fragments in the Helsinki university library. Fragmenta membranea, Band IV, 1–2: Antiphonaria (Helsingin yliopiston kirjaston julkaisuja, 67). Helsinki 2001.

Ilkka Taitto, Cataloguing fragmentary antiphoners in Helsinki University Library, in: Die Erschließung der Quellen des mittelalterlichen liturgischen Gesangs, hg. von David Hiley, Wiesbaden 2004, S. 207–216.

Verzeichnis der mittelalterlichen Handschriftenfragmente in der Universitätsbibliothek zu Helsingfors, bearb. von Toivo Elias Haapanen, Band 1: Missalia, Helsingfors 1922,

Band 2: Gradualia, Lectionaria missae, Helsingfors 1925, Band 3: Breviaria, Helsingfors 1932, Band 4: Antiphonaria, 2 Bände, Helsinki 2001.

Susana Zapke, Fragmentos litúrgico-musicales de la edad media en Archivos de Aragón siglos XI ex. – XIII ex., Huesca 2007.

3. Bibliografie der wichtigsten Referenzwerke im Kontext liturgischer Bücher

Acta sanctorum, hg. von Johannes Bollandus u. a., Antwerpen u. a. 1643–1925.

Analecta hymnica medii aevi, hg. von Guido Maria Dreves u. a., Leipzig 1886–1922, Bern u. a. 1978.

Bibliotheca hagiographica latina antiquae et mediae aetatis, Brüssel 1898–1901, 1911, 1986.

Le cérémonial papal de la fin de moyen âge à la renaissance, hg. von Marc Dykmans, Brüssel 1977–1985.

Codices liturgici latini antiquiores, hg., von Klaus Gamber, Fribourg 1968, Supplementum 1988.

Corpus antiphonalium officii, hg. von René-Jean Hesbert, Rom 1963–1979.

Corpus benedictionum pontificalium, hg. Édmond Eugène Moeller (Corpus christianorum series latina, 162), Turnhout 1971–1979.

Concordances et tableaux pour l'étude des grands sacramentaires, hg. von Jean Deshusses, Benoît Darragon, Fribourg 1982–1983.

Corpus consuetudinum monasticarum, hg. von Kassius Hallinger, Pius Engelbert, Siegburg 1963–1996.

Corpus orationum, hg. von Édmond Eugène Moeller (Corpus christianorum series latina, 160), Turnhout 1992–2004.

Corpus praefationum, hg. von Édmond Eugène Moeller (Corpus christianorum series latina, 161), Turnhout 1980–1981.

Liber sacramentorum Gellonensis, hg. von Antoine Dumas (Corpus christianorum series latina, 159), Turnhout 1981.

Les ordines romani du haut moyen âge, hg. von Michel Andrieu, Löwen 1931–1961.

Paléographie musicale. Les principaux manuscrits de chant grégorien, ambrosien, mozarabe, gallican, hg. von den Benediktinern von Solesmes, Solesmes (und verschiedene Verlagsorte), 21 und 2 Bde., 1. Serie 1889–1992, 2. Serie 1968 und 1970.

Le pontifical romain au moyen âge, hg. von Michel Andrieu, Vatikanstadt 1938–1941.

Le pontifical romano-germanique du dixième siècle, hg. von Cyrille Vogel, Reinhard Elze, Vatikanstadt 1963–1972.

Repertorium biblicum medii aevi, hg. von Friedrich Stegmüller, Madrid 1950–1980.

Repertorium hymnologicum. Catalogue des chants, hymnes, proses, séquences, tropes en usage dans l'église latin, hg. von Ulysse Chevalier, Löwen u. a. 1892–1921.

Repertorium der lateinischen Sermones des Mittelalters für die Zeit von 1150–1350, hg. von Johannes Baptist Schneyer, Münster 1969–1990.

Das römische Capitulare evangeliorum, hg. von Theodor Klauser, 2. Auflage Münster 1972.

Hebräische Handschriftenfragmente im Blick der judaistischen Forschung

Andreas Lehnardt, Mainz

Das Interesse für hebräische und aramäische Handschriftenfragmente reicht in Deutschland in das 18. Jahrhundert zurück[1]. Und so betritt auch dieser Beitrag keineswegs Neuland. Schon vor über siebzig Jahren war die vereinzelte Auffindung solcher Fragmente immer wieder ein Thema, auch wenn man damals nicht an eine systematische Erforschung der vielen hunderten Fragmente in deutschen Archiven und Bibliotheken denken konnte.

Der aus einer Breslauer Familie stammende jüdische Lehrer und Historiker Willy Cohn (1888–1941) schrieb im Jahre 1940 in sein Tagebuch, dass er in der Zeit, als er bereits nicht mehr arbeiten durfte und er täglich mit Verhaftung und Deportation rechnen musste, im Diözesanarchiv seiner Heimatstadt – dem einzigen ihm zu dieser Zeit noch zugänglichen Archiv – fast täglich hebräische Handschriftenreste auffinden konnte. Die Suche nach diesen versteckten Resten seiner Kultur bot ihm in der schweren Zeit der Diskriminierung und Verfolgung Trost und Identität. Sogar Rabbiner Leo Baeck, dem er davon in einem Brief berichtete, zeigte sich an diesen Funden interessiert, und Cohn bringt in seinen Fundbeschreibungen seine Emotionen zum Ausdruck, wenn er schreibt, dass man „eine große Ehrfurcht" empfinde, wenn man ein so altes hebräisches Pergament in die Hand bekomme, so etwas sei „eine große Freude"[2].

Dieser autobiographische Bericht eines jüdischen Lehrers sei meinen Ausführungen vorangestellt, um damit gleich zu Beginn darauf aufmerksam zu machen, dass die Forschungsarbeit, die ich seit 2004 in Mainz aufgenommen habe, schon längst hätte durchgeführt werden können. Außerdem verweist es auf den Umstand, dass das Projekt, welches im Folgenden vorgestellt wird, nicht ohne emotional berührende Momente durchzuführen ist. Freude und Enttäuschung liegen dabei oftmals dicht beieinander. Doch besteht vor dem Hintergrund der deutschen Vergangenheit ein deutlicher Unterschied im Vergleich zu der Erforschung von Einbandfragmenten, die in anderen Sprachen erhalten geblieben sind.

1 Zur Forschungsgeschichte vgl. Simha Emanuel, The „European Genizah" and its Contribution to Jewish Studies, in: Henoch 19 (1997), S. 311–339; Genizat Germania. Hebrew and Aramaic Binding Fragments in Context, hg. von Andreas Lehnardt, Leiden/Boston 2010, S. 1–17 (zur älteren Literatur vgl. auch S. 338–346); Saverio Campanini, Carta Pecudina Literis Hebraicis Scripta: The Awareness of the Binding of Hebrew Fragments in History. An Overview and Plaidoyer, in: Books within Books – New Discoveries in Old Book Bindings, hg. von Andreas Lehnardt, Judith Olszowy-Schlanger, Leiden/Boston 2014, S. 11–28.

2 Vgl. Willy Cohn, Kein Recht nirgends. Tagebuch vom Untergang des Breslauer Judentums 1933–1941, hg. von Norbert Conrads, Köln 2007, S. 825, 831, 835, 843, das Zitat auf S. 846–847.

Die Erforschung hebräischer Handschriften in Deutschland hat sich im Vergleich zu den Zentren judaistischer Forschung in Israel und in den USA nicht wesentlich erholt. Auch mehr als 70 Jahre nach der Shoa ist spürbar, dass viele Grundlagen für die Erforschung hebräischer Handschriften nicht erarbeitet worden sind. Es fehlen z. B. nach wie vor Handbücher zur hebräischen Paläographie und Kodikologie, und nach wie vor sind viele Handschriften in den großen Bibliotheken und Sammlungen nur unzureichend erschlossen[3]. Auch neue Kataloge, die modernen Standards genügen, sind etwa für die Sammlungen in der Biblioteca Albertina in Leipzig oder in der Staatsbibliothek Preußischer Kulturbesitz zu Berlin noch nicht erstellt. Auch andere Kollektionen mit vollständigen hebräischen Handschriften sind bislang nicht vollständig erschlossen. Die Erschließungsarbeit, die im Hinblick auf lateinische und deutsche mittelalterliche Handschriften längst geleistet worden ist, kann für hebräische Handschriften in Deutschland nicht vorausgesetzt werden[4].

Hebräische Handschriften oder jüdische Handschriften?

Für den wissenschaftlichen Umgang mit hebräischen Einbandfragmenten kommt ein weiterer Aspekt hinzu, der im Hinblick auf Handschriftenreste mit Texten in anderen Sprachen keine Rolle spielt. Meist handelt es sich bei hebräischen Handschriften und Fragmente um religiöse hebräische Texte. Für traditionell lebende Juden haben diese nach wie vor eine religiöse Bedeutung, so dass auch an Archive und Bibliotheken gelegentlich die Frage gerichtet wird, ob sie solche Schriften, falls sie gefunden werden, überhaupt behalten werden dürfen. Nach dem jüdischen Religionsgesetz (Halakha) sind Schriften, die den Namen Gottes enthalten, besonders zu schützen und sollen z. B. nach Gebrauch nicht einfach weggeworfen werden.

Für religiöse Juden hat das handgeschriebene Wort, zumal wenn es den Gottesnamen wiedergibt, also auch nachdem eine Handschrift oder ein Buch zerschnitten wurden, weiterhin eine religiöse Bedeutung – ein hebräisches Fragment sollte daher wenn möglich zurückerworben werden und, je nach Strenge der religiösen Auffassung, rituell bestattet oder zumindest vor weiterer Profanierung geschützt werden[5]. Dies geschieht meist, in dem es in einer Genisa, einem Raum für gebrauchte religiöse Schriften, meist bei oder in einer Synagoge, abgelegt wird[6].

---

3 Vgl. Colette Sirat, Hebrew Manuscripts of the Middle Ages, hg. und übersetzt von Nicholas de Lange, Cambridge 2002.

4 Einen aktuellen Überblick bietet Benjamin Richler, Guide to Hebrew Manuscript Collections. 2. Auflage, Jerusalem 2014.

5 Vgl. hierzu etwa die Bestimmungen, die im 17. Jahrhundert von dem Frankfurter Rabbiner Yosef Yuspa Hahn Nordlingen: Yosef Omeṣ, Kollel dinim u-minhagim le-khol yemot ha-shana u-frotrot minhage Frankfurt ʿal nahar Main, Frankfurt am Main 1928 (Nachdruck Jerusalem 1965), S. 275–276, festgehalten wurden.

6 Zu solchen Genisot genannten Ablageräumen in Deutschland vgl. etwa Falk Wiesemann, Genizah. Verborgenes Erbe der deutschen Landjuden, Wien 1992. Zu den religionsgesetzlichen Bestimmungen vgl. Sefer Ginze ha-qodesh ʿal hilkhot Geniza u-khvod sefarim, meluqat mi-sugyot ha-Gemara, Rishonim we-Aharonim be-tosefet otsar balum shel me'ot pesaqim u-teshuvot mi-gedole ha-dor, hg. von Yehezqi'el Feinhandler, Jerusalem 2002.

Das bis heute vielfach belegte Vorhandensein solcher Genisa-Räume in Synagogen oder Gemeindehäusern belegt, wie anhaltend das Interesse des Schutzes heiliger Schriften für Juden bis in die Neuzeit geblieben ist. Und nach wie vor kann es daher vorkommen, dass Fragen nach dem korrekten Umgang mit Funden hebräischer Fragmente in Archiven oder Bibliotheken gestellt werden. Gleich zu Beginn sollte jedoch geklärt sein, dass eine archivarisch fachgerechte Aufbewahrung hebräischer Handschriften keine religiösen Probleme mit sich bringen. Wenn es in der jüngeren Vergangenheit dennoch einmal dazu gekommen ist, dass jüdische Handschriftenfragmente von Archiven an jüdische Besucher übergeben wurden, kann dies jedoch nicht mit religiösen Motiven begründet werden[7]. Aus Sicht des Judaisten ist daher festzuhalten, dass hebräische Fragmente wie deutsche oder lateinische Handschriften behandelt werden sollten[8].

Im Übrigen bilden die unzähligen Einbände und Aktendeckel in deutschen und europäischen Archiven und Bibliotheken eine Genisa ganz eigener Art, warum man im Hinblick auf dieses Phänomen in der israelischen Forschung den Ausdruck „Europäische Genisa" geprägt hat. Dieser Ausdruck, der sich im Vergleich zu der ungleich bedeutenderen Genisa in der Synagoge von Altkairo entwickelt hat, zielt auf die Bedeutung der Funde, die denen aus Ägypten vergleichbar ist[9]. Für die Beurteilung der gewählten Bezeichnung für dieses Phänomen spielt freilich auch eine Rolle, wie man erklärt, dass es zu der Wiederverwendung jüdischer Manuskripte im Mittelalter und zu Beginn der Neuzeit gekommen ist.

Wie kam es zum *Recyling* jüdischer Handschriften?

Zunächst ist festzuhalten, dass es sich bei der Wiederverwertung hebräischer Handschriften als Einband- und Makulaturmaterial um ein internationales Phänomen handelt. In allen an Deutschland angrenzenden Ländern, seien es die Niederlande oder Polen, Frankreich oder Österreich, wurden bereits ähnliche Entdeckungen gemacht, d. h., in vielen Bibliotheken und Archiven mit nennenswertem Altbestand wurden neben Fragmenten, die in westlichen Sprachen beschriftet sind, immer wieder auch hebräische Handschriftenreste entdeckt[10].

Da Pergament ein robuster Stoff ist, erfreute er sich großer Beliebtheit und wurde nicht nur für das Einschlagen oder Binden von Büchern wiederverwendet, sondern auf jede nur denkbare Weise. So fanden Reste von mittelalterlichem beschriebenem Pergament in

7 Siehe dazu etwa Monica Kingreen, Jüdisches Landleben in Windecken, Ostheim und Heldenbergen, Hanau 1994, S. 79 mit Anmerkung 77b. Fragmente eines mittelalterlichen Bibel-Kommentars (Raschi) wurden vom Stadtarchiv Nidderau an einen Rabbiner in Jerusalem übergegeben.

8 Siehe dazu etwa schon Gustav Kohfeldt, Aufbewahrung und Katalogisierung der handschriftlichen und gedruckten Einbandmakulatur, in: Zentralblatt für Bibliothekswesen 30 (1913), S. 424–435.

9 Zur Fundgeschichte vgl. etwa Stefan Reif, A Jewish Archive from Old Cairo. The History of the Cambridge University Genizah Collection, Cambridge 2000. Zur Bezeichnung ‚Europäische Genisa' vgl. Emanuel, The „European Genizah", S. 311; Sirat, Hebrew Manuscripts, S. 234–256; Campanini, Carta Pecundina, S. 11–12.

10 Siehe dazu die Beiträge in Lehnardt, Genizat Germania, mit der Bibliographie europäischer Funde von hebräischen Fragmenten auf S. 346–363.

Schuhen, Orgeln oder um Kölnisch-Wasserfläschchen Verwendung[11]. Fragmente jüdischer Manuskripte sind in jüngster Zeit sogar als Verstärkungen von Leinwandgemälden und auf Skulpturen entdeckt worden[12]. Im Landesmuseum Mainz wird z. B. ein als Trommelfell einer Soldatentrommel wiederverwendetes Stück einer auf Pergament geschriebenen hebräischen Propheten-Rolle, einer *Haftara*-Rolle, aufbewahrt[13] – eine Praxis der sekundären Nutzung von beschriebenem Pergament, die bereits im Mittelalter von dem bedeutenden jüdischen Gelehrten Me'ir ben Barukh von Rottenburg (gest. 1291) beklagt worden ist.

Zu Beginn des 16. Jahrhunderts scheint die Wiederverwendung und der Handel mit Pergamenthandschriften als Material für Bindungen einen besonderen Aufschwung erlebt zu haben. Als Folge der kirchlichen Reformation erfolgten Klosterauflösungen und brachten nicht zuletzt infolge von liturgischen Reformen ganze Bibliotheken von Pergamenthandschriften auf den Markt. Den Buchbindern lieferten Pergamente aus solchen Sammlungen billigen Rohstoff[14].

Jüdische Schriften und Dokumente, die in christlichen Kontexten gefunden werden, müssen im Hinblick auf diese Entwicklung andere Wege in die Hände der Buchbinder genommen haben. Sie waren einerseits im Vergleich zu den außer Dienst gestellten christlichen Schriften von Buchbindern viel seltener zu finden; andererseits dürften sie von Seiten ihrer jüdischen Benutzer besser geschützt worden sein. Veränderungen der Liturgie, die im Judentum bis in die Neuzeit so gut wie nicht vorkamen, haben im Übrigen nicht dazu beigetragen, dass jüdische Handschriften einfach vernachlässigt oder makuliert worden wären. Sie wurden meist in Synagogen oder privaten Räumen aufbewahrt.

Für manche Fragmente, die in den von mir bereits intensiv untersuchten Orten wie Trier, Frankfurt am Main oder Freiberg in der Wetterau gefunden wurden, lassen sich Pogrome bzw. Vertreibungen und kriegerische Ereignisse als Erklärung anführen. Für Frankfurt kann man sogar auf eine jüdische Chronik verweisen, in der die ansonsten meist nur zu erschließenden Vorgänge beschrieben werden. In der so genannten *Megillas Vintz* über den Frankfurter Fettmilch-Pogrom in den Jahren 1612 bis 1616 ist festgehalten, dass jüdische Manuskripte im Verlaufe dieser Vertreibung der Juden bewusst entwendet und für beträchtliche Summen an Buchbinder auf den Messen der Stadt verkauft worden sind[15].

11 Siehe dazu etwa Tuvia Kwasman, Untersuchungen zu Einbandfragmenten und ihre Beziehungen zum Palästinischen Talmud, Heidelberg 1986, S. 15.

12 Vgl. Margaretha Boockmann, Ein Psalm an ungewöhnlichem Ort. Hebräische Schriftzeichen an der Christusfigur des gotischen Vesperbilds in Watterdingen, in: Hegau-Jahrbuch. Jüdische Kultur im Hegau und am See 64 (2007), S. 37–38.

13 Vgl. Andreas Lehnardt, Hebräische und aramäische Handschriftenfragmente in Mainzer Bibliotheken, in: Mainzer Zeitschrift 103 (2008), S. 15–28, hier S. 27 (mit einer schwarz-weiß Abbildung).

14 Siehe dazu die Einleitung in: Konrad Wiedemann, Bettina Wischhöfer, Einbandfragmente in kirchlichen Archiven in Kurhessen-Waldeck, Kassel 2007, S. 7–13.

15 Rivka Ulmer, Turmoil, Trauma and Triumph. The Fettmilch Uprising in Frankfurt am Main (1612–1616) According to Megillas Vintz. A Critical Edition of the Yiddish and Hebrew Text Including an English Translation, Frankfurt am Main u. a. 2001.

Der in diesem jiddischen Lied angedeutete Vorgang kann inzwischen sogar durch Notizen in den Frankfurter Ratsprotokollen belegt werden[16].

Für Friedberg in der Wetterau lässt sich zeigen, dass die Zerstörungen und Plünderungen der Judengasse während des 30-jährigen Krieges mit dem gehäuften Auftreten von hebräischen Handschriften in den Stadtakten in Verbindung stehen[17].

Anhand der Funde in der Trierer Stadtbibliothek, wo die bislang größte Anzahl von hebräischen Fragmenten in Deutschland gefunden wurde, konnte aufgezeigt werden, dass viele Fragmente aus einer Werkstatt stammen. Durch die Augustiner-Chorherren des Klosters Eberhardsklausen sind zahlreiche hebräische Fragmente wiederverwendet worden. Vermutlich steht die gehäufte Verwendung hebräischer Pergamente mit der Vertreibung der Juden aus dem Erzstift Trier im Jahre 1418/1419 in Verbindung. Zum einen gab es bis ins 16. Jahrhundert keine bzw. nur noch kaum Juden auf dem Gebiet des Trierer Erzstifts, außerdem können die Handschriften selbst aufgrund paläographischer Merkmale relativ eindeutig in die Zeit vor der Vertreibung datieren[18].

Bevor man allerdings die Erklärung des Phänomens vorschnell allein auf die zahlreich belegten Verfolgungen und Vertreibungen von Juden zurückführt, sollte berücksichtigt werden, worauf etwa von Simha Emanuel in einem grundlegenden Beitrag hingewiesen worden ist und was gelegentlich gern übersehen wird: Mit der raschen Verbreitung und zunehmenden Akzeptanz des Buchdruckes Mitte des 16. Jahrhunderts kam es auch in jüdischen Gemeinden zu einer zunehmenden Vernachlässigung von Handschriften[19]. Der hebräische Buchdruck, der in der zweiten Hälfte des 17. Jahrhunderts in Deutschland zu einer ersten Blüte gelangte, hatte wie im christlichen Bereich ein regelrechtes „Handschriftensterben“ zur Folge. Alte Pergamentbände wurden rasch durch besser lesbare gedruckte Exemplare ersetzt; viele Schriften, die über Jahrhunderte etwa auch in den jüdischen Ge-

16 Dietrich Andernacht, Regesten zur Geschichte der Juden in der Reichsstadt Frankfurt am Main von 1520–1616, Bd. 2,1–2, Hannover 2007, S. 1079–1083 u. ö. Siehe zum Ganzen Andreas Lehnardt, Hebräische Einbandfragmente in Frankfurt am Main. Mittelalterliche jüdische Handschriftenreste in ihrem geschichtlichen Kontext, Frankfurt am Main 2011, S. 39–46.

17 Andreas Lehnardt, Die hebräischen Einbandfragmente in Friedberg. Verborgene Zeugnisse jüdischen Lebens in der Wetterau, in: Wetterauer Geschichtsblätter 58 (2009), S. 137–350.

18 Siehe dazu Andreas Lehnardt, Hebräische und aramäische Einbandfragmente in Mainz und Trier – Zwischenbericht eines Forschungsprojekts, in: Rekonstruktion und Erschließung mittelalterlicher Bibliotheken. Neue Formen der Handschriftenerschließung und der Handschrif-tenpräsentation, hg. von Michael Embach, Andrea Rapp, Berlin 2007, S. 41–58; ders., Die Einbandfragmente des Sefer Teruma des Baruch bar Isaak aus der Bibliothek des ehemaligen Augustiner-Chorherren-Kloster in Eberhardsklausen bei Trier, in: Zur Erforschung mittelalterlicher Bibliotheken. Chancen – Entwicklungen – Perspektiven, hg. von Andrea Rapp, Michael Embach, Frankfurt am Main 2009, S. 245–273; ders., Hebräische Einbandfragmente in der Bibliothek des Bischöflichen Priesterseminars Trier, in: Libri Pretiosi. Mitteilungen der Bibliophilen Gesellschaft Trier e. V. 13 (2010), S. 105–109; ders., Die Trierer Talmud-Fragmente. Rekonstruktion der Kodizes und ihre Bedeutung für die Forschung, in: Die Bibliothek des Mittelalters als dynamischer Prozess, hg. von Michael Embach, Claudine Moulin, Andrea Rapp, Wiesbaden 2012, S. 191–204 (mit 7 Abbildungen).

19 Vgl. Emanuel, The „European Genizah“, S. 319–320. Er verweist auf einen Fall aus Italien, bei dem ein Manuskript nach Drucklegung des hebräischen Buches sofort von dem jüdischen Drucker makuliert wurde, um es als Einbandmaterial verwendet zu werden.

meinden in Gebrauch gewesen waren, landeten so entweder in einer Genisa oder wurden schlicht nicht mehr mit der gleichen Sorgfalt aufbewahrt und behütet wie vormals. Technische Errungenschaften wie der Buchdruck begannen im Übrigen nicht nur den Umgang mit alten Manuskripten zu verändern, sondern auch das religiöse Leben insgesamt[20].

Das DFG-Projekt „Genizat Germania"

Das von mir initiierte Forschungsprojekt konnte an einige Vorläuferprojekte anknüpfen. Bereits in den sechziger Jahren des vergangenen Jahrhunderts hatte Rabbiner Ernst Róth (Mainz) nach hebräischen Handschriften in Deutschland gesucht und seine Funde katalogisiert[21]. In den siebziger Jahren wurde vom Institut für Hebräische Handschriften auf Mikrofilm an der National-Bibliothek in Jerusalem nach hebräischen Handschriften gesucht[22]. In den achtziger Jahren haben dann immer wieder einmal Forscher versucht, den Faden aufzunehmen und die begonnenen Erhebungen von Fragmenten und vollständigen Handschriften fortzusetzen. Doch gelangten diese Projekte über Ansätze nicht hinaus.

Im Jahr 2007 gelang es, dank einer Anschubfinanzierung des Historisch-kulturwissenschaftlichen Forschungszentrum Mainz–Trier, eine größere Fördersumme bei der Deutschen Forschungs-Gemeinschaft (DFG) einzuwerben. Die daraufhin im Rahmen des Projektes „Genizat Germania" durchgeführte systematische Suche ging von den Bibliotheken und Archiven in Rheinland-Pfalz aus, wurde aber bald über das gesamte Bundesgebiet ausweitet.

Die Anzahl der neu gefundenen Fragmente überstieg dabei rasch die kühnsten Erwartungen. Hatte ich zunächst mit ca. 500 neuen Fragmenten gerechnet, liegt die Zahl nach einem aktuellen Überblick und dem gegenwärtigen Auswertungsstand bei weit über 1000 Fragmenten[23]. Dies war auch deswegen nicht zu erwarten gewesen, weil die vorhandenen Kataloge und Verzeichnisse (wie z.B. der Handschriften-Zensus in NRW) oftmals über solche Kleinfunde keine präzisen Auskünfte geben. Ältere Handschriften- und Inkunabelkataloge haben gelegentlich nicht einmal auf die Existenz von Fragmenten hingewiesen[24]. Vielerorts sind im Übrigen erst Projekte zur Tiefenerschließung und Neukatalogisierung von Altbeständen und Archivalien angelaufen. Im Zuge dieser Projekte wurden immer wieder auch Fragmente mit hebräischen Texten entdeckt und gemeldet[25].

20 Vgl. Abraham Berliner, Über den Einfluß des ersten hebräischen Buchdrucks auf den Cultus und die Cultur der Juden, Berlin 1896.

21 Hieraus sind mehrere Kataloge für das Verzeichnis der Orientalischen Handschriften in Deutschland hervorgegangen. Vgl. Hebräische Handschriften. Teil 2, bearbeitet von Ernst Róth, hg. von Hans Striedl, Wiesbaden 1965. – Näheres zur Forschungsgeschichte, insbesondere in Deutschland, in Lehnardt, Genizat Germania, S. 7–15.

22 Vgl. Richler, Guide, S. 16 und S. 105–106.

23 Zu der Anzahl der Fragmente vgl. auch Sirat, Hebrew Manuscripts, S. 239, die noch 2002 eine Zahl von 700 für Deutschland nennt.

24 Vgl. etwa die Online-Datenbank zu mittelalterlichen Handschriften (http://www.manuscripta-mediaevalia.de/) und den Inkunabel-Katalog INKA (http://www.inka.uni-tuebingen.de/).

25 So etwa aus den Handschriftenzentren der DFG in Berlin und Leipzig und aus der Bayerischen Staatsbibliothek in München.

Auch die von mir selbst durchgeführten Suchaktionen in Archiven und Bibliothek – teilweise sehr zeitaufwändig und kräfteraubend – förderten weitere, zum Teil überraschende Ergebnisse zu Tage. In kleineren Stadtarchiven und kirchlichen Archiven konnten so noch manche Entdeckungen gemacht werden[26]. Auch in renommierten Institutionen schlummerten noch Einbände mit spektakulären Funden. In der Murhardschen Bibliothek Kassel gelang etwa die Identifikation mehrerer wertvoller Talmud-Manuskriptseiten, die inzwischen online gestellt und gedruckt veröffentlicht werden konnten[27].

In diesem Fall wurden die Fragmente aus den Trägerbänden entnommen, um die mit dem Deckel verklebten Rückseiten der Seiten lesen zu können – ein Vorgehen, dem nicht in allen Fällen zuzustimmen ist, zumal dann, wenn es sich um Fragmente mit bekannten und gut belegten Texten handelt. Bei vielen Funden von Fragmenten, die sich noch *in situ* befinden, gilt es abzuwägen, ob der Erhalt des ursprünglichen Auffindungszustanden nicht wichtiger ist als die Herausnahme eines hebräischen Pergamentes, das einen Text überliefert, der ohnehin durch zahlreiche andere, gegebenenfalls sogar vollständige und datierbare Textzeugen bekannt ist[28].

Erschließung hebräischer Fragmente

Neben der in den vergangenen Jahren nahezu vollständigen Abfrage bei allen denkbaren Institutionen erfolgte die systematische Katalogisierung der Funde. Ziel des Projektes ist es, die hebräischen Einbandfragmente in Bibliotheken und Archiven in Deutschland (zunächst innerhalb von Schwerpunktregionen) vollständig zu verzeichnen, ihre Provenienzen soweit wie möglich zu ermitteln und einen vollständigen Überblick über die Herkunft und den Werdegang der Fragmente zu erstellen.

Zu diesem Zweck wurden ca. 500 Bibliotheken mit substantiellem Buch- und Handschriftenbestand sowie ca. 980 Archive mit Akten, Amtsbüchern und Rechnungen aus dem 15.–17. Jahrhundert angefragt[29]. Überblickt man die Funde und ihre geographische Verteilung in Deutschland lässt sich ein deutliches Nord-Süd- und ein West-Ost-Gefälle feststellen. Dies mag einerseits mit der Verteilung jüdischer Gemeinden seit dem Mittelalter zusammenhängen, dürfte andererseits aber auch in der durch Kriege und Zerstörungen bedingten Aufteilung älteren Kulturgutes begründet sein.

26 Zuletzt etwa in der Marienstiftsbibliothek in Lich, Vogelsberg.

27 Andreas Lehnardt, Die Kasseler Talmudfragmente, Kassel 2007.

28 Zu einem weiteren Beispiel für eine Herausnahme eines Fragmentes vgl. Andreas Lehnardt, Ein neues Einbandfragment des Midrasch Tanchuma in der Stadtbibliothek Mainz, in: Judaica. Beiträge zum Verstehen des Judentums 63 (2007), S. 344–356. In diesem Fall schien mir die Herausnahme des Fragmentes wiederum gerechtfertigt, weil der Text relativ selten belegt ist, auch wenn nicht unbekannt. Ein in der Erzbischöflichen Diözesan- und Dombibliothek Köln gefundenes Bibelfragment im Einbanddeckel von Inc. d 54 kann dagegen in situ bleiben, zumal in dem Fundkontext die Provenienzspuren erhalten werden.

29 Die meisten mir bekannten Archive im Gebiet des Landschaftsverbandes Rheinland müssten so bereits von dem Projekt Kenntnis haben. Allerdings haben Vakanzen oder Urlaubsvertretungen immer wieder auch zu Verzögerungen geführt. Als schwierig erwies sich gelegentlich die Anfrage in Privat- und Adelsarchiven.

Identifikation hebräischer Fragmente

Die Identifikation hebräischer Texte und Fragmente ist durch moderne elektronische Hilfsmittel mit sämtlichen Texten der traditionellen jüdischen Literatur oder Internetdatenbanken auf eine neue Basis gestellt[30]. Sehr selten konnten Fragmente mit völlig unbekannten oder nahezu unbekannten hebräische Texten gefunden werden[31]. Nur in wenigen Fällen können Fragmente gar nicht zugeordnet werden, etwa weil es sich um zu kleine Bruchstücke handelt oder weil unikale Texte oder Dokumente gefunden wurden[32].

Als ein spezielles Problem erweist sich eine exakte paläographische Analyse mittelalterlicher hebräischer Handschriften, zumal solcher aus Aschkenas, jenem geographisch schwer abzugrenzenden jüdischen Kulturraum, der sich im Mittelalter auf Regionen in Nordfrankreich ebenso wie im Südwesten Deutschlands erstreckte[33]. Bislang existieren keine zuverlässigen Hilfsmittel, um aschkenasische Handschriften sicher zu datieren oder den Ort ihrer Herstellung zu lokalisieren. Die älteren Nachschlagewerke sind meist ungenau und basieren auf veralteten Angaben[34]. Neuere Projekte wie das „Hebrew Palaeography Project" (Sefardata) an der Hebräischen Universität in Jerusalem sind noch nicht vollständig zugänglich[35], und ein von Edna Engel erstelltes und lange angekündigtes Handbuch zu datierten vollständigen aschkenasischen Handschriften ist noch nicht erschienen[36].

Die ältesten bislang identifizierten Fragmente aus Deutschland stammen aus dem 12. Jahrhundert. Die jüngsten Fragmente sind vielleicht erst am Ende des 17. Jahrhunderts makuliert worden. Gegenwärtig bleibt bei der Datierung jedoch Vieles vom Gespür und der Beobachtungsgabe des Forschers abhängig. Zwar bieten die Trägerbände, in denen die Fragmente gefunden werden, oft einen *terminus ad quem* der Herstellung der hebräischen Handschriften. Doch muss man damit rechnen, dass viele Jahrzehnte, wenn nicht Jahr-

30 Vgl. The Responsa Project, Bar-Ilan University (Version 20); Hebrew Books (http://www.hebrewbooks.org/home.aspx) oder Otzar ha-Hokhma (http://www.otzar.org/otzaren/indexeng.asp).

31 Vgl. Andreas Lehnardt, Elisabeth Hollender, Ein unbekannter Ester-Kommentar aus einem Einbandfragment, in: Frankfurter Judaistische Beiträge 33 (2006), S. 35–67; Andreas Lehnardt, Meshal Qadmonim. A Newly Discovered Ashkenazic Binding Fragment of an Unknown Maqama from the Cathedral Library of Freising, Germany, in: Envisioning Judaism. Studies in Honor of Peter Schäfer on the Occasion of his Seventieth Birthday, hg. von Ra'anan S. Boustan, Klaus Herrmann, Reimund Leicht, Annette Yoshiko Reed, Giuseppe Veltri, Bd. 2, Tübingen 2013, S. 1139–1164.

32 Vgl. dazu Abraham David, Hebräische Dokumente und Geschichtsquellen in der „Europäischen Geniza", in: Andreas Lehnardt, Genizat Germania, S. 171–181.

33 Vgl. dazu Edna Engel, Evolutionary Stages of Medieval Hebrew Scripts as Reflected in the 'European Genizah', in: „Fragmenta ne pereant": Recupero e studio dei frammenti di manoscritti medievali e rinascimentali riutilizzati in legature, hg. von Mauro Perani, Cesarino Ruini, Ravenna 2002, S. 89–119; Edna Engel, Calamus or Chisel. On the History of the Ashkenazic Script, in: Andreas Lehnardt, Genizat Germania, S. 183–197.

34 Vgl. Solomon Asher Birnbaum, The Hebrew Scripts, Bd. 1–2, London 1954–1957.

35 Vgl. http://sfardata.nli.org.il/sfardatanew/home.aspx (Zugriff: 11.05.2014).

36 Siehe Richler, Guide, S. 92–93. Zu anderen, bereits erschlossenen Schriftarten vgl. Malachi Beit-Arié, Edna Engel, and Ada Yardeni, Specimens of Mediaeval Hebrew Scripts, Bd. 1: Oriental and Yemenite Scripts, Jerusalem 1987; Malachi Beit-Arié, Edna Engel, Specimens of Mediaeval Hebrew Scripts, Bd. 2: Sefardic Script, Jerusalem 2002.

hunderte vergingen, bevor eine hebräische Handschrift für Buchbindearbeiten zerschnitten und recycelt wurde.

Publikation

Die Katalogisierung der Fragmente erfolgt nach den Regeln der DFG, wie sie für die Katalogisierung vollständiger mittelalterlicher Handschriften entwickelt wurden[37]. Eine einheitliche Terminologie im Hinblick auf hebräischen Handschriften zu schaffen, bereitet jedoch nach wie vor Schwierigkeiten. Viele Begriffe müssen aus der Beschreibung deutscher oder lateinischer Handschriften übernommen werden. Termini, die in englischen Handbüchern und Katalogen zu hebräischen Handschriften verwendet werden, lassen sich nicht in allen Fällen übernehmen.

Die Funde sollen in Form eines gedruckten Katalogs publiziert werden. Dieser Katalog wird als Supplement zu dem Katalog Ernst Róths im Verzeichnis der Orientalischen Handschriften publiziert werden. Kleinere Beiträge zu einzelnen Fundorten wie Friedberg (Wetterau), Frankfurt am Main und Amberg (Oberpfalz) sind bereits gesondert erschienen. Besonders herausragende Funde wurden in Aufsätzen und Beiträgen zu Festschriften veröffentlicht worden. In mehreren Vorträgen, Nachrichtensendungen und Zeitungsartikeln wurde zudem immer wieder öffentlich auf die Bedeutung der Funde hingewiesen.

Einige Beispiele für neuere Funde aus dem Bereich des Landschaftsverbandes Rheinland können die Relevanz des Projektes unterstreichen.

Bonn, Universitätsbibliothek

Seit längerem sind einige hebräische Fragmente im Bestand der ULB Bonn bekannt[38]. Im Zuge der Katalogisierung der Inkunabeln der Universitätsbibliothek wurde ein Fragment mit Text aus dem mittelalterlichen Rechtskompendium *Sefer Teruma* von Barukh bar Yitsḥaq (geb. 1211) entdeckt (Abb. 24, auch als Farbabb.)[39]. Das Fragment ist in den Deckel einer theologischen Sammelhandschrift aus der 2. Hälfte des 12. Jahrhunderts aus dem Rhein-Mosel-Gebiet eingebunden[40]. Mit der Säkularisierung ist der Band aus Trier zunächst in die Bibliothèque Nationale nach Paris, dann 1819 nach Bonn gelangt. Das Blatt passt zu mehreren Seiten aus derselben Handschrift des *Sefer Teruma*, die in der Stadtbibliothek Trier identifiziert werden konnten[41].

37 Vgl. Richtlinien Handschriftenkatalogisierung, hrsg. von der Deutschen Forschungsgemeinschaft, 5. Auflage, Bonn 1992. Siehe dazu etwa auch Hanns Peter Neuheuser, Hans Georg Kraume, Zur Bedeutung der Duisburger Fragmente, in: Die Fragmentsammlung im Stadtarchiv Duisburg (Duisburger Forschungen, 58), Duisburg 2012, S. 21.

38 Vgl. Hebräische Handschriften. Teil 2, bearbeitet von Ernst Róth, hg. von Hans Striedl, S. 9–10.

39 Zu dem Werk vgl. Lehnardt, Die Einbandfragmente des Sefer Teruma, S. 251–252.

40 Die theologische Sammelhandschrift enthält Schriften von (Ps.-)Aurelius Augustinus, Hildebertus Lavardinensis, Paschasius Radbertus, Ps.-Silvester II. Papa und Haimo Halberstadensis. Sie wurde in der 2. Hälfte 12. Jh. angefertigt. Der Einband stammt aus der Werkstatt des Augustiner-Chorherrenstifts Eberhardsklausen, aus dem letzten Drittel des 15. Jahrhunderts (für die Informationen danke ich Dr. Jürgen Geiß, Berlin).

41 Vgl. Lehnardt, Die Einbandfragmente des Sefer Teruma des Baruch bar Isaak, S. 249–250.

Abb. 24
Fragment, Baruch bar Isaak, *Sefer Teruma, Hilkhot Shabbat*, §§ 223–226, Bonn, Universitäts- und Landesbibliothek, S 281r (Foto: Bonn, Universitäts- und Landesbibliothek).

Düsseldorf, Universitäts- und Landesbibliothek

Viele Bibliotheken gehen mittlerweile dazu über, die aufgefundenen Fragmente auf eigenen Web-Seiten zu veröffentlichen. Die hebräischen Fragmente in der ULB Düsseldorf sind mittlerweile auf diese Weise allgemein zugänglich gemacht worden[42]. In einer theologischen Sammelhandschrift des Düsseldorfer Kreuzbrüderkonventes aus dem Jahre 1511 wurden zwei Fragmente mit Texten aus dem *Babylonischen Talmud* gefunden (Abb. 25, auch als Farbabb.)[43]. Die Auffindung von Fragmenten dieses Werkes der klassischen Rabbinischen Literatur ist von besonderer Bedeutung, da von ihm aufgrund der kirchlichen Zensur nur eine vollständige Handschrift erhalten geblieben ist. Ansonsten existieren nur Teilmanuskripte einzelner Traktate oder Fragmente. Die Inquisition verfolgte den Talmud aufgrund der in ihm enthaltenen antichristlichen Polemiken besonders rigoros und wirkungsvoll. Ab dem 15. Jahrhundert existierten daher nur noch sehr wenige Manuskrip-

42 Vgl. http://digital.ub.uni-duesseldorf.de/man/content/pageview/5625426 (Zugriff: 11.04.2014).

43 Bei dem Trägerband handelt es sich um: *Expositio Psalterii iuxta LXX et Canticorum utriusque testamenti* des Nicolaus Trevetus. Vgl. Handschriftencensus Rheinland, Nr. 548.

Abb. 25
Fragment eines *Babylonischen Talmud, Bava Batra* 37b–40a, Düsseldorf, Universitäts- und Landesbibliothek, B 91a (Foto: Bonn, Universitäts- und Landesbibliothek).

te; nach dem Dreißigjährigen Krieg dürfte es in Deutschland nur noch wenige Exemplare gegeben haben. Jeder Fund eines unzensierten Textzeugen des Talmud ist daher von besonderer Bedeutung für die Erforschung der rabbinischen Literatur[44].

Weitere Funde in der ULB Düsseldorf belegen mehrere Blätter aus Bibel-Kommentaren von Rabbi Shlomo ben Isaak (12. Jahrhundert), genannt Raschi (Ms. B 155; Ms. B 172 und Ital. G. 96) und einige Blätter aus Gebetbüchern (*Maḥzor*) für die Hohen Feiertage (K.R. 114; M.Th.u.Sch. 211; M.Th.u.Sch. 97). Eine Ausgabe von Erasmus von Rotterdam, *Dilucida et Pia Explanatio symboli quod Apostolorum dicitur* ..., gedruckt 1533 in Basel (Syst. Th. II 38), enthält ein Fragment, auf dem sich ein bekanntes Bußgebet, eine so genannte *Seliḥa*, von Shlomo ha-Bavli findet und ein nicht identifiziertes Gebet, das noch genauerer Auswertung bedarf. Ein kleiner Schnipsel in dem Band mit der Signatur K.R. 202, *Lectura sive Apparatus domini Hostiensis super quinqe libris Decretalium*, gedruckt 1512, enthält einen nicht näher identifizierten Text über die Zahl der Exile und die Erlösung.

44 Der Fund ist bereits aufgeführt in: Yaacov Sussmann, Thesaurus of Talmudic Manuscripts in Zusammenarbeit mit Yoav Rosenthal, Aharon Shweka, Bd. 2: England–Switzerland, Jerusalem 2012 (hebräisch), S. 655 Nr. 7075. Ein weiteres Talmud-Fragment in Ms. B 125 enthält Text aus dem Traktat Yevamot.

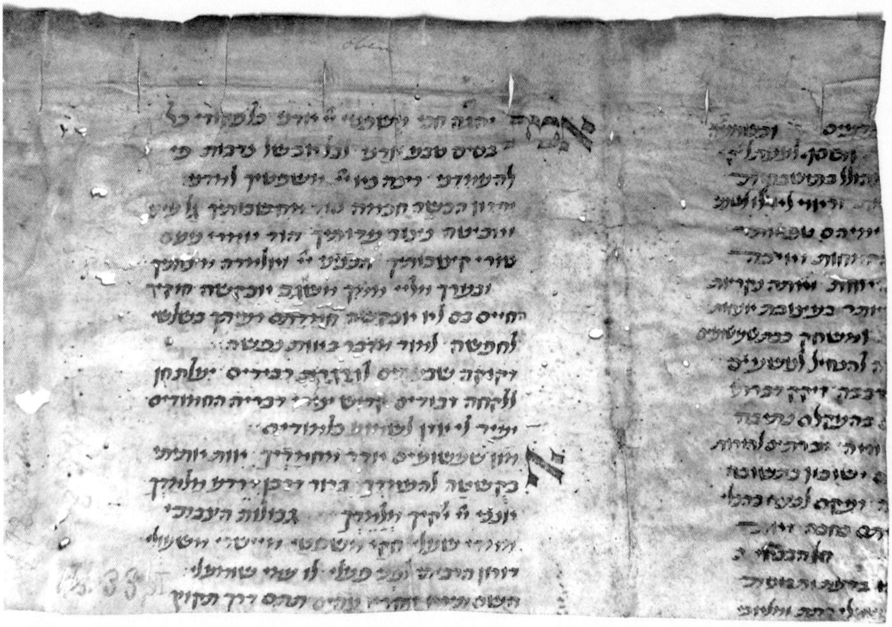

Abb. 26
Fragmente eines *Mahzor* für das Pesah-Fest, Mönchengladbach, Münsterarchiv, HS 33 007 (Foto: Mönchengladbach, Münsterarchiv).

Mönchengladbach

Ein bemerkenswertes Beispiel für einen Fragmentfund aus einem kleineren Archiv stammt aus Münsterarchiv St. Vitus in Mönchengladbach. Laut einem dem Fragment Hs. 33 beiliegenden Zettel wurden die Fragmente 1935 auf Veranlassung von Judith Freifrau von Harff aus Hs. 1 des Münsterarchivs, einem neumierten Missale, abgelöst, ohne zunächst identifiziert werden zu können[45]. Bei einer erneuten Untersuchung konnten zwei Blätter aus einem französischen *Mahzor* für das Pesah-Fest identifiziert werden (Abb. 26, auch als Farbabb.)[46]. Die hebräische Handschrift kann aufgrund paläographischer Merkmale in das 13. Jahrhundert (wahrscheinlich nach Frankreich) datiert werden. Erhalten ist u. a. das *Qedusha*-Gebet von Yosef ben Shemu'el Tov Elem (Bonfils) aus der Mitte des 11. Jahrhunderts. Dieser Rechtsgelehrte und Dichter (*Payyetan*) aus Narbonne in Südfrankreich hat

45 Auf dem beigefügten Schreiben heißt es zu den Fragmenten: „Herr Dr. Wendehorst hat sie 1953 Orientalisten an der Universität Würzburg vorgelegt, die aber lt. anliegendem Brief vom 5.VII.53 nicht feststellen konnten, ob es sich um hebräische, aramäische oder koptische Texte handelt".

46 Vgl. Der Bücherbesitz des Klosters St. Vitus in Gladbach, Band 1: Die Handschriften von St. Vitus, hg. von Raymund Kottje, Teil 1, Textband, bearb. von Christine Winkelmann-Giesen, Köln 1998, S. 180.

Abb. 27
Fragment eines *Mahzor*, Wochenfest (Shavu'ot), Neuss, Stadtarchiv, B.01.01 VIII 103 1 (Foto: Neuss, Stadtarchiv).

zahlreiche liturgische Dichtungen hinterlassen, die sich auch heute noch in den Gebetbüchern für diesen Feiertag finden[47]. Aus der gleichen Handschrift befindet sich ein weiteres Fragment mit der Signatur Hs 33/II im Münsterarchiv Mönchengladbach.

Neuss

Im Stadtarchiv Neuss fand sich im Einband einer städtischen Akte „Einquartierungen usw. 1675/76" ein Blatt aus einem Gebetbuch für das Wochenfest (Shavu'ot) mit Gebeten des bekannten, um 950 geborenen Mainzer Payyetan Shimon benYitsḥaq (Abb. 27, auch als Farbabb.)[48]. Der Anfang eines Abschnittes eines längeren Piyyut ist mit dem großen Initialwort „Aluf" hervorgehoben. Dieser Einband aus dem 17. Jh. verweist noch einmal auf die vielerorts gemachte Beobachtung, dass besonders während des Dreißigjährigen Krieges (oder kurz danach) zahlreiche hebräische Handschriften den Besitzer gewechselt haben und dann für Bindearbeiten wiederverwendet wurden. Woher das hebräische Fragment in Recklinghausen stammt, lässt sich nicht sicher ermitteln. Auf der Recto-Seite des Blattes finden sich deutsche Vermerke, und die Inhaltsangabe des Trägerbandes, die auf einen militärischen Kontext hindeutet. Das Fragment kann über weite Entfernung mitgebracht worden sein.

47 Vgl. Maḥzor Ashkenaz Pesaḥ, hg. von Yona Fraenkel, Jerusalem 1993, S. 548–579.
48 Vgl. Maḥzor Shavu'ot, hg. von Yona Fraenkel Jerusalem 2000, S. 230–272.

Köln

Bereits im Jahre 2005 waren in der Erzbischöflichen Diözesan- und Dombibliothek neue Funde gemacht worden. Die Reste eines größere Kodex von Rabbi Moshe ben Maimons (1138–1204) *Mishne Tora* sind bereits vor längerer Zeit entdeckt und aus dem Einband eines unbekannten Trägerbandes genommen worden. Die Provenienz der Fragmente ließ sich daher nicht mehr ermitteln. Doch sind Funde ein wichtiger Beleg für die Verbreitung dieses Kodex in Aschkenas[49].

Mehrere Fragmente fanden sich auch in der USB Köln, wo sie zum Teil bereits seit längerem bekannt waren, ohne genauer beschrieben worden zu sein. Neben mehreren Talmud- und Bibelfragmenten fanden sich Reste eines Gebetbuchkommentars und ein wichtiges Midrasch-Fragment. Als Midrasch bezeichnet man die Auslegungsmethode der Rabbinen seit der Antike. Der erhaltene Text bietet eine Auslegung zum Buche Genesis und entspricht der Edition des *Midrasch Tanḥuma*, die von Salomo Buber, dem Großvater des bekannten Philosophen, ediert worden ist[50]. Mehrere Fragmente in der USB Köln lassen sich mit den Trierer Funden in Verbindung bringen, was wiederum auf die erwähnte Binderwerkstatt im Kloster Eberhardsklausen verweist.

Unter den Fragmenten aus Akten und Büchern im Historischen Archiv der Stadt Köln ragen einige Funde heraus, die bereits mehrfach publiziert worden sind. Von unschätzbarem Wert ist das Fragment eines medizinischen Traktates aus dem Jahre 1396/1397 über Aderlass (Signatur W* 332 IV) aus dem Einband von Heinrich von Beeks im Jahre 1472 vollendeter Kölner Chronik *Agrippina* aus der Ratsbibliothek der Stadt (vgl. Abb. 9 im Anhang)[51]. Dieser Text gehört neben den unlängst in der Nähe der mittelalterlichen Mikwe in der Kölner Altstadt ausgegrabenen Schiefertäfelchen zu den frühesten jiddischen Textzeugnissen in Deutschland und dürfte das Handbuch eines Kölner Arztes gewesen sein.

Von herausragender Bedeutung sind auch die hebräischen Fragmente aus den Judenschreinsbüchern der Kölner St. Laurenzpfarre[52]. Es handelt sich bei diesen 27 Pergament-

49 Vgl. Andreas Lehnardt, Ein hebräisches Einbandfragment von Moshe ben Maimons Mishne Tora in der Erzbischöflichen Diözesan- und Dombibliothek Köln, in: Analecta Coloniensia. Jahrbuch der Diözesan- und Dombibliothek Köln 6 (2006), S. 33–65. Ein Fragment mit Text aus demselben Werk, aber aus einer anderen Handschrift, fand sich später in der Zentralbibliothek für Medizin an der Universität Köln.

50 Vgl. Andreas Lehnardt, A New Fragment of Midrash Tanhuma from Cologne University Library, in: Zutot. Perspectives on Jewish Culture 7 (2011), S. 1–16.

51 Vgl. Lazar Dünner, Die hebräischen Handschrift-Fragmente im Archiv der Stadt Cöln, in: Zeitschrift für hebräische Bibliographie 8 (1904), S. 84–90 und 113–117; Solomon Birnbaum, Umschrift des ältesten datierten jiddischen Schriftstücks, in: Theuthonista [Zeitschrift für deutsche Dialektforschung und Sprachgeschichte] 8 (1932), S. 197–207. Siehe auch Jerold C. Frakes, Early Yiddish Texts. 1100–1750, Oxford 2004, S. 53–61 (mit einer Abbildung).

52 Vgl. Robert Hoeniger, Moritz Stern, Das Judenschreinsbuch der Laurenzpfarre zu Köln, Berlin 1888; Adolf Kober, Grundbuch des Kölner Judenviertels 1135–1425. Ein Beitrag zur mittelalterlichen Topographie, Rechtsgeschichte und Statistik der Stadt Köln, Bonn 1920; Klaus Cuno, Aspekte der Kölner Aderlaß-Handschrift von 1396/97 im Licht neuer Erkenntnisse, in: Jiddistik Mitteilungen 9 (1993), S. 1–17. Siehe auch Annette Haller, Die Judenschreinsbücher der Laurenzpfarre, in: Zwei Jahrtausende Jüdische Kunst und Kultur in Köln, hg. von Jürgen Wilhelm, Köln 2007, S. 58–59.

blättern in Quartformat allerdings nicht um Einbandfragmente, vielmehr waren die Pergamente in den Trägerband bewusst eingenäht, und zwar nicht als Makulatur. Dennoch stellen sie eine einzigartige wirtschaftsgeschichtliche Quelle für die Stadt Köln im Mittelalter dar und sollten in diesem Zusammenhang nicht unerwähnt bleiben.

Unter den übrigen Fragmenten im Historischen Archiv fallen neben drei *Talmud*-Fragmenten[53] (Hebr. W* 332 III; Hebr. W* 390), zum Teil mit Raschi-Kommentar (Hebr. W* 332 I), mehreren Blättern aus verschiedenen *Maḥzor*-Handschriften (Hebr. W* 332 XIV; Hebr. W 332 XX), einem Blatt aus dem halakhischen Kodex von Moshe aus Coucy (Hebr. W* 332 XIII) und mehreren Bibelfragmenten (zum Teil mit Masora) vor allem mehrere Stücke aus einer *Tora*-Rolle (Frag. H 35) auf. Da Tora-Rollen nur im äußersten Notfall von Juden aufgegeben oder zurückgelassen werden, scheint hier auf den ersten Blick ein Indiz für eine gewaltsame Entwendung vorzuliegen. Gebrauchte oder zerlesene Exemplare werden bis heute regelrecht auf einem Friedhof beigesetzt, so dass sie nicht einfach in unbefugte Hände fallen und profaniert werden können. Leider wurde bei der Herausnahme der Fragmente nicht notiert, welchem Trägerband sie entnommen wurden. Nicht auszuschließen ist, dass die Fragmente nicht aus Köln selbst stammen, sondern über weite Entfernung mitgebracht wurden. Denkbar ist auch, dass es sich um Reste verschriebener Blätter handelt, die nie zu einer vollständigen Tora-Rolle gehörten. Werden bei Anfertigen einer Tora-Rolle zu viele Schreibfehler gemacht, kann man diese nicht mehr korrigieren, und ein Blatt wird aus der vorgefertigten Rolle herausgenommen[54]. Sogar Funde von Tora-Rollen-Fragmenten sind also nicht zwingend als Indiz für eine gewaltsame Entwendung jüdischer Schriften zu deuten.

Die hebräischen Fragmente aus dem Historischen Archiv der Stadt Köln sind nach dem Einsturz des Archivgebäudes im Jahre 2009 restauriert und neu fotografiert worden.

Neben diesen rheinischen Beispielen soll schließlich noch ein westfälisches Handschriftenfragment exemplarisch vorgestellt werden.

Recklinghausen/Westfalen

In den Zeitraum der Wiederverwendung einer hebräischen Handschrift als Einbandmaterial zu Beginn des 17. Jhs. verweist ein Fund im Stadt- und Vestischen Archiv in Recklinghausen (Abb. 28, auch als Farbabb.). Das Protokollbuch des Rates der Stadt Recklinghausen betreffend zivil- und strafprozessuale Gerichtsverhandlungen aus den Jahren 1590–1630 ist mit einem hebräischen Manuskript aus einem Bibelkodex aus dem 14. Jahrhundert eingebunden (Stadtarchiv I, R 23). Erhalten ist Text aus dem 1. Buch Mose 15,7–17 samt der aramäischen Übersetzung, dem Targum, sowie Masora parva und magna. Diese Seitengestaltung entspricht aschkenasischen Studienbibeln, wie sie bis ins 17. Jahrhundert in Aschkenas verbreitet waren. Bibeln wie die durch dieses Blatt bezeugte wurden im privaten Studium oder auch zur Vorbereitung einer Synagogenpredigt verwendet.

53 Vgl. Sussmann, Thesaurus of Talmudic Manuscripts, Bd. 2, S. 678.

54 Vgl. Ludwig Blau, Das Schreiben der Sefer Thora, in: Soncino-Blätter. Beiträge zur Kunde des jüdischen Buches 1 (1925/1926), S. 16–28, hier S. 25.

Abb. 28
Fragment aus der *Tora*, Genesis 15,7–17 mit Targum, Recklinghausen, Stadtarchiv, I, R 23 (Foto: Recklinghausen, Stadtarchiv).

Zusammenfassung und Ausblick

Die wichtigsten Aufgaben und Perspektiven des Projektes seien vor dem Hintergrund dieser Funde zusammengefasst:

- Eine vollständige Aufnahme der in Deutschland vorhandenen hebräischen Einbandfragmente ermöglicht wichtige Einblicke in die Kultur des mittelalterlichen und frühneuzeitlichen Judentums.
- Verstreute Fragmente können gelegentlich einzelnen Kodizes zugeordnet werden. Disiecta membra sollen so virtuell zusammengefügt und im günstigsten Fall einzelne Kodizes rekonstruiert werden[55].

55 Vgl. dazu oben das Beispiel aus der ULB Bonn, wo ein weiteres Blatt des *Sefer Teruma* aus Trier (Eberhardsklausen) identifiziert wurde.

- Eine differenzierte Fundstatistik soll den Vergleich mit der Verbreitung von vollständig erhaltenen Handschriften ermöglichen. Von statistischer Bedeutung ist etwa, welche Textsorten unter den Fragmenten besonders häufig gefunden wurden und welche bislang nicht belegt sind. Die Verteilung einzelner Handschriftentypen kann zu einer kritischeren Sicht der literarischen Produktion des Judentums am Ausgang des Mittelalters beitragen.
- Schließlich ermöglichen die Funde Rückschlüsse auf die Zusammensetzung mittelalterlicher jüdischer Bibliotheken. Die vereinzelte Auffindung von sefardisch-hebräischen Einbandfragmenten in deutschen Sammlungen weist dabei etwa auch auf die „Beweglichkeit" von Handschriften und die internationalen Verbreitungswege hin.

Als Probleme erweisen sich nach wie vor fehlende Informationen zu zahlreichen denkbaren Fundorten: Viele Klosterbibliotheken, Gymnasialbibliotheken, Wirtschaftsarchive, private Sammlungen und zuletzt auch Genisot, d. h. Abstellkammern in alten Synagogen, sind bislang nicht hinreichend erschlossen oder katalogisiert. Die Suche nach den verstreuten hebräischen Fragmenten bringt daher zahlreiche logistische Probleme mit sich.

Die bereits durchgeführte Erschließung einzelner Bibliotheken und Archive lässt dabei auch deutlich werden, wie schwierig eine zuverlässige regionale Zuschreibung der Provenienzen einzelner Fragmente ist. Viel häufiger als zu Beginn des Projektes erhofft, muss mit einer „Wanderung" von hebräischen Pergamenten in und außerhalb von Buchdeckeln gerechnet werden. Heutiger Fundkontext und Verwendung einer Handschrift als Bindematerial müssen nicht identisch sein. Ob sich daher überhaupt so etwas wie ein regionaler Ausdruck der mittelalterlichen jüdischen Schriftkultur anhand von Fragmentenfunden rekonstruieren lässt, ist zu bezweifeln. Erst die in den kommenden Jahren abgeschlossene Auswertung sämtlicher in Deutschland bekannter hebräischer Einbandfragmente wird diesbezüglich zu definitiven Ergebnissen gelangen. Bis dahin geht die Suche nach neuen Fragmenten weiter.

Gelehrsamkeit und Zerstörung
Hebräische Fragmente in österreichischen Handschriften und Frühdrucken

Martha Keil, St. Pölten

In jedem Archiv und jeder Bibliothek mit mittelalterlichem und frühneuzeitlichem Manuskript- und Buchbestand sind Fragmente als alltägliches Gebrauchsgut auszumachen. Das Recycling von Pergamentstücken schien keine hierarchischen oder religiösen Grenzen zu setzen: Von der Kaiserurkunde zum Notizzettel, vom Missale zur Notenhandschrift, von den Büchern der Bibel zu Werken der Astronomie dienten Fragmente als Buchbindermaterial. Ihre Entstehungszeit reicht von der Antike bis ins 17. Jahrhundert, sie sind in sämtlichen Sprachen der Gelehrtenwelt und zuweilen auch in Regionalsprachen abgefasst. Als Einbände, Vorsatz- und Spiegelblätter, Fälze sowie zur Verstärkung von Einband und Rücken wurden sie in allen Größen gebraucht, vom ganzen Folium bis zum schmalen Streifchen, auf dem sich zuweilen nur noch der Schrifttypus, aber kein konkretes Wort erkennen lässt.

Hebräische Fragmente stellen nur einen kleinen Teil dieser Unmengen an Recyclingmaterial dar. Der Innsbrucker Theologe Josef Oesch, von 2003 bis 2008 Leiter des Projekts „Hebräische Fragmente in österreichischen Bibliotheken", schätzt ihren Anteil auf etwa 10 Prozent der gesamten Makulaturware in Österreich[1]. Diese Zahl übersteigt den mit durchschnittlich 0,25 Prozent angenommenen Anteil der jüdischen an der christlichen Bevölkerung im Spätmittelalter um ein Vielfaches[2]. Sofern die Fragmente nicht von den Bibliotheken aus dem Ausland importiert wurden, ist diese Überproportion durch die umfangreiche hebräische Textproduktion zwischen etwa 1200 und 1500, der drei Jahrhunderte mittelalterlicher jüdischer Ansiedlung in Österreich, erklärbar. Aufgrund des göttlichen, religionsimmanenten Auftrags zum lebenslangen Lernen vom Kleinkindalter an war zumindest in der männlichen Oberschicht der Bedarf an Kopien der gängigen Texte überaus hoch[3]. In einem Rechtsgutachten zur Scheidung einer Jüdin von ihrem zum Christen-

1 Vgl. Josef M. Oesch, Einleitung, in: Fragmenta Hebraica Austriaca. Akten der Session „Hebrew Manuscripts and Fragments in Austrian Libraries" des International Meeting der Society of Biblical Literature in Wien, am 26. Juli 2007, hg. von Christine Glassner, Josef M. Oesch, Wien 2009, S. 5–8, hier S. 5.

2 Vgl. Michael Toch, Juden im mittelalterlichen Reich, 2. Auflage, München 2003, S. 13.

3 Vgl. Andreas Lehnardt, Judith Olszowy-Schlanger, Introduction: Books within Books. The State of Research and New Perspectives, in: Books within Books – New Discoveries in Old Book Bindings, hg. von Andreas Lehnardt, Judith Olzsowy-Schlanger, Leiden/Boston 2013, S. 1–7, hier S. 4.

tum konvertierten Ehemann schrieb einer der größten Gelehrten seiner Zeit, Rabbi Israel Isserlein bar Petachja (ca. 1390–1460, Marburg/Maribor und Wiener Neustadt):

> „[...] um in diesen Krieg der Tora einzutreten, habe ich keine Waffen in meiner Hand, denn alle Bücher meines Schwagers Mendel sind noch in Graz (*Grez*) und meine Bücher, die ich hier [Marburg/Maribor] zur Hand habe, reichen nicht einmal für die Hälfte meiner Bedürfnisse aus, auch wenn es hier von einigen Hausbesitzern Sammlungen von Schriften gibt [...]“[4].

Im 1991 bescheiden begonnenen, seit 2003 intensiv betriebenen Projekt „Hebräische Fragmente in österreichischen Bibliotheken“ sind zur Zeit der Abfassung dieses Artikels 2014 insgesamt 1011 Fragmente erfasst, etwa 1800 digitalisierte Textstücke. Allerdings ist darin der sicher mehrere Hundert Fragmente zählende Bestand der Österreichischen Nationalbibliothek (ÖNB) nicht erfasst, die diesen gesondert bearbeitet und sukzessive online stellt. Ob auch die Provenienz der erfassten Fragmente österreichisch ist, kann in vielen Fällen nicht eindeutig geklärt werden. Selbstverständlich können sie, wie auch die lateinischen, griechischen, arabischen und frühneuhochdeutschen Fragmente, über den Handel in die österreichischen Buchbindereien und Bibliotheken gelangt sein. Oft gibt allerdings die Bindung der Trägerhandschrift wertvolle Auskunft über Datierung, Herkunft und historischen Kontext des Fragments und legt dessen österreichische Provenienz nahe.

Das „Recycling“ hebräischer Fragmente ist in diesem allgemeinen Kontext also nicht unbedingt als judenfeindlicher Akt zu bewerten. Doch in der jüdischen Eigenwahrnehmung bedeutete es eine Aneignung und Zweckentfremdung heiliger Texte. Insbesondere die häufige Verwendung von Tora- oder Esterrollen, die wegen ihres sorgfältig verarbeiteten Pergaments als Einbände christlicher Bücher besonders beliebt waren, muss die religiösen Gefühle verletzt haben.

Besonderheit Judentum

Religiöse Texte haben in der jüdischen Religion eine besondere Bedeutung und unterliegen daher den Vorschriften der *Halacha*, des Religionsgesetzes. Der *Babylonische Talmud*, die Niederschrift von Diskussionsprotokollen und rabbinischen Lehrbeispielen aus einer Zeitspanne von etwa 200 bis 500 christlicher Zeitrechnung, schreibt im Traktat *Megilla* 16b für die Aufbewahrung nicht mehr gebrauchter religiöser Schriften folgendes vor:

4 Israel bar Petachja, Sefer Terumat ha-Deschen ha-schalem, 1. Teil: Sche'elot u-Teschuwot, 2. Teil: Pesakim u-Khetawim, 3. Teil: Teschuwot Chadaschot, hg. von Schmuel Abitan, Jerusalem 1991, Pesakim u-Khetawim Nr. 138, an seinen „lieben Verwandten *Morenu ha-Raw* (unser Lehrer, der Rabbiner) Meister und mein Kollege *Morenu ha-Raw* Josman Katz und mein Kollege, der Raw Eisik Segal“, die Gemeinderabbiner von Wiener Neustadt. Das Responsum wurde also vermutlich in Marburg/Maribor verfasst. Dazu kurz Martha Keil, Zwang, Not und Seelenheil. Jüdische Konversionen im mittelalterlichen Aschkenas, in: Treten Sie ein! Treten Sie aus! Warum Menschen ihre Religion wechseln, hg. für die jüdischen Museen Hohenems, Frankfurt am Main und München von Regina Laudage-Kleeberg, Hannes Sulzenbacher, Berlin 2012, S. 124–132, hier S. 129f.

„Die Rabbanan lehrten: Zu Gebotszwecken verwendete Dinge dürfen fortgeworfen werden, die aber zu heiligem Gebrauche verwendet wurden, müssen verwahrt werden. [...] Ferner sagte Raba: Eine verbrauchte Torarolle verwahre man neben einem Schriftgelehrten. [...] R. Aha bar Jakob sagte: Und zwar in einem Tongefäße, denn es heißt (Jer 32,14): du sollst sie [besiegelte Kaufbriefe] in ein Tongefäß tun, damit sie viele Tage erhalten bleiben."

Was für weltliche Kaufbriefe galt, musste – nach dem logischen Schluss vom Leichteren auf das Schwere – umso mehr für heilige Texte gelten. Ein Text, der den Gottesnamen, das unaussprechliche Tetragramm JHWH, enthält, muss, in Erfüllung des Gebots, den Namen Gottes nicht zu missbrauchen (Ex 20, 7; Dtn 5, 11), entweder auf einem jüdischen Friedhof beerdigt oder in einer sogenannten Genisa[5], einem „verborgenen" Raum einer Synagoge oder auch einer so bezeichneten Grabstätte, aufbewahrt werden[6]. Das ergiebigste und prominenteste Beispiel ist die Genisa der Ben Ezra-Synagoge von Fustad, des mittelalterlichen Kairo, die etwa 200.000 Dokumente, darunter Tausende Fragmente, aus acht Jahrhunderten zwischen 1000 und 1900 enthält. Die Erforschung dieser teilweise sensationellen Funde ist seit der Entdeckung Ende des 19. Jahrhunderts bis heute im Gange[7].

Auch in der heutigen Zeit legen die jüdischen Gemeinden auf ihren Friedhöfen Gräber für fehlerhafte, schadhaft gewordene oder während der NS-Zeit mutwillig beschädigte Torarollen und hebräische Handschriften an, etwa in Berlin-Weißensee oder in der Jüdischen Abteilung des Wiener Zentralfriedhofs am IV. Tor[8]. In zahlreichen Synagogen Deutschlands, insbesondere in Süddeutschland, deren Gemeinden in der NS-Zeit vernichtet worden waren, entdeckte man in den letzten Jahrzehnten Kellerräume oder Dachböden mit religiösen Schriften und rituellen Gegenständen. Die Unmengen an stark beschädigten Büchern und Fragmenten, aber auch an aus Beschneidungswindeln genähten und bestickten Torawimpeln (*Mappot*) und anderen Objekten, stellen die Wissenschaftler und Wissenschaftlerinnen sowie auch die zuständigen politischen Institutionen vor große Herausforderungen[9]. Die Restaurierung der Schriften ist höchst aufwändig und kostspielig, wie etwa das langjährige Projekt am Jüdischen Kulturmuseum Veitshöchheim (Landkreis

---

5 Auch die englische Transkription mit „z" ist üblich, ich wähle wegen der korrekten Aussprache das „s".

6 Vgl. Abraham Meir Habermann, Genizah, in: Encyclopaedia Judaica, 2. Ausgabe, Jerusalem 2007, Bd. 7, S. 460. Vgl. Malachi Beit-Arié, Genizot. Depositories of Consumed Books as Disposing Procedure in Jewish Society, in: Scriptorium 50 (1996), S. 407–444. Ein als „Genisa" bezeichnetes Grab für religiöse Schriften befindet sich auf dem am 14. Juli 1882 eingeweihten jüdischen Friedhof in Würzburg: www.alemannia-judaica.de/images/Images%20223/Wuerzburg%20Friedhof%201403.jpg (Zugriff: 31.7.2014).

7 www.genizah.org/TheCairoGenizah.aspx (Zugriff: 31.8.2014); Vgl. Geoffrey Khan, Menahem Ben-Sasson, Genizah, Cairo, in: Encyclopaedia Judaica, 2. Ausgabe, Bd. 4, S. 460–483.

8 Beschreibung und Abbildungen des am 14. Juni 1987 gesetzten Grabsteins: www.ojm.at/blog/2011/11/20/bild-der-woche-genisa-grab-am-zentralfriedhof-wien/ (Zugriff: 31.7.2014).

9 Vgl. Falk Wiesemann, Was ist eine Genisa?, in: Zeugnisse jüdischen Lebens in Niederzissen. Genisa-Funde in der ehemaligen Synagoge, hg. von Falk Wiesemann, Richard Keuler u. a., Niederzissen 2012, S. 25–28. Vgl. auch: Genisah – verborgenes Erbe der deutschen Landjuden, hg. von Fritz Armbruster, Falk Wiesemann, München 1992.

Würzburg) von Martina Edelmann, Elisabeth Singer und Beate Weinhold zeigt, die den 1986 entdeckten enorm umfangreichen Genisafund bearbeiten[10].

Die Bezeichnung „Genisa" als Fundstätte von Fragmenten wurde in den letzten Jahren auch auf lokale oder nationale Projekte zur Auffindung und Erfassung hebräischer Fragmente übertragen. „Genisat Germania" (die Endung -at ist der grammatikalische *status constructus*), „europäische Genisa" und andere Bezeichnungen dieser Art wurden zwar immer wieder kontrovers diskutiert und als sachlich irreführend zurückgewiesen, doch sind sie nach wie vor, inzwischen meist unter Anführungszeichen, in Verwendung[11].

Fragmente in hebräischen Handschriften

Die Verwendung von Teilen religiöser Schriften für Einbände, Verstärkungen und Vorsatzblätter hebräischer Handschriften wäre nach den talmudischen Bestimmungen nicht ausdrücklich verboten, sofern sich die Bücher in jüdischem Besitz befanden. Tatsächlich sind auch einige mittelalterliche hebräische Codices erhalten, die ein hebräisches Fragment als Vorsatzblatt haben. Beispielsweise enthält der mit kunstvollem Rankenwerk im sog. „Niederösterreichischen Randleistenstil" illuminierte Codex *Kizzur Piske Rosch* von Jakob ben Ascher von 1390/1391 (Cod. Vat. Hebr. 449) Fragmente eines Talmudtraktats als Vorder- und Hintersatzspiegel[12]. Methodisch schwierig zu beantworten ist allerdings die Frage, ob das jeweilige hebräische Fragment bereits im Originaleinband von einem jüdischen Buchbinder bzw. für einen jüdischen Besitzer eingebunden wurde, oder erst in einem späteren Bindeverfahren, bei dem der christliche Buchbinder ein solches für einen Christen auswählte. Unklar ist beispielsweise, ob das hintere Vorsatzblatt des prächtigen Codex Hebraicus 16 der ÖNB, der die Prophetenbücher und Schriften der Hebräischen Bibel enthält, von Juden oder im Auftrag von Juden eingebunden wurde. Er ist Ende des 13. Jahrhunderts entstanden, die *Massora* (Vokalisation, Akzente und Korrekturen an den Rändern), laut Kolophon aus dem Jahr 1299, ist in Mikrographie gestaltet. Einige Initialen sind farbig unterlegt und mit Ranken und Fabeltieren verziert. Der ursprüngliche

10 www.jkm.veitshoechheim.de/index.php/genisa/genisafund (Zugriff: 31.7.2014); einige Spezialartikel zu Einzelfunden sind veröffentlicht, eine ausführliche Publikation ist im Entstehen. Vgl. Andreas Lehnardt (mit einem Beitrag zu einigen Funden von Elisabeth Singer), Die Geniza der Synagoge von Weisenau – Verborgenes jüdisches Erinnerungsgut wiederentdeckt, in: Verborgen – Verloren – Wiederentdeckt. Erinnerungsorte in Mainz von der Antike bis zum 20. Jahrhundert, hg. von Joachim Schneider, Matthias Schnettger, Darmstadt/Mainz 2012, S. 84–95.

11 Vgl. Abraham David, Hebräische Dokumente und Geschichtsquellen in der „europäischen Geniza", in: Genizat Germania. Hebrew and Aramaic Binding Fragments from Germany in Context, hg. von Andreas Lehnardt, Leiden/Boston 2010, S. 171–181, hier 171 f. Kritisch zu dieser Bezeichnung auch Saverio Campanini, Carta Pecudina Litteris Hebraicis Scripta. The Awareness of the Binding Hebrew Fragments in History. An Overview and a Plaidoyer, in: Lehnardt, Olszowy-Schlanger, Books within Books, S. 11–28, hier S. 11.

12 Vgl. Hebrew Manuscripts in the Vatican Library. Catalogue, hg. von Benjamin Richler, palaeographical and codicological descriptions Malachi Beit-Arié in collaboration with Nurit Pasternak, Vatikanstadt 2008, S. 394. Zum Randleistenstil vgl. Andreas Fingernagel, Alois Haidinger, Neue Zeugen des Niederösterreichischen Randleistenstils in hebräischen, deutschen und lateinischen Handschriften, in: Codices Manuscripti 39/40 (Februar 2002), S. 15–41.

Einband ist nicht mehr erhalten, der heutige Ledereinband mit Bildpressung stammt aus dem 18. Jahrhundert. Als hinteres Vorsatzblatt ist fol. 369a ein *Talmudkommentar* aus dem frühen 15. Jahrhundert eingebunden, das, wie der Kodikologe und Rabbiner Arthur Zacharias Schwarz vermutete, bereits zum früheren Einband aus dem 15. Jahrhundert gehörte. Ein hebräischer Eigentumsvermerk datiert von 1407, der nächste stammt allerdings bereits vom Collegium ducale der Alten Universität in Wien, welches offensichtlich nach der Vernichtung der Wiener Judenstadt 1421 in den Besitz der Handschrift gekommen war[13]. Somit lässt sich nicht ganz eindeutig entscheiden, ob das hebräische Fragment bereits in jüdischem Besitz oder erst von seinen christlichen Nacheigentümern eingefügt worden war.

Buchbinderei, insbesondere die Herstellung von kunsthandwerklich höchst hochwertigen Lederschnitteinbänden, zählte im Mittelalter zu den wenigen Handwerken, die auch Juden ausübten bzw. ausüben durften. Die jüdische Buchmalerei- und Buchbindereiwerkstätten in Ulm, allen voran diejenige von Meir ben Israel Jaffe aus Ulm in der zweiten Hälfte des 15. Jahrhunderts, stellten für den ganzen süddeutschen Raum hebräische Handschriften, Einbände und Buchmalereien her[14]. Sowohl er als auch andere Juden arbeiteten für christliche Auftraggeber, insbesondere im bereits zeitgenössisch so genannten „jüdischen Lederschnitt"[15]. Auch zwei hebräische Codices in der ÖNB, Codex Hebraicus 19 und 38, sind in mit eingeschnittenen Medaillons aufwändig verzierte Ledereinbände gebunden[16].

Während die Rabbiner der Verwendung hebräischer Fragmente in hebräischen Büchern jüdischer Besitzer relativ wenig Aufmerksamkeit widmeten – gleichsam diente hier eine Handschrift als „Genisa", als verborgener Aufbewahrungsort für einen heiligen Text – wird die Verwendung von Texten christlicher Provenienz missbilligt bis ausdrücklich verboten. Allerdings zeigen die vor allem in Deutschland durchaus zahlreich vorhandenen hebräischen Manuskripte mit christlichem Einbandmaterial, dass der Alltag pragmatischen Überlegungen folgte: „Evidently bookbinders, whether of Christian or Jewish origin, could not have been very choosy", schloss der Leiter der „Genizat Germania", des deutschen Fragmentenprojekts, der Judaist Andreas Lehnardt (evangelisch-theologische Fakultät der Johannes Gutenberg-Universität Mainz), aus seinen eigenen Funden zu diesem eigentlich verpönten Recycling[17]. Einer der zugegeben radikal pietistischen Verfasser des *Sefer Chassidim*, des „Buchs der Frommen", Rabbi Jehuda he-Chassid (1. Viertel des 13. Jahrhunderts, Regensburg), forderte für alle Lebensbereiche eine strenge Absonderung

13 Vgl. Arthur Zacharias Schwarz, Die hebräischen Handschriften der Nationalbibliothek Wien, Leipzig 1925, S. 6–7, Nr. 5, online: hwww.manuscripta-mediaevalia.de/hs/kataloge/HSK0780.htm (Zugriff: 31.7.2014).

14 Vgl. Christian Scholl, Die Judengemeinde der Reichsstadt Ulm im späten Mittelalter. Innerjüdische Verhältnisse und christlich-jüdische Beziehungen in süddeutschen Zusammenhängen, Hannover 2012, S. 166–171, besonders S. 167.

15 Vgl. B. Mordechai Ansbacher, Books, in: Encyclopaedia Judaica, 2. Ausgabe, Bd. 4, S. 71–76, hier S. 74.

16 Vgl. Andreas Fingernagel, Ernst Gamillscheg, Die hebräische Handschrift, in: Juden, Christen und Muslime. Interkultureller Dialog in alten Schriften. Anlässlich der gleichnamigen Ausstellung im Prunksaal der Österreichischen Nationalbibliothek vom 7.5.2010 bis 7.11.2010, hg. von Andreas Fingernagel, Wien 2010, S. 49–60, hier S. 58 f. Abb. 10–12.

17 Andreas Lehnardt, Introduction, in: Ders.,Genizat Germania', S. 1–28, hier S. 5, bes. Anm. 17.

von den Christen. Zu seinen Separationsmaßnahmen gehörte auch die Anweisung, hebräische Bücher nicht auf ein Regal zu legen, auf dem sich Bücher aus dem Besitz eines Priesters befänden, auch wenn diese weltlichen Inhalts wären[18]. Auch sollten christliche Bibeln, die – obwohl theoretisch sowohl seitens jüdischer als auch christlicher Gesetze verboten – von Juden als Pfand genommen worden waren, nicht gemeinsam mit jüdischen Büchern aufbewahrt werden, denn, so die polemische Verwendung eines Psalmverses, „es ruht die Geissel der Bosheit nicht auf dem Schicksal der Gerechten" (Ps 125, 3)[19]. In diesem Kontext ist auch das Verbot zu sehen, Blätter aus christlichen religiösen Büchern als Bestandteile jüdischer Bücher zu verwenden. Eventuell mag auch das Fernhalten von der Kenntnis christlicher Glaubensinhalte eine Rolle gespielt haben, doch ist mir dazu kein rabbinischer Quellenbeleg bekannt.

Juden waren jedoch, sei es aus rein finanziellen Erwägungen oder in einer gewissen Gleichgültigkeit gegenüber den strengen Abgrenzungsbestrebungen, sehr wohl versucht, hebräische Schriften mit Fragmenten christlicher Provenienz zu binden[20]. Der erste Band der in der Göttweiger Stiftsbibliothek aufbewahrten zweibändigen Bibelhandschrift, Codex 10, ist mit Fälzen aus Streifen einer frühneuhochddeutschen Geschäftsurkunde verstärkt[21]. Allerdings wäre die Verwendung eines weltlichen Schriftstücks, das vermutlich nicht von einem Geistlichen oder einer kirchlichen Institution stammte, wahrscheinlich sogar von den Verfassern des Sefer Chassidim toleriert worden. Dass im Gegensatz zu Deutschland in Österreich bisher noch keine hebräische Handschrift mit religiösen Fragmenten christlicher Herkunft gefunden wurde, ist eventuell ein weiteres Indiz, dass sich die jüdischen Gelehrten Österreichs an den Vorschriften der strengen *Chasside Aschkenas*, der Pietisten des Jehuda he-Chassid, orientierten[22].

Auf welche Weise konnten nun christliche Buchbinder in den Besitz hebräischer Bücher und Fragmente gelangen? Eine Möglichkeit bestand natürlich darin, dass Juden freiwillig beschädigte Handschriften oder sogar *Tora*-Rollen als Makulaturware an christliche Buchbinder verkauften. Zur einfachen Bereicherung oder für die Finanzierung weltlicher

18 Vgl. Sefer Chassidim (Ms. Parma), hg. von Juda Wistinetzki, Berlin 1894, Nr. 668, zitiert in: Jacob Katz, Exclusiveness and Tolerance. Studies in Jewish-Gentile Relations in medieval and modern times, London 1961, S. 95.

19 Vgl. Sefer Chassidim (Ms. Bologna), hg. von Reuven Margaliot, Jerusalem 1957 (Nachdruck 1969/1970), Nr. 489 und 238, zitiert in: Moritz Güdemann, Geschichte des Erziehungswesens und der Cultur der abendländischen Juden während des Mittelalters und der neueren Zeit, 2. Auflage Wien 1888 (Nachdruck Amsterdam 1966), Bd. 1, S. 185. Zur Verpfändung von Ritualgegenständen vgl. Jörg Müller, Zur Verpfändung sakraler Kultgegenstände an Juden im mittelalterlichen Reich. Norm und Praxis, in: Pro multis beneficiis. Festschrift für Friedhelm Burgard. Forschungen zur Geschichte der Juden und des Trierer Raums, hg. von Sigrid Hirbodian u. a., Trier 2012, S. 179–204.

20 Vgl. die grundsätzlichen Überlegungen von Campanini, Carta Pecudina, S. 16 f.

21 www.hebraica.at (Zugriff: 4.8.2014; bis zur Fertigstellung der neuen Website sind Bibliothek und Signatur einzeln anzuwählen). Die in das 14. Jahrhundert datierte Handschrift in aschkenasischer Quadratschrift enthält die Fünf Bücher Moses (Tora) mit Targum Onkelos (griechischer Übersetzung), der in Form von dreieckigen Zierleisten in Mikrographie geschrieben ist.

22 Vgl. Martha Keil, Die Frommen von Aschkenas und die Weisen von Österreich, in: Die SchUM-Gemeinden Speyer – Worms – Mainz. Auf dem Weg zum Welterbe, hg. von der Generaldirektion Kulturelles Erbe Rheinland-Pfalz, Regensburg 2013, S. 251–268.

Vorhaben wäre dies nach der *Halacha* verboten. Allerdings ist der Verkauf zu einem heiligen Zweck, etwa für die Mitgift einer mittellosen Braut, die Finanzierung des religiösen Studiums oder der Auslösung von Gefangenen erlaubt[23]. Ob die Rabbiner dafür die Verwendung der Textstücke in christlich-religiösen Büchern in Kauf nahmen, ist zu hinterfragen. Konkrete Quellennachweise für einen derartigen Verkauf, etwa aus den Rechenbüchern von Klöstern, sind nach meinem derzeitigen Wissensstand nicht bekannt. Die zweite Möglichkeit, an hebräisch beschriebenes Pergament und Papier zu kommen, boten nach Vertreibungen zurückgelassene Synagogen, in deren Genisot, wie erwähnt, hebräische Schriften aufbewahrt wurden. Sofern diese Kammern entdeckt, aufgebrochen und ausgeräumt wurden, gelangte geeignetes Material in die Buchbinderwerkstätten. Die dritte Möglichkeit, die oft mit einer Verfolgung einherging, war die Beschlagnahme hebräischer Bücher. Sie konnte aufgrund einer Denunziation wegen antichristlicher Schmähungen erfolgen, zuweilen auch durch einen glaubenseifrigen Konvertiten. Oder christliche Zensurbehörden griffen aus eigenem Antrieb wegen tatsächlicher oder angeblicher Lästerung des Christentums in innere jüdische Angelegenheiten ein. Diese repressive Maßnahme wurde zwar vereinzelt auch schon im Mittelalter angewandt, setzte jedoch erst mit der Erfindung des Buchdrucks in voller Wirkung ein[24].

Handschriften als Zeugen von Gewalt

Aufgrund des großen materiellen und vor allem ideellen Wertes von religiösen Handschriften waren die jüdischen Gemeinden des Mittelalters in dieser Hinsicht besonders verletzlich. Ein seit der Antike bekannter Topos in Verfolgungsberichten ist die Rettung von Torarollen vor Schändung und Zerstörung oder deren Rächung unter Einsatz des eigenen Lebens. Zwei jüdische Chroniken zu den Kreuzzugspogromen im Mai 1096 in Mainz beschreiben, wie die in den Hof des Bischofspalasts geflüchteten Juden, darunter auch Frauen, als Zeichen der Trauer ihre Kleider zerrissen, nachdem die „Irrenden", so die durchgängige Bezeichnung der Kreuzfahrer, „die heilige, kostbare Tora [...] in kleine Stücke gerissen" hatten. In gleichsam religiöser Blutrache steinigten sie, so die Chronik, einen „Irrenden", der sich ebenfalls in diesem Raum befand – ob er an der Schändung der Torarolle beteiligt gewesen war, wird nicht erwähnt. Ein Gemetzel der Bürger und Kreuzfahrer an der jüdischen Gemeinde war die Folge[25].

23 Vgl. Mischna Megilla IV,1 und Talmud bMegilla 27a.

24 Vgl. den Artikel „Konfiskation hebräischer Bücher", in: Jüdisches Lexikon, Bd. 3, 2. Auflage, Frankfurt am Main 1987, Sp. 831 sowie: Zwischen Zensur und Selbstbestimmung. Christliche Rezeptionen des Judentums, hg. von Christfried Böttrich, Judith Tomanek u.a., Frankfurt am Main 2009, insbesondere die Beiträge von Klaus Reinhardt und Ronen Reichman. Zur Frühen Neuzeit vgl. auch Amnon Raz-Krakotzkin, The Censor, the Editor, and the Text. The Catholic Church and the Shaping of the Jewish Canon in the Sixteenth Century, Philadelphia, PA 2007.

25 Hebräische Berichte über die Judenverfolgungen während des Ersten Kreuzzugs, hg. von Eva Haverkamp, Hannover 2005, S. 364 (deutsch), S. 365 (hebr.). Auch für Worms und Trier wird die Schändung einer Torarolle berichtet. Mit inzwischen veralteter Quellenangabe zitiert von Martha Keil, Heilige Worte, Schriften des Abscheus – der Umgang mit Büchern als Paradigma des jüdisch-christlichen Spannungsverhältnisses, in: Text als Realie. Internationaler Kongress Krems an der Donau vom 3. bis 6. Oktober 2000, hg. von Karl Brunner, Gerhard Jaritz, Wien 2003, S. 49–61, hier S. 58.

Die rabbinischen Gelehrten übertrugen das Gebot, menschliche Gefangene auszulösen, auch auf heilige Bücher. Insbesondere religiöse Werke, welche Novellen (*Chiddu-schim*) enthielten, sollten um beinahe jeden Preis zurückgekauft werden, „denn sie wären sonst unwiederbringlich verloren“[26]. Angesichts der Erpressbarkeit und des finanziellen Schadens stellte Rabbi Jehoschua Turk aus Posen eine rabbinische Anfrage (*Sche'ela*) an Rabbi Israel Isserlein bar Petachja. Der Anlassfall war eine unterstellte Hostienschändung, in deren Folge 1453 in Breslau 41 Juden auf dem Scheiterhaufen verbrannt wurden. Zwei Jahre später erfolgte ein „ewiges“ Ansiedlungsverbot, das bis 1744 bestehen sollte. Neben Schuldbriefen in der Höhe von mehr als 10.000 Mark und nicht näher bezeichneten „Geräten“ im Wert von 500 Gulden[27] waren sichtlich auch die hebräischen Bücher konfisziert worden, und Rabbi Jehoschua Turk fragte nach einer Vorgehensweise zu deren Auslösung. Rabbi Israel Isserlein bar Petachja riet, mit dem Rückkauf zu „warten, bis sie sie ihnen billiger verkaufen, und wenn die Nichtjuden (*Gojim*) sehen, dass sie sie nicht so teuer verkaufen können, werden sie sich nicht daran gewöhnen, ihre Hand auszustrecken, um die Bücher der Juden zu rauben“[28].

Ein Besitzvermerk im erwähnten Codex Hebraicus 16 der ÖNB (NB 9109-C), fol. 1r und 244v, zeigt, dass dieses Auslösen von Büchern tatsächlich gängige Praxis war: „Ich habe eine Torarolle (*Sefer Tora*) und dieses Buch von einem Unbeschnittenen (*arel*) für drei Pfund und 70 *Grossi*[29] ausgelöst, im *Ijar* 167 nach der kleinen Zählung (=18. April–17. Mai 1407)“. Als Besitzer hatten sich „Avigdor, Sohn unseres Lehrers und Rabbiners *he* [Bedeutung des Buchstabens unklar, vermutlich abgekürzter Name des Vaters], das Gedenken des Gerechten zum Segen, und Chaim“ verzeichnet[30].

Diese Haltung gegenüber Büchern war den Christen bekannt und wurde als lukrative Einnahmequelle genützt. Wie nicht nur der Fall Breslau zeigt, erfolgte die Beschlagnahme bzw. der Raub hebräischer Bücher meist im Zusammenhang von Vermögens- und Schuldenkonfiskationen[31]. Bei angekündigten Vertreibungen unter Setzung einer Frist trachteten die Juden danach, ihre Bücher vorher in Sicherheit zu bringen oder mit sich zu nehmen. Auch im Zuge der Wiener Gesera, der Vertreibung der ca. 800 armen und Verbrennung der etwa 200 begüterten Juden und Jüdinnen in Wien und Niederösterreich zwischen Mai 1420 und März 1421, wurden Bücher geraubt, wie Rabbi Israel Isserlein im oben zitierten Gutachten an Jehoschua von Posen schrieb: „Aber in dieser Sache war es in Österreich so,

26 Sefer Chassidim (Ed. Bologna), Nr. 930, zitiert in: Güdemann, Erziehungswesen, Bd. 1, S. 196.

27 Vgl. Artikel Breslau, in: Germania Judaica, Bd 3.: 1350–1519, hg. von Arye Maimon, Mordechai Breuer, Yacov Guggenheim, 1. Teilband, Tübingen 1987, S. 156–168, hier S. 162.

28 Israel bar Petachja, Pesakim u-Khetawim, Nr. 69, zitiert in: Keil, Heilige Worte, S. 59 f. Zu Breslau/Wroclaw vgl. Bernhard Brilling, Breslau, in: Jewish Encyclopaedia, 2. Ausgabe, Bd. 4, S. 164 f, hier S. 164. Isserlein verglich diese Ereignisse mit der Wiener Gesera 1420/1421.

29 So der Vorschlag von Schwarz für das abgekürzte ain: *awim* für *„grossi“*: Schwarz, Katalog, S. 7, online: http://bilder.manuscripta-mediaevalia.de/download/HSK0780_c0007 (Zugriff: 5.8.2014).

30 Ebda.

31 Vgl. Michael Toch, Spätmittelalterliche Rahmenbedingungen jüdischer Existenz. Die Verfolgungen, in: Hofjuden und Landjuden. Jüdisches Leben in der Frühneuzeit, hg. von Sabine Hödl, Peter Rauscher, Barbara Staudinger, Berlin/Wien 2004, S. 19–64, hier S. 19, online: www.injoest.ac.at/upload/003_Toch.pdf (Zugriff: 12.8.2014).

dass sie [die Nichtjuden] die Bücher beschlagnahmten und raubten, wie sie es auch mit Geld tun, das sie den Juden rauben“[32]. 25 Jahre später, im Jahr 1455 beanspruchte Ladislaus Postumus von Kaiser Friedrich III. etliche im Haus des Wiener Hubmeisters verbliebene „judenpüher, die [...] der kaiser nachmalen genomen hat, die tewrer denn drewr tausent gulden wert sind [...]“[33]. Wir können annehmen, dass einige der kostbaren hebräischen Handschriften der ÖNB aus diesem beschlagnahmten Bücherschatz stammen und in der Folge an das *Collegium ducale*, das Gründungshaus der Wiener Universität, und damit an die Alte Universitätsbibliothek oder in die Bibliotheken der Bursen und Klöster gelangten. Der bereits erwähnte Codex Hebraicus 16 war beispielsweise im Besitz der Alten Universitätsbibliothek[34]. Auch die unverhältnismäßig hohe Anzahl von hebräischen Fragmenten in Handschriften an der ÖNB steht sicher mit der Wiener Gesera in Zusammenhang: Zur Zeitpunkt der Abfassung dieses Artikels sind im Katalog der ÖNB 15 Handschriften mit hebräischen Fragmenten verzeichnet, davon zehn aus dem Besitz der Universität. Die Zahl wird noch um ein Vielfaches ansteigen, denn die Erfassung der hebräischen Fragmente an der ÖNB ist derzeit im Gange. Allerdings wurden ca. 300 Fragmente bereits in den 1920er und 1930er Jahren von ihren ursprünglichen Trägerhandschriften abgelöst und können diesen heute nur zu einem kleinen Teil wieder zugeordnet werden[35].

Bei aller Vorsicht legt doch eine auffällige Akkumulation hebräischer Fragmente in Bibliotheken im Umkreis eines Ortes mit einem kurz vorher stattgefundenen Verfolgungsereignis eine Provenienz dieser Stücke aus diesem Raum nahe. Bezüglich der bisher im Projekt „Hebräische Fragmente in österreichischen Bibliotheken“ erfassten 1011 Stücke lässt sich die Aussage treffen, dass ein signifikanter Teil in kurz nach den Vertreibungen 1421 aus Wien und Niederösterreich und 1496/1497 aus der Steiermark und Kärnten gebundenen Handschriften entdeckt wurde[36]. Der Salzburger Rabbiner und Historiker Adolf Altmann listete in seiner erstmals 1913 erschienenen *Geschichte der Juden in Land und Stadt Salzburg* sämtliche damals in der Benediktinerabtei St. Peter in Salzburg bekannten Fragmente auf, „die ohne Zweifel von der einstigen Judenschaft in Salzburg stammen“[37]. Es ist anzunehmen, dass sich Altmann weniger auf die Vertreibung der bereits dezimier-

32 Israel bar Petachja, Pesakim u-Khetawim, Nr. 69.

33 Quellen zur Geschichte der Stadt Wien, hg. vom Verein für Geschichte der Stadt Wien, I. Abt., 7. Band, Wien 1923, S. 369, Nr. 15468, zitiert in: Keil, Heilige Worte, S. 59.

34 Vgl. Schwarz, Katalog, S. 7, 2. Spalte; online: www.manuscripta-mediaevalia.de/hs/katalogseiten/HSK0780_c0007_jpg.htm (Zugriff: 31.8.2014)

35 Vgl. Schwarz, Katalog, und Auskunft von Dr. Andreas Fingernagel, Leiter der Handschriftensammlung der ÖNB. Die Fragmente sind im Katalog der ÖNB unter dem Suchbegriff „hebräische Fragmente“ leicht auffindbar, dieser inkludiert aber auch Sekundärliteratur.

36 Vgl. Almut Laufer, Überlegungen zu Relevanz und Zielsetzung des Projekts „Hebräische Handschriften und Fragmente in österreichischen Bibliotheken“ aus judaistischer Sicht, in: Glassner, Oesch, Fragmenta Hebraica Austriaca, S. 33–48, hier S. 34; siehe die Einzelfragmente auf der Projektwebsite www.hebraica .at (18.6.2014; derzeit unter Neugestaltung).

37 Adolf Altmann, Geschichte der Juden in Stadt und Land Salzburg von den frühesten Zeiten bis auf die Gegenwart, weitergeführt bis 1988 von Günter Fellner und Helga Embacher, Salzburg 1990, S. 174; die Auflistung der Fragmente von St. Peter auf S. 174 f. Vgl. www.hebraica.at, Bibliothek Salzburg, St. Peter.

ten jüdischen Gemeinde 1498 als vielmehr auf die grausame Verbrennung, Zwangstaufe von Kindern und Vermögenskonfiskation in Salzburg und Hallein nach einem Hostienschändungs- und Ritualmordvorwurf im Jahre 1404 bezog, wobei sicher auch Bücher beschlagnahmt wurden. Die Einbindung der Fragmente erfolgte allerdings, wie er feststellte, erst mehr als 100 Jahre nach diesen Ereignissen[38]. Lückenlos beweisbar ist die Salzburger Provenienz also nicht. Unser Projekt hat in der Bibliothek von St. Peter bis jetzt weitere 27 Fragmente erfasst, auch für sie ist ein früherer jüdischer Besitzer in Salzburg wahrscheinlich, aber nicht „ohne Zweifel" nachzuweisen. Allerdings gelingt es allgemein nur selten, die früheren Eigentumsverhältnisse von Fragmenten, welcher Provenienz auch immer, zu rekonstruieren[39].

Projekte zur Erfassung der hebräischen Fragmente

Durch Jahrhunderte schienen hebräische Fragmente nur aufgrund ihrer materiellen Eignung und nicht aufgrund ihres Inhalts und kulturellen Werts von Interesse gewesen zu sein. Auch ihre Einbindung in theologische Werke als bewusster, judenfeindlicher Akt kann nicht nachgewiesen werden. Eine frühe, durchaus positive Ausnahme fand Saverio Campanini (Institut de Recherche et d'Histoire des Textes, Paris) in dem Theologen, Grammatiker und christlichen Hebraisten Konrad Pellikan (auch: Konrad Kürsner, 1478 Rufach/Elsass–1556 Zürich), der durch als Bucheinbände genutzte hebräische Fragmente zum Erlernen des Hebräischen angeregt wurde[40]. Den Grundstein der modernen Erforschung hebräischer Fragmente legte der deutsche Theologe und Bibelgelehrte Johann Salomo Semler (1725–1791). Sein 1764 in Halle an der Saale und Magdeburg gedruckter Artikel trug den programmatischen Titel: *Admonitio de observandis Hebraicorum manuscriptorum membranis quae tegendis aliis libris serviunt* [41]. Seine „sorgfältige Aufmerksamkeit" (*observatio*) richtete sich allerdings nur auf die Bibelfragmente, die er zur Erfassung von Textvarianten heranzog. In der heutigen Forschung sind, wie Campanini treffend feststellt, die Bibelhandschriften „not the greatest source of excitement in our research, in any case far less than a page of the Talmud, a vocalized Mishna or some unknown unicum, if one prefers not to confess the hope of finding even some lost work, at least as a fragment"[42]. Das vorrangige Ziel unserer gegenwärtigen Forschung besteht demgemäß einerseits darin, ein

38 Vgl. Altmann, Geschichte, S. 174, ohne Zeitangabe. Samuel Krauss, Die Wiener Geserah vom Jahre 1421. Wien/Leipzig 1920, S. 160, datiert die Beschlagnahme der Bücher auf die Vertreibung 1498. Seine Angaben zu weiteren verschleppten oder wegen Verfolgungen außer Landes gebrachten Büchern bedürfen aber genauer Überprüfung, ebda S. 160–166. Zu 1404 siehe Eveline Brugger, Von der Ansiedlung bis zur Vertreibung – Juden in Österreich im Mittelalter, in: Eveline Brugger, Martha Keil, Albert Lichtblau, Christoph Lind, Barbara Staudinger, Geschichte der Juden in Österreich, Wien 2006, S. 123–227, hier. S. 220 f.

39 Die Herstellung einer direkten Korrelation zwischen Vertreibungen und der Verwendung hebräischer Fragmente in Mähren versuchen Tamas Visi und Magdalena Jánosikova, A Regional Perspective on Hebrew Fragments. The Case of Moravia, in: Lehnardt, Olzsowy-Schlanger, Books within Books, S. 185–236, hier S. 189–194.

40 Vgl. Campanini, Carta Pecudina, S. 14 f.

41 Vgl. Campanini, Carta Pecudina, S. 22, vollständiger Werktitel in Anm. 38.

42 Campanini, Carta Pecudina, S. 23.

„medieval Jewish bookshelf" zu rekonstruieren[43]. Doch besteht auch an Materialienkunde, Buchherstellung, Pergament-, Papier- und Buchhandel sowie allgemein an der Rolle des jüdischen Schrifttums im mittelalterlichen Europa hohes Forschungsinteresse.

Bei der Erfassung, Identifizierung und Veröffentlichung hebräischer mittelalterlicher Fragmente in österreichischen Archiven und Bibliotheken spielt Österreich in Europa eine Vorreiterrolle. Bereits 1991, einige Jahre früher als in Italien, begann der Theologe und Judaist Ferdinand Dexinger am Institut für Judaistik der Universität Wien ein diesbezügliches Projekt. Von Beginn an bestand eine enge Zusammenarbeit mit dem Experten der Fragmentenforschung in Israel, Yacob Sussmann (Hebrew University Jerusalem). Bis zu Dexingers Tod im Jahr 2003 war zwar ein großer Teil der Bestände erfasst, jedoch nur wenige Fragmente beschrieben und publiziert worden. Die technischen Möglichkeiten waren beschränkt, Scan und Digitalkamera gehörten noch nicht zur Standardausrüstung einer Bibliothek. Die damals angefertigten Schwarz-Weiß-Kopien und -Fotos sind teilweise noch immer in Verwendung und werden nun sukzessive durch hochwertige Digitalisate ersetzt. Die nächste Projektphase zwischen 2004 und 2008 unter der Leitung der Theologen Josef Oesch (Innsbruck) und Franz Hubmann (Linz) in Zusammenarbeit mit der damaligen Kommission für Schrift- und Buchwesen des Mittelalters (Franz Lackner, Alois Haidinger, Christine Glassner; heute: Institut für Mittelalterforschung) an der Österreichischen Akademie der Wissenschaften brachte mit Hilfe nationaler und regionaler Förderungen eine rasche Weiterentwicklung und die Einrichtung der Website www.hebraica.at. Die Identifizierung der Fragmente übernahm Almut Laufer (Jerusalem), die Beschreibung der Trägerhandschriften erfolgte in Abstimmung mit dem Projekt „Mittelalterliche Handschriften in europäischen Bibliotheken" an der ÖAW (www.manuscripta.at) in Verlinkung der Projektwebsites. Anlässlich seiner Pensionierung im November 2008 übergab Josef Oesch das Projekt an das Institut für jüdische Geschichte Österreichs unter meiner Leitung[44]. Als letzten Erfassungsraum konnte im Jahr 2013 das Bundesland Tirol aufgenommen werden. Die Sachbearbeiterin, die Judaistin und Kodikologin Ursula Schattner-Rieser (Innsbruck) konnte bis zur Abfassung dieses Artikels acht neue Funde von insgesamt 26 Fragmenten bearbeiten.

Insgesamt sind derzeit in Österreich 43 Bibliotheken und Archive erfasst, mit 1011 Fragmenten und etwa 1800 Fotos. Es fehlen noch einige Bestände in kleineren Bibliotheken sowie die systematische Durchsicht der frühneuzeitlichen Inkunabeln und Wirtschaftsbücher, beispielsweise am Niederösterreichischen Landesarchiv. Hier lassen die Zufallsfunde der letzten drei Jahre, mehrheitlich Einbände von frühneuzeitlichen Grundbüchern, noch Interessantes erwarten[45]. Mit steigendem Bekanntheitsgrad des Projekts

43 Vgl. Lehnardt, Olszowy-Schlanger, Introduction, S. 3.

44 Zur Geschichte des Projekts bis 2007 vgl. Josef M. Oesch, Alois Haidinger, Genizat Austria. Zwischenbericht zum Projekt „Hebräische Handschriften und Fragmente in österreichischen Bibliotheken," in: Fragmenta Hebraica Austriaca, S. 11–31, besonders S. 11–25.

45 Vgl. künftig Martha Keil, Zeugen von Gewalt. Mittelalterliche hebräische Fragmente in niederösterreichischen Bibliotheken, in: Quellen zur jüdischen Geschichte Niederösterreichs, hg. von Elisabeth Loinig und Willibald Rosner (Reihe „Studien und Forschungen aus dem Institut für Landeskunde NÖ"), in Vorbereitung.

suchen und entdecken auch Archivare kleiner Archive, etwa von Pfarren, Gemeinden und auch Privatsammlungen, hebräische Fragmente in ihren Handschriften. Unter Einschluss der für die ÖNB erwarteten Ergebnisse könnte es gelingen, tatsächlich für Österreich eine virtuelle Bibliothek des mittelalterlichen Judentums einzurichten.

Für eine interessierte Öffentlichkeit wahrnehmbar sind die Fragmente als Realien – wiewohl in Faksimilia – in der Dauerausstellung zum mittelalterlichen Judentum in Österreich im Museum Judenplatz in Wien. In Verbindung mit dem sozusagen „steinernen Fragment" der 1421 zerstörten Synagoge wurden bei den einzelnen Stationen der von Felicitas Heimann-Jelinek und mir kuratierten Ausstellung Fragmente unterschiedlicher hebräischer Handschriften verwendet. Sie symbolisieren die umfassende Gelehrsamkeit der jüdischen Gemeinden und deren Vernichtung und zeigen gleichzeitig die Unmöglichkeit auf, Geschichte als einheitliches Narrativ zu rekonstruieren[46].

Jüdische Religions- und Geistesgeschichte kann nicht lokal isoliert betrachtet werden. Ihre Akteure sind durch Studien- und Handelsreisen, freiwillige oder erzwungene Migration sowie Verwandten- und Gelehrtennetzwerke über den gesamten jüdischen Kulturraum Aschkenas – das Alte Reich mit den Niederlanden, der Schweiz, Österreich, Böhmen, Mähren, Norditalien und Polen – miteinander verbunden. Es ist daher sinnvoll und zeitgemäß, die Erforschung hebräischer Fragmente in einem gesamteuropäischen Kontext zu betreiben. Dies geschieht seit 2007 im Projekt „Books within Books. Hebrew Fragments in European Libraries", unter der Leitung von Judith Olszowy-Schlanger an der École Pratique des Hautes Études, Sorbonne, Paris. Olszowy-Schlanger und Andreas Lehnardt schätzen die Anzahl der in Europas Bibliotheken auffindbaren hebräischen Fragmente auf etwa 30.000. Dies entspricht einer doppelt so hohen Anzahl wie die nach derzeitigem Forschungsstand in Europa zwischen 1100 und 1500 hergestellten hebräischen Manuskripte[47]. Wie alle Fragmente dienen auch die hebräischen der Erforschung des Buchbinderhandwerks, der Buchherstellung und des Handels mit Buchbindermaterial. Darüber hinaus sind sie Zeugen der vielfältigen religiösen, geistigen und wissenschaftlichen Ausprägungen des europäischen Judentums im Mittelalter. Aus der Häufigkeit der überlieferten Textsorten lässt sich feststellen, ob in den betreffenden Gemeinden bzw. Kultur- und Sprachräumen eher traditionelle Texte oder innovative rabbinische Kommentare herangezogen wurden, ob sich die Gelehrten mit Mystik bzw. Kabbala beschäftigten, welche Gebete und liturgischen Dichtungen (*Pijutim*) in der Liturgie verwendet wurden und in welchem Maß Interesse an weltlichen Wissenschaften, an Astronomie, Medizin, Mathematik oder Philosophie bestand. Abweichungen und Textvarianten von klassischen religiösen Texten lassen auf eigenständige Gelehrtenschulen schließen. Die Auffindung von einzigartigen Handschriften gibt Einblick in die Kreativität der rabbinischen Gelehrten und ihrer *Jeschiwot*, ihrer Talmudakademien. Glossare oder zwei- und mehrsprachige Übersetzungslisten, wie sie beispielsweise für die Übersetzung von Psalmenversen in das

46 Vgl. Martha Keil, Fragments as Objects. Medieval Austrian Fragments in the Jewish Museum Vienna, in: Books within Books, S. 313–326, hier S. 315–322; Felicitas Heimann-Jelinek, Die Ausstellung im Museum Judenplatz in Wien, in: Die SchUM-Gemeinden, S. 359–375.

47 Vgl. Lehnardt, Olszowy-Schlanger, Introduction, S. 1.

mit hebräischen Buchstaben transkribierte Französische gefunden wurden, bezeugen das Bemühen um Transfers von religiösem und kulturellem Wissen[48]. Allgemein sind Fragmente in der in hebräischen Buchstaben wiedergegebenen Landessprache, in Jiddisch, Judeo-Spanisch, Judeo-Provenzalisch oder anderen lokalen jüdischen Sprachvarianten, Ausdruck und Ergebnis der Partizipation an der Mehrheitskultur. Die eher seltenen Funde weltlicher Schriftzeugnisse wie Geschäfts- und Gerichtsurkunden, Verzeichnisse von Steuern und Darlehen oder literarische Texte sind im Kontext des deutschsprachigen Quellenkorpus zur mittelalterlichen Wirtschafts-, Sozial- und Kulturgeschichte zu untersuchen[49].

Außer Frankreich, Deutschland, Italien, Spanien, Österreich, der Schweiz, der Tschechischen Republik, Polen und Ungarn sind auch englische, russische und israelische Wissenschaftler und Wissenschaftlerinnen mit ihren eigenen Forschungen in das europäische Fragmentenprojekt eingebunden[50]. Projekte, die keine eigene Online-Datenbank eingerichtet haben, wie etwa das bereits seit den 1990er Jahren bestehende italienische, können den gemeinsamen Web-Auftritt von „Books within Books" (www.hebrewmanuscript.com) als Datenbank für ihre Fragmente nutzen. Zum Zeitpunkt der Abfassung dieses Beitrags sind in dieser Datenbank über 1500 Fragmente eingetragen, die nach einer einfachen Registrierung unter verschiedenen Suchkriterien abgefragt werden können.

In den bisher veranstalteten Workshops und Konferenzen konnten vergleichbare Ergebnisse festgestellt werden, zum Beispiel zu den Verhältnissen der Textgattungen. In allen nationalen Projekten, die ihre Fragmente bereits in einer gewissen Breite erfassen konnten, lässt sich ein Schwerpunkt der Textproduktion auf Bibelhandschriften, Gebetbücher und die Kommentare des Raschi (Rabbi Schlomo ben Izchak, 1040–1105, Troyes) zu Bibel und Talmud feststellen. Eine Ausnahme ist das spanische Projekt, das unter den abgelösten Fragmenten eine Unzahl von wirtschaftlichen und administrativen Texten identifizieren konnte[51]. Diskutiert wurde auch die grundsätzliche methodische Frage, ob Fragmente in der Trägerhandschrift belassen oder abgelöst werden sollten. Während die Kodikologen in Würdigung der „Buchrealie", die als Gesamtobjekt ebenfalls eine Geschichte hat, eher für die Beibehaltung plädierten, waren die Judaisten eher für eine Ablösung, um sicher zu gehen, dass auf der nicht einsehbaren Rückseite keine wichtige Textvariante übersehen

48 Zu den Glossar-Fragmenten in den Universitätsbibliotheken Innsbruck und Salzburg bereitet Franz Staller (Linz) eine Publikation vor: Die Fragmente eines hebräisch-altfranzösischen Glossars (zu den Psalmen und Proverbien) in den Universitätsbibliotheken von Innsbruck und Salzburg; siehe dazu Josef Oesch, Genizat Austria. The "Hebrew Manuscripts and Fragments in Austrian Libraries" Project, in: Lehnardt, Genizat Germania, S. 317–328, hier S. 321 f. und Anm. 10, sowie Keil, Fragments as Objects, S. 322. Zu einem Glossar aus Mähren vgl. Visi, Jánosikova, A Regional Perspective, S. 205.

49 Die als Einbandverstärkung verwendeten, 51 folii umfassenden Aufzeichnungen eines Pfandleihers veröffentlichte Judith Olszowy-Schlanger, A Leger of a Jewish Pawn Broker from 14th Century Southern France (MS Krakow, BM Przyb/163/92), in: Lehnardt, Olszowy-Schlanger, Books within Books, S. 97–147.

50 Siehe die Literaturangaben zu den einzelnen Länderprojekten in Lehnardt, Olszowy-Schlanger, Introduction, S. 2 f., Anm. 3 und ausführlich Andreas Lehnardt, Bibliography of the „European Genizah", in: Lehnardt, Genizat Germania, S. 335–363.

51 Vgl. Esperança Valls i Pujol, Hebrew Fragments as a Window on Economic Activity, in: Lehnhardt, Olszowy-Schlanger, Books within Books, S. 149–181.

würde. Als Kompromiss wurde formuliert, dass das Fragment nur im Fall eines einmaligen oder seltenen Textzeugnisses, das neue Erkenntnisse für die Geistes- und Wissenschaftsgeschichte erwarten ließe, abgelöst werden sollte. Selbstverständlich sollte bei einem solchen Vorgehen aber sowohl das abgelöste Fragment als auch sein ursprünglicher Trägerband beschrieben und veröffentlicht werden[52].

Den von Judith Olszowy-Schlanger rein assoziativ vorgeschlagenen Projektnamen „Books within Books" stellte Saverio Campanini in einen literarischen Kontext und bezog ihn auf einen gleichnamigen Essay von Max Beerbohm aus dem Jahr 1914: Dieser bezeichnete damit Bücher, die entweder nie existiert hatten oder zur Zeit ihrer Beschreibung nicht mehr existierten. Campanini schlägt daher als passenderen Titel „Books without Books" vor: Die Handschrift, nach der wir „hinter dem Fragment" suchen, zeigt sich nur mehr als Einband oder Vorsatzblatt eines anderen Buchs[53].

Das gemeinsame Ziel des europäischen Projekts ist einerseits die Möglichkeit zur Rekonstruktion einzelner hebräischer Handschriften, deren Bestandteile eventuell in unterschiedlichen Bibliotheken Europas verstreut sind. Andererseits führt die Sichtbarmachung der Tausenden von Einzelfragmenten als Teile von zerstörten Handschriften zur Erfassbarkeit der jüdischen Gelehrsamkeit des Mittelalters, die das religiöse Leben der jüdischen Gemeinden Europas bis heute prägt.

---

52 Gedächtnisprotokoll zu einer Diskussion während des Workshops „Books within Books – New Discoveries in Old Bookbindings" (Eleventh EAJS Summer Colloquium), Wolfson College, University of Oxford, 18.–20. Juli 2011.

53 Vgl. Campanini, Carta Pecudina, S. 11 f.

Handschriftenfragmente im Blick der germanistischen Forschung Fragestellungen, Hilfsmittel, Projekte

Jürgen Wolf, Marburg

Für den Archivar und die Archivarin sind mittelalterliche Handschriftenfragmente in der Regel ein, wenn auch spannendes, ‚Zubrot'. Abgerissen, herausgeschnitten, zerstückelt oder als Recyclingmaterial für Bucheinbände und Aktendeckel aus ferner Vergangenheit tauchen sie eher zufällig, wenn auch in Altbeständen durchaus in großer, bisweilen sogar sehr großer Zahl auf. Was macht man aber dann mit so einem Schnipsel? Was überliefert er überhaupt? Was ist es für ein Text oder was für ein Autor?

Für die beiden letztgenannten Fragen – so es sich um volkssprachig-deutsche Fundstücke handelt – bietet der Handschriftencensus mit seiner interaktiven Forschungsdatenbank unter der URL http://www.handschriftencensus.de/ eine Fülle von Antworten und gleich ein ganzes Bündel an Hilfsmitteln, Materialien und Kontaktadressen:

- Einführung
- Neuigkeiten
- Gesamtverzeichnis Handschriften
- Gesamtverzeichnis Autoren/Werke
- Forschungsliteratur zu deutschsprachigen Handschriften des Mittelalters
- Handschriftenkataloge und -verzeichnisse
- Zur Auswertung eingegangene Literatur
- Abbildungen deutschsprachiger Handschriften des Mittelalters
- Abkürzungsverzeichnis
- Kontakt
- Grundlagen der guten wissenschaftlichen Praxis im Handschriftencensus

Im Folgenden soll es – fokussiert auf Archivfunde –, neben einer vorgeschalteten Skizze von überlieferungszentrierten Ideen der Altgermanistik (I.), vor allem darum gehen, ein an den Bedürfnissen der Archivlandschaft orientiertes Profil des Handschriftencensus nachzuzeichnen (II.), mögliche Antworten auf die oben genannten Fragen aufzuzeigen und Wege der Hilfe zu eben (III.) sowie abschließend Perspektiven für eine zukünftig engere Vernetzung von universitärer Forschung und Archiv anzudenken.

I. Germanistische Grundlagenforschung

Der uralte Traum der (Alt-) Germanistik ist es, alle deutschsprachigen Texte und Handschriften des Mittelalters weltweit zu erfassen. Entsprechende Vorhaben wurden bereits zu Beginn des 20. Jahrhunderts auf den Weg gebracht. So geht die Idee einer Gesamterschließung auf eine Initiative der ‚Deutschen Kommission' der Königlich Preußischen Akademie der Wissenschaften zu Berlin zurück. Das zukunftsweisende Großprojekt eines ‚Handschriftenarchivs' wurde Ende des Jahres 1903 im preußischen Wissenschaftsministerium genehmigt. Nur wenige Monate darauf begann man an der Berliner Akademie mit dem Aufbau eines Archivs von Beschreibungen deutschsprachiger Handschriften in Bibliotheken des In- und Auslandes, das dann beinahe 40 Jahre lang weltweit relevantes Material erfasste[1]. Auf welche Materialmassen man sich dabei einlassen würde, hatte man damals freilich noch nicht einmal in Umrissen erahnt. Man konzentrierte sich bei der Suche nach der deutschen Überlieferung des Mittelalters auch nahezu ausschließlich auf Bibliotheken sowie anderweitige öffentliche wie private Sammlungen. Archive als mögliche Besitzer von deutschen Handschriften und Fragmenten blieben über die vier Jahrzehnte der weltweiten Recherche unterrepräsentiert bzw. rückten überhaupt nur zufällig in den Fokus des literaturwissenschaftlich geprägten Projekts. Mittlerweile ist die Altgermanistik auf diesem Weg weit fortgeschritten. Nicht zuletzt die Marburger und Paderborner Repertorien sowie der Handschriftencensus (http://www.handschriftencensus.de/) haben in den vergangenen Jahrzehnten weltweit über 23.000 Handschriften in mehr als 27.000 Signaturen zusammengetragen. Erfasst sind weltweit knapp 800 Bibliotheks- und Archivorte mit rund 1500 Bibliotheken, Sammlungen und Archiven sowie zahlreiche Privatbesitzer. Der Bestand an mittelalterlich-deutschen Autoren und Werken ist dabei auf über 6000 angewachsen[2]. Nach vorsichtigen Schätzungen der Arbeitsgruppe Handschriftencensus

1 Vgl. Tilo Brandis, Das Handschriftenarchiv der Deutschen Kommission der Akademie der Wissenschaften zu Berlin, in: Zeitschrift für deutsches Altertum 123 (1994), S. 119–129; Anne-Beate Riecke, Die Inventarisierungsgrundsätze des Handschriftenarchivs der Berlin-Brandenburgischen Akademie der Wissenschaften und ihre Entwicklung, in: Scrinium Berolinense. Tilo Brandis zum 65. Geburtstag, hg. von Peter Jörg Becker u. a. (Beiträge aus der Staatsbibliothek zu Berlin Preußischer Kulturbesitz, 10), Wiesbaden 2000, Bd. 1, S. 425–435; Anne-Beate Riecke, Das Handschriftenarchiv der Berlin-Brandenburgischen Akademie der Wissenschaften, in: Sources for the history of medieval books and libraries, hg. von Rita Schlusemann u. a. (Boekhistorische Reeks, 2), Groningen 2000, S. 365–383; Jürgen Wolf, Handschriftenarchiv online, in: Zeitschrift für deutsches Altertum 131 (2002), S. 547–550 (online-Version: http://www.uni-marburg.de/hosting/zfda/maphil015_wolf.html); Jürgen Wolf, Vernichtet, verschollen und wieder aufgefunden. Das Handschriftenarchiv der Berlin-Brandenburgischen Akademie der Wissenschaften als Schlüssel zu den deutschsprachigen Handschriftenbeständen im östlichen Europa, in: Deutschsprachige Literatur des Mittelalters im östlichen Europa. Forschungsstand und Forschungsperspektiven, hg. von Ralf G. Päsler, Dietrich Schmidtke, Heidelberg 2006, S. 1–16; Jürgen Wolf, Nachrichten aus dem Berliner Handschriftenarchiv I, in: Zeitschrift für deutsches Altertum 136 (2007), S. 72–78; Jürgen Wolf, Das Handschriftenarchiv der Berlin-Brandenburgischen Akademie der Wissenschaften als Schatzkammer der medizin- und naturhistorischen Forschung, in: Gesund und krank im Mittelalter. Marburger Beiträge zur Kulturgeschichte der Medizin, hg. von Andreas Meyer, Jürgen Schulz-Grobert, Leipzig 2007, S. 107–124; Jürgen Wolf, Ostmitteldeutsche Handschriften des Mittelalters im Handschriftenarchiv der Berlin-Brandenburgischen Akademie der Wissenschaften, in: Ostmitteldeutsche Schreibsprachen im Spätmittelalter, hg. von Luise Czajkowski, Corinna Hoffmann, Hans Ulrich Schmidt, Berlin/New York 2007, S. 211–227.

2 Für eine Skizze der Einzelprojekte vgl. Joachim Heinzle, Klaus Klein, Die Marburger Repertorien zur Überlieferung der deutschen Literatur des Mittelalters, in: Zeitschrift für deutsches Altertum 130 (2001), S. 245 f.; Joachim Heinzle, Manuel Bauer, Klaus Klein, Daniel Könitz, Zum aktuellen Stand der ‚Marburger Repertorien', in: Zeitschrift für deutsches Altertum 137 (2008),

sollten damit etwa 80–90 % des Gesamtbestandes aller deutschen – literarischen – Handschriften des Mittelalters in den Marburger Datenbanken nachgewiesen sein, wobei die Archive trotz erheblicher Such- und Erfassungsanstrengungen nach wie vor eine große Unbekannte sind.

Überraschend ist immer wieder, wie häufig Fragmente und selbst komplette Handschriften neu oder wieder gefunden werden. Beinahe wöchentlich treffen in Marburg entsprechende Nachrichten ein. Die Neufunde betreffen in weit überwiegendem Maße natürlich solche Aufbewahrungsorte, wo man nicht primär mittelalterliche Handschriften erwartet, wo selbige außerhalb eines ganz anders konturierten Erfassungsfokus stehen oder wo das mittelalterliche Material überhaupt nur in Sekundärverwertung – etwa als Bucheinband, Aktendeckel, Briefumschlag, Lagenverstärkung – auftaucht. Genau an dieser Stelle kommen die Archive ins Spiel, denn vorzugsweise in ihren oft gewaltigen Beständen des 16.–17. Jhs., also der Hochzeit des Pergamentrecyclings, finden sich entsprechende Stücke in großer Zahl. Oft sind sie im wahrsten Sinn des Wortes noch an Ort und Stelle, d. h. fungieren noch als Aktendeckel, Bucheinband oder Lagenverstärkung; oft sind sie aber auch vor langer Zeit bereits abgelöst und dann in voluminösen namenlosen Konvoluten ‚gelagert' worden, wo sie der Erforschung seit Jahren, manchmal seit Jahrzehnten harren.

Zumindest für die Erfassung des volkssprachig-deutschen Materials bieten eben unser Handschriftencensus und das ihn tragende Team von Forschern aus Deutschland, Österreich und der Schweiz einen ‚Hilfsrahmen', den es zukünftig – noch intensiver – zu nutzen gilt.

II. Handschriftencensus (HSC)

Der HSC (HSC-Datenbank[3]) hat sich weltweit als Kompetenzzentrum zu Fragen der Textidentifizierung, der Überlieferungsdokumentation, der Bestandsermittelung und der Beschreibungsnormierung (Werke/Signaturen) für deutschsprachige Handschriften und Fragmente des Mittelalters etabliert. Nicht zuletzt in diesem Sinn werden der HSC bzw. die Erfahrungen der HSC-Arbeitsgruppe in der Forschungscommunity mittlerweile intensiv genutzt. Zudem hat sich über entsprechende Datenbankschnittstellen und direk-

S. 134–136; Jürgen Wolf, Handschriftencensus – Eine Bestandsaufnahme, in: Zeitschrift für deutsches Altertum 138 (2009), S. 279 f.; Nathanael Busch, Daniel Könitz, Editionen und Übersetzungen im ‚Handschriftencensus', in: Zeitschrift für deutsches Altertum 140 (2011), S. 415; Christa Bertelsmeier-Kierst, Ergebnisse des ‚Marburger Repertoriums zur Übersetzungsliteratur im deutschen Frühhumanismus' (MRFH), in: Zeitschrift für deutsches Altertum 143 (2014), S. 275–280 (alle Beiträge sind online zugänglich unter: http://www.zfda.de/inhalt.php?mode=maphilinet).

3 http://www.handschriftencensus.de/. Technische Grundlage: Webbasiertes Datenbanksystem; im Hintergrund sind die Daten in einer relationalen Struktur gespeichert, d. h. es sind Beziehungen zwischen den einzelnen Datensatztypen modelliert (eine Beschreibung enthält etwa zahlreiche Verweise zu Einträgen aus der Forschungsliteraturdatenbank). Den Kern dieses relationalen Netzes bilden die Handschriftenbeschreibungen selbst, denen jeweilige Einträge aus den Tabellen für die Textzeugen, Autoren resp. Werke, Forschungsliteratur, Nutzer-Mitteilungen etc. zugeordnet sind. Die meisten dieser Datentypen sind ihrerseits über eigene Zugänge erreichbar, so dass die relationalen Beziehungen reziprok sind.

te Kontakte ein enger, überaus reger Erfahrungsaustausch zwischen dem durch die Arbeitsgruppe repräsentierten HSC und der weltweiten Forschungscommunity entwickelt. Gleichzeitig dient der HSC mit seinen interaktiven Angeboten als Plattform für die fortlaufende Forschungsdokumentation und als Kulminationspunkt für die Forschungsdiskussion. Der HSC garantiert dabei, sowohl bei der Identifikation von Werken/Texten und Autoren als auch bei der Dokumentation von Handschriftenneufunden, dem Nachweis aktueller Besitzzustände und Korrekturen alter Forschungstatbestände ständige Aktualität und Diskursivität.

Über die großflächige literatur- und kulturgeschichtliche Verortung hinaus erlaubt es die Datenstruktur des HSC zudem mit hoher Treffsicherheit, Zusammengehörigkeiten verschiedener Fragmente zu erkennen bzw. zumindest Überlieferungsgruppen einzelner Werke schnell zu erfassen, was gerade für die im Archivkontext häufig anfallenden kleinen und kleinsten Fragmente von erheblicher Bedeutung sein kann. Hinsichtlich der Aufarbeitung von Neufunden und deren wissenschaftlicher Bewertung ist darüber hinaus die im HSC vorgehaltene Literaturdatenbank mit derzeit rund 18.000 Titeln (rund 4.000 davon als Online-Ausgaben direkt verlinkt) zu Überlieferung, Edition und Besitz- wie Sammlungsgeschichte ein unschätzbarer Prüf- und Vergleichsfundus: http://www.handschriftencensus.de/forschungsliteratur.

III. Archive im Handschriftencensus

Allen Beschäftigten im Archivwesen sind ganze Serien von Archivalien mit Pergamentmakulatur vertraut. Auch wenn nur Bruchteile dieser Pergamentreste volkssprachig-deutsche Texte betreffen, ist ihre Anzahl absolut gesehen doch gewaltig. So sind im Handschriftencensus derzeit über 3000 deutsche Handschriften und Fragmente aufgelistet, die sich in Archiven befinden, was etwa 12–14 % des HSC-Gesamtbestandes ausmacht. In den letzten Jahren haben sich zunehmend Archive und Archivbestände als wichtige Fundorte bedeutender deutscher Texte des Mittelalters erwiesen. Zwei Beispiele aus der jüngsten Vergangenheit mögen andeuten, was in Zukunft wohl immer größere Bedeutung erlangen wird: So hat Hannes Lemke (Leipzig/Magdeburg) jüngst „im Stadtarchiv Zerbst (Historisches Archiv) die seit 1945 verschollenen Handschriften des ‚Zerbster Fronleichnamsspiels' (Hs. O und Hss. I–XIV) wiederentdeckt", und „im Manuskriptenbestand des Historischen Vereins für Oberbayern, der im Stadtarchiv München aufbewahrt wird, konnte ein bislang unbekannter Querstreifen eines Pergamentblattes als Überrest einer ‚Väterbuch'-Handschrift identifiziert werden"[4].

Das Spektrum der bereits im Handschriftencensus als Handschriften- und Fragmentbesitzer erfassten Archive liest sich letztlich wie ein ‚Who is who' der europäischen Archivlandschaft und reicht von kleinen Einrichtungen wie lokalen Privat-, Fürsten-, Pfarr- und Stiftsarchiven bis hin zu den großen überregional zuständigen Bistums-, Landes-, Reichs-, Stadt- und Staatsarchiven aus nahezu ganz Europa. Zu nennen wären exemplarisch etwa:

4 Aktuelle Fundberichte: http://www.handschriftencensus.de/news (Zitate aus den Fundberichten).

- Staats-, Regierungs-, und Nationalarchive: Altenburg, Amberg, Arnstadt, Augsburg, Aurich, Bamberg, Berlin, Bremen, Chur, Danzig/Gdansk, Detmold, Düsseldorf, Marburg ...
- Landesarchive: Altenbruch, Berlin, Bozen ...
- Kreis- und Stadtarchive: Augsburg, Bad Homburg, Bad Kreuznach, Bad Wildungen, Bensheim, Bielefeld, Brünn, Brüssel, Duisburg ...
- Kirchen-, Pfarr- und Klosterarchive: Andechs, Ansbach, Attendorn, Augsburg, Braunschweig ...
- Adels- und Privatarchive: Assenheim, Bamberg, Braunfels, Büdingen, Deutsch-Niendorf ...

Letztlich können sich alle Archive als Fundgrube für Pergamentmakulatur erweisen, und genau dies macht sie so interessant für die altgermanistische Überlieferungsforschung. Allerdings verfügen selbst größere Archive nur (noch) selten über entsprechende Personalkapazitäten, um sich adäquat um diese ‚Abfälle der Geschichte' zu kümmern.

An dieser Stelle könnte der Handschriftencensus und die Arbeitsgemeinschaft Handschriftencensus ins Spiel kommen, denn der HSC versteht sich eben nicht nur als Sammelstelle für mittelalterlich-deutsches Schrifttum, sondern bietet gleichzeitig alle Arten von Hilfestellungen bei der Identifizierung, Erfassung und Beschreibung sowie Publikation entsprechender Materialien an. Diese kann einerseits direkt über das Online-Portal des HSC angesteuert: http://www.handschriftencensus.de/ oder über persönliche Kontaktaufnahme zu einem Mitglied der Arbeitsgruppe: http://www.handschriftencensus.de/kontakt nachgefragt werden. Und so könnte man sich einen solchen Fund- und Erschließungsweg aus dem Archiv über den Handschriftencensus bis hin zur Publikation vorstellen:

> Im Archiv wird als Aktendeckel oder Falzstreifen ein mittelalterliches Fragment mit (vermutet) deutschem Text entdeckt. Eine Aufnahme (Digitalisat oder Fotografie) des Funds wird an den HSC geschickt. Dort erfolgen die Identifizierung des Textes, eine erste grobe sprachliche Zuordnung und Datierung. Gleichzeitig wird geprüft, ob das Fragment zu einem bereits bekannten Discissus gehört oder Ähnlichkeiten zu anderen Handschriften zeigt, was z. B. auf Schreiberidentität oder eine gemeinsame Schreibheimat (Skriptorium) schließen lassen könnte. Werk- und Autorzuschreibung erfolgen nach den HSC-Vorgaben, orientiert an dem für die Altgermanistik maßgeblichen Verfasserlexikon in seiner 2. Auflage[5]. Alle Ansetzungen werden dementsprechend normalisiert.
>
> Nach der Autorisierung durch das besitzende Archiv werden der Neufund und die ersten vorläufigen Forschungserträge (ggf. mit Digitalisat) in der HSC-Datenbank bei den Neuigkeiten angezeigt und unter dem Namen des Entdeckers resp. Archivs online publiziert. Eine Zeitschriften- bzw. Buchpublikation etwa in den ‚Hand-

5 Die deutsche Literatur des Mittelalters. Verfasserlexikon, hg. von Kurt Ruh zusammen mit Gundolf Keil, Werner Schröder, Burghart Wachinger (ab Band IX) und Franz Josef Worstbrock, 14 Bde., Berlin und New York 1978–2008 (elektronische Forschreibung als kostenpflichtige ‚Online-Verfasser-Datenbank').

schriftenfunden' der Zeitschrift für deutsches Altertum (ZfdA[6]) ggf. mit diplomatischem Abdruck oder Edition kann später erfolgen und kann – so gewünscht – vom HSC-Team fachlich weiter betreut werden.

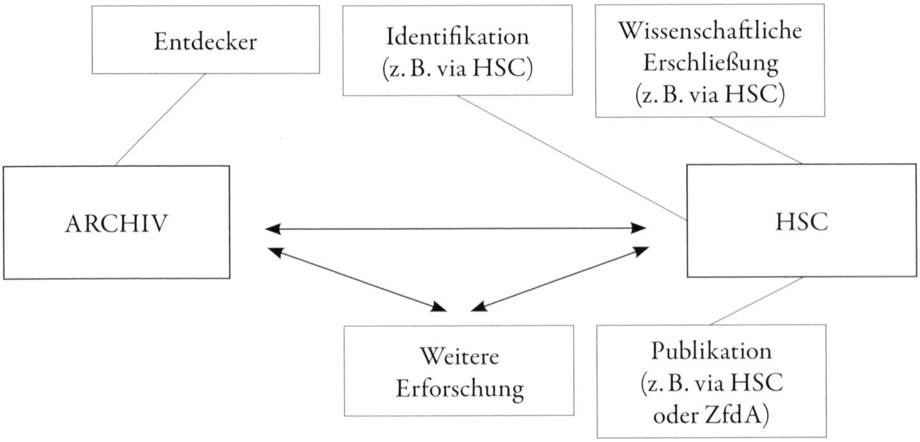

IV. Perspektiven: Zwischen Literatur und Archiv

Über das oben geschilderte Feld eines engeren Literaturbegriffs hinaus geraten zunehmend auch semiliterarische archivalische Schriftzeugnisse in das Blickfeld der Altgermanistik und dort vor allem in das Blickfeld der Sprachgeschichte. So werden z. B. mittelalterliche Stadtbücher, Stadtrechte, Rechtsspiegel, Ordnungen, Schragen, größere Eide usw. von der Altgermanistik im Sinne eines weiten Literaturbegriffs bereits seit einigen Jahrzehnten nicht mehr nur wahrgenommen, sondern in vielfacher Hinsicht dialektgeographisch, paläographisch, kodikologisch und literaturwissenschaftlich erforscht. Erweitert man einen dieser Wahrnehmung zugrundeliegenden erweiterten Literaturbegriff noch einmal und begreift letztlich jede zusammenhängende schriftsprachliche Äußerung, so sie in kodifizierter Form überliefert ist, als Literatur, rücken die Archive noch weiter in den Fokus der Altgermanistik, denn sie bewahren unzählige Zeugnisse dieser schriftsprachlichen Formen auf. Selbst wenn man sich auf Zeugnisse mit eindeutigem Buchcharakter (im Gegensatz zur Urkundenüberlieferung) beschränkt. Ich denke hier z. B. an Bücher mit offenen Sammlungen von chronistischen Texten und Urkundenabschriften, Verträgen, Besitzverzeichnissen, Urteilen, größere Aufzeichnungen zu Verträgen, zur Rechnungsführung uvm. Würde sich der Gesamtbestand in einem so erweiterten literarischen Feld zu berücksichtigender erhaltener deutscher oder teildeutscher Bücher des Mittelalters von derzeit

6 In der Rubrik ‚Handschriftenfunde zur Literatur des Mittelalters' sind bis 06/2014 bisher 219 Fundberichte erschienen. Der aktuell letzte ist: 219. Beitrag: Graeme Dunphy, Zwei Fragmente aus der ‚Weltchronik' Rudolfs von Ems, in: Zeitschrift für deutsches Altertum 143 (2014), S. 220–223.

geschätzten 30.000 Textzeugen (bei einfach erweitertem Literaturbegriff; s. o.) erheblich erhöhen. Stichproben im Geheimen Staatsarchiv zu Berlin und im Staatsarchiv Marburg sowie einer Musterauswertung zu den mittelalterlichen Stadtrechnungen im Stadtarchiv Duisburg (s. u.) lassen in den Archiven derart gewaltige Dimensionen vergleichbaren Materials in Buch- und Rollenform erwarten, dass noch nicht einmal eine ungefähre Schätzung möglich ist[7].

Für die Gesamtbewertung des kulturellen Erbes erscheint eine solche Vernetzung von literarischem und archivalischem Schriftgut von zentraler Bedeutung, denn für die Sprachentwicklung, aber auch für Fragen nach der Buchgestalt, der Schriftentwicklung und überhaupt schriftsprachlicher Charakteristika bietet das gemeinhin im Archiv verortete Material eine Fülle von Zugriffsmöglichkeiten und innovativen Forschungsperspektiven, die die Altgermanistik bzw. die Literaturwissenschaft bis dato kaum nutzt. Eine solche Vernetzung kann in der derzeitigen Lage mit finanziellen Restriktionen auf allen Seiten freilich nur eine Zukunftsprojektion sein, die allerdings, wenn entsprechende Datenbankprojekte der einen (Literaturwissenschaft) wie der anderen Seite (Archiv) koordiniert werden, schneller als gedacht Realität werden könnte.

Wie so etwas aussehen könnte, haben wir im Fall des Stadtarchivs Duisburg einmal im HSC durchgespielt: Um die Dimensionen archivalischer Überlieferung in Buch- und Rollenform sowie deren Relevanz für die Literatur-, Kultur- und Sprachgeschichte abzuschätzen, wurden die von Mihm/Mihm[8] erfassten mittelalterlichen Stadtrechnungen Duisburgs (1348–1449) für den HSC ausgewertet und die vollständig volkssprachig-deutschen Stücke bzw. solche mit nennenswerten deutschen Anteilen in die HSC-Datenbank kursorisch aufgenommen[9]. Der Erkenntnisgewinn für das Verständnis volkssprachiger Schriftproduktion, Buchgestaltung und Sprachgeographie im betreffenden Raum und im betreffenden Zeitfenster war erheblich. Signifikant für die hier exemplarisch in den HSC integrierte ‚Archiv'-Textsorte war unter anderem die hohe Zahl an Rollen und der sehr geringe Anteil fragmentarischen Materials. Gerade der Rollenbefund erwies sich für die Bewertung entsprechender Abbildungen etwa in den Miniaturen der Manessischen Liederhandschrift als besonders interessant, denn die zahlreichen Rollenabbildungen rund um die Minnesänger dort korrespondieren eben gerade nicht mit einer nennenswerten literarischen Rollenüberlieferung. Sie ist sogar ganz im Gegenteil nahezu nicht vorhanden[10]. Verständlich wird die Omnipräsenz der Rolle erst über den archivalischen Kontext – und

7 Vgl. exemplarisch Falk Eisermann, Archivgut und chronikalische Überlieferung als vernachlässigte Quellen der Frühdruckforschung, in: Gutenberg-Jahrbuch 81 (2006), S. 50–61.

8 Margret Mihm/Arend Mihm, Mittelalterliche Stadtrechnungen im historischen Prozess. Die älteste Duisburger Überlieferung (1348–1449), Bd. 1: Untersuchungen und Texte, Köln/Weimar/Wien 2007.

9 http://www.handschriftencensus.de/hss/Duisburg.

10 Bis ins ausgehende 14. Jahrhundert weist der Handschriftencensus gerade einmal 7 Rollen im literarischen Umfeld nach: Aarau, Kantonsbibliohek, MsMurF 31a (*Osterspiel von Muri*); Discissus Bamberg, Staatsbibliothek, Inc.typ.H.III.12, Vorsatzblatt usw. (Tagzeitengedicht *Von Christi Leiden*); Basel, Universitätsbibliothek, Cod. N I 6 Nr. 50 (*Basler Lyrik-Rolle*); Berlin, Geheimes Staatsarchiv Preußischer Kulturbesitz, XX. HA Hs. 33, Bd. 11 (*Wartburgkrieg*); Frankfurt a. M., Universitätsbibliothek, Ms. Barth. 178 (*Frankfurter Dirigierrolle*); Los Angeles, University of California, Charles E.

ist es Zufall, dass der Auftraggeber des Manesse Kodex eben in einem solchen juristisch-verwaltungstechnischen Umfeld zu verorten ist? Zeigt uns dieses Beispiel nicht einmal mehr, dass die neuzeitlich strickte Trennung von archivalischem und literarischen Schriftgut im Mittelalter eben völlig anders konturierte Zusammenhänge geradezu verschleiert?

Schließen möchte ich vor diesem Hintergrund mit einem doppelten Plädoyer: Einerseits, dass sich Forschungseinrichtungen auf der einen, sowie Archive, Bibliotheken und alle anderen Handschriftenbesitzer auf der anderen Seite auf mehr Kooperation, ja Vernetzung einlassen. Ich träume hier von einer gemeinsamen Überlieferungs- und Forschungsdatenbank, die literarische wie archivalische Schriftzeugnisse des Mittelalters insgesamt erfasst oder zumindest wechselseitige Verbindungen resp. Verlinkungen erlaubt. Andererseits, dass der Handschriftencensus als Hilfsmittel auch im Archivbereich fürderhin intensiv genutzt und für die Archive als Datenbank zumindest für ihre literarischen, aber vielleicht auch alle sonstigen buchartigen Formen volkssprachig-mittelalterlicher Überlieferung, eine erste Adresse wird. Wir stehen bereit!

Young Research Libr., MS 170/575 (*Reinmar von Zweter-Rolle*); München, Bayerische Staatsbibliothek, Cgm 189 (*Regensburger Liebesbrief*).

Makulatur mit handgeschriebener und gedruckter Musiknotation in der Gaesdoncker Klosterbibliothek

Simon Groot, Amersfoort

Die Gaesdoncker Klosterbibliothek

Die Gaesdoncker Klosterbibliothek („Bibliotheca domus presbyterorum Gaesdonck"), aus der die im vorliegenden Beitrag behandelte Makulatur stammt, befindet sich auf dem Gelände der Stiftung Collegium Augustinianum Gaesdonck in Goch am Niederrhein. Die Stiftung unterhält seit 1849 ein Gymnasium mit Internat in der Trägerschaft des Bistums Münster.

Die Gaesdoncker Klosterbibliothek[1], zu der auch ein Archiv mit ca. 1200 Urkunden zur Klostergeschichte gehört, hat neben 53 Handschriften, davon 21 mittelalterliche, einen Bestand von ungefähr 6000 Bänden, darunter ca. 150 Inkunabeln. Bis 1991 wurde etwa 90 % des Bestandes für den Zentralkatalog des Landes Nordrhein-Westfalen katalogisiert; gegenwärtig steht die Arbeit an einem alphabetischen Katalog mit der Möglichkeit der Internetrecherche (OPAC), erstellt durch die Diözesanbibliothek Münster, vor dem Abschluß. Die Bibliothek befindet sich über dem Kreuzgang an der Nordseite der 1437 fertiggestellten Klosterkirche. Während Zeugnisse über Entstehung und Bestand der frühen Klosterbibliothek fehlen, sind das Vorhandensein einer Buchbinderei und eines Scriptoriums urkundlich belegt. Eine Reihe der Schreiber sind namentlich bekannt.

Bei Aufhebung des Klosters umfaßte die Bibliothek etwa 1800 Bücher, zum ganz überwiegenden Teil katholisch-theologischen Inhalts. Obwohl das Kloster 1802 durch die französische Regierung aufgehoben und sein Besitz versteigert wurde, blieben die Gebäude und damit auch die Bibliothek erhalten, weil es einigen der ehemaligen Chorherren gelang, ihr Kloster und einigen Landbesitz zurückzukaufen und weiterhin in dem ehemaligen Kloster zu leben. Nach ihrem Tod ging der gesamte Besitz testamentarisch an das Bistum Münster mit der Auflage, dort ein Konvikt für katholische Jungen einzurichten. Dies geschah schließlich im Jahre 1849 mit der Errichtung des Collegium Augustinianum Gaesdonck, nachdem die Gaesdonck von 1828 bis 1848 als Hilfspriesterseminar für das Bistum Münster gedient hatte.

Der Buchbestand der ehemaligen Klosterbibliothek, jetzt unter Bezug auf die Funktion der Gaesdonck als Hilfspriesterseminar „Bibliotheca domus presbyterorum" genannt, wuchs zwischen 1802 und der Mitte des 20. Jhs. auf insgesamt etwa 6000 Bände an. Dies

1 Karl-Ferdinand Beßelmann, Franz Hermes, Bibliotheca domus presbyterorum Gaesdonck, in: Handbuch der historischen Buchbestände in Deutschland, hg. von Bernhard Fabian, Hildesheim 2003, S. 335–339.

geschah durch Erwerbungen und Schenkungen aus anderen aufgehobenen niederrheinischen Klöstern sowie durch die Übernahme aller vor 1800 erschienenen Bücher aus der Gaesdoncker Lehrerbibliothek. Von besonderer Bedeutung sind die in der Bibliothek vorhandenen Musikdrucke[2]. Dabei handelt es sich u.a. um lateinische Kirchenmusik sowie um Chansons in niederländischer und französischer Sprache. Einige Drucke stammen aus der zweiten Hälfte des 16. Jhs., die Mehrzahl aus der ersten Hälfte des 17. Jhs. Von den insgesamt 134 Stimmbüchern sind 51 Unikate, weitere 23 Unikate einer Auflage. Im Rahmen der bereits angesprochenen Katalogisierung der Bibliothek werden die Musikdrucke im Gesamtkatalog der Klosterbibliothek erfasst werden.

Neben den Musikdrucken gibt es in der Gaesdoncker Klosterbibliothek auch siebzehn Handschriften mit Musiknotation[3], alle mit Gregorianischer Choralnotation, die meisten auf vier Linien; in drei Handschriften ist die Musik auf fünf Linien notiert. Vier Handschriften stammen aus dem 15. Jh., acht sind um 1700 entstanden (davon zwei nach älterer Vorlage), und letztlich stammen fünf Handschriften aus dem 18. Jh. (davon vier nach älterer Vorlage)[4]. Fünf weitere Handschriften mit Musiknotation hat es den Aufhebungsakten von 1802 zufolge in Gaesdonck gegeben; sie sind jetzt aber verschollen: ein Psalter, drei Graduale und ein Antiphonale[5].

Über den Ursprung der Makulatur

Wenn wir Bücher kaufen (gedruckt oder in Handschrift), geschieht das in der Regel wegen des Inhalts, aber für die meisten Menschen hat ein Buch auch einen Wert als Objekt. Im Unterschied zu Lesebüchern, werden Musikbücher mit beliebtem Inhalt häufig benutzt. Solche Bücher verschleißen aber und verlieren ihren objektiven Wert. Wenn dazu auch noch der Informationswert abnimmt – zum Beispiel durch neue Sichtweisen oder veränderten Geschmack – und das Buch fast keinen Wert mehr hat, kann es einfach auch ganz verloren gehen. Es ist daher nicht verwunderlich, dass gerade die wenig benutzten Bücher, die ihren Objektwert durch die Jahrhunderte behielten, die besten Überlebenschancen gehabt haben. Die historischen Bücherkollektionen – und insbesondere gilt das für Musikbücher – der Bibliotheken und Archive bestehen daher zu einem erheblichen Teil aus kaum benutzten Exemplaren.

2 Grundlegend hierzu ist Peter Ilgen, Verzeichnis der Musikdrucke der Gaesdoncker Klosterbibliothek, in: Gaesdoncker Blätter 36 (1983), S. 15–24; Peter Ilgen, Zum Verzeichnis der Musikdrucke des 16. und 17. Jahrhunderts, in: Gaesdoncker Blätter 36 (1983), S. 25–36; Franz Hermes, Weltweites Interesse an Gaesdoncker Musikalien, in: Gaesdoncker Blätter 36 (1983), S. 37–52.

3 Dazu ist eine Handschrift mit Musiknotation (Gebete, Gesänge und Meditationen zur Karwoche) seit 1945 nicht mehr in Gaesdonck vorhanden; sie befindet sich jetzt in den Niederlanden (Enschede, Rijksmuseum Twenthe, Inv.-Nr. 281).

4 Vgl. Gregor Hövelmann, Neue Beiträge zur Geschichte der Gaesdonck (X–XI). Die Handschriften der Klosterbibliothek Gaesdonck. Ein Versuch, den ursprünglichen Bestand zu rekonstruieren, mit einem Anhang über die Schreibtätigkeit des Gaesdoncker Konvents, in: Gaesdoncker Blätter 21 (1968), S. 44–75.

5 Vgl. Gregor Hövelmann, Die Klosterbibliothek Gaesdonck 1801/02, in: Gaesdoncker Blätter 20-II (1967), S. 37–41.

Intensiv benutzte Bücher dagegen landeten viel schneller im Papierkorb, im Herdfeuer oder im Kochofen. In der Vergangenheit hat man aber auch eine Art von „Recycling" gekannt. Pergament war außergewöhnlich gut geeignet als Rohstoff für Leim oder als Bindemittel für Farbe; hierzu wurden die pergamentenen Blätter zerschnitten, und die Schnipsel verschwanden im Ofen. Schuhmacher und andere Handwerker benutzten Pergament zur Verfertigung von Schablonen oder Modellen, und Orgelbauer machten daraus u. a. Dichtungen, um die Verbindung zwischen Pfeife und Windlade abzudichten[6]. Weiterhin wurden Bestandteile von Büchern genutzt zur Verstärkung und als Bindematerial von neu einzubindenden Büchern. Wiederverwendete Reststücke aus alten Büchern, sog. „Makulatur", sind in beträchtlichem Umfang erhalten geblieben. Dabei wird unter Makulatur verstanden „Material, das bedruckt oder beschrieben ist oder von dem stark vermutet werden kann, dass es bedruckt oder beschrieben war, und das zur Anfertigung von Büchern verwendet wurde"[7]. Es handelt sich in den meisten Fällen um Fragmente von Dokumenten, aber manchmal wurde auch das ganze Dokument benutzt, zum Beispiel bei einem Brief, einer Zeichnung oder bei einem komplett ungebundenen Exemplar der früheren Ausgabe eines Buches[8]. Bei Makulatur wird unterschieden zwischen dem Material, das tatsächlich für den Zweck benutzt wurde, für den es verfertigt wurde (utilisierte Makulatur) und solchem Material, wie zum Beispiel Druckereiabfälle, das zwar zu einem bestimmten Zweck angefertigt wurde, diesem aber nie gedient hat (nicht-utilisierte Makulatur)[9].

Besonders aus dem 16. und 17. Jahrhundert ist eine große Menge von Makulatur bewahrt geblieben. Das ist durch die Tatsache zu erklären, dass gerade in dieser Zeit durch die Erfindung des Buchdrucks eine Fülle neuer Bücher gebunden werden mußte. Zu gleicher Zeit verloren viele alte Handschriften ihren Wert, einerseits, weil derselbe Text nun im Druck vorhanden war, andererseits, weil durch die Reformation viele Texte nicht mehr als wertvoll – oder sogar als gefährlich – angesehen wurden. Auch waren manche Handschriften nur schwer lesbar infolge der veralteten Schrift. Die Tatsache, dass die Makulatur im Laufe des 17. Jahrhunderts immer weniger wurde, ist zu erklären durch die immer leichtere Konstruktion der Bücher, die immer weniger Verstärkung im Einband erforderlich machte[10]. Während es in den Büchern des 16. Jahrhunderts besonders viel Makulatur von Pergament aus mittelalterlichen Handschriften (häufig mit Musiknotation) gibt, findet sich in den Büchern des 17. Jahrhunderts vor allem Papier, das als Füllung für den Einband gebraucht wurde, darunter Reststücke von Musikdrucken und Handschriften des 16. Jahrhunderts, entweder utilisiert oder nicht.

Bücher, die irgendwann als wertlos betrachtet worden sind, können im Laufe der Zeit wieder großen Wert bekommen. Das gilt vor allem für solche Bücher, von denen es sonst

6 Vgl. Jos Biemans, Oortjes, hartstrookjes en rugbeleg. Over het gebruik van perkament uit middeleeuwse handschriften in boekbanden van de vijftiende tot de zeventiende eeuw, gedemonstreerd aan fragmenten van de *Spiegel historiael*, in: E Codicibus Impressisque. Opstellen over het boek in de Lage Landen voor Elly Cockx-Indestege, Band 3, Leuven 2004, S. 4.

7 Femke Prinsen, Maculatuur, terminologie & toepassingen, Zuidveen 2009, S. 1.

8 Vgl. Prinsen, Maculatuur, S. 1.

9 Vgl. Prinsen, Maculatuur, S. 2.

10 Vgl. Biemans, Oortjes, S. 4.

keine oder nur noch beschädigte Exemplare gibt. Die Gebrauchsspuren, etwa Notizen, Durchstreichungen und dergleichen, geben uns einigen Aufschluß über den zeitgenössischen Gebrauch des Buches. Während von gedruckten Büchern die gesamte Auflage als (nahezu) identisch betrachtet werden muß, sind die Gebrauchsspuren immer einzigartig, und damit ist jedes Exemplar oder Fragment mit Gebrauchsspuren von neuer und selbstständiger Bedeutung.

Wenn ein Buchbinder ein pergamentenes Buch zur Verfügung hatte (meistens eine Handschrift, es wurde aber auch auf Pergament gedruckt), dann benutzte er die Blätter als Umschlag oder als Vorsatzblatt und Spiegel vorn und hinten im Buch; oder er machte Streifen davon zur Verwendung im Rücken und in den Scharnieren zwischen Deckel und Buchblock[11]. Manchmal wurden die Deckel auch mit beschriebenem Pergament beklebt, das hin und wieder „vertuscht“ oder „geschönt“ war[12]. Papier hat man vor allem als Füllung in den Buchumschlägen benutzt. Als Deckelbezug war meistens Leder oder Pergament in Gebrauch, als Füllung wurden sowohl Holz – mit dem Resultat eines steifen Deckels – als auch aufeinander geklebte Blätter benutzt, was einen biegsamen Deckel ergab. Daneben wurde papierene Makulatur als Deckelbezug, als Vorsatzblatt, zur Hinterklebung und zur Deckelbefestigung verwendet.

Es liegt auf der Hand, dass ein Buchbinder das Buch, das ihm als Material zur Verfügung stand, ganz benutzt hat und wenigstens ein Teil der Streifen und Blätter, die er gebrauchte, wiedergefunden werden können in den Büchern, die seine Werkstatt verlassen haben und den Zahn der Zeit überdauert haben. Innerhalb desselben Mutterbuches kann Material aus ein und demselben Quellenbuch benutzt worden sein[13]. Fragmente, die zueinander passen, nennt man „direkt anschließbare Fragmente“, solche, die offensichtlich aus derselben Quelle entnommen sind und nicht direkt zueinander passen, werden „indirekt anschließbare Fragmente“ genannt; Fragmente, die offenkundig aus unterschiedlichen Quellen stammen, nennt man „nicht-anschließbare Fragmente“[14]. Wegen der Tatsache, dass die Produkte ein und derselben Buchbinderei über verschiedene Bibliotheken verstreut sind, kommen anschließbare Fragmente nicht automatisch in die Hände ein und desselben Forschers. Es ist daher sinnvoll, Datenbanken einzurichten, womit Fragmente aneinander gekoppelt und ganze Blätter – oder Teile davon –, schließlich vielleicht sogar ganze Bücher, rekonstruiert werden können[15].

11 Vgl. Biemans, Oortjes, S. 4.

12 Man spricht von vertuschter Makulatur, wenn die ursprüngliche Tinte überfärbt, übermarmoriert oder überdruckt ist; man spricht von geschönter Makulatur, wenn die ursprüngliche Tinte abgewaschen oder abgekratzt ist, vgl. Prinsen, Maculatuur, S. 17–18.

13 Vgl. Prinsen, Maculatuur, S. 2: Das Mutterbuch ist das Buch, worin die Makulatur verwendet wurde, das Quellenbuch ist das Buch, woraus sie entnommen worden ist.

14 Prinsen, Maculatuur, S. 3.

15 Biemans, Oortjes, S. 5, schreibt, dass pro Codex gewöhnlich nur ein paar Fragmente erhalten sind. In Fußnote 6 sagt er: „Die Inventarisierung der Fragmente von *Spiegel historiael*-Handschriften lehrt, dass von den meisten Handschriften nicht mehr als eine oder zwei Folia (oder Teile davon) erhalten sind“. In einigen Fällen ergibt es sich aber, dass durch zufälliges Aufeinandertreffen von Umständen viel mehr erhalten geblieben ist. So vermerkt er in Fußnote 7, dass von einem bestimmten Buch 38

Ebenso wie bei archäologischen Funden gibt es in der Buchwissenschaft ein Spannungsfeld zwischen dem Fund eines Fragmentes aus einem verloren geglaubten Quellenbuch einerseits und der Funktion des Fragments in seiner neuen Umgebung, dem Mutterbuch, andererseits. Um die – durchwegs alten – Bücher intakt lassen zu können, ist es erstrebenswert, die verarbeiteten Fragmente sichtbar zu machen, ohne das Buch dazu auseinander nehmen zu müssen. Es wird bereits an verschiedenen Techniken gearbeitet, etwa mit Röntgenaufnahmen und MRT-Scans, aber bislang hat das noch nicht zu einem befriedigenden Ergebnis geführt. Es ist zu hoffen, dass es bald zuverlässige Verfahren geben wird, mit denen ältere Bücher in unseren Bibliotheken auf Fragmente hin untersucht werden können.

Die Bedeutung von Makulatur für die Musikwissenschaft

Um die Bedeutung von Musiknotenfragmenten, die als Makulatur wieder ans Licht gekommen sind, gut interpretieren zu können, soll zuerst ein Bild von der Art und Weise skizziert werden, wie Musik in der betreffenden Zeit praktiziert und verbreitet wurde. Musik war auch schon im 16. und 17. Jahrhundert ein fester Bestandteil des Lebens aller Schichten der Gesellschaft, sowohl als einstimmiges Repertoire als auch als mehrstimmiges Repertoire. Einstimmige weltliche Lieder – entweder mit oder ohne improvisierte Begleitung – wurden zu Hause gesungen, auf der Straße und in den Wirtshäusern. Es gab einen großen internationalen Fundus von Melodien, zu dem fortlaufend neue Texte geschrieben wurden. Viel von dieser Musik wurde nur mündlich weitergegeben, es hat aber auch zahlreiche, oft billig verfertigte, Liederbücher gegeben. Musiknotation sieht man in diesen Büchern selten, da die Weisen gewöhnlich bekannt waren. In den meisten Liederbüchern findet man nur Texte mit einem darüber abgedruckten Hinweis auf die zu verwendende Melodie[16]. Auch in den Kirchen wurde einstimmig gesungen: In der katholischen Kirche war das die Gregorianik, in den reformierten Kirchen waren es die gereimten Psalmen und in der Lutherischen Kirche die Choräle[17]. Obschon manchmal gedruckt, ist das gregorianische Repertoire vor allem in Handschriften überliefert. Im Mittelalter ist es häufig auf Pergament geschrieben, später immer öfter auch auf Papier. Die Texte und Melodien des Hugenottenpsalters sind fast ausschließlich in gedruckter Form erhalten; dasselbe gilt für die einstimmigen Versionen der lutherischen Choräle. Es handelt sich hier nahezu durchweg um Ausgaben auf Papier.

Die mehrstimmige Musik des 16. und 17. Jahrhunderts ist auf zwei verschiedene Arten überliefert: In den Wohnzimmern sind überwiegend Stimmbüchlein gebraucht, in den

Fragmente von 33 Blättern und von einem anderen Buch 45 größere und kleinere Fragmente erhalten geblieben sind.

16 Vgl. Louis Peter Grijp, Het Nederlandse lied in de Gouden Eeuw. Het mechanisme van de contrafactuur, Amsterdam 1991.

17 Vgl. Samuel Jan Lenselink, De Nederlandse Psalmberijmingen van de Souterliedekens tot Datheen, met hun voorgangers in Duitsland en Frankrijk, Dordrecht 1983; Emmanuel Haein, Le problème du chant choral dans les églises réformées et le trésor liturgique de la Cantilène huguenote, Montpellier 1926; Kurt Henning, Die geistliche Kontrafaktur im Jahrhundert der Reformation. Ein Beitrag zur Geschichte des deutschen Volks- und Kirchenliedes im XVI. Jahrhundert, Königsberg 1909.

Abb. 29
Chorbuch aus der Gaesdoncker Klosterbibliothek, Psalm 22 ‚Mein Hirt ist Got der Herr', in: Konrad Hagius, *Die Psalmen Davids, Wie die hiebevor in allerlej art Reymen und Melodejen durch den Herrn Caspar Ulenbergium in Truck verfertigt ... mit vier Stimmen zugerichtet* (Düsseldorf, Albert Buys, 1589) (Foto: Laurenz van der Linde).

Kirchen meistens Chorbücher. Partituren, worin alle auszuführenden Stimmen in einem zusammenhängenden System unter- und übereinander notiert sind, gab es zu jener Zeit kaum[18]. In Chorbüchern sind alle auszuführenden Stimmen nebeneinander auf den zwei einander gegenüberliegenden Seiten eines aufgeschlagenen Buches notiert (s. Abb. 29, auch als Farbabb.). Chorbücher kennen wir schon aus der Zeit des Mittelalters, und sie sind – wie die Gregorianik – ursprünglich meistens auf Pergament geschrieben, später immer öfter auf Papier. Obwohl Chorbücher auch in gedruckter Form erhalten sind, waren diese Ausgaben für die meisten Kirchen in der Anschaffung zu teuer, und für den häuslichen Gebrauch (wo man auch viel religiöse Musik gesungen hat) waren sie unpraktisch. Chorbücher sind gewöhnlich von größerem Format; sie wurden auf ein Stehpult platziert, um das sich der ganze Chor scharte.

18 Die ältesten gedruckten Beispiele von Partitur-Notation stammen aus dem letzten Dezennium des 16. Jahrhunderts, es sollte aber bis in die zweite Hälfte des 17. Jahrhunderts dauern, bis diese Notationsform die Oberhand bekam. Vgl. Richard Agee, The Gardano Music Printing Firms, 1569–1611, Rochester 1998.

Abb. 30
Stimmbücher aus der Gaesdoncker Klosterbibliothek: ‚Quam pulchra es', in: Gasparo Casati, *Sacri concentus III. et IV. vocum, cum basso continuo* ([Antwerpen], héritiers de Pierre Phalèse, 1644) (Foto: Laurenz van der Linde).

In den Wohnzimmern machte man vor allem Gebrauch von separaten Stimmbüchern. Eine gedruckte Ausgabe hatte so viele Stimmbücher wie es Stimmen gab. Zweifellos zirkulierten diese Stimmen auch in Handschrift, aber davon sind nur Bruchteile erhalten. Die gedruckten Stimmbüchlein aus dem 16. und 17. Jahrhundert aber gibt es noch in großer Zahl in Bibliotheken, Archiven und Privatsammlungen, verteilt über die ganze Welt (s. Abb. 30). Häufig sind nicht alle Stimmbücher, die zusammen eine Ausgabe bildeten, auch zusammen aufbewahrt worden. In vielen Fällen kann man noch einen kompletten Satz zusammenstellen aus dem Bestand verschiedener Bibliotheken, doch nicht selten bleiben Sätze unvollständig. Aus diesem Grund ist ein Fund von Material aus Stimmbüchern, durch den eine Sammlung komplettiert wird, von besonderer Bedeutung.

a. Makulatur von gedruckten Musikausgaben

Anders als bei Schöpfungen der Bildenden Kunst ist die Notation von Musik nicht das eigentliche Kunstwerk. Tatsächlich ist sie eine Ansammlung von Instruktionen, um zu einer Neugestaltung des Kunstwerkes zu gelangen. Vieles ist dabei nicht festgelegt. Tonhöhe und -dauer sind nur in relativen Werten notiert, und auch der unterlegte Text ist häufig offen für mehr als eine Interpretation. Alles, was selbstverständlich war, brauchte nicht notiert zu werden. Aber alles, was zu jener Zeit selbstverständlich war, kann mittlerweile unklar geworden sein. Anmerkungen der zeitgenössischen Benutzer helfen, solche ehemaligen Selbstverständlichkeiten zu erklären. Die häufig unbenutzten Exemplare der Musikbücher in den Bibliotheken geben keine Antwort auf die Fragen nach der zeitgenössischen Ausführungspraxis. Die Makulatur hingegen, insbesondere die utilisierte Makulatur, liefert häufig gerade diese sehr begehrten Anweisungen, die für die historische Ausführungspraxis wichtig sind.

b. Makulatur von handgeschriebener Musiknotation

Vom 16. Jahrhundert an wurde Musik auch im Druck herausgegeben, in der Zeit vorher fast immer nur in Handschrift[19]. Während die Musik zur Ausübung in den Wohnzimmern überwiegend in gedruckter Form überliefert ist, muss hier aber auch eine große Anzahl von Handschriften zirkuliert haben. Zunächst werden die Komponisten ihre Musik handschriftlich zu Papier gebracht haben, natürlich erst im Entwurf und mit Korrekturen. Schließlich werden Sie eine Reinschrift verfasst haben. Wenn sie ihr Werk dann dem Drucker übergaben, werden Sie nicht Ihr eigenes Original genommen, sondern ihm eine Abschrift gegeben haben. Der Drucker (oder sein Herausgeber) wird dann die Musik derart notiert haben, dass es der Arbeitspraxis des Betriebes und den Beschränkungen der Druckerpresse entsprach, so dass schließlich der Setzer an die Arbeit gehen konnte. Wenn die Musik einmal in gedruckter Form zur Verfügung stand, ist sie sicherlich auch vielfach abgeschrieben worden. Die Anschaffung von gedruckter Musik war teuer, und es lohnte sich dann auch die Mühe, ein beliebtes Stück aus der Sammlung eines Bekannten abzuschreiben. Die überwiegende Mehrzahl solcher Handschriften ist aber verloren gegangen. Doch diejenigen für den häuslichen Gebrauch bestimmtem Handschriften, die nun als Makulatur wieder ans Licht gekommen sind, liefern Einblick in die früher sehr verbreitete Praxis des täglichen Musizierens.

Die Mutterbücher in Gaesdonck

Die untersuchte Makulatur mit Musiknotation in Gaesdonck betrifft in allen Fällen Fragmente auf Papier, die in verschiedenen Büchern im Inneren des Buchdeckels verwendet wurden. In zwei Fällen handelt es sich um Bücher, die keine Beziehung zur Musik hatten, in einem Fall um mehrere Stimmbücher eines Konvoluts verschiedener Musikausgaben.

Die Mutterbücher stammen aus den Jahren 1575 und 1601, das Konvolut aus der Periode 1639 bis 1650. Es handelt sich bei den beiden Textbüchern um *De Recte Formando Studio Theologico, Libri Quatuor* von Lorenzo de Villavicencio (Köln, 1575) und das zweiteilige Werk *Christliche Catholische Postill* (Predigtsammlung) von Petrus Canisius (Freiburg, 1601). Das Konvolut mit Musikbüchern besteht aus sechs Ausgaben, alle aus der Druckerei des bekannten Antwerpener Musikdruckers Phalèse: *Sacrae cantiones concertatae duabus vocibus cum b. continuo ad organum*, von Simplicio Todeschi (Antwerpen, 1639); *Sacrarum laudum musicis conceptibus ... binis, ternis, quaternis, quinisque vocibus ad organum concinendarum, liber secundus*, von Galeazzo Sabbatini (Antwerpen, 1641); vier

19 In der Periode bis 1500 – Zeitalter der Inkunabel – ist zwar auch Musik gedruckt worden, doch war diese selten für die Ausführungspraxis gedacht. Diese Musik beschränkte sich überwiegend auf Musikbeispiele in Traktaten und ein einziges Mal auf die einstimmige Notation von Gregorianik.

Ausgaben mit Kompositionen von Gasparo Casati: *Sacri concentus III. et IV. vocum, cum basso continuo* ([Antwerpen], 1644); *Operis primi pars prior, continens moteta una et duabus vocibus ad organum concertata* (Antwerpen, 1647); *Amoenum rosarium odoriferis concentuum rosis (I. II. III. et IV. vocum) variatum ... cum basso continuo ad organum, opus quintum* (Antwerpen, 1649) und *Sacri concentus duarum vocum cum basso continuo* (Antwerpen, 1650)[20]. Es ist bemerkenswert, dass von den fünf Stimmbüchern (Cantus, Altus, Tenor, Bassus und Quintus) nur der Cantus keine Makulatur im Deckel hat. Möglicherweise geht dieser Umstand auf eine frühere, nicht dokumentierte Restaurierung zurück; anders wäre das schwer zu erklären.

Vergleicht man die Erscheinungsdaten des Mutterbuches mit denen der Quellenbücher, kann man den *terminus post quem* feststellen, also den Zeitpunkt, zu dem frühestens die Buchbinder ihre Arbeit geleistet haben. Für die drei Mutterbücher läuft das auf Folgendes hinaus: Das Buch von 1575 enthielt Makulatur aus zwei unterschiedlichen Quellenbüchern, beide von 1596, und einige handschriftliche Blätter aus vermutlich derselben Periode. Das Buch kann also nicht viel früher als zur Jahrhundertwende gebunden worden sein. Das zweiteilige Werk von 1601 enthielt Makulatur aus nur einem Quellenbuch von 1563 und wurde also im Jahre 1601 oder (kurz) danach gebunden. Die Mutterbücher aus den Jahren 1639 bis 1650 enthielten Makulatur aus Quellenbüchern aus der Zeit von 1546 bis 1607. Nach dem Datum der letzten Ausgabe in diesem Konvolut zu urteilen, kann der Buchbinder seine Arbeit nicht vor 1650 geleistet haben. Die große zeitliche Distanz zwischen dem ältesten und dem jüngsten Quellenbuch ist dadurch zu erklären, dass es sich bei der ältesten Makulatur – aus den Jahren 1546 und 1547 – um utilisierte Makulatur, bei den späteren Quellenbüchern hingegen eindeutig um nicht-utilisierte Makulatur handelt. Da in der Makulatur sowohl des Mutterbuches von 1575 als auch des o. g. Konvolutes anschließbare Fragmente – nämlich einige aufeinander folgende Blätter der Quellenbücher – gefunden wurden, ist de facto auszuschließen, dass eine große Zeitspanne zwischen den jeweiligen Arbeiten des Buchbinders an den beiden Einbänden gelegen hat, so auch die Annahme, es könnte sich um zwei verschiedene Buchbinder gehandelt haben. Aus dieser Tatsache ist zu folgern, dass auch das Buch von 1575 faktisch nicht vor 1650 gebunden wurde. Das ist erstaunlich, denn das würde bedeuten, dass dieses Buch erst 75 Jahre nach Druck beim Buchbinder landete. Es ist zwar nicht auszuschließen, dass es in all den Jahren als unverkauftes Exemplar bei einem Buchhändler gelegen hat, wahrscheinlicher aber ist, dass es im Jahre 1650 einen Grund gab, den Einband zu erneuern.

Die Quellenbücher in Gaesdonck

Die Makulatur, welche in der Gaesdoncker Klosterbibliothek ans Licht gekommen ist, umfasst sowohl gedruckte als auch handgeschriebene Musiknotenfragmente, sie umfasst sowohl utilisierte als auch nicht-utilisierte Makulatur und sowohl anschließbare als auch nicht-anschließbare Fragmente. Untenstehend werden die unterschiedlichen Quellenbücher besprochen zusammen mit den musikwissenschaftlichen Schlussfolgerungen, die aus der aufgetauchten Makulatur gezogen werden können.

20 Für die bibliografische Beschreibung aller dieser Ausgaben siehe Beilage III, „Die Mutterbücher".

Abb. 31
Schwer beschädigte Seite mit ‚Prenez plaisir', in: Petit Jan de Latre, *Cantionum musicarum, quae diversis vocibus diversoque idiomate Gallico et Teutonico omnibus instrumentis musicis attemperatae sunt, liber unus nunc primum in lucem editus* (Düsseldorf, Johannes Oridryus & Albert Buys, 1563) (Foto: Laurenz van der Linde).

Die Kenntnisse über Petit Jan de Latre in Amersfoort

Im Jahre 1974 kam bei Bibliotheksarbeiten in Gaesdonck in einer 1601 gedruckten zweibändigen Postille eine große Menge von mit Musik bedrucktem Papier zum Vorschein. Hier war offensichtlich der Buchdeckel mit aufeinander geklebten Bögen aus Papier angefertigt worden. Diese Papierbögen entstammen einer Ausgabe von 1563, von deren Existenz man bis dato überhaupt nichts wusste. Diese Ausgabe, *Cantionum Musicarum* genannt, bestand aus französischen Chansons und niederländischen mehrstimmigen Liedern des ziemlich bekannten Lütticher Komponisten Petit Jan de Latre (ca. 1505/1510–1569). Die losen Blätter bilden zusammen die nahezu kompletten Stimmbücher der „Superior" (Sopranstimme) und „Quinta Pars" (fünfte Stimme, mit einer zweiten Sopran-, Alt- oder Tenorpartie); die übrigen Stimmbücher („Altus", „Tenor" und „Bassus") fehlen und sind auch nicht aus anderen Kollektionen bekannt. Von beiden bewahrt gebliebenen Stimmbüchern sind einige Blätter nicht vorhanden, ein paar Blätter sind stark beschädigt (s. Abb. 31), aber der allergrößte Teil dieser Musiknotation ist vollständig und ausgezeichnet lesbar. Es ist wahrscheinlich ein glücklicher Zufall, dass der Buchbinder für die vier Einbanddeckel

Abb. 32
Titelseite von Petit Jan de Latre, *Cantionum musicarum, quae diversis vocibus diversoque idiomate Gallico et Teutonico omnibus instrumentis musicis attemperatae sunt, liber unus nunc primum in lucem editus* (Düsseldorf, Johannes Oridryus & Albert Buys, 1563) (Foto: Laurenz van der Linde).

seiner zwei Bücher in Hochformat nahezu dieselben Abmessungen benötigte wie die aus dem Querformat des ursprünglichen Musikbandes. Daher umfassen die ausgeschnittenen Papierfragmente immer genau die vollständige Musiknotation der Originalseite. Nur in einigen Fällen ist der Rand an der obersten Musikzeile verloren gegangen.

Die Reste des *Cantionum Musicarum* gehörten ohne Zweifel zum Druckereiabfall. Es ist nicht klar, ob es sich um einen Fehldruck oder ein unverkauftes Reststück handelt, aber aus der Art und Weise, wie die Blätter aufeinander lagen, kann man schließen, dass die Lagen nicht gefaltet aufeinander gelegen haben, als der Buchbinder seine Stücke herausschnitt, um damit den Einband seiner Bücher zu füllen. Sie sind also nie zu Musikbüchern verarbeitet worden, und somit handelt es sich um nicht-utilisierte Makulatur.

Diese beiden Stimmen reichen nicht aus, um das musikalische Original von Petit Jan de Latre sinnvoll zu rekonstruieren. Dennoch ist der Fund musikwissenschaftlich von Bedeutung, weil es auf der Titelseite heißt: *M. Johanne de Latre, vulgari cognomento Petit Jan celeberrimi Chori Amersfordiani Archimusico* (Meister Johannes de Latre, allgemein bekannt als Petit Jan, Erzmusiker des gefeierten Amersfoorter Chors, s. Abb. 32). Damit ist der Beweis erbracht, dass Petit Jan de Latre zu der Zeit (1563) in Amersfoort tätig war. Diese Tatsache war bis dahin nicht bekannt. Auf Basis dieser Information wurde in den Amersfoorter Archiven gesucht, und tatsächlich konnte auch auf diesem Wege Petit Jans Anwesenheit in Amersfoort bestätigt werden und wiederum mit diesen Fakten konnte die Biographie von Petit Jan de Latre ergänzt werden[21].

Außerdem wirft Petit Jans Anwesenheit in Amersfoort auch ein neues Licht auf die musikalische Entwicklung von Joannes Tollius. Jan Tol, wie er ursprünglich hieß, wurde um 1555 in Amersfoort geboren und wurde dort schon in seiner Jugend zum Kapellmeister der Liebfrauenkapelle berufen[22]. Als Amersfoort sich im Jahre 1579 gezwungenermaßen dem Aufstand gegen das katholische Spanien anschloß und die Katholiken in ihrer Religionsausübung immer stärker eingeschränkt wurden, zog Jan Tol bald nach Italien, wo er unter dem Namen Joannes Tollius Furore machte als Kapellmeister und Sänger in den Kathedralen von Rieti (1583–1584), Assisi (1584–1586), Rom (1586–1588, hier in der Kirche am Krankenhaus ‚In santo Spirito') und Padua (1588–1601). Im November 1601 trat Tollius eine Stelle in Kopenhagen als Sänger am Hof Christians IV. an, wo er ein außerordentlich hohes Jahresgehalt bekam (mit dreihundert Thalern anderthalb mal so viel wie die bestbezahlten Sänger bis dahin). Nach 1603 ist von Tollius nicht mehr bekannt, was er tat und wo er sich aufhielt; vermutlich lebte er als wohlhabender Mann in Kopenhagen. Aus den Amersfoorter Archiven, in denen er noch häufig als Geldgeber auftaucht, ist zu entnehmen, dass er zwischen Oktober 1619 und April 1620 gestorben sein muss.

In den Jahren, da Tollius in Amersfoort die Lateinische Schule besuchte, war Petit Jan de Latre dort als Musiklehrer und Chorleiter angestellt. Es ist nicht unwahrscheinlich, dass die Anwesenheit von Petit Jan de Latre in Amersfoort von Einfluß gewesen ist auf die musikalische Ausbildung von Tollius. So ist aus der Wiederverwendung von Druckereiabfall, ein interessantes Stück Musikgeschichte wieder ans Licht gekommen.

Die in Gaesdonck aufgefundenen Fragmente mit handgeschriebener Notation

Eine der Handschriften der Gaesdoncker Makulatur besteht aus zwei losen Blättern, wovon alle vier Seiten mit Musiknoten beschrieben sind. Eine Komposition war leicht zu bestimmen, weil der Name des Komponisten auf der Handschrift verzeichnet war, nämlich Orlando di Lasso (1532–1594). Roland Lassus, wie wohl der Taufname lautete, wurde in Mons (in Hennegau, Belgien) geboren und wurde zum populärsten, produktivsten und meistgesungenen Komponisten seiner Zeit. 1556 wurde er als Sänger an die Hofkapelle des bayrischen Herzogs Albrecht IV. berufen, wo er einige Jahre später zum Kapellmeister befördert wurde. Bis zu seinem Tod am 14. Juni 1594 sollte Lassus in München wohnen und arbeiten.

21 Vgl. Simon Groot, Petit Jan de Latre in Amersfoort. A new look at his biography, in: Tijdschrift van de Koninklijke Vereniging voor Nederlandse Muziekgeschiedenis 63 (2013), S. 65–85.

22 Die St. Georgskirche war zwar der Hauptkirche von Amersfoort, aber die Kapelle von Unserer Lieben Frau übertraf sie an Bedeutung. Seit dem Fund eines wundertätigen Marienbildes im Jahre 1444 war diese Kapelle einer der wichtigsten Wallfahrtsorte in den Niederlanden. Die große Zahl der Pilger, die hier Genesung suchten, brachte der Stadt und der Kirche viel Geld in die Kasse.

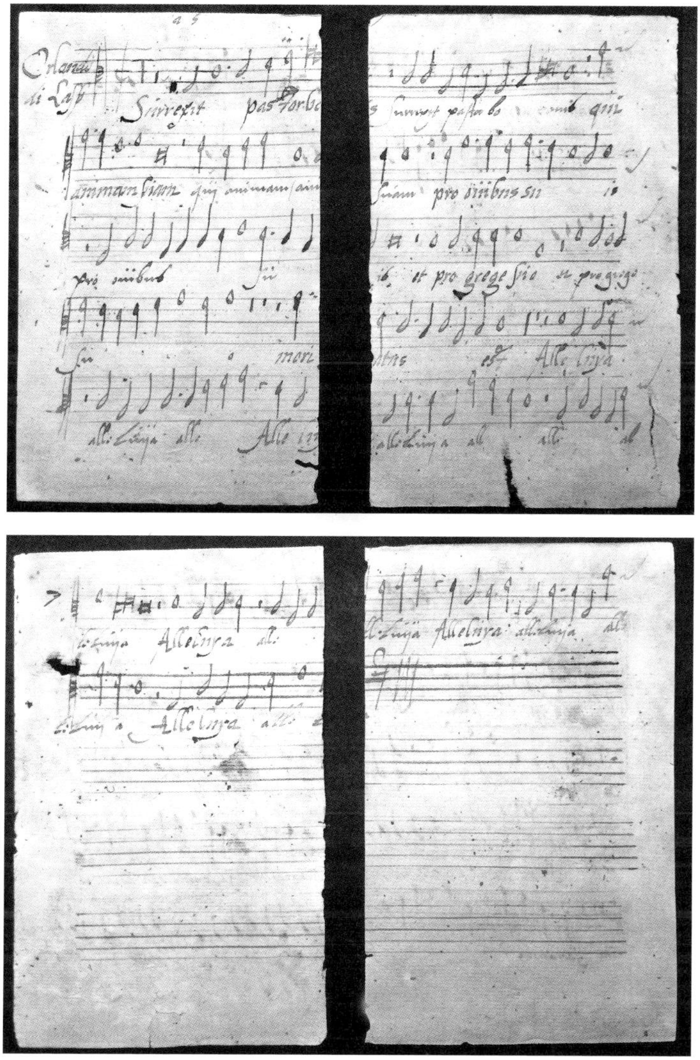

Abb. 33, 34
Fragment aus: Orlando di Lasso, *Surrexit pastor bonus*, Seiten 1 und 2 (Foto: Laurenz van der Linde).

Das vorliegende Fragment (s. Abb. 33 und 34, auch als Farbabb.) enthält den Tenor der fünfstimmigen Motette *Surrexit pastor bonus*. Diese Komposition kommt in nicht weniger als zwanzig zeitgenössischen gedruckten Quellen vor, die älteste ist von 1562, und die letzte ist das berühmte *Magnum opus musicum* von 1604, worin zehn Jahre nach seinem Tod die Söhne von Lassus alle Motetten ihres Vaters, die sie zusammenbekamen, noch einmal herausgegeben haben. Die vorliegende Komposition beginnt auf der Rückseite des

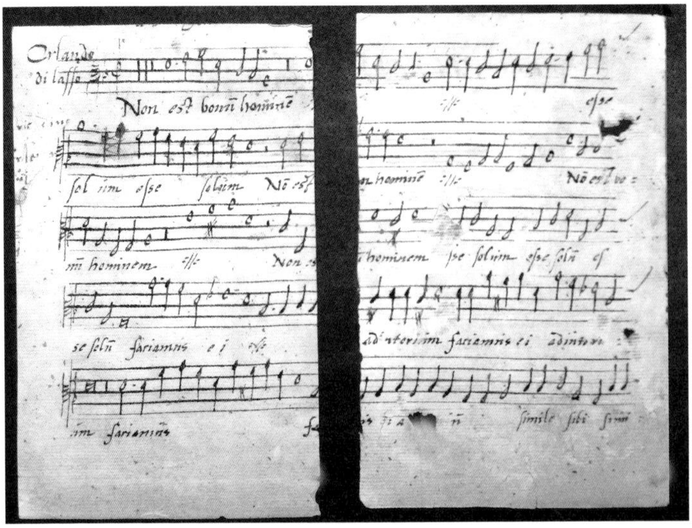

Abb. 35
Gallus Dressler, *Non est bonum hominem* (Foto: Laurenz van der Linde).

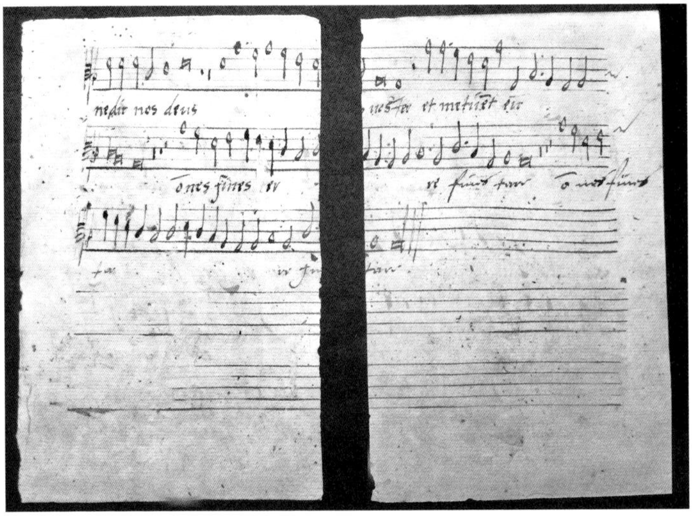

Abb. 36
Unbekannter Komponist, Ende von *Deus misereatur nostri* (Foto: Laurenz van der Linde).

Abb. 37
Basso continuo einer nicht trassierten Komposition (Foto: Laurenz van der Linde).

Abb. 38
Fragment einer nicht trassierten Basspartie (Foto: Laurenz van der Linde).

einen Blattes und wird auf der Vorderseite des nächsten Blattes fortgesetzt. Es gibt in dieser Handschrift eine Variante in Bezug auf die bekannten Drucke, denn das erste „alleluya" wurde in der gedruckten Version dreimal gesungen, während es in der Handschrift nur einmal notiert ist. Es ist nicht mehr zu rekonstruieren, ob diese abweichende Lesart auf einen Schreibfehler in dieser einen Stimme zurückgeht, oder ob es eine in allen Stimmen vorgenommene Anpassung war.

Auf der Rückseite des zweiten Blattes liegt etwas Merkwürdiges vor. Hier finden wir den Beginn einer Komposition auf den Text *Non est bonum hominem* (s. Abb. 35, auch als Farbabb.), basierend auf einer Passage aus Gen 2,18. Bei diesem Werk steht wiederum der Name von Orlando di Lasso über den Noten, aber es ist keine Komposition von di Lasso auf diesen Text bekannt. Sicher bekannt ist jedoch eine Komposition auf diesen Text von

Gallus Dressler (1533– ca. 1585)[23]. Ein Vergleich der vorliegenden Stimme mit den Stimmbüchern des ersten Druckes dieses Werks, *XC Cantiones quatuor, quinque et plurium vocum* (Magdeburg, Wolfgang Kirchner 1570)[24], hat deutlich gemacht, dass es sich tatsächlich um diese Komposition handelt. Das Werk ist in dieser Zeit recht populär gewesen; es kommt in noch drei anderen Sammlungen mit gedruckter Musik vor[25], es sind außerdem zwei Fassungen für Laute bekannt[26].

Auf der Vorderseite des ersten Blattes befindet sich das Ende einer Komposition mit dem Satz „et metuant eum omnes fines terrae" (Abb. 36, auch als Farbabb.). Dieser Satz ist der Schluss des Psalms 66 (67), der mit dem Vers beginnt „Deus misereatur nostri et benedicat nobis". Das ist einer der Bußpsalmen, die auch von Lassus vertont wurden, aber die Musik der Handschrift erweist sich als nicht übereinstimmend mit der Komposition von Lassus. Auch Johann Walter, A. Gabrieli, Claudin de Sermisy, Pierre Vermont, Thomas Stoltzer, Arnold von Bruck, Christian Erbach, Alexander Utendal, Thomas Crecquillon, Simon Moreau, John Sheppard, Robert Johnson, Robert White, Philippe de Monte, Melchior Bischoff, Gioseffo Guami, Melchior Vulpius, Philip Dulichius, Costanzo Porta und Mogens Pedersøn haben eine Komposition zu diesem Text verfasst, möglicherweise auch noch andere Komponisten[27]. Es ist die einzige vokale Komposition der Gaesdoncker Makulatur, wovon ich die Herkunft bis jetzt nicht feststellen konnte.

Es gibt auch noch zwei Blätter mit Musiknotation ohne Text, die nicht näher identifiziert werden konnten. In beiden Fällen handelt es sich um eine Baßlinie, in einem der beiden Fällen ist auch die Rede von Taktstrichen und Ziffern, was anzeigt, dass diese Partie zum Gebrauch als „basso continuo" bestimmt war (Abb. 37, auch als Farbabb.). Diese Stimme ist zweifellos aus dem 17. Jahrhundert (vielleicht sogar noch später, aber bestimmt nicht aus dem 16. Jahrhundert). Das andere Blatt sieht eher aus wie ein Konzeptpapier. Die Musik besteht aus annähernd zwei Zeilen und ist angesichts der Pausen am Anfang Teil einer mehrstimmigen Komposition und wegen des Fehlens einer Schlusszeile offensichtlich nicht zu Ende geführt (Abb. 38, auch als Farbabb.).

Zwischen der in der Gaesdoncker Klosterbibliothek ans Licht gekommenen Makulatur befindet sich auch ein Doppelblatt mit der Stimme eines zweiteiligen Werkes (Abb. 39–41, auch als Farbabb.). Der Text lautet wie folgt:

23 Gallus Dressler (*Nebra, 1533; † Zerbst, um 1585). Vgl. Walter Blankenburg, Clytus Gottwald in: Grove Online; Wilhelm Martin Luther, Gallus Dressler. Ein Beitrag zur Geschichte des Schulkantorats im 16. Jahrhundert, Kassel 1941.

24 RISM-A/I: D 3520 (Das benutzte Exemplar stammt aus der Bibliothek des Gymnasiums Francisceum in Zerbst).

25 RISM-A/I: D 3521, D 3522 und D 3523.

26 Matthaeus Waissel (1573) und Elias Nicolaus Ammerbach (1575). Vgl. Howard Mayer Brown, Instrumental Music printed before 1600, Cambridge/Mass. 1967, resp. 1573_3,24 und 1575_1,23.

27 Leider habe ich nicht alle diese Kompositionen mit der Handschrift vergleichen können; soweit es gelungen ist, habe ich nur feststellen können, dass es keine Übereinstimmung gab.

Prima pars:
Isti sunt viri sancti,
quos elegit Dominus in charitate non ficta,
et dedit illis gloriam sempiternam:
quorum doctrina fulget Ecclesia,
ut sol et luna.

Secunda pars:
Sancti per fidem vicerunt regna:
operati sunt justitiam,
adepti sunt repromissiones
quorum doctrina fulget Ecclesia,
ut sol et luna.

Der Text, wovon der zweite Teil aus der Bibel entnommen ist (Hebr 11,33), wurde von einer Anzahl von Komponisten des 16. Jahrhunderts vertont. Unter ihnen befindet sich der bekannte Giovanni Pierluigi da Palestrina (ca. 1525–1594), danach die weniger bekannten Ivo de Vento (ca. 1543/1545–1575) und Jacob de Brouck (aktiv von 1568 bis 1583) und der völlig unbekannte Joannes Gransyre; über ihn gibt es keinerlei biografische Informationen. Nachdem die meisten in Frage kommenden Fassungen verglichen worden waren, mußte festgestellt werden, dass diese nicht mit der aufgefundenen Stimme übereinstimmten. Danach wurde die Aufmerksamkeit gerichtet auf die Ausgabe *Liber tertius sacrarum cantionum diversorum autorum, quatuor, quinque, et sex vocum* (Düsseldorf, J. Baethen 1556)[28], welche die Fassung des unbekannten Joannes Gransyre enthielt. Unter Berücksichtigung der recht geringen Distanz zwischen Düsseldorf und Gaesdonck, dazu auch der Tatsache, dass weitere Ausgaben dieses Druckers und seiner Nachfolger Oridryus und Buys in der Gaesdoncker Klosterbibliothek zu finden sind, war die Wahrscheinlichkeit groß, dass hier auch eine Verbindung bestand. Dabei müssen wir uns bewusst sein, dass nicht nur die Gaesdoncker Klosterbibliothek über Material aus Düsseldorf verfügte, sondern auch wenigstens einer ihrer Buchbinder. Denn Oridryus und Buys waren auch die Drucker des oben erwähnten Musikbuches von Petit Jan de Latre.

Es erwies sich tatsächlich, dass es sich um dieselbe Komposition handelte, aber die Unterschiede waren dermaßen groß, dass eine direkte Beziehung zwischen dieser Handschrift und dem Druck als unwahrscheinlich angesehen werden musste. Dasselbe Werk kommt auch in einem älteren Druck vor, nämlich *Nicolai Gomberti musici excellentissimi Pentaphthongos harmonia, que quinque vocum Motetta vulgo nominantur. Additis nunc eiusdem quoque ipsius Gomberti, necnom Jachetti & Morales motettis ... Liber primus* (Venedig, G. Scotto 1541)[29]. Hierin wird das Werk Nicolaes Gombert (ca. 1495–ca. 1560) zugeschrieben, einem der großen niederländischen Komponisten der ersten Hälfte des 16. Jahrhunderts. Diese Ausgabe weicht in einigen Punkten vom Düsseldorfer Druck ab und stimmt in grö-

28 RISM-B/I: 1556[3]. Ich studierte das Exemplar der Proskeschen Bibliothek in Regensburg.
29 RISM-A/I: G 2982 en RISM-B/I: 1541[3]. Ich studierte das Exemplar der Thüringer Universitäts- und Landesbibliothek in Jena.

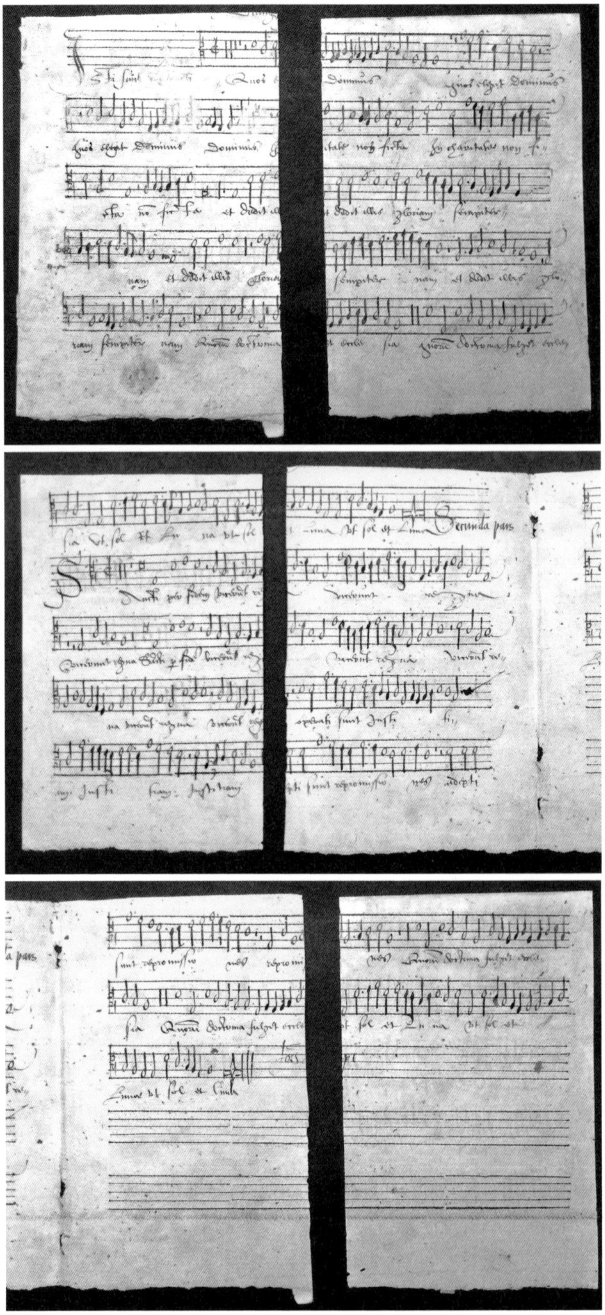

Abb. 39, 40, 41
Nicolaes Gombert/Joan. Gransyre, *Isti sunt viri sancti*, Seiten 1, 2, 3 (Foto: Laurenz van der Linde).

ßerem Maße mit der vorliegenden Handschrift überein. Es bestehen jedoch immer noch Unterschiede, die eine direkte Beziehung dieses Drucks zur Handschrift unwahrscheinlich machen.

Im Jahre 1552 erschien eine Neuauflage des Bandes von 1541, nun herausgegeben von Antonio Gardano. Die Reihenfolge der Stücke wurde geändert, und zwei Motetten sind der Ausgabe hinzugefügt. Die Titelseite erwähnt nur noch den Namen von Nicolaes Gomberts: *Nicolai Gomberti, musici excellentissimi cum quinque vocibus, liber primus* (Venedig, Antonio Gardano 1552)[30]. Im Band stehen keine Namen von Komponisten bei den einzelnen Stücken, und damit wird der ganze Inhalt (und also auch die vorliegende Komposition) implizit Nicolaes Gombert zugeschrieben[31]. Die Textunterlegung von Gardano ist besser geordnet als die von Scotto, aber weiter gibt es keine wesentlichen Unterschiede zwischen den beiden Partien der fünften Stimme von *Isti sunt viri sancti*. Die Differenzen zwischen der Gaesdoncker Handschrift und der gedruckten Quelle sind somit auch durch diesen Neudruck nicht zu klären.

Schließlich gibt es noch eine Handschrift von dieser Komposition in einem Codex, der sich in der französischen Nationalbibliothek in Paris befindet[32]. Fol. 538–566 dieser Handschrift befinden sich alle Stücke, die auch im Druck von Gardano vorkommen, und zwar in derselben Reihenfolge. Die erste dieser Kompositionen ist Nicolaes Gombert zugeschrieben, alle folgenden sind anonym überliefert. Aus dem Gang der Dinge folgert, dass auch alle anderen Kompositionen Gombert zugeschrieben werden können. Nach Auffassung der Pariser Bibliothek ist die Handschrift vermutlich im späten 16. Jahrhundert (selbstverständlich nach 1552) in Parma oder Ravenna entstanden. In dieser Handschrift ist die Musik in Partitur-Notation gesetzt, mit Taktstrichen und dazugehörigen Haltebögen bei Noten, die teils in den einen, teils in den folgenden Takt gehören. Abgesehen von der Anfangslinie ist außerdem der Text weggelassen. Die Handschrift ist offensichtlich gedacht für instrumentale Ausführung (wegen des fehlenden Textes) und für einen einzelnen Instrumentalisten (wegen der Partitur-Notation). Hierbei denkt man in erster Linie an Spieler von Tasteninstrumenten wie Orgel und Cembalo und – weniger wahrscheinlich – an Lautenspieler. Die Lesart in dieser Handschrift stimmt, wie zu erwarten war, genau mit der Version von Gardano (1552) überein und folglich auch mit der von Scotto (1541).

Die einzige Quelle, die dieses Werk Gransyre zuschreibt, ist der Düsseldorfer Druck von 1556. Dieser Druck enthält viele Fehler im Notentext (allein in der vorliegenden Komposition zählte ich schon zehn Fehler, und zwar unterschiedlich von fehlender Punktierung bis hin zu fehlenden Pausen, und in dem zu singenden Text fehlen manchmal ganze Wörter in einer bestimmten Partie). Auch in den Zuschreibungen der verschiedenen Kompositionen stecken einige Fehler, so wurde der erste Teil von *Isti sunt viri sancti* im Stimmbuch des „Bassus“ einem „Incerto autore“ zugeschrieben, und beim zweiten Teil finden wir

30 RISM-A/I: G 2983. Ich studierte das Exemplar der Bayerischen Staatsbibliothek in München.

31 Einige der Kompositionen waren in der Ausgabe von 1541 anderen Komponisten zugeschrieben, wie auch aus der Titelseite zu schließen ist. Zusätzlich waren in dieser Ausgabe die Namen der Komponisten bei jeder individuellen Komposition erwähnt.

32 Paris, BNC 851, Paris, Bibliothèque Nationale de France, Département de la Musique, Fonds du Conservatoire, MS Rés. Vma. 851 („Bourdeney Manuscript“).

dasselbe im Stimmbuch der „Quinta pars". Jedoch ist deutlich, dass der Herausgeber davon überzeugt war, diese Komposition Johannes Gransyre zuschreiben zu müssen, aber wie er zu dieser Überzeugung kam, bleibt unklar. Im selben Band gibt es noch eine Motette, die demselben Autor zugeschrieben wird, und damit sind alle Kompositionen genannt, die von diesem Komponisten bekannt sind.

Die Gaesdoncker Handschrift weist sowohl hinsichtlich der Lesart von Scotto (1541), von Gardano (1552) und von der Pariser Handschrift als auch hinsichtlich des Düsseldorfer Drucks Varianten auf, die vermuten lassen, dass diese Handschrift noch auf eine andere Quelle zurückgeht. Wie diese Handschrift in Beziehung zum ursprünglichen Notentext des Komponisten steht, ist schwierig herauszufinden. Es ist allerdings nicht völlig auszuschließen, wenngleich sehr unwahrscheinlich, dass diese Komposition noch in einer weiteren gedruckten Ausgabe vorkam. Die Gaesdoncker Handschrift steht damit vermutlich in einer Reihe von Handschriften, die auf die ursprüngliche autographische Handschrift zurückgeht. Damit ist nicht gesagt, dass diese Handschrift näher an der ursprünglichen Lesart des Autors ist als die erhaltenen Drucke, aber es ist auch nicht ausgeschlossen. Jedenfalls macht diese Handschrift deutlich, dass ein und dieselbe Komposition schon in ihrer Zeit in verschiedenen Varianten überliefert sein kann. In Beilage I sind die Melodien der „Quinta pars" aus der Gardano-Ausgabe (und damit auch die Lesarten von Scotto und der Pariser Handschrift)[33], die vorliegende Gaesdoncker Handschrift und der Düsseldorfer Druck untereinander gesetzt, sodass ein übersichtliches Bild der verschiedenen Lesarten entsteht.

Die in Gaesdonck aufgefundenen Fragmente gedruckter Notation

Neben den Handschriften sind auch Fragmente von Musikdrucken aus verschiedenen Perioden bei der Makulatur in der Gaesdoncker Klosterbibliothek gefunden worden. Es ist bemerkenswert, dass zwei Gruppen Antwerpener Herkunft sind, beide mit Fragmenten aus verschiedenen Ausgaben. Es gibt Antwerpener Drucke aus der Mitte des 16. Jahrhunderts (insbesondere von Tielman Susato) und aus dem späten 16. Jahrhundert (insbesondere von Pierre Phalèse). Weiter gibt es noch einen deutschen Druck von 1573 und einen von 1607. Schließlich ist noch ein Blatt aus einer italienischen Ausgabe von 1593 vorhanden. Beilage II liefert eine komplette Übersicht der gedruckten Musikblätter.

I. Antwerpener Drucke aus der Mitte des 16. Jahrhunderts

Tielman Susato war der erste bedeutende flämische Musikdrucker. Er war wohnhaft in Antwerpen und druckte zwischen 1543 und 1561 etwa 60 Ausgaben, sowohl mit religiöser als auch mit weltlicher Musik[34]. Markant in seiner Produktion ist unter anderem *Le Septiesme Livre* von 1545 mit Werken von Josquin Desprez[35]. Eine andere auffallende Reihe in

33 Die Version von Gardano ist gewählt worden wegen des klareren Textsatzes dieser Quelle.

34 Vgl. Ute Meissner, Der Antwerpener Notendrucker Tylman Susato, 2 Teile, Berlin 1967.

35 Josquin Desprez (ca. 1450–1521) war der wichtigste Komponist des 15. und frühen 16. Jahrhunderts. Obwohl er vermutlich im nördlichsten Teil des heutigen Frankreich geboren ist, wurde er allgemein zu den niederländischen Komponisten gerechnet. Gegenwärtig gebraucht man meistens den korrekteren Begriff „franco-flämisch".

den Ausgaben Susatos sind die Drucke mit niederländischen Chansons, darunter die Fassungen der *Souterliedekens* (alle 150 Psalmen und 15 Cantica in einer frühen gereimten niederländischen Übersetzung) durch sowohl Jacobus Clemens non Papa als auch Gherardus Mes[36]. In vielen seiner eigenen Ausgaben zeigt sich Susato auch als Komponist einiger Werke. Die Makulatur in Gaesdonck stammt aus Drucken mit religiösen Werken, drei Bände mit Messen (*Liber Missarum*) und vier Bände mit Motetten (*Liber Sacrarum Cantionum*), alle in Hochformat. Diese Sammlungen sind gedruckt in den Jahren 1546 und 1547[37]. Fast die gesamte Makulatur in dieser Gruppe stammt aus den Stimmbüchern des „Bassus", allein die Fragmente des *Liber primus missarum* stammen aus dem Stimmbuch des „Contratenors". Von allen Blättern fehlt ein Streifen an der Oberkante – selbstverständlich, weil der Buchbinder ein kleineres Blatt benötigte als das alte Buch maß. Ansonsten sind die Blätter komplett und, mit nur wenigen Ausnahmen, unbeschädigt.

- *Liber primus missarum quinque vocum, a diversis musicis compositarum* (Antwerpen, T. Susato 1546), fünf Stimmbücher in-4°, mit Kompositionen von T. Crecquillon (2), P. de Manchicourt und T. Susato[38]. Von dieser Ausgabe befinden sich zwei Blätter des Stimmbuchs des „Contratenors" in der Gaesdoncker Makulatur. Es handelt sich um die Lagenblätter B2 und B3, welche in dem ursprünglichen Band ein Doppelblatt gebildet haben. Es fehlt ein Streifchen an der oberen Blattkante, aber von einem dieser zwei Blätter ist das Streifchen separat erhalten. Auf beiden Blättern sind handschriftliche Notizen zu finden, die darauf hindeuten, dass wir es hier mit utilisierter Makulatur zu tun haben. Die Notizen haben aber keinerlei Beziehung zur Musik. Auf einem dieser Blätter ist in dem Buchstabenkörper „C" (Initiale des „Christe eleyson") ein Gesicht gezeichnet (Abb. 42, auch als Farbabb.), auf dem anderen Blatt sind hinter das „E" (Initiale des „Et iterum venturus est") die Buchstaben „go" geschrieben (sodass dort jetzt „Ego" steht). Daneben sind Buchstaben, einige Wörter und Kringel auf die Blätter geschrieben (Abb. 43, auch als Farbabb.).
- *Liber secundus missarum quatuor vocum a prestantissimis musicis. Nempe Ioan. Lupo Hellingo & Thoma Cricquillione* (Antwerpen, T. Susato 1545), vier Stimmbücher in-4°, mit Kompositionen von A. Barbé, T. Crecquillon (3) und L. Hellinck (2)[39]. Von dieser

36 Jacobus Clemens non Papa (ca. 1510–1555/1556) gehört zu den wichtigsten flämischen Komponisten der Mitte des 16. Jahrhunderts. Von Gherardus Mes ist neben seinen Fassungen der *Souterliedekens* nur eine Komposition bekannt (ausgerechnet in dem oben erwähnten Düsseldorfer Druck); über seine Biographie wissen wir nichts.

37 Der *Liber secundus missarum* hat 1545 als Jahreszahl, doch scheint das ein Druckfehler zu sein (s. Fußnote 39).

38 RISM-B/I: 1546[3], Exemplare in **D**-Kl; **D**-MÜs; **GB**-Lbm; **PL**-GD; **S**-Uu (SAB5).

39 RISM-B/I: 1545[1], Exemplare in **D**-Kl; **GB**-Lbm; **PL**-GD; **S**-Uu (SAB). N.B. Es ist einigermaßen mysteriös, daß *Liber primus* und *Liber tertius missarum* im Jahre 1546 gedruckt sind, während *Liber secundus* im Jahre 1545 gedruckt ist. Es sind keine anderen Drucke dieser Ausgaben erhalten, während von den bekannten Drucken gleich mehrere Exemplare erhalten sind. Möglicherweise ist die Jahreszahl 1545 in *Liber secundus* ein Druckfehler, es ist aber nicht auszuschließen, dass es sich um mehrere Drucke gehandelt hat, wovon dann *Liber secundus* zu einem früheren Druck gehörte, *Liber primus* und *Liber tertius* hingegen zu einem späteren.

Abb. 42, 43
Handschriftliche Hinzufügungen in *Liber primus missarum quinque vocum, a diversis musicis compositarum* (Antwerpen, T. Susato, 1546), Contratenor fol. VIr und fol. VIIv (Foto: Laurenz van der Linde).

Ausgabe sind zwar keine Blätter in der Makulatur von Gaesdonck aufgetaucht, aber in der Bibliothek befindet sich ein unvollständiges Stimmbuch dieses Druckes. Es handelt sich um die Lagen D und E (Folio 13–20) des Stimmbuches des „Tenors". Sie sind irgendwann einmal restauriert und eingebunden worden in einen Einband, aber die Beschädigungen am Papier lassen vermuten, dass sie längere Zeit als lose Blätter erhalten waren. Vielleicht sind auch diese Lagen irgendwann aus einem der Gaesdoncker Bücher zum Vorschein gekommen. Das kann dann schon eine Weile her gewesen sein, ohne dass in der Bibliothek eine Notiz darüber erhalten ist.

- *Liber tertius missarum quatuor vocum, a diversis musicis compositarum* (Antwerpen, T. Susato 1546), vier Stimmbücher in-4°, mit Werken von T. Crecquillon, L. Hellinck, P. de Manchicourt, J. Mouton und J. Richafort[40]. Von dieser Ausgabe sind drei Blätter des Stimmbuchs des „Bassus" erhalten. Es handelt sich um die Lagenblätter B1, B2 und C3; diese Blätter waren im ursprünglichen Band nicht miteinander verbunden.

40 RISM-B/I: 1546^{4}, Exemplare in **D**-Kl; **D**-MÜs; **GB**-Lbm; **PL**-GD; **S**-Uu (SAB5).

Abb. 44
Handschriftliche Hinzufügungen in *Liber secundus sacrarum cantionum, quinque vocum vulgo moteta vocant, ex optimis quibusque huius aetatis musicis selectarum* (Antwerpen, T. Susato, 1546), Bassus fol. Xv (Foto: Laurenz van der Linde).

- *Liber primus sacrarum cantionum, quinque vocum, vulgo moteta vocant, ex optimis quibusque huius aetatis musicis selectarum* (Antwerpen, T. Susato 1546), fünf Stimmbücher in-4°, mit Werken von B. Appenzeller, P. Cadéac, Clemens non Papa (2), T. Crecquillon, J. Gallus, J. Guyot, L. Hellinck, C. Hollander, T. Susato (2) und anonym (5)[41]. Zwei Blätter des Stimmbuches des „Bassus" sind in der Gaesdoncker Makulatur aufgetaucht. Es handelt sich hier um die Lagenblätter B1 und B4, die ursprünglich zusammen ein Doppelblatt bildeten.
- *Liber secundus sacrarum cantionum, quinque vocum vulgo moteta vocant, ex optimis quibusque huius aetatis musicis selectarum* (Antwerpen, T. Susato 1546), fünf Stimmbücher in-4°, mit Werken von Benedictus (2), C. Canis, Clemens non Papa, T. Crecquillon (2), J. Guyot, L. Hellinck (2), J. Lupi (2), P. de Manchicourt, C. Morales, N. Payen und Anonym (4)[42]. Fünf Blätter des Stimmbuchs des „Bassus" sind wiedergefunden, die Lagenblätter B1, B2, C2, C4 und D1. Keine dieser Blätter waren ursprünglich als Doppelblatt miteinander verbunden. Besonders interessant sind die Notizen auf der Rückseite

41 RISM-B/I: 1546[6], Exemplare in **A**-Wgm, **B**-Br, **D**-Mbs (5), **GB**-Lbm, **I**-Bc (AB 5), **I**-Pln, **PL**-GD, **S**-Uu (SAB 5)
42 RISM-B/I: 1546[7], Exemplare in **A**-Wgm, **B**-Br, **D**-Mbs (5), **GB**-Lbm, **I**-Bc (AB 5), **I**-Pln, **PL**-GD, **S**-Uu (SAB 5).

von Folio X, wo unter dem gedruckten Text alternative Wörter mit Stift notiert sind (Abb. 44). Der Text der „Commune Plurimorum Martyrum", *O veneranda martyrum gloriosa certamina*, ist geändert in *O veneranda gloriosa et Katharina virgo* und damit eingerichtet für den Namenstag der Märtyrerin Katharina. Dieses deutet unleugbar auf früheren zeitgenössischen Gebrauch von den als Makulatur benutzten Blättern hin.

- *Liber tertius sacrarum cantionum, quatuor vocum, vulgo Moteta vocant, ex optimis quibusque huius aetatis musicis selectarum* (Antwerpen, T. Susato 1547), vier Stimmbücher in-4°, mit Werken von Clemens non Papa (2), J. Courtois, T. Crecquillon (5), P. J. de Latre, J. Gallus, J. Guyot, L. Hellinck, Hesdin, J. Lupi, P. de Manchicourt (2), Rocourt, T. Susato, A. Trojano, A. Willaert und Anonym (4)[43]. Von dieser Ausgabe ist ein Blatt in der Gaesdoncker Makulatur ans Licht gekommen, Lagenblatt D2 des Stimmbuches des „Bassus".
- *Liber quartus sacrarum cantionum, quatuor vocum vulgo moteta vocant, ex optimis quibusque huius aetatis musicis selectarum* (Antwerpen, T. Susato 1547), vier Stimmbücher in-4°, mit Werken von Benedictus (2), Clemens non Papa (4), J. Conseil, T. Crecquillon (7), N. Geszin, J. Guyot (2), J. Larchier, P. Manchicourt, J. Mouton, N. Payen und Anonym (4)[44]. Auch aus dem vierten und letzten Teil des Liber Sacrarum Cantionum ist ein Blatt in der Gaesdoncker Makulatur ans Licht gekommen; in diesem Fall Lagenblatt D1 des Stimmbuches des „Bassus".

II. Antwerpener Drucke des späten 16. Jahrhunderts

Kurz nachdem Tielman Susato im Jahre 1543 in Antwerpen seine Musikdruckerei gegründet hatte, begann auch Pierre Phalèse, Buchhändler an der Universität von Löwen, sich mit Musikdruck zu beschäftigen[45]. Im Jahre 1545 veröffentlichte er seine erste Ausgabe, ein Buch mit Werken für Laute in Tabulatur. In den ersten Jahren schaltete Phalèse andere Drucker ein für seine Ausgaben, aber ab 1552 verfügte er selber über ein Privileg, Bücher zu drucken. Diese Musikdruckerei (die 1578 nach Antwerpen umziehen sollte) wuchs heran zur bisher größten von Nordeuropa und sollte, – schließlich geführt von den Enkeltöchtern des Gründers – bis weit ins 17. Jahrhundert hinein bestehen bleiben. Die Makulatur in Gaesdonck ist entnommen aus Musikdrucken des letzten Jahrzehnts des 16. Jahrhunderts (1596 und 1597), der Periode, in der der Sohn, auch Pierre genannt, die Druckerei in Antwerpen führte. Soweit es noch überprüfbar ist, handelt es sich hier um nicht-utilisierte Makulatur. Möglicherweise geht es um Reststücke des Herausgebers oder um Fehldrucke.

Die Fragmente dieser Gruppe sind teilweise mit (nahezu) kompletten Blättern erhalten, teilweise mit in der Mitte durchgeschnittenen Blättern. Dieses lässt sich zurückführen auf das Format der Bände, worin die Blätter als Makulatur benutzt sind. Die ganzen Blätter kamen zum Vorschein aus dem Konvolut der Musikbücher, die halben Blätter dagegen aus

43 RISM-B/I: 1547^{5}, Exemplare in **A**-Wgm, **B**-Br, **GB**-Lbm, **I**-Bc (AB), **I**-Pln, **PL**-GD, **S**-Uu (SAB).

44 RISM-B/I: 1547^{6}, Exemplare in **A**-Wgm, **B**-Br, **GB**-Lbm, **I**-Bc (AB), **I**-Pln, **PL**-GD.

45 Henry Vanhulst, Catalogue des Éditions de musique publiées à Louvain par Pierre Phalèse et ses fils 1545–1578, Bruxelles 1990.

der Ausgabe von 1575 (s. oben). Von den halben Blättern sind immer beide Teile erhalten, aber in der Mitte fehlt ein Streifen von einigen Millimetern.

- *Il trionfo di dori descritto da diversi et posto in musica, da altretanti autori a sei voci* (Antwerpen, P. Phalèse, 1596), sechs Stimmbücher in quer 4°, mit Werken von F. Anerio, G. M. Asola, I. Baccusi, L. Balbi, L. Bertani, P. A. Bonini, P. Bozzi, G. Cavaccio, O. Columbano, G. Costa, G. Croce, G. Eremita, G. Florio, G. Gabrieli, G. G. Gastoldi, R. Giovanelli, L. Leoni, G. de Macque, L. Marenzio, T. Massaino, P. de Monte, G. P. da Palestrina, C. Porta, A. Preti, I. Sabino, A. Stabile, A. Striggio, O. Vecchi und G. Zerto[46]. Von diesem Druck sind nur Stimmbücher bekannt in der Universitätsbibliothek von Gent. Obwohl es sich nicht im RISM-Katalog zeigt, besitzt die Bibliothek nur die Stimmbücher des „Canto", „Alto", „Tenore" und „Sesto". Hingegen fehlen „Basso" und „Quinto" und sind auch nicht in einer anderen Bibliothek vorhanden. Die Gaesdoncker Makulatur enthält ausgerechnet Fragmente dieser zwei fehlenden Stimmbücher.

Das Blatt vom „Basso" ist aus dem Mutterbuch von 1575 zum Vorschein gekommen, die Blätter vom „Quinto" aus dem Konvolut mit Musikdrucken. Übrigens war der Druck des Quellenbuches von 1596 ein Nachdruck, und alle Partien der Kompositionen dieser Sammlung sind schon seit Jahr und Tag bekannt aus früheren und späteren Editionen. Musikalisch liefert diese Makulatur also keine neue Information. Die älteren Drucke stammen aus den Jahren 1592 und 1595, nach 1596 erschien dieselbe Ausgabe noch in den Jahren 1599, 1601, 1614 und 1628[47]. Es konnte passieren, dass bei einem Nachdruck nicht alle Stimmbücher wieder gedruckt wurden. Der Druckprozess war nicht immer exakt kalkulierbar, was die Anzahl von gedruckten Blättern angeht und auch, was die Anzahl von Fehlern betrifft. Dadurch waren am Ende des Druckprozesses nicht von jeder Lage gleich viele verwendbare Exemplare vorhanden. Weil die Musik in Stimmbüchern gedruckt wurde, gab es die Möglichkeit, dass von einem Stimmbuch mehr Exemplare vorhanden waren als von den anderen. In den meisten Fällen werden die Differenzen klein gewesen sein. Es sind aber Fälle bekannt, wonach nur ein Teil der Stimmbücher neu aufgelegt wurde, höchstwahrscheinlich weil die anderen Stimmbücher noch auf Vorrat waren. Der Fund der „Quinto" und des „Basso" in der Klosterbibliothek Gaesdonck ist somit musikwissenschaftlich interessant, weil er zeigt, dass bei dieser Ausgabe alle Stimmbücher 1596 neu aufgelegt wurden. Erhalten sind von der „Quinto" die Lagenblätter R1, R2, R3, R4 (also die ganze Lage R) und S1 und vom „Basso" das Lagenblatt N4.

- *Paradiso musicale di madrigali et canzoni a cinque voci, di diversi eccellentissimi autori. Novamente raccolti da P. Phalesio et posti in luce* (Antwerpen, P. Phalèse, 1596), fünf Stimmbücher in quer 8°, mit Werken von F. Anerio (3), I. Baccusi (2), P. Bellasio (2), L. Bertani, G. Caimo, G. Eremita, G. Gastoldi, R. Giovanelli, G. de Macque (2), L. Marenzio (3), P. Masnelli, T. Massaino, P. de Monte, G.M. Nanino (5), S. Nascimbeni, A. Orlandini, B. Pallavicino (2), H. Pasquini, N. Pervue, G.P. da Palestrina, G.B. Recalchi,

46 RISM-B/I: 1596^{9}, Exemplar in **B**-Gu (SAT6).

47 Resp. RISM-B/I: 1592^{11}, 1595^{2}, 1599^{10}, 1601^{6}, 1614^{11} und 1628^{12}.

A. Stabile (2), Orazio Vecchi, C. Verdonck, P. Virchi, G. de Wert und A. Zoilo[48]. Erhalten sind vom Stimmbuch des „Alto" die Lagenblätter A3 und A4; vom Stimmbuch des „Basso" die Lagenblätter A1, B2 bis einschließlich B4, C4, D1 und D3 bis einschließlich F4 (das Ende des Stimmbuches) und vom Stimmbuch der „Quinto" die Lagenblätter A2, A3, B1 bis einschließlich B3 und C1 bis einschließlich C4. Auch hier stammen einige Blätter aus dem Stimmbuch des „Bassus" aus dem Mutterbuch von 1575, was mit sich bringt, dass die Blätter mitten durchgeschnitten sind und ein Streifen in der Mitte verloren gegangen ist.

- *Il vago alboreto di madrigali et canzoni a quattro voci, di diversi eccellentissimi autori. Novamente raccolti et posti in luce* (Antwerpen, P. Phalèse, 1597), vier Stimmbücher in quer 8°, mit Werken von F. Anerio (2), P. Bellasio, P. Bozi, G. Caimo, O. Colombano, A. Coma, A. Crivello, G. Croce, A. Dueto (4), A. Ferrario, G. Gabrieli (3), G.G. Gastoldi, R. Giovanelli, F. Guami, M.A. Ingegneri, C. Le Jeune, L. Marenzio (2), P. Masnelli, R. del Mel (2), G.M. Nanino, G.P. da Palestrina (2), B. Pallavicino (2), C. Porta, A. Ruota, O. Scaletta, F. Stivori (2), A. Striggio, O. Vecchi (4) und C. Verdonck[49]. Von diesem Druck ist ein kompletter Satz von Stimmbüchern in der Bibliothèque Royale Albert 1er in Brüssel erhalten, wovon eine Faksimile-Edition im Jahre 1970 bei Alamire in der Reihe *Corpus of Early Music* erschienen ist. Die anderen Exemplare sind alle unvollständig. Es gibt einen Nachdruck von 1620, wovon allein in der British Library in London ein Exemplar erhalten ist[50]. In Gaesdonck sind die folgenden Lagenblätter zum Vorschein gekommen: „Tenore" A2 bis einschließlich C1 und „Basso" C3, C4, E1, E2 und F1 bis einschließlich G1.

III. Deutsche Musikdrucke

Es gibt in der Gaesdoncker Klosterbibliothek ferner auch Makulatur von zwei deutschen Musikausgaben. Von einer Ausgabe, gedruckt zu München 1573, ist nur ein Blatt gefunden, aber komplett und nahezu unbeschädigt. In der anderen Ausgabe, gedruckt zu Hamburg 1607, sind zwei komplette Stimmbücher gefunden worden, aber von jedem Doppelblatt ist nur ein Ausschnitt erhalten.

- *Teutsche Lieder mit fünff stimmen, sampt einem Dialogo mit achten, nit allein lieblich zu singen sonder auch allerhand Instrumenten wol und artlich zugebrauchen* (München, Adam Berg 1573), fünf Stimmbücher in quer-4°, mit ausschließlich Kompositionen von Ivo de Vento (ca. 1544–1575)[51]. Die eine Seite des ersten Blattes der Lage E hat eine Partie im Tenorschlüssel als Schlusszeile mit dem Text „wann er gscheider wär, fromb seyn das gilt nicht mehr". Der völlige Text lautet: „Für kunst geht gunst, wer schmiert

48 RISM-B/I: 1596[10], Exemplare in **D**-FR (SA 5); **D**-Rp (T 5); **D**-W (STB 5); **DK**-Kk (T); **EIR**-Dm (B); **F**-Pc; **GB**-Lbm (TB); **GB**-SH.

49 RISM-B/I: 1597[15], Exemplare in **B**-Br; **D**-Rp (ATB); **NL**-DHgm (TB).

50 RISM-B/I: 1620[12], Exemplar in **GB**-Lbl.

51 RISM-A/I: V 1130, Exemplare in **A**-Wn (fehlen T, B); **D**-As (kpl.: SATB 5); **D**-B (SA); **D**-LEm (nur B vorhanden); **D**-Mbs (S); **D**-Ngm (A 5).

der fehrt, die diser Welt gilt nicht der glehrt, bruder Fuchßschwantz der steht am spitz, und ist doch klein sein witz, noch hat er grösser ehr, als wann er gscheider wär, fromb seyn das geht nicht mehr." Die Rückseite hat (als Nr. 17) eine komplette Partie im Tenorschlüssel mit dem Text „Was ist die Welt, gelt hat allein den preiß, fleiß braucht jederman, niemand sicht an, was da der Seelen schaden kan"[52].

– *Ausserlesener Paduanen und Galliarden erster Theil. Darinn 24. liebliche Paduanen und auch so viel Galliarden zu fünff Stimmen auff allerley Instrumenten, und in Sonderheit auff Fiolen zu gebrauchen, verfasset. Hiebevor nie in Truck aussgegangen, jetzt aber allen der edlen Music Liebhabern (so den Text nicht brauchen) zu Nutz und Frommen colligirt, und mit Verlegung an Tag gegeben, durch Zachariam Füllsack, und Christian Hildebrand, ...* (Hamburg, P. von Ohr, 1607). Fünf Stimmbücher in-8°, mit Werken von M. Borckgrevinck (3), W. Brade (15), J. Dowland, B. Grep (2), J. Harding, A. Holborne (4), E. Johnson, M. Maerker („M.M. "), T. Mons (2), P. Philipps, J. Praetorius („Jac. Schultz") (2), J. Sommer (6) und Anonym (8)[53]. Es handelt sich in allen Fällen um Doppelblätter, wobei stets ein größerer Teil des einen Blattes mit einem kleineren Teil des anderen Blattes verbunden ist. Das Fehlen von Heftlöchern im Falz zeigt, dass diese Blätter nie zu einem Buch gebunden gewesen sind und damit zur Kategorie der nichtutilisierten Makulatur gehören. Die Gaesdoncker Fragmente sind geschnitten aus den kompletten Stimmbüchern des „Cantus" und des „Quintus".

IV. Ein italienischer Musikdruck des späten 16. Jahrhunderts

Zuletzt sei noch auf das stark beschädigte Fragment eines Doppelblattes aus einer italienischen Ausgabe des späten 16. Jahrhunderts hingewiesen.

– *Nuova soglia amorosa nella quale si contengono madrigali à quattro, et cinque voci scielti dall'opere de'più damosi, et eccellenti music nuovamente posta in luce* (Venedig, G. Vincenti, 1593, Auftrag datiert 1592), fünf Stimmbücher in-8°, 56 S. (SATB), 30 S. (5), mit Werken von F. Anerio, P. Bozzi (2), A. Coma, B. Donato, S. Felis, D. Ferabosco, A. Gabrieli, R. Giovanelli (2), M.A. Ingegneri (2), O. Lassus (3), G. di Macque, L. Marenzio (2), C. Merulo (2), P. de Monte (2), C. Morales, G. M. Nanino (3), G. Nasco, A. Padovano, G. P. da Palestrina (3), B. Roi, C. Rore (3), V. Ruffo (2), F. Soriano, A. Stabile, A. Strigio (3) und J. de Wert (2)[54]. Da die Anhaltspunkte gering waren, erschien es nicht einfach, die richtige Ausgabe zu finden. Anhand des typographischen Materials kämen die venezianischen Drucker Ricciardo Amadino und Giacomo Vincenzi als erste in Betracht. Diese zwei Musikdrucker haben sowohl getrennt als auch zusammen viele Ausgaben auf den Markt gebracht. Der nächste Schritt bestand darin, die Texte herzuleiten

52 Ivo de Vento, stammte wahrscheinlich aus den Niederlanden, arbeitete ab 1556 fast ununterbrochen am Hof des Herzogs von Bayern. Er arbeitete dort zusammen mit Orlando di Lasso, der vielleicht auch verantwortlich war für sein Kommen nach München (s. Grove online, Lemma „Vento, Ivo [Yvo] de" von James Haar).

53 RISM-B/I: 1607^{28}, Exemplare in **D**-W (2 ex.).

54 RISM-B/I: 1593^{5}, Exemplare in **CH**-Bu | **I** Nc (B).

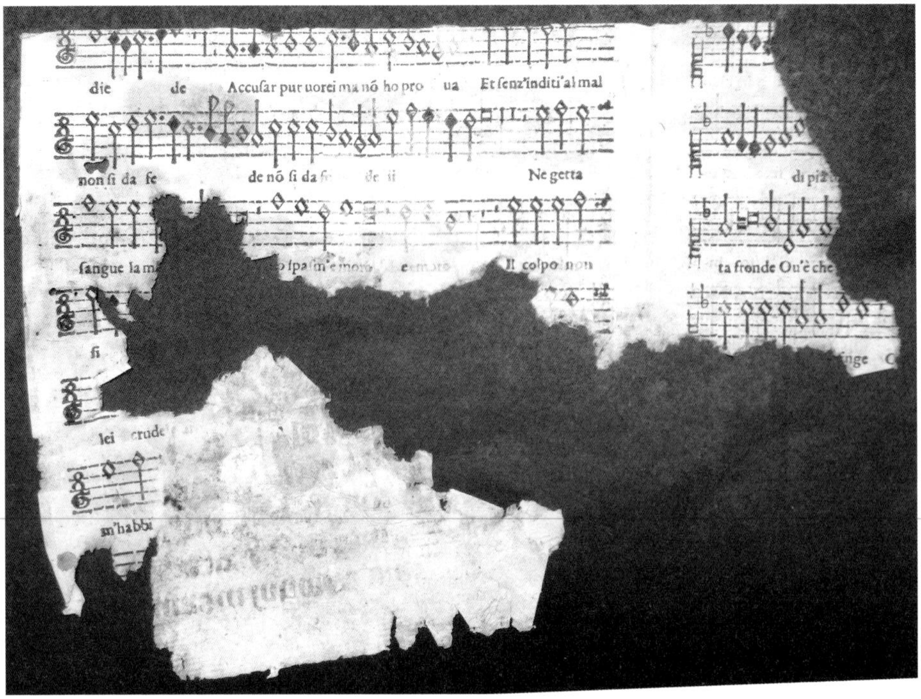

Abb. 45
Schwer beschädigte Seite mit einem Fragment der Sopranstimme von ‚Io son ferito' von Giovanni Pierluigi da Palestrina, in: *Nuova soglia amorosa nella quale si contengono madrigali à quattro, et cinque voci scielti dall'opere de'più damosi, et eccellenti music nuovamente posta in luce* (Venedig, G. Vincenti, 1593) (Foto: Laurenz van der Linde).

anhand der leserlichen Textfragmente. Auf der einen Seite stehen Fragmente aus dem Gedicht *Io son ferito* (Abb. 45), auf der anderen Seite sind Wörter aus dem Gedicht *Gelo ha madonna* zu finden (Abb. 46). Der vollständige Text der zwei Gedichte lautet:

Io son ferito, ahi lasso! E chi mi diede
accusar pur vorrei ma non ho prova;
e senz'indizio al mal non si dà fede:
nè getta sangue la mia piaga nuova.
Io spasm'e môro; il colpo non si vede
la mia nemica armata si ritrova.
Che fia tornar a lei crudel partito,
che sol m'abbia a sanar chi m'ha ferito.

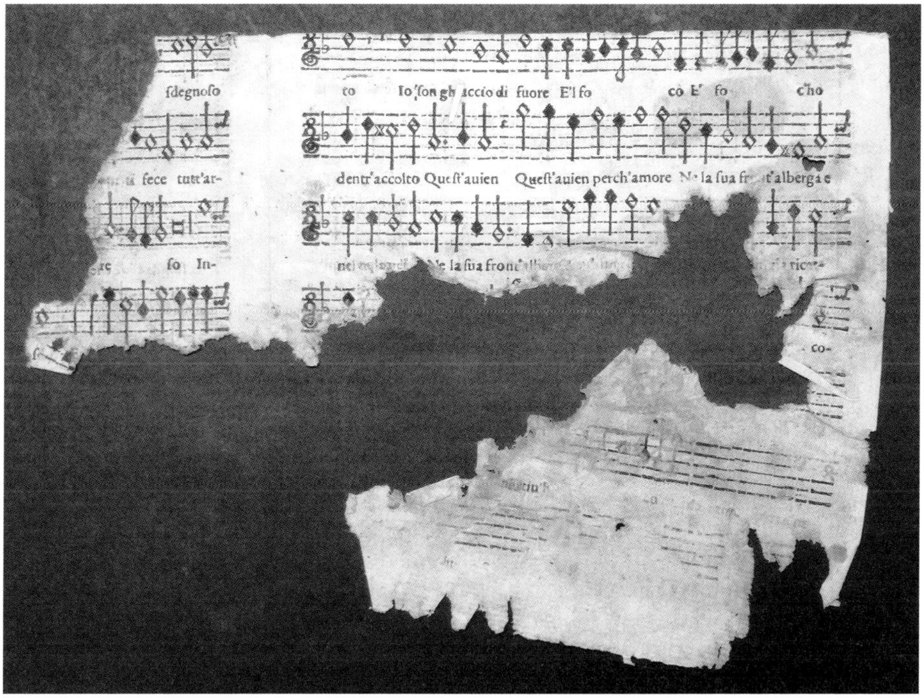

Abb. 46
Schwer beschädigte Seite mit einen Fragment der Sopranstimme von ‚Gelo ha madonna' von Giovanni de Macque, in: *Nuova soglia amorosa nella quale si contengono madrigali à quattro, et cinque voci scielti dall'opere de'più damosi, et eccellenti music nuovamente posta in luce* (Venedig, G. Vincenti, 1593) (Foto: Laurenz van der Linde).

und

> Gelo ha madonna il seno e fiamma il volto,
> io son ghiaccio di fore
> e'l foco ho dentro accolto.
> Questo avien perchè amore
> ne la sua fronte alberga e nel mio petto,
> ne mai cangia ricetto,
> sì ch'io l'abbia negl'occhi, ella nel core.

Der zweite Text stammt von Torquato Tasso (1544–1595), der andere Text ist anonym überliefert. Die Musik ist in beiden Fällen in einem Violinschlüssel notiert, also einer Sopranpartie entstammend. Von *Io son ferito* erwiesen sich die leserlichen Noten als übereinstimmend mit dem „Cantus" des fünfstimmigen Satzes dieses Textes von Palestrina[55]. Die leserlichen Noten von *Gelo ha madonna* stimmten nicht überein mit dem Satz Gesualdos[56], sie kamen in die Nähe des Satzes von De Macques[57], aber wichen in verschiedenen Punkten von der bekannten Version ab, wie zum Beispiel in *Paradiso Musicale* (wovon gerade der „Bassus" und die „Quinto" mit einer Stimme dieses Werkes in der Gaesdoncker Makulatur gefunden worden sind, s. oben). Anhand der Scans vom Exemplar der Universitätsbibliothek Basel konnte festgestellt werden, dass der Satz von *Gelo ha madonna*, ungeachtet der Abweichungen, in dieser Sammlung auch De Macque zugeschrieben ist. Wir haben es hier also mit einem im 16. Jahrhundert ziemlich seltenen Fall zu tun, dass ein Komponist sein bereits publiziertes Werk bei einer neuen Ausgabe umgearbeitet hat.

Von dem Doppelblatt mit ursprünglich vier Seiten ist auch ein Teil des anderen Blattes erhalten. Da der Druck einmal gefunden war, konnten auch die anderen Fragmente einfach wiedererkannt werden. Auf derselben Seite wie *Io son ferito* von Palestrina sind auch die Noten des Madrigals *Oh, d'amarissim' onde* Orlando di Lassos erkennbar, und auf derselben Seite wie *Gelo ha madonna* De Macques ist das Madrigal *Invidios' amor del mio bel stato* von Alessandro Striggio zu finden[58].

Zusammenfassung und Schlußfolgerung

In der Makulatur, die bis jetzt in Gaesdonck ans Licht gekommen ist, befinden sich Fragmente von Musikhandschriften und -drucken, utilisiert und nicht-utilisiert. Insgesamt sind sechs Musikblätter in Handschrift und 139 Blätter (davon 21 Doppelblätter) mit gedruckter Musiknotation aufgetaucht. Pauschal handelt es sich um Musik der zweiten Hälfte des 16. Jahrhunderts; die frühesten gedruckten Werke sind von 1546, die letzten von 1607, und auch die Handschriften sind in diese Periode einzuordnen. Einige Bestandteile dieser Makulatur haben neue Erkenntnisse über das Musikleben dieses Zeitraumes gebracht, insbesondere hinsichtlich Petit Jan de Latres in Amersfoort, andere Teile können behilflich sein, die Rolle der Musik jener Zeit besser zu verstehen; insbesondere gilt dies für die Handschriften und die handschriftlichen Ergänzungen auf den gedruckten Blättern, und von einer Ausgabe wissen wir nun definitiv, dass der Nachdruck alle Stimmbücher umfasst hat (*Il trionfo di dori*, 1596).

Im 16. und 17. Jahrhundert arbeiteten Buchbinder noch größtenteils unabhängig vom Buchdrucker. Beim Drucker kaufte man den Inhalt des Buches in losen Lagen und ließ anschließend den Buchbinder davon ein Buch herstellen, wobei das Produkt auch vom Budget des Auftraggebers bestimmt wurde. Natürlich waren diese beiden Handwerke in der Nähe voneinander angesiedelt, und vieles von der Makulatur, die Buchbinder in ihren

55 Giovanni Pierluigi da Palestrina (ca. 1525–1594), einer der wichtigsten Komponisten der zweiten Hälfte des 16. Jahrhunderts.

56 Carlo Gesualdo, Principe de Venosa (ca. 1561–1613), ein wichtiger Komponist des späten 16. und frühen 17. Jahrhunderts.

57 Giovanni (Jean) de Macque (ca. 1550–1614), ein flämischer Komponist, der in Italien arbeitete im späten 16. und frühen 17. Jahrhundert.

58 Alessandro Striggio (ca. 1536–1592), einer der führenden Komponisten von Madrigalen und Bühnenmusik der zweiten Hälfte des 16. Jahrhunderts. Er war auch ein virtuoser Instrumentalist.

Büchern verwendeten, bestand dann auch aus Druckereiabfällen. Auch das in Gaesdonck wiedergefundene Material ist größtenteils als nicht-utilisierte Makulatur zu bezeichnen und wird vor allem aus Druckereiabfällen bestanden haben. Auf den ersten Blick mag es merkwürdig erscheinen, dass diese Druckereiabfälle aus ganz Europa stammen: Antwerpen, Venedig, Hamburg, München und Düsseldorf. Es passt aber in die Handelskultur der Buchhändler des 16. Jahrhunderts. Zunächst druckten sie für den Verkauf im eigenen Laden, sie tauschten aber auch untereinander, nicht zuletzt auf den Buchmessen zu Frankfurt und Leipzig, die auch schon im 16. Jahrhundert gut besucht wurden. Auf diese Weise waren sie in der Lage, einen Teil ihrer Waren abzusetzen und gleichzeitig das Sortiment in ihren eigenen Geschäften zu erweitern. So konnte es sein, dass einem Buchbinder aus einer in der Nähe von Gaesdonck gelegenen Druckerei Reststücke zur Verfügung standen, die ihren Ursprung aus der ganzen westlichen Welt hatten.

Es ist sicher auffallend, daß unter der Gaesdoncker Makulatur so viel Musikmaterial anzutreffen ist. Die Tatsache, dass anschließbare Fragmente in unterschiedlichen Büchern gefunden wurden, lässt den Schluss zu, dass hier mit an Sicherheit grenzender Wahrscheinlichkeit ein und derselbe Buchbinder in einem begrenzten Zeitraum an den Büchern gearbeitet hat. Nun drängt sich die Frage auf, welche anderen Bücher, die sich jetzt in Gaesdonck oder anderswo befinden, in jener Zeit die Werkstatt dieses Buchbinders verlassen haben. In der vorliegenden Untersuchung ist vor allem nach der Herkunft der aufgefundenen Musiknotenfragmente geforscht worden, aber weitergehend müsste nun untersucht werden, ob in den Archiven Gaesdoncks noch etwas über den verantwortlichen Buchbinder und andere Bücher aus seiner Werkstatt zu finden ist. Es wäre nun eine interessante Aufgabe, in der Gaesdoncker Klosterbibliothek nach weiterer Makulatur zu suchen und möglicherweise Notenblätter ausfindig zu machen. Sollte dieser Buchbinder tatsächlich gefunden werden, so würde ein Versuch, seine Produkte auch in anderen Bibliotheken aufzuspüren, möglicherweise zur Auffindung zusätzlichen Materials führen. Insbesondere in Bezug auf die Sammlung *Cantionum Musicarum* von Petit Jan de Latre wäre jedes neu gefundene Blatt von Bedeutung für die Rekonstruktion dieser Kompositionen. Ideal wäre es, fände man eine Methode, mit der man in die Bucheinbände schauen könnte, ohne diese öffnen bzw. ablösen zu müssen, auch wenn es nur darum ginge festzustellen, dass die Bücher keine beschriebenen oder bedruckten Blätter verbergen und in Ruhe gelassen werden können. Eine derartige Methode würde einen Schatz an neuen Erkenntnissen erschließen.

BEILAGE I
Musikbeispiel

illis gloriam sempiternam
illis gloriam sempiter- nam
& dedit illis gloriam sempiternam
et dedit illis gloriam sempiter -
sempiternam
sempiternam gloriam sem - pi -
nam et dedit illis glo-riam sempiter
gloriam sempiternam
ternam Quorum doctrina fulget ecclesia
nam Quorum doctrina et
quorum doctrina fulget ecclesia
Quorum doctrina fulget ec -
eccle - sia quorum doctrina fulget
quorum doctrina fulget ecclesia

clesia ut sol & luna ut sol
eccle - sia ut sol et Lu - na ut sol
ut sol & luna ut sol &
& luna ut sol & luna.
t Luna ut sol et Luna
luna.
secunda pars.
Sancti per fidem vicerunt regna
Secunda pars
Sancti per fidem vicerunt re
Sancti per fidem vicerunt regna
ij
vicerunt re - gna
vicerunt regna sancti per fidem vicerunt regna
vicerunt regna Sancti per fidem vicerunt reg
vicerunt regna sancti per fidem vicerunt regna

vicerunt
vicerunt regna vicerunt
vicerunt
regna ij vicerunt regna vicerunt
reg na vicerunt regna vicerunt
regna :/:
regna Operati sunt iustiam
reg operati sunt Justi
operati sunt iusticiam
iustitiam iustitiam
ti - am Justi tiam Justitiam
adepti sunt repromissiones
epti sunt repromissio nes
adepti sunt repromißiones

(13a)
adepti sunt repromis- siones repromissiones
12
adepti sunt repromissio nes repromi
:/: repromißiones
(13b)
Quorum doctrina fulget ecclesic
nes Quorum doctrina fulget eccle
quorum doctrina fulget ecclesia
quorum doctrina
sia Quorum doctrina
quorum doctrina
fulget ecclesia ut sol & luna ut sol
fulget eccle ut sol et Lu - na ut sol
fulget ecclesia ut sol & luna
& luna ut sol & luna.
et Luna ut sol et Luna.
ut sol & luna. :/:

Anmerkungen zur Transkription:

1. Die Molle scheint später hinzugefügt. Die Tatsache, dass die Molle bei Gardano fehlt, heißt nicht, dass sie nicht gesungen werden soll. Diese Art von scheinbarer Inkonsequenz paßt in das Notationssystem des sechzehnten Jahrhunderts.
2a. Eine wichtige melodische Variante, die nur in Hs. Gaesdonck vorkommt.
2b. Eine andere melodische Variante, die nur in Hs. Gaesdonck vorkommt.
3. Hs. Gaesdonck hat an dieser Stelle als einzige eine Ligatur (eine Möglichkeit des alten Notationssystems, zwei oder mehr Noten in einem Symbol wiederzugeben), für die Ausführungspraxis macht das aber keinen Unterschied.
4. Offenbar ein Schreibfehler in Hs. Gaesdonck (faktisch ist das vorangehende Fragment zweimal notiert, während eine Note hätte geändert werden müssen).
5. Der Punkt ist in dieser Quelle nicht mehr lesbar, aber muss dort gestanden haben.
6. Die Tatsache, dass in dieser Quelle keine Molle notiert ist, heißt nicht, dass sie nicht gesungen werden soll (siehe auch Anmerkung 1).
7. Gardano nutzte hier als einziger ‚schwarze Notation‘ (eine alternative Möglichkeit des zeitgenössischen Notationssystems, Punktierung wiederzugeben), für die Ausführungspraxis macht das aber keinen Unterschied.
8. Auch in der Quelle ist nur der Anfang dieser Note sichtbar (der Notenhals also nicht mehr).
9. Mit dieser Variante unterscheidet sich Hs. Gaesdonck von allen anderen bekannten Lesarten.
10. Mit dieser Variante unterscheidet sich Hs. Gaesdonck zwar von allen anderen Lesarten, aber diese rhythmische Ausarbeitung schließt besser an die Triolen in den übrigen Stimmen an.
11. Auch in der Quelle ist der Strich der ersten Pause noch gerade sichtbar.
12. Variante Lesart in Hs. Gaesdonck
13. Scotto hat hier (zweimal) als einziger ‚schwarze Notation‘ benutzt (siehe auch Anmerkung 7).

N.B.1. Die Blätter von Hs. Gaesdonck sind vom Buchbinder in zwei Teile geschnitten, inmitten der Seiten fehlt deshalb jedes Mal ein Streifen von ein paar Millimetern. Diese Stellen sind in der Transkription mit Klammern markiert. Vermutlich haben hier also tatsächlich die gleichen Noten und Pausen gestanden wie in den übrigen Quellen (sei es mit oder ohne Varianten).

N.B.2. Ein senkrechter Streifen über der höchsten Linie der Notenlinien markiert die Stelle, wo in der Quelle auf einer neuen Linie weitergegangen wird; bei einem doppelten Streifen wird weitergegangen auf einer neuen Seite.

N.B.3. Die Symbole ‚*ij*‘ (bei Gardano) und ‚:/:‘ (bei Baethen) bedeuten, dass der vorangehende Text wiederholt werden soll unter der neuen Note.

BEILAGE II
Die Quellenbücher[59]

A. Die in Gaesdonck angetroffenen Fragmente aus gedruckten Ausgaben

1. *Liber primus missarum quinque vocum, a diversis musicis compositarum* (Antwerpen, T. Susato, 1546).

CONTRATENOR

Missa pis ne me peult venir Thomas Crecquillon		
– Kyrie, Christe, Kyrie	fol. vi	F3
– Et in terra, Qui tollis	[fol. vi]v	F3
– Patrem omnipotentem	fol. vii	F3
– Fragment (Oberseite)	*idem*	F3
– Crucifixus, Et iterum	[fol. vii]v	F3

2. *Liber tertius missarum quatuor vocum, a diversis musicis compositarum* (Antwerpen, T. Susato, 1546).

BASSUS

Missa Peccata mea. Lupus Hellinc / Missa O dei genitrix Io. Richafort		
– Agnus dei, Kyrie	fol. v	F3
– Kyrie, Et in terra	[fol. v]v	F3
– Domine deus, Qui tollis	fol. vi	F3
– Patrem, Et incarnatus est	[fol. vi]v	F3
Missa Allemaigne Io. Mouton		
– Sanctus, Benedictus	fol. xi	F3
– Agnus dei	[fol. xi]v	F3

3. *Liber primus sacrarum cantionum, quinque vocum, vulgo moteta vocant, ex optimis quibusque huius aetatis musicis selectarum* (Antwerpen, T. Susato, 1546).

BASSUS

– Amen dico vobis (Io. Castileti)	fol. v	F3
– Ite in orbem universum (Clemens non Papa)	[fo.v]v	F3
– *Secunda pars:* Si non menunero tui (Benedictus)	fol. viii	F3
– *idem* (Fortsetzung)	[fol. viii]v	F3

4. *Liber secundus sacrarum cantionum, quinque vocum volgu moteta vocant, ex optimis quibusque huius aetatis musicis selectarum* (Antwerpen, T. Susato, 1546).

BASSUS

– *Secunda pars:* Hodie nata est (Incertus author)	fol. v	F3
– Quem dicunt homines (Cor. Canis)	[fol. v]v	F3

59 N.B. Die Bezeichnung F1, F2 oder F3 in der letzten Spalte verweist auf das Mutterbuch (siehe Beilage III).

– Resurrectio Christi (Nicolaus. Payenus)	fol. vi	F3
– Secunda pars: Adveniens	[fol. vi]v	F3
– Sicut lilium inter spinas (Incertus author)	fol. x	F3
– O Veneranda martyrum (Incertus author)	[fol. x]v	F3
– *Secunda pars:* Quæso rosa (Thomas Crecquillon)	fol. xij	F3
– Sub tuum præsiduum (Thomas Crecquillon)	[fol. xij]v	F3
– Surgens Jesus (Io. Castileti)	fol. xiii	F3
– Secunda pars: Surrexit dominus (Io. Castileti)	[fol. xiii]v	F3

5. *Liber tertius sacrarum cantionum, quatuor vocum, vulgo Moteta vocant, ex optimis quibusque huius aetatis musicis selectarum* (Antwerpen, T. Susato, 1547).

BASSUS

– Ingenuit Susanna (Thomas Crecquillon)	fol. xiiii	F3
– *Secunda pars:* Sed melus est enim	[fol. xiiii]v	F3
– Fili quid fecisti nobis (Tilemannus Susato)		

6. *Liber quartus sacrarum cantionum, quatuor vocum vulgo moteta vocant, ex optimis quibusque huius aetatis musicis selectarum* (Antwerpen, T. Susato, 1547).

BASSUS

– *Secunda pars:* Tulerunt (Incertus author)	fol. xiii	F3
– Hæc est virgo sapiens (Nicolaus Geszin)	[fol. xiii]v	F3

7. *Cantionum musicarum, quae diversis vocibus diversoque idiomate Gallico et Teutonico omnibus instrumentis musicis attemperatae sunt, liber unus nunc primum in lucem editus* (Düsseldorf, Johann Oridrysus & Albert Buys, 1563).

SUPERIOR

– Titelseite	fol. [A]	F1
– Rückseite mit Wappen des Prinzen von Oranien	fol. [A]v	F1
– Dedikation	fol. A ij	F1
– Dedikation (Fortsetzung)	fol. [A ij]v	F1
– Bon temps aymer fuyr	fol. A iij	F1
– Prenez plaisir ghy gheesten amoreus	fol. [A iij]v	F1
– Prenez plaisir (Fortsetzung)	fol. [A iiij]	F1
– Doulceur cherchant (Secunda pars)	fol. [A iiij]v	F1
– Prenez plaisir, Secunda pars (Fortsetzung)	fol. B	F1
– En attendant la mort	fol. [B]v	F1
– Depuis pensant (Secunda pars)	fol. B ij	F1
– En regardant	fol. [B ij]v	F1
– En regardant (Fortsetzung)	fol. B 3	F1
– En attendant la mort	fol. [B 3]v	F1
– Depuis pensant (Secunda pars)	fol. [B 4]	F1

– Meschant amour	fol. [B 4]v	F1
– Meschant amour (Fortsetzung)	fol. C	F1
– Belle donnez moy	fol. [C]v	F1
– Belle donnez moy (Fortsetzung)	fol. C ij	F1
– Secourez moy	fol. [C ij]v	F1
– Secourez moy (Fortsetzung)	fol. C iij	F1
– Tout a part	fol. [C iij]v	F1
– Tout a part (Fortsetzung)	fol. [C iiij]	F1
– Lucress‘ ung jour	fol. [C iiij]v	F1
– Lucress‘ ung jour (Fortsetzung)	fol. D	F1
– O coeur haultain	fol. [D]v	F1
– O coeur haultain (Fortsetzung)	fol. D ij	F1
– Sur la rousee	fol. [D ij]v	F1
– Sur la rousee (Fortsetzung)	fol. D iij	F1
– Ell' a bien	fol. [D iij]v	F1
– Ell' a bien (Fortsetzung)	fol. [D iiij]	F1
– Pour obtenir	fol. [D iiij]v	F1
– Pour obtenir (Fortsetzung)	fol. E	F1
– Het viel ein hemels dauwe	fol. [E]v	F1
– Die Maghet ginck mit kynde (Secundus versus)	fol. E ij	F1
– Al van des hemels throne (Tertius versus)	fol. [E ij]v	F1
– Lustich amoreuse gheesten	fol. E iij	F1
– Jonge sinnekens (Secundus versus)	fol. [E iij]v	F1
– Och waer is Salomon (Tertius versus)	fol. [E iiij]	F1
– Och hoe mach hem sterven (Quartus versus)	fol. [E iiij]v	F1
– West nu verhuecht	fol. F	F1
– West nu verhuecht (Fortsetzung)	fol. [F]v	F1
– Compt musiciens	fol. F ij	F1
– Compt musiciens (Fortsetzung)	fol. [F ij]v	F1
– Compt musiciens (Fortsetzung und Schluss)	fol. F iij	F1
– Hoe soud ick konnen werden gesont	fol. [F iij]v	F1
– Hoe soud ick konnen (Fortsetzung)	fol. [F iiij]	F1
– Schoon lief als ick	fol. [F iiij]v	F1
– Schoon lief als ick (Fortsetzung)	fol. G	F1
– Alle myn gepeys	fol. [G]v	F1
– Alle myn gepeys (Fortsetzung)	fol. G ij	F1
– Weest nu verblyt	fol. [G ij]v	F1
– Weest nu verblyt (Fortsetzung)	fol. G iij	F1
– Supplicamus haelt ons wyn / Een meisken fier	fol. [G iij]v	F1
– Een meisken fier (Fortsetzung)	fol. [G iiij]	F1
– Druckeremblem	fol. [G iiij]v	F1

QUINTA PARS

– Titelseite	fol. [A]	F1
– Rückseite mit Wappen des Prinzen von Oranien	fol. [A]v	F1
– Dedikation	fol. A ij	F1
– Dedikation (Fortsetzung)	fol. [A ij]v	F1
– Bon temps aymer fuyr	fol. A iij	F1
– Prenez plaisir ghy gheesten amoreus	fol. [A iij]v	F1
– Prenez plaisir (Fortsetzung)	fol. [A iiij]	F1
– Doulceur cherchant (Secunda pars)	fol. [A iiij]v	F1
– Prenez plaisir, Secunda pars (Fortsetzung)	fol. B	F1
– En attendant la mort	fol. [B]v	F1
– Depuis pensant (Secunda pars)	fol. B ij	F1
– En regardant	fol. [B ij]v	F1
– En regardant (Fortsetzung)	fol. B 3	F1
– En attendant la mort	fol. [B 3]v	F1
– Depuis pensant (Secunda pars)	fol. [B 4]	F1
– Meschant amour	fol. [B 4]v	F1
– Meschant amour (Fortsetzung)	fol. C	F1
– Belle donnez moy	fol. [C]v	F1
– Belle donnez moy (Fortsetzung)	fol. C ij	F1
– Secourez moy	fol. [C ij]v	F1
– Secourez moy (Fortsetzung)	fol. C iij	F1
– Tout a part	fol. [C iij]v	F1
– Tout a part (Fortsetzung)	fol. [C iiij]	F1
– Lucress' ung jour	fol. [C iiij]v	F1
– Lucress' ung jour (Fortsetzung)	fol. D	F1
– O coeur haultain	fol. [D]v	F1
– O coeur haultain (Fortsetzung)	fol. C ij [=D ij]	F1
– Sur la rousee	fol. [D ij]v	F1
– Sur la rousee (Fortsetzung)	fol. D iij	F1
– Ell' a bien	fol. [D iij]v	F1
– Ell' a bien (Fortsetzung)	fol. [D iiij]	F1
– Pour obtenir	fol. [D iiij]v	F1
– Pour obtenir (Fortsetzung)	fol. E	F1
– Die Maghet ginck mit kynde (Secundus versus)	fol. [E]v	F1
– Al van des hemels throne (Tertius versus)	fol. E ij	F1
– Jonge sinnekens (Secundus versus) /Och waer	fol. [E ij]v	F1
– Och waer is Salomon /Och hoe mach hem	fol. E iij	F1
– West nu verhuecht	fol. [E iij]v	F1
– West nu verhuecht (Fortsetzung)	fol. [E iiij]	F1
– Compt musiciens	fol. [E iiij]v	F1
– Compt musiciens (Fortsetzung)	fol. F	F1
– Hoe soud ick konnen werden gesont	fol. [F]v	F1

– Hoe soud ick konnen (Fortsetzung)	fol. F ij	F1
– Schoon lief als ick	fol. [F ij]v	F1
– Een meisken fier	fol. [F iij]	F1
– Een meisken fier (Fortsetzung)	fol. [F iij]v	F1
– [Leere Notenlinien]	fol. [F iiij]	F1
– Druckeremblem	fol. [F iiij]v	F1

N.B. Die fehlenden Partien von ‚Het viel ein hemels dauwe' und ‚Lustich amoreuse gheesten' in den Stimmbüchern der Quinta Pars finden ihre Erklärung in der Tatsache, dass diese Teile nur vierstimmig sind. Von ‚Alle myn gepeys' und ‚Supplicamus haelt ons wyn' ist keine Angabe der Stimmenzahl in der Quelle zu finden, aber Vierstimmigkeit ist möglicherweise die Erklärung für die fehlenden Partien in der Quinta Pars. Es ist schwierig zu erklären, warum keine Partie von ‚Weest nu verblyt' in die Quinta Pars aufgenommen ist, weil die Angabe in der Superior lautet, dass diese Komposition für sieben Stimmen gemeint war.

8. *Teutsche Lieder mit fünff stimmen, sampt einem Dialogo mit achten, nit allein lieblich zu singen sonder auch allerhand Instrumenten wol und artlich zugebrauchen* (München, Adam Berg, 1573).

TENOR

– Für kunst geht gunst (Nr. 16, zweite Seite)	fol. e1r	F3
– Was ist die Welt (Nr. 17)	fol. e1v	F3

9. *Nuova soglia amorosa nella quale si contengono madrigali à quattro, et cinque voci scielti dall'opere de'più damosi, et eccellenti music nuovamente posta in luce* (Venedig, G. Vincenti 1593, Dedikation datiert 1592).

CANTO

– Gelo ha madonna (Giovanni de Macque)	S. 30	F3
– Io son ferito (Gionetto Palestina)	S. 31	F3
– Oh d'amarissim' onder (Orlando Lasso)	S. 36	F3
– Invidios' amor (Alessandro Striggio)	S. 37	F3

10. *Il trionfo di dori descritto da diversi et posto in musica, da altretanti autori a sei voci* (Antwerpen, P. Phalèse, 1596).

QUINTO

Titelseite

Dedicatio

– Un giorno a Pale sacro (Hippolito Baccusi)	S. 1	F3
– Dove sorge piacevole (Hippolito Sabino)	S. 2	F3
– Hor ch'ogni vento tace (Horazio Vecchi)	S. 3	F3
– Se cantano gl'augelli (Gio. Gabrieli)	S. 4	F3
– Ninfe à danzar venite (Alfonso Preti)	S. 5	F3

– Leggiadre Ninfe e Pastorelli (Luca Marenzio)	S. 6	F3
– Vaghe Ninfe (Gio. de Macque)	S. 7	F3
– All'apparir (Horatio Colombino)	S. 8	F3
BASSO		
– Ninfe à danzar venite (Alfonso Preti)	S. 5	F2
– Leggiadre Ninfe e Pastorelli (Luca Marenzio)	S. 6	F2

11. *Paradiso musicale di madrigali et canzoni a cinque voci, di diversi eccellentissimi autori. Novamente raccolti da P. Phalesio et posti in luce* (Antwerpen, P. Phalèse, 1596).

ALTO		
– Io son ferito (P. Aloisii Prenestini)	S. 3	F3
– La dove par ch'ogn altro (Gio. Maria Nanino)	S. 4	F3
– Aurora che ti pensi (Lelio Bertani)	S. 5	F3
– Rivi fontane (Luca Marenzio)	S. 6	F3
BASSO		
Titelseite		F2
Dedicatio		F2
– Gelo hà Madonna (Gio. de Macque)	S. 9	F3
– Nov'herbe e vaghi fiori (Pietro Philippi)	S. 10	F3
– Poi disse (Seconda parte)	S. 11	F3
– Bascia e ribascia (Luca Marenzio)	S. 12	F3
– Pastorella (Oratio Vecchi)	S. 13	F2
– Opra la bella tua (Gio. Gastoldi)	S. 14	F2
– Es' indi vuoi (Seconda parte)	S. 21	F2
– Chiari cristalli (Anibal Stabile)	S. 22	F2
– Il ciel fermo (Seconda parte)	S. 23	F3
– Mentre Tirsi (Paolo Bellesia)	S. 24	F3
– Aventuroso piu (Gio. Maria Nanino)	S. 27	F3
– Donna la bella mano (Ruggier Giovinelli)	S. 28	F3
– Qual presso (Hippolito Baccusi)	S. 29	F3
– A questo tuo famoso (Anibal Stabile)	S. 30	F3
– Tu mi piagasti (Filippo de Monte)	S. 31	F 2 –
Donna gentil (Gio. Maria Nanino)	S. [32]	F2
– Ben è ragion (Benedetto Palavicino)	S. 33	F2
– Poi che'l tuo (Gio. Maria Nanino)	S. 34	F2
– Non sia nessun (Cornelio Verdonch)	S. 35	F2
– Da vaghe (Gio. Maria Nanino)	S. [36]	F2
– Clori gentil (Annibale Zoilo)	S. [37]	F2
– Da questa pietra (Felice Anerio)	S. [38]	F2
– Frà le (Giaches de Wert)	S. 39	F2
– Coppia di donne (Luca Marenzio)	S. 40	F2

– Amanti (Tiburtio Massaino)	S. 41	F2
– Copre madonna (Paolo Virchi)	S. [42]	F2
– Lucenti rai (Stefano Nascimbeni)	S. 43	F2
– Taci prend'in (Antonio Orlandini)	S. 44	F2
– Bene mio (Gioseppe Caimo)	S. [45]	F2
TAVOLA	S. [46]	F2

QUINTO

– Amor se bei rubini (Felicio Anerio)	S. 1	F3
– Con che soavità (Benedetto Palavicino)	S. 2	F3
– Io son ferito (P. Aloisii Prenestini)	S. 3	F3
– La dove par ch'ogn altro (Gio. Maria Nanino)	S. 4	F3
– Vassene il chiaro (Nicolo Peruve)	S. 7	F3
– Dolce mia Pastorella (Hipolito Baccusi)	S. 8	F3
– Gelo hà Madonna (Gio. de Macque)	S. 9	F3
– Nov'herbe e vaghi fiori (Pietro Philippi)	S. 10	F3
– Poi disse (Seconda parte)	S. 11	F3
– Bascia e ribascia (Luca Marenzio)	S. 12	F3
– O che morte gradita (Seconda parte, Gia Gastoldi)	S. 15	F3
– Le belle guancie (Giulio Eremita)	S. 16	F3
– Era tranquillo (Paolo Masenelli)	S. 17	F3
– Mentre che la bell'Isse (Hercole Pasquini)	S. 18	F3
– Nei vostri dolci baci (Gio. de Macque)	S. 19	F3
– Quel dolcissimo bacio (Paolo Bellassio)	S. 20	F3
– Es' indi vuoi (Seconda parte)	S. 21	F3
– Chiari cristalli (Anibal Stabile)	S. 22	F3

12. *Il vago alboreto di madrigali et canzoni a quattro voci, di diversi eccellentissimi autori. Novamente raccolti et posti in luce* (Antwerpen, P. Phalèse, 1597).

TENORE

– Hor ch'è giunto il partire (Andrea Ruota)	fol. 2r	F3
– Privo di voi mio sol (Rinaldo del Melle)	fol. 2v	F3
– L'Abbia amorose (Seconda parte)	fol. 3r	F3
– Deh spengi Amor la face (Paolo Bozi)	fol. 3v	F3
– Gia l'hora (Gioseppe Caimo)	fol. 4r	F3
– Vede nel prim'entrare (R.M. Antonio Dueto)	fol. 4v	F3
– O tu che mi dal pene (Felice Anerio)[CANTO II]	fol. 5r	F3
– Vorria che tu cantassi (Claudin le Jeune)	fol. 5v	F3
– Vorria toccassi (Seconda parte)	fol. 6r	F3
– Ch'io canteria (Terza parte)	fol. 6v	F3
– Ecco mormorar l'onde (R.M. Antonio Dueto)	fol. 7r	F3
– Ecco gia l'Alb'appare (Seconda parte)	fol. 7v	F3
– Se da vostri begl'occhi (Alessandro Striggio)	fol. 8r	F3

– Fatto il mesto Giacinto (Oratio Colombano)	fol. 8v	F3
– Crudel perche non v'ami (Paolo Masnelli)	fol. 9r	F3
– labra amorose (Gio. Gabrieli)	fol. 9v	F3

BASSO

– A che cor mio (Oratio Scaletta)	fol. 11r	F3
– Da cosi (Francesco Stivori)	fol. 11v	F3
– Mi vorrei trasformare (Oratio Vecchi)	fol. 12r	F3
– Amor tu che congiungi (Gio. Giacomo Gastoldi)	fol. 12v	F3
– [Vezzosi augelli (LucaMarenzio)] (Fortsetzung)	fol. 17r	F3
– Ahi senza te (Gio. Gabrieli)	fol. 17v	F3
– Percotemi pur ladra (Antonio Ferrario)	fol. 18r	F3
– Deh di me non ti caglia (Gio. Gabrieli)	fol. 18v	F3
– Ond'io per meglio udire (Seconda parte)	fol. 21r	F3
– Il cantar novo (Costanzo Porta)	fol. 21v	F3
– Cosi mi sveglio (Seconda parte)	fol. 22r	F3
– Se già tempo bramai (Marc'Antonio Ingegneri)	fol. 22v	F3
– Quando la bella mia nemica (Ruggier Giovanelli)	fol. 23r	F3
– Se la stessa belta (Archangelo Crivello)	fol. 23v	F3
– Si fe Vener'un giorno (Francesco Guami)	fol. 24r	F3
– I vaghi fiori (Gio. Prenestini)	fol. 24v	F3
– Chu vuol veder Amore (Benedetto Pallavicino)	fol. 25r	F3
– Cosa non vada piu (Oratio Vecchi)	fol. 25v	F3

13. *Ausserlesener Paduanen und Galliarden erster Theil. Darinn 24. liebliche Paduanen und auch so viel Galliarden zu fünff Stimmen auff allerley Instrumenten, und in Sonderheit auff Fiolen zu gebrauchen, verfasset. Hiebevor nie in Truck aussgegangen, jetzt aber allen der edlen Music Liebhabern (so den Text nicht brauchen) zu Nutz und Frommen colligirt, und mit Verlegung an Tag gegeben, durch Zachariam Füllsack, und Christian Hildebrand, …* (Hamburg, P. von Ohr, 1607).

CANTO

– fol. A3r (mit einem Fragment von fol. A2v)	F3
– fol. A3v (mit einem Fragment von fol. A2r)	F3
– fol. A4r (mit einem Fragment von fol. A1v)	F3
– fol. A4v (mit einem Fragment von fol. A1r)	F3
– fol. B2r (mit einem Fragment von fol. B3v)	F3
– fol. B2v (mit einem Fragment von fol. B3r)	F3
– fol. B4r (mit einem Fragment von fol. B1v)	F3
– fol. B4v (mit einem Fragment von fol. B1r)	F3
– fol. C1r (mit einem Fragment von fol. C4v)	F3
– fol. C1v (mit einem Fragment von fol. C4r)	F3
– fol. C2r (mit einem Fragment von fol. C3v)	F3
– fol. C2v (mit einem Fragment von fol. C3r)	F3

– fol. D2r (mit einem Fragment von fol. D3v)		F3
– fol. D2v (mit einem Fragment von fol. D3r)		F3
– fol. D4r (mit einem Fragment von fol. D1v)		F3
– fol. D4v (mit einem Fragment von fol. D1r)		F3
– fol. E2r (mit einem Fragment von fol. E3v)		F3
– fol. E2v (mit einem Fragment von fol. E3r)		F3
– fol. E4r (mit einem Fragment von fol. E1v)		F3
– fol. E4v (mit einem Fragment von fol. E1r)		F3
QUINTO		
– fol. A1r (mit einem Fragment von fol. A4v)		F3
– fol. A1v (mit einem Fragment von fol. A4r)		F3
– fol. A2r (mit einem Fragment von fol. A3v)		F3
– fol. A2v (mit einem Fragment von fol. A3r)		F3
– fol. B1r (mit einem Fragment von fol. B4v)		F3
– fol. B1v (mit einem Fragment von fol. B4r)		F3
– fol. B2r (mit einem Fragment von fol. B3v)		F3
– fol. B2v (mit einem Fragment von fol. B3r)		F3
– fol. C3r (mit einem Fragment von fol. C2v)		F3
– fol. C3v (mit einem Fragment von fol. C2r)		F3
– fol. C4r (mit einem Fragment von fol. C1v)		F3
– fol. C4v (mit einem Fragment von fol. C1r)		F3
– fol. D1r (mit einem Fragment von fol. D4v)		F3
– fol. D1v (mit einem Fragment von fol. D4r)		F3
– fol. D3r (mit einem Fragment von fol. D2v)		F3
– fol. D3v (mit einem Fragment von fol. D2r)		F3
– fol. E2r (mit einem Fragment von fol. E3v)		F3
– fol. E2v (mit einem Fragment von fol. E3r)		F3
– fol. E4r (mit einem Fragment von fol. E1v)		F3
– fol. E4v (mit einem Fragment von fol. E1r)		F3

B. Die in Gaesdonck angetroffenen handschriftlichen Fragmente

14. *Tenorpartien:*

– Surrexit pastor bonus (Orlando di Lasso)	S. 1	F2
– *idem*	S. 2	F2
– Deus misereatur nostri (nicht trassierte Komposition)		F2
– Non est bonum hominem (Dressler, hier zugeschrieben an Lasso)		F2
– Isti sunt viri sancti / Sancti per fidem (Gombert/Gransyre)	S. 1	F2
– *idem*	S. 2	F2
– *idem*	S. 3	F2

15. *Basspartien:*

‚Basso continuo' zu einer nicht trassierten Komposition	F3
Kladde von einer nicht trassierten Komposition	F3

BEILAGE III
Die Mutterbücher

F1. Die Makulatur der Stimmbücher von *Cantionum Musicarum* (Düsseldorf 1563) von Petit Jan de Latre ist den Deckeln der beiden Teile des untengenannten Buches entnommen:

Canisius, Petrus: Christliche Catholische Postill. Aller Sonntäglichen Euangelien, so durchs gantze Jahr, in der Christlichen Catholischen Kirchen geprediget werden / Darinnen Weiland deß Ehrwürdigen, Hochberümbten Herren Petri Canisii H. schrifft Doctorn der Societet Iesv, Lateinische Meditationes, Notae Euangelicae genandt, trewlich verteutscht, vnd in die form gemeiner Sontäglicher Predigen, mit fleiß gerichtet, vnd in zwen theil, abgetheilet. Durch Herren Ioachimvm Landolt, H. schrifft Doctorn, vnd alten Pfarrer zu Freyburg im Breyßgaw. Allen Christlichen Pfarherren, vor allen anderen Teutschen Postillen, zu ihrem Predigampt mit nutz zugebrauchen... – Freyburg in Breyßgaw : Böckler.
Einheitssacht.: *Notae in evangelicas lectiones, quae per totum annum dominicis diebus in ecclesia catholica recitantur* <dt.>. Erschienen: Bd. 1 (1601) – Bd. 2 (1601)
Ex.: Collegium Augustinianum Gaesdonck, Goch B Einzelsignatur

1. 1601. – [12], 327, [1] Bl.
Ex.: Collegium Augustinianum Gaesdonck, Goch B 1215-1

2. [1601]. – [6], 514, [1] Bl. : Ill.
Ex.: Collegium Augustinianum Gaesdonck, Goch B 1215-2

F2. Die Makulatur in mittig durchgeschnittenen Blättern ist dem Deckel des untengenannten Buches entnommen:

Villavicencio, Lorenzo de: De Recte|Formando Stv-|dio Theologico Li-|bri Qvatvor. Ac| De Formandis Sa-|cris Concionibvs Li-|bri Tres. Omnes Collecti|et restituti per Fratrem Laurentium à Villauicen-|tio Xerezanum: Doctorem Theologum: Au-|gustanum Eremitam... – Nunc denuò diligentissimè correcti & emendati. Cum Indice rerum et verborum locupletißimo. – Coloniae Agrippinae : Birckmann, 1575. – [16] Bl., 867 [= 869] S., [1] S. ; 8°.
Einheitssacht.: *De recte formando theologiae studio*
Fingerprint: 0.ca 1817 o-5. ipti 3 1575 R
Sonstige Nr.: Bibliogr. Nachweis: VD 16 V 1200
Ex.: Collegium Augustinianum Gaesdonck, Goch A 4047

F3. Die Makulatur in ganzen Blättern ist den Deckeln der Stimmbücher BCDE des untengenannten Konvoluts entnommen. (Dabei überrascht, dass Stimmbuch A keine Makulatur enthält; möglicherweise geht das auf eine frühere, nicht dokumentierte Restaurierung zurück):

Konvolut von 6 Ausgaben mit 5 Stimmbüchern:

Casati, Gasparo (ca. 1610–1641): Operis primi pars prior, continens moteta una et duabus vocibus ad organum concertata (Antwerpen, Magdalène Phalèse et cohéritiers, 1647)[60]. Stimmbücher: Vox I: $M4^{1}$ (A) / Vox II: $M4^{1}$ (B) / Bc: $M4^{1}$ (E).

Casati, Gasparo (ca. 1610–1641): Sacri concentus duarum vocum cum basso continuo (Antwerpen, Magdalène Phalèse & cohéritiers, 1650).[61] Stimmbücher: Vox I: $M4^{2}$ (A) / Vox II: $M4^{2}$ (B) / Bc: $M4^{2}$ (E).

Casati, Gasparo (ca. 1610–1641): Sacri concentus III. et IV. vocum, cum basso continuo ([Antwerpen], héritiers de Pierre Phalèse, 1644)[62]. Stimmbücher: Vox I: $M4^{3}$ (A) / Vox II: $M4^{3}$ (B) / Vox III: $M4^{3}$ (C) / Vox IV: $M4^{3}$ (D) / Bc: $M4^{3}$ (E).

Casati, Gasparo (ca. 1610–1641): Amoenum rosarium odoriferis concentuum rosis (I. II. III. et IV. vocum) variatum ... cum basso continuo ad organum, opus quintum (Antwerpen, héritiers de Pierre Phalèse, 1649)[63]. Stimmbücher: Cantus: $M4^{4}$ (A) / Altus: $M4^{4}$ (B) / Tenor: $M4^{4}$ (C) / Bassus: $M4^{4}$ (D) / Bc: $M4^{4}$ (E).

Sabbatini, Galeazzo (1597–1662): Sacrarum laudum musicis conceptibus ... binis, ternis, quaternis, quinisque vocibus ad organum concinendarum, liber secundus, opus septimum. ... hac editione a pluribus, quibus scatebat, erroribus expurgatum (Antwerpen, Pierre Phalèse, héritiers, 1641)[64]. Stimmbücher: Cantus: $M4^{5}$ (A) / Altus: $M4^{5}$ (B) / Tenor: $M4^{5}$ (C) / Bassus: $M4^{5}$ (D) / Bc: $M4^{5}$ (E).

Todeschi, Simplicio (ca. 1600): Sacrae cantiones concertatae duabus vocibus cum b. continuo ad organum ... opus quartum noviter in lucem datum (Antwerpen, les héritiers de Pierre Phalèse, 1639)[65]. Stimmbücher: Cantus I: $M4^{6}$ (A) / Cantus II: $M4^{6}$ (B) / Bc: $M4^{6}$ (E).

Literatur

1. Über die Klosterbibliothek von Gaesdonck

- Gregor Hövelmann, Die Klosterbibliothek Gaesdonck 1801/02, in: Gaesdoncker Blätter 20-II (1967), S. 37–41.
- Gregor Hövelmann, Neue Beiträge zur Geschichte der Gaesdonck (X–XI), Die Handschriften der Klosterbibliothek Gaesdonck: Ein Versuch, den ursprünglichen Bestand

60 RISM-A/I: [C 1421; RISM-B/I: 1647^{4}; Ilgen II.6.
61 RISM-A/I: [C 1414; Ilgen II.8.
62 RISM-A/I: [C 1417; Ilgen II.5.
63 RISM-A/I: [C 1424; Ilgen II.7.
64 RISM-A/I: [S 8; Ilgen II.33.
65 RISM-A/I: [T 852; Ilgen II.38.

zu rekonstruieren, mit einem Anhang über die Schreibtätigkeit des Gaesdoncker Konvents, in: Gaesdoncker Blätter 21 (1968), S. 44–75.
- Peter Ilgen, Verzeichnis der Musikdrucke der Gaesdoncker Klosterbibliothek, in: Gaesdoncker Blätter 36 (1983), S. 15–24.
- Peter Ilgen, Zum Verzeichnis der Musikdrucke des 16. und 17. Jahrhunderts, in: Gaesdoncker Blätter 36 (1983), S. 25–36.
- Franz Hermes, Weltweites Interesse an Gaesdoncker Musikalien, in: Gaesdoncker Blätter 36 (1983), S. 37–52.
- Karl-Ferdinand Beßelmann, Franz Hermes, Bibliotheca domus presbyterorum Gaesdonck, in: Handbuch der historischen Buchbestände in Deutschland. Hrsg. von Bernhard Fabian, Hildesheim 2003, S. 335–339.

2. *Über Makulatur und Buchwissenschaft*
- Elly Cockx-Indestege, Das Buntpapier im Kontext des Buches. Einige Gedanken, in: Archives et bibliothèques de Belgique. Archief- en bibliotheekwezen in België Nr. 767 (1996), S. 185–209.
- Kees Gnirrep, Peter Gumbert, János Alexander Szirmai, Kneep en binding. Een terminologie voor de beschrijving van de constructies van oude boeken, Den Haag 1997.
- János Alexander Szirmai, The archeology of medieval bookbinding, Aldershot 1999.
- Dirk Geirnaert, Membra disiecta: banden met het versneden verleden, in: Medioneerlandistiek. Een inleiding tot de Middelnederlandse letterkunde, hg. von Ria Jansen-Sieben, Jozef Janssens en Frank Willaert, Hilversum 2000, S. 85–101.
- Nicolas Pickwoad, The use of fragments of medieval manuscripts in the construction and covering of bindings on printed books, in: Interpreting and collecting fragments of medieval books, hg. von Linda Browning and Margaret Smith, Oxford 2000, S. 1–20.
- Jennifer Sheppard, Medieval binding structures. Potential evidence from fragments, in: Interpreting and collecting fragments of medieval books, hg. von Linda Browning and Margaret Smith, Oxford 2000, S. 167–175.
- Ágnes Ádám, Mittelalterliche Pergamentfragmente. Einbandtechnische Verwendung, Umgang mit der Restaurierung und Aufbewahrungsmöglichkeite, in: Papierrestaurierung IADA 4 (2003), Nr. 2, S. 15–20.
- Jos Biemans, Oortjes, hartstrookjes en rugbeleg. Over het gebruik van perkament uit middeleeuwse handschriften in boekbanden van de vijftiende tot de zeventiende eeuw, gedemonstreerd aan fragmenten van de „Spiegel historiael“, in: E codicibus impressisque. Opstellen over het boek in de Lage Landen voor Elly Cockx-Indestege, hg. von Chris Coppens u. a., 3. Band: Papier, verzamelaars en verzamelingen, Leuven 2004, S. 3–24.
- Maren Mau-Pieper, Koperte als Einband bei Gebrauchsschriftgut in Mittelalter und früher Neuzeit (Masterskriptum Eberhardt-Karls-Universität Tübingen, Fakultät für Geschichtswissenschaften, Tübingen 2005).
- Femke Prinsen, Maculatuur. Terminologie & toepassingen, Zuidveen 2009.
- Femke Prinsen, Onlosmakelijk verbonden met het boek? De omgang met maculatuur in de Nederlandse openbaar toegankelijke collecties, Zuidveen 2009.

3. Über Musik

- Kurt Henning, Die geistliche Kontrafaktur im Jahrhundert der Reformation microform. Ein Beitrag zur Geschichte des deutschen Volks- und Kirchenliedes im XVI. Jahrhundert, Königsberg 1909.
- Emmanuel Haein, Le problème du chant choral dans les églises réformées et le trésor liturgique de la Cantilène huguenote, Montpellier 1926.
- Wilhelm Martin Luther, Gallus Dressler. Ein Beitrag zur Geschichte des Schulkantorats im 16. Jahrhundert, Kassel 1941.
- Howard Mayer Brown, Instrumental Music Printed before 1600. A bibliography, Cambridge (Mass.) 1967.
- Ute Meissner, Der Antwerpener Notendrucker Tylman Susato, 2 Teile, Berlin 1967.
- Music Printing and Publishing, hg. von Donald William Krummel, Stanley Sadie, London 1980.
- Samuel Jan Lenselink, De Nederlandse Psalmberijmingen van de Souterliedekens tot Datheen, met hun voorgangers in Duitsland en Frankrijk, Dordrecht 1983.
- Henry Vanhulst, Catalogue des Éditions de musique publiées à Louvain par Pierre Phalèse et ses fils 1545–1578, Bruxelles 1990.
- Louis Peter Grijp, Het Nederlandse lied in de Gouden Eeuw. Het mechanisme van de contrafactuur, Amsterdam 1991.
- Richard Agee, The Gardano Music Printing Firms, 1569–1611, Rochester 1998.
- Simon Groot, Weiteres über einen Notenfund der Gaesdoncker Klosterbibliothek und das musikalische Projekt *Prenez plaisir, ghy gheesten amoreus*, in: Gaesdoncker Blätter N.F. 9 (2007), S. 66–74.
- Simon Groot, *Cantionum Musicarum* (Düsseldorf 1563), een Amersfoorts muziekboek, in: Flehite. Historisch jaarboek voor Amersfoort en omstreken (2008), S. 8–29.
- Simon Groot, Petit Jan de Latre, Opera omnia, Vol. 3: Cantionum Musicarum, Amersfoort 2009. (Diese Ausgabe enthält auch Kompositionen von Bart Visman, Guus Janssen, Daan Manneke, Claudia Rumondor und Jan van Dijk; diese wurden um die erhaltenen Stimmen von *Cantionum Musicarum* herum komponiert für ein Projekt, das ich in Amersfoort im Jahre 2007 organisierte).
- Simon Groot, Petit Jan de Latre in Amersfoort: a new look at his biography, in: Tijdschrift van de Koninklijke Vereniging voor Nederlandse Muziekgeschiedenis 63 (2013), S. 65–85.
- Walter Blankenburg, Clytus Gottwald, Dressler, Gallus, in: Grove Online (konsultiert am 9.5.2014).
- James Haar, Vento, Ivo [Yvo] de, in: Grove online (konsultiert am 14.5.2014).
- RISM-A/I, Repertoire International des Sources Musicales, Einzeldrucke vor 1800.
- RISM-B/I, Repertoire International des Sources Musicales, Sammeldrucke vor 1800.

Fortschritt oder Fidibus? Zur Bestimmung, Bewahrung und Bedeutung von Inkunabelfragmenten

Oliver Duntze und Falk Eisermann, Berlin

1. Einleitung[1]

> „Ne, lieber Herr Pfarrer, den Gefallen kann ich Ihnen nicht tun. Im Handschriftenlesen habe ich garkeine Übung und wenn ich mich da hineinarbeiten wollte, so würde das eine Tage nicht Stunden beanspruchende Arbeit sein, und wahrscheinlich würde ich doch nichts herausbringen. Und wenn es gelänge, was käme dabei heraus? Nichts. Das Blatt ist schon damals Makulatur gewesen und hat nicht den geringsten Wert. Wahrscheinlich ist es nicht einmal zu einem Fidibus zu gebrauchen. Ich bitte mich also zu entschuldigen, danke Ihnen aber für das Vertrauen, das Sie in meine Kenntnisse setzen".

So schrieb am 14. September 1912 ein preußischer Bibliothekar an den Oberpfarrer Lath von der St. Marienkirche zu Bernau, der sich mit der Bitte um die Identifizierung eines Handschriftenfragments an die Königliche Bibliothek in Berlin gewandt hatte. Absender war niemand geringerer als Ernst Voulliéme (1862–1930); „mit bestem Gruß Ihr ergebenster Voulliéme" lautet die Signatur in seiner „schönen, ebenso ebenen wie runden Schrift". Der berühmte Inkunabelforscher und maßgebliche Initiator des Gesamtkatalogs der Wiegendrucke (GW) verspürte offenbar wenig Neigung, aus seinem Arbeitsbereich in

1 Abgekürzt zitierte Literatur und Online-Datenbanken (alle nachfolgend zitierten URL zuletzt eingesehen am 22. August 2014): EBDB: Einbanddatenbank www.hist-einband.de. – GW: Gesamtkatalog der Wiegendrucke. Bd. 1–7 hg. von der Kommission für den Gesamtkatalog der Wiegendrucke, Leipzig 1925–1940; Bd. 8 und 9 hg. von der Deutschen Staatsbibliothek zu Berlin, Stuttgart/Berlin/New York 1978–1991. Bd. 10 ff. hg. von der Staatsbibliothek zu Berlin – Preußischer Kulturbesitz, Stuttgart 2000 ff. Online-Datenbank: www.gesamtkatalogderwiegendrucke.de. – ISTC: Incunabula Short Title Catalogue http://www.bl.uk/catalogues/istc/index.html. – TW: Typenrepertorium der Wiegendrucke http://tw.staatsbibliothek-berlin.de, auf der Grundlage von Konrad Haebler, Typenrepertorium der Wiegendrucke, 5 Bde., Halle (Saale)/Leipzig 1905–1924. – VD16: Verzeichnis der im deutschen Sprachbereich erschienenen Drucke des 16. Jahrhunderts ww.vd16.de. Unser Dank gilt Martina Nickel (Staatsbibliothek zu Berlin – Preußischer Kulturbesitz, Inkunabelreferat), Dr. Christine Magin (Greifswald) und Dr. Hartmut Kühne (Berlin).

das paläographische Nachbargebiet hinüberzuschauen, und er scheint auch nicht auf den Gedanken gekommen zu sein, die Anfrage an die Handschriftenabteilung weiterzugeben[2].

Weder von Voulliéme noch von einem seiner Kollegen aus der damaligen großen Generation der Wiegendruckforscher hätte man freilich eine ähnlich flapsige Antwort auf Anfragen zu Inkunabelfragmenten erhalten, welcher Herkunft und Beschaffenheit auch immer, denn deren Bedeutung war schon damals allgemein bekannt[3]. Grundsätzliche Fragen und Probleme der Makulatur-Forschung hatte Konrad Haebler 1908 in einem gleichnamigen Beitrag dargelegt[4]. Auch wenn man seine Einschätzungen kaum noch uneingeschränkt teilen und gewisse Empfehlungen – vor allem über das Vorgehen beim Auslösen von Fragmenten (S. 543–544) – sicher nicht mehr befolgen wird, so war sein Beitrag doch richtungweisend. Die Zeitgenossen schätzten dies ähnlich ein: „‚Makulaturforschung', wie sie uns Konrad Häbler [...] und Gustav Kohfeldt [...] zur Pflicht gemacht haben, heißt das Zauberwort"[5]. Die Beteiligten hatten erkannt, dass die Suche nach Fragmenten und ihre erfolgreiche Bestimmung nicht nur dem Forscherdrang erhebliche Genugtuung bereitet, sondern auch einen unmittelbaren Wert für die Kenntnis der frühesten Druckgeschichte und für die eigene Institution hat: Sie ermöglicht „das Wunder der Vermehrung der Sammlung aus sich selbst"[6].

Inkunabelfragmente liefern darüber hinaus regelmäßig neue Informationen zur Entstehungs- und Überlieferungsgeschichte einzelner Drucke, zu einzelnen Druckorten und -regionen, zu Texten und Autor-Œuvres, zu Provenienz- und Einbandfragen und Aspekten des Buchhandels. Jedes noch so kleine, beschädigte, schwer lesbare Fragment kann sich als bedeutsame Quelle erweisen. Der vorliegende Beitrag verfolgt das Ziel, anhand aktuel-

2 Original im Pfarrarchiv St. Marien in Bernau bei Berlin, Akte Signatur neu 420, alt D 2: „Denk- und Sehenswürdigkeiten, sowie Alterthümer der Kirche"; ebd. auch ein Brief des Berliner Altphilologen Hermann Diels (1848–1922) vom 28. Juli 1915 (oder 1916), der das Fragment schließlich identifizierte. Den Hinweis auf diese Korrespondenz und Abbildungen verdanken wir Hartmut Kühne. Das Zitat zu Voulliémes Handschrift stammt aus Max Joseph Husungs Nachruf, in: Zentralblatt für Bibliothekswesen 48 (1931), S. 189–192, hier S. 190. Vgl. auch Anneliese Schmitt, „Los! ... Die Schreibereien sind aber langweilig, also Taten!" 100 Jahre Gesamtkatalog der Wiegendrucke und 100 Jahre Berliner Inkunabelkatalog im Spiegel der Briefe von Ernst Voulliéme an Konrad Haebler, in: Gutenberg-Jahrbuch 2006, S. 179–187.

3 Die wichtigste Entdeckung dieser Zeit war das *Sibyllenbuch*-Bruchstück, das unter der Bezeichnung *Fragment vom Weltgericht* bekannt wurde; vgl. Edward Schröder, Gottfried Zedler und Heinrich Wallau, Das Mainzer Fragment vom Weltgericht. Der älteste Druck mit der Donat-Kalender-Type Gutenbergs, in: Veröffentlichungen der Gutenberg-Gesellschaft 3 (1904), S. 1–36; Edward Schröder, Das Mainzer Fragment vom Weltgericht. Ein Ausschnitt aus dem deutschen Sibyllenbuche, in: Veröffentlichungen der Gutenberg-Gesellschaft 5–7 (1908), S. 1–9; Frieder Schanze, Wieder einmal das „Fragment vom Weltgericht" – Bemerkungen und Materialien zur „Sibyllenweissagung", in: Gutenberg-Jahrbuch 2000, S. 42–63.

4 Konrad Haebler, Makulatur-Forschung, in: Zentralblatt für Bibliothekswesen 25 (1908), S. 535–544.

5 Otto Leuze, Zehn Jahre Makulaturforschung in der Inkunabelsammlung der Württ. Landesbibliothek in Stuttgart, in: Zentralblatt für Bibliothekswesen 48 (1931) S. 1–8, hier S. 1; Gustav Kohfeldt, Aufbewahrung und Katalogisierung der handschriftlichen und gedruckten Einbandmakulatur, in: Zentralblatt für Bibliothekswesen 30 (1913), S. 424–435.

6 Leuze, Makulaturforschung, S. 1.

ler Funde auf diese Bedeutung der Fragmentforschung einzugehen, wobei die aus unserer Sicht wesentlichen, teils schon von Haebler formulierten Grundsatzfragen der inkunabulistischen ‚Fragmentologie'[7] angesprochen werden sollen.

Der Umgang mit Druckfragmenten und ihr Wert für Forschung und Sammlungsaufbau werden nachfolgend vor dem Hintergrund der Praxis der GW-Redaktion bzw. des Inkunabelreferats der Staatsbibliothek zu Berlin – Preußischer Kulturbesitz (SBB-PK) dargestellt. Die herangezogenen Beispiele entstammen überwiegend dem Bestand der SBB-PK, doch werden auch Exemplare anderer Sammlungen behandelt, deren Identifizierung durch den GW vorgenommen wurde. So konnten in den letzten Jahren z. B. zahlreiche Fragmente bestimmt werden, die Reiner Nolden bei der Neukatalogisierung der Inkunabeln der Stadtbibliothek Trier aufgefunden hat. Auch die Erschließung der Wiegendrucke in der UB Leipzig erbrachte diverse Funde; als besonders spektakulär ist das Fragment eines Ablassbriefs von Heinrich Institoris zu nennen, das wohl im Jahr 1470 in einer sonst nirgends belegten, vermutlich Straßburger Type gedruckt wurde (GW M1245150)[8].

2. Echte Fragmente, Probedrucke, Fehldrucke, verworfene Drucke

Beginnen wollen wir mit Überlegungen zur Begrifflichkeit. Unter der Bezeichnung ‚(Druck-)Fragment' werden in der Forschung unterschiedliche Phänomene subsumiert, die zunächst differenziert und beschrieben werden sollen, und zwar unter den Termini ‚echte Fragmente' bzw. ‚Probedrucke', ‚Fehldrucke', ‚verworfene Drucke'. Andere Klassifizierungen sind selbstverständlich ebenso vorstellbar, etwa nach Überlieferungssituation (kontextfreies Einzelblatt, Konvolut, Einbandmakulatur, Buchumschlag, Abklatsch usw.), nach der Vollständigkeit oder nach den Inhalten.

---

7 Vgl. zum Terminus ‚Fragmentologie' z. B. Lucien Reynhout, Défets de manuscrits dans les imprimés anciens de la Bibliothèque Royale de Belgique. Un patrimoine à découvrir, in: In Monte Artium 6 (2013), S. 97–120.

8 Vgl. Die Inkunabeln der Wissenschaftlichen Stadtbibliothek Trier, beschrieben von Reiner Nolden, 2 Bde. (Beschreibendes Verzeichnis der Handschriften der Stadtbibliothek zu Trier, NS, 3), Wiesbaden 2015. Zu Leipzig vgl. nun Die Inkunabeln und Blockdrucke der Universitätsbibliothek Leipzig sowie der Deposita Stadtbibliothek Leipzig, der Kirchenbibliothek von St. Nikolai in Leipzig und der Kirchenbibliothek von St. Thomas in Leipzig (UBL-Ink), beschrieben von Thomas Thibault Döring, Thomas Fuchs unter Mitarbeit von Christoph Mackert, Almuth Märker und Frank-Joachim Stewing, 4 Bde., Wiesbaden 2014, hier 1–114 sowie Bd. 1, S. XXIII. Inzwischen ist auch ein vollständiges Exemplar dieses Ablassbriefs in den Inkunabelbibliographien verzeichnet, das zuvor nur in heimatkundlicher Literatur erwähnt worden war; vgl. Alltag und Frömmigkeit vor der Reformation in Mitteldeutschland. Katalog zur Ausstellung „Umsonst ist der Tod", hg. von Hartmut Kühne, Enno Bünz, Thomas T. Müller, Petersberg 2013, S. 369–373 (Falk Eisermann), mit Abbildung. Interesse dürfen auch die in der Bibliothek der Lomonossow-Universität Moskau aufbewahrten Fragmente aus Halberstadt beanspruchen; vgl. zuletzt Oliver Duntze, Anmerkungen zu zwei bislang unidentifizierten Druckfragmenten der Dokumentensammlung Gustav Schmidt, in: Deutsch-russische Arbeitsgespräche zu mittelalterlichen Handschriften und Drucken aus Halberstadt in russischen Bibliotheken, hg. von Rudolf Bentzinger u. a. (Akademie gemeinnütziger Wissenschaften zu Erfurt, Sonderschriften, 43), Erfurt 2012, S. 169–179.

a) Echte Fragmente und fragmentarische Druckausgaben

Als ‚echtes Fragment' verstehen wir ein Bruchstück eines nicht mehr vollständig oder zumindest nicht mehr vollständig und zusammenhängend erhaltenen Exemplars einer fertiggestellten und veröffentlichten Druckausgabe. Ist außer dem Fragment noch mindestens ein vollständiges Exemplar der Ausgabe überliefert, kann durch einen Vergleich mit diesem die Übereinstimmung des Satzes festgestellt werden, was eine sichere Identifizierung des Fragments ermöglicht – die Beantwortung der Frage: um welches Blatt bzw. welchen Teil welcher Ausgabe handelt es sich? Die Inkunabelkunde verfügt mit der Typenbestimmung über ein erprobtes methodisches Werkzeug, mit dem Druckort und Druckwerkstatt eines Inkunabel-Bruchstücks ermittelt werden können, und durch den Vergleich formaler und inhaltlicher Merkmale lassen sich die als Ursprung eines Fragments in Frage kommenden Ausgaben soweit einschränken, dass eine abschließende Identifizierung mit angemessenem Aufwand möglich ist. Dadurch kann sowohl bei Einzelfunden als auch bei der systematischen Erschließung einer Fragmentsammlung ein Großteil der echten Fragmente exakt bestimmt werden, selbst wenn es sich nur um kleine Schnipsel handelt (Abb. 47).

In der überlieferungsgeschichtlichen Realität machen echte Fragmente mit Abstand den größten Anteil aus. Die Gründe für die Fragmentierung von Inkunabeln sind mannigfaltig und hier nicht näher zu besprechen; verwiesen sei auf die magistralen Ausführungen von Gerhard Powitz über ‚unnütze Bücher', die sich auf mittelalterliche Handschriften beziehen, aber ebenso Geltung für die frühe Drucküberlieferung beanspruchen können[9]. Neben den vielfach thematisierten historischen Tatbeständen der Makulierung aufgrund mangelnder Aktualität bzw. absichtlicher oder von außen hervorgerufener Zerstörung von Büchern ist auf ein weiteres virulentes Problem hinzuweisen: auf die mutwillige Fragmentierung von Handschriften und alten Drucken zu kommerziellen Zwecken, die bis in die Gegenwart von Teilen des Antiquariatsbuchhandels praktiziert wird. Von der ‚Herstellung' und Verbreitung von *leaf books* sind vor allem illuminierte Handschriften[10], oft genug aber auch wertvolle Inkunabeln, betroffen. Diverse einschlägige Publikationen von

9 Vgl. Gerhard Powitz, *Libri inutiles* in mittelalterlichen Bibliotheken. Bemerkungen über Alienatio, Palimpsestierung und Makulierung, in: Scriptorium 50 (1996), S. 288–304. Online: http://nbn-resolving.de/urn/resolver.pl?urn:nbn:de:hebis:30-40468. – Grundsätzliche historisch-methodische Ausführungen zur Fragment-Erschließung (überwiegend am Beispiel von Handschriften) auch bei Christoph Mackert, Zur Fragmentsammlung der Leipziger Universitätsbibliothek, in: Das Buch in Antike, Mittelalter und Neuzeit. Sonderbestände der Universitätsbibliothek Leipzig, hg. von Thomas Fuchs, Christoph Mackert und Reinhold Scholl (Schriften und Zeugnisse zur Buchgeschichte, 20), Wiesbaden 2012, S. 91–120, sowie in dem Sammelband Fragmente. Der Umgang mit lückenhafter Quellenüberlieferung in der Mittelalterforschung. Akten des internationalen Symposiums des Zentrums Mittelalterforschung der Österreichischen Akademie der Wissenschaften (Wien, 19.–21. März 2009), hg. von Christian Gastgeber u. a., Wien 2010.

10 Vgl. Scott Gwara, Otto Ege's Manuscripts. A Study of Ege's Manuscript Collections, Portfolios, and Retail Trade. With a Comprehensive Handlist of Manuscripts Collected or Sold, Cayce (South Carolina) 2013; Christopher de Hamel, Cutting up Manuscripts for Pleasure and Profit. The 1995 Sol. M. Malkin Lecture in Bibliography, Charlottesville 2000; Christopher de Hamel, Disbound and Dispersed. The Leaf Book Considered (...). Ausstellungskatalog, Chicago 2005, dazu die informative Einführung von Joel Silver, Leaf Books, in: Fine Books & Collections online http://www.finebooks-magazine.com/issue/0205/leaf_books.phtml.

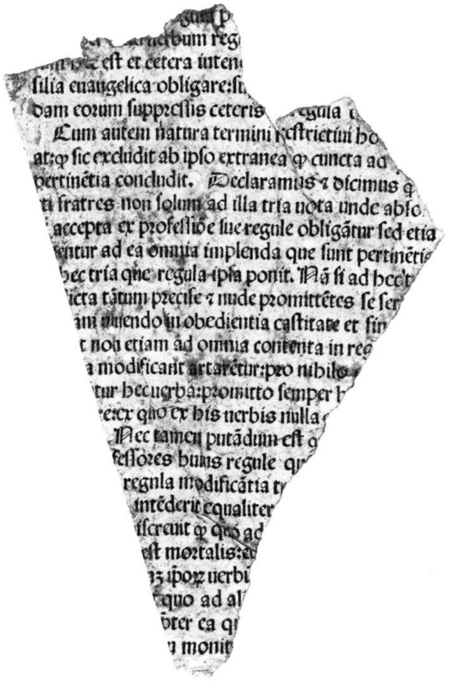

Abb. 47
Fragment aus: Clemens V.: *Constitutiones* [Lyon: Johann Siber], 11. Mai 1482 (GW 7100), Berlin SBB-PK, Inc 4682.18a Fragm. (Foto: Berlin, GW).

Konrad Haebler wurden vor 25 Jahren von dem Schweizer Antiquar Walter Eichenberger mit Unterstützung von Henning Wendland neu aufgelegt, wodurch Tausende dekontextualisierter Fragmente in Umlauf kamen[11]. Ein prominentes Beispiel ist auch das ehemals

11 Konrad Haebler, Der italienische Wiegendruck in Original-Typenbeispielen, 2 Bde., München 1927; Konrad Haebler, Der deutsche Wiegendruck in Original-Typenbeispielen, München 1927; Konrad Haebler, Der westeuropäische Wiegendruck in Original-Typenbeispielen, München 1928; Alte Typographie und Buchkunst. Texte zur Typographie des 15. Jahrhunderts von Konrad Haebler, neu hg., eingeleitet und ergänzt von Henning Wendland, Beinwil am See 1990. Im Impressum heißt es: „Dieses Buch erschien in einer Gesamtauflage von 300 Exemplaren. Die ersten 50 Exemplare sind römisch numeriert und werden den Kassetten ‚Alte Typographie und Buchkunst' beigefügt [mit jeweils 50 Originalblättern aus Büchern des 15. und 16. Jahrhunderts, OD/FE]. Weitere 200 Exemplare, arabisch numeriert von 51 bis 250, sind für den separaten Verkauf vorgesehen. Diesen Exemplaren wird ein *Original-Inkunabelblatt* beigefügt." Die beiden Exemplare dieser Publikation in der SBB-PK enthalten Bl. CCCCI bzw. CCCCIIII aus Bd. 2 von Johann Grüningers deutscher Bibel aus dem Jahr 1485 (GW 4304; Kassetten sind bei uns nicht vorhanden). Zur Beurteilung solcher Handlungen verweisen wir auf das in http://archiv.twoday.net/stories/5809809/ zitierte Statement von Paul Needham: "I'm committed to criticizing all scholars who participate in leafbook projects. The common response I have heard is 'well, of course I don't really approve of leafbooks, but this one is a little different, and no harm is done, because yadda yadda...', which I translate into English as 'somebody offered me money'."

in der Thurn- und Taxis'schen Hofbibliothek Regensburg bewahrte Exemplar des *Heldenbuchs* GW 12185 [Straßburg: Johann Prüss, um 1479], das in GW wie ISTC als „vermisst" bezeichnet wird, aber wohl vor 1954 zerlegt und in Einzelblättern verkauft wurde[12].

Unter bibliographischen Gesichtspunkten deutlich interessanter – aber eben auch schwieriger – wird die Bestimmung echter Fragmente in den Fällen, in denen kein vollständiges Exemplar der zugrundeliegenden Ausgabe erhalten ist. Es ist eine bekannte Tatsache, dass für umfangreiche, großformatige Drucke mit als kanonisch angesehenen Texten gute Chancen für die Erhaltung vollständiger Exemplare bestehen, während für kleineres Akzidenzschriftgut die Aussichten auf eine vollständige Überlieferung sinken, da es nicht für eine lange Aufbewahrung intendiert war und/oder durch intensive Benutzung buchstäblich verbraucht wurde[13]. Aus der Arbeit der GW-Redaktion seien zwei aktuelle Beispiele von Inkunabelausgaben genannt, die nur durch neu entdeckte Fragmente bezeugt sind: Ein deutschsprachiges *Prognostikon auf das Jahr 1498* in der Bayerischen Staatsbibliothek München (BSB) konnte aufgrund der astronomischen Angaben sicher datiert und aufgrund der Typen zweifelsfrei als zuvor unbeschriebener Druck von Johann Schobser in Augsburg bestimmt werden (GW M3562450)[14]. Bislang nur vorläufig im GW-Artikel *Orationes* verzeichnet sind hingegen die Überreste einer von Johann Petri in Passau um 1485/1490 gedruckten Ausgabe mit lateinischen Psalmen- und Gebetstexten, die aus einem sonst nicht bezeugten, kleinformatigen (16°) Brevier, Diurnale, Stundenbuch o.ä. stammen dürften (GW M2805750; Abb. 48, auch als Farbabb.).

Zahlreiche Inkunabeln liegen in unikaler Überlieferung vor, davon sind etwa 10–15 Prozent nur durch Fragmente belegt[15]. Zwar lassen sich auch in diesen Fällen Autor, Werk, Druckwerkstatt und Datierung oftmals mit hinreichender Genauigkeit ermitteln, doch nicht immer kann man sicher sein, ob es sich tatsächlich um das letzte erhaltene Bruch-

12 Vgl. http://hsozkult.geschichte.hu-berlin.de/rezensionen/2004-1-053.

13 Zu den bekanntesten Verbrauchstexten gehören Almanache und Jahresprognostiken, die nach Ablauf ihres Gültigkeitszeitraums nicht mehr aktuell waren, sowie Schulgrammatiken wie die *Ars minor* des Aelius Donatus, die durch häufigen Gebrauch abgenutzt und zudem zu Beginn des 16. Jahrhunderts durch die Verwendung neuer Grundlagenwerke obsolet wurden. Vgl. Jonathan Green, Frank McIntyre und Paul Needham, The Shape of Incunable Survival and Statistical Estimation of Lost Editions, in: Papers of the Bibliographical Society of America 105 (2011), S. 141–175, Fig. 10; Michael Milway, Forgotten Best-Sellers from the Dawn of the Reformation, in: Continuity and Change. The Harvest of Late Medieval and Reformation History, Essays Presented to Heiko A. Oberman on his 70th Birthday, hg. von Robert J. Bast, Andrew C. Gow, Leiden u. a. 2000, S. 113–142.

14 Digitalisat: http://daten.digitale-sammlungen.de/bsb00040687/image_182. Zur Bestimmung fragmentarischer Prognostiken vgl. zuletzt Jonathan Green, Oliver Duntze, Johannes von Glogau and the Earliest German Practicas, in: Gutenberg-Jahrbuch 2013, S. 68–85.

15 Im ISTC sind derzeit über 7500 Inkunabeln mit nur einem Exemplar verzeichnet (vgl. Green u. a., Incunable Survival, S. 148 Fig. 2), die GW-Datenbank weist mit ca. 7900 Treffern einen ähnlich hohen Anteil auf. Die Zahlen flukturieren, jedoch halten sich Zuwachs durch Auffindung neuer Unikate und Abnahme durch Auffindung weiterer Exemplare einer zuvor nur einmal belegten Druckausgabe in etwa die Waage. Im August 2014 enthielt die GW-Datenbank genau 826 unikale Ausgaben, deren erhaltenes Exemplar durch den Zusatz „Fragm." gekennzeichnet ist. Davon entfallen 134 auf Einblattdrucke, 692 auf mehrblättrige Ausgaben. Da die Kennzeichnung von Fragmenten in GW und ISTC bislang nicht konsequent durchgeführt ist, dürfte die tatsächliche Zahl noch höher liegen.

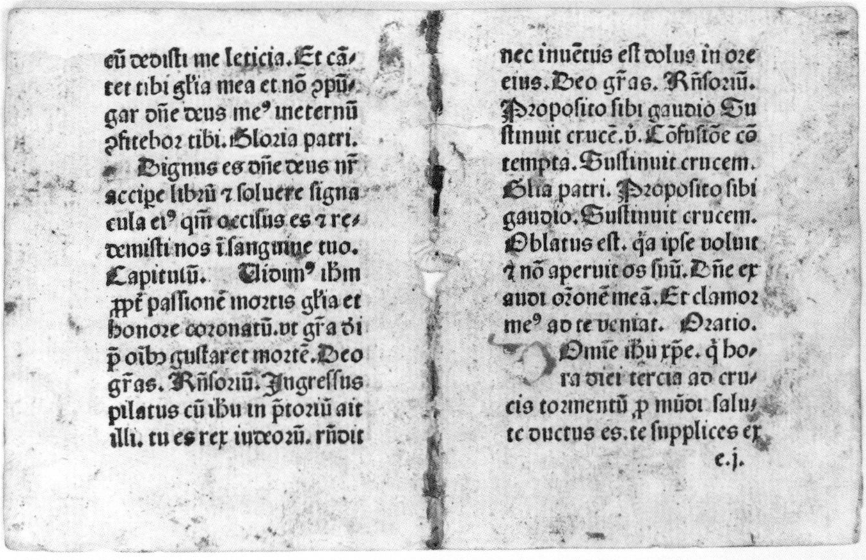
cũ dedisti me leticia. Et cã-
tet tibi gl'ia mea et nõ ɔpũ-
gar dñe deus me⁹ ineternũ
ɔfitebor tibi. Gloria patri.
Dignus es dñe deus nr̃
accipe librũ ⁊ soluere signa
cula ei⁹ qm̃ occisus es ⁊ re-
demisti nos ĩ sanguine tuo.
Capitulũ. Uidim⁹ ihm
xp̃ẽ passionẽ mortis gl'ia et
honore coronatũ. vt gr̃a di
p̃ oib⁹ gustaret mortẽ. Deo
gr̃as. Rñsoriũ. Ingressus
pilatus cũ ihu in p̃toriũ ait
illi. tu es rex iudeorũ. rñdit

nec inuẽtus est dolus in ore
eius. Deo gr̃as. Rñsoriũ.
Proposito sibi gaudio Su
stinuit crucẽ. v̇. Cõfusiõe cõ
tempta. Sustinuit crucem.
Glia patri. Proposito sibi
gaudio. Sustinuit crucem.
Oblatus est. q̊a ipse voluit
⁊ nõ aperuit os suũ. Dñe ex
audi or̃onẽ meã. Et clamor
me⁹ ad te veniat. Oratio.
Domie ihu xp̃e. q̊ ho-
ra diei tercia ad cru-
cis tormentũ ꝑ mũdi salu-
te ductus es. te supplices ex
e.j.

Abb. 48
Fragment aus: *Orationes* [Passau: Johann Petri, um 1485/90], Fragment mit noch nicht endgültig identifiziertem Text (GW M2805750), Berlin SBB-PK, Inc 1948.3 Fragm. (Foto: Berlin, GW).

stück einer ehemals in vielen Exemplaren ausgedruckten Inkunabel oder um eine der unten beschriebenen Fragmentarten (Probedruck, Fehldruck etc.) handelt.

Bibliographisch besonders problematisch sind Fälle, in denen eine Ausgabe aus nicht zusammenhängenden Fragmenten rekonstruiert werden muss. Im Jahr 2008 veröffentlichte Kamil Boldan einen umfangreichen Fund von zumeist defekten oder fragmentarischen ephemeren Drucken aus dem Prämonstratenserkloster Tepl, die jetzt der Tschechischen Nationalbibliothek in Prag gehören. Darunter befindet sich die rechte untere Ecke eines Kalender-Einblattdrucks mit 17 Zeilen Text und einem Teil eines querformatigen Holzschnitts (GW M5070910)[16]. Es handelt sich um eine oberdeutsche Übersetzung von Johannes Virdungs lateinischem *Almanach auf das Jahr 1495* (GW M50709); sowohl der deutsche als auch der lateinische Druck stammen aus der Offizin von Konrad Kachelofen in Leipzig. Ein Vergleich mit der lateinischen Fassung, die typographisch wie der deutsche Druck gestaltet ist, lässt darauf schließen, dass rechts etwa die Hälfte, oben etwa zwei Drittel des Blattes fehlen.

Im Februar 2014 fanden wir bei der Durchsicht einer bislang nicht vollständig erschlossenen Sammlung von Handschriften- und Druckfragmenten unterschiedlicher Herkunft,

16 Vgl. Kamil Boldan, Sbírka minucí a pranostik z přelomu 15. a 16. století tepelského kláštera premostrátů, in: Minulosti západočeského kraje 43 (2008), S. 79–114, hier Nr. 7.

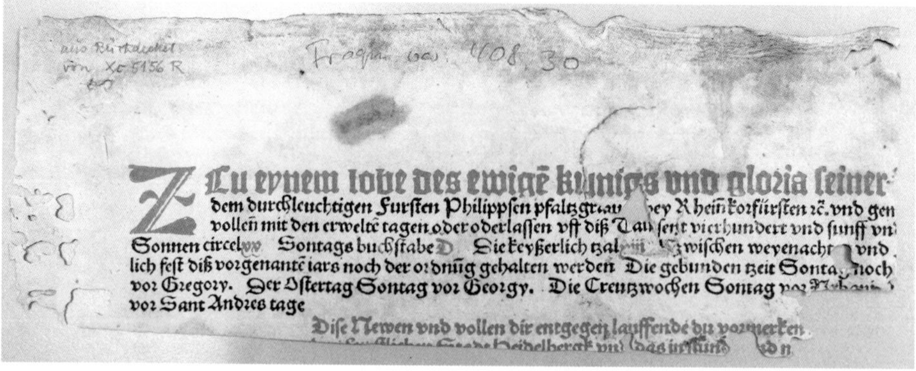

Abb. 49
Fragment aus: Johannes Virdung: *Almanach für Heidelberg auf das Jahr 1495*, deutsch [Leipzig: Konrad Kachelofen], Fragment der linken oberen Ecke eines Einblattdrucks (GW M5070910), Berlin SBB-PK, Fragm. var. 408.30 (Foto: Berlin, GW).

die in der Handschriftenabteilung der SBB-PK unter der Sammelsignatur Fragmenta varia aufbewahrt wird, ein kleines Bruchstück, das ebenfalls als Teil eines deutschen Virdung-*Almanachs für 1495* identifiziert werden konnte (Abb. 49, auch als Farbabb.)[17]. Das Berliner Fragment überliefert nur die linke obere Ecke des Drucks mit dem Anfang der ersten neun Zeilen. Rechts fehlt etwa die Hälfte, unten – nach Vergleich mit der lateinischen Fassung – vermutlich etwa sieben Achtel. In Zusammenschau mit dem Prager Fragment ergibt sich der Befund, dass zwei unzusammenhängende Stücke desselben Textes in übereinstimmender typographischer Gestaltung aus derselben Offizin erhalten sind. Es erscheint daher sinnvoll, beide Fragmente als Bestandteile derselben Ausgabe zu betrachten, jedoch handelt es sich hierbei um eine bibliographische Hypothese, die nach augenblicklichem Quellenstand weder mit letzter Sicherheit bewiesen noch stichhaltig widerlegt werden kann. Es ist auch möglich (und durch Parallelfälle aus der Kalenderüberlieferung des 15. Jahrhunderts belegt[18]), dass der Drucker zwei textidentische, aber typographisch unterschiedliche deutsche Ausgaben des *Almanachs für 1495* publiziert hat, von denen eine durch das Berliner, die andere durch das Prager Fragment repräsentiert wird. Bis zur Auffindung eines vollständigen Exemplars kann die bibliographische Ansetzung einer einzigen Ausgabe auf der Grundlage nicht zusammenhängender Fragmente daher nicht als gesichert, sondern lediglich als plausibel gelten. Das Problem begegnet nicht nur bei Einblattdrucken, sondern auch bei umfangreichen Ausgaben, etwa bei dem *Diurnale* GW 8565 von Johann Snell in Lübeck, von dem bis vor kurzem nur zwei unzusammenhängende Bruchstücke aus dem

17 Das Fragment wurde bei einer Restaurierung im Jahr 1974 aus dem Sammelband Xc5156 Rara ausgelöst. Der Trägerband enthält mehrere Straßburger Drucke mit Texten von Baptista Mantuanus (VD16 S 7171, S 7216 und S 7238).

18 Beispielsweise wurde ein deutscher Almanach des Wenzel Faber auf das Jahr 1494 von Martin Landsberg in Leipzig in zwei unterschiedlichen Ausgaben publiziert (GW 9560, GW 9560/10).

Proprium de sanctis bekannt waren. Zwei weitere Doppelblätter aus Lage s (in Gestalt eines ungefalteten Halbbogens) wurden kürzlich in der Harvard Law School, Historical and Special Collections, in Cambridge (Mass.) gefunden[19].

b) Probedrucke, Fehldrucke, verworfene Ausgaben

Von den echten Fragmenten zu unterscheiden sind fragmentarische Überlieferungsformen, die durch den Produktionsprozess bedingt sind. Als spezifische Phänomene des Buchdrucks haben Probe- und Fehldrucke keine Entsprechung in der mittelalterlichen Manuskriptkultur und verdienen das besondere Interesse der buchgeschichtlichen Forschung. Da der Buchdruck, anders als die Handschriftenproduktion, auf die Herstellung einer gewissen Anzahl gleichartiger Exemplare abzielte[20], wurden Fehler, die beim Setzen des Textes entstanden waren, ggf. in der gesamten Auflage reproduziert. Typische Fehlerquellen sind Nachlässigkeit beim Setzen, Verlesungen bei der Umsetzung der Vorlage oder Irrtümer beim Ausschießen, d.h. beim Anordnen der einzelnen Seiten in der Druckform (Imposition).

Zum Teil konnten Fehler während des Druckvorgangs korrigiert werden, als so genannte Presskorrekturen[21]. In diesen Fällen wurde ein Teil der Auflage mit dem Fehler produziert, doch in allen Exemplaren, die nach der Presskorrektur abgezogen wurden, erscheint er nicht mehr. Viele der Varianten, welche die Inkunabelbibliographien verzeichnen, sind auf solche Presskorrekturen zurückzuführen. Wurde von vornherein besonderer Wert auf eine fehlerfreie Ausgabe gelegt, führte man in der Offizin einen oder mehrere Korrekturgänge durch. Dazu zog man, bevor der eigentliche Druck der Auflage begann, den bestehenden Satz probeweise ab und ließ ihn von einem Korrektor kontrollieren. Dadurch konnten Fehler vor dem endgültigen Druckvorgang bemerkt und getilgt, auch längere Abschnitte oder ganze Seiten neu gesetzt werden. Selbstverständlich wurde nicht für jede Inkunabel ein derart aufwendiger Korrekturzyklus durchgeführt; gerade bei Akzidenz-

19 Vgl. Bruno Claussen, Zu den Lübecker Brevierdrucken Johann Snells, in: Nordisk Tidskrift för Bok- och Biblioteksväsen 10 (1923), S. 150–154. Die Fragmente in Harvard entdeckte John Lancaster (Williamsburg, Mass.), dem wir für freundliche Mitteilungen und die Überlassung von Abbildungen herzlich danken.

20 Zur Auflagenhöhe von Inkunabeln vgl. den Census von Eric White (Bridwell Library, Dallas TX) mit Daten zu ca. 250 bekannten Auflagenhöhen des 15. Jahrhunderts, die von 24 bis 5000 Exemplaren reichen http://www.cerl.org/resources/links_to_other_resources/bibliographical_data#researching_print_runs. Dort fehlen noch Zahlen zu Einblattdrucken, vgl. dazu Falk Eisermann, Auflagenhöhen von Einblattdrucken im 15. und frühen 16. Jahrhundert, in: Einblattdrucke des 15. und frühen 16. Jahrhunderts. Probleme, Perspektiven, Fallstudien, hg. von Volker Honemann u.a., Tübingen 2000, S. 143–177; zu ergänzen ist der hohe Beleg von 6036 Exemplaren für GW M2524510: *Mons pietatis*, [Venedig: Jacobus de Paganinis, nach 1. Juni 1494].

21 Vgl. exemplarisch Paul Needham, Copy-Specifics in the Printing Shop, in: Early Printed Books as Material Objects. Proceedings of the Conference Organized by the IFLA Rare Books and Manuscripts Section (Munich 19–21 August 2009), hg. von Bettina Wagner und Marcia Reed (IFLA Publications, 149), Berlin/New York 2010, S. 9–20. Zu Probedrucken vgl. Paul Needham, The Cambridge Proof Sheets of Mentelin's Latin Bible, in: Transactions of the Cambridge Bibliographical Society 9 (1986), S. 1–35, über ein (Teil-)Exemplar der Mentelin-Bibel, das ausschließlich aus Probedrucken zusammengesetzt ist.

schriftgut nahmen die Drucker kleinere Irrtümer zugunsten einer billigen und schnellen Produktion durchaus in Kauf. Vermutlich fanden vor allem bei anspruchsvollen und hochwertigen Publikationen, bei offiziellem Schrifttum, Liturgica und kanonischen Werken vorgelagerte Korrekturgänge statt, zumal wenn die Drucker nicht auf eigene, sondern auf Rechnung eines Auftraggebers arbeiteten[22].

In vielen Fällen wurden die zur Korrektur abgezogenen Probedrucke nicht mit der Presse hergestellt, sondern vor dem Einbringen in die Presse vom Satz als Reiberdruck abgenommen. Dazu wurde ein befeuchtetes Papierblatt auf den eingefärbten Satz gelegt und mit einem mit Tierhaaren gefüllten Ballen, dem Reiber, oder einer Bürste angedrückt, so dass die Druckfarbe übertragen wurde. In diesen Fällen konnten die Blätter nur einseitig bedruckt werden, da beim Abdruck der Rückseite der Text auf der Vorderseite beschädigt worden wäre. Einseitig bedruckte Blätter oder Bögen sind daher in der Regel leicht als Probedrucke zu identifizieren.

In der Berliner Inkunabel 2° Inc 47 ist als Vorsatz ein einseitig in Günther Zainers Antiquatype 3:107R bedrucktes Blatt eingebunden[23]. Es entspricht Bl. 8a aus seiner Ausgabe der *Historia scholastica* des Petrus Comestor von 1473 (GW M32161). Ein Vergleich mit der publizierten Ausgabe zeigt, dass der Probedruck in der linken Kolumne nur kleinere Abweichungen aufweist[24]. Dagegen differieren in der rechten Spalte Probedruck und Ausgabe sehr stark, vor allem im Bereich des eingeschobenen Kommentars, der im Probedruck neun, in der Ausgabe zehn Zeilen umfasst. Offenbar wurde die Kolumne vollständig neu gesetzt, um im Kommentarabschnitt ein ausgewogeneres Schriftbild zu erzielen.

Während das Zainer-Blatt keine Korrekturzeichen oder ähnliche Markierungen aufweist, die auf eine Bearbeitung in der Offizin hindeuten, trägt ein Probedruck, der bei der Katalogisierung der Inkunabeln der Liverpool University Library gefunden wurde, eindeutige Spuren der Arbeit in der Werkstatt. Der Band SPEC E.P.I.A925.1, ein Exemplar von GW 2868, enthält als Vorsatz ein einseitig bedrucktes Doppelblatt, das Bl. 3a/4b einer undatierten Ausgabe des *Versilogus* von Antonius Mancinellus aus der Leipziger Werkstatt des Gregor Boettiger entspricht (GW M2036610; Abb. 50–51, letztere auch als Farbabb.)[25]. In der endgültigen, in nur zwei Exemplaren erhaltenen Ausgabe finden sich zahlreiche gedruckte Marginalnachweise zitierter Klassikerstellen. Der Liverpooler Probedruck enthält demgegenüber weniger gedruckte Verweise, jedoch wurden weitere Marginalien handschriftlich eingetragen. Diese Eintragungen wurden dann – allerdings nur

22 Vgl. Gottfried Reichhart, Alphabetisch geordnetes Verzeichniß der Correctoren der Buchdruckereien des 15. Jahrhunderts, in: Gottfried Reichhart, Beiträge zur Incunabelnkunde (Zentralblatt für Bibliothekswesen, Beiheft 14), Leipzig 1895, S. 2–158; Anthony Grafton, The Culture of Correction in Renaissance Europe, London 2011.

23 TW ma00048: http://tw.staatsbibliothek-berlin.de/ma00048. Das Blatt trägt Leimspuren und war offensichtlich ursprünglich als Spiegel eingeklebt.

24 Vor allem wurden die im Probedruck verwendeten doppelten Divis-Zeichen durch einfache ersetzt und die Überschrift des 28. Kapitels auf zwei Zeilen aufgeteilt. In Z. 15 wurde ein Druckfehler korrigiert, das „ad cũ" des Probedrucks erscheint in der Schlussfassung verbessert in „ad eũ".

25 An dieser Stelle danken wir Matthias Eifler (UB Leipzig), der uns auf das Fragment aufmerksam gemacht hat, und Katy Hooper (UL Liverpool), die uns in großzügiger Weise mit Abbildungen versorgt hat.

Abb. 50
Antonius Mancinellus: *Versilogus* [Leipzig: Gregor Boettiger, nicht nach 10. Dezember 1491], Probedruck von Bl. 3a/4b mit Korrekturen und Ergänzungen (GW M2036610), Vorsatz in Liverpool UL, SPEC E.P.I. A925.I (Foto: Liverpool, University Library).

zum Teil – vom Setzer in die endgültige Ausgabe übernommen. Dieser Probedruck dokumentiert mithin mehr noch als einen Korrekturgang, nämlich eine Redaktionsstufe, und gibt einen Einblick in die editorische Praxis einer akademisch ausgerichteten Druckerei des 15. Jahrhunderts. Boettigers Ausgabe war der Erstdruck des *Versilogus* im deutschen Sprachraum. Vorlage war vermutlich die einzige ältere Edition GW M20369, erschienen um 1488/1489 in Rom. Es ist anzunehmen, dass diese Vorlage, die noch keine gedruckten Marginalien aufweist, in Leipzig zunächst nachgesetzt, um einen ersten Marginalienapparat ergänzt und als Probedruck abgezogen wurde. Die Korrekturabzüge wurden dann von einem fachlich versierten Herausgeber-Korrektor, vermutlich einem Leipziger Universitätsangehörigen, weiter angereichert, dessen überarbeitete Fassung schließlich als Vorlage für den endgültigen Druck diente.

Ein weiteres, besonders wichtiges Detail dieses Fundes liegt darin, dass der Liverpooler Probedruck auf der Rückseite einen auf den Trägerband bezogenen, datierten Kaufvermerk vom 10. Dezember 1491 trägt. Dadurch kann nunmehr nicht nur die Leipziger Ausgabe des *Versilogus* genauer als bisher datiert werden; der Eintrag liefert auch einen

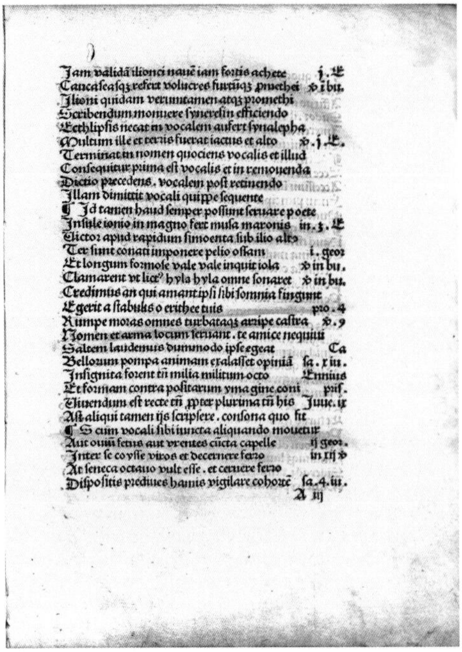
Jam validā ilionei nauē iam fortis achete j. E
Caucaseasqʒ refert volucres furtūqʒ prmethei ꝯ i bu.
Ilioni quidam veruntamen atqʒ promethi
Scribendum monuere synerelin efficiendo
Ecthlipsis necat m vocalem aufert synalepha
Multum ille et terris fuerat iactus et alto ꝯ. j. E.
Terminat in nomen quociens vocalis et illud
Consequitur prima est vocalis et in remouenda
Dictio precedens. vocalem post retinendo
Illam dimittit vocali quippe sequente
¶ Id tamen haud semper possunt seruare poete
Insule ionio in magno fert musa maronis iii. 3. E
Victor apud rapidum simoenta sub ilio alto
Ter sunt conati imponere pelio ossam i. geor
Et longum formose vale vale inquit iola ꝯ in bu.
Clamarent vt litus hyla hyla omne sonaret ꝯ in bu.
Credimus an qui amant ipsi sibi somnia fingunt
Egerit a stabulis o erithee tuis pro. 4
Rumpe moras omnes turbataqʒ arripe castra ꝯ. 9
Nomen et arma locum seruant. te amice nequiui
Saltem laudemus dummodo ipse egeat Ca
Bellorum pompa animam exalasset opiniā sa. x iii.
Insignita forent tū milia militum octo Ennius
Et formam contra positarum ymagine coni pris.
Viuendum est recte tū pter plurima tū his Juue. ix
Ast aliqui tamen ijs scripsere. consona quo fit
¶ S cum vocali sibi iuncta aliquando mouetur
Aut ouiū fetus aut vrentes cūcta capelle ij geor.
Inter se coysse viros et decernere ferro in xij ꝯ
At seneca octauo vult esse. et cernere ferro
Dispositis predires hamis vigilare cohortē sa. 4. iii.
A iij

Abb. 51
Antonius Mancinellus: *Versilogus* [Leipzig: Gregor Boettiger, nicht nach 10. Dezember 1491], endgültiger Druckzustand von Bl. 3a (GW M2036610), Göttingen SUB, 8° Aesth. 9504 Inc. (Foto: Göttingen, Staats- und Universitätsbibliothek).

weiteren Hinweis darauf, dass Boettigers Offizin spätestens 1491 und nicht, wie lange Zeit angenommen, erst 1492 oder danach die Arbeit aufgenommen hat[26].

Es existieren auch doppelseitig bedruckte Probeabzüge, die indes kaum als solche erkennbar sind, wenn sie nicht Korrekturzeichen oder krasse Fehler aufweisen, die sie als ungeeignet für eine endgültige Druckausgabe erscheinen lassen. Gut zu erkennen sind vor allem Impositionsfehler: Wurden Seiten nicht korrekt angeordnet, so war der Druckbogen unbrauchbar. Ein Beispiel aus der Sammlung der SBB-PK ist ein Fragment des *Missale Cracoviense*, Mainz: Peter Schöffer, 10. November 1484 mit der Signatur 2° Inc 1541a (GW M24350). Es besteht aus Doppelbl. 154/157, wobei allerdings beim Widerdruck die Seiten vertauscht wurden: Bl. 157b ist auf die Rückseite von Bl. 154a und Bl. 154b auf die Rückseite von Bl. 157a gedruckt. Offenbar wurde dieser Lapsus rechtzeitig bemerkt, denn beim Widerdruck wurde nur der Rotdruck ausgeführt. Bisher sind keine vollständigen Exemplare dieses Missale bekannt, in denen der fehlerhafte Druckbogen benutzt wurde[27]. Wurden derartige gravierende Irrtümer aber zu spät erkannt, mussten die betroffenen Bögen während oder nach dem eigentlichen Druckvorgang ersetzt werden. Ein eingehend

26 Boettigers erste voll firmierte Ausgabe ist vom 7. April 1492 (GW M49549), jedoch trägt ein Exemplar von M49393 (Hieronymus de Vallibus: *Jesuida*) den handschriftlichen Vermerk *Presens materia impressa in alma universitate anno domini 1491* (siehe GW-Datenbank), außerdem liegen aus der Druckerei diverse Almanache und Prognostiken auf 1492 vor, die sicher bereits Ende 1491 hergestellt wurden.

27 Übersehen wurde ein ähnlicher Fehler offenbar in GW M39861, Rabbi Samuel: *Epistola ad Rabbi Isaac*. Köln: Heinrich Quentell, 1493; hier ist der Text von Bl. 21a und 22b vertauscht. Die beiden

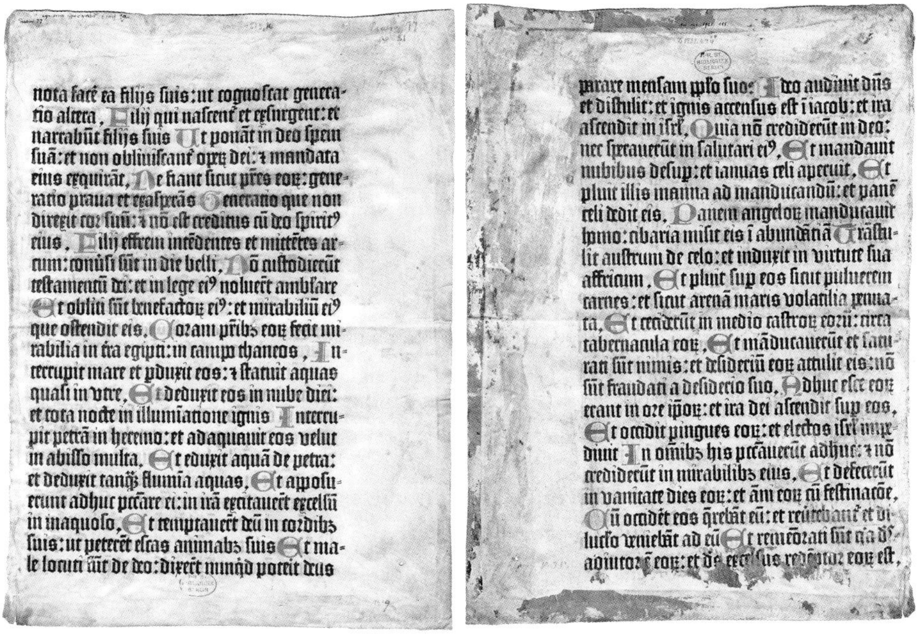

Abb. 52, 53
Psalterium Benedictinum Bursfeldense, Mainz: Peter Schöffer und Johann Fust, 29. August 1459, cancellierter Fehldruck von Bl. 51, Vorder- und Rückseite (GW M36286), Berlin SBB-PK, 2° Inc 1513.16 (Fotos: Berlin, GW).

untersuchtes Beispiel ist das als 2° Inc 1513.16 in der SBB-PK aufbewahrte Pergamentblatt aus Schöffers Werkstatt, das Bl. 51 seines *Psalterium Benedictinum Bursfeldense* von 1459 entspricht (GW M36286; Abb. 52–53, beide auch als Farbabb.)[28]. Es weist jedoch beim Seitenwechsel eine Korruptele auf, da ein Teil von Ps 77,19 f. vergessen wurde. Die betroffene Textpassage lautet in normalisierter Form:

> 19 et male locuti sunt de Deo dixerunt numquid poterit Deus *parare mensam in deserto*
> 20 *quoniam percussit petram et fluxerunt aquae et torrentes inundaverunt numquid et panem potest dare aut* parare mensam populo suo.

online einsehbaren Exemplare der BSB und der Herzogin Anna Amalia Bibliothek Weimar enthalten den Fehler und entsprechende Korrekturmarken.

28 Der Sachverhalt wurde bereits 1908 von Alfred W. Pollard im BMC erwähnt, vgl. Catalogue of Books Printed in the XVth Century, now in the British Museum, Bd. 1, London 1908, S. 19–20. Vgl. Martin Boghardt, Die zweite Störung in Lage [F]. Ein ungeklärter Fall im *Psalterium Benedictinum* von 1459, in: Martin Boghardt, Archäologie des gedruckten Buches, Wiesbaden 2008, S. 443–459; Martin Boghardt, Ein spezieller Schachtelbogen im Berliner Exemplar des Psalterium Benedictinum von 1459, in: ebd., S. 461–485.

Die Rectoseite endet mit den Worten *poterit Deus*. Beim Wechsel zur Versoseite sprang das Auge des Setzers vom *parare mensam* in Ps 77,19 zum *parare mensam* in 77,20, so dass der im angeführten Zitat kursiv hervorgehobene Teil ausgelassen wurde – ein typisches Homoioteleuton, das man offenbar erst bemerkt hat, als der Psalter fertig vorlag. Zur Korrektur wurde nicht der gesamte Bogen Bl. 51/60, sondern nur das fehlerhafte Bl. 51 neu gesetzt und als Cancellans in den Druck eingefügt. Bis auf das Exemplar der John Rylands Library Manchester, das den ursprünglichen, fehlerhaften Bogen enthält, weisen alle vollständigen Exemplare des Benediktinerpsalters den korrigierten Zustand auf. Das ausgetauschte Blatt (Cancellandum) wurde makuliert, hat sich aber immerhin viermal als Einzelfragment erhalten[29].

Fälle wie diesen bezeichnet man als Fehldrucke. Die Differenzierung zum Probedruck knüpft an den Entstehungsprozess an: Probedrucke wurden im Rahmen eines Korrekturgangs vor der Herstellung der Gesamtauflage als Unikate oder in kleiner Menge angefertigt[30]. Unabhängig davon, ob sie fehlerhaft waren oder nicht, hatten sie nach der Korrektur ihren Zweck erfüllt und wurden makuliert. Fehldrucke wurden hingegen erst während oder nach der Auflagenproduktion als solche identifiziert, erschienen zunächst also in allen fertigen Exemplaren. Je nach Schwere des Fehlers reichte es möglicherweise aus, die Korrekturen am stehenden Satz durchzuführen (Presskorrekturen), sie nachträglich in der Offizin handschriftlich einzutragen oder eine Corrigendaliste zu drucken[31]. Nur bei gravierenden Fehlern wurden die betroffenen Blätter oder Bögen ausgetauscht; wie beim Mainzer Psalter von 1459 sind gelegentlich Cancellanda als Fragmente überliefert. Fehlerhafte Probedrucke lassen sich in der Praxis indes oft nicht mit letzter Sicherheit von Fehldrucken unterscheiden, denn nur selten ist rekonstruierbar, ob ein als Fragment erhaltenes Blatt im Rahmen eines Korrekturdurchgangs oder erst während der Auflagenproduktion entstanden ist.

Eine bibliographisch relevante Sonderform sind die Überreste nicht realisierter oder verworfener Drucke: Bruchstücke, die eine geplante, aber nicht abgeschlossene Edition repräsentieren. Bekannte Beispiele sind die um 1472 wiederum bei Günther Zainer in Augsburg entstandenen Probedrucke zu einer lateinischen Ausgabe des *Belial* des Jacobus von Theramo (GW M11042) und die erste niederdeutsche Ausgabe der *Revelationes* Birgittas von Schweden, gedruckt von Lukas Brandis in Lübeck (GW 4393).

29 Vgl. Boghardt, Schachtelbogen, Anm. 7.

30 Randall Herz, Three Fifteenth Century Proof Sheets with Manuscript Corrections from Nuremberg Presses, in: Gutenberg-Jahrbuch 2011, S. 56–76, bes. S. 56–57, nimmt an, dass üblicherweise zwei Probedrucke hergestellt wurden: der eigentliche Korrekturbogen, auf dem der Korrektor die Verbesserungen eintrug, und ein Kontrollbogen, mit dem geprüft wurde, ob alle Korrekturen richtig übernommen worden waren.

31 In GW M10819, einer Jacobus de Jüterbog-Ausgabe aus Burgdorf von 1475, wurde Bl. 25b wegen mehrerer Druckfehler in Z. 24 und 32 auch neu gesetzt, wenigstens zwei Exemplare enthalten aber den fehlerhaften Satz, der in beiden von derselben Hand – wohl noch in der Druckerei – korrigiert wurde. Das Suchwort „Druckfehlerverzeichnis" generiert in der GW-Datenbank zurzeit 25 Treffer, doch dürften noch mehr Beispiele erhalten sein, die zumeist am Schluss der betreffenden Ausgaben angedruckt wurden; Johann Sensenschmidt publizierte ein separates Blatt zu mehreren liturgischen Drucken als *Corrigenda in Missalibus et Collectario* (GW M41556). Vgl. Ann Blair, Errata Lists and the Reader as Corrector, in: Agent of Change: Print Culture Studies after Elizabeth L. Eisenstein, hg. von Sabrina Alcorn Baron, Eric N. Lindquist, Eleanor F. Shevlin, Amherst/Boston 2007, S. 21–41.

Auf die Probedrucke des *Belial* hat erstmals Ernst Freys hingewiesen[32]. Er beschrieb drei einseitig bedruckte Blätter aus dem Bestand der BSB, darunter zwei identische. Freys kannte auch noch zwei inzwischen verschollene Blätter in der UB Leipzig, von denen eines mit einem Münchener Blatt übereinstimmte, das zweite ein anderes Textstück überlieferte. Seitdem wurden weitere Probedrucke aufgefunden[33]. Sie bleiben allerdings die einzigen Zeugnisse dieses Projekts. Aus Zainers Offizin ist lediglich ein deutscher *Belial* vom 26. Juni 1472 bekannt (GW M11082), und die lateinische Erstausgabe erschien nur wenig später, am 2. Juli 1472, jedoch nicht bei Zainer, sondern bei seinem Augsburger Konkurrenten Johann Schüssler. Freys nahm an, dass Schüsslers Ausgabe erschien, während Zainer noch in der Planung war; aufgrund der dadurch verringerten Absatzchancen habe er die Arbeiten abgebrochen und die bis dahin abgezogenen Probedrucke makuliert.

Etwas anders verhält es sich bei der geplanten ersten niederdeutschen Ausgabe der *Revelationes*. Die zahlreich überlieferten Probedrucke[34] lassen sich aufgrund der Typen der Lübecker Offizin des Lukas Brandis zuschreiben und auf die Zeit um 1477/1478 datieren. Über die Gründe, warum Brandis den Vorgang abbrach und die Probedrucke an einen Buchbinder abgab[35], kann nur spekuliert werden. Die erschlossene Datierung fällt in den Zeitraum unmittelbar vor seiner Übersiedlung nach Magdeburg, wo er gemeinsam mit Bartholomäus Ghotan das *Missale Magdeburgense* GW M24521 drucken sollte. Vor dem Umzug hat Brandis offenbar eine Art Räumungsverkauf veranstaltet, in deren Kontext zwei Bücheranzeigen entstanden, mit denen das vorhandene Sortiment beworben wurde (GW 5013 und 5014)[36]. Da die Ausgabe nicht in den Anzeigen erscheint und weder vollständige Exemplare noch ein Konkurrenzunternehmen bekannt sind, wurde diese erste niederdeutsche *Revelationes*-Ausgabe, die zugleich die allererste Ausgabe dieses bedeutsamen Textes überhaupt gewesen wäre, mit großer Wahrscheinlichkeit nie fertiggestellt[37].

---

32 Vgl. Ernst Freys, Makulatur aus der Presse Günther Zainers, in: Gutenberg-Jahrbuch 1944/1945, S. 94–96. Freys behandelt außerdem Zainers ebenfalls nur in ein- und doppelseitigen Probedrucken bezeugte Vegetius-Ausgabe GW M49486, um 1477/1478.

33 Vgl. dazu u. a. Martin von Hase, Zwei Probedrucke des lateinischen Belials von Jacobus de Theramo des Augsburger Druckers Günther Zainer im Spielkartenmuseum Leinfelden, in: Gutenberg-Jahrbuch 1968, S. 106–109, sowie die Exemplarnachweise in GW und ISTC ij00074000.

34 Derzeit sind in der GW-Datenbank 22 Exemplare verzeichnet, die Probedrucke von neun Doppel- und vier Einzelblättern in verschiedenen Zusammensetzungen und unterschiedlichem Umfang überliefern. Einige Seiten sind unikal erhalten (GW 4393, Nr VIII und XIII), andere in bis zu neun Exemplaren (Nr III).

35 Vgl. Wilhelm Kazmeier, Der Drucker der Melusine und Heinrich Coster. Ein Beitrag zu Lübecks frühester Druck- und Einbandkunst, in: Gutenberg-Jahrbuch 1941, S. 98–117; Adolf Schmidt, Neue Funde von Probedrucken des Lukas Brandis in Lübeck in der Landesbibliothek zu Darmstadt, in: Nordisk Tidskrift för Bok- och Biblioteksväsen 12 (1925), S. 93–106, bes. S. 104–106.

36 Vgl. Ursula Altmann, Die Leistungen der Drucker mit Namen Brandis im Rahmen der Buchgeschichte des 15. Jahrhunderts, Diss. (masch.) Berlin 1974. Benutzt wurde die Online-Ausgabe des darstellenden Teils, vgl. http://edoc.hu-berlin.de/dissertationen/altmann-ursula-1974-12-18/PDF/Altmann.pdf, S. 31.

37 Die Mehrfachüberlieferung einzelner Blätter bzw. Bögen könnte darauf hindeuten, dass es sich nicht um zu Korrekturzwecken abgezogene Probedrucke, sondern um Überreste des eigentlichen Druckvorgangs handelt, bei dem jedoch lediglich der Schöndruck ausgeführt wurde. Altmann, Leistungen,

Nicht immer lassen sich indes plausible Gründe dafür finden, warum Ausgaben vor ihrer Fertigstellung verworfen wurden[38], und vielfach bleibt die Einschätzung eines Fragments als Teil eines nicht realisierten Drucks hypothetisch. Gerade bei kleineren Texten ist vielfach belegt, dass vollständige Ausgaben produziert wurden, von denen keine intakten Exemplare überliefert sind. Bei umfangreicheren Werken ist es weniger wahrscheinlich, aber dennoch nicht unmöglich, dass eine Auflage komplett oder bis auf wenige Überreste verloren ist. Solche (annähernden) Totalverluste können im Zusammenhang mit Zensurverfahren eingetreten sein[39] oder weil nach der Herstellung irreversible Fehler oder sonstige Qualitätsmängel festgestellt wurden, wie etwa für GW 12307 anzunehmen[40]. Auch katastrophale Ereignisse dürften zur Vernichtung ganzer Auflagen geführt haben, wie es beim Brand der erst kurz zuvor eingerichteten Druckerei im schwedischen Birgittinerkloster Vadstena, aus der bis dahin nur die *Horae*-Ausgabe GW 13448 hervorgegangen war, im Oktober 1495 der Fall gewesen sein könnte[41]. Andererseits kam es sogar vor, dass Texte gedruckt wurden, die für die Publikation weder vorgesehen noch geeignet waren; einen signifikanten Fall hat Ernst Schulz bereits 1935 bekanntgemacht[42].

S. 48–50, interpretiert die erhaltenen Fragmente als Fehldrucke und geht davon aus, dass die niederdeutsche *Revelationes*-Ausgabe um 1477 tatsächlich erschienen sei.

38 Die gerade begonnene Editio princeps der Briefe des Florentiner Humanisten Angelus Politianus (1454–1494) kam durch den Tod des Druckers Franciscus dictus Plato de Benedictis im August 1496 zum Erliegen und wurde bei Wiederinbetriebnahme der Offizin durch seine Erben nicht weiterverfolgt, weil inzwischen andere erfolgreiche Politianus-Ausgaben erschienen waren; vgl. Paolo Venetiani, Platone Benedetti e la prima edizione degli ‚Opera' del Poliziano, in: Gutenberg-Jahrbuch 1988, S. 95–107; Armin Schlechter, Ein weiteres Blatt aus der ersten Edition der Briefe von Angelus Politianus, in: Gutenberg-Jahrbuch 2001, S. 118–122. Erhalten sind die Doppelbl. A1/8 und A2/7. Vgl. weiterhin Randall Herz, Two Proof Sheets of Unrecorded Incunabula from the Presses of Peter Wagner and Conrad Zeninger, in: Archiv für Geschichte des Buchwesens 67 (2012), S. 191–205. Zu berühmten und prachtvollen Beispielen unfertiger Handschriften vgl. Martin Roland, Fragmente ohne Zerstörung – Der Reiz des Unvollendeten, in: Fragmente. Der Umgang mit lückenhafter Quellenüberlieferung, S. 45–69.

39 Solche Fälle sind aus dem 15. Jahrhundert seltener dokumentiert als gemeinhin angenommen; zu einem Beispiel vgl. Christoph Volkmar, Reform statt Reformation. Die Kirchenpolitik Herzog Georgs von Sachsen 1488–1525 (Spätmittelalter, Humanismus, Reformation, 41), Tübingen 2008, S. 416–417. Bei der inkriminierten Ausgabe handelt es sich um GW 5094.

40 Flavius Hermes: *Annotationes ad Iustiniani Institutiones.* [Löwen: Egidius van der Heerstraten, um 1486/87]. Dazu GW Bd. 8, Sp. 697: „Vermutlich fiktiver Autor einer inhaltlich verworrenen, offensichtlich nur als Probedruck existierenden, nicht zu Ende gebrachten und veröffentlichten Ausgabe. Alle Fragmente der Annotationes, die in mehreren Ex. in Trier als Einbandmakulatur gefunden wurden, sind beschnittene Doppelblätter einer ersten Lage."

41 Vgl. Isak Collijn, Klostertryckeriet i Vadstena, in: Nordisk Boktryckarekonst 40 (1939), S. 410–417; Wolfgang Undorf, From Gutenberg to Luther. Transnational Print Cultures in Scandinavia 1450–1525 (Library of the Written Word, 37), Leiden/Boston 2014, S. 287. – Zu verlorenen Inkunabelausgaben vgl. demnächst Falk Eisermann, The Gutenberg Galaxy's Dark Matter. Lost Incunabula and Ways to Retrieve Them, in: Lost Books. Reconstructing the Print World of Pre-Industrial Europa, hg. von Flavia Bruni, Andrew Pettegree, Leiden/Boston 2016 (in Vorbereitung).

42 Vgl. Ernst Schulz, Ein Korrekturexemplar einer unterdrückten liturgischen Inkunabel, in: Beiträge zur Inkunabelkunde NF 1(1935), S. 38–64, zu GW M28223: *Ordinarius abbreviatus Magdeburgensis.* [Leipzig: Markus und/oder Moritz Brandis, um 1490].

3. Bestandsbezogene Fragmenterschließung in der Berliner Staatsbibliothek

Im vergangenen Jahrzehnt haben sich die Bedingungen für die systematische Erschließung früher Druckfragmente enorm verbessert. Ausschlaggebend dafür sind vor allem drei Entwicklungen: Erstens können zahlreiche antike, mittelalterliche und frühneuzeitliche Texte nun viel schneller als zuvor identifiziert werden. Waren früher für manche Identifizierung jahrzehntelange Erfahrung, umfassende Literaturkenntnis und außergewöhnliche Ausdauer, manchmal auch reines Glück, notwendig, reicht nun oftmals eine Internet- oder Datenbankrecherche, um den Textinhalt eines Fragments zu bestimmen. Zweitens stehen mit GW und ISTC sowie mit dem Ende 2013 ins Internet gestellten TW auch die zentralen inkunabelkundlichen Findmittel online zur Verfügung. Hilfreich bei der Fragmentbestimmung sind vor allem die Möglichkeiten des GW, nach formalen Kennzeichen von Inkunabeln zu suchen. Selbst wenn es nicht gelingen sollte, mittels typographischer Analyse den Drucker eines Inkunabelfragments zu bestimmen, grenzt eine material- und ausstattungsbezogene Suche im GW den Kreis der möglichen Ausgaben, aus dem es stammen könnte, erheblich ein. Eine kombinierte Suche kann sich z. B. auf Sprache[43], Zeilen- und Spaltenzahl und Ausstattungsmerkmale wie Abbildungen, Rotdruck oder Kolumnentitel beziehen. Drittens: Wo früher langwierige Anfragen und Bibliotheksreisen zur Überprüfung punktueller Befunde notwendig waren, lässt sich nun dank umfassender internationaler Digitalisierungskampagnen vielfach vom Schreibtisch aus prüfen, zu welcher Ausgabe ein Fragment gehört[44].

Vor diesem Hintergrund wurde im Jahr 2012 mit der systematischen Erschließung der in der SBB-PK vorhandenen Inkunabelfragmente begonnen. Ausschlaggebend war zum einen der Wunsch, die im Inkunabelreferat und z. T. in anderen Sammlungen der Staatsbibliothek lagernden Bruchstücke überhaupt erstmals ordnungsgemäß zu akzessionieren und zu bestimmen und damit „das Wunder der Vermehrung der Sammlung aus sich selbst“ wahr werden zu lassen. Zum anderen bestand der (wie sich zeigen sollte: berechtigte) Verdacht, dass in den Maculaturalia-Kollektionen typographisches Belegmaterial verborgen lag, das ansonsten in unserem Inkunabelbestand noch nicht nachgewiesen war – ein besonders wichtiger Faktor für die Arbeit des GW.

Zunächst wurde in einem kleineren Projekt die ‚in situ‘-Makulatur in der Inkunabelsammlung selbst untersucht. Dazu lag bislang nur eine Liste derjenigen Trägerbände vor, die Makulatur als Einband, Spiegel oder Vorsatz aufweisen. Insgesamt umfasst dieser Bestand 70 verschiedene Druckfragmente[45], darunter einige aus dem 16. und 17. Jahrhundert.

43 Die in der GW-Datenbank verwendeten Sprachcodes folgen dem internationalen Standard ISO 639-2, siehe dazu http://www.loc.gov/standards/iso639-2/php/code_list.php. Wichtige Sprachattribute: lat = Lateinisch; ger = Deutsch; ita = Italienisch; analog und zumeist selbsterklärend: cat [Katalanisch], dut, eng, fre, grc/gre (Alt- und Neugriechisch), heb, nds [Niederdeutsch], por, spa. Selten oder unikal belegt sind Sprachen wie Bretonisch (bre), Friesisch (fry), Kirchenslawisch (chu), Kroatisch (scr), Schwedisch (swe), Türkisch (tur).

44 Im April 2015 enthalten mehr als 14780 Einträge in der GW-Datenbank Links zu Online-Digitalisaten.

45 Der in 8° Inc 4939 befindliche Abklatsch eines ausgelösten Fragments wird nicht mitgezählt, da das Fragment selbst nicht mehr vorhanden ist. Der zweispaltige Text gehört zu einem Brevier, zu erkennen ist der Teil einer Lectio zur Translatio Augustini mit Datumsangabe 28. Februar. Dieser Termin war

Abb. 54
Unidentifiziertes Fragment, SBB-PK, Inkunabelsammlung, ohne Signatur (Foto: Berlin, GW).

In den Jahren 2013/2014 erschloss sodann unsere Kollegin Martina Nickel eine bis dahin unbearbeitete Fragmentenkiste, überwiegend mit Einbandmakulatur, die bei Restaurierungen der letzten vier Jahrzehnte ausgelöst und ohne weitere Erschließung aufbewahrt worden war[46]. Außerdem wurden vereinzelte Fragmente katalogisiert, die bereits bekannt, aber noch nicht bestimmt waren. Geplant ist die Bearbeitung eines umfangreichen Konvoluts, das 1976 über die Zentralstelle für wissenschaftliche Altbestände der DDR (ZwA) in die Staatsbibliothek gelangte. Es umfasst etwa 350 Fragmente, die z. T. schon identifiziert, aber noch nicht systematisch erschlossen sind[47].

Von den bisher 105 untersuchten Fragmenten konnten mit vertretbarem Aufwand[48] etwa 90 Prozent eindeutig identifiziert werden. Einige Bestimmungsversuche blieben erfolglos, weil Fragmente dann doch zu klein oder als Makulatur mit der Schriftseite verklebt sind, so dass der Text nicht zu entziffern ist (Abb. 54). Zum Teil ließ sich zwar der Text

typisch für den Gebrauch des Augustiner-Eremitenordens. Die Type entspricht einer in den Niederlanden und in Köln verbreiteten Textura mit M75 und ca. 99 mm Kegelhöhe auf 20 Zeilen.

46 In dieser Kiste befanden sich auch Fragmente von sieben Ausgaben des 16. Jahrhunderts aus Deventer, Leipzig, Lyon, Paris und Speyer, die im Februar 2014 an die zuständige Abteilung Historische Drucke abgegeben wurden.

47 Nur ausnahmsweise hat die SBB-PK in den letzten Jahren Fragmente besonderen Wertes erworben wie das Unikat der illustrierten niederländischen Ausgabe GW M3951430: *Der kerstenen salicheyt*. [Antwerpen: Govert Bac, um 1495] (8° Inc 4812.10), ein beschnittenes Doppelblatt und drei Einzelblätter. Einer großzügigen Schenkung verdanken wir ein Einzelblatt eines seltenen spanischen Wiegendrucks (GW M34972; Inc 4966.15 Fragm.).

48 Es ist kaum möglich, einen Durchschnittswert für den Zeitaufwand bei der Bestimmung eines Fragments anzugeben. Bei den Revisionsarbeiten konnte zwar ein großer Teil der Fragmente innerhalb von 15–60 Minuten bestimmt werden. Die Bearbeitung problematischer Fälle nahm aber z. T. mehrere Arbeitstage in Anspruch bzw. wurde abgebrochen, wenn kein Ergebnis abzusehen war.

Abb. 55
Breviarium Constantiense, Augsburg: Erhard Ratdolt, 1501, Probedruck aus Lage G mit Markierung der rot zu druckenden Stücke (VD16 B8161), Berlin SBB-PK, 4° Inc 310.20 (Foto: Berlin, GW).

identifizieren, nicht aber die Ausgabe, wobei oftmals eine Entstehung im 16. Jahrhundert anzunehmen ist. Bei anderen Fragmenten bestehen konkrete Vermutungen über ihre Zuordnung, doch blieben Anfragen bei Bibliotheken, die vollständige Exemplare der fraglichen Ausgaben besitzen, unbeantwortet. 17 Fragmente sind ins 16. Jahrhundert oder später zu datieren, so dass als Sammlungszuwachs bisher knapp 80 Nummern verbleiben. Von diesen entfällt der Großteil auf echte Fragmente, neun konnten als Probe- oder Fehldrucke identifiziert werden, eines als Teil eines bruchstückhaft bezeugten *Almanachs* (s. o.) und drei als unikale Überreste von bislang unbekannten Drucken des 15. Jahrhunderts[49]. Zwei unter der Signatur 4° Inc 310.20 geführte Fragmente galten bislang irrtümlich als Probedruck von GW 5436 (*Breviarium Ratisponense*, Augsburg: Erhard Ratdolt, 2. November 1496). Es handelt sich jedoch nicht um eine Inkunabel: Anhand von Online-Digitalisaten konnten die Blätter als Korrekturfahnen des *Breviarium Constantiense*, Augsburg: Ratdolt, 1501 (VD16 B 8161) identifiziert werden. Die beiden komplett in Rotdruck abgezogenen Halbbögen entsprechen Abschnitten aus den Lagen G (Bl. G2^{b}/G7^{a}, G3^{a}/G6^{b})

49 Zu den Probedrucken von GW 2072 und 4293 siehe unten. Besonderer Wert ist auch einem noch näher zu untersuchenden Konvolut von Fragmenten unterschiedlichen Erhaltungszustands aus dem ersten Druckwerk in niederdeutscher Sprache zuzumessen, dem *Psalterium* GW M36237 [Lübeck: Lukas Brandis, um 1474], das zuvor in der SBB-PK nicht vorhanden war, sowie zwei Blättern aus dem seltenen und schlecht überlieferten *Breviarium Coloniense*, Köln: Petrus in Altis, 27. November 1480 (GW 5305).

und FF (Bl. FF1[a]/FF8[b], FF4[b]/FF5[a]). Die Bögen enthalten außer zahlreichen Korrekturen handschriftliche Markierungen jener Teile, die rot gedruckt werden sollten (Abb. 55, auch als Farbabb.). Beides wurde in der endgültigen Fassung so umgesetzt wie auf dem Probedruck eingetragen.

Somit hat die SBB-PK zwar eine Inkunabel weniger als bisher angenommen, aber eine wichtige Quelle für die Druckpraxis in Ratdolts Betrieb um 1500 hinzugewonnen. Es ist insgesamt sehr erfreulich, schon nach den ersten Erschließungsmaßnahmen den Inkunabelbestand nicht unerheblich erhöht und eine Reihe textgeschichtlich wie druckhistorisch wichtiger Zeugnisse aufgefunden zu haben. Davon ausgehend ist nun abschließend zu fragen, welchen Ertrag die Fragmenterschließung für die Inkunabelbibliographie insgesamt bringt und welche Forschungsperspektiven sich aus ihr ergeben können.

4. Zum Nutzen der Fragmentforschung

Aus bibliographischer Sicht sind natürlich vor allem jene Fragmente von Interesse, die bisher unbekannte Ausgaben, womöglich sogar die Existenz unbekannter Druckereien bezeugen. Dieser letztgenannte Fall tritt freilich nur selten ein. So kennen wir nur durch zwei Blätter eines *Liber de infantia salvatoris* in der Bibliothek Otto Schäfer in Schweinfurt eine wohl südwestfranzösische Offizin der 1480er Jahre (GW M1204820)[50]. Vor einigen Jahren tauchten im Handel kurz nacheinander zwei Fragmentkonvolute einer unbekannten französischsprachigen Aesop-Ausgabe auf. Eines dieser Konvolute enthält ein Kolophon mit dem Datum 10. Mai 1482 und dem Druckernamen „Jehan Rousset" – ein bis dahin in der Inkunabelkunde völlig unbekannter Drucker (GW 0036810N). Ein Vergleich der verwendeten Type mit französischem Material aus dieser Zeit deutet darauf hin, dass Rousset in Lyon ansässig war und möglicherweise mit dem anonymen ‚Drucker des Abusé en court' in Verbindung zu bringen ist, von dem GW und ISTC eine Handvoll unfirmierter Ausgaben aus der zweiten Hälfte der 1480er Jahre kennen. Jedoch ist seine Type auf etwas größerem Kegel gegossen als die einzige Type des Abusé-Druckers[51].

Einen schwierigen Fall präsentierte das Fragment einer niederländischen Ausgabe der *Ars minor* des Aelius Donatus in der SBB-PK (4° Inc 4941.10; Abb. 56, auch als Farbabb.). Der Pergamentstreifen ist so stark beschnitten, dass jeweils nur wenige Buchstaben der Zeilenanfänge bzw. -enden zu erkennen sind. Dennoch wurde die Type als die in der niederländischen Prototypographie verwendete Saliceto-Type identifiziert[52]. Als solches

50 Vgl. Manfred von Arnim, Maculaturalia, in: Philobiblon 26 (1982), S. 177–188.

51 TW ma02598 http://tw.staatsbibliothek-berlin.de/ma02598. Vgl. Martin Davies, A Tale of Two Aesops, in: The Library 7th ser. 7 (2006), S. 257–288. Das Fragmentenkonvolut mit dem Kolophon wurden erst nach dem Erscheinen von Davies' Aufsatz bekannt.

52 Die frühe niederländische Produktion wurde in der älteren Forschung einem Drucker mit dem Notnamen ‚Drucker des Speculum' zugeschrieben. Da nicht klar ist, ob alle unter diesem Sammelnamen verzeichneten Drucke aus derselben Offizin stammen, hat sich inzwischen die neutrale Bezeichnung ‚Niederländische Prototypographie' durchgesetzt. Vgl. Lotte und Wytze Hellinga, The Fifteenth-Century Printing Types of the Low Countries, 2 Bde, Amsterdam 1966, Bd. 1, S. 4–9. Die Saliceto-Type ist im TW als Type 5:122/123G der Niederländischen Prototypographie verzeichnet http://tw.staatsbibliothek-berlin.de/ma07928.

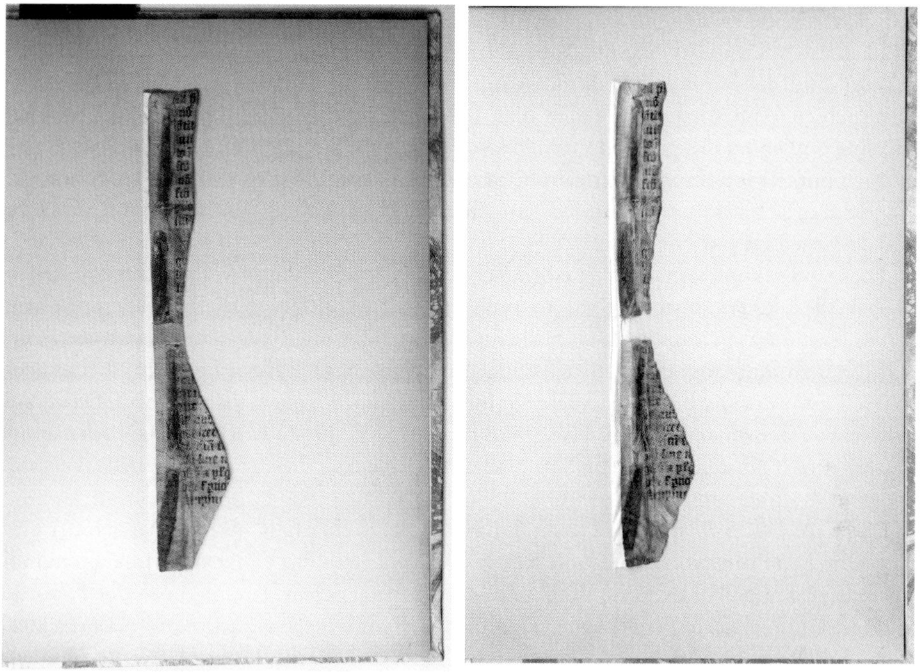

Abb. 56, 57
Aelius Donatus: *Ars minor* [Niederlande: Prototypographie, nicht vor 1465, nicht nach 1480], Fragment vor der Restaurierung (GW0876150N), Berlin SBB-PK, 4° Inc 4941.10 und Fragment nach der Restaurierung, Berlin SBB-PK, 4° Inc 4941.10 (Foto: Berlin, GW).

war das Fragment zwar bekannt[53], dennoch war es im GW bislang nicht verzeichnet. Der Grund dafür lag in der Systematik, die der GW bei der Katalogisierung der Prototypographie-Donate in Bd. 7 (1938) verfolgt hat und die auch jetzt die Artikelstruktur in der GW-Datenbank bestimmt. Da eine Datierung dieser frühen niederländischen Donatfragmente in der Regel nicht möglich und in der Forschung ohnehin umstritten ist, sind sie im GW zunächst nach der verwendeten Type gruppiert. Neben der Saliceto- sind dies u. a. die Pontanus-Type, die Speculum-Type und die so genannte ‚Type des ausschließlichen Donatdruckers'[54]. Innerhalb dieser Abschnitte sind die Drucke nach der Anzahl der Zeilen pro Seite angeordnet. Bei Fragmenten mit übereinstimmender Zeilenzahl wird nach der Stellung des Fragments innerhalb der *Ars minor* gereiht, wobei Schwenkes Edition der spät-

53 Vgl. ISTC id00325100; Lotte Hellinga, Further Fragments of Dutch Prototypography. A List of Findings since 1938, in: Quaerendo 2 (1972), S. 182–199, hier S. 199 Nr 6.

54 Die Bezeichnungen gehen zurück auf Gottfried Zedler, Von Coster zu Gutenberg, Leipzig 1921. Aufgrund ihrer Eingängigkeit haben sie sich gehalten, obwohl seine Thesen zum niederländischen Frühdruck inzwischen als widerlegt gelten.

mittelalterlichen Fassung als Bezugspunkt dient[55]. Das Berliner Bruchstück war insofern problematisch, als in der Saliceto-Type zwar zahlreiche Fragmente mit 26 oder 27 Zeilen bekannt sind, das Berliner jedoch eine Ausgabe mit 30 oder 31 Zeilen pro Seite zu repräsentieren schien. Außerdem konnte der Text nicht sicher identifiziert werden. Zwar wurden einzelne Stellen aus Kap. 30–33 der *Ars minor* ermittelt, jedoch hätten diese vier Kapitel auch mit der erhöhten Zeilenzahl keinesfalls auf einem einzigen Blatt Platz gefunden. Handelte es sich also möglicherweise um einen gekürzten Text oder um eine fehlerhafte und deswegen verworfene Ausgabe?

Diese Frage konnte erst durch einen Vergleich mit der einzigen vollständig erhaltenen Ausgabe der *Ars minor* in der Saliceto-Type (GW 8743) geklärt werden. Dabei stellte sich heraus, dass unser Fragment offensichtlich nicht ein Blatt mit 30 Zeilen repräsentiert, sondern zwei zusammengeklebte Bruchstücke mit 17 bzw. 13 Zeilen. Eine jüngst durchgeführte Restaurierung bestätigte diese Vermutung (Abb. 57, auch als Farbabb.): Das Fragment entspricht zeilengenau Bl. 11 Z. 7–23 und Bl. 12 Z. 15–27 von GW 8743. Allerdings sind vereinzelt Abweichungen im Satz festzustellen, so dass dieser Donat als neue Ausgabe in den GW aufgenommen wurde (GW 0876150N).

Die Kenntnis eines noch viel spektakuläreren Falles ebenfalls aus dem Bereich der niederländischen Prototypographie, die Rekonstruktion eines fast gänzlich verlorenen humanistischen Sammelbands nur anhand eines fragmentarischen Titelblatts in der SBB-PK und eines Einzelblatts in Utrecht, verdanken wir Max Joseph Husung und Lotte Hellinga, auf deren Ergebnisse hier hingewiesen sei[56]. Zahlreiche Einzelblätter und andere Zeugnisse eines geradezu manischen Zerlegungsdrangs finden sich in der umfangreichen Sammlung des autodidaktischen Londoner Buchhändlers und Antiquars John Bagford (1650/1651–1716) in der British Library, darunter zwei Blätter mit Kolophonen ansonsten nicht bezeugter, voll firmierter Inkunabeln: Alexander de Villa Dei: *Doctrinale*, Antwerpen: Gerard Leeu, 7. Dezember 1485 (GW 994), und Anianus: *Computus cum commento*, Rouen: Martin Morin für Jacques Le Forestier, 8. Januar 1500/1501 (GW 1980)[57]. In seinem berühmten Werk *The Enemies of Books* bezeichnete William Blades Bagford als „wicked old Biblioclast“[58].

Viele neu aufgefundene Fragmente lassen sich indes kaum als substanzieller bibliographischer Zugewinn bezeichnen, etwa bei massenhaft überlieferten Drucken wie der Schedelschen *Weltchronik* in ihrer lateinischen Fassung (Nürnberg: Anton Koberger für

55 Vgl. Paul Schwenke, Die Donat- und Kalender-Type. Nachträge und Übersicht. Mit einem Abdruck des Donattextes nach den ältesten Ausgaben und mit 7 Tafeln im Lichtdruck, Mainz 1903, S. 37–49.

56 Vgl. Max Joseph Husung, Ein unbekanntes Blatt vom holländischen Frühdrucker, in: Gutenberg-Jahrbuch 1933, S. 36–42; Lotte Hellinga, Max Joseph Husung and his Discovery of a Fragment of Dutch Early Printing, in: Bibliothek und Wissenschaft 29 (1996), S. 59–69 (zu GW M34977; 4° Inc 4941.12).

57 Im ersten Band der GW-Druckausgabe ist unter Nr 994 noch ein Exemplar Schlettstadt StB aufgeführt, dessen Existenz nicht verifiziert werden konnte (nicht im OPAC der Bibliothèque Humaniste de Sélestat). – Zur Bagford-Sammlung vgl. Milton McC. Gatch, John Bagford, Bookseller and Antiquary, in: The British Library Journal 12 (1986), S. 150–171. Online: http://www.bl.uk/eblj/1986articles/article12.html.

58 William Blades, The Enemies of Books, London 1880, S. 96, zit. bei Gatch, Bagford, S. 150.

Sebald Schreyer und Sebastian Kammermaister, 12. Juli 1493; GW M40784). Von dieser mit Abstand häufigsten Inkunabel sind Dutzende Exemplare von Händlern und Sammlern zerlegt und in Einzelblättern in Umlauf gebracht worden[59]. Bei der Gutenberg-Bibel (GW 4201), die immerhin auch in über hundert Exemplaren bezeugt ist, wird hingegen jedes noch so kleine Fragment wegen seines merkantilen und historischen Wertes mit Recht als bibliographisch und wissenschaftlich wichtiges Zeugnis behandelt[60].

Ein buchhistorisches Spezialgebiet, das seit langem Gewinn aus der Fragmentforschung zieht, ist die Einbandkunde. Da ein Großteil der erhaltenen Inkunabelfragmente als Einbandmakulatur überliefert ist oder war[61], lassen sie vielfach Rückschlüsse auf die Herstellung des Einbands zu, in dem sie aufgefunden wurden. Im einfachsten Fall liefern sie einen *terminus post quem* für seine Datierung, da er nicht vor dem Druck der Makulatur entstanden sein kann. Daneben gibt die Makulatur Hinweise auf die Lokalisierung von Einbandwerkstätten. Wenn es sich um Probe- oder Fehldrucke handelt, ist davon auszugehen, dass die Einbandwerkstatt und die Offizin, aus der sie stammen, nicht allzu weit voneinander entfernt lagen. Bisweilen lassen sich aus der systematischen Untersuchung von Fragmenten in Einbänden einer bestimmten Werkstatt weitreichende Schlüsse auf die Organisation des produzierenden und verbreitenden Buchhandels der Frühdruckzeit ziehen; verwiesen sei hier auf die Untersuchungen von Lotte Hellinga zu den Verlagseinbänden der Offizin Fust/Schöffer und von Claire Bolton zu Konrad Dinckmut[62].

Einen interessanten Fundkomplex in der SBB-PK stellen in diesem Zusammenhang mehrere Probedrucke aus der Offizin Anton Kobergers in Nürnberg dar, die im Rahmen der Fragmentenrevision bestimmt wurden. Zwei im Jahr 1999 bei der Restaurierung aus dem Band 2° Inc 1691c (*Biblia*, deutsch, Nürnberg: Koberger, 17. Februar 1483; GW 4303) ausgelöste Probedrucke entsprechen Seiten von GW 2072 (Antoninus Florentinus: *Chronicon*, Koberger, 31. Juli 1484)[63]. Zwei weitere Probedrucke wurden aus dem Einband von 2° Inc 1707a (Johannes de Bromyard: *Summa praedicantium*, Koberger, 29. Juni 1485; GW M13116) entnommen. Die einseitig bedruckten Blätter zeigen die gleiche Doppelsei-

59 Im August 2014 sind in der GW-Datenbank 1162 Exemplare der *Weltchronik* nachgewiesen, wobei für Fragmente keine Nachweisvollständigkeit angestrebt ist. Zu einem häufigen Druck, dessen Überlieferung dennoch durch Fragmentfunde in willkommener Weise ergänzt wird, vgl. Anette Löffler, Neue Fragmente mit der Postilla des Nikolaus von Lyra aus dem Duisburger Stadtarchiv, in: Gutenberg-Jahrbuch 2011, S. 81–84 (GW M26502).

60 Zu den Pergamentfragmenten der B42 vgl. zuletzt Eric Marshall White, The Gutenberg Bibles that Survive as Binder's Waste, in: Early Printed Books as Material Objects, S. 21–35. Papierfragmente der B42 wurden zuletzt im Mai 2014 bei Sotheby's für hohe sechsstellige Beträge versteigert.

61 Bestenfalls sind die Fragmente noch an ihrem ursprünglichen Ort überliefert. Sofern sie ausgelöst werden, ist es unerlässlich, Trägerband und Fundsituation (Spiegel, Vorsatz, Falzverstärkung usw.) schriftlich wie fotografisch zu dokumentieren und idealerweise die Fragmente in unmittelbarem physischen Zusammenhang mit den Trägerbänden (z. B. in einem Schuber) aufzubewahren. Dieser Grundsatz wird leider nicht immer befolgt.

62 Lotte Hellinga, Peter Schöffer and the Book-Trade in Mainz. Evidence for the Organization, in: Bookbindings and other Bibliophily. Essays in Honour of Anthony Hobson, hg. von Dennis E. Rhodes, Verona 1994, S. 131–183; Claire Bolton. Links Between a Fifteenth-Century Printer and a Binder, in: Early Printed Books as Material Objects, S. 177–189.

63 Die einseitig bedruckten Blätter entsprechen Bl. 220a und 223b dieser Ausgabe.

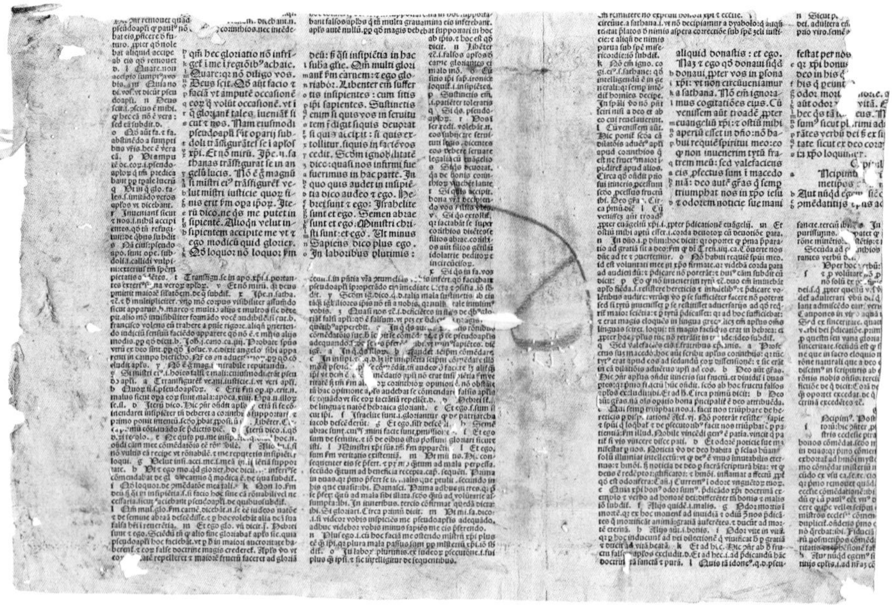

Abb. 58
Biblia, Nürnberg: Anton Koberger, 12. April 1493, einseitiger Probedruck von Bd. 3, Bl. 201a/208b (GW 4293), Berlin SBB-PK, Inc 1742c Fragm. (Foto: Berlin, GW).

te, die der Schöndruckseite eines Bogens der lateinischen Koberger-Bibel GW 4293 vom 12. April 1493 entspricht (Abb. 58, auch als Farbabb.)[64]. Auffallend ist nicht allein, dass wie die Makulatur selbst auch die ehemaligen Trägerbände aus Kobergers Offizin stammen, sondern auch, dass beide Einbände Nürnberger Buchbindern zuzuordnen sind. Der Einband von 2° Inc 1691c stammt aus der Werkstatt ‚Nürnberg, Madonna', für die Adolf Schmidt bereits 1927 eine enge Verbindung mit Kobergers Offizin vermutete[65]. Laut Schmidt ließ Koberger seine Drucke zumindest zum Teil vor dem Verkauf in dieser Werkstatt binden, möglicherweise sei sie sogar von oder exklusiv für Koberger betrieben worden. Die Einbände werden daher von Schmidt als frühe Form des Verlegereinbands angesehen.

64 Sie entsprechen der Doppelseite 201a/208b (sign. cc1/8) des dritten Bandes von GW 4293.

65 EBDB w000917. Auf dem Berliner Einband sind die Stempel s014140, s014146, s014132, s024043, s024044, s0141153 und s014136 verwendet (Bestimmung durch Holger Nickel, Berlin). Vgl. Adolf Schmidt, Verlegereinbände Anton Kobergers zu Nürnberg in der Landesbibliothek Darmstadt, in: Archiv für Schreib- und Buchwesen 2 (1928), S. 113–129. Der bei Schmidt als Nr III verzeichnete Band Universitäts- und Landesbibliothek Darmstadt, Inc. V 130, wird in EBDB der Werkstadt ‚Madonna' zugeschrieben. Vgl. dazu auch Marianne Rozsondai, Drei Kobergersche Makulaturblätter, in: Gutenberg-Jahrbuch 1977, S. 345–347. Die Berliner Probedrucke weisen zudem die von Schmidt (S. 115) beschriebene und auch bei Rozsondai abgebildete Markierung der ausgemusterten Blätter durch Rötelstriche auf, die typisch für Kobergers Betrieb war.

Auch der Einband des Bromyard stammt aus Nürnberg, vom ‚Schedel-Meister'[66], der ebenfalls als Buchbinder für Kobergers Offizin, allerdings nicht ausschließlich für sie, belegt ist.

Ähnliche einbandkundliche Perspektiven ergeben sich auch aus weiteren Funden. So enthält der Band 2° Inc 97 (Vincentius Bellovacensis: *Speculum historiale* [Augsburg: Sankt Ulrich und Afra, 1474]; GW M50570) mehrere Makulaturblätter aus der Offizin von Anton Sorg. Das umfangreiche Werk ist in drei Bände aufgeteilt, deren Einbände aus der Augsburger Werkstatt ‚Hirsch am Zaun' stammen[67]. Für Bd. 1 und 3 wurden als Spiegel jeweils zwei identische Blätter verwendet, die Bl. 235 und 244 der deutschen Bibelausgabe Sorgs von 1477 (GW 4301) entsprechen[68]. Ob die Blätter ein- oder doppelseitig bedruckt sind, ist nicht feststellbar, weil sie verleimt und die Rückseiten nicht zu erkennen sind. Die sichtbaren Seiten entsprechen Bl. 235b mit Teilen von Kap. 1 und 2 des Kolosserbriefs und Bl. 244a mit Kap. 7 und 8 des Hebräerbriefs. Auf beiden Seiten sind keine gravierenden Druckfehler und keine Korrekturzeichen zu erkennen[69]. Doch während Bl. 235b im Satz nur leicht vom endgültigen Druck abweicht[70], wurde Bl. 244a vollständig neu gesetzt. Möglicherweise enthielten die wegen der Verklebung nicht zu erkennenden Rückseiten Fehler, die zu einem Neusatz des Bogens bzw. des zweiten Blattes führten.

Eine interessante Parallele findet sich in der BSB. Dort wird unter der Signatur 2 Inc.c.a. 326 ein weiteres Exemplar des *Speculum historiale* von 1474 verwahrt, ebenfalls in drei Bänden. Auch hier stammen die Einbände aus Augsburg, aus der Werkstatt des Jörg Schapf[71], und wie im Berliner Exemplar benutzte auch dieser Buchbinder Makulatur aus Sorgs Offizin. Insgesamt sind sechs identische Exemplare eines Fehldrucks aus Sorgs deutscher Bibel von 1480 (GW 4302) als vorderes und hinteres Vorsatz eingebunden[72]. Wenngleich Spekulationen über eine ‚Hausbuchbinderei' Sorgs und Verlagseinbände seiner Offizin zu weit führen würden, zeigt sich doch erneut die enge Verflechtung im Augsburger Buchwesen des 15. Jahrhunderts. Zieht man in Betracht, dass die Offizin von St. Ulrich und Afra kurz nach Vollendung des *Speculum historiale* aufgelöst wurde und die Type an

66 EBDB w000298, vgl. dazu Holger Nickel, Inkunabeln aus Stift Mattsee in der Staatsbibliothek zu Berlin, in: Einbandforschung H. 4 (1999), S. 12–15.

67 EBDB w002141, Bestimmung der Stempel durch Holger Nickel. Zur Werkstatt vgl. Holger Nickel, Augsburg „Hirsch am Zaun" statt Straubing, in: Einbandforschung H.12 (2003), S. 72–73.

68 Es handelt sich um Bl. 1 und 10 der 24. Lage (= [A1/10]) des zweiten Bandes von GW 4301.

69 Auf Bl. 244a falscher Kolumnentitel *Die Epistel*, er müsste wie in der letztlich publizierten Ausgabe *czu(o) den Hebreern* lauten.

70 Im endgültigen Druck ist eine Leerzeile nach der Kapitelüberschrift in der rechten Kolumne getilgt worden.

71 EBDB w000045, vgl. http://inkunabeln.digitale-sammlungen.de/Exemplar_V-203,1.html.

72 Auf dem Bogen sind die Vorderseite von Bd. 2, Bl. 283 (gezählt *CClxxiij*) mit dem Beginn des 2. Korintherbriefs und die Rückseite von Bl. 273 (gezählt *CClxiij*) mit einer Römerbrief-Passage abgedruckt. Die fehlerhaften Blätter waren ursprünglich als Spiegel in Vorder- und Rückendeckel eingeklebt. Digitalisate von M50570: http://inkunabeln.digitale-sammlungen.de/Exemplar_V-203,1.html; GW 4302: http://nbn-resolving.de/urn:nbn:de:bvb:12-bsb00026205-2. Das korrigierte Bl. 283 ist im Berliner Exemplar von GW 4302 als Cancellans eingefügt. Der Fehler wurde wohl erst nach der Fertigstellung bemerkt, so dass das Blatt ausgetauscht werden musste. Es ist uns nicht bekannt, ob auch Exemplare existieren, bei denen die Seite von vornherein korrekt gedruckt war.

die 1475 gegründete Offizin Sorg überging[73], ist es denkbar, dass Sorg die Restauflage des *Speculum* übernahm und einzelne Exemplare bei örtlichen Buchbindern binden ließ, die er mit Makulatur aus seiner Offizin versorgte.

Bei der Untersuchung der ‚in situ'-Makulatur in der SBB-PK wurden auch fünf Blätter der deutschen Koberger-Bibel GW 4303 aufgefunden. Ob diese Funde, die an den Trägerbänden verbleiben, als Inc 1691d–1691h aber auch individuell einsigniert wurden, angesichts von über 260 bekannten Exemplaren dieser Bibelausgabe einen Mehrwert für die Inkunabelbibliographie bedeuten, sei dahingestellt. Dennoch ergibt sich aus ihnen eine interessante buchhistorische Frage, denn die Trägerbände repräsentieren einen, wenn man so will, etwas anderen Typ von ‚Koberger-Einband'. Die Fragmente wurden nämlich im späten 19. oder frühen 20. Jahrhundert als Bezüge neuzeitlicher Pappdeckeleinbände verwendet. Die so gebundenen Inkunabeln wurden von der Königlichen Bibliothek und ihren Nachfolgeeinrichtungen im jetzigen Zustand erworben; der Band 8° Inc 2539 erscheint bereits 1906 im Berliner Inkunabelkatalog[74], muss also vor diesem Datum mit dem Fragment bezogen worden sein. Die anderen Bände tragen Akzessionsnummern aus den Jahren 1927 bis 1992[75]. Es handelt sich vor allem um schmale Quart- oder Oktavausgaben. Man darf vermuten, dass sie ursprünglich aus Sammelbänden stammen, die im Antiquariatshandel aufgebrochen und einzeln verkauft wurden. Zur Aufwertung der Faszikel haben der oder die noch nicht identifizierten Täter die Einbände mit den Fragmenten der Koberger-Bibel und anderer Inkunabeln bezogen. Diese Form der ‚Wertsteigerung' scheint vor oder um 1900 im Antiquariatsbuchhandel üblich gewesen zu sein. Aus einem noch zu erstellenden Zensus dieser zahlreich vorhandenen Einbände könnte sich ein Ansatzpunkt für die Rekonstruktion auseinandergenommener Sammelbände und für den möglicherweise gemeinsamen Ursprung der Einbände ergeben[76].

73 Als dessen Type 1:103G, vgl. TW ma00131.

74 Ernst Voulliéme, Die Inkunabeln der Königlichen Bibliothek und der anderen Berliner Sammlungen (…) (Beihefte zum Zentralblatt für Bibliothekswesen, 30), Leipzig 1906, Nr 2539: *Arent Bosman*, deutsch. Strassburg: [Mathis Hupfuff], 1500 (GW 4948). Digitalisat: http://resolver.staatsbibliothek-berlin.de/SBB0000CDB100000000.

75 Weitere Trägerbände sind 4° Inc 2878.10, 8° Inc 1088.4, 8° Inc 1235.1 und 8° Inc 1312.2.

76 In der SBB-PK z.B. noch 2° Inc 2001a mit Blättern aus GW 3184, Johannes Balbus: *Catholicon*, [Strassburg: Adolf Rusch, um 1470], und 8° Inc 261.4 mit zwei Blättern aus GW 7420, Conradus de Halberstadt: *Concordantiae bibliorum*, Nürnberg: Anton Koberger, 27. Juni 1485. In einer Diskussion im Cambridge Incunabula Project Blog im Mai/Juni 2013 wurden zahlreiche weitere Beispiele solcher ‚Koberger-Einbände' genannt, davon allein 30 in der Beinecke Rare Book Library in Yale https://inc.blog.lib.cam.ac.uk/?p=2458. Als Urheber wird im CUL-Blog der Wiener Händler Ignaz Schwarz (1867–1925) vermutet, der aber erst 1917 eine eigene Firma gründete. Joseph A. Dane hat in mehreren Publikationen darauf hingewiesen, dass auch der umstrittene Antiquar Otto Vollbehr (geb. 1872) zahlreiche Sammelbände aufgebrochen und die einzelnen Faszikel mit Einbänden aus Druckfragmenten versehen hat, vgl. Joseph A. Dane, What Is a Book? The Study of Early Printed Books, Notre Dame (Indiana) 2012, S. 168, und Joseph A. Dane, Abstractions of Evidence in the Study of Manuscripts and Early Printed Books, Farnham 2009, S. 160–161, wo Vollbehr als „one of the great villains in the history of American collecting" bezeichnet wird. – Zu Sammelbänden vgl. jetzt auch den instruktiven Beitrag von Eva Nyström, Codicological Crossover. The Merging of Manuscript and Print, in: Studia Neophilologica 86 Suppl. 1 (2014), S. 112–133.

Wir hoffen, deutlich gemacht zu haben, dass der Erschließung von Inkunabelfragmenten ein hoher bibliothekarischer und wissenschaftlicher Wert zukommt. Besonders wichtig erscheint uns die Berücksichtigung von Fragmenten in Inkunabelkatalogen und in OPAC- oder anderen Online-Beschreibungen. Auch wo eine Identifizierung nicht unmittelbar erfolgen kann, sollten materialbezogene Basisdaten (Sprache, Zeilen- und Spaltenzahl, Kolumnentitel, Blattzählung, Ausstattung mit Holzschnitten u. ä.; Erhaltungszustand, aktueller bzw. ursprünglicher Trägerband usw.) angegeben und natürlich erwähnt werden, ob ein Fragment ein- oder doppelseitig bedruckt ist[77]. Wo eine Identifizierung erfolgt ist, sollte mitgeteilt werden, ob Abweichungen zum endgültigen Druckzustand bestehen und ob es sich um kleinere typographische Divergenzen oder Impositionsfehler handelt und eventuell Korrekturzeichen angebracht sind.

Alle Bibliotheken, Archive, Museen und sonstigen Einrichtungen, die unerschlossene Fragmente oder Fragmentsammlungen besitzen, seien mit Nachdruck ermuntert, deren Bearbeitung in Angriff zu nehmen. Die GW-Redaktion nimmt jede Meldung von Inkunabelfragmenten gerne entgegen und leistet bei der Beantwortung der allgegenwärtigen inhaltlichen und methodischen Fragen Unterstützung. Angesichts des heutigen Erschließungsstandes ist mit Sicherheit davon auszugehen, dass unzählige Fragmente in Hunderten von Sammlungen auf ihre Bearbeitung warten. Die bibliographische und wissenschaftliche Erforschung der Drucke des 15. Jahrhunderts ist darauf angewiesen, dass auch diese Fragmente – die weit mehr sein können als ‚Makulatur' und schon gar nicht als Fidibus zu gebrauchen sind! – in angemessener Form erfasst und beschrieben werden.

77 Kaum relevant für eine Identifizierung sind hingegen exemplarspezifische Angaben wie Rubrizierung oder handschriftliche Marginalien, auch wenn diese für eine hypothetische (in der Praxis von Sonderfällen wie der B42 abgesehen allerdings kaum vorkommende) Rekonstruktion fragmentierter Inkunabelexemplare natürlich hilfreich sein können.

Fragmente von Inkunabeln – Eine praxisorientierte Einführung

Wolfgang Schmitz, Köln

> „Für jeden, der mit solchen alten Einbänden einigermaßen vertraut geworden ist, ist es eine bekannte Tatsache, daß in gar nicht seltenen Fällen heutzutage die Makulatur, welche dem Buchbinder zum Auskleiden seines Bandes gedient hat, mehr wert ist, als das ganze übrige Buch. (S. 537).
>
> Freilich steht nicht immer der Wert dessen, was so sorgsam verwahrt worden ist, im richtigen Verhältnis zu der darauf verwandten Mühe". (S. 539)
>
> Konrad Haebler 1908

Die nachfolgenden Ausführungen, eine überarbeitete Fassung meines Vortrags auf der Fortbildungsveranstaltung in Duisburg 2012, verstehen sich als grundlegende Hinführung, nämlich als definitorische Klärung (vor allem in Bezug auf die Übereinstimmung und den Unterschied zu Handschriftenfragmenten) sowie als Hinweis zur praktischen Handhabung von Inkunabelfragmenten.

1. Definition: Unterschiede Handschriftenfragment – Druckfragment

Im Kreis der Fragmentenforschung, die sich vorwiegend mit Handschriften beschäftigt, sind Druckfragmente eher ein Spezialfall. Wie Handschriften wurden als nicht mehr nützlich empfundene Drucke teilweise schon frühzeitig zerschnitten und als Makulatur im Spiegel, Deckelbezug, als Falzverstärkung oder in Deckelpappen zur Einbandherstellung benutzt. Nach einer Beobachtung von Konrad Haebler wurde vielfach als Makulatur die bedruckte Vorderseite nach oben gewählt: „es scheint ..., als seien der mehrfarbige Druck und die auf den Kalendern reichlich vorkommenden Holzschnitte als ein Schmuck des Einbandes empfunden worden"[1]. Damit berührt sich die Fragmentenforschung an vielen Stellen sehr eng mit der Einbandforschung, ja sie wird als ein Teil von ihr betrachtet. Die Fragmentenforschung kann aus der Analyse der Einbände, ihrer Genese und Herkunft unter Umständen für die Einordnung beträchtlichen Nutzen ziehen (Wanderung von Exemplaren, Beziehungen von Druckern zu Buchbinderwerkstätten, Hinweise auf den Zeit-

---

1 Ein herzliches Wort des Dankes gilt meinen Kollegen Karina de la Garza Gil, Harald Horst und Anelen Ottermann für die Durchsicht des Manuskripts und viele fördernde Hinweise.
Konrad Haebler, Makulaturforschung, in: Zentralblatt für Bibliothekswesen 25 (1908), S. 535–544, hier S. 537. Immer noch lesenswert auch Otto Leuze, Zehn Jahre Makulaturforschung in der Inkunabelsammlung der Württembergischen Landesbibliothek in Stuttgart, in: Zentralblatt für Bibliothekswesen 48 (1931), S. 1–8.

punkt der Fragmentierung) und umgekehrt die Einbandforschung aus den Fragmenten (z. B. Hilfe bei der Datierung)[2].

Der grundlegende Unterschied zu den Handschriften liegt darin, dass es sich bei diesen stets um Individuen, beim Druck aber – um eine Definition Kristellers aufzugreifen[3] – um eine Spezies handelt, d. h. um mehr oder minder identische Exemplare einer Ausgabe. Das bedeutet, dass es zu einem Druckfragment meist eine feste Bezugsgröße gibt, nämlich weitere vollständige satzidentische Exemplare, die die Identifikation erleichtern. Wir haben es damit in der Regel mit einem Nebeneinander von Ausgabe und zugehörigen Exemplaren zu tun. Allerdings muss das nicht immer der Fall sein: Es gibt bei der Makulatur Reste bislang unbekannter Drucke, vor allem Einblattdrucke, die als mutmaßliche Unikate gelten müssen, jedenfalls so lange, bis ein zweites Exemplar aufgefunden wird. In diesem Fall haben wir den Bezugsrahmen eines Ganzen nicht[4].

Aber auch hier greift ein zweiter Unterschied zu den Handschriften, bei denen die Zuweisung zu einem individuellen Schreiber und seine Identifikation auf große Schwierigkeiten stößt: Die Drucktypen der Inkunabelzeit sind weitgehend individuelle Schöpfungen, so stark auch Ähnlichkeiten sein mögen, aber dadurch weist die Drucktype auf den Drucker, der sie herstellen ließ, ggf. sogar auf eine besondere Epoche seiner Tätigkeit zurück, und damit ergeben sich exzellente Möglichkeiten der Identifizierung. Es darf aber schon hier nicht verschwiegen werden, dass es auch im 15. Jh. schon Typenwanderung, Typenleihe und Typenverkauf gab und damit verschiedene Drucker offenbar gleiche Typen verwendet haben[5]. Hier können weitere Unterscheidungsmerkmale wie weitere Drucktypen, z. B. Auszeichnungsschriften, zur Identifizierung beitragen.

Noch etwas bleibt zu differenzieren. Fragment und Makulatur sind ggf. zweierlei: Es gibt Einblattdrucke, die vollständig als Makulatur erhalten sein können. Bei eingeklebten Heiligenbildern etc. können wir davon ausgehen, dass sie bewusst dem Band beigefügt worden sind, vermutlich erst von einem Besitzer. Ein Beispiel dafür stammt aus dem Thurgauer

2 Für das gewaltige Feld der Einbandkunde sei hier summarisch nur auf das grundlegende Werk von Otto Mazal, Einbandkunde. Die Geschichte des Bucheinbandes, Wiesbaden 1997, verwiesen, das Realien und Methoden behandelt und auch entsprechende weiter führende Literatur enthält.

3 Paul Oskar Kristeller, Aufgaben und Probleme der Handschriftenforschung, in: Paul Oskar Kristeller, Humanismus und Renaissance, Bd. 1, München o. J., S. 210–221, hier S. 211.

4 Vgl. Jonathan Green, Frank McIntyre, Paul Needham, The Shape of Incunable Survival. An Statistical Estimation of Lost Editions, in: Papers of the Bibliographical Society of America 105 (2011), S. 141–175; Paul Needham, The formats of Incunable Broadsides, in: Buch – Bibliothek – Region. Wolfgang Schmitz zum 65. Geburtstag, hg. von Christine Haug und Rolf Thiele, Wiesbaden 2014, S. 127–144, hier S. 127: „About three-fifths of all recorded incunable broadsides are known by just a single copy. In the large number of cases, these are non „integral" survivals, copies were consciously preserved, but rather binding waste survivals."

5 Zu diesem Problem vgl. Oliver Duntze, Methodisches Ärgernis oder wissenschaftliche Chance? Beobachtungen zum Schriftenhandel in der Inkunabelzeit, in: Wolfenbütteler Notizen zur Buchgeschichte 31 (2006), S. 119–136.

Inkunabelbestand: In den Einband eines lateinischen Bibeldrucks sind vorne eine Darstellung Christi und hinten korrespondierend Maria als Schmerzensmutter eingeklebt[6].

2. Kontexte

Prinzipiell kann natürlich jeder Druck als entbehrlich, wegen starker Beschädigung oder als nicht mehr nützlich, zerschnitten worden sein. Bestimmte Textsorten oder Druckerzeugnisse findet man jedoch häufiger als andere in Einbänden als Makulatur wieder. So sind viele Liturgica (Missalien, Breviarien usw.) später dem Buchbindermaterial zugeführt worden[7].

Besonders interessant sind Fragmente, die eine andere Version, Lesarten, Probedrucke, Korrekturblätter, makulierte Fehldrucke und damit Hinweise auf die Geschichte einer einzelnen Drucklegung enthalten. Eine Besonderheit des frühen Drucks muss nämlich festgehalten werden: Wir sind es heute gewöhnt, dass die Exemplare einer Auflage in jeder Hinsicht identisch sind. Das ist bei alten Drucken der Handpressenzeit (bis ins 19. Jh.) aber nicht unbedingt der Fall. Die Langsamkeit des Druckvorgangs gestattete es den Druckern, immer wieder Druckfehler zu verbessern oder den Text inhaltlich zu verändern resp. zu ergänzen (sog. Presskorrekturen), wobei es gelegentlich durch Unachtsamkeiten auch zu Verschlechterungen kommen konnte (sog. Presskorruptele). Dazu waren auch Textzufügungen oder Streichungen aus inhaltlichen Gründen möglich[8].

Solche Veränderungen im Satz finden wir dann in den Fragmenten bei sog. Probedrucken[9]. Sie dienten bei der Handpresse im Herstellungsvorgang zur Kontrolle des Satzes wie der Wirkung auf dem Papier und vermitteln gelegentlich Einblicke in die editorische Praxis, nämlich bei der Genese der Textgestaltung während des Druckprozesses bis hin zum endgültigen Druck. Sie sind durch einen sog. Bürstenabzug entstanden, bei dem der Satz eingefärbt und dann ein Blatt darauf gelegt und mit einer Bürste oder einem Reiber abgepresst wurde. Daher sind solche Blätter in der Regel nur einseitig bedruckt.

---

6 Beispiele finden sich bei Marianne Luginbühl und Heinz Bothien, Meisterwerke des frühen Buchdrucks. Die Inkunabelschätze der Kantonsbibliothek Thurgau, Frauenfeld u. a. 2011, Nr. 83 Straßburg: Eggestein nicht nach 1468 (GW 4206), vgl. Abb. 83c und d; Nr. 160 Buchseiten im Spiegel mit Abbildungen der hl. Margarete (vorne, Abb. 160a) und der hl. Eufemia (hinten).

7 Universitätsbibliothek Heidelberg. Katalog der Inkunabeln, bearbeitet von Armin Schlechter und Ludwig Ries (Kataloge der Universitätsbibliothek Heidelberg, 9), Wiesbaden 2009, hier Heidelberg Nr. 1282, vorhanden sind Bl. XCIII–C; CV–CX; CXII–CXVII; CXXV–CXXX; CXXXVII; CCI–CCV; CCXVIII–CCXX; mit Textverlusten. Zugrunde liegt GW M24229: *Missale Augustanum*, [Bamberg]: Johann Sensenschmidt, 10.I.1489, 2° Anm. Nach Geldner: Bamberg in Dillingen gedruckt.

8 Ferner gab es bei der Erweiterung der Auflage und damit dem Neusatz von Partien, die dafür in zu niedriger Exemplarzahl gedruckt worden waren, Lagen in abweichendem Satz. Vgl. Martin Boghardt, Analytische Druckforschung. Ein methodischer Beitrag zu Buchkunde und Textkritik, Hamburg 1977.

9 Paul Needham, Copy-Specifics in the Printing Shop, in: Early Printed Books as Material Objects, hg. von Bettina Wagner und Marcia Reed (IFLA-Publications, 149), Berlin/New York 2010, S. 9–20.

Ein Beispiel bietet Michelstadt: Von Zainers Ausgabe des Petrus Comestor: *Historia scholastica*[10] gibt es dort einen einseitig bedruckten Probedruck des gezählten Blattes CXXXa[11]. Mit ihm bildet der im Frankfurter Inkunabelkatalog verzeichnete Probedruck des gezählten Blattes CXXXIIIb ein Doppelblatt[12].

Davon zu scheiden sind Exemplare, bei denen erst nach der Fertigstellung des Drucks Fehler festgestellt wurden, z. B. falsche Zuordnung auf den Vor- und Rückseiten innerhalb einer Lage[13]. Dann konnten solche Fehldrucke ausgetauscht und durch neu gesetzte Lagen oder durch Ersatz von Einzelblättern (sog. Karton) korrigiert und die verworfenen Blätter der Makulatur zugewiesen werden.

Relativ häufig sind Funde von Einblattdrucken wie Ablassbriefe, Almanache, Kalender, Jahrespraktiken, Buchhändleranzeigen, Veröffentlichungen der staatlichen Verwaltung wie Münzordnungen usw.[14]. Solche Gebrauchstexte verloren nach kurzer Zeit ihre Aktualität, konnten daher nicht mehr abgesetzt werden und wurden als Makulatur verwendet. Diese Gebrauchstexte und Textsorten wie populäre Heiligenviten und weltliche volkstümliche Texte galten als nicht bibliothekswürdig, sind überaus selten und damit im Antiquariatshandel teuer. Einige Sorten von Einblattdrucken, vornehmlich wenn sie Verwaltungsakte repräsentieren, finden sich auch in der archivalischen Überlieferung.

Die Einblattdrucke liegen häufig als mehr oder minder vollständige Makulatur (s. o.) vor. Sie überlebten offensichtlich überproportional in den Einbänden. Nicht selten sind es auch Unikate. Das gilt für den *Ablassbrief* zugunsten der Pariser Minoriten aus dem Jahre 1487/1488, der sich unter den Fragmenten der Universitäts- und Stadtbibliothek Köln fand und wohl am Anfang des vorigen Jahrhunderts aus einem inzwischen als Dublette veräußerten Band herausgelöst wurde (Abb. 59)[15].

---

10 Zu den Zainers ausführlich Peter Amelung, Der Frühdruck im deutschen Südwesten, Bd. 1: Ulm, Stuttgart o. J., S. 15–148: Unser Druckfragment ist dort nicht behandelt.

11 Kurt Hans Staub, Die Inkunabeln der Nicolaus-Matz-Bibliothek (Kirchenbibliothek) in Michelstadt, Michelstadt 1984, Nr. 112.

12 Inkunabelkatalog der Stadt- und Universitätsbibliothek und anderer öffentlicher Sammlungen in Frankfurt am Main, bearb. von Kurt Ohly und Vera Sack (Kataloge der Stadt- und Universitätsbibliothek Frankfurt am Main, 1), Frankfurt/Main 1967, Nr. 2276, zugrunde liegt der Druck GW M32161, Petrus Comestor: *Historia scholastica*, [Augsburg]: Günther Zainer, 1473. 2°.

13 Eine Vielzahl solcher Versehen ist verzeichnet im vorzüglichen Katalog: Incunabula Gottingensia. Inkunabelkatalog der Niedersächsischen Staats- und Universitätsbibliothek Göttingen, bisher 3 Bde., Wiesbaden 1995–2011; in meiner Rezension zu Bd. 3 in: Bibliothek. Forschung und Praxis 37 (2013), bin ich einzelnen dort genannten Fällen nachgegangen und habe eine Erklärung durch Rekonstruktion des Satzes versucht.

14 Den besten Überblick über die Einblattdrucke der Wiegendruckzeit bietet Falk Eisermann, Verzeichnis der typographischen Einblattdrucke des 15. Jahrhunderts im Heiligen Römischen Reich Deutscher Nation (VE 15), 3 Bde., Wiesbaden 2004.

15 Wolfgang Schmitz, Ein unbekannter Einblattdruck zugunsten der Pariser Minoriten aus dem Jahre 1487/88, in: Gutenberg-Jahrbuch 1990, S. 79–81, Signatur 1 N 610; GW 5575/10. Auf der Rückseite des Fragments hat ein umsichtiger Bibliothekar die Signatur des ursprünglichen Trägerbandes mit Bleistift vermerkt, so dass wir feststellen können, um welches Buch es sich handelt, auch wenn es in den zwanziger Jahren des 20. Jhs. als „Dublette" veräußert wurde.

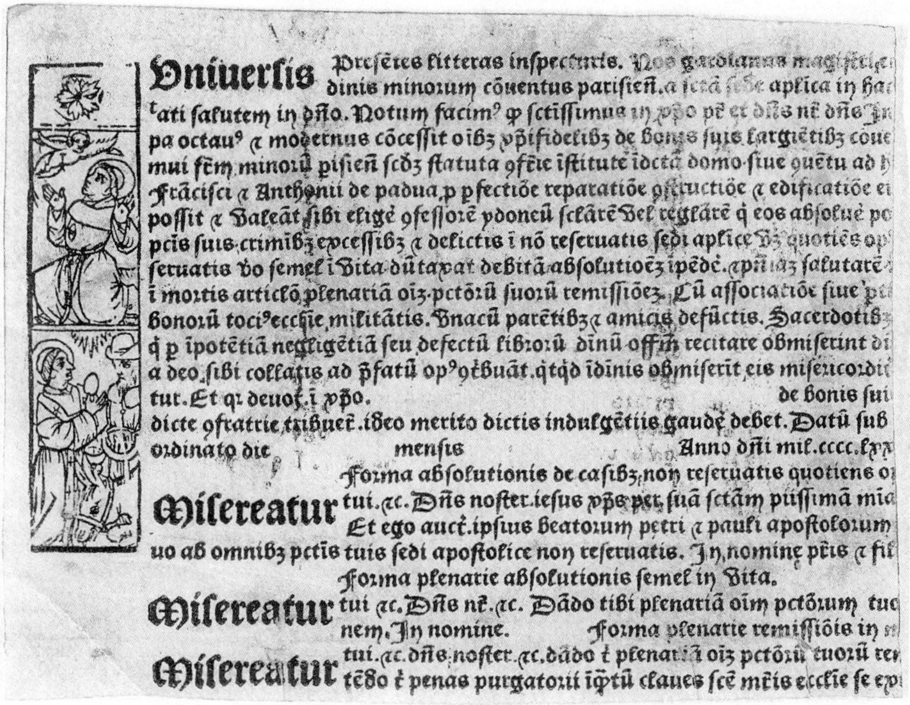
Universis Presētes litteras inspecturis. Nos gardianus magister ... dinis minorum cōuentus parisieñ. a scta sede aplica in ha... tati salutem in dño. Notum facim⁹ q̄ sctissimus in xpo pr̄ et dñs nr̄ dñs In... pa octau⁹ et modernus cōcessit oib3 xpifidelib3 de bonis suis largiētib3 cōue... mui frm minorū pisieñ scd3 statuta ofre istitute idcta domo siue cuētu ad h... Frācisci et Anthonii de padua p pfectiōe reparatiōe ostructiōe et edificatiōe ei... possit et valeāt sibi eligē ofessorē ydoneū sclārē vel regulārē q̄ eos absolue po... pcis suis crimib3 excessib3 et delictis i nō reseruatis sedi aplice ... seruatis vo semel i vita dūtaxat debitā absolutioē3 ipēdē. ... salutare i mortis articlō plenariā oi3 pctōrū suorū remissiōe3. Cū associatiōe siue ... bonorū toci⁹ ecclie militātis. Vnacū parētib3 et amicis defūctis. Sacerdotib... q̄ p ipotētiā negligētiā seu defectū librorū diuū offm recitare obmiserint ... a deo sibi collatis ad statū op⁹ ... idinis obmiserit eis misericordi... tur. Et q̄ devot... i xpo. de bonis sui... dicte ofratrie tribuerī. ideo merito dictis indulgētiis gaudē debet. Datū sub ordinato die mensis Anno dñi mil. cccc. lx...
Forma absolutionis de casib3 non reseruatis quotiens o...
Misereatur tui ec. Dñs noster iesus xps per suā sctām piissimā mia... Et ego auct. ipsius beatorum petri et pauli apostolorum ... uo ab omnib3 pctis tuis sedi apostolice non reseruatis. In nomine pris et fil...
Forma plenarie absolutionis semel in vita.
Misereatur tui ec. Dñs nr̄ ec. Dādo tibi plenariā oim pctōrum tu... nem. In nomine. Forma plenarie remissiōis in ...
Misereatur tui ec. dñs noster ec. dādo t plenariā oi3 pctōrū tuorū re... tēdo t penas purgatorii ip̄tū claues scē mrīs ecclie se ex...

Abb. 59
Ablassbrief zugunsten der Pariser Minoriten von 1487/1488, Paris: Jean du Pré, 1487 (GW 5575/10), Köln, Universitäts- und Stadtbibliothek, Sign. 1 N 610 (Foto: Köln, USB).

Fragmentunikate finden wir auch häufiger bei kleineren Gebrauchsschriften wie der *Grammatik* des Donat, die als Schullektüre in zahlreichen Ausgaben erschien. So entdeckte man das Weimarer Fragment eines ganz frühen, vielleicht Gutenberg zuzurechnenden Donatdruckes in der Einbandmakulatur (GW 8701)[16]. Bis auf fünf fehlende Wörter, die gerade in die Lücke der ersten Zeile passen, schließt das Teilstück unmittelbar an ein weiteres an, das im Mainzer Gutenberg-Museum aufbewahrt wird (GW 8700)[17]. Wie beim

16 Eva Raffel, Welt der Wiegendrucke. Die ersten gedruckten Bücher der Herzogin Anna Amalia Bibliothek, Weimar 2007, Nr. 52.

17 Paul Schwenke, Donattext nach den ältesten gedruckten Ausgaben, in: Veröffentlichungen der Gutenberg-Gesellschaft II. Die Donat- und Kalendertype. Nachtrag und Übersicht von Dr. Paul Schwenke, Mainz 1903, S. 35–49. – Eva Raffel, Herzogin Anna Amalia Bibliothek. Die Inkunabeln, Wiesbaden 2007, Nr. 186. Seymour de Ricci, Catalogue raisonné des premières impressions de Mayence (1455–67) (Veröffentlichungen der Gutenberg-Gesellschaft, VIII-IX), Mainz 1911, S. 37. – Vgl. Paul Schwenke, Die Donatdrucke, in: Zentralblatt für Bibliothekswesen 1905, S. 29–32.

eben genannten Beispiel von Zainers Petrus Comestor-Ausgabe gehören also manchmal zwei Fragmente in verschiedenen Bibliotheken ursprünglich zusammen.

Schon die Identifikation von Fragmenten als Teile ein- und derselben Ausgabe ist schwierig. Besonders bei stark nachgefragten Texten muss mit weitgehend identischem Neusatz gerechnet werden, also mit auf den ersten Blick gleichem, aber in Wirklichkeit in Kleinigkeiten abweichendem Satz verschiedener Ausgaben desselben Druckers mit demselben Layout und derselben Type. Wir müssen uns deshalb bewusst sein, dass bis zum Auffinden eines vollständigen Exemplars die Zuweisung zu ein- und derselben Ausgabe nur eine bibliographische Hypothese bleibt.

Ein noch schwierigeres, kaum zu lösendes Problem bei Druckfragmenten ist die hier angesprochene Frage, was aus demselben Exemplar stammt und was nur aus der gleichen Druckausgabe. Diese Frage lässt sich nur in Ausnahmefällen beantworten, weil die Identifikation nur auf der exemplarspezifischen, nicht der druckspezifischen Ebene erfolgen kann. Zu solchen exemplarspezifischen Besonderheiten und Kennzeichen, die sich eben nicht auf die ganze Ausgabe beziehen, gehören:

- Rote handschriftliche Überschriften,
- Rubrizierung,
- Ausmalungen von Illustrationen,
- Handschriftliche Initialen,
- Handschriftliche Marginalien,
- Handschriftliche Blattzählung,
- Handschriftliche Signaturen,
- Handschriftliche Rahmenbildung,
- Konkrete passende Schnittstellen.

Es sind also folgerichtig alles handschriftliche Zufügungen, die auf ein bestimmtes Exemplar hinweisen können.

Ferner müssen Fragmente in einem Einband oder in Einbänden der gleichen Werkstatt untersucht werden. Hier können aber ganze Restauflagen von Einblattdrucken und anderem Verwendung gefunden haben. Nur wenn möglichst mehrere dieser Kriterien übereinstimmen, können wir die Hypothese wagen, dass die betrachteten Fragmente aus ein- und demselben Exemplar stammen. Es ist hier aber größte Vorsicht geboten!

Es gibt auch Drucke, die gar nicht vollständig überliefert, sondern nur in vielen Fragmenten bezeugt sind. Das liegt vor bei einem Basler Druck des Alexander de Villa Dei: *Doctrinale* mit 11 durchschossenen Zeilen pro Seite. Hinter dem Drucker B. R. verbirgt sich vermutlich der Basler Bernhard Richel. Der Gesamtkatalog der Wiegendrucke hat die Ausgabe verzeichnet, gleichzeitig aber durch die Fülle der angegebenen Fragmente verdeutlicht, dass bisher noch kein vollständiges Exemplar nachgewiesen ist:

GW 939 Alexander de Villa Dei: Doctrinale [Basel: B. R. (Bernhard Richel?), um 1475(?)].4°
70+?Bl. [$ab^{10}c^{8}d$–$f^{10}g^{12}$].11 Z. mit Durchschuss. Typ 1:108G.
1. GW 939 I. Bruchst. von 16 Bl. (= Bl. 1, 2, 4, 7, 9, 10, 42, 45, 52, 55, 60, 62, 64, 65, 67 u. 70).
2. GW 939 II. Bruchst. von 8 Bl. (4 Doppelbl. = Bl. 2, 3, 8, 9, 11, 14, 17 u. 20).
3. GW 939 III. Bruchst. von 8 Bl. (4 Doppelbl. = Bl. 2, 5, 6, 9, 39, 40, 47 u. 48).
4. GW 939 IV. Bruchst. von 4 Bl. (2 Doppelbl. = Bl. 4, 5, 6 u. 7).
5. GW 939 V. Bruchst. von 4 Bl. (2 Doppelbl. = Bl. 14, 15, 16 u. 17).
6. GW 939 VI. Bruchst. von 10 Bl. (5 Doppelbl. = Bl. 29–38).
7. GW 939 VII. Bruchst. von 8 Bl. (4 Doppelbl. = Bl. 30–37).
8. GW 939 VIII. Bruchst.
9. GW 939 IX. Bruchst. von 4 Bl. (2 Doppelbl. = Bl. 13, 14, 17 u. 18).
10. GW 939 X. Bruchst. von 8 Bl. (4 Doppelbl. = Bl. 29, 30, 37, 38, 59, 60, 69 u. 70).
Anm. Bl. 12, 19, 21–28, 41, 42, 44–46, 49–52, 54, 55, 57–60, 62, 64, 67, 71 ff. nicht vorhanden. Bl. 2, 10 u. 11 in 2 Fassungen vorhanden.
ISTC ia00418200
Bautzen *DomKap (6: Fragm. 10 Bl. (vermisst)). Berlin *SB (1: Fragm. 16 Bl.). Dresden SUB (2: Fragm. 8 Bl.). Freiberg Gy (10: Fragm. 8 Bl.). Gniezno ArchErzbisch (3: Fragm. 8 Bl.). Kraków BU (9: Fragm. Doppelbl. 13/18 u. 14/17). Naumburg *DomB (7: Fragm. 8 Bl.). Schulpforte *[Sch] (4: Fragm. 4 Bl.). Uppsala *UB (5: Fragm. 4 Bl.). Zeitz Stift (Fragm.). Zwickau RatsSchB (2 Ex., 1. Ex. 8: Fragm. 12 Bl., 2. Ex. 8: Fragm. 2 Bl., def.).

Hier gilt es natürlich die Gründe zu ermitteln, warum der Druck offenbar nie zu Ende geführt wurde[18].

Ein Parallelfall aus Italien kann vielleicht etwas Licht in solche Fälle bringen: In Bologna hat nach den Forschungen Paolo Venezianis der Drucker Francesco Benedetti (genannt Platone) eine Briefausgabe des Humanisten Angelus Politianus begonnen, als der Tod des Druckers im August 1496 die Arbeit nach Fertigstellung der ersten Lage von 8 Blättern zum Erliegen brachte[19]. Die Briefe selbst befanden sich im Besitz von Alexander Sartius, der 1498 bei Aldus Manutius die Opera herausgab (GW M34727). Bereits im Folgejahr erschien das gleiche Werk bei Bernardinus Misinta in Brescia (GW M34724). Da damit der Bedarf an Politianus-Ausgaben gedeckt war, verfolgten die Erben Benedettis die kaum begonnene Ausgabe von 1496 nicht mehr weiter und als sie die Werkstatt 1499/1500 wieder in Betrieb nahmen, wurden die ausgedruckten Bögen als Makulatur verwendet[20].

18 Vom selben Werk gibt es offenbar noch weitere nur fragmentarische Ausgaben GW 937, 938, 93910N, 93920N, 93930N, 93940N, 93950N, 93960N.

19 Heidelberg (wie Anm. 5), Nr. 1504 [Fragment] Angelus Politianus: *Epistolae*. [Bologna: Franciscus dictus Plato de Benedictis, vor August 1496] 2° Bl. 1–8. [mehr nicht erschienen]. GW M 3472310 UB Heidelberg B1 1 und 8 vh., Bl. 2 und 7 als Spiegel in einem Exemplar der Biblioteca Nazionale in Rom.

20 Paolo Veneziani, Platone Benedetti e la prima edizione degli 'Opera' del Poliziano, in: Gutenberg-Jahrbuch 63 (1988), S. 95–107; zum Heidelberger Fragment vgl. Armin Schlechter, Ein weiteres Blatt aus

Wenn wir jetzt zum oben angesprochenen *Doctrinale* des Alexander de Villa Dei von Bernhard Richel in Basel zurückkehren, finden sich Parallelen: Von diesem Text gibt es im 15. Jh. allein ca. 290 Ausgaben[21]! Man darf also vermuten, dass hier eine spät erkannte Sättigung des Marktes den Druck hat abbrechen lassen. Da es sich um eine Ausgabe mit durchschossenen Zeilen handelt, die sich besonders als Arbeitsexemplar etwa im Unterricht eignete, ist auch möglich, dass der Band dem Auftraggeber (in der Universität Basel) abhanden gekommen ist. Innerbetriebliche Gründe jedweder Art sind natürlich auch möglich, bleiben aber reine Spekulation.

3. Identifizierung = Bestimmung

Die Identifizierung eines Inkunabelfragments erfolgt in mehreren Schritten:

1. Identifizierung der Drucktype und damit des Druckers,
2. Identifizierung des Textes und dann zusammen mit der Identifizierung von Drucktype und Drucker die Ermittlung der Ausgabe.
3. Überprüfung des Ergebnisses mit Hilfe von Volltextdigitalisierungen im Netz.

Konrad Haebler hat die einzelnen Schrifttypen der Drucker des 15. Jhs. in seinem Typenrepertorium aufgelistet und jeweils durch bestimmte schematisierte Charakteristika näher beschrieben[22]. Geordnet sind sie nach der besonders variantenreichen Form des M als erstes und dann durch das Maß von 20 Zeilen (oder von 10 bzw. 5, wenn nicht mehr vorhanden, z. B. bei größeren Typen) als zweites Ordnungskriterium. Zur weiteren Feinbestimmung dienen die genannten weiteren Charakteristika.

Die Identifizierung erfolgt damit wie bei jedem Wiegendruck zunächst mit Hilfe der Haeblerschen Methode der Typenbestimmung. Bestimmt wird also die Form des M in Haeblers beigegebener Tafel und das Maß von 20 Zeilen. Theoretische Voraussetzung des Verfahrens ist, dass die Drucktypen im 15. Jh. individuell, also vom Drucker selbst hergestellt worden sind und damit auf ihn zurückweisen[23]. Zur Überprüfung, ob die in Haeblers Tabellen ermittelten Typen wirklich die vorliegenden sind, können die Tafeln der Gesellschaft für Typenkunde (GfT) mit ihren zahlreichen Typenbeispielen immer noch wertvolle Hinweise geben[24]. Hinweise erlauben auch die Holzschnitte und Metallschnitte in den Texten, die wir in Albert Schramms großangelegtem Werk abgebildet finden[25].

---

der ersten Edition der Briefe von Angelus Politianus, in: Gutenberg-Jahrbuch 78 (2001), S. 118–122.

21 Vgl. Lexikon des Mittelalters, Band 1, Sp. 381.

22 Vgl. Konrad Haebler, Typenrepertorium der Wiegendrucke, Abt. I–V, Halle/Leipzig 1905–1924 (ND Nendeln 1968), jetzt elektronisch http://tw.staatsbibliothek-berlin.de.

23 Zu beachten ist aber die wichtige Relativierung hier in unserem Beitrag mit Anm. 5.

24 Tafeln der Gesellschaft für Typenkunde (GfT), jetzt auch elektronisch unter http://tw.staatsbibliothek-berlin.de/html/gft.xql (wird laufend aktualisiert).

25 Vgl. Albert Schramm, Der Bilderschmuck der Frühdrucke. Fortgeführt von der Kommission für den Gesamtkatalog der Wiegendrucke, 23 Bde., Leipzig 1920–1943 (ND Stuttgart).

Parallel läuft die inhaltliche Bestimmung (oder zumindest Einschätzung) analog der Identifizierung von handschriftlichen Fragmenten. Wenn beide Bestimmungen erfolgt sind, kann die Ausgabe ermittelt werden, aus der die Fragmente stammen, und damit die Zuweisung zu einer Nummer im GW. Ein Vergleich mit einem vollständigen Exemplar soll das ermittelte Ergebnis bestätigen. Je nachdem ist die Bedeutung des Fragments z. B. als Probedruck mit abweichenden Lesungen herauszuheben. Der GW-online[26] gibt Hinweise auf die Volltextdigitalisierungen, z. B. im Projekt VdIB Köln/Wolfenbüttel[27], die als Vergleich dienen können. Exemplarnachweise vermittelt auch der Incunabula Short Title Catalogue, ein internationales Verzeichnis mit Hauptsitz in London; die deutsche Niederlassung befindet sich in der Bayerischen Staatsbibliothek[28]. Es kann natürlich auch der Fall eintreten, dass sich das vorliegende Fragment keiner bekannten Ausgabe zuweisen lässt. Das ist dann ein besonderer Fall, und ein solches Fragment verdient besondere Aufmerksamkeit.

Als Beispiel einer Bestimmung sollen die Duisburger Druck-Fragmente dienen[29]. Eine Bestimmung nach Haeblers Typenrepertorium ergibt als Texttype: M 4 mit 20ll = 83 mm. Das ist nach Haeblers Typenrepertorium Zells Type 3 (vgl. GfT 123/124), bei der Überschrift liegt vor M15/M9 mit 20ll=113mm, das ist Zells Type 2 (GfT 124). Der ermittelte Drucker ist damit Kölns Prototypograph Ulrich Zell, der von ungefähr 1465 bis 1503 tätig war.

Um die Ausgabe näher zu bestimmen, wird das Verzeichnis von Ernst Voulliéme[30] über den Buchdruck Kölns im 15. Jh. befragt, das eine Liste aller Kölner Drucke – so auch die Zells – bietet, darunter auch alle diejenigen, die mit den in unserem Fragment verwendeten Typen 2 und 3 gedruckt wurden. Die inhaltlichen Kriterien lassen diesen Kreis weiter einengen. Textliche Hinweise wie der Vermerk am Schluss der Seite: „Postilla super apocalipsim finit, Incipiunt additiones super eundem" (Fragment 12, 5) und ein weiteres Fragment „Epistola pauli ad Corinthos secunda" (Blatt hv, Fragment 41/637, Nr. 34, Abb. 60) verweisen darauf, dass es sich offenbar um einen Kommentar, eine Postilla, zum Neuen Testament handelt. Zell hat mit den Typen 2 und 3 die Ausgabe von Nicolaus de Lyra: *Postilla*, P. 4. ca. 1485 gedruckt[31].

Dieses Ergebnis muss durch Vergleich mit einem Exemplar dieser Ausgabe verifiziert werden. Wir sind heute in der glücklichen Lage, dass inzwischen viele Volltextdigitalisierungen von Inkunabeln im Netz zu finden sind, so auch hier: Der Vergleich mit dem Exemplar der BSB München zeigt völlige Übereinstimmung. Damit ist die Bestimmung abgeschlossen.

26 http://www.gesamtkatalogderwiegendrucke.de/.

27 http://inkunabeln.ub.uni-koeln.de/.

28 http://www.bl.uk/catalogues/istc/index.html.

29 Vgl. Anette Löffler, Die Fragmentsammlung im Stadtarchiv Duisburg, in: Duisburger Forschungen 58 (2012), S. 1–282, hier Nr. 37, S. 151–165, Nr. 38, S. 167–168.

30 Ernst Voulliéme, Der Buchdruck Kölns bis zum Ende des fünfzehnten Jahrhunderts, Bonn 1903 (ND mit Nachwort von Severin Corsten Düsseldorf 1978).

31 GW M26502 Nicolaus de Lyra: *Postilla super totam Bibliam*. Mit Beig. von Paulus Burgensis und Guillelmus Brito, hg. von Matthias Doering [Köln: Ulrich Zell, um 1485], 2° ISTC in00136000.

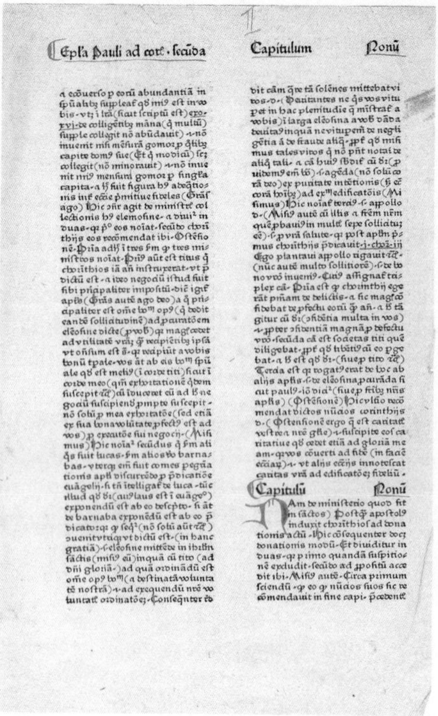

Abb. 60
Nikolaus de Lyra: *Postilla*, Köln: Ulrich Zell, um 1485, Duisburg, Stadtarchiv, Fragm. 41/637, Nr. 34, GW M26502 (Foto: Duisburg, Stadtarchiv).

4. Beschreibung

Grundsätzlich sollte die Katalogisierung der Inkunabeln und der Fragmente am besten nach den Regeln des Gesamtkatalogs der Wiegendrucke erfolgen, wie sie GW Bd. 9 und im Netz abgedruckt sind[32]. Der GW und andere universale Kataloge beschreiben den Druck an sich, so wie er in allen Exemplaren vorliegt (Druckbeschreibung). Abweichungen (Varianten) werden verzeichnet, soweit sie erkannt sind.

Die Beschreibung eines Wiegendruckes setzt sich aus fünf Teilen zusammen:

- der bibliographischen Notiz,
- der Kollation,
- der Beschreibung im engeren Sinne (textliche Beschreibung),

32 http://www.gesamtkatalogderwiegendrucke.de/ Rubrik Anleitung zur ausführlichen Beschreibung der Wiegendrucke für den Gesamtkatalog. Paul Needham machte in dem bereits genannten Aufsatz (Anm. 4) von 2014 wertvolle Vorschläge für eine Formatbestimmung von Einblattdrucken, die bisher häufig sehr unprofessionell behandelt wurde, vgl. ebd. S. 133: „1. For paper broadsides, identify format explicitly in terms of fractions of a sheet, rather than according to the corresponding bibliographical formulae 2°, 4°, 8°, etc. If broadsides are on vellum, do not attempt to create a format, simply state: vellum leaf. 2. When possible, identify the size of the paper used. 3. Always note oblong orientations, 4. Always give leaf dimensions, preferably in centimetres, height before width".

– den bibliographischen Nachweisen,
– den Exemplarnachweisen.

Bei Bruchstücken wird der rekonstruierte Umfang durch „(?)“ hinter der Blattzahl wiedergegeben; ist eine Vermutung über den Umfang des ganzen Werkes nicht möglich, so wird die Zahl der vorhandenen Blätter angegeben und durch „+ ? Bl.“ auf den Defekt hingewiesen.

Der Gesamtkatalog der Wiegendrucke legt sein Schwergewicht auf die Beschreibung der Teile des Drucks, die für die ganze Ausgabe identisch sind. Die speziellen Besonderheiten des Einzelexemplars (Umfang = Fragment, Zustand, Format, abweichende Lesungen, Ausmalung, Einband, Provenienzen) bleiben dem Katalog der einzelnen Sammlung vorbehalten (Exemplarbeschreibung).

4.1 Die Beschreibung eines Fragments, zu dem ein Ganzes existiert

Im GW findet sich die Aufnahme des vollständigen Exemplars, die zugehörigen fragmentarischen Exemplare sind im Exemplarnachweis als „def.“ gekennzeichnet.

In Heidelberg Nr. 89 gibt es ein Fragment von Antoninus <Florentinus> *Confessionale*, das in vielen Exemplaren überliefert ist. Die Beschreibung folgt dann derjenigen des vollständigen Druckes:

> GW 2085 Antoninus Florentinus: Confessionale. Daran: Johannes Chrysostomus: Sermo de poenitentia.
> [Köln: Drucker der Albanuslegende (GW 515), nicht nach 1472]. 4°
> Anm. Ist lagengetreuer Nachdruck von Nr. 2082.
> ISTC ia00793500

und sieht dann für das vorliegende Fragment folgendermaßen aus:

> Nr. 89 [Fragment] Antoninus Florentinus: Confessionale. Daran: Johannes Chrysostomus: Sermo de poenitentia.
> [Köln: Drucker der Albanuslegende (GW 515), nicht nach 1471]. 4°
> 144 Bl. GW 2085 [nicht nach 1472]. [Datierung]. IBP 390 [Johann Guldenschaff].
> Bl. 17–18, 23–24, 49–64, 67–70 vorhanden, in unterschiedlichem Maß beschnitten. – Wenige Marginalien. – Durchgehend rubriziert.
> Prov.: Ehemals Deckelpappe eines unbekannten Oktavbandes der UB Heidelberg. Neuzeitlicher Halbleineneinband Ink. 45 oct.

Die Titelaufnahme erfolgt also wie bei einem vollständigen Exemplar; erst auf der Ebene der Exemplarbeschreibung wird der Fragmentcharakter des Bandes deutlich. Außerdem hat sich hier der Beschreiber des Heidelberger Exemplars (Fragments) für eine von GW abweichende Datierung entschieden.

4.2 Die Beschreibung eines Fragments, zu dem kein Ganzes existiert:

Wenn kein vollständiges Exemplar bekannt ist, wird aufgrund des vorhandenen Fragments soweit wie möglich die Titelaufnahme des vollständigen Titels erstellt. Bei Bruchstücken wird der rekonstruierte, also geschätzte Umfang durch „(?)“ hinter der Blattzahl wiedergegeben.

Ein Beispiel soll das wieder verdeutlichen. Im Heidelberger Bestand gibt es unter Nr. 1509 das Fragment eines lateinischen *Prognostikons* auf das Jahr 1490, erschienen in Leipzig bei Martin Landsberg um 1489/1490, das mutmaßlich ein Unikat darstellt. Die darauf basierende Aufnahme im GW lautet:

> GW M 35610 Prognostikon auf das Jahr 1490, lat. [Leipzig: Martin Landsberg]. 4°
> 2+? Bl. [A]B3. 38 Z.
> Schlechter-Ries 1509.
> Heidelberg UB (Fragm. Bl. B2 und B3).
> ISTC ip01005910.

Bei einem zweiten Beispiel ist der Text aus parallelen Ausgaben bekannt, der Umfang deshalb und aus den vorhandenen Fragmenten erkennbar:

> GW 8776 Donatus, Aelius: Ars minor. [Niederlande: Drucker des Speculum= Niederländische Prototypographie].
> 16 Bl. [ab^{8}]. 27 Z. Typ. 5:123/124G.
> Heidelberg UB (Perg. Fragm. 2 Doppelbl.).
> ISTC id00324600

Das zugrundeliegende Exemplar wird im Katalog der UB Heidelberg (Anm. 5) dann folgendermaßen beschrieben:

> Heidelberg Nr. 601: [Fragment] Donatus, Aelius: Ars minor. [Utrecht: Drucker des Speculum, o.J.]. 4°. – 16 Bl.
> GW 8776, ISTC id00324600, Unicum
> Pergament. – Im Falz jeweils Rechnungsbucheinträge. – Nur die Doppelblätter 10/15 und 12/13 (mit geringem Textverlust bei Bl. 12 oben) vorhanden, Rest unbekannt.
> Prov.: Gemäß dem handschriftlichem Vermerk auf Bl. 13a und 15a.... ehemals Spiegel von Ink. Nr. 1149, dort erhebliche Abklatschanteile. Provenienz ... Neuzeitlicher Halbpergamentband. Signatur ...

5. Aufbewahrung, Fundstellennotiz, Folgerungen

Nicht unwichtig ist die Frage, wie Archive, Bibliotheken und Museen mit diesen (Druck-) Fragmenten umgehen sollen, von der Sammlung und Erschließung bis hin zur Nutzbarmachung z. B. in Forschungsprojekten wie dem des Duisburger Stadtarchivs. Konrad Haebler beschreibt sehr schön das Dilemma, das jeder, der sich mit der Sicherung eines Fragments zu beschäftigen hat, bewältigen muss[33]. Früher (vor 1908), so schreibt er, war das Herauslösen der Fragmente Usus, jetzt (1908) wird durch die Wertschätzung der alten Einbände ein Fragment als integrierender Bestandteil des alten Bandes angesehen und an altem Ort gelassen. Haebler hat dafür Verständnis, sieht aber Grenzen. Für ihn gilt es, wertvolle Fragmente in Einbänden oder im Inneren zu bergen, das ist wichtiger „als die Pietät gegenüber

33 Haebler (wie Anm. 1), S. 539–541.

dem alten Bande." Zusammengeleimte Einbände (Klebepappe) aus Makulaturbogen sind ihm ohnehin minderwertig und aufzulösen. Wenn die Fragmente nur ein nebensächlicher Bestandteil des Bandes sind, dann kann man ihn auch auslösen aus Spiegeln, Heftfäden oder Bünden. Das wissenschaftliche Interesse kann nicht befriedigt werden, wenn die Fragmente an ihrem Platz bleiben, denn ein Verzeichnis reicht nicht, das Betrachten von beiden Seiten ist erforderlich, außerdem liegen darunter gelegentlich weitere Lagen. Umgekehrt kann man Einträge abschriftlich erhalten. Es ist also ein verständliches gemäßigtes Plädoyer für das Auslösen, zumindest, wenn sich das Fragment zu ‚lohnen' scheint.

Früher wurde beim Herauslösen oft nicht vermerkt, aus welchem Band die Fragmente herausgelöst wurden[34]. Damit ist eine wesentliche Spur über die Herkunft des Fragments verloren, etwa durch Bestimmung des Einbandes den früheren Aufbewahrungsort des Fragments festzustellen, auch ggf. Verbindungen zwischen Fragment und Buch aufzuspüren. Heute ist man gegenüber dem historischen Befund noch sehr viel rücksichtsvoller. Die Beschädigung eines alten Einbandes durch Herauslösen eines Fragments wird sorgfältig geprüft und auf jeden Fall die Herkunft vermerkt. Ein wichtiges Kriterium für das Herauslösen ist, ob das Fragment mutmaßlich Wichtiges zur Forschung z.B. zur Überlieferung eines Textes beitragen kann. Auch wird zu überlegen sein, ob die nicht sichtbare Rückseite weitere Informationen bietet.

Haebler fordert auf breitester Grundlage eine systematische Erfassung: Alle Bibliotheken müssen nach Fragmenten fahnden und sie nach auch einem Laien leicht verständlichen Gesichtspunkten ordnen:[35] „so müssten sich mit Leichtigkeit zusammengehörige Dinge, soweit sie überhaupt erhalten sind, auch wieder zusammen finden lassen", um daraus „viele neue Erfahrungen" zu treffen. „Die Vorbedingung dazu ist allerdings, dass die Nachforschungen systematisch betrieben, und dass ihre Ergebnisse einheitlich nach bestimmten methodischen Gesichtspunkten behandelt werden." Und er postuliert die Meldung an eine Zentralstelle, „von dieser aus, soweit Ergebnisse erwartet werden dürfen, fachmännische Bearbeitung zugeführt" wird.

Wie sieht das unter heutigen Umständen aus?

Inkunabelfragmente werden im GW und bestandsmäßig im ISTC vermerkt. Hier laufen also die Informationen über Inkunabeltexte zusammen. Aufgabe der besitzenden Bibliotheken ist dann, die Fragmente ins Netz zu stellen und an den GW zu melden, damit dort die Fundstelle im Netz verlinkt wird, wie es bereits jetzt geschieht. Die Digitalisierung von Beständen ist heute eine allgemeine Forderung der Wissenschaft. Im Fall der Fragmente ist das besonders sinnvoll, um gerade bei Unikaten passende Fragmente aus anderen Sammlungen zu finden. Im vorliegenden Band ist darüber in mehreren Beiträgen ausführlich gehandelt worden. Das Netz kann die Fragmente digital zusammenfügen und macht das Anschauen vergleichbarer Fragmente im Netz möglich – eine früher ungeahnte Möglichkeit

34 Vgl. Heidelberger Inkunabelkatalog (wie Anm. 5), S. 79: „Davon sind 45 Titel Fragmente, die im 19. und 20. Jahrhundert ausgelöst wurden, ohne daß die Herkunft dieser Stücke vermerkt worden ist." Das ist für die ältere Zeit typisch.

35 Das Folgende nach Haebler (wie Anm. 1), S. 543.

des Vergleichens und Zuordnens. Für Nordrhein-Westfalens kleine Bibliotheken könnten diese Meldung und ggf. Digitalisierung die beiden Landesbibliothekarischen Arbeitsstellen, für das Rheinland an der USB Köln[36], für Westfalen an der ULB Münster, vornehmen.

Welche Erträge bringt die Fragmentforschung den zuständigen Wissensgebieten?

Häufig erfahren wir Neues zur Druck- und Textgeschichte einzelner Drucke, möglicherweise etwas zum Drucker. Die Gutenberg- und Inkunabelforschung hat davon reich profitiert. Auch sind Ergebnisse hinsichtlich der Trägerbände für die aufbewahrende Institution (Provenienzen) zu erwarten. Wir erwähnten eingangs schon den Konnex mit der Einbandforschung. Ein Beispiel für die Anwendung in der jüngsten Forschung bietet Claire Bolton. Sie konnte geschäftliche Beziehungen zwischen den Ulmern Johann Zainer und Konrad Dinckmut mit Hilfe der Einband- und Makulaturforschung nachweisen[37].

36 Vgl. Wolfgang Schmitz, Kleine historische Buchbestände als landesbibliothekarische Aufgabe, in: Die Kleine Bibliothek. Bedeutung und Probleme kleiner nichtstaatlicher Buchbestände, hg. von Hanns Peter Neuheuser, Wolfgang Schmitz, Köln 2007, S. 15–23.

37 Claire Bolton, Links Between a Fifteenth-Century Printer and a Binder, in: Early Printed Books as Material Objects, hg. von Bettina Wagner und Marcia Reed. Berlin 2010, S. 177–189; zu dem Problemkreis der Kooperation vgl. auch Lotte Hellinga, Peter Schöffer and the Book-Trade in Mainz. Evidence for the Organization, in: Essays in Honour of Anthony Hobson, hg. von Dennis E. Rhodes. Verona 1994, S. 131–183. In dem in diesem Band vorausgehenden Beitrag von Duntze/Eisermann sind dazu weitere wichtige Belege genannt.

Zur Idee einer überregionalen Fragmentenerfassung in Südosteuropa

Erich Renhart, Graz

1. Hinführung

Handschriftensammlungen[1] werden uns in aller Regel über Kataloge zugänglich gemacht und erschlossen[2]. Solche Kataloge hat man immer wieder ergänzt, fortgeschrieben, erneuert. Die Gründe dafür mögen in einer Vielzahl von Neuzugängen liegen[3], aber auch darin, dass sich Erwartungen und Anforderungen gegenüber den Katalogen ändern. Was gestern noch hinreichend war, ist es heute in mancher Hinsicht nicht mehr. Das geht wohl mit einem veränderten, weil sich zunehmend ausdifferenzierenden Erkenntnisstand auch im Bereich der Buch- und Bibliothekswissenschaften einher. So ist es heute üblich geworden, neben den inhaltlichen Daten vermehrt kodikologische, konservatorische und vielfältige andere Daten in die Katalogwerke aufzunehmen.

Selbst unter den historischen Katalogen gibt es zahlreiche, die auch die Existenz von Handschriftenfragmenten verzeichnen. Und bisweilen sind ganze Korpora von Fragmenten erfasst und auch beschrieben. Allein, das Bewusstsein für eine systematische Erfassung und Erschließung von Handschriftenfragmenten zu schaffen ist ein Anliegen, das sich offensichtlich gerade zu etablieren beginnt. Die sich in diesem Band sedimentierenden Beiträge zur Erforschung von Handschriftenfragmenten geben davon ein eindrucksvolles Zeugnis.

Nachdem unser Forschungszentrum VESTIGIA (lat. „Spuren") – *Zentrum für die Erforschung des Buch- und Schrifterbes* an der Universität Graz sich schon seit geraumer Zeit auch der Fragmentenforschung widmet und wir bereits über einige Erfahrungen damit verfügen[4], bin ich gerne bereit, ein paar grundlegende Gedanken zu einer „großflächigen Erkundung von Fragmentenmaterial" zu entwickeln.

1 Ich habe darauf verzichtet, Literatur, auf welche ich anderswo bereits verwiesen habe, erneut anzuführen. Vgl. Erich Renhart, Armenian Manuscript Fragments within the Thesaurus of Fragmented Books, in: Gohar Muradyan, Aram Topchyan, Catalogue of the Armenian Manuscript Fragments in the Mekhitarist Library in Vienna, Yerevan 2012, S. 352–357; Erich Renhart, Manuscript fragments – the hidden library, in: Summer School in the Study of Historica Manuscripts (26.–30. September 2012), hg. von Mirna Willer, Marijana Tomic, Zadar 2013, S. 133–143.

2 Es ist zunächst unerheblich, ob Kataloge gedruckt oder in elektronischer Form vorliegen. Erst die Form der Datenbank ermöglicht Verknüpfungen und Suchfunktionen, welche herkömmliche Kataloge mit ihren Indices nur in begrenztem Ausmaß zur Verfügung stellen können.

3 Oder auch von Verlusten – etwa durch Kriege, wie es gegenwärtig in Syrien, im Irak und gewiß auch andernorts der Fall ist.

4 Am Forschungszentrum sind einige Projekte der Fragmentenerschließung angesiedelt: die armenischen Handschriftenfragmente der Mechitharistenbibliothek von Wien; die syrischen Handschriften

Die Darstellung beruft sich auf bereits vollzogene Erfahrungen (Projekte) und entwickelt daraus einen Kanon von Fragen und Ideen, ohne den Anspruch zu erheben vollständig zu sein.

2. Fragmente – ein vielfältiges Phänomen

Ehe man an die systematische Erfassung von Fragmenten geht, ist es unerlässlich, das Sujet „Fragment" zu definieren oder zumindest zu deklarieren, was damit gerade gemeint wird. Zu zahlreich sind die Formen, in denen fragmentiertes Schrifttum auf uns gekommen ist: Pergamentene Fragmente einer Handschrift sind etwas gänzlich anderes als archivalische Fragmente des 20. Jahrhunderts (z.B. die „Stasi-Schnipsel"). Jede „Fragmentenfamilie" hat ihre eigenen Erforschungsbedingungen und Aussagemöglichkeiten – ihren je eigenen Kontext der Entstehung und Erschließung.

Im Bereich der handschriftlichen Überlieferung ist eine Vielzahl von Fragmenten bekannt. Eine beträchtliche Anzahl von Stücken wird noch hinzukommen, Stücke, die im Rahmen einer systematischen Suche in unseren historischen Bibliotheken aufgespürt werden können[5]. Diese Gegebenheit macht für die Bearbeitung eine Auswahl notwendig, wofür etliche Kriterien denkbar sind. Diese können ganz formaler Natur sein. Ein paar häufig auftretende Beispiele dazu seien hier genannt:

- Schriftträger (Leder, Papyrus, Pergament, Papier, ...)
- Zeiträume (Fragmente eines bestimmten Jahrhunderts oder einer Epoche)
- Sprachen (lateinische, deutsche oder anderssprachige Fragmente)
- Inhaltlich-formale Kriterien (musikalisch notierte, liturgische, biblische, Karten-, Urkundenfragmente etc.)
- Orte (die Fragmente einer bestimmten lokalen Sammlung oder einer Region, einer Ordensprovinz etc.)
- Andere Kriterien (z.B. In-situ-Fragmente, abgelöste Fragmente).

Die hier vorgelegten weiteren Ausführungen haben insbesondere Fragmente unseres älteren Schrifterbes im Auge, nämlich Pergamentfragmente. Ein umfangreiches Erschließungsprojekt könnte etwa lauten: „Die Pergamentfragmente in den Sammlungen, Archiven und Bibliotheken des Landes X". – Vor jeglicher Erschließung kommt jedoch die Erfassung des Fragmentenbestandes.

---

und -fragmente des Matenadaran (Erevan/Armenien) – gemeinsam mit dem Institut Orientaliste der Universität Louvain-la-Neuve (Belgien); die Pergamentfragmente des Diözesanarchivs Graz-Seckau. Selbstverständlich wird zugleich am Korpus der Handschriftenfragmente der Universitätsbibliothek Graz weitergearbeitet.

5 „Systematische Suche" meint zum einen die Recherche in den Katalogen, zum anderen aber auch die Autopsie der Handschriften und der Altbuchbestände. Die Erfahrung lehrt, selbst wenn gute Kataloge die Fragmente in den Handschriften verzeichnen, so ist dies kaum flächendeckend für die gedruckten Bücher des 16. und 17. Jahrhunderts der Fall. Das heißt: Die Autopsie eines großen Teiles des Altbuchbestandes ist unerlässlich. – Hinzu kommt, dass im Rahmen von Buchrestaurierungen immer wieder neue Fragmente entdeckt werden.

3. Zustandekommen von Fragmenten

Zur Phänomenologie der Fragmente gehört auch die Frage nach deren Zustandekommen: Wie entstehen Fragmente? Die Frage ist insofern von Gewicht, als der Entstehungszusammenhang wichtige Parameter für die Interpretation vorgeben kann.

Wir sind heute in unseren Bibliotheken mit einer Vielzahl von Fragmenten konfrontiert. Jedes dieser Fragmente hat seinen Kontext, den zu erschließen man sich bemühen sollte. Das wird in manchen Fällen nicht gelingen oder gar unmöglich sein. In anderen Fällen wird dieser Kontext unmittelbar und intuitiv erkennbar sein. Im Folgenden sind ein paar der häufigeren Entstehungszusammenhänge zu benennen.

Wir kennen zahlreiche Fälle, in denen Fragmente durch katastrophale äußere Ereignisse zustande gekommen sind: Bücher, die verbrannt werden – nur Teile sind geblieben[6]; Kodices, die durch Insektenfraß und Nagetier, durch Nässe und anderes verstümmelt werden; Objekte, die durch mechanische Gewalteinwirkung unterschiedlichster Art mutiliert werden[7]. Tendenziell handelt es sich dabei um die Zerstörung der Ganzheit einer ganzen Sammlung oder einzelner Objekte.

Wir kennen aber auch die vielen Fälle, in denen ganz deutlich erkennbar ist, dass die Fragmente durch einen bewussten Akt des Zer- oder Zuschneidens – des Öfteren auch von bereits beschädigten Blättern – produziert worden sind. Dies ist insbesondere für Blatt-Fragmente zutreffend: etwa die für die Lagenverstärkung oder für die Ausbesserung anderer Bücher herangezogenen Stücke.

Nicht zu vergessen sind schließlich jene Fragmente, welche durch die intensive Benutzung entstehen[8]: Bücher zerfleddern und verlieren Blätter; Blätter nutzen sich ab, reißen oder brechen usw. Freilich ist damit zu rechnen, dass einzelne Blätter, ja ganze Lagen, so sie noch tauglich sind, wiederverwendet werden.

4. Fragmente und ihr Kontext

Fragmente werden, wie dargelegt, aus verschiedenen Situationen heraus geboren. Um sie in ihrer heutigen Erscheinungsweise besser einzuordnen, befleißige ich mich gerne des Begriffes „Kontext". Die Kontextualisierung betrachte ich als einen wesentlichen Teil bei der späteren Beschreibung der Fragmente. Ziel ist es, den Entstehungszusammenhang und das weitere Geschick eines Fragmentes zu verstehen.

So unterscheide ich phänomenologisch dreierlei Arten von Kontext, welche mit der gerade evidenten „Lebensphase" eines Fragmentes korrespondieren:

6 Ein Beispiel hierfür: der *Codex Beratinus* 1, heute im Staatsarchiv von Tirana/Albanien. Diese griechische Bibelhandschrift des 6. Jahrhunderts steht auf der UNESCO-Liste des Weltkulturerbes. Das Buch ist durch Brand zu einem erheblichen Teil zerstört. Der Kodex, der nur noch aus mutilierten Einzelblättern besteht, hat eine abenteuerliche, um nicht zu sagen traumatische Restaurierungsgeschichte hinter sich.

7 Selbst zerschossene Reste von Handschriften kann man gelegentlich finden – so z. B. in Bibliotheken der Balkanregion.

8 In einer Bibliothek syrischer Handschriften in der ostanatolischen Metropole Diyarbakir habe ich Dutzende zerschlissene Bücher gesehen. Sie werden dort als Bündel von Blättern aufbewahrt – bestimmt kein Einzelfall.

I	Vor der Fragmentierung bzw. Fragmentebildung	**1. Kontext:** das Original (= Objekt 1)
II	Fragment in Wiederverwendung	**2. Kontext:** – ein anderes Buch in einer Sammlung (= Objekt 2, Trägerobjekt) – eine gänzlich andere Wiederverwendung (= Objekt 2, Trägerobjekt)
III	Abgelöstes wiederverwendetes Fragment	**3. Kontext:** Das Fragment ist von seinem Trägerobjekt losgelöst. Kontext ist nun nur noch eine Sammlung.

Erster Kontext. Nach unserer Konzeption steht hinter jedem Fragment ein größeres Ganzes, welches hier als „Original“ (Objekt 1) bezeichnet wird. Das Fragment ist Teil davon, ungeachtet dessen, ob jenes Original heute erhalten ist oder nicht. Das Studium des Fragmentes wird dessen Inhalt mit einer dem Original vermutlich nahekommenden anderen Vorlage vergleichen und bestimmen. Das geschieht wohl mit jedwedem Fragment, das einen identifizierbaren Inhalt aufweist. Das gilt somit auch für die potentielle Lebensphase II und III eines Fragmentes.

Zweiter Kontext. Die häufigste Form der Wiederverwendung von Pergamentfragmenten ist jene als Teil eines Buches. Daneben gibt es aber eine unerfindliche Vielfalt von anderen Kontexten, in denen Fragmente auftauchen: als Wandverkleidung, als Material zum Stopfen von Löchern in Orgelpfeifen usw. Diesen Sekundärkontext zu ermitteln kann lohnend sein, weil daraus über den Primärkontext hinaus wertvolle Informationen gewonnen werden können, etwa Datierungshinweise oder buchgeschichtliche Erkenntnisse.

Dritter Kontext. Vielfach findet sich in den Bibliotheken und Sammlungen ein Konvolut von abgelösten Handschriftenfragmenten. Sie sind oft die Reste früherer Buchbindertätigkeit. Manchmal wurden die abgelösten Fragmente gewissenhaft verzeichnet und säuberlich in Mappen und Boxen aufbewahrt. Besonders aufgeschlossene Bibliothekarinnen und Bibliothekare haben auch das Trägerobjekt benannt, dem ein Fragment entnommen wurde. In allzu vielen Fällen stehen wir heute jedoch vor einer Schachtel mit abgelösten Fragmenten ohne jegliche weitere Information[9]. Solche Fragmente haben als Kontext und Referenzrahmen nur noch die Sammlung selber bzw. das, was aus den Fragmenten herauslesbar ist.

9 Um auch hierfür ein Beispiel zu nennen: Im obersteirischen Benediktinerkloster St. Lambrecht werden etliche Dutzend abgelöster Pergamentfragmente separiert aufbewahrt. Ein Glück, dass sie erhalten geblieben sind! Zugleich sieht man dort allein im Vorbeigehen auf den Rücken vieler gedruckter Bücher ebenfalls nirgendwo registrierte beschriebene Pergamentstücke – wohl eine Hundertschaft.

5. Eine Überregionale Erkundung des Fragmentenmaterials

Die unter diesem Punkt dargestellten Gedanken haben die Erfassung und Erschließung von Blattfragmenten im Auge. Zugleich wird vornehmlich auf Fragmente mit textlichen Zeugnissen geachtet. Auf die weniger häufigen Karten- und Urkunden-Fragmente wird nicht jedes Mal eigens hingewiesen. Sie haben ihre eigenen Parameter der Bearbeitung, die hier nicht weiter ausgeführt werden können.

5.1 Zensus, Inventar, Repertorium

Um die langwierigen und zum Teil mühseligen Arbeiten an einem Korpus von Handschriftenfragmenten kalibrieren zu können, ist es nötig, über den Umfang des Materials, das überhaupt vorhanden ist, eine Übersicht zu gewinnen. Diesem Anliegen ist die Erstellung eines Repertoriums dienlich. Es verzeichnet den bis dato bekannten Bestand von Fragmenten. Allein diese Aufgabe ist ein gewaltiges, wenngleich lohnendes Unterfangen. Ein derartiges Repertorium wird nicht rasch zu erstellen sein, und es wird über Jahre hinweg vieler Ergänzungen bedürfen[10].

Es sollte der Ausnahmefall sein, dass für eine Bibliothek noch überhaupt keine Fragmente ausgewiesen sind. Vielfach finden sich in den Katalogen zumindest verstreute Hinweise. Wenn es eine größere Anzahl von abgelösten Fragmenten gibt, die an einem gesonderten Ort aufbewahrt werden, so ist damit zumeist deren Inventarisierung einhergegangen. Wie auch immer, am Anfang der Erkundung stehen Zensus und Inventarisierung. Für eine überregionale Erfassung und Auswertung des Fragmentenmaterials sind solche (lokale) Inventare in ein Repertorium zusammenzuführen. Der Erfassungsvorgang erhebt die Daten

- aus den vorhandenen Katalogen
- aus Inventarverzeichnissen
- aus der Literatur (Editionen und Sekundärliteratur)
- aus der Autopsie von Handschriften (In-situ-Fragmente)
- aus der Autopsie von älteren Drucken (In-situ-Fragmente)
- aus der Autopsie von Archivalien (In-situ-Fragmente)
- aus der Durchsicht von Sammlungen abgelöster Fragmente.

In die Verzeichnisse werden auch Kleinfragmente aufzunehmen sein. Wenngleich sie inhaltlich kaum aussagefähig sind, so sind sie dennoch auszuweisen, denn allein ihre Existenz könnte für andere als textlich-inhaltliche Aspekte aussagereich sein.

---

10 Es ist eine leidvolle Erfahrung, dass für manche Sammlungen nur besonders interessant erscheinende Fragmente verzeichnet werden. Andere Fragmente – manchmal auch ganze Bücher – werden nicht beachtet, weil in einer konkreten Sammlung niemand z.B. deren Sprache kennt. Selbst in unserer eigenen Handschriftenbibliothek in Graz gibt es weder eine Erfassung noch ein Verzeichnis der griechischen Fragmente. Freilich ist deren Anzahl gering, dennoch – einige dieser Fragmente sind weit über tausend Jahre alt (vgl. UB Graz, ms. 2058/1,2 und 3).

5.2 Sprechende Siglen

Ein wichtiges Anliegen ist die Systematik der Benennung von Fragmenten. Jedes einzelne identifizierte Fragment muss benannt werden. Für ein überregionales Projekt sind diesbezüglich jedenfalls ein paar Parameter bedenkenswert: z. B. Herkunftskürzel (Bibliothekssigle) und fortlaufende Nummer. Eine bereits vorhandene Inventarnummer könnte ebenfalls berücksichtigt oder in einer Konkordanz weitergeführt werden. Man kann auch daran denken, eine Sprachenkennung hinzuzufügen. Insgesamt möge die Benennung einen mehr oder weniger aussagereichen Code darstellen, welcher das Fragment örtlich zuordnet und es in einer Sammlung eindeutig findbar macht. Andere Primärinformationen (Sprache, Beschreibstoff o. a.) müssen nicht unbedingt in der Benennung zum Ausdruck gebracht werden[11]. Erkenntnisse aber, die interpretativen Charakter haben (etwa Datierungen), haben hier m. E. keinen Platz.

Die dem Repertorium entsprechende Darstellungsform könnte vernünftigerweise eine Datenbank sein. Diese ist vielfach adaptierbar und nach den unterschiedlichsten Parametern durchsuchbar. Bereits das Repertorium macht die Mitwirkung von IT-Spezialisten erforderlich. Für die Einspeisung von Daten wären formale Standards festzulegen, auf welche sich alle kooperierenden Institutionen verpflichten[12].

Schon die Erstellung eines breit angelegten Repertoriums ist ein Großprojekt. Es ist mit einem großen Zeitaufwand verbunden, es bedarf der Mitarbeit vieler und der Zusammenschau unterschiedlicher Disziplinen. Bibliotheksexperten sind hier ebenso in die Pflicht genommen wie Restaurierungsfachkräfte, Benützer, IT-Spezialisten sowie verschiedentlich andere Experten (aus Philologie, Musikwissenschaft etc.) und Hilfskräfte.

Von dem erfassenden Repertorium ist jedenfalls, wie bereits oben angedeutet, jedwede inhaltliche Erschließung zu unterscheiden. Diese kann ohnedies nur als eine gemeinsame Anstrengung Vieler geschehen.

5.3 Beschreibung der Fragmente

Unvergleichlich aufwendiger als die Arbeiten am Repertorium ist die formale und inhaltliche Erschließung des Fragmentenmaterials. Oft wird die Frage gestellt, was denn angesichts eines Fragments erhoben und beschreibend festgehalten werden soll. Die Antwort darauf ist so vielfältig wie jene nach der Beschreibung von Handschriften überhaupt. Wohl gibt es in Bezug auf die Handschriftenbeschreibung Standards, diese finden allerdings oft nicht einmal national einheitliche Anwendung, sind *tema con variazioni*. Vielleicht ist das aber auch gut so. Gemeinsam ist den großen Versuchen, dass sie jedenfalls ein Minimum an Unverzichtbarem benennen. Was offensichtlich immer variabel bleiben muss, ist die Tiefe der Erschließung. Diese hängt von zahlreichen Faktoren ab, die nicht einfach verfügt werden können – etwa von den zur Verfügung stehenden Möglichkeiten und Mitteln. Letztendlich hängt das, was beschrieben wird, auch zu einem guten Teil davon ab, was

11 Wenn das Repertorium als Datenbank organisiert wird, ist es ohnedies leicht, Abfragen nach unterschiedlichen Kriterien vorzunehmen (z. B. nach Ort und Sprache, zugleich mit dem Material etc.).

12 Diesbezüglich liegen etliche Regelwerke vor, etwa die DFG-Richtlinien zur Handschriftenerschließung, die in adaptierter Form angewandt werden können. Auch könnte man sich die verschiedentlichen Erfahrungen des Handschriften- und Inkunabelzensus zunutze machen.

mit der Beschreibung für die Forschung erreicht werden will. Die Frage, was denn von der Fragmentenforschung erwartet werden darf, wird nachfolgend im Punkt 5.4 erörtert.

Kodikologie. Die Beschreibung eines Fragmentes aus kodikologischer Sicht erfasst gewissermaßen dessen physische, materiale Merkmale. Hier gibt es m. E. unterschiedliche Prioritäten. Als selbstverständlich mögen Angaben gelten, wie: Material (Beschreibstoff, Tinte), Erhaltungszustand, Abmessungen des Blattes, Angaben zum Layout (Abstände zum Blattrand, Kolumnen, Zeilenabstände etc.), Anmerkungen zum Dekor (Illuminationen, Schriftauszeichnungen) usw. Bereits bei der Beschreibung kodikologischer Gegebenheiten kann man sich ins Detail verlieren. Hier wird die Grenzlinie zu dem, was noch vernünftig und machbar ist, mit Augenmaß zu ziehen sein. Letztlich wird das Maß hier auch an der Quantität des Materials, das zu bearbeiten ist, genommen, denn es ist ein beträchtlicher Unterschied, ob in einer Sammlung 50 oder 500 Fragmente zu beschreiben sind. Hinzu kommt wohl auch noch das Kriterium des Alters, das den besonders weit zurückreichenden Stücken *per se* die größere Bedeutung zumisst – was wohl nicht immer zutreffend ist.

Kontext. Es war oben bereits die Rede von den Kontexten, denen ein Fragment zugeordnet werden kann. Oftmals kann bei beschriebenen Fragmenten nur auf eine literarische Gattung verwiesen werden. Andere nicht-primäre Kontexte sind hier, so von Relevanz, ebenfalls darzustellen. Dabei kann die Beschreibung der Fundsituation überraschend sein und höchst interessante Erkenntnisse zeitigen.

Inhalt. Ein Kernpunkt der Fragmentebeschreibung liegt nach wie vor in der Identifizierung des Inhaltes. Eine entscheidende Variable der inhaltlichen Beschreibung liegt in der Lesbarkeit des Textes. Ist ein Text einmal gelesen, so stehen heute für die weitere Zuordnung – insbesondere der lateinischen Texte – große Datenbanken, auf DVD oder im Internet abrufbar, zur Verfügung. Dazu helfen ganze Repertorien von mittelalterlichen Texten in Druckausgabe (die Reihe der *Analecta Hymnica,* oder der *Patrologia Latina* u. a.) bei der oft mühseligen Identifikationsarbeit. Ziel der inhaltlichen Beschreibung ist jedenfalls, einen Textpassus zu bestimmen und den genauen Textumfang anzugeben, dazu noch die herangezogenen Vergleichsquellen.
Vermutlich werden nur für bedeutendere und seltene Texte die von einer Edition abweichenden Schreibweisen verzeichnet werden. Man wird die Unterscheidung treffen müssen, ob es sich um Dutzendtexte handelt, wie im Falle der vielen makulierten liturgischen Gebrauchstexte (Missalien u. a.), oder ob ein seltener Textzeuge vorliegt. Letztere sind natürlich eingehender darzulegen. Zu dieser Kategorie zählen alle unikalen Texte, etwa Kolophone (Schreibernotizen am Ende eines Abschnittes oder eines Buches). Wenn Texte *in extenso* zu erfassen sind, so mögen diese in TEI transkribiert werden – was mittlerweile zu einer Art Standard im Bereich der Erfassung alter Texte geworden ist. Das eröffnet die Perspektive einer Langzeitspeicherung und ermöglicht Zugriffe von unterschiedlichen Betriebssystemen und Programmen.

Paläographie. In den allermeisten Fällen erfolgt die Altersbestimmung eines Textfragmentes über die paläographische Analyse. Die paläographische Beschreibung ergibt einen Näherungswert, welcher mit dem Alter der Schrift tendentiell größer ist. Ideal wäre es, wenn das paläographische Altersindiz durch ein weiteres Indiz, das an einem Fragment festgemacht werden kann, bestärkt wird. Neben der Paläographie zur zeitlichen Einordnung wären auch besonders auffällige Eigentümlichkeiten einer Schreiberhand zu vermerken, denn die paläographische Beschreibung dient nicht nur der zeitlichen Einordnung, sie charakterisiert auch die Schrift und die Schreiberhand. In Hinsicht auf die Paläographie wird ebenfalls abzuwägen sein, welche Schriftfragmente eine eingehendere Beschreibung erfahren sollen. Diesbezüglich könnte Ähnliches gelten, was oben für die Inhaltsbeschreibung ausgeführt wurde.

Digitalisierung. Fragmente sind jedenfalls in digitaler Abbildung der Beschreibung anzuschließen. Das dient einerseits der Dokumentation und der Evidenz. Das soll der *scientific community* zugleich die bessere Möglichkeit des Vergleichens bieten. Vielleicht ist hier hinzuzufügen, dass manche Fragmente ohnehin nur digital zugänglich sind: solche, die durch die Buchrestaurierung nur für kurze Zeit zutage getreten sind, ehe sie erneut unter dem Buchrücken, im Buchfalz oder anderswo im Einband ins Verborgene zurückgekehrt sind. Überdies ist festzuhalten, dass alle Schritte der Fragmentenaufdeckung (z. B. das Ablösen eines Fragmentes vom Buchdeckel) photographisch dokumentiert werden. Manchmal ist am Abklatsch (Negativ) mehr lesbar als am abgelösten Fragment selbst. Für die Digitalisierung wäre zumindest innerhalb eines Fragmentencorpus ein einheitlicher Maßstab vorteilhaft.

5.4 Ziele und erwartbare Ergebnisse

Aus der Erforschung der Handschriftenfragmente sind Ergebnisse auf unterschiedlichen Ebenen zu erwarten.

Textlich. Wie die Erfahrung lehrt, sind unter den vielen Fragmenten nur ganz selten solche zu entdecken, die neue, bisher unbekannte Texte oder Textabschnitte überliefern. Dennoch, von Zeit zu Zeit ist man als Bearbeiter richtiggehend glücklich, einem seltenen Textzeugen zu begegnen. Das wirkt ungemein motivierend für die vielen Stunden Arbeit, in denen man nicht auf solche Raritäten trifft. Denn in den allermeisten Fällen handelt es sich um bestens bekannte und vielfach belegte Texte – um nicht zu sagen um Dutzendtexte. Die inhaltlich erschließende Arbeit an den Fragmenten tut gut daran, nicht die großen textlichen Archetypen zu erwarten, die in geradezu allen Disziplinen gesucht werden.

Buch- und dokumentengeschichtlich. Mit den Inhalten geht die Frage nach den Büchern, Urkunden, Karten selber einher, von welchen nur die Fragmente geblieben sind. Man kann *grosso modo* davon ausgehen, dass ein Fragment (oder eine Anzahl von Fragmenten) für ein ganzes historisches Objekt steht, das im Übrigen als vermisst gelten kann. Die Fragmente deuten demnach auf die Existenz einer ganzen versunkenen Bibliothek unseres historischen Schrifterbes hin[13].

13 Freilich haben wir auch Kenntnis von Fragmenten, die niemals einem größeren Dokument zugehörig waren: von der Einkaufsliste griechischer Papyri bis hin zu Schreibübungen auf Pergamentabschnitten.

Es mag vernünftig erscheinen, in Hinsicht auf das Vorkommen von Fragmenten zwei historische Phasen zu unterscheiden: jene vor der Einführung des Buchdrucks, jene nach dessen Siegeszug, denn wir wissen, dass die Verfügbarkeit gedruckter Bücher dazu geführt hat, handgeschriebene Bücher im großen Stil zu makulieren. Das sollte jedoch nicht die Sicht darauf verdecken, dass wir zahlreiche Beispiele kennen, wo alte Kodices mit sehr alten oder möglicherweise das Alter der Handschrift selbst überragenden Fragmenten repariert worden sind[14].
Wie auch immer sich die Sachverhalte im Einzelfall erweisen, die alten Pergamentfragmente erheben die Frage nach den einst integren Objekten dahinter. Fragmenteforschung ist im Hinblick auf die Geschichte von Büchern, von Kartenwerken und etlichen anderen Gattungen unseres historischen Schrifttums von großer Bedeutung.

Bibliotheksgeschichtlich. Die Forschung an unseren Fragmentenbeständen ist auch bibliothekshistorisch von einiger Relevanz. Dies gilt im Besonderen für jene Sammlungen und Bibliotheken, welchen wir ein Skriptorium zuordnen können bzw. für welche Buchbinder oder Buchbindewerkstätten identifizierbar sind. Buchbindearbeiten sind in den allermeisten klösterlichen Sammlungen selbst oder in angeschlossenen Werkstätten durchgeführt worden. Nicht erst seit der frühen Neuzeit und dem Aufkommen gedruckter Bücher wurden pergamentene Schriftzeugnisse für Buchbindearbeiten herangezogen. Man hat aus den Regalen einer Handschriftenbibliothek Objekte, die man doppelt oder mehrfach hatte, die man nicht mehr brauchte, die man nicht lesen konnte usw. herausgenommen und diese einer Wiederverwertung zugeführt. Solche Art des Recyclings hat es offenbar immer gegeben, vermehrt natürlich nach dem 15. Jahrhundert. Das Studium eines Fragmentenkorpus in einer lokalen Sammlung kann wichtige Hinweise auf ehemalige Bestände geben. Die Fragmentenforschung an einem bestimmten Ort hilft somit, unsere Kenntnisse von historischen Sammlungen zu vertiefen. Bisweilen sind die Forschungen auf ganze Regionen auszudehnen: z. B. die Fragmente einer Klosterbibliothek einerseits und die Fragmente in den Archivalien von Pfarren im Zuständigkeitsbereich dieses Klosters andererseits.

Kodikologisch-handwerklich. Fragmenteforschung erlaubt auch Erkenntnisse auf kodikologischer, auf restauratorischer und handwerklicher Ebene – nämlich dann, wenn auch auf den Ort eines Fragmentes im Buch geachtet wird (als Lagenverstärkung, als Einband oder als dessen Teil, als Verstärkung der Bünde, als Spiegelblatt, als Ausbesserung eines Blattes etc.). Manchmal ist diese Stelle sogar bei heute abgelösten Fragmenten noch feststellbar. In vereinzelten Fällen sollte es möglich sein, anhand solcher Gegebenheiten Indizien für eine Werkstätte zu gewinnen.
Wir haben auch Kenntnis davon, dass Pergamentfragmente mit wandernden Buchbindern „auf Reisen gingen“. Verschnittstücke, die an einem Ort nicht mehr benötigt wurden, hat man des Öfteren wohl einfach mitgenommen, um sie anderswo zu verarbeiten[15]. Wir sind

14 Ich arbeite selbst an einer Handschrift, die um das Jahr 900 palimpsestiert worden ist (UB Graz, ms. 2058/2). Sie weist eine Ausbesserung einer schadhaften Stelle mittels eines Pergamentstreifens auf, der mit einer alten sinaitischen (griechischen) Majuskel beschrieben ist.

15 Vgl. z. B. Otto Meyer, Von der Jagd auf Handschriften, in: Bücher – Lust und Leidenschaft. Zehn bibliophile Beiträge, hg. von Gerhard C. Krischker, W. Segebrecht, Bamberg 1988, S. 29–44, hier 34:

gewiss auch mit einer Migration von Fragmenten konfrontiert. Ob Pergamentfragmente tatsächlich auch Handelsware waren, muss für einzelne Räume erst nachgewiesen werden. Details hierzu wären ggf. innerhalb einer überregionalen Fragmentenerfassung zu ermitteln.

6. Erfahrungen aus bisherigen Projekten

Es wurde eingangs (s. Anm. 4) bereits erwähnt, dass unter der Ägide des Forschungszentrums VESTIGIA in Graz ein paar Projekte zur Erforschung der Fragmentenlandschaft durchgeführt werden.

6.1 Die armenischen Fragmente der Mechitharistenbibliothek in Wien

Projekt:

Das zeitlich früheste Projekt galt der *Edition der armenischen Handschriftenfragmente aus der Sammlung der Mechitharisten in Wien* (2005–2008). Die Motivation mit einem derartigen Projekt zu beginnen, war eine mehrfache: Zum einen war die Sammlung in Wien leicht zugänglich, zum anderen war die Anzahl der bekannten Fragmente (etwa 200 Stück) sehr überschaubar. Darüber hinaus meinten wir, dass die Konzentration auf *armenische* Fragmente für die Ausweitung des Projektes kein Problem sei. Zudem war ein Projekt kleineren Umfanges leichter finanzierbar[16]. Für den Fall eines erfolgreichen Abschlusses dachten wir von allem Anfang daran, das Projekt auszuweiten und *alle* erreichbaren armenischen Pergamentfragmente zu erschließen. Die Erstellung der Digitalisate als Arbeitsbehelf haben wir selbst vorgenommen, für die auswertende Erschließung konnten wir mit Gohar Muradyan und Aram Topchyan zwei ausgewiesene Philologen gewinnen. Die Publikation dazu liegt in gedruckter Form und zweisprachig in Armenisch und Englisch vor[17].

Erfahrungen:

- Wir mussten gleich zu Beginn zur Kenntnis nehmen, dass allein das Aufspüren der Fragmente schwierig sein werde. Wohl stand uns ein großartiger Katalog zur Verfügung, welcher jene Fragmente ausweist, die sich in den Handschriften selbst befinden. Die abgelösten und jedwede anderen Fragmente waren und sind nirgendwo verzeichnet. Eine Autopsie aller zig-tausend Bände konnten wir natürlich nicht vornehmen.
- Auch die Photographie der Fragmente (Digitalisierung) erwies sich als nicht gerade einfach. Wie geht man vor bei Fragmenten, die sich im Falz, unter einem später eingeklebten Spiegelblatt (oft aus Papier) – also an schwer zugänglicher Stelle im Buch befinden? Das führte auch zur Frage, wann ein Fragment denn abzulösen wäre[18]. Bereits die photographische Dokumentation der Fragmente bedarf des kritischen Auges des Konservators resp. der Konservatorin.

„Manche Klöster scheuten keineswegs davor zurück, ihnen nicht mehr nützlich erscheinende Literatur ihrem Buchbinder als Einbandmakulatur für ihre eigene Bibliothek und vor allem für ihre Archivalien zu überlassen."

16 Die Finanzierung solcher Projekte erfolgt an unserem Forschungszentrum in aller Regel über Drittmittel, d. h. nicht über das reguläre Universitätsbudget, sondern über anderweitige Einnahmen von Geldern.

17 Siehe oben Anm. 1.

18 Diesen Schritt haben wir in keinem Falle gesetzt.

- Eine weitere Schwierigkeit trat auf, als durch personelle Revirements im Hause der Mechitharisten zu Wien die Fragmente plötzlich nicht mehr so leicht zugänglich waren (die Personalsituation war dort geradezu prekär geworden). Schließlich mussten wir die als Arbeitsbehelfe gedachten, schnell angefertigten Digitalisate auch für die Drucklegung verwenden. Das erhob die Frage nach der dauerhaften Zugänglichkeit zu Sammlungen. Wir wissen, dass zahlreiche Sammlungen von Handschriften (v. a. nicht staatlicher Art) in Südosteuropa sowie im Vorderen und Mittleren Osten aus manchmal unerfindlichem Grunde nicht zugänglich sind[19].
- In Bezug auf die Ausweitung unseres Projektes mußten wir lernen, dass dies eher schwierig ist. Wir wollten nach der Sammlung armenischer Fragmente in Wien jene der Mechitharisten in Venedig auf die Fragmente hin untersuchen. Auch für deren Sammlung gibt es hervorragende Kataloge. Aber auch hier gibt es ein nachhaltiges Personalproblem. Danach versuchten wir im Matenadaran – der weltweit größten Sammlung armenischer Handschriften – unser Glück. Dort war schon seit etlichen Jahren ein wissenschaftlicher Mitarbeiter daran, alle (mehrere hundert) Fragmente zu erfassen und zu beschreiben. Wir konnten sogar in eine Reihe von Dutzenden Ordnern Einsicht nehmen, in welchen sich tausende Seiten von Photokopien (sic) der Fragmente befanden. Dieses Korpus einzubeziehen, sollte sich aus unterschiedlichen Gründen (nicht zuletzt aus finanziellen Erwägungen) als undurchführbar erweisen.
- Bezüglich der Auswertung der Fragmente muss aus heutiger Sicht gesagt werden, dass wir in diesem Stadium unserer Fragmenteforschung zu wenig auf den „Zweiten Kontext" im Leben der Fragmente geachtet hatten. Die Frage nach den Texten war dominant im Vordergrund gestanden. Das findet im Katalog den entsprechenden Niederschlag.

6.2 Die Makulaturfragmente des Diözesanarchivs Graz–Seckau

Projekt:

Im Jahre 2009 gingen wir daran die Pergamentfragmente, welche sich im steirischen Diözesanarchiv befinden, zu digitalisieren. Bei den Akten geht es um die Matrikelbücher (Tauf- und Sterbebücher, Standesbücher unterschiedlicher Art) aus den Pfarren der Diözese. Zumeist handelt es sich um Einbandfragmente: Archivalien wurden in alte Pergamentblätter eingeschlagen, oft sind Einbandkartone mit Pergamentblättern großflächig beklebt, manchmal verstärkt lediglich ein Pergamentstreifen den Buchrücken oder die Buchecken. Dieses Projekt ist, soweit ich sehe, das bisher einzige, das sich *systematisch* der Pergamentfragmentenrecherche innerhalb eines ganzen Archivs zuwendet. Es wurden insgesamt wiederum an die zweihundert Fragmente aufgespürt.

19 Den Zugang zu einer Sammlung zu schaffen, ist bisweilen eine langwierige Vertrauensarbeit. Allzu oft gewinnt man das Gefühl, Sammlungsverantwortliche machen ihre Türen nicht gerne auf, weil sie glauben, dass man ihnen – als Fremder – etwas wegnehmen möchte. Insbesondere wenn Digitalisierung im Spiel ist, geht es bald auch um die Fragen der Bildrechte. Außerdem wird das eine oder andere Mal aus dem Öffnen der Türen ein handfester Vorteil erwartet.

Erfahrungen:

- Die Digitalisierung ging diesmal gänzlich ohne Probleme vonstatten.
- Dieses Projekt – es wird noch längere Zeit nicht abgeschlossen sein – ermöglichte für uns ganz neue Fragestellungen. So ging es nicht nur darum, zu ergründen, welche Bücher makuliert wurden. Wir haben es hier nicht mit einer zentralen (Kloster-)Bibliothek zu tun, vielmehr mit einer Vielzahl von vermutlich bescheidenen Büchersammlungen in den Pfarren, deren Spuren sich nun im Diözesanarchiv nachlesen lassen. Die allermeisten Texte sind denn auch ehemalige liturgische Gebrauchstexte. Manche Fragmente aber lassen richtiggehend aufhorchen: Wie kommt ein historiographisches Schriftstück in eine entlegene Pfarre? Was hat es mit dem Fragment eines Pontifikale auf dem Rücken eines Buches auf sich? Gibt es einen Zusammenhang der Fragmente zu einer umliegenden Klosterbibliothek? Ist eine Migration von Büchern anhand der Fragmente erkennbar? Sind regional signifikante Häufigkeiten irgendwelcher Art feststellbar? – Dieses Projekt hat jedenfalls dazu beigetragen, unseren Kanon an Fragen hinsichtlich der Fragmente zu erweitern. Großartige Ergebnisse, die über das Erwartbare hinausreichen, sind bisher jedoch noch nicht erzielt worden.
- Es ist nicht verwunderlich, dass beschriebene Pergamentblätter, die als Umschlag oder Einband für Aktenkonvolute herangezogen werden, durch den häufigen Gebrauch abgegriffen und abgenutzt erscheinen. Tatsächlich sind etliche der erfassten Einbandfragmente kaum noch lesbar, manchmal gerade ein kurzer Passus, der dann ausreichend sein muss, den Inhalt zu bestimmen. Diese Kategorie von Fragmenten stellt die Frage nach der Lesbarkeit manchmal dramatisch.

6.3 Die syrischen Fragmente im Matenadaran

Projekt:

In der großen Handschriftensammlung von Erevan/Armenien gibt es lediglich ein paar Dutzend syrische Fragmente. Anstoßgebend für dieses Projekt waren vereinzelte Fragmente, die armenischen Büchern beigebunden waren, die ich in anderem Zusammenhang studierte. Sie wiesen auf ein sehr hohes Alter hin. Im Katalog sind diese Fragmente im Index angeführt. Vermutlich sind nicht alle derartigen Fragmente aus den mehr als zwölftausend Manuskripten systematisch erfasst worden. Jedenfalls gingen wir vor vier Jahren daran, diese kleine Sammlung von Fragmenten zu erschließen. Deren Digitalisierung wurde uns vom Direktor des Matenadaran gerne ermöglicht. Auch hierbei handelt es sich um Digitalisate, die für die wissenschaftliche Bearbeitung gemacht wurden. Das Projekt wird gemeinsam mit Prof. Dr. Andrea Schmidt vom Institut Orientaliste der Universität Louvain-la-Neuve in Angriff genommen. Es ist noch nicht zu Ende gebracht worden.

Erfahrungen:

- Bei diesem Projekt mussten wir die Erfahrung machen, wie mühsam die inhaltliche Textbestimmung sein kann, wenn Textdatenbanken nicht oder nur in geringem Ausmaße zur Verfügung stehen. Für manchen syrischen Text gibt es noch nicht einmal eine Edition, die einen Textvergleich ermöglichte. In Hinsicht auf die westliche lateinische Handschriftenüberlieferung liegen hingegen zumeist gute Texteditionen vor und zahlreiche Texte sind überdies über Datenbanken such- und abrufbar. Die Sachlage *in syriacis* macht auf ein grundlegendes Problem aufmerksam, das im Besonderen für fragmentarische Texte relativ seltener Sprachen und Schriften gilt. Zugleich hat diese Gegebenheit etwas Motivierendes, denn man gerät des Öfteren an Texte, die eher selten sind.

6.4 Die Fragmente an der Universitätsbibliothek Graz

Projekt:

In der eigenen Handschriftenabteilung in Graz wurden schon seit vielen Jahren auch die Fragmente gesammelt und beschrieben. Im wesentlichen wurden dabei die aus den Handschriften selbst abgelösten Fragmente erfasst. Die übrigen In-situ-Fragmente wurden nicht systematisch erfasst oder ausgewertet.

Das Korpus der Fragmente bekam eine eigene Handschriftensigle: Sie sind unter der Nummer 1703 zusammengefasst. Ihre Aufbewahrung erfolgt in eigenen Mappen, welche in eigenen Boxen nach Nummern sortiert abgelegt sind. Die Sammelboxen wiederum sind nach inhaltlichen Kriterien geordnet: „von Einbänden abgelöste Fragmente", hebräische Fragmente, musikalisch notierte Fragmente, Urkundenfragmente.

In einer großen Initiative hat Hans Zotter, mein Vorgänger in den Sondersammlungen, diese Fragmente digitalisieren lassen und mit Beschreibungen im Internet zugänglich gemacht. Ein guter Anfang war also gemacht. In einem eigenen Projekt wurden sämtliche Urkundenfragmente erschlossen (Johannes Giessauf und Ute Bergner) und in eine Datenbank eingespeist. Die Bearbeitung der musikalisch notierten Fragmente aus den St. Lambrechter und Seckauer Handschriften – sie befinden sich in den Sondersammlungen der Universitätsbibliothek Graz – wurde in die Hände eines Dissertanten gelegt (Christopher Schaffer), welcher die Objekte auch aus musikhistorischer Sicht auswertet. Am übrigen Fragmentenkorpus arbeitet unsere Mitarbeiterin Michaela Scheibl[20].

In der Abteilung für Sondersammlungen an der Universitätsbibliothek Graz gibt es eine eigene Restaurierungsabteilung. Diese fördert in schöner Regelmäßigkeit neue Fragmente im Zuge von Einbandrestaurierungen zutage. Selbst wenn diese „neuen" Fragmente wieder dem Buchkorpus, dem sie entnommen wurden, zurückgegeben werden müssen[21], so werden sie digital erfasst und als Photoausdruck den Mappen unter der Sigle 1703 hinzugefügt. Damit stehen sie der wissenschaftlichen Beschreibung zur Verfügung. Die eigene Fragmentensammlung führt uns indes mehrfach an die Grenzen des Machbaren.

20 Sie hat auch eine Master Thesis vorgelegt: „Das Handschriftenfragment. Eine Einführung in Ursprung und Überlieferung von ‚Bücherresten' und ihre bibliothekarische Bearbeitung unter Berücksichtigung der aktuellen Inhalte und Ziele der Fragmentforschung", Graz 2012 – eine hilfreiche Zusammenfassung des *status quo*.

21 Zahlreiche Fragmente finden ihren alten Platz unter der Spiegelverklebung wieder.

Erfahrungen:

- Die in den Druckschriften verwendeten Fragmente sind noch immer nicht systematisch erfasst. Das erforderte die Autopsie von zig-tausend Bänden des Altbuchbestandes.
- Wir sind mit der Tatsache konfrontiert, dass das Fragmentenkorpus stetig wächst.
- Dadurch dass über Jahrzehnte – sporadisch oder in einzelnen Initiativen – an den Fragmenten gearbeitet wurde, merkt man auch die unterschiedlichen Bearbeiterhände. Die frühe Beschäftigung mit den Fragmenten hat leider nicht zu einem Standard der Beschreibung geführt, wiewohl man das Bemühen um eine solche erkennt. Tatsächlich geben die Beschreibungen Zeugnis von sehr unterschiedlicher Tiefenerschließung.

6.5 Zur Idee einer „überregionalen Fragmentenerfassung in Südosteuropa"

Idee. Die Idee ist bestechend, deren Durchführung jedoch an ein Bündel von Variablen und wohl auch Unwägbarkeiten gebunden.

Topographische Eingrenzung. Zunächst, der Begriff „Südosteuropa" ist zu präzisieren. Handelt es sich um Griechenland, um die Balkanländer, geht es um Handschriften (bzw. Fragmente) in der Türkei oder etwa gar in Georgien und Armenien? Ist Rumänien zu den südosteuropäischen Staaten zu zählen, vielleicht auch Moldawien und die Ukraine? Wie weit nach dem Westen reicht der europäische Osten? Sind Zypern, Sizilien, Malta und andere Inseln mit einzubeziehen?
In all den genannten Ländern und Regionen finden sich autochthone Handschriften, wie auch Handschriften westlicher und orientalischer Provenienz. Das ist zu einem guten Teil auch Niederschlag einer durchwegs wechselvollen Geschichte: In den Regionen des Balkans finden wir Zeugnisse des slawischen, griechischen und lateinischen, des jüdischen und osmanischen Schrifterbes – was sich auch im Fragmentenbefund niederschlägt.

Auswahl der Sprachen. Aus dem vorhin Ausgeführten ergibt sich zugleich eine Vielfalt von Sprachen und Alphabeten. Möchte man sich auf eine Quellensprache beschränken? Wenn ja, welche sollte es sein: Griechisch, Latein, slawische Sprachen (in unterschiedlicher Notierung, z. B. in Glagoliza), Osmanisch, Hebräisch etc.? Die Auswahl der Sprache(n) bedingt jedenfalls die zu erwartende Menge von Fragmenten und hat damit direkte Auswirkungen auf das Kräfte-Mittel-Zeit-Kalkül. Inkludiert man den heute türkischen und den südkaukasischen Raum, so weitet sich die Quellenlage gewiss um andere Sprachen, etwa Armenisch, Syrisch und Arabisch oder Persisch, aus.

Thematische Auswahl. Es gibt auch so etwas wie eine thematische Auswahl. Gemeint ist damit die forcierte Suche nach Handschriften und Fragmenten einer bestimmten literarischen Gattung: etwa die biblischen Handschriften, die liturgischen Handschriften o. Ä. Dieses Kriterium ist für die Fragmentenforschung allerdings schwierig, denn man muss die Inhalte bereits vorab kennen, d. h. die Fragmentenlandschaft muss schon bis zu einem bestimmten Grad erarbeitet sein. Eine Auswahl nach dem Kriterium „literarische Gattung" setzt ein einigermaßen erarbeitetes Repertorium oder einen Zensus voraus.

Zugänge. Ein alles entscheidender Faktor sind die Zugänge zu den Handschriftensammlungen und Bibliotheken. Staatliche Sammlungen sind im allgemeinen verhältnismäßig leicht zugänglich. Schwieriger ist die Lage hinsichtlich der vielen oft gar nicht so kleinen Sammlungen unter kirchlicher Patronanz – in Pfarrkirchen, Klöstern und kirchlichen Archiven. Außerdem sollte im Auge behalten werden, dass es zahlreiche Sammlungen in privater Hand gibt. Es bedarf jedenfalls der sorgsamen Annäherung, um Türen geöffnet zu bekommen. Und, wie die Erfahrung lehrt, manche Bibliothek ist für Jahre und Jahrzehnte gar nicht zugänglich: in Kriegs- und Krisengebieten, aus politischen und konfessionellen Gründen, aus persönlichen und anderen Gründen. All das finden wir vom Balkan bis zum Vorderen Orient und natürlich auch darüber hinaus.

Arbeitsweise. Aus all diesen, m. E. maßgeblichen, Faktoren ergibt sich nicht nur eine sorgfältige Auswahl der Quellen, sondern auch eine Art *konzentrischer Arbeitsweise.* Will man großflächig und zugleich flächendeckend am Fragmentenbestand arbeiten, so ist dies gar nicht anders zu bewerkstelligen. Denn man wird nicht alle relevanten Sammlungen von allem Anfang an im Boot haben können und dies wohl auch gar nicht wollen. Ich kann mir vorstellen, man beginnt mit einer Handvoll (Bibliotheks-)Partner, möglichst ausgewählte Bibliotheken einer Region. Wenn ein derartiges Projekt einmal erfolgreich angelaufen ist, könnte man den Kreis sukzessive erweitern.

7. Ein Projekt von europäischem Rang

Es ist ein überaus ambitioniertes Unterfangen, das Projekt einer großflächigen – das heißt einer überregionalen – Fragmentenerkundung aufzusetzen. Bis dato hat es nicht allzu viele Projekte gegeben, die solches versucht oder realisiert haben. Es ist ja bereits eine beträchtliche Aufgabe, die Fragmente einer einzigen lokalen Sammlung in Hinsicht auf den Fragmentenbestand zu untersuchen. Das gilt bestimmt für den Fall, dass auch die eingebundenen Fragmente in den älteren gedruckten Büchern berücksichtigt werden.

Trotzdem, ein derartiges Vorhaben in Gang zu setzen, ist à la longue erfolgversprechend. Und es realisiert ein lange gehegtes Desiderat. Es müsste jedenfalls bereits Erarbeitetes miteinbeziehen. Das setzt die Zusammenarbeit mehrerer Institutionen und Einzelpersonen voraus. Wer immer ein solches Projekt lanciert, muss ein gutes Maß an Überzeugungsarbeit leisten und bedarf dessen, was man als hohe kommunikative Kompetenz bezeichnen könnte. Ein derartiges Projekt sollte jedenfalls auf einer nationalen, besser noch auf einer europäischen Ebene angelegt werden. Das wäre der Quellenlage nur angemessen. Angenommen, man wollte die lateinischen Handschriftenfragmente ganz Deutschlands erfassen, so hat das bereits gravierende europäische, ja über Europa hinausreichende Implikationen, sind doch ungezählte solcher Fragmente jetzt schon bekannt, die aus dem genannten geographischen Raum stammen, welche sich heute in aller Welt verstreut finden[22].

22 Als sprechendes Beispiel mag jenes Fragment einer Urkunde der Fleischerinnung von Heilbronn gelten, welches in eine armenische Handschrift der Katholikosatsbibliothek zu Etschmiadsin eingebunden ist.

Aufgrund der Größe eines derartigen Projektes wird man daran denken müssen, ein Stufenmodell der Verwirklichung zu entwickeln, denn es kann nicht alles zugleich realisiert werden. Die Konzeption jedoch, sollte m. E. eher auf ein umfassenderes Erschließungsportal abzielen. Zu den etwaigen Prioritäten zähle ich

in Hinsicht auf die Organisation:
– das Finden von Partnern
– das Ausarbeiten des Projektentwurfs
– das Festlegen der zentralen und der subsidiären Aufgaben

in Hinsicht auf die Erhebung des Fragmentenbestandes:
– das Entwerfen und Erstellen eines Repertoriums
– das Einrichten der Datenbank
– das Einrichten einer Präsentationsplattform

in Hinsicht auf die Beschreibung der Fragmente:
– das Festlegen der unerläßlichen Parameter (Standards) zur Fragmentenbeschreibung
– die Digitalisierung der Objekte

Für Parameter dieser Art sollten im Obigen einige – sehr allgemein formulierte und manchmal auch diskutable – Anhaltspunkte gegeben worden sein. Deren konkrete Festlegung war hier ohnehin nicht vorzugeben. Wenn das Projekt denn europaweit konzipiert wird, dann könnte auch daran gedacht werden, es mit europaweiten Plattformen zu verknüpfen. Hier böten sich Einrichtungen wie das *Consortium of European Research Libraries* (CERL)[23] oder die *Ligue des Bibliothèques Européennes de Recherche* (LIBER)[24] und gewiss noch andere an.

23 www.cerl.org.
24 libereurope.eu.

Handreichung Handschriftenfragmente

Hanns Peter Neuheuser, Köln

Jede Reflexion über Handschriftenfragmente sollte das Phänomen sinnvollerweise sowohl methodologisch als auch pragmatisch behandeln: Grundsätzliche Einschätzungen über die Auswertungschancen und die Möglichkeiten der Inwertsetzung von Handschriftenfragmenten einerseits sowie Aussagen und Vorschläge zur tatsächlichen Bearbeitung konkreter Fragmente andererseits müssen eine konstruktive Symbiose bilden. Für eine Handreichung zu diesem Thema bedeutet dies die kritische Sichtung der bisherigen Praxis und die Einbeziehung neuer Impulse in den Theoriediskurs, in jedem Falle aber die Benennung zahlreicher und auch spezifischer Elemente, die zur Annäherung an die Fragmente und ihre inhaltliche Substanz beitragen. Unmittelbarer Zweck dieser Annäherung ist die Kommunizierung der dokumentierten Aufzeichnungen, d. h. von Aussagen aus dem jeweiligen Fragment und über das jeweilige Fragment an die auswertenden Wissenschaftsdisziplinen. Als Ausgangssituation wird der Fund eines noch unbekannten Handschriftenbruchstücks postuliert, das für die Forschung von Bedeutung sein könnte. Voraussetzung dieser Kommunikation ist die Übermittlung aller Informationen über die evidente oder rekonstruierte Quelle, ggf. die Identifikation des Werks.

Den archivischen und bibliothekarischen Gedächtnisorganisationen obliegt die Pflicht, solche Funde bekannt zu machen, um den Auswertungs- und Interpretationsprozess möglichst schnell in Gang zu setzen und die Wissensbasis zu verbreitern. Dies erfolgt bei der überschaubaren Zahl von so genannten Sensationsfunden mit einer gewissen Eigendynamik und auch in die allgemeine Öffentlichkeit hinein, im Routinefalle allerdings innerhalb der standardisierten Handschriftenerschließung. Solche Standards verlangen jedoch der regelmäßigen Sichtung, orientiert an den arbeitspraktischen Ressourcen, den wissenschaftsorganisatorischen Rahmenbedingungen, ferner freilich mit dem Ziel der Optimierung sowohl der Beschreibungsergebnisse als auch des Vermittlungsprozesses zu den Forschungsinstituten.

Der nachfolgende Versuch einer Handreichung zu Handschriftenfragmenten stellt sich der Erkenntnis, dass sowohl das persönliche Engagement in den bisherigen Erschließungsprojekten als auch der vorgenannte Standard gelegentlich einer Sichtung bedarf, schließlich stellt sich auch die vorliegende Handreichung wiederum der Kritik. Ausgangspunkt ist die Auffassung, dass die hilfsweise vorgenommene Heranziehung von Richtlinien für „komplette" Handschriften für die Bearbeitung von Handschriftenfragmenten der Situation der letzteren nicht in jedem Falle gerecht wird. Die (implizite) Vorgabe, dass es sich bei Handschriftenfragmenten lediglich um reduzierte „komplette" Handschriften handele, so dass auch die Bearbeitungsstandards nur individuell ein wenig angepasst werden müssten, wird als unzulänglich erkannt. Daher bot es sich an, die Kriterien und die Ziele eines angemessenen Vorgehens beim Umgang mit Fragmenten neu zu betrachten.

I. Allgemeine Zielsetzungen

1. Bereits eingangs ist zu konstatieren, dass sich der Begriff des „Handschriftenfragments" zunächst auf den materiell-physischen Umfang des Informationsträgers z. B. aus Pergament oder Papier bezieht und traditionell im Vergleich befindet zu dem Ideal einer „kompletten" Handschrift mit einem Verbund mehrer Lagen und ggf. mehrerer hundert intakter Blätter. Die aktuelle Einschätzung einer defizitären Überlieferung steht somit der Vorstellung einer vermeintlich ungestörten Überlieferung gegenüber, einschließlich mannigfacher antiquarischer oder romantischer Spekulationen darüber, welche Ansichten die zeitgenössischen Verfertiger und Nutzerkreise über eine brauchbare Handschrift entwickelt hatten. Bei der Begriffsklärung ist es zudem unerlässlich, die Unterscheidung zwischen einem konkret vorliegenden „Exemplar" und dem vorgängigen „Werk" resp. der sich in einer ggf. nicht mehr „kompletten" Handschrift einstmals befundenen „Werke" konsequent zu bedenken. Die Redeweise von einem „Handschriftenfragment" bezieht sich somit letztlich auch auf den fragmentierten Gehalt der Aufzeichnungen, d. h.: Nicht nur der Informationsträger erweist sich als beschädigt und vom ursprünglichen Verbund eines Blattes oder einer Lage getrennt, sondern zudem ist der Gehalt durch die Kürzung und Entkontextualisierung eminent beeinträchtigt. Oberstes Ziel ist also eine Aussage über das Werk, ggf. in einer speziellen Redaktionsstufe.

2. Speziell die vorstehend vorgenommene Einbeziehung des inhaltlichen Werkbezugs in die Begriffsbestimmung der Handschriftenfragmente wertet die Bedeutung jeglicher Beschäftigung mit den Fragmenten wesentlich auf. Es ist nicht unbekannt, dass im Hinblick auf die „Unvollständigkeit" von Fragmenten die Frage erhoben wird, ob „überhaupt" und mit welchem Aufwand diese Materialien bearbeitet werden sollen – zumal im Hinblick darauf, dass im Bereich so genannter „kompletter" und daher angeblich wertvollerer Überlieferungen Bearbeitungsrückstände bestehen und Handschriftenfragmente durchweg mehr Arbeitskraft binden. Mindestens an dieser Stelle erweist sich die methodologische und strategische Dimension eines Diskurses um die Zielsetzungen der Fragmentbearbeitung. Ziel ist es demnach bereits aus strategischen Gründen, den Werkbezug des Textausschnitts, ggf. in Kooperation mit den für den Text zuständigen Forschungsdisziplinen, stärker in die wissenschaftsorganisatorische Öffentlichkeit zu kommunizieren.

3. Unabhängig von dem materiell-physischen Umfang eines Handschriftenfragments sind diese Materialien auf nichttriviale Weise in die Gattung „Handschriften" zu subsummieren. Die Bearbeitung muss somit – abgesehen von den noch zu formulierenden Besonderheiten – Zielsetzungen einbeziehen, die unabhängig vom Umfang der dargebotenen Aufzeichnungen bestehen. Dies betrifft auch das Verhältnis zwischen dem aktuell vorliegenden Exemplar mit seinem „Aufzeichnungsrest" und dem Werk mit seinem willkürlich entstandenen „Werkausschnitt". Es entspräche einer rein quantitativen Betrachtungsweise, den Wert einer handschriftlichen Überlieferung allein nach ihrer flächenmäßigen Ausdehnung zu beurteilen und hierbei die Aussagefähigkeit in Bezug auf das „Schicksal" nicht nur des Überlieferungsträgers, sondern zudem des Werkes zu vernachlässigen. Auch ein

verhältnismäßig kleines Handschriftenfragment kann Träger einer seltenen oder gar der bislang einzigen Werküberlieferung sein. Der überlieferungsgeschichtliche Ansatz der Fragmentbearbeitung muss daher besonders betont werden, weil durch diese ggf. die bisherige Forschungslage in Bezug auf die Überlieferung des Werks neue Impulse erhält.

4. Der traditionell und arbeitspraktisch vorgenommene Rekurs der Fragmentbearbeitung auf die Richtlinien zur Erschließung von „kompletten" Handschriften erweist sich insofern bereits als ergänzungsbedürftig, als diese Richtlinien stets die intrinsische Unterstützung durch das eigene Aufzeichnungscorpus voraussetzen, z. B. durch eine übergeordnete Gliederung, durch konventionelle („kanonische") Abfolgen von Aufzeichnungen, etwa bei der Präsentation von Werkkomplexen (u. a. Werke des gleichen Autors), durch die Beigabe von Werktiteln, Überschriften, Prologen, Indizes, Foliierungen oder sonstigen Elementen. Solche Zusätze erleichtern die Identifikation der Aufzeichnungen erheblich, fehlen aber per definitionem bei Handschriftenfragmenten. Das gleiche gilt für individuelle Kompilationen von Aufzeichnungen: In der Regel können weder die begleitenden anderen Aufzeichnungen noch die Intentionen des Kompilators bei Handschriftenfragmenten erkannt werden. Die Fragmentbearbeitung muss somit entsprechenden Aufwand bei der Rekonstruktion berücksichtigen. Andererseits könnten auf diesem Wege auch die Referenzwerke (u. a. Initienverzeichnisse, Variantenapparate) eine Vermehrung ihres Angebotes erhalten.

5. Aus der Fokussierung der Handschriftenbearbeitung auf „komplette" Handschriften ergab sich eine Vorgehensweise, die an arbeitsökonomischen Überlegungen orientiert war. Die vorstehend erwähnten Elemente von Zusatzinformationen, die Kenntnis von regelmäßigen Überlieferungen und traditionell kompilierten Werken etc. ließen es als erlaubt gelten, Merkmale von Handschriften ggf. nur noch pauschal zu beschreiben. Wie gesagt verbietet sich diese Vorgehensweise bei Fragmenten, da in Bezug auf den fehlenden Bereich allererst Rekonstruktionsversuche unternommen werden müssen. Diese betreffen sowohl die Organisationsform des verlorenen Kodex als auch die ehemalige Werkpräsentation, z. B. die Redaktionsstufe. Pauschalisierende Aussagen über den Befund bergen also die Gefahr, den Charakter des verlorenen Kodex völlig zu verfehlen. Die Fragmenterschließung muss daher als selbstständiger Zweig der Handschriftenbearbeitung angesehen werden.

6. Es kann kaum übersehen werden, dass der Verweis auf „komplette" Handschriften selbst in hohem Maße fiktional ist. Auch zunächst unauffälliges Material befindet sich in häufigen Fällen nicht mehr im ursprünglichen Zustand oder hat sich zu keinem Zeitpunkt in einem solchen Idealzustand befunden. Hierzu zählen etwa unvollendet gebliebene Handschriften oder solche unvollständig überlieferte Handschriften, die man aufgrund des sehr erheblichen Restbestandes z. B. von mehreren Lagen, üblicherweise nicht als Handschriftenfragmente zu bezeichnen gewohnt ist. Hier eröffnet sich ein weiteres Diskussionsfeld über die Abgrenzungen zwischen gering dimensionierten „kompletten" Handschriften und umfangreichen Handschriftenfragmenten. Die gleiche Unterscheidung lässt sich auf der Ebene des Werks treffen, wenn die Wiedergabe eines vollständigen Werks und ein gezielt vorgenommener Werkauszug einander gegenüberstehen.

7. Bei der Bearbeitung von Handschriftenfragmenten müssen Arbeitsweisen eingesetzt werden, die auf abgesicherten Instrumenten beruhen und hohe ethische Ansprüche an das

eingesetzte Personal stellen. Weist auch die Annäherung an „komplette" Handschriften, z. B. bei Abweichungen von einem bereits bekannten Werk, bereits einen gewissen Interpretationsspielraum auf, so gilt dies erst recht, wenn die vorhandenen Informationen sehr begrenzt sind. In diesem Falle wird man sich in vermehrtem Maße Schätzungen, Rekonstruktionen, Einbeziehung von Referenzmaterialien, Plausibilitätskontrollen sowie der Bewertung von Zufallsindikatoren bedienen müssen. Diese Vorgangsweise, d. h. der Umgang mit freien Assoziationen und unverbindlichen Interpretationsvorschlägen, ist künftig kritisch zu reflektieren; in jedem Falle muss die Nutzung ungesicherter Informationen entsprechend sprachlich oder durch Zeichen differenziert gekennzeichnet werden.

8. Um die Vorgehensweise transparent zu gestalten und die interpretatorischen Elemente als solche offen zu legen, muss bei der Bearbeitung von Handschriftenfragmenten eine Vielzahl von Erkenntnissen kommuniziert werden, die man im Hinblick auf „komplette" Handschriften möglicherweise für entbehrlich halten könnte. Da aber die Angaben auf viele aktuell noch nicht bekannten Anfragen antworten müssen, sollte man dazu neigen, die Erschließungsergebnisse umfassend zu dokumentieren. Hierzu zählen neben Transkriptionen auch überindividuelle Kommunikationsformen wie die digitalisierte Edition, welche freilich die intellektuelle Beschreibung nicht ersetzen kann. Die Bereitstellung der Fragmente zur öffentlichen Diskussion setzt ein allgemein zugängliches, jedoch ebenso fachlich moderiertes und qualitätsgesichertes Forum voraus.

9. Die Kombination von reprografischer Abbildung und eher ausführlicher intellektueller Beschreibung ist bei der Bearbeitung von Handschriftenfragmenten nicht zuletzt auch aus konservatorischen Gründen höchst erwünscht, um die Nutzung der Originale aufgrund ihrer materiell-physischen Situation auf ein Mindestmaß zu beschränken. Die Überlieferungsbedingungen von Handschriftenfragmenten einschließlich der Makulierungsprozesse sind in den wohl allermeisten Fällen von destruktiven Verfahren – etwa durch die Zweitverwendung als Einbandmaterialien – begleitet gewesen, welche die Substanz des Materials ggf. stark beeinträchtigt haben können und eine häufige Benutzung verbieten. An die Abbildungen sind daher hohe Qualitätsmerkmale anzulegen, z. B. die Beigabe von Messhilfen und Farbkontrollen; ähnliche Standards müssen für die Bildbeschreibungen (Abbildungsunterschriften, Metadaten) gelten.

10. Der erhöhte Arbeitsaufwand bei der Werkidentifizierung und die extensive Einbeziehung zusätzlicher Instrumente wirft bei Fragmenten die Frage nach der Gelenkstelle zwischen serieller Handschriftenbearbeitung und punktueller Handschrifteninterpretation, d. h. nach dem Zusammenwirken archivischer und bibliothekarischer Zuständigkeiten einerseits und der Zuständigkeit der Fachdisziplinen andererseits, auf. Sichtbarer Ausdruck dieser Zuständigkeitsaufteilung ist vielleicht das Doppelinstrument der Stemmata, die zum einen die Abhängigkeit von Handschriften (-Fragmenten) untereinander (aufgewiesen z. B. an den Schriftheimaten, dem paläografischen Befund, der Lokalisierung und Datierung) und andererseits die Abhängigkeiten der Inhalte (erkennbar z. B. am Entwicklungsstand der Aufzeichnungen, an Veränderungen der Textaussagen oder an der sprachlichen Differenzierung) widerspiegeln. Bei der Bearbeitung von Handschriftenfragmenten ist zu erwarten, dass bereits auswertende Methoden eingesetzt werden müssen. Umgekehrt müsste man bei den auswertenden Wissenschaftsdisziplinen voraussetzen, dass dort ent-

sprechende basiswissenschaftliche Kenntnisse vorhanden sind, um die Eigenheiten von Handschriftenfragmenten in allen Konsequenzen zu berücksichtigen.

II. Spezielle Zielsetzungen

a) Zielsetzung Fragmenterfassung

Die begrenzten Arbeitsressourcen einerseits und die verständlichen Wünsche nach zeitnaher Information der Fachdisziplinen über neue Funde von unbekannten Handschriftenfragmenten zeigen die Anspruchsschere bei der Bewältigung unserer Problematik auf; dieses Dilemma teilen die Fragmente ohne Zweifel mit den „kompletten" Handschriften. Ein Ausgleich dieser Positionen scheint nur im Kompromisswege möglich: Darin wird die archivisch-bibliothekarische Seite aufgefordert, ihr Material in überschaubaren Zeiträumen zugänglich zu machen, die auswertenden Disziplinen begnügen sich hingegen zunächst mit knappen und ergänzungsbedürftigen Informationen. Der vorstehend formulierte Kompromissvorschlag wendet sich gegen einen mehrfachen Negativzustand: Archive und Bibliotheken als verwaltende Institutionen halten Basisinformationen über ihre nicht erschlossenen Fragmentsammlungen zurück, die auswertenden Forschungszweige erhalten keine Kenntnisse über Textüberlieferungen, welche den bisherigen Wissensstand ggf. erheblich erweitern würden. Zudem ist es eine banale Erkenntnis, dass zumindest rudimentär erfasste, mit Signaturen versehene Objekte einen faktischen Mindestschutz genießen und diffuse, nicht erfasste Objekte leichter der Entfremdung oder Vernichtung anheim fallen. Schließlich ermöglicht die Groberfassung eine Mikroverfilmung oder Digitalisierung und somit die Schaffung einer Zweitüberlieferung für den Fall, dass die oft sehr kleinformatige Originalausfertigung verloren geht.

Eine publizistische Kommunikation von Handschriftenfragmenten schafft vor allem aber die Möglichkeit externen Sachverstand einzubinden, falls eigene Ressourcen momentan oder auf Dauer nicht mobilisiert werden können. Das schon ältere Instrument von Datenbanken ist durch das Internet und speziell durch die neueren Kommunikationsformen wie Crowdsourcing und Blogs, aber auch durch Social Media ergänzt worden. Hier kann die Fachöffentlichkeit eingeladen werden, sich die Abbildungen von Handschriftenfragmenten anzuschauen und Kommentare zu hinterlassen. Dies muss als sehr willkommen angesehen werden, zumal wenn bislang die hausinterne Erschließung von Material durch mangelndes Fachwissen verhindert wurde. Die Identifizierung eines Werks, aber auch die Erschließung von Texten in seltenen Sprachen und Dialekten sowie die Interpretationen von Besonderheiten eines Handschriftenfragments werden auf diesem Wege möglich oder beschleunigt. Im Idealfalle ließe sich auf diesem Wege ggf. auch der Kodex finden, aus welchem das aktuelle Fragment herausgelöst wurde, oder es fänden sich weitere zusammengehörende Fragmente.

Eine weitere Möglichkeit besteht darin, dass auch rudimentäre Informationen über Handschriftenfragmente in institutionsübergreifende und überregionale, aber auch fachspezifische Portale eingespeist werden können und damit gänzlich neuen Zugangswegen und Nutzergruppen offen stehen. Auf diese Weise lassen sich ganze Fragmentgruppen virtuell neu zusammenstellen, miteinander vergleichen und in Bezug setzen, was wiederum die Identifikation des Einzelstücks erleichtert. Die Voraussetzung solcher Aktivitäten besteht allerdings in der Abbildung sowie der Beigabe von Grundinformationen wie grobe sachliche Einordnung (z. B. nach Sachgebieten oder Literaturgattungen) sowie vor allem die Angabe aller Informationen, die sich nicht unmittelbar aus der Abbildung selbst entnehmen lassen wie Provenienz (z. B. Schriftheimat und jüngerer Überlieferungsweg) oder ggf. Fundzusammenhang (z. B. Makulierung). Ferner sollten idealerweise weitere Informationen bereitgestellt werden, die eine Systematisierung innerhalb einer Datenbasis erleichtern. Festzuhalten bleibt, dass eine solche provisorische „Erfassung" von Handschriftenfragmenten das Ziel einer eigentlichen „Erschließung" erleichtern sollte. Es muss geradezu sichergestellt werden, dass eine gezielte Groberfassung nicht als Vorwand dazu benutzt wird, tiefer gehende Erschließungsarbeiten zu verhindern.

b) Zielsetzung Fragmenterschließung

Die Maßnahmen zur Erschließung von Handschriftenfragmenten verfolgen das doppelte Ziel, erstens durch eine Inventarisierung den aktuellen Archiv- oder Bibliotheksbestand zu dokumentieren und zweitens der interessierten (Fach-) Öffentlichkeit Quellen zur qualifizierten Nutzung bereitzustellen. Per definitionem schränken die wenigen Informationen, die sich einem Handschriftenfragment entnehmen lassen, die Dokumentation und die Vermittlung zum Teil erheblich ein, so dass eine Publikation nicht selten in der Hoffnung geschieht, dass die Informationen künftig noch weiter angereichert werden könnten. Der vertretbare Wissensstand sollte allerdings auch tatsächlich publiziert werden. Hierfür bietet sich ein Kategorienschema an, das in ähnlicher Form auch bei der Erschließung anderer Quellengruppen zur Anwendung gelangt. Da die formale Charakterisierung als Fragment sehr unterschiedliche Aufzeichnungen erfasst (neben Texten z. B. Musiknoten, kartografische und technische Aufzeichnungen, künstlerische Zeichnungen), sind ggf. spezifische Kategorien erforderlich, die nachstehend zwar einbezogen, aber nicht im Detail ausgeführt werden können.

Methodisch kann zwischen der formalen und der inhaltlichen Erschließung von Handschriftenfragmenten unterschieden werden. Hieraus ergibt sich, dass sich im Wesentlichen die formale Erschließung mit der Beschreibung des Informationsträgers, die inhaltliche Erschließung mit der Identifikation des Werks beschäftigt. Mehr noch aber als bei „kompletten" Handschriften wird man bei Fragmenten auf die Wechselbeziehungen zwischen diesen Bereichen achten, da aufgrund der eingeschränkten Informationsbasis auch kleinere Indizien aus dem jeweils anderen Bereich fruchtbar gemacht werden müssen. Die Gefahr von Ringschlüssen verdient besondere Beachtung (z. B. die Beziehung zwischen der ggf. eingeschränkten Datierungs- und Lokalisierungsmöglichkeit aufgrund des paläografischen Befundes und den Entstehungsdaten oder dem Verbreitungsgebiet des Werks).

Nachstehend werden Hinweise auf bestimmte Beschreibungsmerkmale aufgelistet, die das Besondere von Handschriftenfragmenten berücksichtigen.

1. Überlieferungszusammenhang

Falls die Überlieferungsgeschichte des Handschriftenfragments bekannt ist, sind alle Fakten und die aktuelle Situation zu beschreiben. Insbesondere muss die Zweitverwendung als Einband, Spiegelverkleidung, Rücken- oder Heftungsverstärkung, Greifer etc. vermerkt werden. Hierbei ist die nähere Bezeichnung des neuen Trägerbandes einschließlich Titel, alte und neue Signaturen, Buchbindewerkstatt und Zeitpunkt der Makulierung und Zweitverwendung anzugeben. Ist der Trägerband Teil einer seriellen Überlieferung (z. B. Jahresrechnungen), so sind auch die anderen Bände dieser Serie auf Handschriftenfragmente hin zu untersuchen; dies gilt auch für Konvolute, die von der gleichen Werkstatt eingebunden worden sind.

Großformatige Handschriftenfragmente, die einmal als Verkleidung eines Bucheinbandes gedient haben, weisen noch häufig Altsignaturen und Provenienzhinweise (z. B. Aktentitel) auf. Die Verbindung eines herausgelösten Fragments zum neueren Trägerband muss jederzeit rekonstruierbar sein. Insbesondere sind alle noch erkennbaren Maßnahmen der Zurichtung festzuhalten, etwa die Zuschneidung auf ein bestimmtes Format, die Befestigungsart etc.

2. Beschreibstoff des Informationsträgers

Das Material des Informationsträgers ist eingehend auch unter dem Gesichtspunkt zu untersuchen, dass zugehörige Objekte – ob Kodex mit entsprechender Fehlstelle oder korrespondierendes weiteres Fragment – ggf. harmonieren müssten. Die gleiche Materialität, z. B. Art, Dicke, Struktur des Pergaments oder Papiers, würde ein gewichtiges Indiz für einen formalen Zusammenhang darstellen. Bei einem Handschriftenfragment aus Papier ist die Papierstruktur (Rippen, Stege, Bild- und Wortwasserzeichen, Velinstruktur) und ggf. die Fertigungsweise (Hand- oder Maschinenpapier) exakt zu bestimmen, auch wenn nur ein kleiner Ausschnitt des ursprünglichen Blattes vorliegt. Von Insekten geschaffene Löcher und Gänge können ggf. mit entsprechenden Erscheinungen beim sekundären Trägerband, aber ebenso bei dem ursprünglichen Mutterkodex verglichen werden. Das gleiche gilt für alle Arten auffälliger Beeinträchtigungen (z. B. Korrosionsspuren).

3. Maße des Informationsträgers

Die flächenmäßige Ausdehnung des Informationsträgers stellt ein wichtiges und geradezu formal kennzeichnendes Merkmal jedes Handschriftenfragments dar, da es im Gegensatz zu mehr oder weniger standardisierten Blattformaten willkürlich, also hoch individuell entstand. Die aktuellen Maße sollten nicht gemittelt, sondern in größtmöglicher Exaktheit (ggf. unter der Lupe oder durch Inanspruchnahme anderer Hilfsmittel) erfasst werden, d. h. in Millimetern mit Nachkommabereich.

Bei der Rekonstruktion müsste das Fragment größenmäßig in eine Lücke passen, könnte also kleiner, dürfte aber nicht größer als diese Lücke sein. Die individuelle Zurichtung bringt jedoch in der Regel ein unregelmäßiges Format hervor, das ggf. nur kompliziert in Millimeterangaben ausgedrückt werden kann. Wichtig erscheint die Angabe, ob Fragmentbegrenzungen durch eine ursprüngliche Blattkante gebildet werden und sich hierdurch ggf. die Ausdehnung des Blattrandes ablesen resp. die die Proportion des vollständigen Blattes rekonstruieren lässt. Es ist sinnvoll, aus der Kenntnis der Autopsie heraus eine ungefähre Schätzung über das ursprüngliche Blattformat vorzulegen. Ggf. sind Besonderheiten der Schnittkanten zu benennen.

4. Entstehungsort der Aufzeichnung
Die Lokalisierung der Aufzeichnung wird angesichts der wenigen Indizien eines Handschriftenfragments in der Regel nur mit großer Vorsicht vorgenommen werden können, es sei denn, die Aufzeichnung selbst würde eine verlässliche Angabe (z. B. Kolophon mit Ortsnamen in Bezug auf den Aufzeichnungsvorgang) liefern. Wahrscheinlich nimmt dieses Merkmal die Diskussion der paläografischen Analyse in Bezug auf die Schriftheimat auf. Zu bedenken ist, dass – wie auch bei „kompletten" Handschriften – allzu großräumige Zuschreibungen zu Landschaften nur bedingt und nur dann hilfreich sind, wenn die Merkmale tatsächlich für einen geschlossenen Raum typisch sind.

5. Entstehungszeit der Aufzeichnung
Die Datierung eines Handschriftenfragments beruht häufig ebenfalls allein auf dem paläografischen Befund. Zeitangaben innerhalb der Aufzeichnung selbst wären auf die Aussageintention (Aufzeichnungsvorgang oder Berichtsgegenstand) zu untersuchen. Ggf. müsste auf eine vage Schätzung, die keineswegs über ein Jahrhundert hinausgehen sollte, zurückgegriffen werden. Relativierende Wendungen bei der Angabe der Zeitstellung (z. B. spätestens/frühestens, nicht vor/nicht nach etc.) sind hilfreich.

6. Formale Organisationsweise der Aufzeichnung
Die Situierung eines Handschriftenfragments in einem virtuellen weil verlorenen Kodex trägt wesentlich zur Rekonstruktion des ursprünglichen Zustandes bei. Daher sind alle Indizien in Bezug auf eine Lage resp. den Gesamtkodex (z. B. alte Foliierung oder Paginierung, Kolumnenüberschriften, Lagenzählung und –signaturen, Reklamanten) sorgfältig zu transkribieren und zu interpretieren. Sofern sich dies nicht aus der Logik der Aufzeichnung (Textfluss) ergibt, sollte zudem geklärt werden, welche Seite des Fragments als Vorder- und welche als Rückseite anzusprechen ist. Rückschlüsse aus der Fleisch- und Haarseite des Pergaments resp. bei Papier aus der Siebseite und die Oberseite (Filzseite) sind keineswegs eindeutig; dies gilt auch für die Papierstruktur und ihr Verhältnis zur Aufzeichnung (unzuverlässige Suggestion der „Seitenrichtigkeit").

7. Seiteneinrichtung
Bei Handschriftenfragmenten, die Elemente der Seiteneinrichtung (z. B. Schriftspiegel und Freiflächen bis zum ursprünglichen Blattrand resp. zum Falz, Spaltenaufteilung, Liniierung, Interkolumnium, Zirkelstiche, Löcher für eine frühere Heftung) aufweisen, sind diese genau zu vermessen und zu vermerken. Hierzu gehört auch die Art, ob die Seiteneinrichtung mittels Tintenauftrag oder Blindliniierung vorgenommen wurde. So erlaubt die Rekonstruktion des Schriftspiegels Rückschlüsse auf das ursprüngliche Blattformat und insoweit auf den verlorenen Kodex. Die spezielle Ausführung der Seitengestaltung bietet zudem Hinweise auf das Gliederungskonzept (z. B. Klammerspalten) und den Grad der Sorgfalt (z. B. auch hinsichtlich der Proportionen der Elemente, sog. Réglure), der bei der Anlage der Handschrift obwaltete. Diese Merkmale müssten bei korrespondierenden Exemplaren übereinstimmen und bedürfen daher einer minutiösen Dokumentation. Sollten die genannten Elemente nicht im Bereich des Fragmentausschnitts liegen, sind in jedem

Fall die Anzahl der Zeilen und die Art der Zeilenliniierung (ob mit Farb- oder Blindgriffel) zu notieren. Aufschlussreich sind zudem die Zeilenabstände (Grundlinien) einschließlich der Unregelmäßigkeiten.

8. Vorherrschende Schriftart

Die Benennung der leitenden Schriftart folgt auch bei Handschriftenfragmenten den üblichen paläografischen Analysemethoden, ist aber mit dem Problem des nur geringen Referenzmaterials konfrontiert, da gewisse Schriftzeichen ggf. nur einmal oder gar nicht im Fragmentbereich aufscheinen. Die Analyse von Inkonsistenzen (z. B. die Einbeziehung von artfremden Schriftzeichen) oder nur seltener auftretender Zeichen (z. B. Zeichen am Wortende, seltene Abbreviaturen, Tironische Noten, Interpunktionen) ist oft nicht möglich. Daher bleibt oft nur die Mitteilung von paläografischen Auffälligkeiten, ohne eine abschließende Zuordnung vornehmen zu können. Das gleiche gilt auch für schreiberspezifische Eigenheiten (z. B. Kursivierungen, Besonderheiten am Zeilenende). Umso genauer muss daher das vorhandene Zeichenmaterial charakterisiert werden.

9. Auszeichnungselemente

Der geringe Ausschnitt eines Handschriftenfragments bereitet Schwierigkeiten bei der Einordnung der ggf. verwendeten Auszeichnungselemente. Zwar wird man das Vorkommen einer überschriftartigen Zierschrift, einer Rubrizierung, einer hervorgehobenen oder verzierten Initiale etc. vermerken, doch lässt das dargebotene wenige Material in der Regel keine intrinsischen Vergleiche zu. Das heißt, dass die Erscheinungen lediglich dokumentiert, nicht aber in ein Auszeichnungssystem eingefügt werden können. Gleichwohl dienen diese Auffälligkeiten bei der Heranziehung von Vergleichsobjekten.

10. Schreibmittel

Für die Analyse der benutzten Schreibmittel steht bei Handschriftenfragmenten ggf. ebenso wie bei den anderen Beschreibungskriterien nur ein geringes Anschauungsmaterial zur Verfügung. Die Breite der Schreibfeder könnte einen Anhaltspunkt für Vergleiche mit Referenzkodizes oder Referenzfragmenten bieten. Erforderlich wäre eine Vermessung der Schriftlinien (Tintenspur) unter Berücksichtigung der Schreibwinkel, aber auch des Verschleißes des Schreibmittels während des Schreibvorgangs. Sehr viel schwieriger ist die Beschreibung der Tintenfarbe einzuschätzen: Ist die Feststellung und Beschreibung schon im geschützten Inneren eines Kodex nicht unproblematisch, so wäre bei Handschriftenfragmenten deren spezifische, aber ggf. unbekannte Überlieferungsgeschichte in Betracht zu ziehen. Durch die Zurichtung des Fragments, etwa die flächige Beklebung, aber auch durch den Kontakt zu anderen Materialien (z. B. Berührung mit Metallteilen und Holzdeckeln bei Spiegelverkleidungen) kann es zu chemischen Wechselwirkungen gekommen sein. Diese oder auch die stärkere Konfrontation der Tinte mit erhöhter Feuchte oder UV-Strahlung können Korrosionen, Verbleichungen, Verdunkelungen oder sonstige Veränderungen des ursprünglichen Farbtones (z. B. durch Umwelteinflüsse) herbeigeführt haben. Farben können zwischen Mutterhandschrift und Fragment demnach abweichen, obwohl sie dem gleichen Schreibvorgang entstammen und die Tinte nicht gewechselt wurde. Optisch ist das Ergebnis eines ungestörten Zerfallsprozesses des Farbmaterials von einer forcierten Ausbleichung nicht leicht zu erkennen. Diese Erkenntnisse machen einen Vergleich mit anderen Überlieferungen wohl in vielen Fällen unmöglich. Diese Aussagen betreffen in gleichem Maße die Rubrizierungen und die Farben von Miniaturmalereien.

11. Inhaltliche Zuordnung

Die Identifikation des Werks ist bei Handschriftenfragmenten in der Regel auf die Analyse eines bruchstückhaft dargebotenen Fließtextes angewiesen, da nur eine Minderheit eine Incipit- oder Explicitformel, ein Initium oder ein Kolophon beinhalten dürfte. Ersatzweise sind ggf. Elemente von Kapitelüberschriften oder hervorgehobene Einzelvokabeln heranzuziehen. Bei der Erschließung ist daher eine Transkription des Gesamttextes, mindestens aber eine Zitierung der Texterstreckung (Passagen am oberen und unteren Ende des Fragmentausschnittes) unerlässlich. Bei Handschriftenfragmenten ist es sinnvoll, nicht nur auffällige, sondern eher alle Initien zu vermerken, um die Anzahl der Recherchemöglichkeiten zu erhöhen.

Zu prüfen ist, ob sich aus dem Gehalt des Fragments ein Grund dafür ergibt, warum eine Handschrift dieses speziellen Textes makuliert worden ist (z. B. veraltete Textfassung, Zensur); Anhaltspunkte können auch Palimpsestierungen, Durchstreichungen, Überklebungen oder sonstige Bearbeitungen sein.

c) Diagnostische Verfahren bei In-situ-Fragmenten

Bei nicht herausgelösten Handschriftenfragmenten reduziert sich die zu analysierende Informationsbasis nochmals drastisch. Diese Tatsache rechtfertigt jedoch nicht in jedem Falle die Herauslösung aus der vorgefundenen Situation. Durchleuchtungen und Durchstrahlungen sowie der Einsatz physikalischer Instrumente erlauben es, auch die Rückseiten zerstörungsfrei sichtbar zu machen und sogar versteckte Stellen zu erkunden, um die Wissensbasis zu vergrößern. Anzuraten ist die Dokumentation darüber, auf welchem Wege die Information erhalten wurde (z. B. Röntgen, Endoskopie, UV).

In die Beschreibung sind auch alle Angaben über den aktuellen Trägerband aufzunehmen (Autor, Titel resp. Inhalt, Fertigungszeitpunkt); hier interessiert besonders die Rekonstruktion der Vorgehensweise der Buchbinderwerkstatt, aber auch die Ermittlung des Zweitverwendungszeitpunktes (z. B. Registraturschnitt, Bucherwerbsinitiative). Bei einem Trägerband mit seriellem Inhalt bietet es sich an, weitere Bände der gleichen Serie oder des gleichen Zweitverwendungsaktes auf Makulatur hin durchzusehen.

d) Rekonstruktion des Fragmentierungs- und Makulierungsvorganges

Es sind Indizien zu sammeln, die belegen, wie das aktuelle Handschriftenfragment seine jetzige Form erhalten hat, z. B. durch Zuschneiden, Knicken, Reißen etc. Zu berücksichtigen ist freilich, dass mehrere Fragmente im Anschluss an den Fragmentierungsvorgang unterschiedlichen Überlieferungsschicksalen ausgesetzt gewesen sein können, d. h. dass sich die ursprünglich benachbarten Kanten abgeschliffen haben können.

In diesen Zusammenhang gehört auch die Rekonstruktion des Makulierungsvorgangs, etwa die Frage, ob das Material aus der seinerzeit tätigen Institution oder aus extern erworbener Buchbindermakulatur stammt. Aus dieser Analyse lässt sich ggf. ein Makulierungs- und Zweitverwendungsvorgang rekonstruieren, der mehrere Kodizes und mehrere Trägerbände umfasst, ja ein regelmäßiges Vorgehen nahe legt. Diese Analyse ist aussagekräftig zur Konstituierung von archivischen Registraturschnitten und bibliotheksgeschichtlich relevanten Buchbeschaffungen. In jedem Falle ist das Fragment auf die Art seiner Zweckbestimmung hin zu untersuchen (in der Regel Spiegelverkleidung, Nutzung als Umschlag, Falzverstärkung, Rückenverstärkung).

Die Analyse der Zweitverwendung schließt auch die Prüfung der Befestigung des Handschriftenfragments ein, z. B. Einkleben, Einheften, verwendete Substanzen wie Klebe- oder Heftungsmittel.

e) Analytische und digitale Rekonstruktion der ursprünglichen Handschrift

Das Ziel der Rekonstruktion eines ehemals vollständigen Blattes, einer ursprünglichen Lage oder gar einer ganzen Handschrift setzt den Blick über den aktuell vorliegenden materiellen Zustand resp. den Ausschnitt einer Aufzeichnung voraus. Die sich erhebenden Fragstellungen betreffen Aussagen über das Blattformat, den Umfang der Lage oder die Gliederung der Handschrift. Hier müssen zusätzliche Informationen über die Organisationsform der Lage (z. B. Lagenminoritäten, Lagenstörungen) und ggf. die inhaltliche Gliederung des Kodex (z. B. Überschriften in einem Inhaltsverzeichnis) herangezogen werden.

Die Einpassung von Handschriftenfragmenten in entsprechende Lücken „kompletter" Handschriften oder die Zuordnung zu anderen Fragmenten können makrooptisch, jedoch auch mittels einschlägiger Software vorgenommen werden. Sind mehrere Fragmente in einem Arbeitsvorgang erstellt worden, so lässt sich auch ein (ggf. virtueller) Kantenabgleich vornehmen, um die Zusammengehörigkeit der Objekte zu beweisen. Gleiche Pergamentblätter können durch eine DNA-Analyse, gleiche Papiersorten durch papiertechnische Untersuchungen der Inhaltsstoffe identifiziert werden.

f) Zielsetzung: Digitalisierung und Edition

Handschriftenfragmente sollten grundsätzlich digitalisiert werden, unabhängig von anderen Planungen bezüglich Erschließung oder konservatorischer Sicherung. Eine fotografische Darbietung übermittelt zahlreiche Informationen, die auch bei einer sehr sorgfältigen Beschreibung in Textform nur unzureichend sind; genannt seien das spezifische, fast stets unregelmäßige Format, Verfärbungen und Gebrauchsspuren, Reste von Gestaltungselementen, paläographische Besonderheiten einschließlich kleiner Zeichen oder Musiknoten etc. Zudem bietet die Digitalisierung die Möglichkeit der wissenschaftlichen Kommunikation, etwa der Publikation und Diskussion im Internet. Als ursprüngliche Teile „kompletter" Handschriften sollten sie wie diese in die Beschreibungskorpora aufgenommen und einer Edition zugeführt werden, da sie einen Teil der gesamtheitlichen Handschriftenüberlieferung bilden.

g) Zielsetzung: konservatorische Behandlung
Die Herauslösung eines Handschriftenfragments aus der aktuellen Situation ist nur gerechtfertigt, wenn sich erweist, dass die Zweitverwendung sowohl das Fragment als auch den Trägerband, etwa durch fortschreitende Korrosion oder – bei der Kombination von Lederdeckel und Pergamentspiegel – alkalisch-saure Kombination etc., schädigt und weiterer Schaden abgewendet werden muss. Ansonsten sind stabilisierende Maßnahmen zu ergreifen.

Im Rahmen der Erschließung sollten auch Spuren von Palimpsestierungen, Durchstreichungen, Überklebungen oder sonstige Bearbeitungen sowie auffällige Gebrauchsspuren (z. B. Abnutzung, Löcher für Schließbänder) vermerkt und konservatorisch gesichert werden.

h) Verwaltung einer Fragmentsammlung
Handschriftenfragmente, die nicht in situ belassen wurden, sind Teile einer eigenen archivischen oder bibliothekarischen Überlieferung. In den Institutionen werden sie als „Sammlung" aufbewahrt, in Findbüchern erschlossen und in Inventaren erfasst, ediert, gelegentlich im Internet zur Diskussion gestellt. Sie sind als Archiv- bzw. Bibliotheksgut der allgemeinen Nutzung zugänglich, oft in den separaten Handschriftenabteilungen. Die Form ihrer Aufbewahrung ist vom jeweiligen Magazinregiment abhängig. In-situ-Fragmente müssen im Zusammenhang der Trägerbände erschlossen werden; es ist sinnvoll, sie als selbstständige Objekte in eigenen Indizes oder in Fragmentinventaren zu erfassen. Historische Fragmentsammlungen, z. B. mit nachträglich eingeklebten oder zusammengehefteten Fragmenten, bedürfen hinsichtlich der Konservierung einer besonderen Betreuung.

III. Grundprinzip der Fragmentbearbeitung
In Betrachtung der vorstehend formulierten Einzelkriterien zur Bearbeitung von Handschriftenfragmenten lässt sich vielleicht als Grundprinzip postulieren, dass die Behandlungsweise zwar viele Kriterien aus dem routinemäßigen Umgang mit „kompletten" Handschriften entlehnt hat, dass aber für Fragmente aufgrund ihres spezifischen Zustandes und Aussehens zahlreiche neue Prinzipien hinzugewonnen werden müssen. Stellt sich allgemein bei Unikaten (Handschriften, Archivgut, im Grunde auch bei Inkunabeln) das Problem standardisierte Bearbeitungsformen einzusetzen, so gilt dies bei Fragmenten erst recht. Die Zulässigkeit wird dennoch bejaht zugunsten der Entwicklung von hilfreichen Bearbeitungsroutinen, zur Durchführung des Qualitätsmanagements, vor allem aber, um die Einzelergebnisse automatisiert miteinander vergleichen zu können (Erstellung von Listen, Konkordanzen etc.), d. h. um die Nutzung der Rechercheergebnisse zu erleichtern. Der beschränkte Blickwinkel und die Reduzierung von Referenzpunkten rücken Details und Zufallssituationen in den Mittelpunkt, wodurch die Interpretation ggf. sehr erschwert wird. Ein wesentliches Prinzip des Vorgehens ist die erhöhte Genauigkeit bei Analyse und Erfassung, ein anderes die erhöhte Vorsicht bei der Entwicklung von Vermutungen. In zweierlei Hinsicht geht die Bearbeitung eines Handschriftenfragments über dessen physische Ausdehnung und den Ausschnitt seiner Aufzeichnungen hinaus: zum einen in der Rekonstruktion des vordem vollständigen Blattes resp. der vollständigen Lage, zum anderen in der Rekonstruktion des Makulierungsaktes bzw. der Zweitverwendungsmaßnahme.

Das Fragmenthafte der Objekte setzt die bewusste Inkaufnahme des Integritätsverlustes beim Original und der teilweisen Entwertung der inhaltlichen Aussage bei den Bearbeitern und Bearbeiterinnen voraus und erklärt geradezu das Vorläufige in der Dokumentation der Erkenntnisse – aber auch dieses ist der Mitteilung in die Fachöffentlichkeit wert, um den hermeneutischen und heuristischen Zirkel anzuregen.

Neuere Literatur zur Methodologie und Praxis der Fragmentbearbeitung

Neil R. Ker, Fragments of medieval manuscripts used as pastedowns in Oxford bindings, Oxford 1954 (Nachdruck 2004).

Johanne Autenrieth, Paläographische Nomenklatur im Rahmen der Handschriften-Katalogisierung, in: Zur Katalogisierung mittelalterlicher und neuerer Handschriften, hg. von Clemens Köttelwesch, Frankfurt am Main 1963, S. 98–104.

Herbert Köllner, Zur kunstgeschichtlichen Terminologie in Handschriftenkatalogen, in: Zur Katalogisierung mittelalterlicher und neuerer Handschriften, hg. von Clemens Köttelwesch, Frankfurt am Main 1963, S. 138–154.

Hans Butzmann, Gedanken und Erfahrungen bei der Katalogisierung von Handschriftenfragmenten, in: Varia codicologica. Festschrift für Gerard Isaac Lieftinck, Amsterdam 1972, S. 87–98.

Handschriftenbeschreibung in Österreich, hg. von Otto Mazal, Wien 1975.

Elisabeth Pellegrin, Fragments and membra disiecta, in: Codicologia, Teil 3: Essais typologiques, hg. von Albert Gruys, Jean Paul Gumbert, Leiden 1980, S. 70–95.

Bernhard Schnell, Katalogisierung der deutschen mittelalterlichen Handschriften, in: Zusammenhänge, Einflüsse, Wirkungen, hg. von Jörg O. Fichte u. a., Berlin 1986, S. 438–450.

Jacques Lemaire, Introduction à la codicologie, Louvain-la-Neuve 1989, mit der Bibliographie S. 207–230.

Nigel F. Palmer, Kapitel und Buch. Zu den Gliederungsprinzipien mittelalterlicher Bücher, in: Frühmittelalterliche Studien 23 (1989), S. 43–88.

Frank M. Bischoff, Pergamentdicke und Lagenordnung. Beobachtung zur Herstellungstechnik Helmarshausener Evangeliare des 11. und 12. Jahrhunderts, in: Pergament Geschichte, Struktur, Restaurierung, Herstellung, hg. von Peter Rück (Historische Hilfswissenschaften, 2), Sigmaringen 1991, S. 97–144.

Donatella Limongi, Le maculature della Biblioteca nazionale centrale di Firenze, in: Accademie e biblioteche d'Italia 59 (1991), Nr. 2, S. 18–61.

Heinz Meyer, Ordo rerum und Registerhilfen in mittelalterlichen Enzyklopädiehandschriften, in: Frühmittelalterliche Studien 25 (1991), S. 315–339.

Frank M. Bischoff, Methoden der Lagenbeschreibung, in: Scriptorium 46 (1992), S. 3–27.

Johann Peter Gumbert, Zur „Typographie" der geschriebenen Seite, in: Pragmatische Schriftlichkeit im Mittelalter. Erscheinungsformen und Entwicklungsstufen, hg. von Hagen Keller, Klaus Grubmüller, Nikolaus Staubach, Münster 1992, S. 283–292.

Stefan Janzen, Über das Rasorium. Die Zurichtung von Beschreibstoffen durch mittelalterliche Schreiber, in: Mabillons Spur. Zweiundzwanzig Miszellen aus dem Fachgebiet für Historische Hilfswissenschaften, hg. von Peter Rück, Marburg 1992, S. 193–210.

Richtlinien Handschriftenkatalogisierung, hg. von der Deutschen Forschungsgemeinschaft, Unterausschuss für Handschriftenkatalogisierung, 5. Auflage, Bonn 1992.

Frank M. Bischoff, Marilena Maniaci, Pergamentgröße, Handschriftenformate, Lagenkonstruktion, in: Scrittura e civiltà 19 (1995), S. 277–317.

Gerhardt Powitz, Libri inutiles in mittelalterlichen Bibliotheken. Bemerkungen über Alienatio, Palimpsestierung und Makulierung, in: Scriptorium 50 (1996), S. 288–304.

Christopher de Hamel, Selling manuscript fragments in the 1960s, in: Interpreting and collecting fragments of medieval books, hg. von Linda L. Brownrigg, Margaret M. Smith, Los Altos Hills 2000, S. 47–55.

Lotte Hellinga, Fragments found in bindings and their role as bibliographical evidence, in: For the love of the binding. Studies in bookbinding history, hg. von David Pearson, London 2000, S. 13–33.
[speziell zu Druck-Makulatur]

Nicholas Pickwoad, The use of fragments of medieval manuscripts in the construction and covering of bindings on printed books, in: Interpreting and collecting fragments of medieval books, hg. von Linda L. Brownrigg, Margaret M. Smith, Los Altos Hills 2000, S. 1–20

Rowan Watson, Educators, collectors, fragments and the "illuminations". Collections at the Victoria and Albert Museum in the nineteenth century, in: Interpreting and collecting fragments of medieval books, hg. von Linda L. Brownrigg, Margaret M. Smith, Los Altos Hills 2000, S. 21–46.

Neue Konzepte der Handschriftenerschließung. Informationssysteme zur Erforschung des Mittelalters und der Frühen Neuzeit, Bonn 2001.
http://dfg.de/download/pdf/foerderung/programme/lis/handschriften.pdf

Armando Petrucci, La descrizione del manoscritto. Storia, problemi, modelli, 2. Auflage Rom 2001.

Jan Brunius, De medeltida bokfragmenten och deras proveniens, in: Ny väg till medeltidsbreven, Stockholm 2002, S. 390–403.

Fragmenta ne pereant. Recupero e studio dei frammenti di manoscritti medievali e rinascimentali riutilizzati in legature, hg. von Mauro Perani, Cesarino Ruini, Ravenna 2002.

Nicolangelo Scianna, Nuove metodologie per la conservazione e fruibilità dei frammenti membranacei e cartacei, in: Fragmenta ne pereant. Recupero e studio dei frammenti di manoscritti medievali e rinascimentali riutilizzati in legature, hg. von Mauro Perani, Cesarino Ruini, Ravenna 2002, S. 33–40.

Max Plassmann, Digitalisierung von Bibliotheks- und Archivgut im Schnittpunkt von Benutzung, Erschließung und Bestandserhaltung. Das Beispiel des Düsseldorfer Fragmenteprojektes, in: Katalog der frühmittelalterlichen Fragmente der Universitäts- und Landesbibliothek, bearbeitet von Klaus Zechiel-Eckes, Wiesbaden 2003, S. 1–7.

Mutilated books. Wondrous leaves from Swedish bibliographical history, hg. von Kerstin Abukhanfusa, Stockholm 2004.

Hanns Peter Neuheuser, Informationsgehalt des Informationsträgers. Grundlegung, Ziele, Methoden und Verfahren der Archivischen Diagnostik, in: ABI-Technik 24 (2004), S. 200–211.

Hanns Peter Neuheuser, Stefan Krautwald, Hilmar Franke, Ulrich Herkenrath, Optische „Raster-Reflektometrie“, eine automatisierte Methode zur Ausmessung von Schriften, in: ABI-Technik 24 (2004), S. 270–280.

Medieval book fragments in Sweden (Tagung Stockholm 2003), hg. von Jan Brunius, Stockholm 2005.

Hanns Peter Neuheuser, Volker Märgner, Peter Meinlschmidt, Wasserzeichendarstellung mithilfe der Thermographie, in: ABI-Technik 25 (2005), S. 266–278.

The beginnings of nordic scribal culture ca. 1050–1300. Report from a workshop on parchment fragments (Tagung Bergen 2005), hg. von Åslaug Ommundsen, Bergen 2006.

Claudia Fabian u. a., Vom Nutzen der Vernetzung und den Chancen der Digitalisierung. Neue Wege der Handschriftenerschließung in der Bayerischen Staatsbibliothek, in: Zeitschrift für Bibliothekswesen und Bibliographie 54 (2007), S. 322–335.

Klaus Zechiel–Eckes, Buchbinder wetzen das Messer. Mittelalterliche Handschriften und Urkunden als Einbandmakulatur, in: Kosmos der Zeichen. Schriftbild und Bildformel in Antike und Mittelalter, hg. von Dietrich Boschung, Hansgerd Hellenkemper, Wiesbaden 2007, S. 141–160.

Rekonstruktion und Erschließung mittelalterlicher Bibliotheken. Neue Formen der Handschriftenpräsentation, hg. von Andrea Rapp, Michael Embach, Berlin 2008.

Fragmenta Hebraica Austriaca. Akten der Session „Hebrew Manuscripts and Fragments in Austrian Libraries“ des International Meeting der Society of Biblical Literature in Wien, am 26. Juli 2007, hg. von Christine Glassner, Josef M. Oesch, Wien 2009.

Kodikologie und Paläographie im digitalen Zeitalter, hg. von Malte Rehbein u. a., Norderstedt 2009.

Almut Laufer, Überlegungen zu Relevanz und Zielsetzung des Projekts „Hebräische Handschriften und Fragmente in österreichischen Bibliotheken“ aus judaistischer Sicht, in: Fragmenta Hebraica Austriaca. Akten der Session „Hebrew Manuscripts and Fragments in Austrian Libraries“ des International Meeting der Society of Biblical Literature in Wien, am 26. Juli 2007, hg. von Christine Glassner, Josef M. Oesch, Wien 2009, S. 33–48.

Hanns Peter Neuheuser, Text und Textil. Zur Verwendung von Handschriftenfragmenten als Futter von liturgischen Gewändern, in: Rheinisch-westfälische Zeitschrift für Volkskunde 54 (2009), S. 171–194.

Karl-Georg Pfändtner, Vergessene Miniaturen. Die „Cutting“-Sammlung der Staatsbibliothek Bamberg, in: Codices manuscripti 69/70 (2009), S. 17–32.

Anne-Beate Riecke, Die Erstellung von Handschriftenbeschreibungen nach den Richtlinien der DFG [Deutschen Forschungsgemeinschaft] mit Hilfe von Manuscriptum XML, Version 1.1, Stand: Oktober 2009, in: www.manuscripta-mediaevalia.de/hs/handbuch.pdf [abgerufen am 28.01.2015].

Fragmente – Der Umgang mit lückenhafter Quellenüberlieferung in der Mittelalterforschung (Tagung Wien 2009), hg. von Christian Gastgeber u. a., Wien 2010.

Fragmente. Ausstellung von Kremsmünsterer Fragmenten 2009–2012, bearb. von Hauke Fill, Kremsmünster 2010.

Andreas Traub, Handschriftenfragmente im Hauptstaatsarchiv in Stuttgart, in: Musik in Baden-Württemberg. Jahrbuch 17 (2010), S. 31–39.

Karl-Georg Pfändtner, Das große Puzzle. „Cuttings“ und illuminierte Handschriften-Fragmente, in: Buchschätze des Mittelalters. Forschungsrückblick, Forschungsperspektiven, hg. von Klaus Gereon Beuckers u. a., Regensburg 2011, S. 281–291.

Die wiedergefundene Bibliothek. Antike und mittelalterliche Autoren in Pergamentfragmenten der Mainzer Martinus-Bibliothek, hg. von Jürgen Blänsdorf, Mainz 2012.

I frammenti della Biblioteca Vallicelliana. Studio metodologico sulla catalogazione dei frammenti di codici medievali e sul fenomeno, hg. von Elisabetta Caldelli, Rom 2012, zur Methodologie S. 89–108.

Hanns Peter Neuheuser, Hans Georg Kraume, Zur Bedeutung der Duisburger Fragmente, in: Duisburger Forschungen, hg. vom Stadtarchiv Duisburg in Verbindung mit der Mercator-Gesellschaft, Band 8, Duisburg 2012, S. 5–26.

Überlieferungs- und Gebrauchsspuren in Historischen Buchbeständen. Symposion in Düsseldorf am 10. November 2009, hg. von Hanns Peter Neuheuser (Kleine Schriften der Universitäts- und Stadtbibliothek Köln, 34), Köln 2012.

Jan Brunius, From manuscripts to wrappers. Medieval book fragments in the Swedish National Archives, Stockholm 2013.

Musikalische Fragmente. Mittelalterliche Liturgie als Einbandmakulatur, bearb. von Andreas Traub, Annekathrin Miegel, Stuttgart 2013.

Hanns Peter Neuheuser, Papiertechnologische Fragestellungen als Beschreibungskriterien für moderne künstlerische Druckgrafiken und Handzeichnungen, in: ABI-Technik 33 (2013), S. 70–85.

Books within Books. New Discoveries in Old Book Bindings, hg. von Andreas Lehnhardt, Judith Olszowy-Schlanger, Leiden 2014.

Karin Schneider, Paläographie und Handschriftenkunde für Germanisten. Eine Einführung, 3. Auflage Berlin 2014.

Fragment-Kataloge

Mittelalterliche Handschriftenfragmente der Stadt- und Universitätsbibliothek Frankfurt am Main, bearb. von Gerhardt Powitz, Frankfurt am Main 1994.

Catalogue of medieval manuscript fragments in the Helsinki university library, hg. von Ilkka Taitto, Helsinki 2001.

Katalog der frühmittelalterlichen Fragmente der Universitäts- und Landesbibliothek Düsseldorf, bearb. von Klaus Zechiel-Eckes, Wiesbaden 2003.

Katalog der lateinischen Fragmente der Bayerischen Staatsbibliothek München, bearb. von Hermann Hauke, Band 1, Wiesbaden1994; Band 2, Wiesbaden 2001, Band 3, Wiesbaden 2013.

Katalog der Handschriften- und Druckmakulatur im Stadtarchiv Duisburg, bearb. von Anette Löffler, in: Duisburger Forschungen, hg. vom Stadtarchiv Duisburg in Verbindung mit der Mercator-Gesellschaft, Band 8, Duisburg 2012, S. 27–282.

I frammenti della Biblioteca Vallicelliana, hg. von Elisabetta Caldelli, Rom 2012, Katalog S. 119–322.

Die Digitalisierung von Handschriftenfragmenten – Chancen für Bibliothek und Wissenschaft

Christian Heitzmann, Wolfenbüttel

Die Erschließung von Fragmenten mittelalterlicher Handschriften ist einer Aufgabe, die von den besitzenden Institutionen auf ganz unterschiedliche Weisen in Angriff genommen wird. Dabei spielt neben der schlichten Frage von personellen Kapazitäten auch der jeweilige Sammlungszusammenhang eine entscheidende Rolle. So gibt es in manchen Einrichtungen sehr umfangreiche Sondersammlungen an Fragmenten – die größte mir bekannte ist diejenige des schwedischen Reichsarchivs in Stockholm, das rund 22.500 Fragmente aus etwa 6.000 Handschriften hütet[1]. In vielen Institutionen haben wir es indessen mit Sammlungen wesentlich kleineren Umfangs zu tun. Gerade im Bereich der Fragmente, besonders solcher mit qualitätvoller Buchmalerei, ist mit grenzenloser Zerstreuung in öffentliche oder private Sammlungen und relativ häufigem Besitzwechsel zu rechnen[2].

Sind Handschriftenfragmente an einem Ort als geschlossene Teilsammlung geordnet, ist eine Erschließung in Form eines Katalogs bzw. einer Datenbank angezeigt. In Deutschland ist dies in den ersten Jahren dieses Jahrhunderts beispielsweise für mehr oder weniger umfangreiche Bestände in München, Rostock, Sondershausen, Regensburg und Kurhessen-Waldeck geschehen[3]. Eine systematische Katalogisierung von Fragmenten, die

1 Vgl. Jan Brunius, From Manuscripts to Wrappers. Medieval Book Fragments in the Swedish National Archives, Stockholm 2013. Der riesige Bestand stammt überwiegend aus Einbänden schwedischer Steuerakten, die zwischen 1530 und 1630 angelegt wurden.

2 Ein Blick in beliebige Angebotskataloge von Handschriftenantiquariaten genügt. Ein Beispiel: The history of Western script. Sixty important manuscript leaves from the Schøyen Collection. Auction in London Tuesday 10 July 2012, London 2012 (Auktionskatalog Sotheby's). Unter den angebotenen Blättern und Fragmenten befanden sich u. a. über 120 Fragmente, die aus dem Nachlass von Bernhard Bischoff (1906–1991) stammen (Kat. Nr. 27). Die Schøyen Collection ist nach eigener Aussage die weltweit größte Handschriftensammlung in Privatbesitz, die im 20. Jahrhundert aufgebaut wurde, und umfasst 13.717 Handschriften, Fragmente und Papyri, davon 3.844 mittelalterliche. Ein Teil des Bestandes liegt digitalisiert vor und ist online verfügbar. Vgl. http://www.schoyencollection.com/index.html.

3 Vgl. den Überblick bei Anette Löffler, Die Erschließung von Handschriftenfragmenten unter den Bedingungen kleinerer Bibliotheken und Archive, in: Die kleine Bibliothek. Bedeutung und Probleme kleiner nichtstaatlicher Buchbestände. Symposium in Essen-Werden am 12. und 13. Juni 2006, hg. von Hanns Peter Neuheuser, Wolfgang Schmitz, Köln 2007, S. 67–80. Zu Kurhessen-Waldeck: Konrad Wiedemann und Bettina Wischhöfer, Einbandfragmente in kirchlichen Archiven aus Kurhessen-Waldeck, Kassel 2007 (eine digitale Präsentation wird vorbereitet). Für München zuletzt: Katalog der lateinischen Fragmente der Bayerischen Staatsbibliothek München, Bd. 3: Clm 29550–29990. Kurzkatalog mit Nachträgen zu den Katalogbänden 1 und 2 nebst einem Anhang zu den bislang nicht

mit einer Digitalisierung der Bestände einherging und zu einer Präsentation im Internet führte, hat in Deutschland beispielsweise für Sammlungen der Universitäts- und Landesbibliothek Düsseldorf (689 Fragmente) und der Studienbibliothek Dillingen (28 Fragmente) stattgefunden[4]. Das schwedische Reichsarchiv stellt online Digitalisate und knappe Beschreibungen aller seiner mittelalterlichen Handschriftenfragmente zur Verfügung[5].

Neben eigenständigen Sammlungen von Fragmenten, die zumeist aus alten Einbänden und Aktendeckeln abgelöst wurden, gibt es in nahezu allen Bibliotheken und Archiven mit Altbestand mehr oder weniger zahlreiche Fragmente *in situ*. Handelt es sich dabei um Einbände mittelalterlicher Handschriften, so liegt – zumindest im deutschsprachigen Raum – vielfach eine gute Erschließung durch die vorhandenen gedruckten Kataloge vor, deren Register regelmäßig auch die Kategorie Fragmente aufweisen. Ein Großteil dieser Katalogisate ist über die Handschriftendatenbank Manuscripta Mediaevalia zugänglich, bei der eine Recherche mit dem Suchwort „Fragment" derzeit (30.8.2014) exakt 26.130 Treffer ergibt[6].

Bei Einbänden von Inkunabeln und Drucken des 16. und 17. Jahrhunderts stellt sich die Situation wesentlich ungünstiger dar. Fragmente, die in diesem Überlieferungskontext stehen, sind bis heute nur sehr lückenhaft erfasst und nachgewiesen. Ausnahmen bestätigen diese bislang gültige Regel. So weist der dritte Band des gedruckten Katalogs der lateinischen Fragmente der Bayerischen Staatsbibliothek in einer umfangreichen Liste bislang nicht ausgelöste Fragmente in Einbänden von Inkunabeln und Drucken des 16. und 17. Jahrhunderts nach[7]. Eine digitale Präsentation ihrer Handschriftenfragmente stellt die Universitätsbibliothek Salzburg im Netz zur Verfügung. Sie umfasst überwiegend nicht abgelöste Fragmente, die bis heute Bestandteil von Einbänden alter Drucke sind[8].

Trotz aller Fortschritte, die in den letzten Jahren im Bereich der Digitalisierung mittelalterlicher Handschriften erzielt werden konnten, ist der Weg bis zu einer einigermaßen vollständigen Erfassung und Präsentation im Netz unabsehbar lang. Zu unterschiedlich sind die Gegebenheiten in den einzelnen Sammlungen und zu eingeschränkt die Möglichkeiten, das umfangreiche Material nach den Regeln der Kunst zu erschließen. Mittelfristig werden wohl neben vereinzelten Gesamtbeständen weiterhin vor allem besonders prominente Einzelstücke, die aufgrund von Alter, kunst- oder überlieferungsgeschicht-

---

ausgelösten Handschriftenfragmenten, beschrieben von Hermann Hauke, Wolfgang-Valentin Ikas, Wiesbaden 2013.

4 ULB Düsseldorf: http://www.ulb.hhu.de/nc/recherchieren/handschriftenfragmente.html; Studienbibliothek Dillingen: http://www.bayerische-landesbibliothek-online.de/handschriften-dillingen.

5 Riksarkivet Stockholm: http://sok.riksarkivet.se/MPO mit Beschreibungen in deutscher Sprache. Einen Überblick über diese Sammlung, die zu drei Vierteln Fragmente liturgischer Handschriften umfasst, bietet Jan Brunius, Medieval manuscript fragments in the National Archives – a survey, in: Medieval Book Fragments in Sweden. An International Seminar in Stockholm, 13–16 November 2003, ed. Jan Brunius, Stockholm 2005, S. 9–17.

6 Vgl. http://www.manuscripta-mediaevalia.de. Die Suche lässt sich beliebig verfeinern, so dass etwa Fragmente bestimmter liturgischer Buchtypen oder Autoren zu recherchieren sind.

7 Katalog der lateinischen Fragmente (wie Anm. 2), S. 324–459.

8 UB Salzburg: http://www.ubs.sbg.ac.at/sosa/fragmente/handschriftenfragmente.htm (knapp 300 Fragmente).

licher Bedeutung hervorragen, bevorzugt digitalisiert und online zur Verfügung gestellt werden. Als Beispiele dafür können aus den Beständen der Herzog August Bibliothek die Fragmente aus Otfrids von Weißenburg *Evangelienbuch* (Cod. Guelf. 131.1 Extrav.) oder aus Hartmanns von Aue *Erec* (Cod. Guelf. 19.26.9 Aug. 4°) dienen, die in Wolfenbütteler Einbänden entdeckt und herausgelöst wurden[9]. Ein weiteres Beispiel sind die *Schönrainer Fragmente*, die 2007 für die Herzog August Bibliothek erworben werden konnten und aus dem Fürstlichen Archiv in Büdingen stammen (Cod. Guelf. 326 Noviss. 8°), wo sie als Einbandmaterial von Akten dienten[10].

Den unterschiedlichen Umgang mit Fragmenten aus ein und demselben Einband möchte ich ebenfalls an einem Wolfenbütteler Beispiel demonstrieren. Im Jahr 1829 wurde ein aus dem Einband einer Inkunabel herausgelöstes Fragment publiziert, das Teil einer spätantiken Handschrift der *Epistulae ex Ponto* Ovids war, wohl noch aus dem 5. Jahrhundert stammt und damit das älteste Stück der gesamten Ovid-Überlieferung darstellt (und zugleich der älteste Schriftstück der Wolfenbütteler Bibliothek ist). Der damalige Leiter der Wolfenbütteler Bibliothek, Carl Philipp Christian Schönemann (1801–1855), erkannte den besonderen Wert dieses Fragments, ließ es dem Trägerband mit der Signatur 18 Theol. 2° entnehmen und in einem eigenen, neuen Einband separat unter der Signatur Cod. Guelf. 13.11 Aug. 4° inmitten der Handschriften Herzog Augusts einstellen (Abb. 61, auch als Farbabb.)[11]. Nimmt man die Inkunabel, eine Ausgabe der *Postilla moralis super totam Bibliam* des Nicolaus von Lyra in einem Straßburger Druck von Georg Husner (um 1479, GW M26489), zur Hand, stellt man fest, dass Vorder- und Hinterspiegel weitere Fragmente bergen, die von Schönemann *in situ* belassen wurden – wohl, weil sie seiner Ansicht nach nicht dieselbe Dignität wie das altehrwürdige Ovid-Fragment für sich beanspruchen durften. Zwei zusammengehörige, großformatige Pergamentblätter enthalten liturgische Textzusammenstellungen (teilweise neumiert), die in die Frühgeschichte des Breviers gehören, in einer sehr kultivierten karolingischen Minuskel geschrieben sind und in die zweite Hälfte des 10. Jahrhunderts datiert werden können. Diese liturgiegeschichtlich bedeutsamen Fragmente waren der Forschung bis vor kurzem unbekannt[12]. Unter dem vorderen dieser beiden Fragmente befindet sich ferner ein kleinerer Pergamentstreifen, der sich nach paläographischen Kriterien ins 9. Jahrhundert datieren lässt und einen Textsplitter aus der *Vita des heiligen Symphorian* (BHL 7967) enthält (Abb. 62, auch als Farbabb.)[13]. Der

9 Digitalisate: http://diglib.hab.de/mss/131-1-extrav/start.htm (Otfrid); http://diglib.hab.de/mss/19-26-9-aug-4f-a/start.htm (Hartmann).

10 Digitalisat: http://diglib.hab.de/mss/326-noviss-8f/start.htm. Zugehörige Fragmente in Basel und Kassel weist das Marburger Repertorium (Handschriftencensus) nach: http://www.handschriftencensus.de/2235.

11 Carl Philipp Christian Schoenemann, Bibliothecae Augustae sive Notitiarum et excerptorum codicum Wolfenbuttelanorum specimen, Helmstedt 1829, S. 20 f. Vgl. Elias A. Lowe, Codices Latini Antiquiores, Bd. 9, Oxford 1959, Nr. 1377.

12 Sven Limbeck (Wolfenbüttel) hat auf diese Fragmente in einem noch unpublizierten Vortrag aufmerksam gemacht.

13 Bernhard Bischoff, Katalog der festländischen Handschriften des 9. Jahrhunderts (mit Ausnahme der wisigotischen), Teil 3: Padua–Zwickau, aus dem Nachlaß hg. von Birgit Ebersperger, Wiesbaden 2014, S. 512 Nr. 7431. Die Identifizierung des Textes ist Hartmut Hoffmann (Göttingen) zu verdanken.

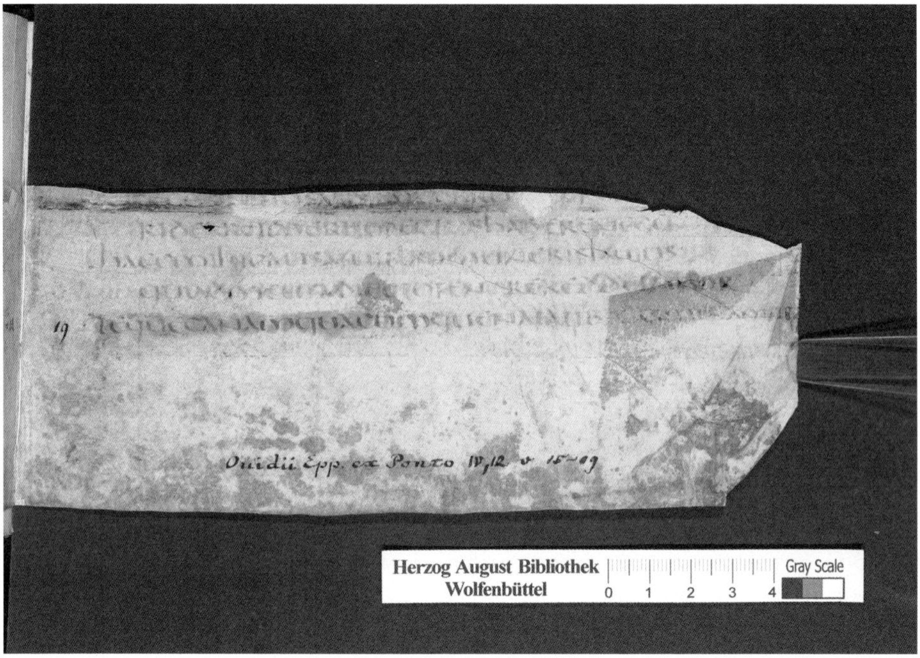

Abb. 61
Pergamentmakulatur, Ovid, *Epistulae ex Ponto* 4, 12, V. 15–19, vermutlich Italien, 2. H. 5. Jh., aus dem Einband der Inkunabel 18 Theol. 2° ausgelöst, Wolfenbüttel, Herzog August Bibliothek, Cod. Guelf. 13.11 Aug. 4° (Foto: Wolfenbüttel, HAB).

Trägerband ist bisher nicht digitalisiert worden und somit sind auch die Fragmente nicht online greifbar. Für Handschriftenfragmente, die sich in ihren Trägerbänden befinden, ist derzeit keine eigenständige Publikation in der Handschriftendatenbank der Herzog August Bibliothek vorgesehen[14].

Diese Beispiele zeigen, wie die jeweiligen Interessen von Bibliotheks- oder Forschungsseite den Umgang mit Fragmenten prägen und sich unmittelbar auf ihre Erschließung und Erforschung auswirken können. Gerade die als Einbandmakulatur *in situ* erhaltenen Fragmente bedürften der systematischen Erschließung. Eine vielversprechende Grundlage dafür schaffen die laufenden Digitalisierungsprojekte zu Inkunabeln und alten Drucken, bei denen in der Regel auch die Einbände digitalisiert und publiziert werden. Ein Beispiel unter vielen ist der Einband eines Sammelbandes mit 26 gedruckten Leichenpredigten aus den Jahren 1612 bis 1625, der unter der Signatur 231.61 Theol. aufbewahrt wird. Bei der Digitalisierung *on demand* der ersten darin enthaltenen Leichenpredigt wurde der

14 Was – dem oben in Anm. 8 erwähnten Beispiel der UB Salzburg entsprechend – sicher wünschenswert wäre.

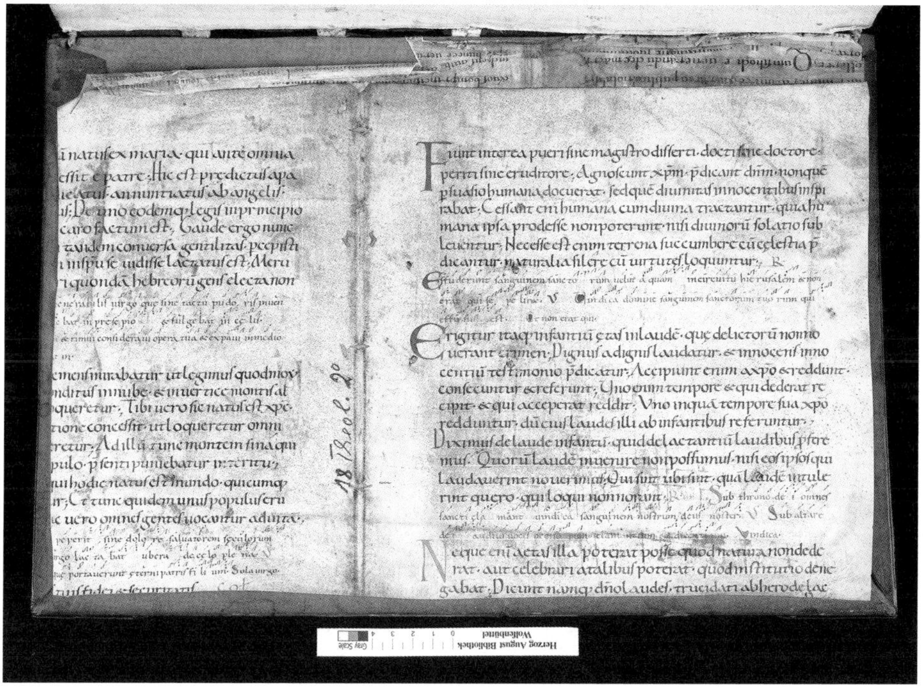

Abb. 62
Beschnittenes Pergamentdoppelblatt aus einer liturgischen Handschrift, vermutlich 2. H. 10. Jh. Darunter am Falz ein Pergamentstreifen mit hagiographischem Text, wohl 9. Jh. Vorderspiegel der Inkunabel Wolfenbüttel, Herzog August Bibliothek, 18 Theol. 2° (Foto: Wolfenbüttel, HAB).

Einband mit aufgenommen und in der Wolfenbütteler Digitalen Bibliothek verfügbar gemacht, so dass die Außenseiten von Vorder- und Rückendeckel (nicht jedoch der Buchrücken) online sichtbar sind. Die Einbanddecke besteht aus einem großformatigen Pergamentblatt mit Text in einer kalligraphischen Minuskel des 10. oder 11. Jahrhunderts[15]. Der lateinische Text findet sich (mit einigen Abweichungen) in Mignes ‚Patrologia latina' (Bd. 96, Sp. 259A) unter den *Predigten zum Fest Mariä Himmelfahrt*, die Ildefons von Toledo (gestorben 667) mit zweifelhaften Gründen zugeschrieben werden[16].

Durch die Digitalisierung alter Drucke wird also ein Zugriff auf bisher weithin unbekannte Fragmente möglich – wenn man dafür geeignete Suchmöglichkeiten schafft. Bislang sind die Einbandfragmente, die bei der Digitalisierung von alten Drucken der Herzog August Bibliothek digitalisiert wurden, weder systematisch erfasst noch recherchierbar.

15 Digitalisat: http://diglib.hab.de/drucke/231-61-theol-1s/start.htm?image=eb01.

16 Vgl. Iohannes Machielsen, Clavis patristica pseudepigraphorum medii aevi, Bd. 1, Turnhout 1990, Nr. 2303 (Ps.-Augustinus), 5020 (Ps.-Hieronymus) und 5260 (Ps.-Ildephonsus).

Einbandkundliche Untersuchungen, durch die mittelalterliche Fragmente bekannt gemacht wurden, werden bislang nicht von einer gleichzeitigen Digitalisierung und Publizierung der Fragmente begleitet[17]. Die Wege zu ihrer Erschließung und systematischen Präsentation müssen erst noch gefunden und beschritten werden. Ein laufendes Projekt der Universität Mainz zur Erfassung hebräischer Fragmente in deutschen Sammlungen („Genizat Germania") verspricht hier im europäischen Rahmen neue Perspektiven zu eröffnen[18].

Eine Publikation im Internet eröffnet Möglichkeiten, in bisher ungewohnter Weise kollaborativ an Fragmenten zu arbeiten. Dies bedeutet, dass einerseits eine Perspektive entwickelt werden könnte, einen zentralen Nachweis aller bekannten Fragmente in einem Portal zu schaffen, andererseits besteht die Möglichkeit, digitalisierte Fragmente mit rudimentären oder vorläufigen Erschließungsdaten online verfügbar zu machen, um in einer Art *crowdsourcing* die qualifizierte Beschäftigung mit ihnen zu erleichtern und immer bessere Erschließungsdaten aus der wissenschaftlichen Community zu gewinnen. Jedes Digitalisat einer mittelalterlichen Handschrift oder eines Fragments sollte zumindest mit einem minimalen Metadatensatz versehen werden, bevor es online gestellt wird. Das kann sich im Extremfall auf die bloße Signatur des Fragments (bzw. seines Trägerbandes) beschränken. Wünschenswertes Ziel ist natürlich die Ermittlung aller für ein genaueres Verständnis wesentlichen Daten, also Maße, Datierung und Herkunftsbestimmung in Verbindung mit paläographischer Einordnung, Identifizierung der enthaltenen Texte, ggf. auch kunsthistorische Einordnung, wenn Buchschmuck erhalten ist, usw. Unter günstigen Umständen können die Informationen über Fragmente durch Einzelbeobachtungen und Hinweise auf zuvor unbekannte Zusammenhänge vermehrt werden. Exemplarisch geschieht dies heute schon im „Handschriftencensus" zur handschriftlichen Überlieferung der deutschsprachigen Literatur des Mittelalters[19], wo bei jeder Beschreibung einer Handschrift oder eines Fragments die Möglichkeit geboten wird, Ergänzungen und Verbesserungsvorschläge einzureichen, die redaktionell geprüft und gegebenenfalls nach der unabdingbaren Qualitätsprüfung eingearbeitet werden. So findet man dort bereits zu vielen Stücken ergänzende Hinweise, z. B. zu *codices discissi*. Beispielsweise konnten kurz nach der Publikation des Digitalisats des Wolfenbütteler Fragments Cod. Guelf. 404.10 Novi (12) zuvor unbekannte Bezüge zu einem in Wiesbaden aufbewahrten Fragment hergestellt werden[20]. Bei Cod.

17 Ein Beispiel: Nicholas Pickwoad, The Use of Fragments of Medieval Manuscripts in the Construction and Covering of Bindings on Printed Books, in: Interpreting and Collecting Fragments of Medieval Books. Proceedings of the Seminar in the History of the Book to 1500. Oxford, 1998, hg. von Linda L. Brownrigg, Margaret M. Smith, Los Altos Hills, CA 2000, S. 1–20. Die in diesem Beitrag abgebildeten Wolfenbütteler Handschriftenfragmente in den Einbänden alter Drucke sind bis auf eine Ausnahme (Einband von 95 Poet.) noch nicht online verfügbar. Vgl. http://diglib.hab.de/inkunabeln/95-poet-1/start.htm?image=eb01.

18 Projekthomepage: http://www.blogs.uni-mainz.de/fb01-genizatgermania/. Vgl. Books within Books. New Discoveries in Old Book Bindings, hg. von Andreas Lehnhardt, Judith Olszowy-Schlanger, Leiden 2014. Das Projekt ist international vernetzt; die Datenbank ‚Books within Books. Hebrew Fragments in European Libraries' befindet sich im Aufbau. Vgl. http://www.hebrewmanuscript.com/.

19 Vgl. http://www.handschriftencensus.de/.

20 Vgl. http://www.mr1314.de/24043.

Guelf. 89 Noviss. 4°, einem Bruchstück aus dem *Passional*, das im Jahr 1993 für die Herzog August Bibliothek erworben werden konnte, bestand erst im Jahr 2011 aufgrund der Publikation des Digitalisats und einer ausführlichen Beschreibung die Möglichkeit, das Blatt einer Handschrift zuzuordnen, von der sich weitere Fragmente in der Universitäts- und Landesbibliothek Darmstadt befinden; andere Fragmente aus diesem Codex gelten heute als verschollen und sind nur durch ältere Forschungsliteratur noch greifbar[21].

Diese wenigen Beispiele zeigen, wie lohnend eine Erschließung von mittelalterlichen Fragmenten sein wird. Erfreulicherweise gibt es derzeit zwei Initiativen, die in großem Maßstab die Präsentation und Erschließung von Fragmenten über institutionelle Grenzen hinweg voranbringen möchten, sich aber noch am Anfang ihrer Entwicklung bzw. in der Planungphase befinden. An dieser Stelle sei zumindest auf beide Vorhaben hingewiesen. Auf die Initiative US-amerikanischer Handschriftenkuratoren geht das Portal „manuscriptlink" zurück, in dem bislang vor allem zusammengehörige Fragmente in amerikanischen Sammlungen auftauchen[22]. Ein internationales Portal befindet sich bei den Betreibern der Schweizer Handschriftendatenbank e-Codices in Planung. Unter dem Titel „Fragmentarium" soll eine Recherchemöglichkeit aufgebaut werden, die den Zugang zu mittelalterlichen Handschriftenfragmenten über Ländergrenzen hinweg erleichtert[23]. Vor allem sollten im Rahmen solcher Vorhaben Standards formuliert werden, die für eine Qualitätssicherung im Hinblick auf Bilddaten und deren Präsentation unerlässlich sind. Dazu gehört die Verwendung von Maßstäben, um bei Betrachtung der Images die Größe der Fragmente unmittelbar abschätzen zu können, die Möglichkeit eines Farbabgleichs, selbstverständlich auch eine ausreichende hohe Auflösung und die Möglichkeit, die Bilder zur weiteren wissenschaftlichen Verwendung herunterladen zu können. Am wichtigsten ist es jedoch, für die Persistenz und damit Zitierfähigkeit der ins Internet gestellten Images zu sorgen. Es ist allbekannt, wie rasch Informationsmittel im Internet veralten und unbrauchbar werden, wenn sie nicht regelmäßig gepflegt werden[24]. Es muss das erklärte Ziel der besitzenden Institutionen sein zu gewährleisten, dass nicht nur die Originale, sondern auch einmal veröffentlichte Digitalisate ihrer Bestände auf Dauer und nicht vorübergehend für die Wissenschaft verfügbar bleiben.

Für die universitäre Lehre in den mediävistischen Fächern, insbesondere im Bereich der Paläographie, Musik- und Kunstwissenschaft, können digitalisierte Fragmente eine wertvolle Arbeitsgrundlage für Einführungskurse sein. Zwar erfordert die fundierte Ein-

21 Vgl. http://www.mr1314.de/2860. Die Beschreibung von Nicole Eichenberger (aus dem Jahr 2011) in der Wolfenbütteler Handschriftendatenbank: http://diglib.hab.de/?db=mss&list=ms&id=89-noviss-4f&catalog=Eichenberger.

22 Vgl. http://tundra.csd.sc.edu/manuscriptlink/.

23 Vgl. den Vortrag von Matthieu Bonicel (Bibliothèque nationale de France) auf der Tagung „Fragmentarium" in der Fondation Bodmer (30.01.–01.02.2014): http://doc.biblissima-condorcet.fr/fragmentarium-fragments-digital-age.

24 Ein Beispiel unter vielen: die seinerzeit sehr nützliche Zusammenstellung von online verfügbaren Ressourcen zur abendländischen Paläographie in der „Virtual Library", die im Zustand von 2009 vorliegt und nicht mehr aktualisiert wird, enthält zum beträchtlichen Teil Links, die gegenwärtig nicht mehr zum Ziel führen: http://www.vl-ghw.lmu.de/54.html. Dankenswerterweise wird auf der genannten Seite auf diesen Sachverhalt ausdrücklich hingewiesen.

ordnung von noch nicht näher beschriebenen Fragmenten besonders tief gehende Sachkenntnis, zugleich besteht aber aufgrund der Kleinteiligkeit des Materials eine lohnende Möglichkeit für Adepten, das Auge zu schulen und sich intensiv mit Detailfragen zu Buchstabenformen oder Stilfragen zu beschäftigen, deren Beantwortung in der Gruppe und unter Anleitung der Lehrenden versucht werden kann. Vor allem die Möglichkeit, interaktiv Arbeitsergebnisse in die Präsentation einfließen zu lassen, böte zudem ein Anreiz, sich intensiv mit einzelnen Stücken auseinanderzusetzen. Für die besitzenden Institutionen könnte es eine spürbare Hilfe sein, auf diesem Wege Unterstützung bei der Erschließung zu erhalten. Zugleich wäre es lohnend, die Studierenden auf diesem Wege den Umgang mit den Primärquellen einüben zu lassen und damit Hemmschwellen beim Besuch der Sammlungen abzubauen. Die Verfügbarkeit digitalisierter Quellen im Internet wird meines Erachtens nicht dazu führen, dass Bibliotheken und Archiven die Benutzer in den Lesesälen ausgehen – sie wird vielmehr die Aufmerksamkeit für die mittelalterlichen Quellen erhöhen und zu einer intensiveren Erforschung ihrer Materialität wie auch ihrer Inhalte führen. Wenn es um die Erforschung mittelalterlicher Fragmente geht, wird gern eine Wendung aus dem Johannesevangelium (6,12) zitiert[25] – und das zu Recht, denn die Achtsamkeit für Fragmente erlaubt uns, einen erheblichen Bereich der großenteils untergegangenen Buchkultur des Mittelalters in Ausschnitten zu erfassen und so unser allzu unvollständiges Wissen über diese Epoche zu erweitern.

25 Vgl. den Sammelband „Fragmenta ne pereant“. Recupero e studio dei frammenti di manoscritti medievali e rinascimentali riutilizzati in legature, hg. von Mauro Perani, Cesarino Ruini, Ravenna 2002.

Die Einsturzfragmente im Kölner Stadtarchiv

Ulrich Fischer und Wolfgang Meyer, Köln

Selbstverständlich beleuchtet Archivgut immer nur einzelne Facetten der Vergangenheit[1]. Eine Archivalie allein zeigt nie mehr als ein Fragment der historischen Realität, das erst mit weiterer Überlieferung in Beziehung gesetzt werden muss. Die historiographische Bearbeitung der Archivüberlieferung ist nichts anderes als die Ergänzung von Überlieferungssplittern zu einer Erzählung[2].

Wie kommt es aber zu dieser Fragmentierung der Überlieferung? Auf diese Frage ließe sich trefflich über die nicht erhaltbaren Aspekte einer historischen Realität philosophieren – aber es sind vielfach ganz handgreifliche Gründe, die dazu führen, dass in den Archiven fragmentierte Überlieferung vorgehalten wird. Hierzu zählen vor allem die Beschränkung auf papiergebundenes Material, die archivische Bewertung und nicht zuletzt die Zufälle, die die Überlieferung vorarchivisch oder, zum Glück seltener, nach der Übernahme ins Archiv ganz entscheidend formen und dezimieren. Blickt man auf die aktuelle Bewertungsdiskussion, so ist festzuhalten, dass das möglichst inhaltsreiche Fragment vielfach der Komplettüberlieferung von Massenakten vorgezogen wird – so auch beim Kölner Stadtarchiv. Auch wir nehmen bewusst eine fragmentierte Überlieferung in Kauf, etwa indem wir eine Kartei oder Datenbank mit aggregierten Kerndaten ins Archiv übernehmen und gleichzeitig die dazugehörigen großen Bestände von Massenakten zur Kassation freigeben[3].

Im Unterschied zu dieser reflektierten Entscheidung zur Übernahme von Ausschnitten aus der schriftlichen Überlieferung ist das Historische Archiv der Stadt Köln seit 2009 mit einer weitgehenden Fragmentierung seiner Bestände durch einen Überlieferungszufall konfrontiert[4]. Eine zumindest weitgehend geordnete Überlieferung aus tausend Jahren Kölner und rheinischer Geschichte wurde durch das Einsturzgeschehen des 3. März in

1 Die Autoren danken Frau Dr. Elisabeth Tharandt herzlich für ihre Vorarbeiten und Denkanstöße zu diesem Beitrag.

2 In seinem Roman *Sense of an Ending* legt Julian Barnes dem fiktiven französischen Philosophen Patrick Lagrange dazu folgenden, überaus zutreffenden Satz in den Mund: „History is that certainty produced at the point where the imperfections of memory meet the inadequacies of documentation." Julian Barnes, The Sense of an Ending, London 2011, S. 17.

3 Vgl. dazu Max Plassmann, Dokumentationsprofil für das Historische Archivs der Stadt Köln, in: Erinnern an die Zukunft. Das Kölner Bürgerarchiv, hg. von Bettina Schmidt-Czaia (Mitteilungen aus dem Stadtarchiv von Köln, 100), Köln 2014, S. 115–169, hier S. 130 zur „Verdichtung" der Überlieferung.

4 Überlieferungszufällen haben wir auch die „klassischen" Fragmentsammlungen (etwa die Handschriftenfragmente Best. 7050) zu verdanken, mit denen sich Joachim Deeters in diesem Band beschäftigt.

kurzer Zeit massiv verunordnet und schwer gezeichnet[5]. Viele Regalkilometer Archivgut können, obschon in ganz überwiegenden Teilen geborgen, in absehbarer Zeit nicht wieder in Gänze zur Nutzung vorgelegt werden. Trotz der umfangreichen Arbeiten vieler Hundert Menschen in Bergung und Erstversorgung, trotz unermüdlichem Einsatz von Archivarinnen und Archivaren, Restauratorinnen und Restauratoren, trotz der gewaltigen Unterstützung aus Archivwelt und beteiligten Fachwissenschaften: Das Archivgut des Kölner Stadtarchivs ist derzeit weitgehend fragmentiert und weitere große Anstrengungen sind erforderlich, um in Zukunft wieder flächendeckend eine Nutzung von vollständigen Archivalien in ihrem Bestandskontext zu ermöglichen.

Hat der Einsturz des Archivs 2009 somit den Gesamtbestand des Archivs in verschiedener Weise fragmentiert, so denkt man beim Stichwort „Einsturzfragment" insbesondere an die von den Helferinnen und Helfern der ersten Stunde als „Köln-Flocken" bezeichneten Papierschnipsel. Ganze Kartonreihen in den seit 2009 bezogenen Asylarchiven sind mit diesen Fragmenten gefüllt, also zerrissenen Einzelseiten, die im Zuge der Bergung nach dem Einsturz aufgefunden und anschließend erstversorgt worden waren. Manchmal lässt sich erkennen, dass einzelne Schnipselgruppen oder -serien zusammengehören. Häufig aber überrascht der Grad an Durchmischung, der diese „Fragmentsammlungen" auszeichnet.

Die Entstehung dieser Vielzahl an Fragmenten ist nicht verwunderlich. Vielfach waren es die gewaltigen Scherkräfte, die im Zuge des Einsturzes ganze Akten zerstörten. Zusätzliche Fragmentierungen ergaben sich durch die teilweise monatelange Wasserexposition von Bestandsteilen und auch durch Sicherungs- und Beweissicherungsmaßnahmen am Einsturzort, vor allem Bohrungen und andere Maßnahmen zur Erkundung des Untergrundes an der Einsturzstelle. In Anbetracht des Ausmaßes der Zerstörung ist es letztlich erstaunlich, wie viele Archivalien sämtlicher Gattungen den Einsturz ohne eine solche Fragmentierung überstanden haben.

Grob geschätzt eine Million dieser Fragmente wurden 2009 bis 2011 an der Einsturzstelle geborgen[6]. Von dieser teilweisen physischen Zerstörung sind grundsätzlich alle Bestände betroffen, die im eingestürzten Magazin gelagert wurden. Das jeweilige Ausmaß der Fragmentierung ergibt sich aus verschiedenen extern vorgegebenen Variablen, darunter der jeweilige Lagerungsort der Bestände oder Bestandsteile im eingestürzten Magazin, die Art und Qualität der archivischen Verpackung, die Materialität der Objekte und der Bergungsort.

Tatsächlich hat eine Fragmentierung auch in anderen Formen stattgefunden: So sind die bislang im Regal zusammengelagerten Bestände fragmentiert, das heißt in einzelne Einheiten aufgelöst worden. Bis heute sind zu keinem Bestand tatsächlich alle Einheiten

5 Vgl. dazu u. a. Bettina Schmidt-Czaia, Ulrich Fischer, Max Plassmann, Zum Einsturz des Historischen Archivs der Stadt Köln, in: Der Archivar. Zeitschrift für Archivwesen 62 (2009), S. 148–152, sowie die Beiträge im Sammelband Gedächtnisort. Das Historische Archiv der Stadt Köln, hg. von Bettina Schmidt-Czaia und Ulrich S. Soénius, Köln 2010.

6 Diese Schätzung hat nach wie vor einen großen Unsicherheitsfaktor, da die Anzahl der Fragmente im Zuge der Bergungserfassung nicht statistisch erhoben wurde.

wieder ermittelt und zusammengeführt worden[7]. Zur Auswertung bestimmter historischer Phänomene ist aber gerade dieser vollständige Bestandskontext ein wichtiges Kriterium, so dass die Fragmentierung von Beständen ebenfalls einen beträchtlichen Einsturzschaden ausmacht, selbst wenn die Einheiten physisch intakt überlebt haben. Der Aufwand besteht hier darin, die einzelnen Einheiten zunächst virtuell wieder ihrem Ursprungsbestand zuzuordnen. Dies ist dort besonders aufwändig, wo das Fehlen von Signaturen genau diese eindeutige Zuordnung von Einheiten zu ihrem Bestand erschwert.

Schließlich ist an die Kategorie der sogenannten „Formierungsfragmente" zu denken, d. h. Archivalien, die nach dem Einsturz nicht mehr vollständig aufgefunden werden konnten. „Formierungsfragment" kann alles sein, von einer einzelnen Seite eines Briefes bis zu einer Akte, der nur einige wenige Seiten fehlen. Dieser Fragmenttyp ist sehr zahlreich; und die Anzahl der Formierungsfragmente wird auch noch nach dem Ende der Bergungserfassung, also der ersten Sichtung aller geborgenen Objekte, weiter steigen. Dies aus zwei Gründen: Zum einen wird vielfach erst bei der detaillierten Betrachtung durch Facharchivare (intern als „Phase II" bezeichnet) genau erkannt, dass ein Objekt nicht vollständig erhalten ist – und dieser Prozess wird sich noch über Jahre hinziehen. Zum anderen wird jedes aus Puzzlefragmenten zusammengesetzte Blatt zunächst zu einem Formierungsfragment – es muss auch hier mit archivischem Fachverstand nach den zugehörigen Bergungseinheiten gesucht werden.

Die Zusammenführung der Fragmente (Puzzlefragmente wie Formierungsfragmente) ist eine besondere Aufgabe im Kontext des Wiederaufbaus. Dies gilt gerade für die Schnipsel oder auch „Köln-Flocken". Sie sind gleichsam das schwächste Glied im Wiederaufbauprozess, bündeln sich doch bei den kleinteilig zerrissenen Objekten die restauratorischen und archivischen Herausforderungen in besonderer Art und Weise. Anders herum: Um eine in Puzzlefragmente aufgelöste Verzeichnungseinheit wieder zusammenzuführen und im Original benutzbar zu machen, ist ein Vielfaches des Aufwandes erforderlich, der für physisch intakt geborgene Verzeichnungseinheiten anfällt. Die Frage ist also: Warum beschäftigt sich das Historische Archiv mit diesen besonders problematischen Fällen – und wie kann man die fragmentierten Einheiten am besten wieder aufarbeiten?

Die Frage nach dem Warum beantwortet klar und deutlich das Archivgesetz Nordrhein-Westfalen: In § 2 Abs. 7 ist festgelegt, dass „Archivgut [...] zu erhalten [und] instand zu setzen [...]" ist. Zweifelsohne handelt es sich bei den durch den Einsturz erst erzeugten Fragmenten um Archivgut, ist dieses doch vorher durch einen Archivar auf seine Archivwürdigkeit hin geprüft und in der Folge in den Archivbestand des Kölner Stadtarchivs übernommen worden[8]. Nicht alle „Köln-Flocken" sind allerdings fragmentiertes Archivgut. Unter den Puzzlefragmenten befindet sich auch fragmentiertes Bibliotheksgut sowie Material aus den Dienstzimmern der Archivare und Archivarinnen sowie den ebenfalls

7 Zu fast 100 % wieder identifiziert sind allerdings zum Beispiel die Bestände 1106 (Jan von Werth) und 101 (*Schreinsbücher*). Vgl. zum Best. 1106 auch http://www.stadt-koeln.de/politik-und-verwaltung/presse/restaurierungspatenschaft-fuer-jan-van-werth.

8 ArchivG NW § 2 Abs. 3 i. V. m. Abs. 6.

eingestürzten Nachbarhäusern[9]. Vielfach kann allerdings eine Unterscheidung zwischen diesen Kategorien am Puzzlefragment allein nicht getroffen werden, so dass im Zweifel die aufgefunden Puzzlefragmente gemeinsam weiter bearbeitet werden[10].

Ist die weit überwiegende Mehrheit des einsturzbetroffenen Archivgutes in städtischem Eigentum, so sind gerade unter den Nachlässen und Sammlungen etliche Deposita. Auch für diese Dauerleihgaben findet das Archivgesetz mit seinen einschlägigen Regelungen zur Erhaltung und Instandsetzung von archivwürdigen Unterlagen unmittelbar Anwendung[11]. Damit gilt auch für diese Bestände, selbst wenn die Fragmente daraus von dem übrigen Archivgut sicher unterscheidbar wären, die Verpflichtung zu einer Weiterbehandlung analog zum sonstigen Archivgut.

Hinzu kommt, dass nicht nur für die Stadt Köln, sondern auch für Eigentümer solcher als Depositum überlassener Bestände Ansprüche gegen einen eventuellen Verursacher des Archiveinsturzes bestehen. Dies bedeutet, dass Schadenminderungs- und Erhaltungsmaßnahmen für alles Material, egal ob städtisches Eigentum oder Dauerleihgabe, egal ob fragmentiert oder intakt, gleichermaßen durchgeführt werden müssen. Dies ist auch nachvollziehbar, denn die Entscheidung für die Aufnahme von Nachlassgut ins Archiv – und sei es als Dauerleihgabe oder mit einem späteren Eigentumsübergang an die Stadt Köln – wurde und wird aus denselben Gründen getroffen wie für städtisches Verwaltungsschriftgut: Es geht darum, unikale, archivwürdige Überlieferung für die Nachwelt zu sichern. Genau die Einzigartigkeit zeichnet die Puzzlefragmente aus dem Kölner Stadtarchiv aus. Damit verbietet sich auch die Überlegung, flächendeckend für schwer fragmentiertes Archivgut eine irgendwie geartete „Ersatzüberlieferung" zu generieren.

Für die Fragmente gilt es also genau wie für die intakt geborgenen Einheiten, konservatorische Maßnahmen durchzuführen und die Objekte zu erfassen und wo möglich zu identifizieren. Gleichzeitig erfordert die Fragmentierung dieses Materials eine spezielle Strategie, um die Wiederaufbauprozesse rationell und effizient auf die Puzzlefragmente umzusetzen. Mehr noch, in Anbetracht begrenzter Personalressourcen ist es ein wichtiges Ziel, die „Köln-Flocken" möglichst wenig händisch zu bearbeiten, da die verfügbaren Kapazitäten effizienter für den Prozess der Wiederbenutzbarmachung unfragmentierten Archivgutes eingesetzt werden können. Wenn aber nun die Erhaltung, Identifizierung und Zusammenführung der Einsturzfragmente in rechtlicher Hinsicht unverzichtbar sind, gleichzeitig der dafür bei „konventioneller" Bearbeitung erforderliche Personal-, Logistik- und Flächenaufwand nicht realisierbar ist, bleibt letztlich nur die Entwicklung und Einführung technischer Verfahren zur Fragmentbearbeitung.

---

9 Für die Behandlung dieser Fragmenttypen hat das Historische Archiv jeweils eigene Arbeitsabläufe entwickelt. Diese greifen nur dort, wo Puzzlefragmente eindeutig einer dieser Sonderkategorien zuzuordnen sind. Ansonsten durchlaufen alle Fragmente einen gemeinsamen Prozess.

10 Diese Unterscheidung ist insbesondere dort schwierig, wo historische Büchersammlungen in einen Archivbestand eingegangen sind, etwa im Best. 1333 (Hans Mayer).

11 Die Übernahme von nichtamtlichem Schriftgut durch kommunale Archive ist im § 10 Abs. 6 ArchivG NW geregelt. Die Verpflichtung zur Instandhaltung für kommunales Archivgut ergibt sich aus § 10 Abs. 5 i. V. m. § 5 Abs. 2 ArchivG NW.

Das Historische Archiv der Stadt Köln hat deshalb seit 2009 nach Kooperationspartnern gesucht, um rationelle Verfahren zur Bearbeitung der Puzzlefragmente zu entwickeln. Im Mittelpunkt stehen dabei Ansätze einer virtuellen Rekonstruktion der fragmentierten Archivalien und ein Verfahren für eine teilweise automatisierte Reinigung eines großen Anteils der Fragmente. Nach ersten Machbarkeitsstudien bald nach dem Einsturz hat das Historische Archiv seit 2013 in einem Entwicklungsprojekt begonnen, technische Lösungen und dazu passende Abläufe zu entwickeln. Projektpartner ist dabei die MusterFabrik Berlin, ein Unternehmen, das sich auf die Anpassung und Weiterentwicklung der beim Fraunhofer IPK in Berlin entwickelten „Stasi-Schnipselmaschine" spezialisiert hat. Erste Ergebnisse dieses noch laufenden Projektes sind sehr ermutigend[12].

Tatsächlich ist es aber nicht so, dass die in solchen Projekten entwickelten Technologien allein Fragmente der verschiedenen Fragmentierungskategorien wieder zusammenführen können. Die Erarbeitung von Metadaten, die Reinigung und Konditionierung zumindest von besonders schwer betroffenen „Köln-Flocken", die erforderliche Logistik für „Schnipselkartons" und anderes mehr sind Aufgaben, die Kolleginnen und Kollegen schon jetzt , und zum Teil seit 2009 ohne spezielle technische Unterstützung durchführen. Im Gegenteil, die Bearbeitung der Fragmente ist von Anfang an ein wichtiger Aspekt der Wiederaufbauarbeiten gewesen. Fragmentbearbeitung im Rahmen einiger noch laufender oder schon abgeschlossener Prozesse wird im Folgenden knapp beschrieben:

Ganz am Anfang der Wiederaufbauarbeiten stand bekanntlich die sogenannte „Erstversorgung". Konfrontiert mit der Gesamtmenge von allein gut 27 Kölner Regalkilometern einsturzbetroffenen, kartonierten Archivgutes (nicht eingerechnet die ebenfalls betroffenen fotografischen Medien, Urkunden, Großformaten und Bibliotheksbestände) musste das Stadtarchiv nach dem Einsturz auf rationelle Mengenverfahren für die anstehenden Arbeiten setzen. Im ersten dieser Mengenverfahren wurden von Archivmitarbeitern und einigen Hundert Freiwilligen bis Ende September 2009 alle bis dahin geborgenen Objekte verpackt und in geeignete Magazinräumlichkeiten (Asylarchive) überführt. In diesem Prozess wurden Fragmente gemeinsam mit unfragmentiertem Archivgut bearbeitet. Entscheidendes Ordnungskriterium war die sog. „Kiste", die den unmittelbaren zeitlichen und örtlichen Bergungszusammenhang erhielt. Der Inhalt einer Kiste wurde in eine geeignete Anzahl von Archivkartons verpackt und diese mit der Bezeichnung der Kiste sowie einer laufenden Nummer markiert. Wo dies im Ablauf der Erstversorgung möglich war, wurden bereits hier zusammengehörige Fragmente in gemeinsame Verpackungseinheiten verpackt.

Im zweiten Arbeitsschritt, der sog. Bergungserfassung, werden nun seit der zweiten Jahreshälfte 2009 alle in der Erstversorgung gepackten Kartons im Kistenzusammenhang geöffnet, aus dem Inhalt geeignete Einheiten („Bergungseinheiten") formiert, diese beschrieben, barcodiert und neu verpackt. Derzeit sind knapp 900.000 Einheiten soweit

12 Das Projekt wurde zunächst im Rahmen einer Machbarkeitsstudie im Februar 2010 untersucht, vgl. dazu die Zusammenfassung unter http://www.ipk.fraunhofer.de/geschaeftsfelder/automatisierungstechnik/fachabteilungen/sicherheitstechnik/zentrale-fuer-aktivitaeten-der-abteilung-sicherheitstechnik/virtuelle-rekonstruktion/projekt-historisches-archiv-der-stadt-koeln/. Nach Abschluss des Projektes (gegenwärtig geplant Ende 2015) werden die Ergebnisse zu automatischer Rekonstruktion und unterstützter Reinigung dargestellt werden.

wie möglich identifiziert oder zumindest beschrieben worden[13]. Hierbei tauchen nun auch die Einsturzfragmente auf – bisweilen als Einzelfragmente, öfter aber in inhaltlich zusammenhängenden Gruppen. Mehr und mehr haben wir feststellen können, dass es häufig inhaltliche Bezüge zu den sonstigen Bergungseinheiten derselben Kiste gibt. Allein deshalb wurden von vornherein immer nur Puzzlefragmente einer Kiste in sogenannten „Fragmentkartons" gesammelt. In Zusammenarbeit mit unseren Projektpartnern bei der *Digitalen Rekonstruktion Kölner Fragmente* kamen dann weitere Überlegungen hinzu, um die Fragmente nach verschiedenen Kategorien zu sortieren und möglichst viele Informationen über sie in Form von Fragmentmetadaten zu erhalten und zu sammeln.

Um eine zielgenaue Weiterbearbeitung der Fragmente zu ermöglichen, wurde im Zuge der Arbeit in der Bergungserfassung die Behandlung der Fragmente weiter ausdifferenziert und die einzelnen, hier generierten „Bergungseinheiten" näher und mit Datenbanktechnik auswertbar beschrieben[14]. Bei der Erfassung wird festgehalten, ob eine Bergungseinheit ein Formierungs- oder gar ein (Konvolut von) Puzzlefragment(en) ist. Selbstverständlich werden aufgefundene Zusammenhänge erhalten, d. h. erkennbar zusammengehörige Fragmente aller Typen zusammensortiert. Dort, wo Zusammenhänge aufgefunden werden, von denen nicht klar ist, ob diese für die weitere Identifizierung der Einheiten sinnvoll sind, werden diese ebenfalls (in Form von Verweisen auf die jeweils eindeutigen Barcodes einer jeden Bergungseinheit) in der Software hinterlegt.

Das sogenannte Puzzlefragment ist das „klassische" Einsturzfragment – das, was Helfer und Helferinnen der ersten Stunde eben gern als „Köln-Flocke" bezeichneten, meist ein abgerissenes Stück einer Seite aus einer Akteneinheit[15]. Dieses kann mehr oder weniger Information enthalten. Derartige Fragmente liegen von allen Materialgruppen vor, die im eingestürzten Archiv gelagert wurden: Urkunden, Amtsbücher und Fotomaterialien, Großformate und vor allem Aktenblätter aller denkbaren Materialien und -kombinationen erscheinen in den Kartons, die in den Asylarchiven bearbeitet werden. Gemeinsames Merkmal dieser Kategorie von Fragment bildet ihre physische Zerstörung – und gemeinsames Ziel die virtuelle Rekonstruktion mit den Mitteln der Projektpartner aus dem DRKF-Projekt.

Eine Sonderrolle spielen hierbei voraussichtlich noch jene Fragmente, die die Information einer Seite (fast) vollständig enthalten. Zwar handelt es sich auch hierbei um „Puzzle-Fragmente", sind doch unter den übrigen Fragmenten Gegenstücke zu erwarten. Allerdings ist hier durch die Fragmentierung für die Benutzung keine oder nur eine zu vernachlässigende Einschränkung zu konstatieren; die Rekonstruktion dieser Objekte kann zunächst

13 Stand 4. Quartal 2014. Weitere ca. 150.000 Bergungseinheiten sind ohne eine genaue Beschreibung barcodiert worden. Hier handelt es sich um Material aus der „Nassbergung", das aus Gründen des Arbeitsschutzes vor der Trockenreinigung nicht erfasst werden kann, sondern nur barcodiert wird.

14 Der Prozess der Bergungserfassung ist im Oktober 2014 auf der 24. Tagung des Österreichischen Restauratorenverbandes in Kooperation mit der Akademie der bildenden Künste in Wien von Nadine Thiel und Ines Weissberg vorgestellt worden. Die Publikation des Beitrages befindet sich in Vorbereitung.

15 Die „Köln-Flocke" hat es auch zu einem Wikipedia-Eintrag gebracht: http://de.wikipedia.org/wiki/K%C3%B6ln-Flocken.

zurückgestellt werden. Es ist allerdings noch genau festzulegen, nach welchen Kriterien der Typus der „fast vollständigen Seite“ festzulegen und welche Prozesse diese Objekte zu welchem Zeitpunkt im Wiederaufbauprozess durchlaufen sollen.

Die „Köln-Flocke“ ist jedoch nicht der einzige einsturzbedingte Fragmenttyp in den geborgenen Beständen des Historischen Archivs. Vielfach tauchen sogenannte „Formierungsfragmente“ auf, also erkennbar unvollständige Archivalieneinheiten. Dabei kann es sich um eine einzelne Seite aus einem Aktenkonvolut handeln, genauso aber eine Lage (oder Teile davon) aus einem Amtsbuch oder eine erkennbar unvollständige Gruppe von Fotos. Bei Urkunden oder Großformaten ist der Charakter als Formierungsfragment oft schwerer zu erkennen, umfassen doch Verzeichnungseinheiten bei diesen Materialgruppen nicht immer mehr als ein Einzelobjekt. Im Zusammenhang mit der *Digitalen Rekonstruktion Kölner Fragmente* ist darauf zu verweisen, dass in den allermeisten Fällen auch eine vollständig virtuell rekonstruierte Seite ein Formierungsfragment sein wird.

Für alle Formierungsfragmente besteht die Herausforderung darin, sie wieder in den Kontext der ursprünglichen Verzeichnungseinheit zu bringen. Dieses Ziel wird mit technischen Mitteln allein nicht zu erreichen sein. Stattdessen wird archivischer Fachverstand sowie ggf. netzbasierte kollektive Arbeit erforderlich sein, um die verschiedenen Teile wieder zu einer vollständigen Einheit zusammenführen zu können[16]. Da im Normalfall die Signatur als einfaches und (meist) eindeutiges Kriterium der Zuordnung nicht auf allen Formierungsfragmenten einer Archivalie zur Verfügung steht, wird das Zusammenführen der Formierungsfragmente die Archivarinnen und Archivare noch auf lange Jahre beschäftigen.

Besonders wichtig wird in diesem Zusammenhang die Arbeit der Facharchivare und -archivarinnen im Rahmen der zweiten Identifikationsphase. Sie analysieren jede Bergungseinheit (und damit auch jedes Formierungsfragment) nach ihrer restauratorischen Behandlung auf Vollständigkeit und unterscheiden zwischen abgeschlossenen Verzeichnungseinheiten und Formierungsfragmenten. Erstere werden provenienzgerecht einem Bestand zugeordnet und erhalten ihre alte Signatur zurück. Formierungsfragmente werden hingegen – ebenfalls provenienzgerecht – Verzeichnungseinheiten zugeordnet, bilden also Untereinheiten. Für beide Typen von Bergungseinheiten gilt: Ist ein Herkunftsbestand nicht zu ermitteln, wird das Objekt einem neu geschaffenen Sonderbestand („X-Bestand“) zugeordnet.

16 Dies ist ein Ziel der 2012 mit Unterstützung der Deutschen Forschungsgemeinschaft begonnenen Weiterentwicklung des Digitalen Historischen Archivs Köln (DHAK), vgl. Janusch Carl, Andreas Rutz, Bits and Bytes statt Pergament und Papier? Das digitale Historische Archiv Köln und die Zukunft des Kölner Stadtarchivs im Web 2.0, in: Der Archivar. Zeitschrift für Archivwesen 65 (2012), S. 143–153; Manuel Hagemann, Andreas Rutz, Das digitale Historische Archiv Köln. Digitale Präsentation der Archivalien und virtuelle Rekonstruktion der Bestände des Historischen Archivs der Stadt Köln. Ein neues DFG-Projekt der Abteilung für Rheinische Landesgeschichte, in: Rheinische Vierteljahrsblätter 77 (2013), S. 309–314; Manuel Hagemann, Chancen kollaborativer Archivalienerschließung im digitalen Umfeld. Konzepte für den Ausbau des Digitalen Historischen Archivs Köln, in: Rheinische Vierteljahrsblätter 78 (2014), S. 192–221.

Die Einheit – und damit auch das Formierungsfragment – ist damit auf jeden Fall benutzbar. Sie kann über die digitalen Findmittel des Archivs gefunden und – sofern konservatorisch unbedenklich – zur Nutzung im Lesesaal vorgelegt werden. Vor allem aber können damit fragmentierte und vollständige Einheiten in den Portalen des Historischen Archivs als Digitalisate zur Verfügung gestellt werden. In der Zukunft sind auch interaktive Werkzeuge in Planung, die online Informationen von Nutzern und Mitarbeitern aufnehmen können, um eine genauere Zuordnung zu einer Ursprungsarchivalie zu ermöglichen.

Um eine Zuordnung von Einsturzfragmenten zu Seiten und weiter zu Verzeichnungseinheiten wieder zu ermöglichen, ist es erforderlich, die verfügbaren Informationen darüber immer weiter anzureichern. Die hierbei entstehenden Metainformationen werden in der Erfassungs- und Restaurierungsdatenbank des Archivs vorgehalten und stehen allen weiteren Prozessen zur Verfügung. Dabei ist die Verwendung von kontrolliertem Vokabular unerlässlich.

Eine wichtige Information ist der Bergungszusammenhang, blieben doch trotz der generellen Vermischung des Archivgutes im Einsturzgeschehen immer wieder kleine „Nester" aus zusammengelagertem Archivgut bestehen. Um diesen Restzusammenhang zu erhalten, wurde im Erstversorgungszentrum immer das Bergungsgut gemeinsam bearbeitet, das zu jeweils einer Zeit aus einer Schicht und in einem Bereich an der Einsturzstelle aufgefunden wurde. Die Aufteilung des Bergungsgutes auf Kisten spiegelt grob dessen Bergungs- und Anlieferungszusammenhang wider. Die Informationen zum Bergungszusammenhang (also in erster Linie die über die ursprüngliche Kiste, aber auch die Daten der Erstverpackung und Auslieferung in Asylarchive) werden jeder Einheit in unserem System mitgegeben. Sie stehen damit auch für alle technischen Rekonstruktionsversuche zur Verfügung.

Als *horizontale Serien* werden in Köln zusammengehörige Puzzlefragmente einer Seite bezeichnet. Oft finden sich zusammengehörige Teile einer Seite in engem Bergungszusammenhang. Diese werden im Zuge der Bergungserfassung zu Konvoluten zusammengefasst. Dies vereinfacht die spätere Arbeit bei der Rekonstruktion der Seiten, stehen doch schon die ersten zusammenhängenden Fragmente fest. *Vertikale Serien* sind ein typisches Produkt des Kölner Einsturzgeschehens. Die gewaltigen Scherkräfte haben vielfach ganze Akten von oben bis unten durchgerissen und gleichzeitig deformiert. Für die Fragmente bedeutet dies zweierlei. Zum einen gibt es oft Gruppen von Puzzlefragmenten mit annähernd gleicher Form und gleichen Risskanten, die dazu auch noch oft ähnliche Deformierungen aufweisen. Dies kann die automatische virtuelle Zusammensetzung grundsätzlich erschweren, da aufgrund der Randbeschaffenheit mehrere Fragmente zu einem Basisfragment passen können und nur der Mensch durch Lesen die richtige Kombination bestimmen kann. Es können aber auch Vorteile für die virtuelle Rekonstruktion erreicht werden, etwa, wenn noch Reihenfolgen erkennbar sind. Dies trifft insbesondere bei Büchern oder noch gebundenen Aktenfragmenten vor, bei denen die Bindungsseite intakt und damit die Reihenfolge der Fragmente gesichert ist.

Eine grobe Sortierung des fragmentierten Archivgutes ist anhand seiner *Materialität* möglich. Hier kann nicht nur grob zwischen Trägermaterialien und Archivgutarten unterschieden werden, sondern Papierfarben, Texturen, erkennbare Ursprungsformate oder

Beschreibstoffe lassen weitere Unterscheidungen zu. Das gleiche gilt für die Reste von bestandstypischem Verpackungs-, Bindungs- oder Bündelungsmaterial.

Formale Kriterien können diesen Vorsortierungsprozess weiter differenzieren. So können Notenblätter von Briefen, diese von Tabellen oder Formularen unterschieden werden. Bestimmte Kartei- oder Amtsbuchfragmente sind aufgrund von Layout und Strukturierung erkennbar. Hilfreich können außerdem wiederkehrende Standardaufdrucke auf Formularen oder nicht wiederkehrende Schreibmaschinen- oder Drucktypen, in Ausnahmefällen auch zweifelsfrei zuzuordnende Handschriften sein.

Davon zu unterscheiden sind Metainformationen, für die eine *verstehende Betrachtung* des Fragments erforderlich ist. Ein grobes Raster für diese Informationen würde Kriterien wie die Sprache des Stückes, sein Alter oder die Zuordnung zu einer Archivgutart (Amtsbuch, moderne Akte, Plakat usw.) berücksichtigen. Selbstverständlich ist mit mehr Aufwand und je nach erhaltener Information auf dem Fragment eine weitere Verfeinerung dieses Rasters möglich, von einer allgemeinen Zuordnung des Fragmentes in die Bestandstektonik des Archivs bis hin zu einer punktgenauen Identifikation des Stückes. Auch können durch aktenkundliche Betrachtungen und archivisches Fachwissen für einzelne Fragmente inhaltliche Kontexte ermittelt und andere ausgeschlossen werden. All dies setzt allerdings eine eingehende Beschäftigung einer Fachkraft mit dem einzelnen Fragment voraus.

Vor dem Hintergrund dieser Überlegungen hat sich im Rahmen der bisher etablierten Prozesse folgendes Verfahren für den Umgang mit fragmentiertem Archivgut ergeben:

Einsturzfragmente, die im Rahmen der Bergungserfassung aufgefunden werden, werden zunächst mit überschaubarem Aufwand auf Zusammengehörigkeit geprüft. Dabei werden Serien zusammengehalten. Jede der in diesem Prozess geschaffenen Bergungseinheiten wird barcodiert. Dazu wird ein Datenbankeintrag angelegt und ggf. um Metadaten (etwa zu Materialität, Sprache, formalen Kriterien) ergänzt. Wie für unfragmentiertes Bergungsgut auch erfolgt wo möglich eine Zuordnung zu Beständen oder Verzeichnungseinheiten. Diese kann mit unterschiedlichen Wahrscheinlichkeiten hinterlegt werden. Ersatzweise kann eine Angabe zur vermuteten Herkunft des Schriftstückes eingegeben werden. Nur noch wenige, überhaupt nicht weiter zuzuordnende Fragmente werden dann in einen Sonderkarton für „gemischte Einsturzfragmente“ überführt, der im Bedarfsfall angelegt wird.

Die für Einzelfragmente oder Fragmentkonvolute erhobenen Daten liegen immer kistenweise vor, d.h. jeder Datensatz zu einer Fragment-Bergungseinheit enthält alle verfügbaren Informationen zum Bergungszusammenhang. Für eine spätere automatische Suchraumreduktion im Rahmen der virtuellen Rekonstruktion stehen diese und alle weiteren Metadaten ebenso zur Verfügung wie zur späteren Detailidentifikation bei der Bestandszusammenführung „Phase II“ oder in einem kollaborativen, netzbasierten Identifikations-Tool, wie es im DFG-Projekt „Digitale Rekonstruktion Kölner Fragmente“ projektiert ist.

Formierungsfragmente durchlaufen grundsätzlich dieselben konservatorisch/restauratorischen Abläufe wie intakt geborgene Archivalieneinheiten. Auch für diese Objekte steht am Beginn der Bearbeitung die sogenannte Trockenreinigung, d.h. die Einheiten werden vom aufliegenden und teilweise in die Faserstruktur eingedrungenen Einsturzstaub befreit.

Dasselbe Verfahren durchlaufen vielfach auch die Konvolute mit Puzzlefragmenten. Kartons allerdings, in denen sich gemischte Puzzlefragmente befinden, werden schon jetzt intensiv gereinigt und mit speziellen restauratorischen Verfahren und Konditionierungsmaßnahmen für eine rekonstruktionsfähige Digitalisierung aufbereitet. Diese Arbeiten übernimmt das Technische Zentrum für Bestandserhaltung des LVR-Archivberatungs- und Fortbildungszentrums in Pulheim-Brauweiler für das Kölner Stadtarchiv[17]. Derzeit erfolgt diese Bearbeitung weitgehend manuell.

Die händische Bearbeitung dieser Fragmente ist ein zuverlässiges, allerdings aufwändiges Verfahren. Es ist indes bislang alternativlos – und zudem das Verfahren der Wahl, um Fragmentgruppen zu erstellen, die dann digitalisiert und mit der Methode der Virtuellen Rekonstruktion technikunterstützt virtuell zusammengeführt werden können. Derzeit ist dies unter anderem besonders wichtig, um die für die virtuelle Rekonstruktion verwendeten Algorithmen zu optimieren. Für die Zukunft ist allerdings zumindest eine technikunterstützte Reinigung wünschenswert, um in einem absehbaren Zeitraum ausreichend große Mengen an Puzzlefragmenten so aufzubereiten, dass sie digitalisiert und dann mit Aussicht auf viele „Treffer" virtuell rekonstruiert werden können.

Mit diesen Maßnahmen stellt sich das Historische Archiv der Stadt Köln den Herausforderungen, die sich aus der Bergung einer siebenstelligen Anzahl von Archivfragmenten ergeben. Fragmentiertes Archivgut unterliegt demselben Grad an rechtlichem Schutz; seine Erhaltung und Nutzbarmachung ergibt sich unmittelbar aus § 2 Abs. 7 ArchivG NW. Auch ist die Aufarbeitung der Einsturzfragmente eine Aufgabe, für die die Stadt Köln von einem Verursacher des Unglücks vom 3.3.2009 Schadenersatz geltend machen wird. Schließlich sind die fragmentierten Bestandteile von Deposita im Historischen Archiv auch Gegenstand der Forderung ihrer Eigentümer, eine vollständige Aufarbeitung des beschädigten Leihgutes sicher zu stellen.

Indes ist die konventionelle Bearbeitung des einsturzbedingt fragmentierten Archivgutes eine komplexe und personalintensive Aufgabe, die das Stadtarchiv in absehbarer Zeit mit den vorhandenen Ressourcen nicht leisten können wird. Es gilt daher im Sinne dieser Pflichtaufgabe, alle Möglichkeiten zu nutzen, die die Kooperation mit Fachkräften, Wissenschaft und Anlagenbau bietet. Mit dieser Zielsetzung ist das Kölner Projekt *Digitale Rekonstruktion Kölner Fragmente* angetreten und hat bereits jetzt in der Kooperation mit dem Fraunhofer IPK, der Fachhochschule Köln und dem Technischen Zentrum für Bestandserhaltung des Landschaftsverbandes Rheinland in Brauweiler beträchtliche Erfolge erreicht. Am Ende des Projektes soll 2015 eine Lösung stehen, die teilautomatisiert für einen Anteil des fragmentierten Archivgutes die Aufgaben Reinigung, Glättung, Scannen, Kennzeichnung, Metadatenerfassung und virtueller Rekonstruktion erledigt. Dies wird keinesfalls ohne die Einbindung von Fachkräften funktionieren, aber die Technik wird dazu dienen, die Fachkräfte von vielen Routine-Aufgaben zu entlasten.

Die gegenwärtige Planung sieht für die virtuelle Rekonstruktion der Kölner Fragmente wie dargestellt ein gestuftes System vor, bei dem die technisch unterstützte Reinigung und Zusammenführung der digitalisierten Fragmente nur für einen Teil der siebenstelligen

---

17 Bis Ende 2014 wurden diese Arbeiten durch das LVR-AFZ aus Mitteln der sog. „Köln-Hilfe" unentgeltlich durchgeführt. Seit Anfang 2015 ist dieses Projekt in eine Kooperation zwischen LVR und Stadt Köln überführt worden. Im Februar 2015 wurde in Brauweiler das 100.000ste Fragment gereinigt.

Gesamtzahl von „Köln-Flocken" eine Lösung darstellen werden. Es ist noch nicht absehbar, wie groß dieser Anteil sein wird – und es wird selbstverständlich weiter das Bestreben sein, den Anteil so groß wie möglich zu machen.

In keinem Fall aber wird es gelingen, die restauratorische und die archivfachliche Kompetenz bei der Bearbeitung der Fragmente überflüssig zu machen. Das Kölner Stadtarchiv wird längerfristig damit planen müssen, dass Archivare im Rahmen der Assistenzfunktion der „Reko-Software" Qualitätssicherung und Bewertung von „Puzzle"-Vorschlägen vornehmen. Ebenso lange werden restauratorische Fachkompetenzen erforderlich sein, um die nicht maschinell zu konditionierenden Fragmente aufzubereiten. Hier plant das Historische Archiv der Stadt Köln weiter mit der zum 1.1.2015 in eine Kooperation überführten Hilfsmaßnahme des LVR-Archivberatungs- und Fortbildungszentrums Brauweiler.

Aber nicht nur Archivare werden für diese Arbeiten gebraucht, auch Nutzer des Archivs, die vor 2009 mit den Beständen gearbeitet haben sowie Eigentümer oder Deponenten sollen sich daran beteiligen und ihre jeweilige Bestandskenntnis einbringen. Dazu wird ein internetbasiertes System zur Identifikationsunterstützung benötigt, das zeit- und ortsunabhängig von angemeldeten Experten genutzt werden kann. Diese Stufe der Identifikation befindet sich allerdings derzeit noch in der Planung und kann erst realisiert werden, wenn weitere grundsätzliche Fragen (Einspeisung aller Digitalisate, vollständige Etablierung der facharchivarischen Identifikation („Phase II") u. a. m.) abgearbeitet sind.

ePuzzler – Automatisierte Virtuelle Rekonstruktion der zerrissenen Stasi-Akten
Technologie und potenzielle Anwendungen

Jan Schneider und Bertram Nickolay, Berlin

1 Ausgangslage

Im Herbst 1989 hat das Ministerium für Staatssicherheit der ehemaligen DDR („MfS" oder „Stasi") in einer Nacht- und Nebelaktion versucht, große Mengen an Akten zu beseitigen. Etwa 40 Millionen Blatt Papier wurden per Hand von MfS-Mitarbeiterinnen und Mitarbeitern in durchschnittlich 4 bis 30 Teile je Seite zerrissen – manche Seiten sogar in 60 Teile und mehr. Innerhalb weniger Wochen wurden auf diese Weise mindestens sechs laufende Aktenkilometer in geschätzt 600 Millionen Papierschnipsel zerlegt, die bis zum heutigen Tag in knapp 16.000 großen Papiersäcken beim Bundesbeauftragten für die Unterlagen des Staatssicherheitsdienstes („BStU") lagern.

Diese gewaltige Menge zerrissener Seiten von Hand zusammenzufügen, ist nur in Ansätzen möglich und würde Jahrhunderte dauern. Im Jahr 2007 hat daher das Fraunhofer-Institut für Produktionsanlagen und Konstruktionstechnik (IPK) von der Bundesregierung den Forschungsauftrag erhalten, ein ganzheitliches System zu entwickeln, das eine automatisierte virtuelle Rekonstruktion der zerrissenen Stasi-Unterlagen ermöglicht. Im Rahmen einer so genannten Pilotphase soll mit diesem System zunächst eine Menge von etwa 15 Millionen Schnipseln, der Inhalt von etwa 400 Säcken, virtuell rekonstruiert werden.

Zur Lösung der komplexen Aufgabenstellung wurde am Fraunhofer IPK der „ePuzzler" implementiert: eine völlig neu entwickelte Rekonstruktionssoftware, die gescannte Papierfragmente diverser Ausprägungen automatisiert zu vollständigen Seiten zusammensetzen kann. Die Software stellt zudem Werkzeuge zur Verfügung, um fragwürdige oder doppeldeutige Puzzleergebnisse manuell zu prüfen und gegebenenfalls zu korrigieren.

Durch das Vorhandensein des ePuzzlers wird eine gegenüber der rein manuellen Herangehensweise umfassende und zudem deutlich schnellere Rekonstruktion der Stasi-Unterlagen möglich. Die Software wertet mit Hilfe komplexer Algorithmen der Bildverarbeitung und Mustererkennung die Daten digitalisierter Schnipsel aus, die ein Scanner zuvor erfasst hat: Auf Basis von Merkmalen wie Form, Farbe, Textur, Linierung und Schriftbild der Schnipsel werden passende Partner gesucht und anschließend virtuell gepuzzelt.

Im folgenden Abschnitt werden zunächst die Aufgabenstellung und die daraus resultierenden Herausforderungen des Stasi-Schnipsel-Projekts ausführlicher beschrieben, bevor in Abschnitt 3 ausführlich auf die prinzipielle Funktionsweise des ePuzzlers sowie die grundlegenden Prozessschritte der automatisierten virtuellen Rekonstruktion eingegangen wird. In Abschnitt 4 werden dann abschließend anhand ausgewählter, am Fraunhofer

IPK neben dem Stasi-Schnipsel-Projekt bearbeiteter Projekte weitere Anwendungsgebiete der virtuellen Rekonstruktion vorgestellt, die zum Teil über das Puzzeln von Papier hinausgehen.

2 Herausforderungen des Stasi-Schnipsel-Projekts

Das Grundprinzip der virtuellen Rekonstruktion von zerrissenen Blättern gleicht der Methodik eines Menschen beim Puzzeln. Der Mensch entscheidet anhand einer Vielzahl von Merkmalen, ob zwei Teile zusammen passen oder nicht. Bei größeren Puzzeln gruppiert er zudem vorab Untermengen vermeintlich zusammengehöriger Teile, puzzelt also nicht nach dem Zufallsprinzip. Analog zur menschlichen Vorgehensweise berechnet der ePuzzler zunächst verschiedene Merkmale der Schnipsel, wie Kontur, Papierfarbe, Schrift oder Linierung. Diese Merkmale werden u. a. genutzt, um die Anzahl potenzieller Puzzle-Kandidaten so gering wie möglich zu halten, indem ähnliche Schnipsel mittels intelligenter Suchraumreduktion in Untermengen, so genannten Clustern, zusammengefasst werden. Innerhalb dieser Cluster findet dann die eigentliche Rekonstruktion statt. Passen zwei Schnipsel zusammen, werden diese digital verklebt und bei der weiteren Rekonstruktion als größeres Fragment berücksichtigt.

Im Sinne der virtuellen Rekonstruktion wird dieser Vorgang mit Matchen und Mergen bezeichnet: Beim Matchen wird der Grad der Übereinstimmung zweier Puzzleteile berechnet und beim Mergen werden zwei matchende Teile zu einer (größeren) Teilrekonstruktion digital zusammengefügt.

Verwendet man beim Matchen den Konturverlauf der Risskanten als Übereinstimmungsmerkmal, können mit dieser einfachen Vorgehensweise bereits kleine Puzzle mit hunderten Schnipseln, die sich zu wenigen hundert Seiten zusammensetzen, automatisch gelöst werden – allerdings nur, wenn folgende Randbedingungen erfüllt sind:

- Die Konturverläufe passender Risskantenpaare sind bezogen auf die Gesamtmenge der zu verarbeitenden Schnipsel jeweils „ausreichend einmalig“. Nur dann kann der Konturverlauf – vergleichbar einem biometrischen Template – als hinreichend trennscharfes Matchingkriterium verwendet werden.
- Die Distribution von globalen Merkmalen wie beispielsweise Schnipselfarbe, Schrift oder Linierung weist bezogen auf die Gesamtmenge der zu verarbeitenden Schnipsel „genügend“ lokale Minima und Maxima auf. Nur dann kann eine effiziente Suchraumreduktion durchgeführt werden, die entscheidend für die Performanz des Matchings ist.

Beide Randbedingungen sind in realen Puzzleaufgaben nur selten und insbesondere beim „Stasi-Puzzle“ gar nicht erfüllt. Das bedeutet im Umkehrschluss, dass ein System, das allein auf diesen Randbedingungen aufsetzt, nicht praxistauglich wäre. Folgende Sachverhalte verdeutlichen dies:

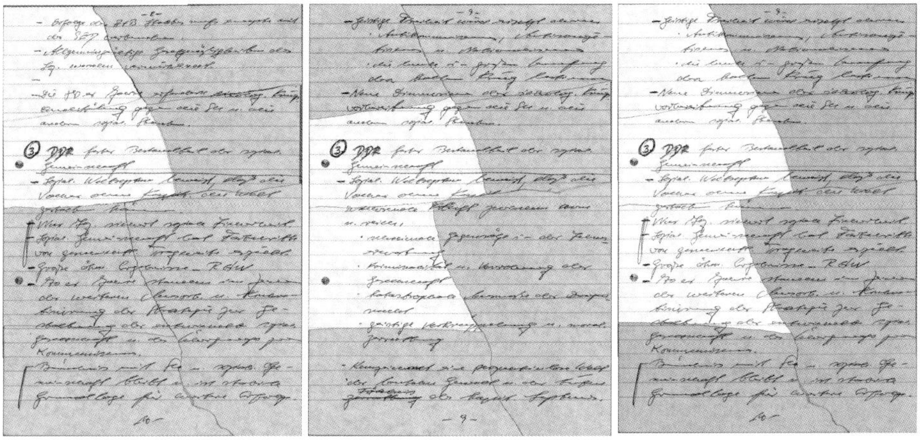

Abb. 63
Beispiel en bloc zerrissener Dokumente mit sehr ähnlichen Risskanten. Werden mehrere Seiten eines Dokuments in einem Stück zerrissen, führt dies in der Regel zu mehrdeutigen Rekonstruktionsvorschlägen. Links und Mitte: Die vorgeschlagenen Paarungen des mit „DDR" beschrifteten Schnipsels sind falsch. Rechts: Die jeweils vorgeschlagene Paarung des mit „DDR" beschrifteten Schnipsels ist korrekt (Foto: Berlin, Fraunhofer IPK).

(1) Zerreißen ist eine Form der Zerstörung.
Abhängig von der Papierart kann der Reißvorgang zur nachhaltigen Zerstörung der Papierfaserstrukturen im Bereich der Risskanten führen. Einige Papierarten tendieren beim Zerreißen sowie beim Transport oder bei der Handhabung der Schnipsel zum „Ausfransen". Hierbei geht Material verloren, „natürliche" Lücken in den zu rekonstruierenden Risskantenpaaren sind die Folge.

(2) Zerrissenes Papier ist nur selten „auf Stoß" zu puzzeln.
Schon bei mäßig dickem Papier – ab etwa $70g/m^2$ – treten an den Risskanten häufig so genannte Scherungen auf. In diesen Scherbereichen können passende Schnipsel per se nicht auf Stoß sondern müssen lokal überlappend zusammengesetzt werden.

(3) Risskantenpaare sind selten einmalig.
Dokumente werden häufig en bloc zerrissen. Entweder werden zur Beschleunigung des manuellen Reißvorgangs einzelne Seiten gestapelt und dann in einem Stück zerrissen oder mehrere Seiten eines Dokuments sind geklammert und können von vornherein nur en bloc zerrissen werden. Daraus resultieren viele sehr ähnliche Risskanten, die bei Verwendung der Kontur als Matchingkriterium mehrdeutige Ergebnisse zur Folge haben (vgl. auch Abbildung 63).

(4) Reale Dokumente können je Blatt sehr unterschiedlich ausgeprägt sein.
In der Praxis können einzelne Dokumente je Blatt und auch je (Vorder- und Rück-)Seite eines Blattes hinsichtlich ihrer Merkmale eine hohe Varianz aufweisen. Schreibmaschinentexte können z. B. mit handschriftlichen Notizen mehrerer Autoren versehen

sein, verschiedene Bereiche einer Seite können zudem unterschiedlich ausgeblichen oder vergilbt sein. Das hat zur Folge, dass einzelne zusammenpassende Schnipsel verschiedene Schrifttexturen, Schriftfarben oder Papierfarben aufweisen können. Daraus folgt, dass die Diversität globaler Schnipselmerkmale nicht allgemeingültig als Exklusionskriterium bei der Suchraumreduktion verwendet werden kann.

(5) Alle Blätter eines realen Dokuments können sehr einheitlich ausgeprägt sein.
Im Widerspruch zu (4) kann in der Praxis die Diversität der globalen Merkmale vieler tausend Schnipsel extrem gering sein, beispielsweise wenn ein maschinengeschriebenes, mehrere hundert Seiten umfassendes Dokument zerrissen wurde. Das Zerreißen erfolgt zudem in der Regel wie unter (3) beschrieben für mehrere Seiten jeweils en bloc. Für derartige Schnipselmengen kann keine effiziente Suchraumreduktion durchgeführt werden, diese resultiert maximal in den beiden Clustern „beschriftete" und „leere" Schnipsel.

Diese bei fast allen realen Aufgabenstellungen gültigen Sachverhalte müssen speziell im Kontext des Stasi-Puzzles noch um folgende Punkte ergänzt werden:

(6) Die Varianz der Menge aller Schnipsel ist extrem groß.
Zerrissen wurden Akten jeglicher Art und Ausprägung. Angelegt wurden die Akten im Wesentlichen vom Zeitpunkt der Gründung der Stasi 1950 bis zu ihrer Auflösung 1990, einige Dokumente reichen noch bis in die NS-Zeit und davor zurück. Erstellt wurden die Dokumente von vielen tausend Personen – das MfS beschäftigte im Laufe seiner Existenz rund 250.000 hauptamtliche und über 600.000 inoffizielle Mitarbeiter.

(7) Das Puzzle ist unvollständig.
Aufgrund der Überlieferungssituation ist es sehr wahrscheinlich, dass je Sack Teile einzelner Seiten fehlen. Es ist nachvollziehbar, dass in den Wirren der Wendezeit nicht penibel darauf geachtet wurde, dass alle Schnipsel der zerrissenen Unterlagen in die dafür vorgesehenen Behältnisse gelangt sind. Der Sachverhalt der Unvollständigkeit erhöht ab einer gewissen Größenordnung die Komplexität des Rekonstruktionsvorgangs signifikant.

(8) Die Risskanten einzelner Schnipselpaarungen passen unter Umständen nur partiell.
Zerreißt man wie unter (3) beschrieben viele Seiten umfassende Dokumente en bloc, entstehen insbesondere bei den jeweils innenliegenden Seiten häufig Kleinstschnipsel mit wenigen Millimetern Durchmesser. Selbst wenn diese Kleinstschnipsel nicht gemäß (7) verloren gegangen sind, sind sie im Kontext des Stasi-Puzzles nur mit unverhältnismäßig hohem Aufwand digitalisier- und rekonstruierbar und werden daher ausgesondert und ggf. getrennt verarbeitet. Das hat zur Folge, dass Risskanten passender Schnipsel per se deutlich größere als unter (1) beschriebene Lücken aufweisen können.

(9) Der kombinatorische Aufwand der Rekonstruktion ist extrem groß.
Aufgrund der Überlieferungssituation ist bekannt, dass es sich (glücklicherweise) nicht um ein einziges 600-Millionen-Teile-Puzzle handelt. Da die zerrissenen Unterlagen an verschiedenen Orten – im archivischen Kontext als Provenienz bezeich-

net – sichergestellt wurden, ist nicht davon auszugehen, dass Schnipsel derselben Dokumente in Säcken verschiedener Provenienzen vorzufinden sind. Stichproben haben allerdings gezeigt, dass innerhalb der gleichen Provenienzen durchaus gezielt sackübergreifend zerrissen wurde. Es ist also prinzipiell nicht der Inhalt einzelner Säcke, sondern der aller Säcke einer Provenienz als initiale Puzzlemenge anzusehen. Im Sinne des kombinatorischen Aufwands schlechtesten Fall umfasst eine Provenienz mehrere hundert Säcke.

(10) Fehlerhafte Rekonstruktionsschritte propagieren sich durch den Prozess, erhöhen den kombinatorischen Aufwand und sind ab einer gewissen Größenordnung zu verarbeitender Schnipsel nicht mehr handhabbar.

Bei der Entwicklung und Implementierung des ePuzzlers wurden die in den Punkten (1) bis (10) genannten Rahmenbedingungen und Sachverhalte berücksichtigt, so dass für die Lösung des Stasi-Puzzles vor allem Vorgaben der Praxistauglichkeit sowie Zeit- und Kosteneffizienz im Vordergrund standen.

Viele Aufsätze in der – zu diesem Thema nicht sehr umfangreichen – Fachliteratur gehen von idealisierenden Annahmen aus und beschreiben Lösungswege, die unter bestimmten Voraussetzungen durchaus gute Erkennungsleistungen und Rekonstruktionsraten erzielen. Exemplarisch seien folgende, häufig implizit vorausgesetzte Randbedingungen genannt: „Vollständigkeit des Puzzles"; „Rekonstruktion weniger Seiten"; „diskriminative Risskanten" (teilweise nur synthetisch generiert); „weißes Papier mit schwarzer Schrift" (z. B. moderner Laserdruck); „a priori Wissen über das Layout oder das Format der Dokumente"; „a priori Wissen über die Orientierung der Schnipsel". Diese, aus akademischer Sicht interessanten Ansätze, sind für sich genommen nicht für die Lösung realer Puzzleaufgaben ab einer bestimmten Größenordnung geeignet und konnten daher für die Lösung des Stasi-Puzzles nur bedingt in Betracht gezogen werden. Bei der Entwicklung der gesamten ePuzzler-Logik, insbesondere bei der Entwicklung der vielfältigen Bildverarbeitungs- und Mustererkennungsmodule, auf denen der ePuzzler-Workflow gegründet ist, fanden vielmehr von Beginn an folgende Grundsätze Anwendung:

(G1) Es existiert kein a priori Wissen über das Format der zu rekonstruierenden Seiten.
(G2) Es existiert kein a priori Wissen über den Inhalt der zu rekonstruierenden Seiten.
(G3) Es existiert keine Algorithmik, die beliebige Texte computerlesbar macht.
(G4) Es existiert keine allgemeingültige Menge von bildhaften Merkmalen, die eine durchgängig eindeutige Entscheidung „Schnipselpaarung ist korrekt / ist nicht korrekt" erlaubt.
(G5) Es darf keine systemische Obergrenze gleichzeitig zu verarbeitender Schnipsel existieren.
(G6) Der Puzzleaufwand ist so niedrig wie möglich zu halten.

Durch die Implementierung intelligenter Bildverarbeitungs- und Workflow-Filtertechniken wurde das Stasi-Puzzle überhaupt erst handhabbar gemacht. Dabei werden keine praxisfernen a priori Annahmen getroffen. Es werden vielmehr die *jeweils* auf den Schnipseln verfügbaren Merkmale extrahiert. D. h. es wird prinzipiell nicht nach bestimmten Merkmalen gesucht, sondern es werden ohne jede Vorkenntnis der jeweiligen Schnipselausprägung möglichst alle auf einem Schnipsel vorhandenen Merkmale gefunden. Dies stellt deutlich höhere Anforderungen an die Algorithmik und erfordert robuste und zeiteffiziente Bildverarbeitungs- und Mustererkennungsmethoden. Die im Rahmen des Projekts entwickelten Module arbeiten im Puzzle-Workflow zudem sukzessive nach dem Prinzip „erst low-level (z. B. Papierfarbe), dann high-level (z. B. Zeilenfrequenz)" zur Selektion immer wahrscheinlicherer Puzzlekandidaten. Erst dieser stetige Ausschluss jeweils unwahrscheinlicher Kandidaten führt zu einer signifikanten Reduktion des Puzzleaufwands des Gesamtsystems, d. h. zur Einhaltung von Grundsatz (G6), und macht die Aufgabe des Stasi-Puzzles damit lösbar. Der eigentliche Puzzle-Workflow wird durch ein ebenfalls im Rahmen des Projekts vom Fraunhofer IPK neu entwickeltes, auf einen maximalen Parallelisierungsgrad ausgelegtes, kontextsensitives Softwareframework realisiert.

3 Funktionsweise des ePuzzlers

Das am Fraunhofer IPK entwickelte ePuzzler-System schafft einen softwaretechnischen Rahmen zur automatisierten virtuellen Rekonstruktion der „Stasi-Schnipsel". *Automatisiert* bedeutet, dass die virtuelle Rekonstruktion im Zusammenspiel mit einem oder mehreren Bedienern erfolgt. Der Rekonstruktionsprozess läuft also *nicht vollautomatisch* ohne das Zutun von Menschen ab. Allerdings werden alle Prozessschritte, die ein manuelles Eingreifen erfordern, vom ePuzzler automatisch vorbereitet, so dass die bedienenden Personen einem festen Schema folgend die entsprechenden manuellen Eingriffe zeiteffizient durchführen kann. Die dabei zu verwendenden Werkzeuge sind weitestmöglich im ePuzzler integriert und stellen einen wesentlichen, über das eigentliche „Puzzeln" hinausgehenden Bestandteil des Gesamtsystems dar.

Im Folgenden ist der Gesamtprozess der automatisierten virtuellen Rekonstruktion kurz zusammengefasst.

1) Übernahme von BStU-Informationen in das Scanner-Trackingsystem
   Vor der Digitalisierung werden die Schnipsel von Mitarbeitern des BStU bei der so genannten Vorsortierung manuell vorverarbeitet. Dabei werden die Schnipsel je Transport und Verarbeitungseinheit (TVe) nach BStU-Kriterien grob sortiert und in Kartons umgebettet. Bei diesem Vorgang werden beispielsweise auch Klammern entfernt, Umschläge mit abgetrenntem Material zugeordnet und Material, das nicht der virtuellen Rekonstruktion zugeführt werden soll, in getrennte Kartons sortiert. Alle Umschläge, Kartons, etc. sind in Bezug zur jeweiligen TVe mit einer Nummer versehen, der so genannten Transport- und Verarbeitungsnummer, kurz TVN, und entsprechend beschriftet.
   Zudem werden vom BStU alle Schnipsel in verschiedene Kategorien eingeteilt und entsprechend gekennzeichnet. Diese Kennzeichen sind u. a. A-Ware und B-Ware sowie K-Kennung und S-Kennung. A- und B-Ware resultieren aus einer inhaltlichen Bewertung des BStU, wobei B-Ware inhaltlich vermeintlich nicht relevant und daher nach der Rekonstruktion kassabel erscheint. Die K-Kennung wird für Kleinstteile und die S-Kennung für augenscheinlich zu einem Vorgang gehörende Schnipsel (z. B. geklammert) vergeben. Alle Kennzeichen müssen bei der Digitalisierung der Schnipsel und im anschließenden Rekonstruktionsprozess berücksichtigt werden.

2) Digitalisierung
   Bei der Digitalisierung findet die Überführung der physischen Schnipsel in die digitale Welt der virtuellen Rekonstruktion statt. Neben der eigentlichen Erstellung der Schnipselbilder werden hierbei aber auch alle für die weitere Verarbeitung hilfreichen, a priori bekannten Informationen in Form von Metadaten zu einem Puzzlefragment mit übergeben.
   Jedes Schnipsel wird hierfür von beiden Seiten gescannt, so dass folglich für jedes Schnipsel zwei Schnipselbilder im System existieren. Jedes so entstandene Schnipselbildpaar bekommt einen eindeutigen fortlaufenden Bezeichner, in dem die TVN, der jeweilige Karton als auch die zuvor festgelegten Kategoriemerkmale im Klartext lesbar hinterlegt sind.
3) Import der digitalisierten Schnipsel
   Vor dem Puzzeln müssen die Schnipselbilder einer Verarbeitungseinheit, d. h. in der Regel alle Schnipsel einer TVN, in das ePuzzler-System eingespielt werden. Folgende Prozessschritte sind für den Import in der angegeben Reihenfolge je einmal erforderlich:
   a) Qualitätssicherung der digitalisierten Schnipselbilder, ggf. inkl. Aufbereitung fehlerhafter Digitalisate sowie Aussondern nicht verarbeitungswürdiger Kleinstschnipsel
   b) Automatisches Einspielen der Schnipselbilder in die Datenbank.
   c) Ggf. manuelle Aufteilung der Schnipselbilder einer Verarbeitungseinheit in Untermengen, die mit unterschiedlicher Priorität gepuzzelt werden sollen – niedrige Priorität haben z. B. leere Formularvordrucke, leere Tischkalenderblätter, etc.[1]
4) Puzzeln
   Die Schnipselbilder der Verarbeitungseinheit werden mit einer Binärbaum-Strategie nach dem Prinzip „jeder-gegen-jeden“ gepuzzelt. Dabei berechnet der ePuzzler automatisch vermeintlich passende Paarungen von Schnipseln und/oder Teilrekonstruktionen („Kandidaten“). Alle Kandidaten, die hinreichend starke Merkmale aufweisen (z. B. Konturverlauf, Vorhandensein von Schrift und Linierung, etc.), werden automatisch zusammengebaut. Alle Kandidaten, die schwache oder einander widersprechende Merkmale aufweisen (z. B. Konturverlauf passt, Schrift setzt sich aber nicht fort), werden an PC-Arbeitsplätzen BStU-Bedienern angezeigt („Vorschläge“). Alle Vorschläge, die die BStU-Mitarbeiter annehmen, werden zusammengebaut und alle anderen verworfen. Damit gleicht die Abarbeitung einer Verarbeitungseinheit einem „Ping-Pong“-Spiel mit automatischen Schritten des ePuzzlers und manuellen Schritten der BStU-Bediener.
5) Qualitätssicherung (QS)
   Am Ende der Abarbeitung einer Verarbeitungseinheit müssen alle im vorangegangen Prozessschritt gebauten Rekonstruktionen einer manuellen Qualitätssicherung unterzogen werden. Folgende Prozessschritte werden dabei an PC-Arbeitsplätzen durch BStU-Bediener in beliebiger Reihenfolge durchgeführt:

1 Gänzlich leere Schnipsel können vom ePuzzler automatisch ausgesondert bzw. mit einer niedrigen Priorität versehen werden. Da die Schnipsel von leeren Vordrucken aber nicht leer im bildlichen Sinne sind, muss eine derartige Priorisierung manuell erfolgen.

a) Bestätigen korrekter Vollrekonstruktionen,
b) Abreißen fehlerhaft verbauter Schnipsel in Teil- und Vollrekonstruktionen,
c) Heraufstufen von Teilrekonstruktionen zu Vollrekonstruktionen[2],
d) Ggf. Feinausrichten von Schnipseln in Vollrekonstruktionen sowie heraufgestuften Teilrekonstruktionen.

6) Aufbereitung von Rekonstruktionsergebnissen (PDF/A und Ausdruck)
Nach der Qualitätssicherung werden alle Vollrekonstruktionen sowie heraufgestuften Teilrekonstruktionen einer Verarbeitungseinheit automatisch vom ePuzzler in das Archivformat PDF/A überführt. Je Rekonstruktion werden zwei PDF/A-Dateien generiert, je eine für Vorder- und Rückseite. Alle PDF/A-Dateien und sonstigen Kennwerte einer Verarbeitungseinheit werden dann per LTO-Band bzw. DVD an den BStU übergeben. Alle nichtleeren PDF/A-Dateien werden zudem ausgedruckt und im Anschluss ebenfalls an den BStU übergeben. Der Ausdruck erfolgt mit im ePuzzler-System integrierten Werkzeugen.

In den folgenden Unterabschnitten 3.1 bis 3.3 sind die drei Prozessschritte „Digitalisierung“, „Puzzeln“ (inkl. Qualitätssicherung) sowie „Aufbereitung von Rekonstruktionsergebnissen“ detailliert beschrieben.

3.1 Digitalisierung

Der Gesamtworkflow der Digitalisierung besteht aus vier Phasen, die aufeinander aufbauend, aber jede für sich zeitlich entkoppelt durchgeführt werden kann (vgl. Abbildung 64). Dieses Vorgehen ermöglicht einen effizienten Ablauf des Gesamtprozesses der Digitalsierung.

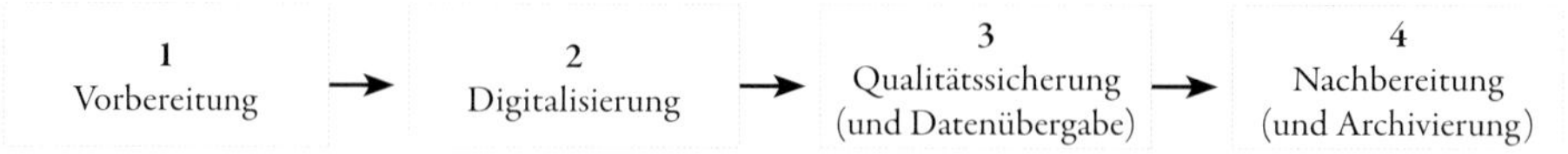

Abb. 64
Phasen des Gesamtworkflows der Digitalisierung (Quelle: Berlin, Fraunhofer IPK).

Die Dokumentfragmente des BStU unterscheiden sich in einigen wesentlichen Punkten von Dokumenten, die im Rahmen gewöhnlicher Massendigitalisierung verarbeitet werden. Es handelt sich in der Regel um Schnipsel aus normalem Dokumentenpapier. Vereinzelt bestehen die Fragmente jedoch auch aus Papier mit höherer Grammatur (z. B. Karteikarten aus dickerer Pappe) oder sehr dünnem Papier (z. B. Schreibmaschinen-Durchschlagpapier). Aufgrund der willentlichen Zerstörung der ursprünglichen Dokumente liegen die Dokumentenfragmente als formatfreie und konturlose Dokumentenschnipsel vor. Je nach Zerstörungsgrad ist jede Form und annähernd jede Größe in jeder beliebigen Abfolge möglich

2 Es werden nur Vollrekonstruktionen und zu Vollrekonstruktionen heraufgestufte Teilrekonstruktionen an den BStU übergeben. Wird eine Teilrekonstruktion, der beispielsweise höchst wahrscheinlich nur leere Schnipsel fehlen, nicht zu einer Vollrekonstruktion heraufgestuft, kann der Inhalt dieser nicht vom BStU erschlossen werden.

Abb. 65
Dokumentfragmente des BStU (Quelle: Berlin, BStU).

– von Fragmenten kleiner als 2 × 2 cm^2 bis zu DIN A3. Eine zusätzliche Durchmischung der entstandenen Fragmente führte dazu, dass es nur eine bedingte Ordnung innerhalb der Säcke gibt, in der die Schnipsel gelagert wurden – somit kann auf einen sehr kleinen Schnipsel ein Schnipsel mit DIN A5 Größe folgen (Abb. 65).

Die BStU-Fragmente können durch ihre Behandlung als zu vernichtendes Gut und die Aufbewahrung in Papiersäcken zudem in jedem Zustand vorliegen – verknickt, eingerissen, ausgefasert, mit Scherungen oder anderweitig beschädigt. Der Ausgangszustand der Fragmente stellt somit hohe Ansprüche an die Vorbereitung und die folgende Digitalisierung.

Bei der Digitalisierung kommt im Rahmen des Stasi-Schnipsel-Projekts derzeit ein Großformat-Duplexscanner zum Einsatz, der in der Lage ist, beidseitig bedruckte Dokumente bis 36 Zoll (915 mm) Breite zu digitalisieren. Ursprünglich für die beidseitige Digitalisierung von Zeitungsblättern konzipiert, wurde der Scanner aufgrund der speziellen Anforderungen bei der Digitalisierung von Dokumentenfragmenten angepasst. Hierfür wurde neben anderem das Prinzip von Objektträgern für die Digitalisierung von Papierschnipseln verfolgt. Dieses Vorgehen entspricht dem bekannten Prinzip aus der Mikroskopie, bei dem kleine Objekte zum Zweck einer besseren Handhabbarkeit auf durchsichtige Trägermedien mit bekannten Ausmaßen gelegt werden. Es handelt sich hierbei um Folientaschen der Größe 660 mm × 597 mm, in die die zu digitalisierenden Schnipsel eingelegt werden. Die Folientasche wird anschließend dem Scanner zugeführt, der diese erfasst, arretiert und dann automatisch durchzieht und anschließend hinten auswirft. Die einzelnen Lagen der Folientaschen haben eine Stärke von ca. 165 µm, sind beidseitig antistatisch und minimal reflektierend, weisen einen minimalen abrasiven Verschleiß auf und sind insgesamt nicht anfällig für Knicke.

Im Scanner sind zwei Kameraeinheiten integriert. Dieser Aufbau ermöglicht eine lagerichtige und deckungsgleiche Digitalisierung von Vorder- und Rückseite der in den Folientaschen eingelegten Schnipsel während des Scanvorgangs.

Durch die Nutzung von Folientaschen verbleiben Schmutz und Verunreinigungen, die noch an den Schnipseln haften, innerhalb der Folientasche und können so keine Scannerbestandteile wie beispielsweise die sensible Optik verunreinigen. Die Folie kann im Falle einer Verschmutzung gesäubert bzw. bei Bedarf ausgetauscht werden. Durch die Einbettung der Schnipsel in die Folientasche werden diese zudem während des Scanvorgangs nicht direkt belastet. Es handelt sich somit um eine sehr schonende Art der Digitalisierung, mit der auch stark eingerissene und brüchige Schnipsel digitalisiert werden können. Ein

Abb. 66
Beispiel gefüllter Archivkartons. Rechts: Serie geklammerter Schnipsel, zusammengefasst in einem Umschlag (Quelle: arvato).

Papierabrieb ist faktisch nicht vorhanden, da die Schnipsel lediglich von dem Archivkarton in die Folientasche und wieder zurück umgebettet werden.

3.1.1 Vorbereitung

Die zu scannenden Dokumentfragmente werden vom BStU in Archivkartons aus säurefreier, alterungsbeständiger Mikrowellpappe übergeben. Jeder dieser vom BStU vorbereiteten Kartons ist zum Zeitpunkt der Übergabe bereits mit einem eindeutigen Label versehen und im Scanner-Trackingsystem registriert (Abb. 66).

Im Rahmen der Vorbereitung wird nun ein zu digitalisierender Karton dem Zwischenlager entnommen. Provenienz- und Kartonnummer werden hierbei durch das Scannen des Barcodelabels ausgelesen, so dass der Status „Vorbereiten" im Trackingsystem gesetzt werden kann.

Die Fragmente sind dann zunächst in einen scanbaren Zustand zu versetzen. Sie sind zu vereinzeln und falls sie eine hohe Welligkeit aufweisen, im Vorfeld vorsichtig zu glätten. Fremdkörper (Klammern, Tackernadeln, nicht papierhaftes Material wie z. B. Filmstreifen[3]) sowie Knicke und „Eselsohren" sind vorsichtig zu entfernen, so dass der Schnipsel plan in die Folientasche eingelegt werden kann. Es muss zudem ein hinreichend großer Abstand um jeden Schnipsel verbleiben, damit sie bei der Digitalisierung nicht versehentlich als einzelnes Fragment erkannt werden.

Um alle vom BStU vergebenen Materialkennzeichnungen in den Rekonstruktionsprozess überführen zu können, werden Barcodes zur Kennzeichnung der Schnipsel eingesetzt. Die Barcodes werden bei der Vorbereitung mit in die Folie eingelegt und während der Digitalisierung durch den Scanner ausgelesen. Je nach hinterlegtem Barcode-Inhalt werden die entsprechenden Informationen systemisch erfasst und mit dem jeweiligen Schnipselbild verknüpft.

Abbildung 67 zeigt die Bestückung der Folientaschen. Die Folie wird zunächst von innen gereinigt. Dann wird jedes Fragment einzeln aus dem Karton entnommen, begutachtet und vorsichtig in einen scanbaren Zustand versetzt, bevor es in die Folie eingelegt wird. Ist eine Folie komplett bestückt, wird sie von außen gereinigt und auf einem Stapel mit bereits bestückten Folien abgelegt.

3 Nicht scanbares Material wird dem BStU mit Verweis auf den Archivierungskarton, aus dem es entnommen wurde, übergeben.

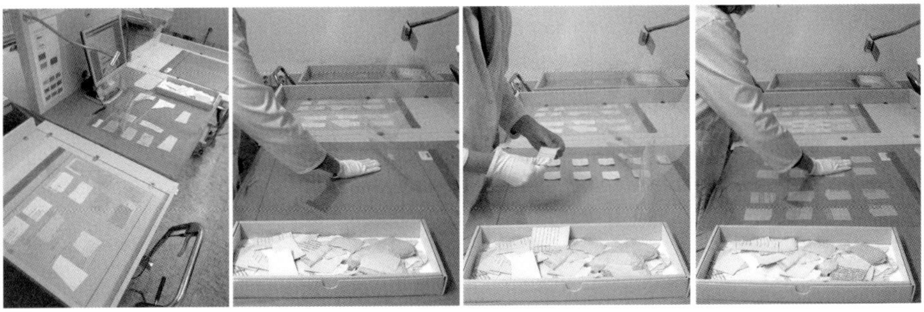

Abb. 67
Vorbereitung der Folientaschen. Von links nach rechts: Vorbereitungsplatz; Folie säubern; Schnipsel auflegen; Folientasche schließen (Quelle: arvato).

Der Vorbereitungsprozess ist durch das zu verarbeitende Medium Papier stark staubbelastet. Um eine möglichst große Sauberkeit der Folien zu gewährleisten und fehlerhafte Digitalisate durch Fremdpartikel in und auf den Folien (Papierstaub, Fussel, Dreck o. ä.) zu vermeiden, tragen die Mitarbeiter bei der Vorbereitung Handschuhe und Arbeitskittel, um keine Fingerabdrücke und Kleidungsfussel in und auf die Folien zu übertragen. Zudem wurden Luftreiniger zum Filtern der Luft von Staub installiert.

3.1.2 Digitalisierung

Für die Digitalisierung eines jeden Kartons wird im Trackingsystem jeweils ein eigener Scanjob generiert. Der Scanjob ist nach Provenienz- und Kartonnummer benannt. Der Barcode des zu digitalisierenden Kartons wird ausgelesen, so dass der Status „Scannen" im Trackingsystem gesetzt werden kann. Alle Folien eines Archivkartons werden nach und nach digitalisiert. Dabei werden die Folien einzeln durch den Scanner gezogen, beidseitig digitalisiert und anschließend in einen speziellen Auffangbehälter ausgeworfen. Abbildung 68 zeigt einen Digitalisierungsarbeitsplatz während des Scanvorgangs. Im Vordergrund befindet sich der Transportwagen mit den zu scannenden Folien sowie dem dazugehörigen Archivkarton, im Hintergrund ist der Scanner abgebildet. Der Monitor an der Wand zeigt ein erstes Vorschaubild der jeweils digitalisierten Folie.

Nach der Digitalisierung aller Folien eines Kartons wird der „Scanjob finalisiert". Jedes Schnipselbild erhält dabei eine individuelle Kennzeichnung durch einen eindeutigen, fortlaufend nummerierten Dateinamen, in dem u. a. die Sack- und Kartonnummer sowie die Materialart und sonstige Kennzeichen verschlüsselt sind. Die Nummerierung der Schnipsel innerhalb einer Folie erfolgt zeilenweise von links oben nach rechts unten. Die Schnipselbilder des finalisierten Scanjobs werden für eine Qualitätssicherung in ein vorläufiges Verzeichnis abgelegt.

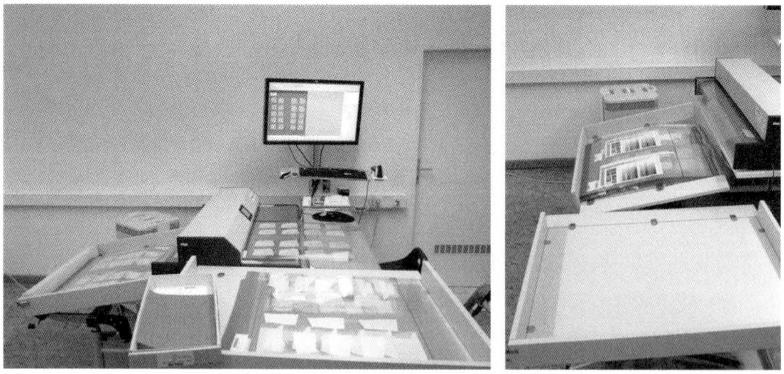

Abb. 68
Digitalisierungsarbeitsplatz. Links: Scanvorgang. Rechts: Umbettung bereits digitalisierter Folien (Quelle: arvato).

3.1.3 Qualitätssicherung

Im Rahmen der Qualitätssicherung wurde ein mehrstufiger Qualitätssicherungsprozess definiert. Jedes Digitalisat muss dabei aufmerksam begutachtet werden, damit keine fehlerhaften Bilder in den Rekonstruktionsprozess übergeben werden. Als mögliche Fehler gelten beispielsweise „Eselsohren", Fremdpartikel wie Schmutz oder Fussel auf den Bildern sowie Bildstörungen wie Schatten oder farbige Verzerrungen. Die Scanbedienung ist zudem angewiesen, direkt nach der Digitalisierung einer Folie die Bilder der digitalisierten Schnipsel auf Vollständigkeit zu überprüfen. Hierbei wird kontrolliert, ob alle in die Folie eingelegten Schnipsel ordnungsgemäß separiert und entsprechende Einzelbilder generiert werden können.

Da der Rekonstruktionsprozess in hohem Maße auf eine originalgetreue Abbildung, d.h. höchste Qualität und Fehlerfreiheit der Bilder angewiesen ist, wurde als finale Stufe des Qualitätssicherungsprozesses ein zusätzlicher Arbeitsplatz geschaffen. Hier kontrolliert eine weitere Person vor der endgültigen Freigabe eines Scanjobs erneut jedes einzelne Bild. Diese zusätzliche Überprüfung sichert das 4-Augen-Prinzip und schützt vor menschlichem Versagen.

3.1.4 Nachbereitung

Im Rahmen der Nachbereitung werden die Dokumentfragmente an einem Nachbereitungsarbeitsplatz aus den gescannten Folien entnommen und wieder ihrem entsprechenden Archivkarton zugeführt. Innerhalb des Kartons wird die ursprüngliche Kartonordnung wiederhergestellt, indem alle Schnipsel mit Kennung wieder in die entsprechenden Umschläge gelegt werden. Der Nachbereitungsarbeitsplatz ist wie der Vorbereitungsarbeitsplatz ausgestattet und wird nach der gleichen Systematik genutzt.

Die verwendete Folientasche wird im Anschluss auf ihren weiteren Gebrauch geprüft. Da tiefe Kratzer in der Folie das Bild eines Schnipsels negativ beeinträchtigen, können die Folien nur für eine begrenzte Anzahl von Scans genutzt werden. Folien mit augenscheinlicher mangelhafter Qualität werden entsorgt. Darüber hinaus ist jede Folie mit einem eige-

Abb. 69
Scanmodul der IPK-Eigenentwicklung (Foto: Berlin, Fraunhofer IPK).

nem Barcode versehen und damit deren Nutzungsanzahl nachvollziehbar. Um eine höhere Sicherheit bezüglich Scanqualität zu gewährleisten, werden die Folien nur bis zu einer definierten maximalen Nutzungsanzahl eingesetzt und anschließend nicht weiter verwendet. Ist die maximale Nutzungsanzahl erreicht, wird dem Mitarbeiter automatisch ein Entsorgungshinweis eingeblendet, um die Folie auszusondern.

3.1.5 Ausblick

Das derzeit angewandte Prinzip der Folienverwendung hat sich grundsätzlich als geeignet erwiesen. Sowohl beschädigte und eingerissene Fragmente als auch sehr kleine Bruchstücke können durch das Einlegen in die Folientaschen problemlos digitalisiert werden. Nachteilig ist, dass die Folientaschen manuell bestückt werden müssen. Das manuelle Auf- und Zuklappen der Folientaschen sowie das händische Einlegen der Fragmente benötigt viel Zeit. Positiv ist jedoch, dass durch das System der Folientaschen die Vorbereitung der Dokumentfragmente losgelöst vom eigentlichen Scanvorgang erfolgen kann. Die Folien können an separaten Arbeitsplätzen bestückt und im Anschluss an die Digitalisierung entleert werden, während am Scanner ein anderer Karton digitalisiert wird. Gleiches gilt für den Nachbereitungsarbeitsplatz. Durch die Auflösung einer stringenten Abfolge kann mittels dieser Parallelisierung der Arbeitsvorgänge wertvolle Prozesszeit gespart werden.

Der bisher im Rahmen des Pilotprojekts entwickelte Digitalisierungsworkflow ist prinzipiell in der Lage, die BStU-Fragmente gemäß den minimalen Anforderungen der virtuellen Rekonstruktion zu digitalisieren. Die hohen Qualitätsansprüche werden durch die mehrstufige Qualitätssicherung ausreichend erfüllt. Dennoch ist die Durchführung der Digitalisierung mit dem aktuell verwendeten Scanprinzip einer der größten Zeitfaktoren innerhalb der Verarbeitungskette. Auf Eigeninitiative des Fraunhofer IPK wurde daher mit der Konzeptionierung und prototypischen Entwicklung einer neuen, für den robusten Massenbetrieb tauglichen und auf die sehr hohen Anforderungen der automatisierten virtuellen Rekonstruktion zugeschnittenen Scannertechnologie begonnen. Ziel ist eine weitest möglich automatisierte „Digitalisierungsstraße".

Ein Scanmodul, das „Herzstück" der Digitalisierungsstraße, wurde bereits außerhalb des Pilotprojekts aus IPK-Mitteln angeschafft und aufgebaut (Abbildung 69). Die derzeiti-

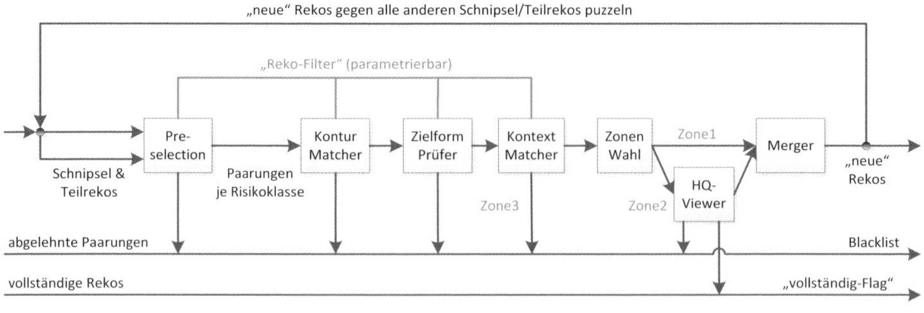

Abb. 70
Workflow-Ausschnitt: RECO-Filter und Zonenklassifikation (Quelle: Berlin, Fraunhofer IPK).

ge prototypische Funktionalität umfasst die beidseitige Bilderfassung mit Schwankungen der Ortsauflösung im niedrigen Promillebereich sowie Farbschwankungen unterhalb eines menschlich subjektiv wahrnehmbaren Bereichs.

Zukünftig geplant ist eine prototypische Entwicklung einzelner Komponenten und Module, die eine möglichst hochgradig automatisierte Zuführung der Schnipsel in die Scanträger erlauben. Dabei müssen stabile Scanträger mit für die Bildverarbeitung geeigneten optischen Eigenschaften verwendet werden.

3.2 Puzzeln und Qualitätssicherung

Wie in Abschnitt 2 einleitend beschrieben, durchlaufen alle Schnipsel und Teilrekonstruktionen einer Verarbeitungsmenge einen definierten Rekonstruktions-Workflow („RECO-Workflow“), der durch die Implementierung eines kontextsensitiven Softwareframeworks realisiert ist. Eines der Hauptaufgaben des RECO-Workflows besteht darin, den kombinatorischen Aufwand des eigentlichen Puzzelns (1:1-Matching) so gering wie möglich zu halten. Dafür wird eine Reihe von Filtern („RECO-Filter“) auf alle Schnipsel und Teilrekonstruktionen der jeweiligen Verarbeitungsmenge angewendet.

Abbildung 70 zeigt einen Ausschnitt des RECO-Workflows. In der „Preselection“ werden Mengen von Paarungen von Schnipseln und Teilrekonstruktionen zusammengestellt, die hinsichtlich globaler und geometrischer Merkmale aussichtsreiche Puzzlekandidaten darstellen. Im „Konturmatcher“ werden die Risskantenverläufe aller in der Preselection gebildeten Paarungen auf Übereinstimmung untersucht. Alle bezüglich der Kontur nicht passenden Paarungen werden verworfen, alle anderen im „Zielformprüfer“ und „Kontextmatcher“ weiteren Prüfungen unterzogen.

Ausgehend von der automatischen Zusammenstellung von Schnipselmengen bei der Abarbeitung einer TVN (Binärbaum-Prinzip und Suchraumreduktion) sind in den folgenden Unterabschnitten 3.2.1 bis 3.2.6 alle in Abbildung 8 dargestellten Prozessschritte des RECO-Workflows skizziert.

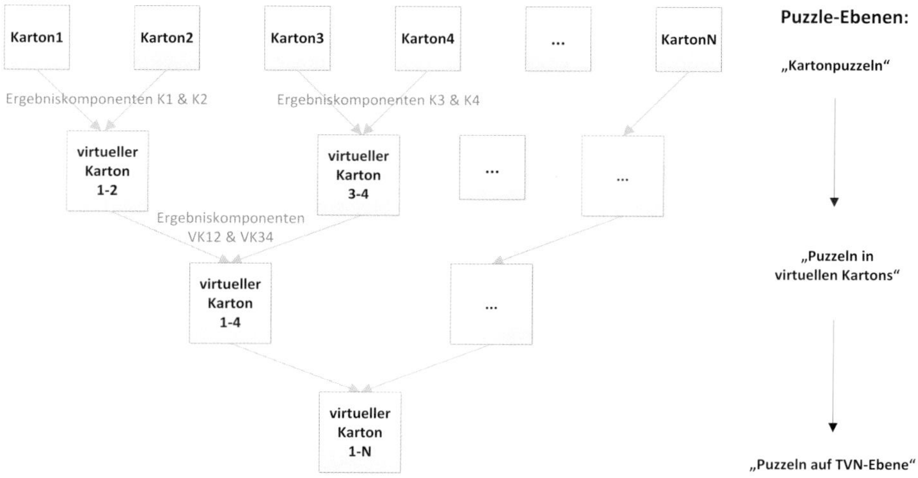

Abb. 71
Ebenenmodell zur Abarbeitung einer TVN (vereinfachte Darstellung) (Quelle: Berlin, Fraunhofer IPK).

3.2.1 Ebenenmodell zur Abarbeitung einer TVN

Bei der Vorsortierung werden die Schnipsel durch Beschäftigte des BStU schichtweise aus den Transport- und Verarbeitungseinheiten (TVe) entnommen und für die Digitalisierung und Archivierung in Kartons übertragen. Das in Abbildung 71 dargestellte Ebenenmodell ist im wesentlichen eine systemische Umsetzung des Umstands, dass Schnipsel, die in den TVe benachbart vorgefunden wurden, mit einer größeren Wahrscheinlichkeit zusammenpassen können, als Schnipsel, die kreuz und quer in der TVe verteilt sind.

Durch das Binärbaum-Prinzip des Ebenenmodells werden alle Schnipsel innerhalb der einzelnen Kartons zunächst bevorzugt gepuzzelt („Kartonpuzzeln“). Alle dabei je Karton entstandenen Teilrekonstruktionen und nicht verbauten Schnipsel (=Ergebniskomponenten) werden dann in so genannten virtuellen Kartons gesammelt, wobei jeder einzelne virtuelle Kartons jeweils mit den Ergebniskomponenten zweier benachbarter Kartons befüllt wird. Dann wird (bildlich: „eine Ebene höher“, in Abbildung 71 entlang der schwarzen Pfeile) innerhalb dieser virtuellen Kartons gepuzzelt. Die dabei entstandenen Ergebniskomponenten werden dann wiederum in virtuellen Kartons gesammelt. Nach diesem Prinzip wird die Verarbeitung so lange „eine Ebene höher geschaltet“, bis sich alle verbliebenen Puzzlekomponenten in einem einzigen virtuellen Karton befinden („virtueller Karton 1-N“ in Abbildung 71).

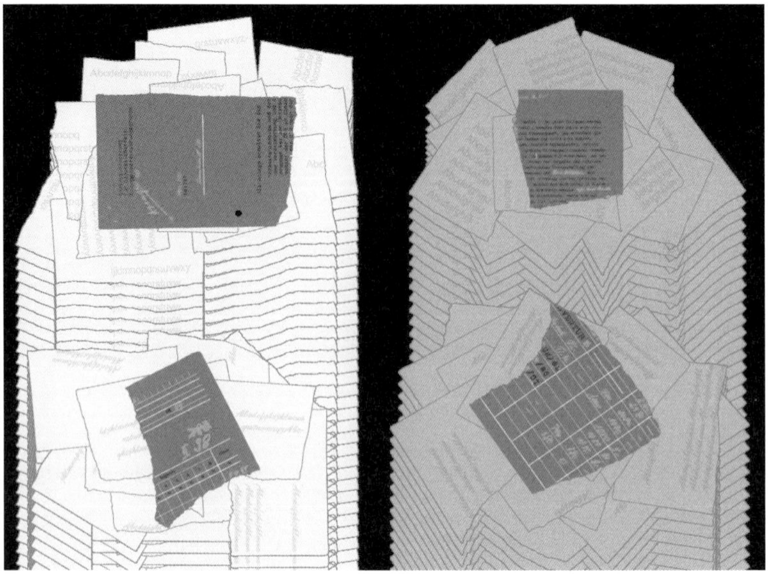

Abb. 72
Suchraumreduktion anhand von Farb-, Textur- und Kontextmerkmalen (Quelle: Berlin, Fraunhofer IPK).

3.2.2 Suchraumreduktion / Suchraummengen (SRM)

„Passen die globalen Merkmale zweier Schnipsel/Teilrekonstruktionen zusammen?“

Durch eine intelligente Suchraumreduktion werden Schnipsel mit ähnlichen Bildeigenschaften automatisch in Untermengen, den so genannten Suchraummengen („SRM“), zusammengefasst (Abb. 72). Diese Bildeigenschaften können beispielsweise die Papierfarbe oder die Art der Beschriftung aller Puzzlekomponenten einer Verarbeitungsmenge sein. Als Ergebnis der Suchraumreduktion könnten so beispielsweise SRM mit weißen, gelben, grünen und braunen Schnipseln entstehen. Die SRM könnten, abhängig von den zugrundeliegenden Schnipseln, aber auch noch weiter unterteilt sein, beispielsweise in „weiß beschriftet“, „weiß unbeschriftet“, „gelb beschriftet“, „gelb unbeschriftet“, usw.

SRMs werden gebildet, da die Wahrscheinlichkeit, dass sich Schnipsel mit z. B. ähnlicher Papierfarbe zu einer oder mehreren Seiten zusammenfügen, größer ist als die, dass verschiedenfarbige Schnipsel zusammenpassen. Da letzteres aber natürlich nicht ausgeschlossen werden kann, stellt die Verarbeitung der genannten SRM nur eine erste Verarbeitungsstufe zum entsprechenden Prozesszeitpunkt dar, in der man sich durch die Zusammenstellung aussichtsreicher Kandidaten eine hohe Trefferquote erhofft. Analog zum Prinzip des Puzzelns innerhalb des „letzten virtuellen Kartons“ im Ebenenmodell, also dem Puzzeln auf TVN-Ebene, werden auch bei der Suchraumreduktion die Kriterien vom ePuzzler schrittweise gelockert, damit zu geeigneten Prozesszeitpunkten beispielsweise auch verschiedenfarbige Schnipsel gegeneinander gepuzzelt werden können.

Abb. 73
Preselection: Welche Puzzlekomponenten passen geometrisch? (Quelle: Berlin, Fraunhofer IPK).

Die Suchraumreduktion ist vor jede Abarbeitung aller Verarbeitungsmengen geschaltet. D. h. sie findet vor der Abarbeitung aller Schnipsel eines Kartons sowie aller virtuellen Kartons statt. Damit ist jede SRM (zunächst) die kleinste Menge von Schnipseln / Teilrekonstruktionen, die gepuzzelt wird.

3.2.3 Preselection

„Passt die Geometrie einer Paarung?"
Die Preselection führt eine Prüfung durch, ob zwei Schnipsel und/oder Teilrekonstruktionen einer Paarung geometrisch zusammen passen oder nicht. Die Preselection dient damit im RECO-Workflow als Filter („RECO-Filter"), der automatisch unsinnige Schnipselpaarungen im Puzzle-Workflow blockt (vgl. Abbildung 73): der rote Schnipsel passt geometrisch nicht an die blaue Teilrekonstruktion, unabhängig davon wie man ihn dreht oder verschiebt; der grüne Schnipsel hingegen passt). Prinzipiell ist die Preselection als relativ toleranter Filter ausgelegt.

3.2.4 RECO-Filter

„Passen die Detailmerkmale einer Paarung und wenn ja wie gut?"
Auf alle durch die bisher angewendeten Filter gekommenen Paarungen aus Schnipseln und/oder Teilrekonstruktionen werden nun je Paarung folgende Prozessschritte angewendet:

Konturmatching
Im Konturmatcher wird ermittelt, wie gut die Konturen zweier Puzzlekomponenten zusammenpassen. Alle Paarungen, die hinsichtlich ihrer Kontur gut zusammenpassen, werden in den Folgeschritten einer genaueren Untersuchung unterzogen. Alle Paarungen, die hinsichtlich ihrer Kontur nicht gut zusammenpassen, gelten als „abgelehnt" und werden im RECO-Workflow zunächst nicht weiter betrachtet.

Damit kann auch der Konturmatcher als RECO-Filter betrachtet werden, da im RECO-Workflow nur die Paarungen weiter betrachtet werden, deren Konturen gut zusammenpassen. Alle anderen Paarungen werden von diesem RECO-Filter ausgesiebt.

Zielformprüfung
Im RECO-Filter Zielformprüfer wird für alle Paarungen, die durch den Filter Konturmatcher gekommen sind, geprüft, ob beim Zusammenbauen der einzelnen Paarungen eine zulässige Form entsteht oder nicht. Alle Paarungen mit nicht zulässigen Zielformen gelten als „abgelehnt" und werden ausgesiebt, alle anderen Paarungen weiteren Untersuchungen unterzogen.

Kontextmatching
Im RECO-Filter Kontextmatcher wird für alle Paarungen, die durch die Filter Konturmatcher und Zielformprüfer gekommen sind, geprüft, wie gut der bildliche Inhalt der einzelnen Paarungen zusammenpasst. Dabei prüft der Kontextmatcher je Paarung, ob und wie gut sich bildliche Inhalte wie Zeilen, Linien, Farben, etc. von einer Puzzlekomponente zur anderen fortsetzen. Alle Paarungen, die hinsichtlich ihrer bildlichen Inhalte gut zusammenpassen, gelten als „Treffer-Kandidaten" und werden im nächsten Schritt, der Zonenklassifikation, einer letzten Untersuchung unterzogen. Alle Paarungen, die hinsichtlich ihrer bildlichen Inhalte nicht gut zusammenpassen, gelten als „abgelehnt" und werden im RECO-Workflow zunächst nicht weiter betrachtet.

3.2.5 Zonenklassifikation
„Automatischer Merge einer Paarung oder Vorschlag für den Bediener?"
In den vorangegangenen Prozessschritten wurden alle Paarungen durch die RECO-Filter automatisch jeweils entweder für „passend" oder für „nicht passend" befunden, wobei die Aussage „passend" immer nur aus Sicht des jeweiligen Filter getroffen werden konnte. In der Zonenklassifikation wird nun für alle „Treffer-Kandidaten", also alle Paarungen die es durch alle Filter geschafft haben, bestimmt, wie gut die Paarung „insgesamt", d. h. über alle Merkmale, die in den vorangegangenen Filtern abgeprüft wurden, passt.

Paarungen, die von der Zonenklassifikation als „insgesamt gut passend" bewertet werden, können dann automatisch gemerged werden. Paarungen, die hingegen von der Zonenklassifikation als „insgesamt nur mittelmäßig passend" bewertet werden, müssen zunächst einem Bediener angezeigt werden, bevor sie gegebenenfalls gemerged werden können.

Das „insgesamt nur mittelmäßig passend" kann beispielsweise daher rühren, dass zwar sowohl die Geometrie als auch die Kontur einer Paarung hervorragend zueinander passt, der bildliche Inhalt jedoch Widersprüche aufweist, beispielsweise weil Textzeilen sich von einer Komponente zur anderen nicht fortsetzen und damit ins Nichts laufen (vgl. Abbildung 74, links und rechts). In diesem Fall hätte der Filter „Kontextmatcher" die Paarung zwar nicht zwingend abgelehnt, jedoch auch nicht als „gut passend" befunden, so dass die Zonenklassifikation für diese Paarung das Gesamturteil „mittelmäßig passend" vergeben hätte.

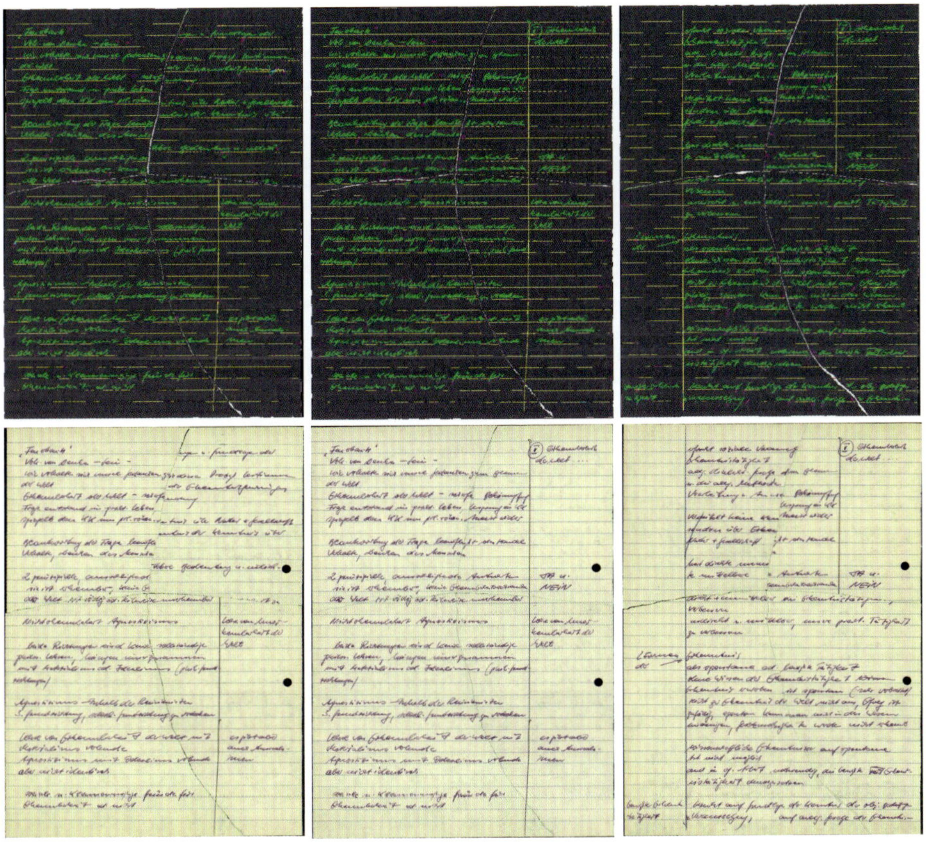

Abb. 74
Zusammenspiel von Kontur- und Kontextmatching. Die Konturen aller drei „Kandidaten" (je 4 Schnipsel) matchen. Der Kontextmatcher verhindert jedoch, dass die links und rechts dargestellten, falschen „Kandidaten" gemerged werden (Foto: Berlin, Fraunhofer IPK).

Zusammengefasst existieren genau drei Zonen, in die jede Paarung eingeteilt wird:

- Zone 1:
  „Paarung passt insgesamt gut und kann automatisch gemerged werden".
- Zone 2:
  „Paarung passt insgesamt nur mittelmäßig und muss einem Bediener angezeigt werden".
- Zone 3:
  „Paarung passt nicht und wird daher abgelehnt".

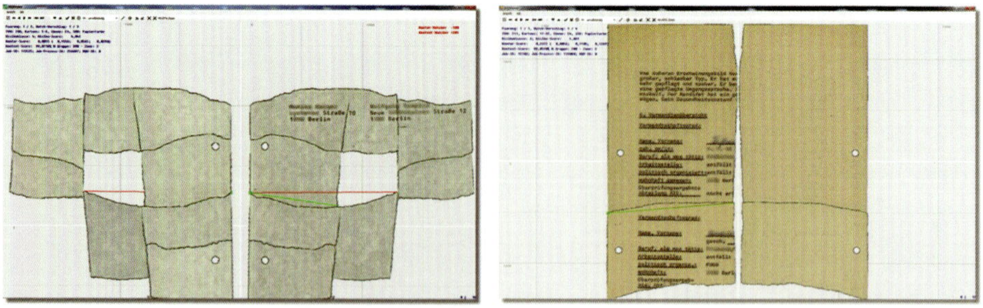

Abb. 75
Interaktive PC-Arbeitsplätze – Quittieren fragwürdiger Paarungen (Quelle: Berlin, Fraunhofer IPK).

3.2.6 Interaktive PC-Arbeitsplätze

Alle Zone2-Vorschläge, also die „insgesamt nur mittelmäßig passenden Paarungen" werden an PC-Arbeitsplätzen den BStU-Bedienern im so genannten „HQ-Viewer", einer Softwarekomponente des ePuzzlers, angezeigt. Die Bediener müssen diese Zone2-Vorschläge dann annehmen oder ablehnen. Dieselben PC-Arbeitsplätze dienen auch der Qualitätssicherung, bei der alle in einer Verarbeitungseinheit gebauten Rekonstruktionen durch Mitarbeiter des BStU auf Richtigkeit überprüft und gegebenenfalls korrigiert werden müssen. Die folgenden Abbildungen zeigen exemplarisch Screenshots „typischer HQ-Viewer-Situationen".

Die in Abbildung 75 dargestellten Paarungen (Abbildung 75 links: Paarung der 5er-Teilrekonstruktion oben gegen die 3er-Teilrekonstruktion unten; Abbildung 75 rechts: Paarung zweier Schnipsel) können nicht automatisch gemerged werden, da für den Kontextmatcher nicht genügend Merkmale zur Verfügung stehen, um eine sichere, d. h. möglichst fehlerfreie Entscheidung zu treffen. Im links dargestellten Fall stehen entlang der mit der grünen Linie markierten Risskante überhaupt keine Merkmale zur Verfügung (leere Schnipsel). Im rechts dargestellten Fall stehen globale Merkmale zur Verfügung (Schriftart und –farbe, Absatzlayout, etc.). Es liegt jedoch entlang der mit der grünen Linie markierten Risskante für den Kontextmatcher kein „Beweis" dafür vor, dass beide Schnipsel tatsächlich vom selben Blatt stammen. Es könnte sich auch um mehrere, einander gleichende und en bloc zerrissene Formulare handeln, so dass der untere Schnipsel beispielsweise einem anderen Blatt zugeordnet werden müsste. Daher stuft der ePuzzler derartige Paarungen als Zone2-Vorschläge ein und schlägt sie einem BStU-Bediener vor.

Abbildung 76 zeigt exemplarisch Rekonstruktionen, die vom ePuzzler (mindestens teilweise) automatisch gebaut wurden. Diese müssen von den BStU-Bedienern überprüft und gegebenenfalls korrigiert werden, beispielsweise indem einzelne Schnipsel und/oder Teilrekonstruktionen von den angezeigten Rekonstruktionen „abgerissen" werden. Zudem können – mit dem Ziel der besseren Lesbarkeit der rekonstruierten Blätter – Feinausrichtungen einzelner Schnipsel oder Schnipselgruppen vorgenommen werden.

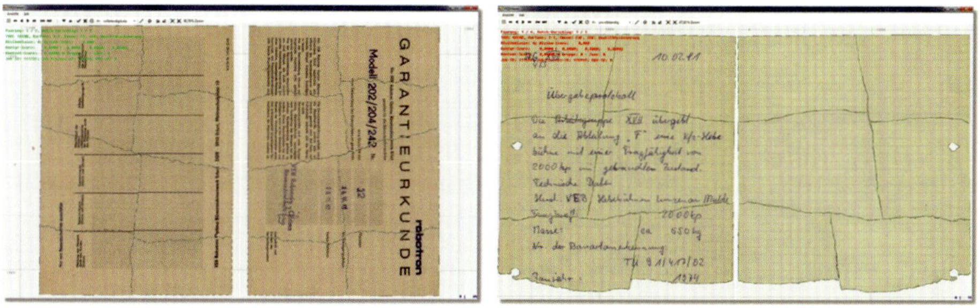

Abb. 76
Interaktive PC-Arbeitsplätze – Qualitätssicherung (Quelle: Berlin, Fraunhofer IPK).

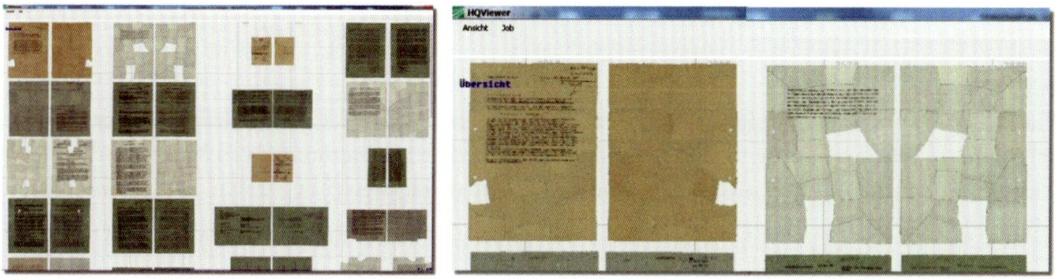

Abb. 77
Interaktive PC-Arbeitsplätze – Heraufstufen von Teil- zu Vollrekonstruktionen (Quelle: Berlin, Fraunhofer IPK).

Da per Definition Teilrekonstruktionen und nicht verbaute Schnipsel nicht an den BStU übergeben werden (und damit auch nicht vom BStU inhaltlich erschlossen werden können), müssen im Rahmen der Qualitätssicherung alle innerhalb einer Verarbeitungsmenge nicht zu Ende gebauten Teilrekonstruktionen auf „inhaltliche Vollständigkeit“ überprüft werden. Fehlen an Teilrekonstruktionen nur „kleine Ecken“ oder haben die fehlenden Teile höchst wahrscheinlich keinen Informationsgehalt, können diese von BStU-Bedienern zu Vollrekonstruktionen heraufgestuft werden. In Abbildung 77 rechts sind zwei derartige, nicht zu Ende gebaute Rekonstruktionen dargestellt. Bei der linken (beige-braunen) Teilrekonstruktion fällt die Entscheidung des Heraufstufens vergleichsweise leicht, da der fehlende Schnipsel sehr wahrscheinlich leer und damit inhaltlich vermutlich nicht relevant ist. Bei der rechten (weißen) Teilrekonstruktion ist die Entscheidung schwieriger. Hier könnte die Fehlstelle in der Mitte der Rekonstruktion eine Unterschrift enthalten, so dass diese Teilrekonstruktion – wenn überhaupt – erst nach gründlicher archivfachlicher Begutachtung heraufgestuft werden sollte. Grundsätzlich ist bei der Entscheidung „Heraufstufen oder nicht“ immer zu berücksichtigen, dass es aufgrund der Überlieferungssituation (vgl. Abschnitt 2, Punkt (7), „Unvollständigkeit des Puzzles“) nicht vorhersehbar ist, ob die fehlenden Teile überhaupt existieren. Es ist damit nicht bekannt, ob die passenden Teile „irgendwann“ gefunden und verbaut werden können. Enthält die Teilrekonstruktion

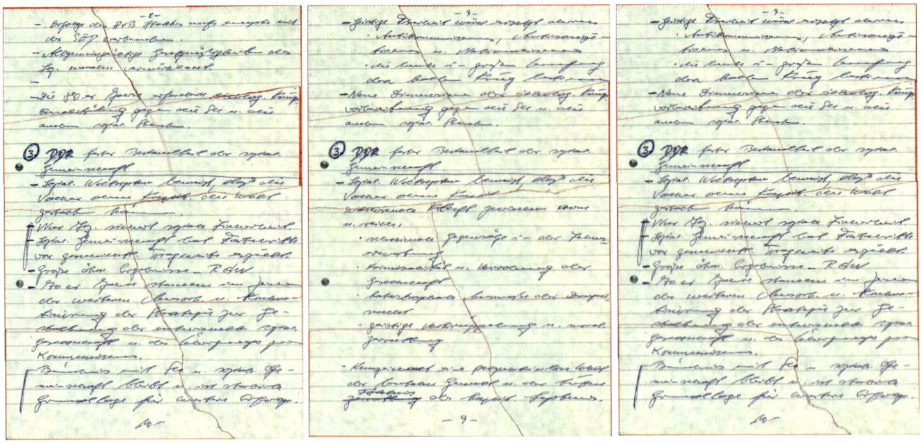

Abb. 78
Grenzen der automatischen Rekonstruktion. Die Konturen aller drei „Kandidaten" (je 8 Schnipsel) matchen. Da dem Kontextmatcher keine eindeutigen, d. h. diskriminativen Merkmale zur Verfügung stehen, würde keiner der Kandidaten automatisch abgelehnt werden (Quelle: Berlin, Fraunhofer IPK).

bereits relevante Textstellen, soll sie vermutlich in die inhaltliche Erschließung beim BStU überführt werden. In diesem Fall muss durch eine BStU-Fachkraft ein entsprechender „cut" vorgenommen und die Teilrekonstruktion durch Heraufstufen aus dem laufenden Puzzleprozess entfernt werden.

3.2.7 Grenzen der automatischen Rekonstruktion

Insbesondere bei handschriftlich beschriebenen Dokumenten, die en bloc zerrissen wurden, stoßen die im ePuzzler implementierten RECO-Filter an ihre Grenzen. Die bereits oben dargestellte Abbildung verdeutlicht dies.

Bei den in Abbildung 78 dargestellten Kandidaten handelt es sich um zwei falsche und einen richtigen Vorschlag. Auf den ersten Blick erscheinen alle Vorschläge richtig, da an den Risskanten keine signifikanten Kontextbrüche vorliegen. Erst ein tieferes Kontext- und damit Textverständnis identifiziert die beiden linken als die falschen und den rechten als den richtigen Vorschlag. Ein Fehlerindiz stellen die unstimmigen Seitenzahlen jeweils oben und unten auf den beiden linken Blättern dar. Die in der folgenden Abbildung 79 vorgenommene ausschnittsweise Vergrößerung des mittleren und rechten Kandidaten aus Abbildung 78 zeigt weitere, ebenfalls ein Textverständnis voraussetzende Kontextmerkmale, die zu dem Schluss führen, dass die Kontextfortführung entlang der Risskanten der mittleren Paarung falsch und die der rechten korrekt ist.

Aufgrund des in Abschnitt 2 formulierten Grundsatzes (G3) („Es existiert keine Algorithmik, die beliebige Texte computerlesbar macht.") wurde im ePuzzler keine Texterkennung implementiert. Daher würden alle in den vorangegangen zwei Abbildungen dar-

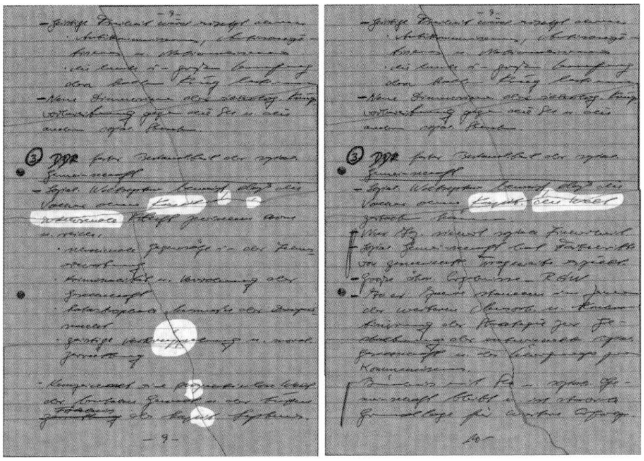

Abb. 79
Grenzen der automatischen Rekonstruktion. Das Identifizieren von falscher (links) und korrekter (rechts) Kontextfortführung entlang der Risskanten erfordert Textverständnis (Quelle: Berlin, Fraunhofer IPK).

gestellten Kandidaten automatisch gemerged werden. Würde der in Abbildung 79 rechts dargestellte Kandidat im RECO-Workflow (zufällig) zuerst verarbeitet werden, wäre die resultierende Rekonstruktion korrekt. Wäre die Abarbeitungsreihenfolge (zufällig) eine andere, wären die resultierenden Rekonstruktionen falsch.

3.3 Aufbereitung von Rekonstruktionsergebnissen

Die Rekonstruktionsergebnisse werden dem BStU in Form von Multi-Layer-PDF/A-Dateien auf einem LTO-Magnetband übergeben. Die Bilder der Rekonstruktionen liegen im PDF/A als JPEG2000 vor. Optional können Risskanten und Schnipselnummern in die Bilder der Rekonstruktionen eingeblendet werden. Neben den Bildern enthalten die PDF/As einen umfangreichen Metadatensatz im XMP-Format, welcher für eine IT-basierte Formierung der rekonstruierten Seiten herangezogen werden könnte[4]. Je rekonstruiertem Blatt werden zwei PDF/As erzeugt, je eines für Vorder- und Rückseite. Neben dem (gegebenenfalls geringfügig verkleinerten) Bild der Rekonstruktion enthält jedes PDF/A unten rechts einen Barcode mit einem für jedes Bild eindeutigen Kennzeichner (vgl. Abbildung 80).

Alle PDF/As mit vom ePuzzler automatisch als nicht-leer gekennzeichneten Rekonstruktionen werden zudem ausgedruckt (vgl. Abbildung 81). Ist die Rückseite einer Rekonstruktion leer, wird das entsprechende PDF/A nicht ausgedruckt, das PDF/A der Vorderseite aber entsprechend gekennzeichnet.

4 Die IT-gestützte Formierung ist nicht Bestandteil der ePuzzler-Funktionalität.

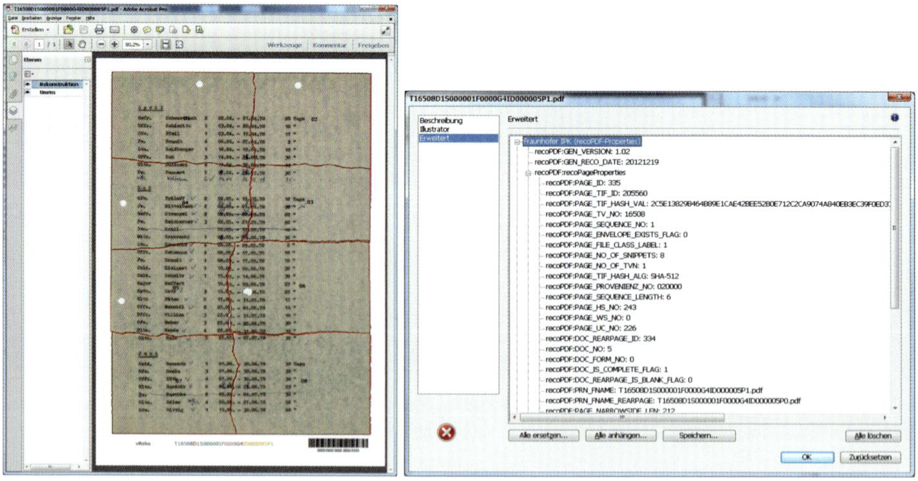

Abb. 80
Multi-Layer-PDF/A und zugehörige Metadaten (Quelle: Berlin, Fraunhofer IPK).

Analog zum PDF/A enthält jede ausgedruckte Seite neben dem (gegebenenfalls geringfügig verkleinerten) Bild der Rekonstruktion unten rechts einen Barcode mit einem für jeden Ausdruck eindeutigen Kennzeichner. Über diesen Kennzeichner ist jede Druckseite im BStU-IT-System eindeutig adressierbar, so dass unter anderem eine eindeutige Verknüpfung zwischen dem (analogen) Ausdruck und den (digitalen) Metadaten einer Rekonstruktion hergestellt werden kann.

4 Weitere Anwendungsszenarien

Die automatisierte virtuelle Rekonstruktion ist ein sehr vielseitiges Werkzeug, dessen Einsatzgebiet über die Rekonstruktion von Stasi-Akten hinausgeht und beispielsweise auch zur effizienten Erhaltung und Wiederherstellung kulturell und gesamtgesellschaftlich relevanter Dokumente und Objekte eingesetzt werden kann. Einen wesentlichen Schwerpunkt bilden hierbei assistenzbasierte Rekonstruktionssysteme, die das Wissen von Experten im Rekonstruktionsprozess nutzen und zudem die *physische Rekonstruktion* von Kulturgütern ermöglichen.

Bei der assistenzbasierten Rekonstruktion werden zwei Ansätze unterschieden. Zum einen gibt es das Konzept der *assistenzbasierten virtuellen Rekonstruktion*. Ziel dieses Ansatzes ist wie bei der automatisierten virtuellen Rekonstruktion die virtuelle Wiederherstellung von Inhalten. Die physischen Fragmente werden in der Regel nach der Digitalisierung nicht mehr benötigt und archiviert. Der Unterschied beider Verfahren besteht darin, dass das assistenzbasierte auf Fragmente ausgelegt ist, für die eine vollautomatisierte Wiederherstellung technisch nicht möglich ist, der Rekonstruktionsprozess also die aktive Mitarbeit eines menschlichen Betrachters erfordert. Beispiele sind die in Abschnitt

Abb. 81
Ausdruck einer „kleinen" TVN (knapp 3.600 Druckseiten) (Quelle: Berlin, Fraunhofer IPK).

4.1 beschriebene Wiederherstellung geschredderter Unterlagen oder die Lesbarmachung zerschnittener Kfz-Kennzeichen.

Daneben befinden sich *Assistenzsysteme zur Unterstützung physischer Rekonstruktionen* in der aktuellen Entwicklung. Hier soll das Ergebnis der virtuellen Rekonstruktion als Vorlage für eine anschließende manuelle Rekonstruktion oder Restaurierung dienen. Derartige Systeme stellen hohe Anforderungen an den Workflow vor der Digitalisierung sowie nach der virtuellen Rekonstruktion. Da als Ziel dieses Ansatzes die physische Wiederherstellung der vorab digitalisierten Objekte gilt, ist das Vorhandensein eines leistungsfähigen, auf die Aufgabe zugeschnittenen Trackingsystems erforderlich. Abhängig von der Aufgabenstellung ist zudem in zahlreichen Anwendungsfällen der physischen Rekonstruktion die Auswertung von Expertenwissen unerlässlich. Dabei kann es sich zum einen um Fachkenntnisse eines verantwortlichen Archivars oder Restaurators handeln – Angaben zum Fundort, zum Alter oder zu zeitgenössischen Besonderheiten, welche als a priori-Wissen über Metainformationen in die virtuelle Rekonstruktion einfließen. Zum anderen kann es sich um Erkenntnisse handeln, die erst im Prozess der virtuellen Rekonstruktion sichtbar werden – etwa inhaltliche Merkmale, die auf kleinen Fragmenten nicht aber auf größeren Teilrekonstruktionen aus mehreren Fragmenten sehr wohl sichtbar sind. Der Computer kann dieses, auf langjähriger Erfahrung basierende Expertenwissen nicht abbilden, dem Prozess der Wiederherstellung muss es jedoch zur Erzielung hoher Rekonstruktionsraten zur Verfügung gestellt werden.

Dieser Ansatz fließt derzeit in die Entwicklung zweier Assistenzsysteme zur Unterstützung physischer Rekonstruktionen ein, die in Abschnitt 4.2 beschrieben sind.

Abb. 82
Rekonstruktion geschredderter Dokumente. Von links nach rechts: Vorbereitung des Belegguts, Kontextmatching, virtuelle Rekonstruktion (Quelle: Berlin, Fraunhofer IPK).

4.1 Assistenzbasierte virtuelle Rekonstruktion geschredderter Dokumente

Innerhalb der virtuellen Rekonstruktion zweidimensionaler Objekte stellt die Rekonstruktion geschredderter Dokumente einen Sonderfall dar. Die Verfahren zur Merkmalsextraktion und zum Matching stehen hier vor extremen Herausforderungen: Die Fragmente haben eine uniforme Kontur, sodass sich die Rekonstruktion nur auf inhaltliche Merkmale und Farbverläufe stützen kann. Zudem sind die Fragmente nur wenige Millimeter breit und einige Zentimeter lang, sodass die inhaltlichen Merkmale aus nur wenigen Pixeln abgeleitet werden müssen (vgl. Abbildung 82).

Bei der Rekonstruktion geschredderter Dokumente wird darauf verzichtet, den Inhalt in naheliegende Klassen wie „Schrift" oder „Linierung" einzuordnen. Stattdessen werden sämtliche Elemente auf einem Streifen – einschließlich der Papierfarbe – als geometrische Objekte behandelt, anhand deren Verteilung nach Regeln des binären Stringmatchings und der Wahrscheinlichkeit mathematisch mutmaßlich passende Nachbarn ermittelt werden. Das Ergebnis ist damit ein geometrisch naheliegendes, nicht unbedingt ein inhaltlich korrektes. Die Schredder-Rekonstruktion bedarf daher stets der Überprüfung durch einen menschlichen Bediener.

4.2 Assistenzsysteme zur Unterstützung physischer Rekonstruktionen

4.2.1 Rekonstruktion der zerstörten Archivalien des Historischen Archivs der Stadt Köln

Am 3. März 2009 stürzte das Gebäude des Historischen Archivs der Stadt Köln zusammen mit zwei nahestehenden Wohngebäuden ein. Dabei wurden etwa 90 Prozent des Archivguts verschüttet, von denen bis dato über 85 Prozent geborgen werden konnten. Seitdem steht das Kölner Stadtarchiv vor der Herausforderung, Millionen von Fragmenten zu reinigen, zu restaurieren und den Originalzusammenhang des Archivguts wiederherzu-

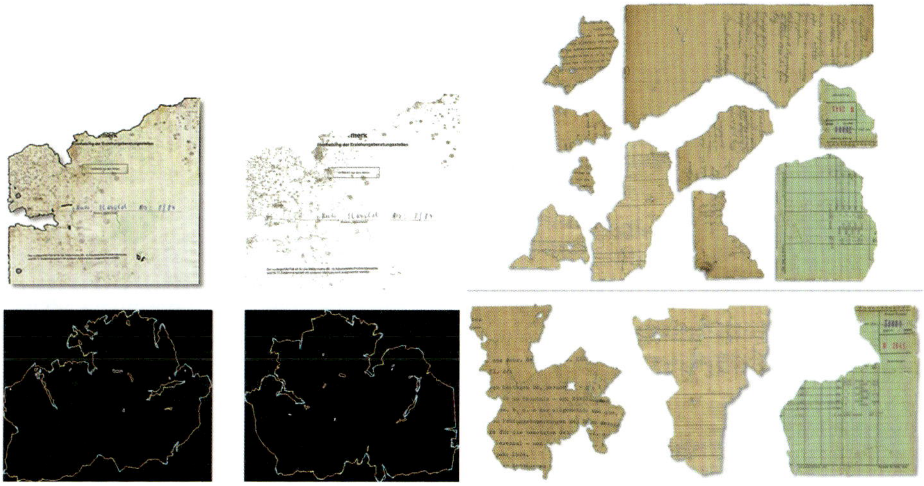

Abb. 83
Verschmutzte und beschädigte Fragmente des Historischen Archivs der Stadt Köln.
Links: verschmutztes Fragment (oben), Konturberechnung (unten). Rechts: Fragmente (oben), virtuelle Rekonstruktion (unten) (Quelle: Berlin, Fraunhofer IPK).

stellen. Die Menge und der Beschädigungsgrad der in Köln vorliegenden Fragmente sowie das Fehlen einschränkender Suchkriterien lassen hier keine rein manuelle Rekonstruktion der Teile zu. Ein auf den Techniken des ePuzzlers basierendes Assistenzsystem könnte entscheidend dazu beitragen, weite Teile des historisch bedeutsamen, durch die großen mechanischen Kräfte des Einsturzes erheblich beschädigten Archivguts zu rekonstruieren und zu restaurieren.

Die Anwendbarkeit der Verfahren der virtuellen Rekonstruktion wurde im Auftrag der Stadt Köln bereits Anfang 2010 anhand einer 1.000 Teile umfassenden, repräsentativen Stichprobe nachgewiesen. Derzeit entwickelt das Fraunhofer IPK zusammen mit der Muster-Fabrik Berlin im Auftrag der Stadt Köln und unter fachlicher Mitwirkung des Historischen Archivs eine Prototyp-Lösung zur virtuellen Rekonstruktion ausgewählten Archivgutes. Begleitend dazu entsteht ein Konzept zur Reinigung, Digitalisierung und Rekonstruktion aller in Köln geborgenen Fragmente (Abb. 83). Dieses Projekt wird kofinanziert aus Mitteln der Europäischen Union (Europäischer Fonds für regionale Entwicklung – EFRE).

4.2.2 Rekonstruktion von Glasmosaikfragmenten einer Kapelle

Die Anwendungsgebiete für die automatisierte virtuelle Rekonstruktion sind jedoch nicht nur auf zweidimensionale Gegenstände wie Papier beschränkt. Am Fraunhofer IPK wurden in der Vergangenheit bereits Konzepte für die automatisierte virtuelle Rekonstruktion dreidimensionaler Objekte mit planer Oberfläche entwickelt. Diese Objekte eignen sich gut für erste Versuche in diesem Bereich, da keine komplexe dreidimensionale Erfassung der Fragmente erforderlich ist. Stattdessen wird eine Rekonstruktion anhand von Oberflächeninformationen angestrebt, indem analog zum 2-D-Bereich Konturen und Texturen ausgewertet werden. Zusätzlich – und hier greift der Ansatz über die 2-D-Rekonstruktion hinaus – wird die Dicke der Objekte an den Bruchkanten herangezogen, um das Finden von Fragmentpaarungen zu unterstützen. Diese Vorgehensweise stellt somit einen Zwischenschritt zu „echter" 3-D-Rekonstruktion dar: Ausgewertet wird eine 2-D-Aufnahme einer Seite des Objektes, ergänzt um Tiefeninformationen. Man kann das Verfahren daher als 2,5-D-Rekonstruktion interpretieren. Aus mehreren 2,5-D-Aufnahmen, die alle Bereiche der Oberfläche eines Objektes abbilden, können in einem weiteren Schritt vollständige 3-D-Objekte gebildet werden. Die größte Herausforderung besteht dabei darin, die Objektoberflächen und Bruchflächen verlässlich voneinander zu separieren und entsprechende Sichten darauf zu generieren.

Voraussetzung für jegliche Form räumlicher virtueller Rekonstruktion sind Aufnahmegeräte mit ausreichender Abbildungsgüte, die sich für das jeweils zu rekonstruierende Material eignen. Zudem stellt der Prozessschritt der Bilderfassung einen wesentlichen Zeitfaktor bei der Verarbeitung dreidimensionaler Objekte dar. Aus diesem Grund müssen jeweils aufgabenspezifische Konzepte entwickelt werden, die diesen Arbeitsschritt so automatisiert und performant wie möglich durchführen können. Dies geschieht gegenwärtig in einem Projekt zur digitalen Rekonstruktion von 2,5-D-Kulturgut, welches das Fraunhofer IPK ebenfalls zusammen mit der MusterFabrik Berlin bearbeitet. Ziel des Projekts ist die technische Untersuchung und prototypische Umsetzung von 2,5-D-Rekonstruktions-Algorithmen sowie der notwendigen Hardware-Peripherie (2,5-D-Scanner, Viewer Appliance, etc.) zur digitalen Rekonstruktion und Reposition von 2,5-D-Kulturgut-Fragmenten. Als Referenzmaterial für erste Tests der prototypischen Werkzeuge dienen Glasmosaikfragmente aus der ehemaligen Kapelle der Erbbegräbnisstätte Buchholz in Bredereiche, Fürstenberg/Havel.

Links in Abbildung 84 ist der noch erhaltene, über den drei Fenstern angeordnete Teil des Wandfreskos zu sehen. Ursprünglich erstreckte sich das Fresko, zwischen den Fenstern verlaufend sowie die äußeren Fenster umgebend, bis in Bodennähe der Kapelle. Rechts in der Abbildung ist ein kleiner Teil der geborgenen Glasmosaike zu sehen. Neben recht großflächigen Bruchstücken gibt es auch sehr viele kleine Fragmente (siehe 1€-Münze zum Größenvergleich), die eine manuelle Rekonstruktion – soweit überhaupt möglich – sehr aufwändig machen würden.

Eines der Ziele des Projekts besteht nun zunächst darin, eine für den Massendurchsatz geeignete 2,5-D-Digitalisierungstechnik zu entwickeln und prototypisch aufzubauen. Neben der Erfassung der Tiefeninformation besteht eine der Herausforderungen dabei darin, die (spiegelnde) Glasoberfläche der Mosaike farb- und geometrietreu digital zu erfassen. In einem nächsten Schritt soll dann ein prototypisches Assistenzsystem implementiert werden, das einem Restaurator Vorschläge vermeintlich passender Mosaikfragmente unterbreitet. Unterstützt durch ein intelligentes Trackingsystem, das ebenfalls begleitend zur eigentlichen Digitalisierung zu entwickeln ist, überprüft der Restaurator oder die Restauratorin dann mithilfe der „echten" (physischen) Bruchstücke, welche Vorschläge des Assistenzsystems korrekt sind und setzt diese dann, zunächst nur virtuell, zusammen. Das

Abb. 84
Physische Rekonstruktion von Glasmosaikfragmenten. Links: Beschädigtes Wandfresko in einer Kapelle. Rechts: Geborgene Fragmente (Quelle: Berlin, Fraunhofer IPK).

Vorhandensein genügend tatsächlich passender Bruchstücke vorausgesetzt, wächst somit sukzessive das virtuelle Fresko. Da das Fresko an den Fenstern entsprechende Aussparungen aufweisen muss, ergibt sich auf diese Weise im Assistenzsystem ein Gesamtbild der Rekonstruktion, das eine eindeutige und originalgetreue Positionierung der Bruchstücke an der Wand erlaubt. Den entsprechenden „Bauplan" kann der Restaurator oder die Restauratorin dann ebenfalls dem Assistenzsystem entnehmen, da in diesem digital hinterlegt ist, wie die einzelnen Bruchstücke mit ihren jeweils benachbarten Bruchstücken verbunden sind.

Farbabbildungen

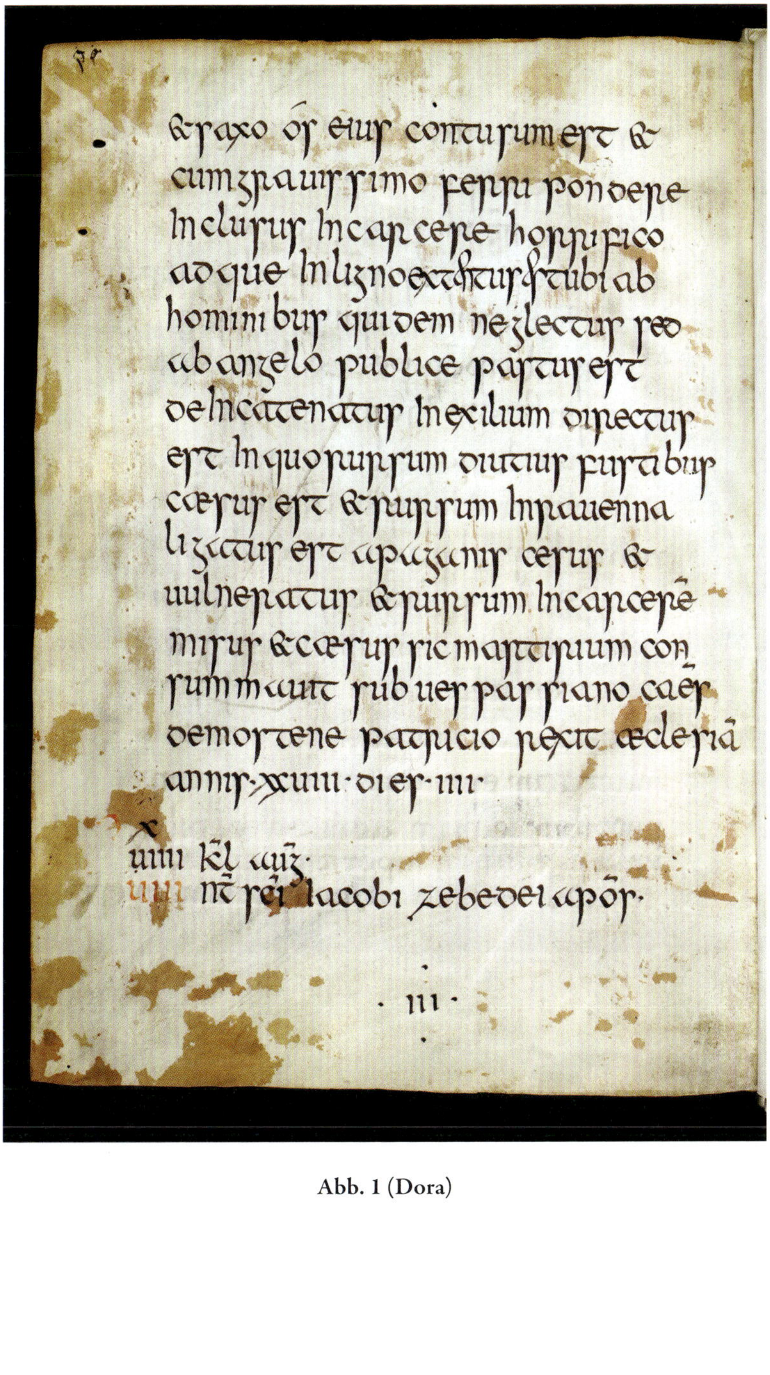

& saxo os eius contusum est &
cum grauissimo ferri pondere
inclusus in carcere horrifico
adque in ligno extensus est ubi ab
hominibus quidem neglectus sed
ab angelo publice pastus est
de incatenatus in exilium directus
est in quo rursum diutius fustibus
caesus est & rursum in rauenna
ligatus est a paganis cesus &
uulneratus & rursum in carcere
missus & caesus sic martyrium con-
summauit sub uespasiano caes
de morte ne patricio rexit aecclesiam
annis xxuiii dies iiii

x
uiiii kl aug.
uiii nat sci iacobi zebedei apos.

iii

Abb. 1 (Dora)

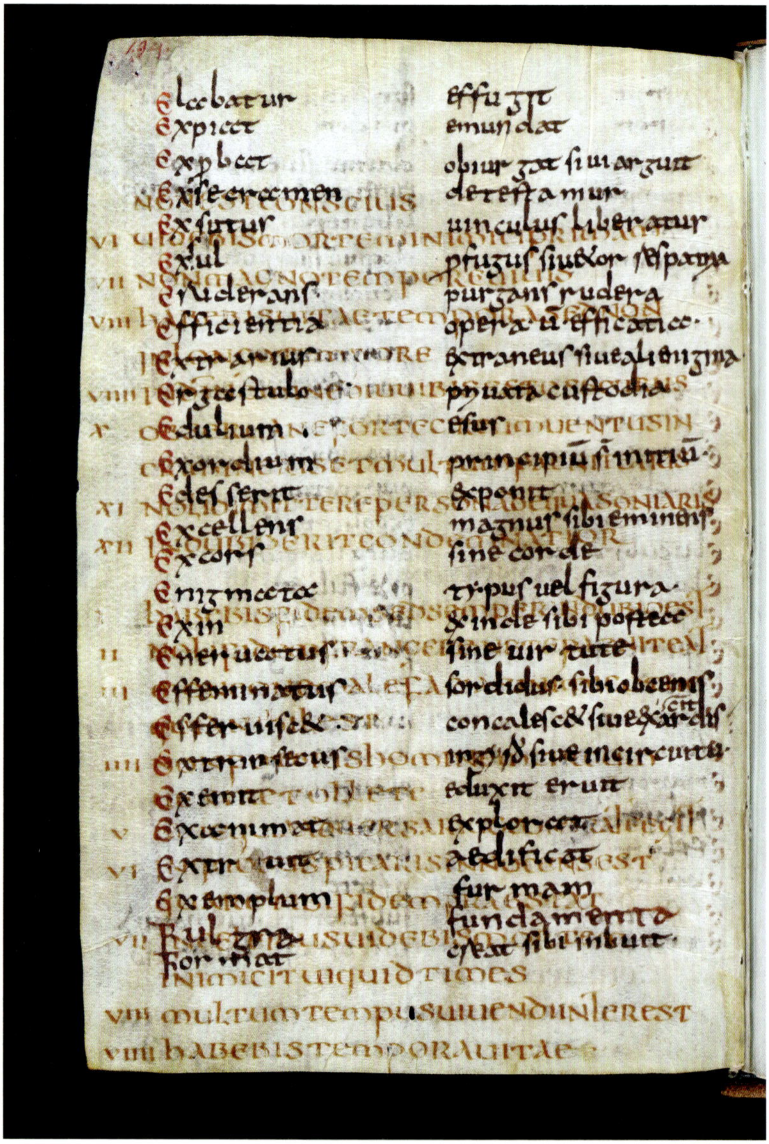

Abb. 3 (Dora)

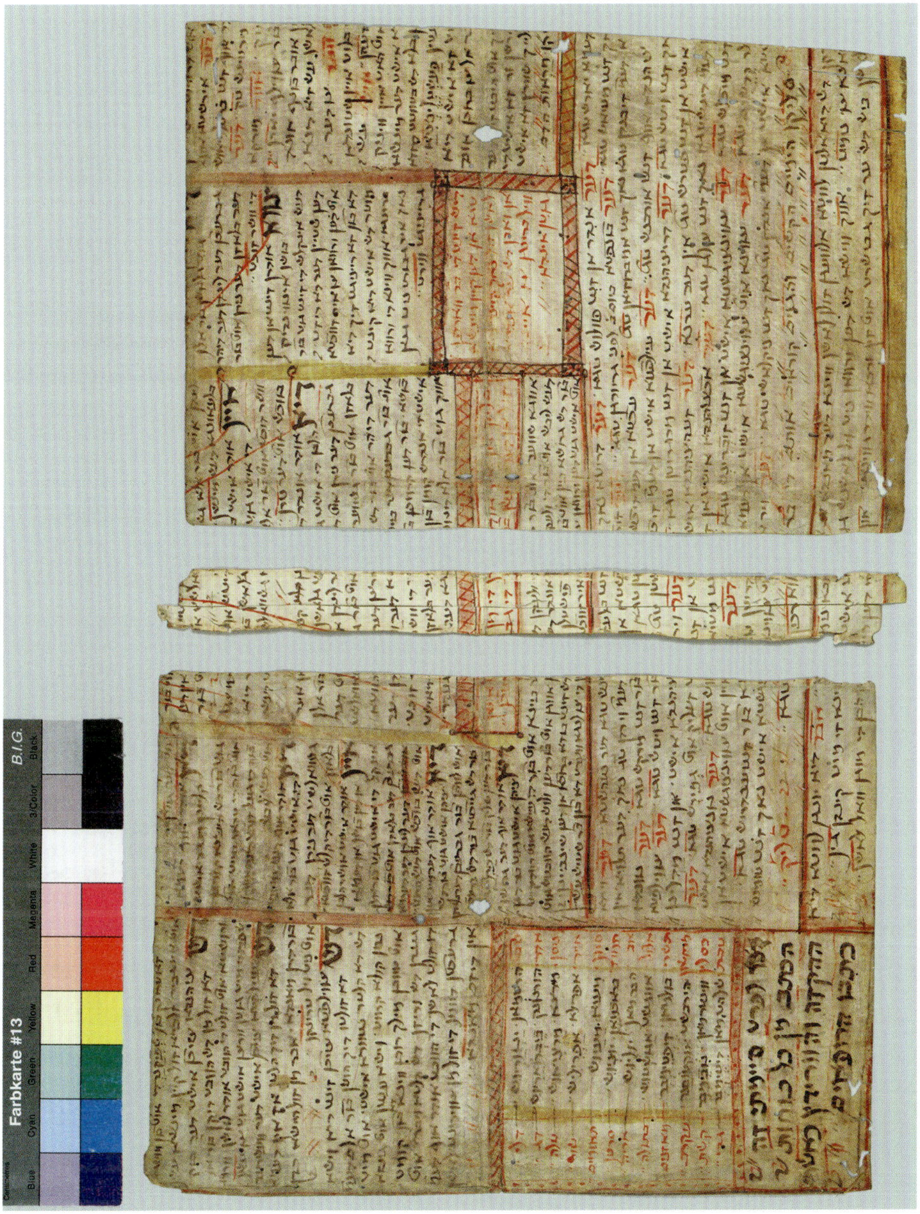

Abb. 9 (Deeters)

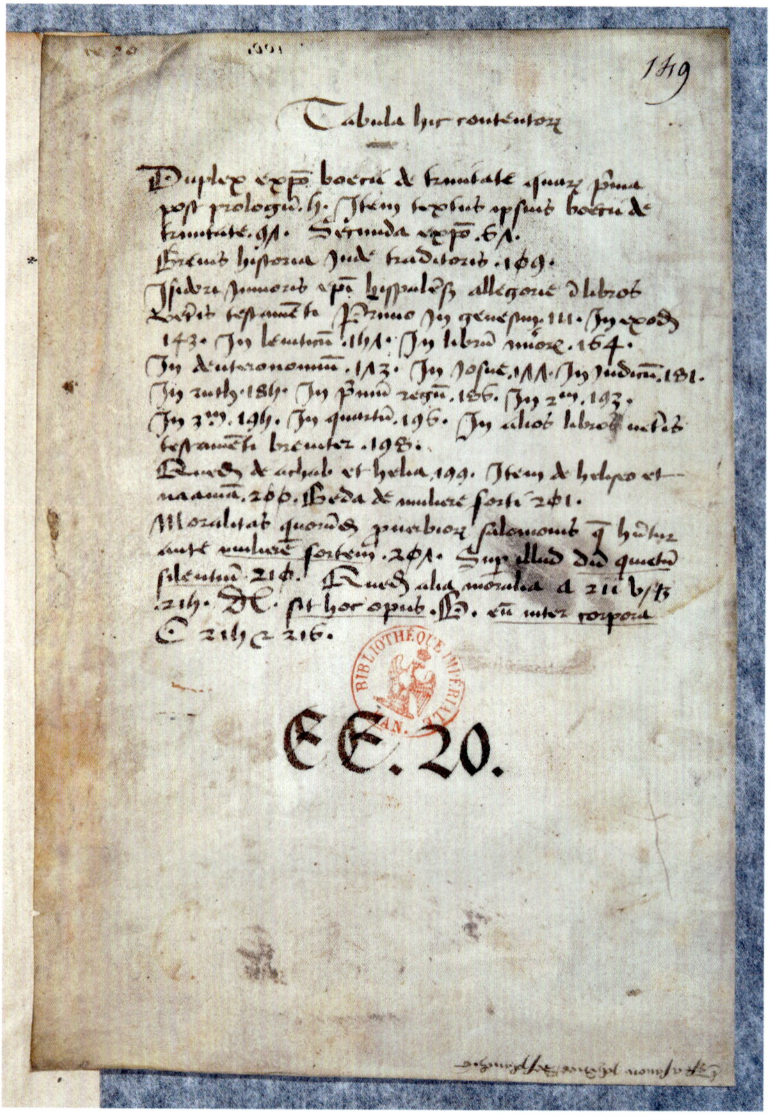

Abb. 10 (Löffler)

Abb. 12 (Wischhöfer)

Abb. 23 (Neuheuser)

Abb. 24 (Lehnardt)

Abb. 25 (Lehnardt)

Abb. 26 (Lehnardt)

Abb. 28 (Lehnardt)

Abb. 27 (Lehnardt)

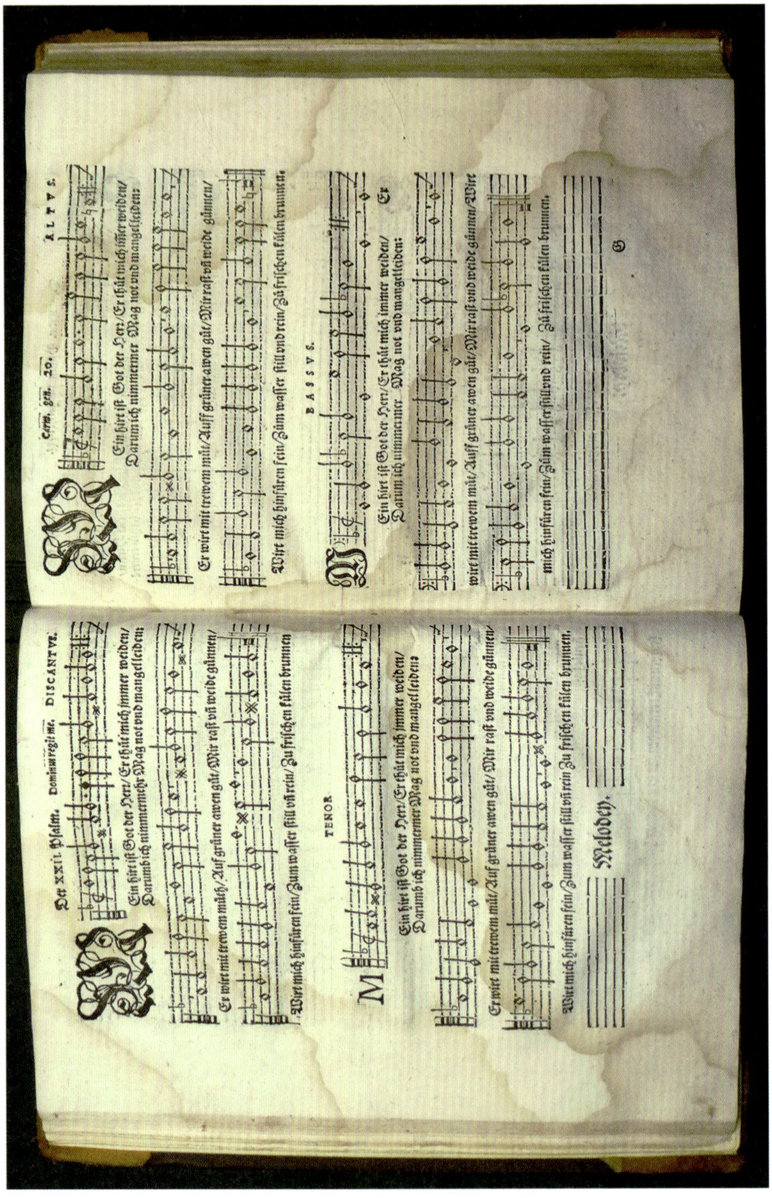

Abb. 29 (Groot)

Abb. 33 (Groot)

Abb. 34 (Groot)

Abb. 35 (Groot)

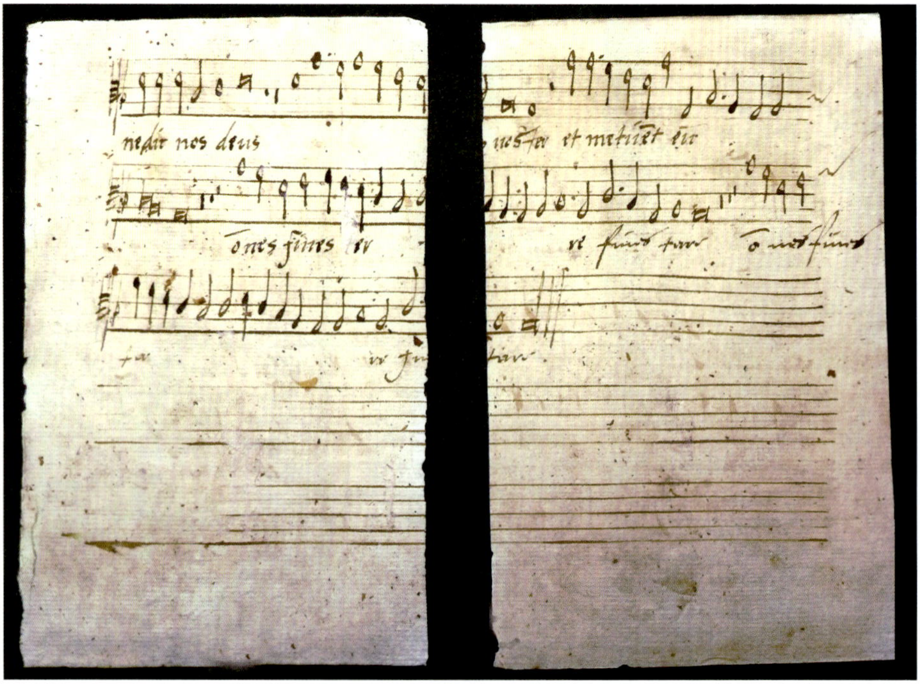

Abb. 36 (Groot)

Abb. 37 (Groot)

Abb. 38 (Groot)

Abb. 39 (Groot)

Abb. 40 (Groot)

Abb. 41 (Groot)

Abb. 42 (Groot)

Abb. 43 (Groot)

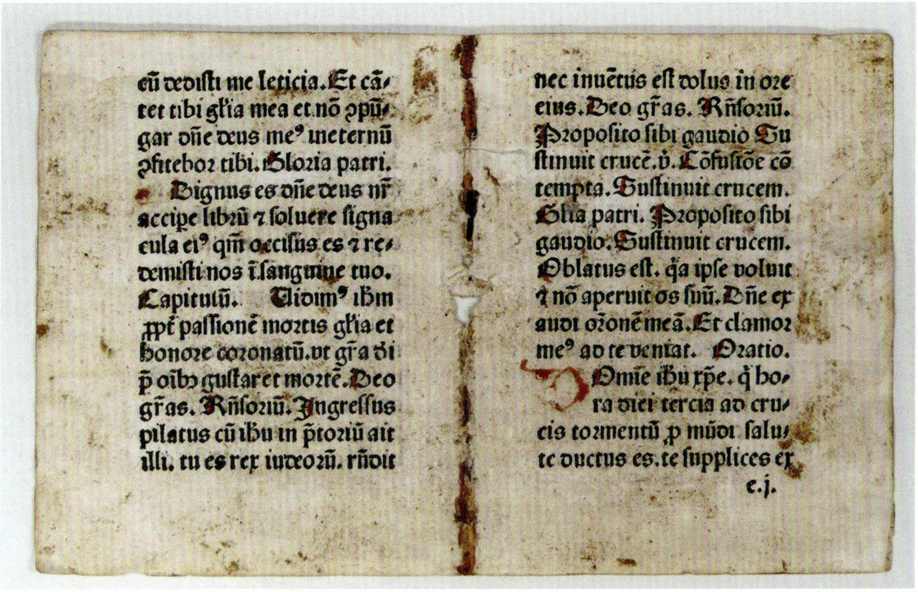
cū dedisti me leticia. Et cā-
tet tibi glīa mea et nō cōpū-
gar dñe deus meꝰ in eternū
cōfitebor tibi. Gloria patri.
Dignus es dñe deus nr̄
accipe librū ꝛ soluere signa
cula eiꝰ qm̄ occisus es ꝛ re-
demisti nos ī sanguine tuo.
Capitulū. Vidimꝰ ihm
xp̄ī passionē mortis glīa et
honore coronatū. vt grā di
p̄ oībꝰ gustaret mortē. Deo
grās. Rn̄soriū. Ingressus
pilatus cū ihū in p̄toriū ait
illi. tu es rex iudeorū. rn̄dit

nec inuētus est dolus in ore
eius. Deo grās. Rn̄soriū.
Proposito sibi gaudio Su
stinuit crucē. v. Cōfusiōe cō
tempta. Sustinuit crucem.
Glīa patri. Proposito sibi
gaudio. Sustinuit crucem.
Oblatus est. qa ipse voluit
ꝛ nō aperuit os suū. Dñe ex
audi orōnē meā. Et clamor
meꝰ ad te veniat. Oratio.
Domine ihū xp̄e. q̄ ho-
ra diei tercia ad cru-
cis tormentū p̄ mūdi salu-
te ductus es. te supplices ex
e. j.

Abb. 48 (Duntze/Eisermann)

Fragm. Geo. 408,30
Zu eynem lobe des ewigē k... nigs vnd gloria seiner
dem durchleuchtigen Fursten Philippsen pfaltzgrav ... bey Rhein korfürsten ꝛc. vnd gen
vollen mit den erwelte tagen. oder oderlassen vff diß ... sent vierhundert vnd funff vn
Sonnen circel ... Sontags buchstabe D Die keyßerlich tzal ... Zwischen weyenacht ... vnd
lich fest diß vorgenante iars noch der ordnūg gehalten werden Die gebunden tzeit Sonta... noch
vor Gregory. Der Ostertag Sontag vor Georgy. Die Creutzwochen Sontag vor ...
vor Sant Andres tage
Dise Newen vnd vollen dir entgegen lauffende du vormerken

Abb. 49 (Duntze/Eisermann)

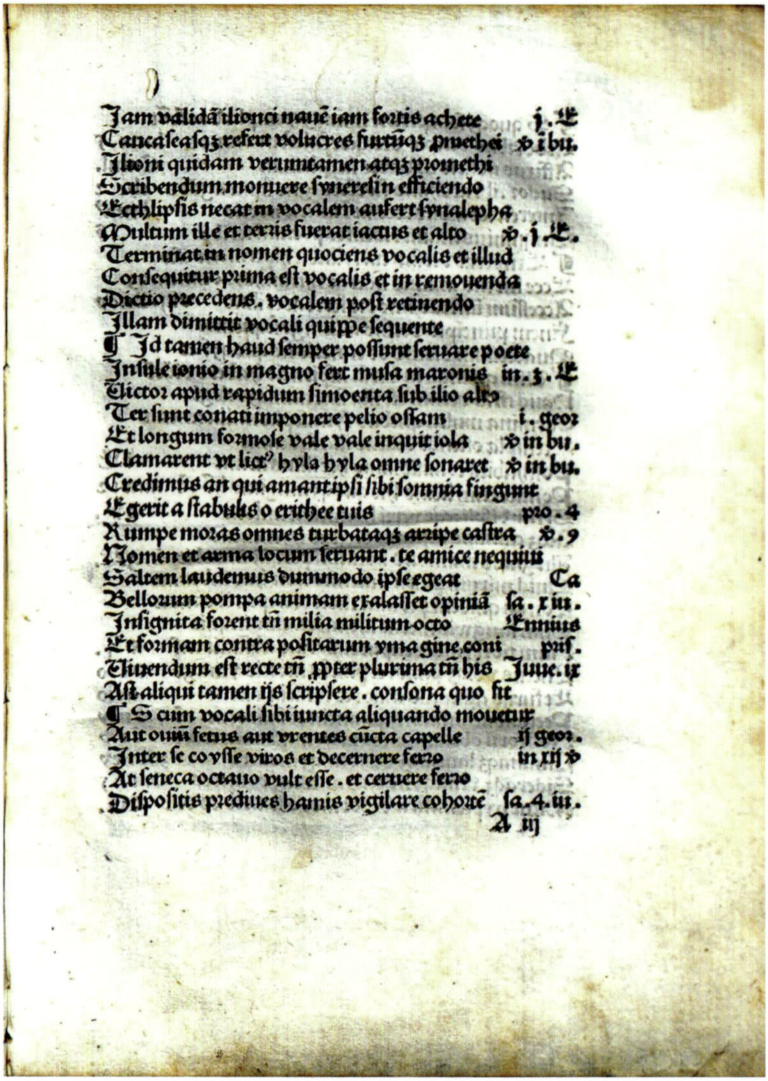

Jam validā ilionei nauē iam fortis achete j. E
Caucaſeaſqȝ refert volucres furtūqȝ pmethei ꝯ i bu.
Ilioni quidam verumtamen atqȝ promethi
Scribendum monuere ſynereſin efficiendo
Ecthlipſis necat m vocalem aufert ſynalepha
Multum ille et terris fuerat iactus et alto ꝯ. j. E.
Terminat in nomen quociens vocalis et illud
Conſequitur prima eſt vocalis et in remouenda
Dictio precedens. vocalem poſt retinendo
Illam dimittit vocali quippe ſequente
¶ Id tamen haud ſemper poſſunt ſeruare poete
Inſule ionio in magno fert muſa maronis in. 3. E
Victor apud rapidum ſimoenta ſub ilio alto
Ter ſunt conati imponere pelio oſſam i. geor
Et longum formoſe vale vale inquit iola ꝯ in bu.
Clamarent vt litꝰ hyla hyla omne ſonaret ꝯ in bu.
Credimus an qui amant ipſi ſibi ſomnia fingunt
Egerit a ſtabulis o erithee tuis pro. 4
Rumpe moras omnes turbataqȝ arripe caſtra ꝯ. 9
Nomen et arma locum ſeruant. te amice nequiui
Saltem laudemus dummodo ipſe egeat Ca
Bellorum pompa animam exalaſſet opiniā ſa. x iii.
Inſignita forent tū milia militum octo Ennius
Et formam contra poſitarum ymagine coni priſ.
Viuendum eſt recte tū ꝓpter plurima tū his Iuue. ix
Aſt aliqui tamen ijs ſcripſere. conſona quo ſit
¶ S cum vocali ſibi iuncta aliquando mouetur
Aut ouiū fetus aut vrentes cūcta capelle ij geor.
Inter ſe coyſſe viros et decernere ferro in xij ꝯ
At ſeneca octauo vult eſſe. et cernere ferro
Diſpoſitis prediues hamis vigilare cohortē ſa. 4. iii.
A iij

Abb. 51 (Duntze/Eisermann)

Abb. 53 (Duntze/Eisermann)

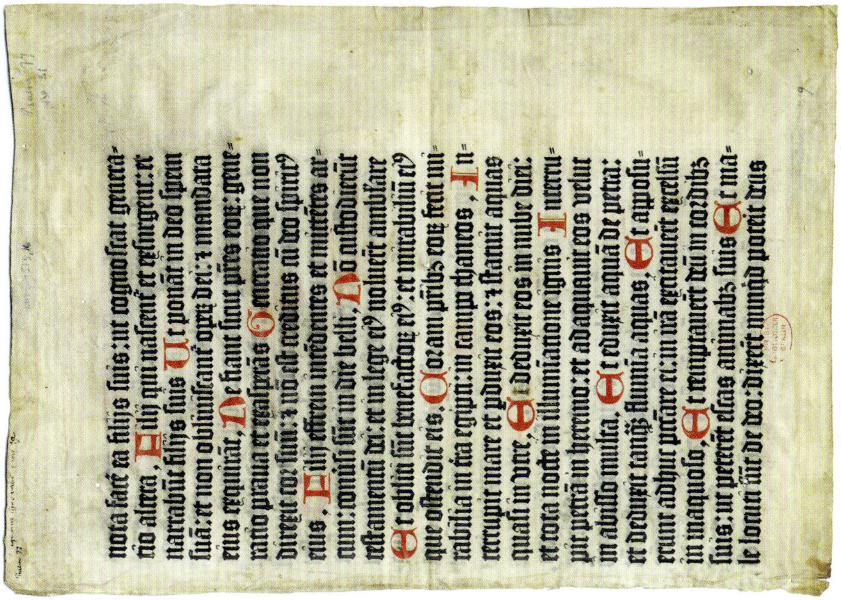

Abb. 52 (Duntze/Eisermann)

Abb. 55 (Duntze/Eisermann)

Abb. 56 (Duntze/Eisermann)

Abb. 57 (Duntze/Eisermann)

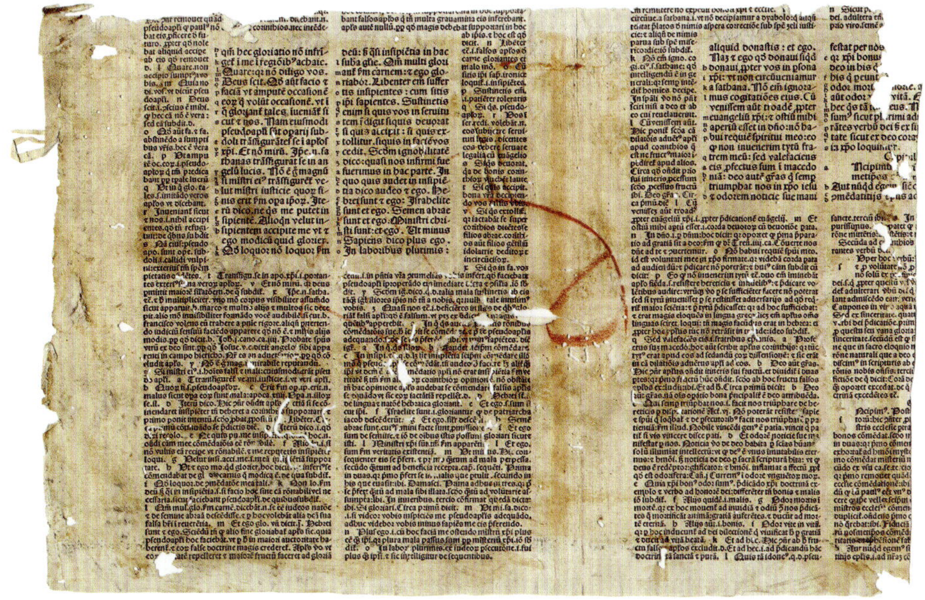

Abb. 58 (Duntze/Eisermann)

Abb. 61 (Heitzmann)

Abb. 62 (Heitzmann)

Autoren

Dr. Martin Bertram

Martin Bertram wurde 1969 an der Freien Universität Berlin in mittelalterlicher Geschichte promoviert. Von 1972 bis 1986 war er als Lehrer an Berliner Schulen tätig, danach als wissenschaftlicher Mitarbeiter am Deutschen Historischen Institut in Rom. Neben den Institutsaufgaben untersuchte er hier vor allem juristische Handschriften des späteren Mittelalters in den Bibliotheken Italiens, insbesondere in der Biblioteca Apostolica Vaticana. Seit 2003 im Ruhestand, setzt er seine Forschungen zur Überlieferung von Texten der spätmittelalterlichen Kanonistik fort. Eine Sammlung einschlägiger Beiträge erschien im Jahr 2013 unter dem Titel „Kanonisten und ihre Texte (1234 bis Mitte 14. Jh.). 18 Aufsätze und 14 Exkurse."

Prof. Dr. Jürgen Blänsdorf

Jürgen Blänsdorf studierte die Fächer Latein, Griechisch und Alte Geschichte in Freiburg/Breisgau und Kiel, legte das Erste Staatsexamen in den Fächern Latein und Griechisch ab und wurde 1965 in Freiburg in den Fächern Latein, Griechisch und Alte Geschichte promoviert. 1962 bis 1971 war er Wissenschaftlicher Assistent am Seminar für Klassische Philologie der Universität Freiburg und habilitierte sich dort in Klassischer Philologie. 1971 erfolgte die Berufung auf den Lehrstuhl für Klassische Philologie/Lateinische Sprache und Literatur an der Johannes Gutenberg-Universität Mainz. Von 1990 bis 2004 fungierte er als Mitglied der Jury des Landeswettbewerbs Alte Sprachen „Certamen Rheno-Palatinum". Die Forschungsgebiete beziehen sich auf die lateinische Literatur, Sprache und Metrik von der Frühzeit bis zum Ende der Antike, lateinische Dichtung des Mittelalters und der Renaissance. Ein neues Forschungsgebiet erschloss er sich zum Thema der lateinischen Fluchinschriften und der lateinischen Inschriften der Stadt Mainz. Er verfasste drei Schulbücher zur Lateinischen Philologie und führte sechs Inszenierungen in lateinischer Sprache mit Studierenden der Klassischen Philologie auf. Die Emeritierung in Mainz erfolgte 2004, doch werden weiterhin regelmäßig Lehrveranstaltungen durchgeführt. Über die zahlreichen wissenschaftlichen Veröffentlichungen informiert das Verzeichnis: http://www.jueblaensdorf-mainz.de.

Dr. Joachim Deeters

Joachim Deeters studierte Geschichte und klassische Philologie an den Universitäten Bonn, Kiel und an der Freien Universität Berlin, 1968 erfolgte die Promotion in Geschichte, 1970 legte er das Zweite Staatsexamen für den höheren Archivdienst ab. Von 1970 bis 2005 war er als Archivar am Historischen Archiv der Stadt Köln tätig. Im Zentrum seines wissenschaftlichen Arbeitens stand und steht die Geschichte Kölns (Quellensammlung, Bürgerrecht, Bestandsverzeichnis der alten Abteilung) und der Hanse (Hanserezesse, Reichs- und Hansetage).

Dr. Cornel Dora

Cornel Dora studierte Anglistik, Geschichte und Musikwissenschaft an der Universität Zürich, promovierte in Geschichte, und bildete sich anschließend zum Wissenschaftlichen Bibliothekar BBS weiter. 2012 erwarb er einen Executive Master in General Business Administration an der Executive School der Universität St. Gallen. Von 1993 bis 2001 war er in der Stiftsbibliothek St. Gallen tätig und von 2001 bis 2013 leitete er als Kantonsbibliothekar die Kantonsbibliothek Vadiana in St. Gallen. Seit 1. November 2013 ist er Stiftsbibliothekar von St. Gallen. Seine wissenschaftlichen Interessen liegen in der Kultur- und Kirchengeschichte sowie in der Buch- und Bibliothekswissenschaft. Er ist in verschiedenen wissenschaftlichen und bibliothekarischen Gremien aktiv, unter anderem im Geschäftsausschuss des *Wolfenbütteler Arbeitskreises für Bibliotheks-, Buch- und Mediengeschichte*, im Kuratorium *Codices electronici Confoederationis Helveticae* (CeCH), im Vorstand des *Vereins für das schweizerdeutsche Wörterbuch*, in der *Kommission der Schweizerischen Nationalbibliothek*, im Verein *Weltkulturerbe Stiftsbezirk St. Gallen* und im wissenschaftlichen Beirat des *Campus Galli, Karolingische Klosterstadt*. Außerdem ist er Verwaltungsrat der *SBD Bibliotheksservice AG* in Bern.

Dr. Oliver Duntze

Oliver Duntze studierte bis 1999 Germanistik, Philosophie und Malaiologie an der Universität zu Köln. 2005 wurde er an der Friedrich-Alexander-Universität Erlangen-Nürnberg im Fach Buchwissenschaft mit einer Arbeit über den Straßburger Druckerverleger Matthias Hupfuff promoviert. 2007–2010 war er als im Projekt „Deutsches Textarchiv" an der Berlin-Brandenburgischen Akademie der Wissenschaften tätig. Seit 2010 ist er als wissenschaftlicher Mitarbeiter im Referat Inkunabeln/Gesamtkatalog der Wiegendrucke an der Staatsbibliothek zu Berlin – Preußischer Kulturbesitz beschäftigt. Forschungs- und Publikationsschwerpunkte sind Druck- und Buchhandelsgeschichte, historische Typographie und Typenkunde der frühen Neuzeit.

Dr. Falk Eisermann

Falk Eisermann absolvierte ein Studium der Germanistik und Kunstgeschichte in Göttingen und promovierte 1995 zum Dr. phil. mit einer Arbeit zur Überlieferung des ‚Stimulus amoris'. Er war von 1994 bis 2000 Mitarbeiter am Projekt „Einblattdrucke des 15. Jahrhunderts als Medien pragmatischer Schriftlichkeit" am Sonderforschungsbereich 231 der Universität Münster, von 2001 bis 2002 Postdoc an der Rijksuniversiteit Groningen (NL) und von 2002 bis 2007 Bearbeiter des Katalogs der mittelalterlichen deutschen Handschriften der Forschungsbibliothek Gotha im Handschriftenzentrum der Universitätsbibliothek Leipzig. Seit 2007 leitet er das Referat Inkunabeln/Gesamtkatalog der Wiegendrucke an der Staatsbibliothek zu Berlin – Preußischer Kulturbesitz. Er legte zahlreiche Veröffentlichungen zu Inkunabeln und Handschriften, zur Buch- und Bibliotheksgeschichte des Mittelalters und der frühen Neuzeit sowie zur Epigraphik vor.

Dr. Ulrich Fischer M. A.

Ulrich Fischer studierte Geschichte, Englische Sprache und Literatur sowie Politische Wissenschaften in Trier, Durham (Großbritannien) und Münster und erreichte die akademischen Abschlüsse MA (Durham, 1996), Staatsexamen (Münster, 1999) und Promotion (Münster, 2003) mit einer Arbeit über Stadtentwicklung und Großbaustellen in englischen Kathedralstädten nach 1066 (in überarbeiteter Form 2009 im Druck erschienen unter dem Titel: *Stadtgestalt im Zeichen der Eroberung. Englische Kathedralstädte in frühnormannischer Zeit (1066–1135),* Köln u. a. 2009). Im Anschluss an die Promotion folgte das Archivreferendariat beim Land NRW und ab 2005 eine Tätigkeit beim Landesarchiv NRW, hier war Fischer hauptsächlich mit der Entwicklung des bundesweiten DFG-Projektes „Retrokonversion archivischer Findmittel" beschäftigt. 2006 übernahm er die Funktion eines stellvertretenden Leiters des Historischen Archivs der Stadt Köln und ist dort seit dem Einsturz des Stadtarchivs (2009) zuständig für „Grundsatzfragen und Wiederaufbau des Historischen Archivs", seit 2013 zusätzlich für das Sachgebiet „Städtische Überlieferung seit 1815". Die Arbeitsbereiche umfassen u. a. die Koordination der Wiederaufbauarbeiten, die Steuerung von Übernahme und Erschließung der städtischen Überlieferung, den Aufbau eines digitalen Langzeitarchivs und die nutzerseitige Betreuung des Archivneubaus. Publikationen bezogen sich auf die Digitalisierung von Archivgut („Findbuch – Kartei – Datenbank. Praktische Beispiele für den Umgang mit analogen Findmitteln im digitalen Zeitalter", in: Aufbruch ins digitale Zeitalter – Kommunalarchive zwischen Vorfeldarbeit und Nutzerorientierung, hg. von Marcus Stumpf, Katharina Tiemann, Münster, 2008, S. 57–75) und insbesondere auf die Problematik und die archivfachlichen Implikationen des Archiveinsturzes (mit Bettina Schmidt-Czaia und Max Plassmann „Zum Einsturz des Historischen Archivs der Stadt Köln", in: Der Archivar 62 (2009), 148–152; mit Max Plassmann und Nadine Thiel „Die Katastrophe von Köln. Bergung – Erstversorgung – Zwischenbilanz, in: Journal of Paper Conservation 10 (2009), Nr. 2, S. 8–14; „Einsturz – Bergung – Perspektiven. Ansichten und Einsichten", in: Gedächtnisort. Das Historische Archiv der Stadt Köln, hg. von Bettina Schmidt-Czaia, Ulrich S. Soénius, Köln u. a. 2010, 39–65; „Zum Stellenwert der Retrokonversion im Rahmen der Katastrophenbewältigung: Das Beispiel des Stadtarchivs Köln", in: Retrokonversion, Austauschformate und Archivgutdigitalisierung, hg. von Frank M. Bischoff, Marburg, 2010, S. 79–107; „Köln – der größte nicht anzunehmende Unfall: Sachstand und Konsequenzen für den Archivbau", in: Archivpflege in Westfalen-Lippe 74 (2011), S. 18–22; „Gemeinsame Lösungen für ein gemeinsames Problem. Verbundlösungen für die elektronische Langzeitarchivierung in Deutschland", in: Archivpflege in Westfalen-Lippe 80 (2014), S. 20–25.

Drs. Simon Groot

Simon Groot studierte Komposition, Musiktheorie und Chorleitung an den Konservatorien von Tilburg (1980–1982) und Rotterdam (1982–1988). Danach nahm er das Studium der Musikwissenschaft an der Universität Utrecht auf. Seiner Diplomarbeit über „Die Melodien, die Lauten- und Cistersätze im *Nederlandsche Gedenck-clanck* (Haarlem 1626) von Adriaen Valerius" wurde der ‚Jan-Pieter-Heije' Preis verliehen. Seine Dissertation behandelt den niederländischen Sänger und Komponisten Joannes Tollius (Amersfoort ca. 1555 – Kopenhagen ca. 1620), der in Italien und Dänemark Furore gemacht hat. Als Musikwissenschaftler arbeitete Simon Groot für das Meertens-Institut (2000–2003), wo er am „Repertorium des niederländischen Liedes bis 1600" mitgewirkt hat, und für die Tonkunst-Bibliothek (2004–2008) als Bibliothekar der musikwissenschaftlichen Kollektion. Seit 2008 ist er Konservator der musikhistorischen Sammlungen der Universität von Amsterdam. In der Musikpraxis arbeitet er als Chorleiter des *Hemony Ensembles* und des *Lassus Consorts*, zwei Ensembles, die sich in besonderer Weise der Musik der Renaissance widmen.

Dr. Christian Heitzmann

Christian Heitzmann studierte Geschichte, Klassische Philologie und Mittellatein in Freiburg i. Br., unterzog sich 1993 dem Staatsexamen, war 1994 Stipendiat der „Fondazione Ezio Franceschini" in Florenz und nach der 1997 erfolgten Promotion 1999 Stipendiat am Warburg Institute in London. Von 1998 bis 2001 fungierte er als wissenschaftlicher Mitarbeiter der Württembergischen Landesbibliothek Stuttgart und war insbesondere mit der Katalogisierung der lateinischen Bibeldrucke der WLB und der mittelalterlichen Handschriften der Leopold-Sophien-Bibliothek Überlingen beschäftigt. 2001 wechselte er als wissenschaftlicher Mitarbeiter und stellvertretender Leiter an die Handschriftenabteilung der Herzog August Bibliothek. Seit 2007 ist Heitzmann Leiter der Abteilung Handschriften und Sondersammlungen der Herzog August Bibliothek Wolfenbüttel. Forschungsschwerpunkte sind Geschichte der Textüberlieferung und Bibliotheksgeschichte im Mittelalter. Publikationen u. a. „Die Bibelsammlung der Württembergischen Landesbibliothek 1,4: Lateinische Bibeldrucke", Stuttgart 2002, mit M. Santos Noya); „Die Sterne lügen nicht. Astrologie und Astronomie im Mittelalter und in der Frühen Neuzeit", Wiesbaden 2008; „Katalog der mittelalterlichen Helmstedter Handschriften. Teil I: Cod. Guelf. 1 bis 276 Helmst.", Wiesbaden 2012, mit H. Härtel, D. Merzbacher und B. Lesser; „Der Albani-Psalter. Stand und Perspektiven der Forschung", Hildesheim 2013, mit J. Bepler; „Der Liber floridus in Wolfenbüttel. Ein Prachthandschrift über Himmel und Erde", Darmstadt 2014, mit P. Carmassi. Heitzmann ist Mitglied der *Società Internazionale per lo Studio del Medioevo Latino* (Florenz).

Dr. Wolfgang-Valentin Ikas

Wolfgang-Valentin Ikas studierte ab 1995 Geschichte, Anglistik und Klassischen Philologie (Latein) an den Universitäten Würzburg, London (GB, Royal Holloway College) und Caen (F), welches er 2000 mit der ersten Staatsprüfung für das höhere Lehramt abschloss, bevor er mit einer Arbeit über die spätmittelalterliche Kaiser- und Papstchronik des Dominikaners Martin von Troppau promoviert wurde. Nach einem Jahr im staatlichen Schuldienst an Gymnasien in Würzburg und Bad Reichenhall wechselte Ikas 2003 in die Laufbahn des höheren wissenschaftlichen Bibliotheksdienstes. Im Anschluss an das zweijährige Referendariat an der Bayerischen Staatsbibliothek (BSB) in München, ist er dort seit Oktober 2005 in der Abteilung Handschriften und Alte Drucke tätig, seit 2013 in der Funktion als Leiter des Referats Handschriften und Benutzung. Er ist u. a. Ansprechpartner für den Altbestand der Staatlichen Bibliotheken in Ansbach und Amberg, nebenamtlicher Dozent an der Bibliotheksakademie Bayern und der Fachhochschule für öffentliche Verwaltung und Rechtspflege in Bayern, Fachbereich Archiv- und Bibliothekswesen, sowie Mitglied des *Centre international de codicologie* (CIC). Zu seinen fachwissenschaftlichen Forschungsinteressen zählt u. a. die mittelalterliche Chronistik. In der jüngeren Vergangenheit hat er sowohl mehrere bibliothekswissenschaftliche Arbeiten zur (Weiter-)Entwicklung zeitgemäßer Benutzungsformen von Altbestandsmaterialien vorgelegt als auch, zusammen mit Dr. Hermann Hauke, den dritten Katalogband der lateinischen Fragmente der BSB herausgegeben.

Prof. Dr. Karl Jaroš

Karl Jaroš studierte Philosophie, Theologie, Bibelwissenschaft, Arabische Religionsgeschichte und Archäologie Palästinas an den Universitäten in Linz, Graz, Fribourg und Jerusalem. Er erwarb die akademischen Grade Mag. theol. (Universität Graz), Lic. theol. (Universität Fribourg) und Dr. theol. (Universität Fribourg). 1976 erfolgte die Habilitation für alttestamentliche Bibelwissenschaft (Universität Graz) und 1981 die Habilitation für althebräische Literatur und Altertumswissenschaft Palästinas (Universität Wien). Jaroš wurde 1976 o. Prof. für alttestamentliche Bibelwissenschaft (Theol. Fakultät Linz) und ao. Prof. (Institut für Orientalistik der Universität Wien). Forschungsschwerpunkt ist die Neutestamentliche Textkritik und Textgeschichte. Unter den zahlreichen Publikationen erschienen zuletzt: „Die ältesten griechischen Handschriften des Neuen Testaments", Köln 2014, sowie „Inschriften des Heiligen Landes und seiner Nachbarregionen aus vier Jahrtausenden", Ruhpolding u. a. 2014.

PD Dr. Martha Keil

Martha Keil studierte Geschichte und Judaistik in Wien und Berlin, war ab 1988 wissenschaftliche Mitarbeiterin und ist seit 2004 Direktorin des Instituts für jüdische Geschichte Österreichs (www.injoest.ac.at). 1998 erfolgte die Promotion an der Universität Wien über die mittelalterliche jüdische Gemeinde Wiener Neustadt, 2007 erhielt sie die Venia für Österreichische Geschichte an der Universität Wien und wurde Lehrbeauftragte an den Universitäten Graz und Wien. Sie leitet das Projekt „Hebräische Fragmente in österreichischen Bibliotheken" (www.hebraica.at) als Teil des internationalen Projekts „Books within Books. Hebrew Fragments in European Libraries". Sie war Kuratorin mehrerer Ausstellungen zur jüdischen Gemeinde St. Pölten in der Ehemaligen Synagoge St. Pölten und zum mittelalterlichen Judentum in Österreich im Museum Judenplatz, Wien. Ihre Forschungsschwerpunkte liegen in der jüdischen Alltags- und Kulturgeschichte sowie im Bereich der Frauengeschichte und Gender Studies in der Vormoderne, ferner in der jüdischen Geschichte Österreichs. Als wichtigste Publikationen sind zu nennen: Mit Eveline Brugger, Albert Lichtblau, Christoph Lind und Barbara Staudinger, „Geschichte der Juden in Österreich" (Reihe Österreichische Geschichte, 15), Wien 2006; „Besitz, Geschäft und Frauenrechte. Jüdische und christliche Frauen in Dalmatien und Prag 1300–1600", Kiel 2011; „Gott und Kaiser. 100 Jahre ehemalige Synagoge St. Pölten", hg. von Martha Keil im Auftrag des Stadtmuseums St. Pölten, Band 2, St. Pölten 2013.

Prof. Dr. Andreas Lehnardt

Andreas Lehnardt studierte Evangelische Theologie und Judaistik in Münster, Bonn, Köln und Jerusalem. Seit 2004 ist er Professor für Judaistik an der Johannes Gutenberg-Universität in Mainz. Seine Forschungsschwerpunkte liegen auf der rabbinischen Literatur, den mittelalterlichen jüdischen Literaturen und der jüdischen Aufklärung in Osteuropa (Haskala). Er leitet mehrere wissenschaftliche Projekte zu jüdischen Themen, unter anderem ein Projekt zur Erschließung hebräischer Einbandfragmente in Deutschland und eines zu mittelalterlichen Zitaten aus dem Talmud Yerushalmi – beide gefördert durch die Deutsche Forschungsgemeinschaft. Verfasst wurden von ihm u. a.: „Qaddish. Studien Untersuchungen zur Entstehung und Rezeption eines rabbinischen Gebetes", Tübingen 2002, und er ist Herausgeber von „,Genizat Germania'. Hebrew and Aramaic Binding Fragments from Germany in Context" (,European Genizah': Texts and Studies 1), Leiden/Boston 2011 sowie gemeinsam mit Judith Olzsowy-Schlanger, „Books within Books. New Discoveries in Old Book Bindings" (,European Genizah': Texts and Studies 2), Leiden/Boston 2014. Zuletzt wurde von ihm gemeinsam mit Annelen Ottermann, „Fragmente jüdischer Kultur in der Stadtbibliothek Mainz. Entdeckungen und Deutungen", Mainz 2015, veröffentlicht. Er ist Mitglied im Vorstand des *Verbandes der Judaisten* in Deutschland und Mitglied des *Executive Committees der European Association for Jewish Studies* (EAJS).

Dr. Anette Löffler M. A.

Anette Löffler studierte Mittelalterliche und Neuere Geschichte sowie Vor- und Frühgeschichte in Tübingen und Frankfurt/Main und wurde in Mittelalterlicher Geschichte an der Universität Tübingen bei Prof. Dr. D. Mertens über ein Thema der mittelalterlichen hessischen Landesgeschichte promoviert. Sie betreute wissenschaftliche Projekte u. a. im Stadtarchiv Reutlingen, im Geheimen Staatsarchiv Preußischer Kulturbesitz Berlin, in der Universitätsbibliothek Leipzig, in der Berlin-Brandenburgischen Akademie der Wissenschaften Berlin, in der Stadtbibliothek Chemnitz, in der Universitäts- und Landesbibliothek Darmstadt, in der Oberlausitzischen Bibliothek der Wissenschaften Görlitz sowie im Stadtarchiv Duisburg. Sie ist derzeitig tätig als wissenschaftliche Mitarbeiterin am Hugo von Sankt Viktor-Institut für Quellenkunde des Mittelalters an der Philosophisch-Theologischen Hochschule Sankt Georgen in Frankfurt im Projekt „Der Viktoriner Chronist Johannes von Toulouse († 1659): Kritische Edition seines Frühwerks (*Recueil historique* und *Congregatio Victorina*)". Ihre Forschungsgebiete sind: Handschriften- und Fragmentkatalogisierung, Liturgie des Deutschen Ordens, Memorialforschung, Buch- und Bibliotheksgeschichte. Unter den Publikationen sind vor allem der dreibändige Katalog „Fragmente liturgischer Handschriften des Deutschen Ordens aus dem Historischen Staatsarchiv Königsberg", Lüneburg 2001, Marburg 2004 und 2009, zu erwähnen, ferner „Die Fragmentsammlung im Stadtarchiv Duisburg", in: Duisburger Forschungen 58 (2012) 1–282. Sie ist Mitglied in der *Historischen Kommission für ost- und westpreußische Landesforschung*, in der *Internationalen Historischen Kommission zur Erforschung des Deutschen Ordens* sowie in der *Internationalen Gesellschaft für Theologische Mediävistik*.

Dipl.-Verwaltungswirt Wolfgang Meyer

Nach bestandener Staatsprüfung (1985) war Wolfgang Meyer in verschiedenen Funktionen seit 1992 beim Historischen Archiv der Stadt Köln tätig. Seit dem Archiveinsturz (2009) koordiniert er wiederaufbaurelevante Maßnahmen und Projekte. Seit 2012 leitet er das Projekt „Digitale Rekonstruktion Kölner Fragmente".

Dr. Hanns Peter Neuheuser M. A.

Hanns Peter Neuheuser studierte Kunstgeschichte, Katholische Theologie und Bibliothekswissenschaft an den Universitäten Köln und Bonn im Magisterstudiengang und bis zur Promotion, nachdem er zuvor bereits das Studium des Verwaltungsrechts (Dipl.-Verw. der Fachhochschule Gelsenkirchen) und die archivfachliche Weiterbildung (Studieninstitut für Öffentliche Verwaltung Duisburg) abgeschlossen hatte. Gleichzeitig hatte er schon seit 1973 seine berufliche Tätigkeit bei der Archivberatungsstelle des Landschaftsverbandes Rheinland angetreten und war seit 1980 als Referent für Kommunalarchive und seit 1986 als Grundsatzreferent tätig. Seit 2008 leitet er das überregionale Fortbildungszentrum für die Bereiche Archiv-, Bibliotheks- und Museumswesen in Brauweiler bei Köln. Im dienstlichen Zusammenhang zeichnete er verantwortlich für zahlreiche Veröffentlichungen zum Archiv- und Bibliothekswesen und gab das zweibändige Werk „Quellen und Beiträge aus dem Propsteiarchiv Kempen" sowie „Die Handschriften des Propsteiarchivs Kempen. Interdisziplinäre Beiträge", Köln 1994, 1998 und 1999 heraus. Mit Prof. Dr. Wolfgang Schmitz gründete er die interdisziplinären Symposien zur Zusammenarbeit von Archiv- und Bibliothekswesen. Seine Forschungsschwerpunkte liegen im Bereich der Liturgiewissenschaft, insbesondere im Bereich des kulturwissenschaftlichen Ansatzes der Liturgiegeschichtsforschung. Neben dem Engagement bei diesbezüglichen Vortragstätigkeiten und Aufsatzpublikationen sind seine Internationale Bibliographie ‚Liturgische Bücher', seine Sammelbände „Wort und Buch in der Liturgie" und „Überlieferungs- und Gebrauchsspuren in Historischen Buchbeständen" sowie die Monografie „Das Liturgische Buch. Zur Theologie und Kulturgeschichte liturgischer Handschriften und Drucke" zu erwähnen. Neuheuser ist Mitherausgeber der Schriftenreihe „Archa Verbi subsidia" der *Internationalen Gesellschaft für Theologische Mediävistik.* Zudem ist er Vorstandsmitglied des *Rheinischen Vereins für Rechtsgeschichte.*

Dr.-Ing. Bertram Nickolay

Bertram Nickolay studierte zunächst Nachrichtentechnik an der Fachhochschule des Saarlandes und schloss dies mit dem Diplom-Ingenieur (FH) ab. Anschließend studierte er an der Technischen Universität (TU) Berlin Elektrotechnik mit den Schwerpunkten Regelungstechnik und Prozessautomatisierung und schloss das Studium mit dem Diplom-Ingenieur ab. 1990 promovierte Bertram Nickolay im Fachbereich Maschinenbau der Technischen Universität (TU) Berlin mit dem Thema „Belehrbares Bildauswertungssystem zur Erkennung von Oberflächenfehlern" zum Doktor (Dr.-Ing.). Im Jahre 1981 wurde er am Fraunhofer Institut für Produktionsanlagen und Konstruktionstechnik (IPK) wissenschaftlicher Mitarbeiter und hat in den Folgejahren eine Arbeitsgruppe zur Bildverarbeitung aufgebaut. Die hierbei gewachsene Abteilung Mustererkennung wird seit 1990 von ihm geleitet. Seit 2000 fungiert die Abteilung unter dem Namen Sicherheitstechnik. 1992 erhielt er den Joseph-von-Fraunhofer-Preis für seine Arbeiten zu lernfähigen Bildauswertungssystemen. Im Rahmen seiner Forschungslaufbahn ist er Herausgeber und Autor von Fachbüchern und wissenschaftlichen Veröffentlichungen zu den Themen Bildverarbeitung und Mustererkennung und übernahm zeitweise das Lektorat von Fachzeitschriften im Bereich der Sensortechnik und der Mustererkennung. Zudem ist er Initiator von internationalen Workshops und wissenschaftlichen Kongressen. Weltweite Bekanntheit erlangte Nickolay durch seine Arbeiten zur automatisierten virtuellen Rekonstruktion zerstörter Dokumente. Aufgrund seiner Idee und Initiative wurde das Projekt zur computergestützten Rekonstruktion der zerstörten Stasi-Akten (das „größte Puzzle der Welt") umgesetzt. Im Dezember 2013 wurde die Rekonstruktionstechnologie in Brüssel mit dem europäischen Innovationspreis EARTO (*European Association of Research and Technology Organisations*) geehrt. Ehrenamtlich engagiert sich Nickolay als Initiator und Mitgestalter einer Reihe von Buch- und Musikveröffentlichungen, beispielsweise einer weltweit einzigartigen, 12 CDs umfassenden Anthologie „Sol Sajn – Jiddische Musik von 1945 bis 2009". Außerdem berät er Festivals und konzipiert literarisch-musikalische Programme im Sinne der Völkerverständigung.

Dr. Erich Renhart

Erich Renhart habilitierte sich nach dem Theologiestudium für das Fach Liturgiewissenschaft mit einer Arbeit über armenische liturgische Handschriften und fungiert als ao. Universitätsprofessor. 2009 gründete er das ZEBS-Zentrum für die Erforschung des Buch- und Schrifterbes und 2006 das an der Universität Graz angesiedelte überfakultäre Forschungszentrum VESTIGIA („Spuren"), dessen Leiter er ist. Renhart ist zudem wissenschaftlicher Leiter der Sondersammlungen an der Universitätsbibliothek Graz. Gegenwärtig leitet er ein Forschungsprojekt (FWF) mit dem Thema „Syrische Anaphoren – Edition nach den Handschriften". Forschungsschwerpunkte sind: Armenische und syrische Anaphoren, Handschriftenkunde, Fragmentforschung, Bibliotheksgeschichte. Unter anderem sind folgende wichtige Publikationen zu nennen: „Armenische, syrische und lateinische Allographien in Handschriften des Ostens und des Westens", in: Scripts Beyond Borders, hg. von J. Den Heijer, A. Schmidt, T. Pataridze, Louvain 2014; „Die Buchkultur des Barock im Spiegel der Grazer Jesuitenbibliothek" [im Druck]; „Ein spätantikes Los-Buch. Die Handschrift Nr. 2058/2 der Universitätsbibliothek Graz – ein armenisches Palimpsest", Graz 2015; etliche Aufsätze zur Erforschung orientalischer Liturgien ebenso wie zur Erschließung der Handschriftenfragmente in Ost und West. Erich Renhart ist Mitglied internationaler wissenschaftlicher Vereinigungen, nämlich der *Société d'Études Syriaques* und der *Association Internationale des Études Armeniennes*.

Prof. Dr. Wolfgang Schmitz

Wolfgang Schmitz absolvierte ein Studium der Germanistik, der Geschichte, der Historischen Hilfswissenschaften und der mittellateinischen Philologie. 1976 erfolgte die Promotion in Altgermanistik in Köln, ebendort 1990 die Habilitation in Bibliothekswissenschaft mit einer Arbeit über „Die Überlieferung deutschsprachiger Texte im Kölner Buchdruck des

15. und 16. Jhs.". Von 1999 bis 2014 fungierte er als Direktor der Universitäts- und Stadtbibliothek Köln sowie des Universitätsarchivs. Arbeitsfelder sind das Buch- und Verlagswesen des 15.–17. Jhs., die Bibliotheksgeschichte und das gegenwärtige Bibliothekswesen. Lange Jahre war Schmitz Vorsitzender des *Wolfenbütteler Arbeitskreises für Bibliotheks-, Buch- und Mediengeschichte* und der *Internationalen Buchwissenschaftlichen Gesellschaft*, zudem korrespondierendes Mitglied der *Historischen Kommission des Börsenvereins des deutschen Buchhandels*. Weiterhin ist er Mitherausgeber von „Bibliothek und Wissenschaft" und der „Marginalien" der Pirckheimer-Gesellschaft sowie Mitglied im Advisory Board von „Quaerendo".

Dipl.-Ing. Jan Schneider

Jan Schneider studierte Elektrotechnik an der Technischen Universität (TU) Berlin und schloss dieses Studium 1999 mit den Schwerpunkten Regelungstechnik sowie Hard- und Softwaretechnik (Dipl.-Ing.) ab. Studiumsbegleitend arbeitete er als studentische Hilfskraft am Fraunhofer Institut für Produktionsanlagen und Konstruktionstechnik (IPK) und ist dort seit dem Jahr 2000 als wissenschaftlicher Mitarbeiter tätig. Zunächst war er im Bereich Automatisierungstechnik an verschiedenen Industrieprojekten zur Bewegungsanalyse, zur optischen Verkehrs- und Gefahrenraumüberwachung sowie zur optischen Geometrievermessung von Zugrädern beteiligt. Im Anschluss war er Projektleiter auf dem Gebiet der Automatischen Fingerabdruckerkennung. Seit 2006 ist Schneider Projektleiter für das Themengebiet der automatisierten virtuellen Rekonstruktion zerrissener und geschredderter Dokumente sowie anderweitig beschädigter Objekte. In dieser Funktion hat er das technische Gesamtkonzept eines Systems zur automatisierten virtuellen Rekonstruktion handzerrissener Dokumente entworfen und war als Entwickler von Kernkomponenten der so genannten „ePuzzler"-Software tätig. Der weltweit einzigartige „ePuzzler" wird seit Anfang 2013 produktiv zur virtuellen Rekonstruktion der zerrissenen Stasi-Akten eingesetzt und wurde Ende 2013 mit dem europäischen EARTO-Innovationspreis (*European Associatiation of Research and Technology Organisations*) ausgezeichnet.

Dr. Bettina Wagner

Bettina Wagner studierte Germanistik, Romanistik und Mittellatein an den Universitäten Würzburg und Oxford. 1994 erfolgte die Promotion an der Universität Würzburg zum Thema „Die ‚Epistola presbiteri Johannis' lateinisch und deutsch. Überlieferung, Textgeschichte, Rezeption und Übertragungen im Mittelalter" (Tübingen 2000). Von 1992 bis 1996 war sie Assistant Librarian an der Bodleian Library, University of Oxford (Incunable Cataloguing Project). Sie publizierte zusammen mit Alan Coates, Kristian Jensen, Cristina Dondi und Helen Dixon den sechsbändigen Katalog „A Catalogue of Books Printed in the Fifteenth Century now in the Bodleian Library, Oxford", Oxford 2005. Von 1996 bis 1998 absolvierte sie die Bayerische Bibliotheksschule München (Bibliotheksreferendarin) und trat 1998 ihren Dienst an der Bayerischen Staatsbibliothek München an. Von 2002 bis 2003 war sie abgeordnet an die Deutsche Forschungsgemeinschaft Bonn, Bereich Wissenschaftliche Literaturversorgungs- und Informationssysteme (LIS), und übernahm im Oktober 2005 die Leitung des Referats ‚Handschriftenerschließungszentrum' und der Inkunabelsammlung in der Abteilung für Handschriften und Alte Drucke der Bayerischen

Staatsbibliothek München. Seit 1991 übernahm sie eine nebenamtliche Lehrtätigkeit an den Universitäten Würzburg, Oxford, München und Erlangen-Nürnberg (Germanistik, Mittellatein, Historische Grundwissenschaften). Ihre Forschungsschwerpunkte liegen im Bereich der Buch- und Bibliotheksgeschichte des Spätmittelalters und der Frühen Neuzeit. Bezüglich ihrer Publikationstätigkeit sind vor allem ihre Herausgeberschaften bei Veröffentlichungen zur Handschriftenerschließung, zu Blockbüchern, Inkunabeln und Einbänden sowie zur Bibliothek Hartmann Schedels zu erwähnen. Sie war und ist Mitglied in verschiedenen Gremien, u.a. 2001–2009 im *IFLA Standing Committee for Rare Books and Manuscripts*, darunter von 2007 bis 2009 als Vorsitzende, 2003–2010 Mitglied in der *Kommission Altes Buch im Bayerischen Bibliotheksverbund*, seit 2006 Mitglied der Geschäftsführung im *Arbeitskreis für die Erfassung, Erschließung und Erhaltung historischer Bucheinbände* (AEB), 2007–2012 Vorstandsmitglied in der *Gutenberg-Gesellschaft* Mainz, Vorstandmitglied der *Münchener Alumni* der Studienstiftung des Deutschen Volkes, 2009–2012 Mitglied des *IFLA Standing Committee der Cataloguing Section*, seit 2009 Vorstandsmitglied der *Association Internationale de Bibliophilie*, seit 2013 Vorstandsmitglied (Moderamen) in der *Association Paléographique Internationale – Culture – Ecriture – Société.*

Dr. Bettina Wischhöfer

Bettina Wischhöfer studierte Deutsch, Geschichte und Philosophie an der Universität Bielefeld und wurde 1990 über das Gesundheitswesen in Lippe („Krankheit, Gesundheit und Gesellschaft in der Aufklärung – Das Beispiel Lippe 1750–1830", Frankfurt/New York 1991) promoviert. Von 1991 bis 1993 absolvierte sie das Referendariat im Staatsarchiv Detmold, an der Archivschule Marburg und im Bundesarchiv Koblenz. Seit 1993 ist sie Leiterin des Landeskirchlichen Archivs Kassel der Evangelischen Kirche von Kurhessen-Waldeck, seit 2004 zudem Vorsitzende des *Verbands kirchlicher Archive* in der EKD, Beiratsmitglied und Lehrbeauftragte der Archivschule Marburg (Hochschule für Archivwissenschaft). Von Bedeutung war und ist u.a. das von ihr geleitete Projekt zur Erfassung von Handschriftenfragmenten in ihrem Archivsprengel in Zusammenarbeit mit Dr. Konrad Wiedemann. Wischhöfer ist zudem Mitglied der *Historischen Kommission für Hessen*, Vorsitzende der *Arbeitsgemeinschaft Archive in Nordhessen* (von 2012 bis 2014), ferner Aufsichtsratsmitglied der *Kirchenbuchportal GmbH* seit 2013.

Prof. Dr. Jürgen Wolf

Jürgen Wolf absolvierte ein Studium der Germanistik, der Geschichte und der Politik/Sozialkunde. 1995 erfolgte die Promotion in Mittelalterlicher Geschichte in Marburg, ebendort 2002 die Habilitation in Germanistik mit der Arbeit „Buch und Text. Literatur- und kulturhistorische Untersuchungen zur volkssprachigen Schriftlichkeit im 12. und 13. Jh." (erschienen: Tübingen 2008, Hermaea NF 115). Von 1996–1999 war er Wissenschaftlicher Mitarbeiter im DFG-Projekt „Marburger Repertorium (‚MR13')" und von 2002 bis 2007 Mitarbeiter an der Berlin-Brandenburgischen Akademie der Wissenschaften – Arbeitsstelle Deutsche Texte des Mittelalters (DTM). In die Akademiezeit fallen Lehrstuhlvertretungen in Paderborn (2003–2004) und Marburg (2005–2006). 2007 übernahm er den Lehrstuhl für Ältere Deutsche Literatur an der TU Berlin und ist seit 2010 Inhaber des Lehrstuhls für Ältere Deutsche Philologie an der Universität Marburg. Er war im Jahr 1996 Gründungsmitglied der *Medieval Chronicle Society* (Utrecht), erhielt 2004 den Wissenschaftspreis Colloquia Academica der Akademie der Wissenschaften in Mainz, war 2007 Gründungsmitglied der *Arbeitsgruppe Handschriftencensus* und leitete von 2009–2012 das DFG-Projekt „Die Fürstenbibliothek Arolsen als Kultur- und Wissensraum vom 16. bis zum frühen 19. Jahrhundert und ihre Einflüsse auf Genese, Formung und Identität des Fürstenstaats". Seit 2010 ist er Mitglied des Beirats der deutschen Handschriftenzentren, war von 2011–2014 Geschäftsführender Direktor des Instituts für Deutsche Philologie des Mittelalters und von 2012–2014 Prodekan des Fachbereichs Germanistik und Kunstwissenschaften der Universität Marburg, dem er seit 2014 als Dekan vorsteht. Er ist Herausgeber der „Zeitschrift für deutsches Altertum" und der „Beihefte" sowie seit 2014 Mitherausgeber der Buchreihe „Maecenas und seine Erben".

Namenverzeichnis

Werkverzeichnis